IMPRENSA, JORNALISMO DIGITAL E DIREITO PENAL

Aspectos Materiais e Processuais

COLEÇÃO CIÊNCIAS CRIMINAIS
Organizadores: LUIZ FLÁVIO GOMES e ROGÉRIO SANCHES CUNHA

Victor Augusto Estevam Valente

IMPRENSA, JORNALISMO DIGITAL E DIREITO PENAL

Aspectos Materiais e Processuais

2020

EDITORA *Jus*PODIVM
www.editorajuspodivm.com.br

EDITORA
*Jus*PODIVM
www.editorajuspodivm.com.br

Rua Território Rio Branco, 87 – Pituba – CEP: 41830-530 – Salvador – Bahia
Tel: (71) 3045.9051
• Contato: https://www.editorajuspodivm.com.br/sac

Capa: Daniela Jardim & Rene Bueno *(contato@danielajardim.com)*

I34 Imprensa, jornalismo digital e direito penal: aspectos materiais e processuais / Victor Augusto Estevam Valente – Salvador: Editora JusPodivm, 2020.
448 p. (Ciências Criminais / organizadores Luiz Flávio Gomes e Rogério Sanches Cunha)

Inclui bibliografia
ISBN 978-85-442-3127-2

1. Direito penal. 2. Imprensa. 2. Jornalismo digital. I. Gomes, Luiz Flávio. II. Cunha, Rogério Sanches. III. Valente, Victor Augusto Estevam. IV. Título.

CDD 341.5

Dedico a Deus, pelos momentos
de força e luz em minha vida.

Agradecimentos

A Deus, pelos momentos de inspiração e dádiva em minha vida, servindo de fonte de luz e de perseverança.

Aos meus pais, João e Vera, pela honra e dignidade, eis que sempre me transpassaram que a honestidade, a postura ilibada e a dedicação plena são os valores irrenunciáveis de um homem.

À minha querida irmã, Giovanna Luíza, pela comunhão familiar de cada momento.

À minha amada Ana Carolina, pela cumplicidade dos momentos.

À minha linda Laura, por me proporcionar um dos sentimentos mais indescritíveis e inexplicáveis da vida: ser o teu pai. Conhecer-te, amar-te e guiar-te, sempre juntos.

Ao Professor e Amigo Antonio Carlos da Ponte, pela confiança pessoal e pelo entusiasmo acadêmico.

Ao Professor Rogério Sanches Cunha, pela veemência jurídica e impetuoso contributo ao desenvolvimento do presente ensaio.

Ao universo acadêmico, em especial à Universidade Católica de Campinas, pelos braços maternos e calorosos, acolhendo-me, incondicionalmente, como seu discípulo para toda a vida. O brado do Pátio Leões é sonância indelével em seus precursores, não só pela vocação ao direito, mas, acima de tudo, pela construção democrática da realidade social. É fonte de inspiração e palco de amizades inquebrantáveis, cujos laços se estendem pelos passadiços da impetuosa Faculdade de Direito Campineira.

Aos meus queridos alunos, pois entram em minha vida como amigos e crescem como Professores, despertando-me ao constante aprendizado e à paixão incomensurável pelo magistério.

Aos amigos em geral, pela solidariedade e felicidade de todos os momentos.

Apresentação

Apresentamos à comunidade jurídica a obra *Imprensa, Jornalismo Digital e Direito Penal: Aspectos Materiais e Processuais*, da coleção *Ciências Criminais*, publicada pela Editora Juspodivm, e que conta com a refinada coordenação dos Professores e eminentes juristas, Luiz Flávio Gomes e Rogério Sanches Cunha.

O presente ensaio é resultado de refinamento de obra jurídica de minha autoria então publicada pela Juspodivm, intitulada *Crimes de Imprensa e Aspectos Práticos de Processo Penal* (2017), cujas tiragens esgotaram na Editora devido ao êxito de vendas.

O trabalho original foi acompanhado por diversos discentes em aulas de pós-graduação e de concursos públicos no Brasil, servindo como objeto de estudo para as disciplinas de Direito Penal e Direito Constitucional, além de ser adotado como referência bibliográfica em cursos de jornalismo. Tornou-se indispensável ao sucesso profissional de muitos no mercado de trabalho.

Desde então, passou por pontuais e necessários aprimoramentos, sempre com o objetivo de enaltecer, ao máximo, as inovações na área da comunicação social e suas consequências jurídicas.

Acompanhando a evolução tecnológica e seus reflexos no âmbito da liberdade de imprensa, tornou-se indispensável a publicação de um novo livro, contando com conteúdo atualizado e temas inéditos no cenário jurídico brasileiro.

Por exemplo, conta a obra com estudo meticuloso, tanto sob o prisma constitucional, quanto na seara jurisprudencial, acerca de novos entendimentos das liberdades de expressão e de imprensa, com ênfase no sigilo das fontes jornalísticas e em casos criminais recentes.

Foram necessárias mudanças de entendimento sobre o chamado direito ao "esquecimento", sob o fundamento de que tal é um direito personalíssimo e, via de consequência, imprescindível para a salvaguarda da honra, da imagem e da dignidade humana na sociedade informacional, gerando efeitos nas áreas cível e criminal.

Salienta-se, outrossim, que a atividade jurisprudencial tem se inclinado ao reconhecimento da desindexação e da desvinculação nas redes digitais, com base na Lei n. 12.965/14 (Marco Civil da Internet) e na Lei 13.709/18 (Lei Geral de Proteção de Dados Pessoais), tornando-se indispensável a compreensão dos direitos da personalidade e da tutela penal da intimidade no contexto do jornalismo digital.

Se não bastasse, conta a obra com análise jurídica criteriosa acerca do jornalismo digital, reconhecendo novos espaços de exercício das liberdades de expressão e de imprensa, embora a internet tenha se tornado palco de manifestação das mais diversas infrações penais, tais como crimes contra a honra e notícias falsas ("*fake news*"), eleitorais, de discriminação ou preconceito, de incitação ao crime ou apologia de fato criminoso ou de autor de delito, contra a dignidade sexual e de pornografia de vingança ("*revenge porn*"), de falsa identidade, entre outros.

A obra está em conformidade com as principais inovações legislativas e jurisprudenciais, a saber:

- Lei n. 13.441/17, que alterou a Lei n. 8.069/90 (Estatuto da Criança e do Adolescente), para prever a infiltração de agentes de polícia na internet;
- Lei n. 12.891/13, com análise das propagandas eleitorais e notícias falsas ("*fake news*");
- Regulamento Geral de Proteção de Dados da União Europeia (Regulamento n. 679/16) e Lei Geral de Proteção de Dados Pessoais no Brasil;
- Lei n. 13.772/18, que tipificou o crime de registro não autorizado de intimidade sexual;
- Lei n. 13.718/18, que tipificou os crimes de importunação sexual e de divulgação de cena de estupro;
- Edição n. 130 de jurisprudência do Superior Tribunal de Justiça (Teses de Crimes Contra a Honra).

Em síntese, a obra conjuga tanto os aspectos teóricos como práticos nos contextos da imprensa e do universo jurídico, valendo-se de metodologia de pesquisa interdisciplinar.

Vale dizer, a presente incursão, por meio do tridimensionalismo jurídico e do diálogo das fontes, se dedica à análise dos reflexos materiais e processuais dos crimes praticados nos meios de comunicação social, enfatizando não só o estudo acerca da imprensa escrita, televisiva ou falada, senão também do jornalismo digital, das liberdades de expressão e de imprensa, dos direitos da personalidade e do direito ao "esquecimento", da responsabilidade civil e da tutela penal da intimidade nos âmbitos do jornalismo e das redes digitais, do procedimento especial dos crimes contra a honra, da retratação, do direito de resposta ou de retificação, do pedido de explicações, entre outros.

Temos a honra e, ao mesmo tempo, a felicidade de publicar este cuidadoso trabalho, resultado de árduo empenho e seriedade nas Ciências Criminais, prestando o devido contributo ao Direito Penal e Processual Penal brasileiro.

Victor Augusto Estevam Valente

Sumário

Introdução

Fundamentalmente, a comunicação é a força motriz das relações sociais, eis que propicia um processo contínuo de informação e, ao mesmo tempo, a inteligibilidade acerca da sociedade e da história no plano ideal do ser humano[1].

A partir da evolução tecnológica na década de 1960, os meios de comunicação de massa, notadamente a internet e a mídia impressa (*offline*), inauguraram um paradigma de efeitos cumulativos, ou seja, passaram a produzir os mais diversos efeitos sobre o comportamento humano, influenciando em assuntos geopolíticos, sociais, econômicos, entre outros[2].

Destarte, uma parcela dos veículos de comunicação social tornou-se fonte de poder e de industrialização, tanto no meio impresso como no ambiente digital, exercendo influências sobre a veracidade da informação, a "psique" humana, a autonomia da vontade, a opinião pública e, acima de tudo, a democracia.

Ao mesmo tempo em que facilitaram as relações humanas, esses veículos também intensificaram os conflitos sociais, desencadeando discursos de intolerância ou incitação ao ódio ("hate speech") e até mesmo notícias falsas, chamadas de "fake news

---

1. Preconiza Niklas Luhmann: "*Aquilo que sabemos sobre nossa sociedade, ou mesmo sobre o mundo no qual vivemos, o sabemos pelos meios de comunicação. Isso vale não apenas para nosso conhecimento da sociedade e da história, mas também para nosso conhecimento da natureza. Aquilo que sabemos da estratosfera equivale àquilo que Platão sabia da Atlântida: ouviu-se dizer. Ou, como Horácio exprimia: 'Assim eu ouvi, e parcialmente acredito'. Por outro lado, sabemos tanto sobre os meios de comunicação que não confiamos nessa fonte. Defendemo-nos suspeitando haver manipulação, fato este, contudo, que não conduz a nenhuma conseqüência mencionável, pois o conhecimento extraído dos meios de comunicação reorganiza-se, como por si mesmo, numa armação que se autofortifica.*" (LUHMANN, Niklas. *A realidade dos meios de comunicação*. Tradução de Ciro Marcondes Filho. São Paulo: Paulus, 2005, p. 15).
2. Sob o ângulo sociológico, faz-se necessário o aprimoramento da teoria de comunicação de massa no atual contexto social, visando à melhor compreensão acerca da atuação e do poder que exerce a mídia sobre o comportamento humano (Cf. WOLF, Mauro. *Teorias das comunicações de massa*. São Paulo: Martins Fontes, 2010).

Não raro deparamo-nos com manifestações ofensivas ou inverídicas, sejam individuais, sejam coletivas, proferidas no ambiente digital e nos demais veículos de comunicação, configurando os mais variados ilícitos, sobretudo infrações penais, tais como crimes contra a honra, eleitorais, de discriminação ou preconceito, contra a dignidade sexual e de pornografia de vingança ("revenge porn"), de falsa identidade, entre outros"

Nessa senda, o objeto da presente incursão consiste em analisar, por meio do tridimensionalismo jurídico e do diálogo das fontes, os aspectos materiais e processuais dos crimes praticados pelos meios de comunicação social, com ênfase não só na imprensa escrita, televisiva ou falada, como também no jornalismo digital, sendo indispensável o estudo acerca das liberdades de expressão e de imprensa, dos direitos da personalidade e do esquecimento, da responsabilidade civil e da tutela penal da intimidade nos âmbitos do jornalismo e das redes digitais, do procedimento especial dos crimes contra a honra, da retratação, do direito de resposta ou de retificação, do pedido de explicações, entre outros.

Inicia-se a exposição com a análise da liberdade de expressão e da expansão dos direitos fundamentais na sociedade democrática, sob a premissa de que não existe direito fundamental absoluto ou ilimitado. Explora-se o sentido e alcance da imprensa, os fundamentos da comunicação social e das liberdades públicas, os códigos de ética de imprensa, o jornalismo investigativo, a função da crítica jornalística, a proibição de censura, o sigilo das fontes jornalísticas e as discussões sobre a possibilidade da sua mitigação.

No capítulo segundo, adentra-se nos aspectos criminais dos direitos da personalidade no contexto midiático, com a compreensão acerca da constitucionalização do direito civil e da eficácia horizontal dos direitos fundamentais, além dos fundamentos do direito à integridade moral na perspectiva dos direitos da personalidade, enfatizando a necessidade de proteção da imagem, da privacidade e da honra. Também são discutidas as controvérsias acerca do reconhecimento ou não do direito, além da desindexação e da desvinculação.

No terceiro capítulo, discorre-se sobre o conceito, a terminologia e o panorama legislativo dos crimes praticados pela imprensa no Brasil, com a avaliação das infrações penais e dos modelos de responsabilidade previstos tanto na extinta Lei n. 5.250/67 (Lei de Imprensa) como no atual panorama legal.

No quarto capítulo, cabe perquirir sobre o modelo de processo constitucional aplicável aos crimes praticados pela imprensa, sem se desguarnecer dos direitos e garantias individuais consagrados no Estado de Direito, tais quais o contraditório, o juiz de garantias, as audiências de custódia, a publicidade (v.g., o sigilo das interceptações telefônicas e dos dados bancários e fiscais), o direito ao silêncio e à não autoincriminação (*nemo tenetur se detegere*) e, por fim, o estado de inocência e as controvérsias acerca da execução provisória da pena.

No quinto capítulo, discute-se sobre os aspectos práticos do procedimento especial dos crimes contra a honra praticados tanto pela imprensa como pela internet, com o estudo da exceção da verdade ou notoriedade do fato, do pedido de explicações e da retratação do acusado no contexto midiático.

No sexto capítulo, discorrer-se-á sobre os fundamentos dogmáticos e legislativos do direito de resposta ou de retificação, tanto na perspectiva do direito comparado como do cenário nacional.

No capítulo sétimo, serão feitos comentários à Lei n. 13.188/15, considerada um novo marco legislativo do direito de resposta no Brasil.

No oitavo e último capítulo, serão avaliados os fundamentos do direito de resposta no âmbito da Justiça Eleitoral, notadamente dos crimes eleitorais.

Entrementes, cabe uma primeira consideração metodológica antes de qualquer análise técnica. Assevera-se que a criminalidade midiática geralmente é diagnosticada sob os holofotes de discursos diletantes da criminologia crítica, sendo comum a identificação das causas comportamentais e das consequências desse fenômeno delitivo. Inúmeras críticas são feitas, embora deixem de ser apresentadas, nos dias atuais, soluções eficazes para o adequado enfrentamento dos crimes de imprensa no Brasil, seja no campo do direito material seja no processual penal.

Assim, faz-se mister o estudo dos aspectos práticos de de direito material e processual penal para o tratamento dos delitos cometidos pela imprensa na atualidade, com a necessária mudança de paradigmas na leitura da liberdade de expressão[3]. Assim, um dos possíveis caminhos para se conter os abusos à liberdade de expressão é a

3. É célebre o ensinamento de que a revolução científica da sociedade hodierna não deve nortear-se unicamente pelo paradigma científico, senão também por um paradigma

solidariedade, a fim de que a informação e a opinião sejam exercitadas em prol do coletivo e da felicidade geral, combatendo-se qualquer forma de monopólio do conhecimento e de uma suposta verdade absoluta no ideal humano[4].

---

social para a busca de uma vida decente (SANTOS, Boaventura de Souza. *Um discurso sobre as ciências*. São Paulo: Cortez, 2003, p. 59-60).

4. Para Bauman: "*A 'pós-modernidade' é uma chance da modernidade. A tolerância é uma chance da pós-modernidade. A solidariedade é a chance da tolerância. A solidariedade é uma chance de terceiro grau. Isso não parece tranqüilizador para quem quer bem à solidariedade. A solidariedade não pode derivar sua confiança de nada sequer remotamente sólido e portanto confortador como as estruturas sociais, as leis da história ou o destino das nações e raças, de que os projetos modernos extraíram seu otimismo, autoconfiança e determinação*" (BAUMAN, Zigmund. *Modernidade e ambivalência*. Tradução de Marcus Penchel. Rio de Janeiro: Jorge Zahar, 1999, p. 271, grifo do autor).

CAPÍTULO I

LIBERDADE DE EXPRESSÃO E EXPANSÃO DOS DIREITOS FUNDAMENTAIS NA SOCIEDADE DEMOCRÁTICA

1. A DEMOCRACIA COMO FONTE DE PROTEÇÃO DOS DIREITOS FUNDAMENTAIS

Fundamentalmente, as informações e opiniões são perenes na voracidade do tempo, embora possam deixar marcas indeléveis na vida de uma pessoa ou na história da coletividade, seja em momentos de conflitos das mais diversas naturezas, seja em episódios de pacificação e integração sociais.

Certo é que, independentemente do tempo e do espaço territorial, os mecanismos jurídicos devem incidir para a salvaguarda não só da liberdade de expressão, mas também da privacidade, da honra, da imagem e, acima de tudo, da dignidade humana. Vale dizer, cabe ao direito conferir o necessário equilíbrio na proteção entre a liberdade de expressão e a personalidade alheia.

Essa sistemática pressupõe que cada pessoa (humana) é o centro axiológico do direito, posto que cada qual é titular de direitos e deveres e, via de consequência, tem a garantia de um piso mínimo existencial na vida em comunidade

Assim, o direito é uma realidade ordenada conforme os valores da convivência social, mediante processo normativo que estabelece uma relação recíproca entre dois ou mais seres. Trata-se de projeção do espírito humano sobre o fato, o valor e a norma, tendo por fim precípuo o reconhecimento da personalidade alheia e, por conseguinte, a realização dos valores de cada indivíduo na vida em coletividade[1].

---

1. No aporte de Miguel Reale: "*Realizar o Direito é, pelo dito realizar a sociedade como comunidade concreta, a qual não se reduz a um conglomerado fortuito de indivíduos, mas é uma ordem de cooperação e de coexistência, uma comunhão de fins, com os quais é mister que se conciliem fins irrenunciáveis do homem como pessoa, ou seja, como ente que tem consciência de ser o autor de suas ações, de valer como centro axiológico autônomo, o que*

Nada obstante, o direito não tem a magia de contrariar as leis da física tampouco da natureza humana. Isto porque, "*se a toda ação há sempre uma reação oposta ou de igual intensidade*" (*Actioni contrariam semper et aequalem esse reactionem*)[2], necessariamente infere-se, que a toda liberdade de expressão haverá uma resposta oposta ou de igual intensidade, em observância à ordem natural das relações sociais e ao íntimo de cada ser humano.

Sugere-se, nesse ponto, uma reflexão. Ou seja, discute-se acerca de quais são os meios aptos a conter essa cadeia sucessiva desencadeada pela liberdade de expressão. Eis, de pronto, uma assertiva indispensável: o desenvolvimento da democracia se condiciona ao nível de exercício do direito de se expressar e, simultaneamente, à capacidade de tolerância, assegurando a coexistência humana e a solidariedade

A reciprocidade na vida social pressupõe o reconhecimento e a concretização de direitos fundamentais entre os indivíduos, cabendo-lhes manter a convivência social por meio da consciência de solidariedade e de respeito à personalidade alheia, a ponto de se preocuparem com a coexistência de seus pares.

Assim, o direito, eminentemente voltado ao ser humano e tudo aquilo que lhe é indispensável, desponta. Salienta-se que tais direitos se interagem tanto nas perspectivas social como na constitucional, inexistindo direito absoluto ou ilimitado, eis que todos são essenciais ao desenvolvimento humano.

No escólio de Bobbio, a indispensabilidade e a harmonia na proteção dos direitos humanos e fundamentais foram ideários desenvolvidos ao longo da evolução da humanidade, de modo que, no atual estágio, se reconhece a existência da chamada "era dos direitos". É dizer, iniciou-se um processo de positivação e, ao mesmo tempo, de debate dos direitos humanos nos mais diversos povos[3].

Preconiza Canotilho que os direitos humanos ou do homem não se confundem com os direitos fundamentais. Com efeito, os direitos humanos são universais, indivisíveis e interdependentes, pois não possuem hierarquia entre si e são válidos para todos os povos,

---

só será possível como igual reconhecimento da personalidade alheia" (REALE, Miguel. *Filosofia do direito*. 16 ed. Saraiva: São Paulo, 1994, p. 706).

2. Eis a terceira Lei de Newton: "*A toda ação há sempre uma reação oposta e de igual intensidade: as ações mútuas de dois corpos um sobre o outro são sempre iguais e dirigidas em sentidos opostos.*" ("*Actioni contrariam semper et aequalem esse reactionem: sine corporum duorum actiones in se mutuo semper esse aequales et in partes contrarias dirigi.*").

3. BOBBIO, Norberto. *A era dos direitos*. Tradução de Carlos Nelson Coutinho. Rio de Janeiro: Elsevier, 2014, p. 46 *et. seq.*.

independentemente das circunstâncias de tempo e local, em homenagem ao princípio da universalidade. Os direitos fundamentais, por sua vez, são os "direitos de todos" em dado contexto social e histórico, ou seja, direitos assegurados pelo Estado a cada indivíduo de certa sociedade geralmente por meio de uma Constituição Política[4].

Complementa Marmelstein que os direitos fundamentais não são imutáveis ou eternos, eis que são dinâmicos e nada obsta que sejam modificados ao longo do tempo[5].

Assim, todos os direitos fundamentais são direitos humanos, mas nem todos os direitos humanos são direitos fundamentais. Por exemplo, os direitos da personalidade são, em sua maioria, direitos fundamentais no Brasil, posto que a Constituição de 1988 consagra a proteção da liberdade de expressão, da honra, da privacidade, da intimidade, da imagem, entre outros. Quer dizer, a liberdade de expressão é um direito da personalidade e, ao mesmo tempo, um direito fundamental, de modo que ela só será legítima desde que exercida em harmonia com os demais direitos da personalidade[6].

De se ver que Karel Vasak desenvolveu a teoria das "gerações" ou dimensões de direitos fundamentais, sob o fundamento de que a proteção de tais direitos havia sido exercida de diversas formas ao longo do tempo, notadamente em três momentos históricos, a saber: **(i)** primeira dimensão; **(ii)** segunda dimensão; e **(iii)** terceira dimensão dos direitos fundamentais.

Assinala-se, nesse ponto, que há um processo contínuo e linear de expansão dos direitos fundamentais, conforme será analisado a seguir.

1.1. Dimensões dos Direitos Fundamentais e Vedação ao Retrocesso Social

Entre as diversas características dos direitos humanos, ocupam posição de destaque a indivisibilidade, a interdependência e a historicidade[7].

---

4. CANOTILHO, J. J. Gomes Canotilho. *Direito constitucional e teoria da constituição*. 7 Ed. Coimbra: Almedina, 2003, p. 393.
5. MARMELSTEIN, George. *Curso de direitos fundamentais*. 5 ed. São Paulo: Atlas, 2014, p. 27 et. seq..
6. CANOTILHO, J. J. Gomes Canotilho. *Direito constitucional e teoria da constituição*. 7 Ed. Coimbra: Almedina, 2003, p. 396.
7. Em geral, os direitos humanos possuem as seguintes características: inerência; universalidade; transnacionalidade; indivisibilidade; interdependência; historicidade; inalienabilidade; imprescritibilidade; irrenunciabilidade; complementariedade solidária; e normatividade indiscutível.

Na indivisibilidade, os direitos humanos são concatenados entre si e estão em evolução, não havendo hierarquia entre os direitos civis e políticos e os direitos econômicos, sociais e culturais. Subsiste, assim, um conjunto indivisível de direitos humanos, de modo que tais direitos se posicionam de forma horizontal.

A interdependência, por sua vez, possui sentido semelhante ao da indivisibilidade, sob o fundamento de que o atendimento a certa espécie de direito humano se condiciona à realização de outro direito humano. Consequentemente, os direitos humanos se retroalimentam e são concatenados, de sorte que a prática de um se condiciona a do outro do outro para ser realizado.

Na historicidade, os direitos humanos são objetos de conquista histórica pela humanidade, eis que reconhecidos por um processo sucessivo e interminável no tempo. Vale dizer, esses direitos não nascem a um só tempo, mas a partir de uma evolução histórica, cuja conquista é marcada pela luta em prol da liberdade, da justiça e, acima de tudo, da limitação do poder político.

Nessa senda, exsurge o princípio ou cláusula da vedação ao retrocesso social, também chamado de efeito *cliquet* ou vedação da contrarrevolução social ou evolução reacionária, segundo o qual os direitos humanos são uma conquista histórica e progressiva, garantindo um piso mínimo existencial à vida humana, de forma que não se admite qualquer supressão ou redução desses direitos, sob pena de retrocesso em sua proteção.

E, a partir dessas características, exsurgem as dimensões dos direitos humanos, cuja teoria também se aplica, em sua maioria, aos direitos fundamentais, tendo em vista que tais direitos tornaram-se reconhecidos em Lei Fundamental pelos mais diversos povos no decorrer do tempo.

Em um primeiro momento, é indispensável uma singela observação acerca da nomenclatura dessa teoria, ou seja, se é tecnicamente apropriado o uso de "gerações" ou de "dimensões".

Prevalece que não é adequado o emprego de "gerações" ou "gestações", pois tal pressupõe uma ruptura histórica, intersecção ou circunscrição no processo de evolução dos direitos fundamentais. Quer dizer, revela-se prejudicial o uso da terminologia "gerações", pois tal exprime um sentido equivocado do processo de formação dos direitos humanos, criando uma falsa ideia: **(i)** de sobreposição ou substituição de uma geração a outra; **(ii)** de hierarquia entre as gerações; e **(iii)** de três gerações compartimentadas, como se houvessem espaços sem conexão entre cada uma delas[8].

Revela-se apropriado o uso de "dimensões", porquanto tal indica um processo dinâmico e contínuo na construção dos direitos humanos e fundamentais. Complementa Silvio Beltramelli: "Demonstra-se, portanto, que, ainda hoje, o conceito de direitos humanos está em desenvolvimento, o que traz maior dificuldade no momento em que se quer delimitá-lo"[9].

Feitas essas considerações, cabe a compreensão acerca de cada uma das dimensões.

A primeira dimensão caracterizara-se pela proteção das liberdades públicas, em especial dos direitos civis e políticos, tendo origem nas revoluções burguesas ou liberais do século XVIII, ou seja, nas Revoluções americana e francesa, cujos documentos principais foram, a Declaração de Direitos de Virgínia (1776) e a Declaração dos Direitos do Homem e do Cidadão (1789),[10] respectivamente.

Essa dimensão teve como marco a positivação, isto é, o reconhecimento e a proteção jurídica das liberdades dos cidadãos em documentos escritos. Essas liberdades são chamadas de direitos subjetivos ou liberdades negativas, exigindo do Estado uma ação de abstenção (ação negativa, alternativa de ação ou direito de defesa), ou seja, de não-violação aos direitos naturais do cidadão.

Esses direitos têm como titulares indivíduos singularizados (*uti singuli*), pois são garantias individuais face ao Estado, tais como as liberdades de expressão e de imprensa, de consciência, de reunião, de inviolabilidade de domicílio, entre outros[11].

Por exemplo, a Declaração Norte-Americana de Virgínia, de 1776, aprovada em Assembleia geral e livre, consagra, em seu artigo I, que todos os homens são, por natureza, igualmente livres e independentes, e têm certos direitos inatos, dos quais, quando entram em estado de sociedade, não podem por qualquer acordo privar ou despojar seus pósteros e que são: o gozo da vida e da liberdade com os meios

8. NETO, Silvio Beltramelli. *Direitos humanos*. 3. ed. Salvador: Juspodivm, 2016, p. 90.

9. NETO, Silvio Beltramelli. *Direitos humanos*. 3. ed. Salvador: Juspodivm, 2016, p. 89.

10. Para outros autores, os direitos civis e políticos foram reconhecidos, pela primeira vez, na Magna Carta de 1215 (Cf. NETO, Silvio Beltramelli. *Direitos humanos*. 3. ed. Salvador: Juspodivm, 2016, p. 85).

11. Cf. BOBBIO, Norberto. *A era dos direitos*. Tradução de Carlos Nelson Coutinho. Rio de Janeiro: Elsevier, 2014, p. 62-65; MENDES, Gilmar Ferreira. *Curso de direito constitucional*. 9 ed. São Paulo: Saraiva, 2014, p. 137.

de adquirir e de possuir a propriedade e de buscar e obter felicidade e segurança.

Ademais, o artigo XXII dessa declaração dispõe sobre a liberdade de imprensa, sob o fundamento de que ela é um dos grandes baluartes da liberdade, não podendo ser restringida jamais, a não ser por governos despóticos.

No mesmo diapasão, a Declaração Francesa dos Direitos do Homem e do Cidadão, de 1789, constituída em Assembleia Nacional, consagrou, solenemente, a proteção dos direitos naturais do povo francês, caracterizados pela inalienabilidade e sagrados ao homem. Assim, todos nascem livres e iguais em direitos, de modo que as distinções sociais só podem fundar-se na utilidade comum (art. 1º).

O artigo 10 dessa declaração dispõe que ninguém pode ser inquietado pelas suas opiniões, incluindo opiniões religiosas, contanto que a manifestação delas não perturbe a ordem pública estabelecida.

Também prevê o artigo 11 que a livre comunicação dos pensamentos e das opiniões é um dos mais preciosos direitos do homem, de modo que todo cidadão pode, portanto, falar, escrever, imprimir livremente, respondendo, todavia, pelos abusos desta liberdade nos termos previstos na lei.

Observa-se, neste viés, que as liberdades de expressão e de imprensa tiveram surgimento na primeira dimensão, conquanto tenham adquirido novos coloridos a partir da comunicação de massa e dos avanços tecnológicos no decorrer do tempo. De qualquer forma, têm como fundamento a liberdade, no sentido de que todos os homens são livres para a manifestação do pensamento e de suas opiniões, vedando-se a censura.

A segunda dimensão de direitos fundamentais se refere à igualdade, que teve consolidação na Revolução Industrial, no século XIX. Desde então, ganharam expressão os direitos sociais, em especial os direitos trabalhistas, que passaram a compor as Constituições Mexicana (1917) e de Weimar (1919)[12].

Esses direitos são de titularidade da coletividade, razão pela qual são chamados de direitos coletivos. Envolvem a prestação e o reconhecimento das liberdades sociais, chamadas de liberdades positivas,

12. BOBBIO, Norberto. *A era dos direitos*. Tradução de Carlos Nelson Coutinho. Rio de Janeiro: Elsevier, 2014, p. 62-65; MENDES, Gilmar Ferreira. *Curso de direito constitucional*. 9 ed. São Paulo: Saraiva, 2014, p. 137.

como no caso da sindicalização, do direito de greve e da prestação de políticas públicas por parte do Estado. Ou seja, exige-se do Estado um dever de prestação e de concretização dos direitos fundamentais, principalmente por meio de políticas públicas, com o objetivo de atendê-los na maior medida possível.

Segundo Beltramelli: "*Os direitos sociais também são direitos subjetivos, porém, manifestam-se, recorrentemente, como um direito de crédito, um direito de exigir uma ação.*"[13].

No Brasil, os direitos de segunda dimensão são previstos no artigo 6º da Constituição Federal, que trata dos direitos sociais, abrangendo os direitos trabalhistas, previdenciários, a educação, a saúde, a moradia, entre outros.

A terceira dimensão, por sua vez, é marcada pela internacionalização dos direitos humanos, tendo como principais documentos históricos a Declaração Universal dos Direitos Humanos (DUDH), de 1948, a Convenção para a Proteção do Patrimônio Mundial, Cultural e Natural, de 1972, e a Convenção sobre a Diversidade Biológica, de 1992.

Essa dimensão tem como fundamentos a fraternidade e a solidariedade, abrangendo a proteção de todo e qualquer gênero humano, com ênfase nos direitos difusos, cuja titularidade é da humanidade[14]. Por exemplo, integram a terceira dimensão os direitos à paz, à segurança, ao desenvolvimento, à conservação do patrimônio histórico, artístico e cultural e ao meio ambiente ecologicamente equilibrado[15].

Nessa toada, tornou-se cada vez mais comum a incorporação pelos países, entre eles o Brasil, de tratados internacionais que proclamam a proteção de valores ligados à dignidade humana e a construção de um padrão ético-global.

Em nível global, destaca-se que foram elaborados diversos tratados internacionais sobre direitos humanos, tais como a Declaração Universal dos Direitos Humanos, de 1948, que inspirou a criação do Pacto Internacional de Direitos Civis e Políticos e do Pacto Internacional de Direitos Econômicos, Sociais e Culturais, ambos de 1966. Da mesma arte, houve a criação do Tribunal Penal Internacional, dotado

---

13. NETO, Silvio Beltramelli. *Direitos humanos*. 3. ed. Salvador: Juspodivm, 2016, p. 87.

14. BOBBIO, Norberto. *A era dos direitos*. Tradução de Carlos Nelson Coutinho. Rio de Janeiro: Elsevier, 2014, p. 62-65; MENDES, Gilmar Ferreira. *Curso de direito constitucional*. 9 ed. São Paulo: Saraiva, 2014, p. 137.

15. De todo caso, os direitos de terceira dimensão também podem possuir um caráter individual, conforme previsão expressa da Declaração da ONU sobre o Direito ao Desenvolvimento, de 1986.

de jurisdição permanente e subsidiária aos Estados, em observância ao Estatuto de Roma, do qual o Estado Brasileiro é signatário.

Cabe a análise, doravante, sobre a forma pela qual os direitos fundamentais, previstos na Constituição brasileira de 1988, servem de base para a sociedade democrática.

1.2. Sociedade Democrática

Sob o ângulo do direito brasileiro, a Constituição de 1988 consagra o Estado Social e Democrático de Direito, que tem por fim precípuo a garantia e a tutela dos direitos fundamentais e de todos os valores ligados à dignidade humana, em conformidade com os princípios da unidade do ordenamento e da prevalência dos direitos fundamentais[16].

Em homenagem ao princípio da isonomia, a *Carta Matter* consagra a existência de uma sociedade democrática, proclamando que todos são iguais perante a lei, sem distinção de qualquer natureza, garantindo a inviolabilidade de todo e qualquer direito individual, ou seja, do direito à vida, à liberdade, à igualdade, à segurança e à propriedade. E, a partir do direito à liberdade, se assegura a liberdade de expressão e, ao mesmo tempo, a proteção à vida, em especial à vida privada, à honra e à imagem.[17]. Entende-se que esse modelo de sociedade confere preferência à liberdade de expressão, propiciando o desenvolvimento da democracia comunicativa, é dizer, da manifestação da manifestação da autonomia individual e da opinião pública em uma contexto democrático e de livre em um contexto democrático e de livre circulação de debates e ideias, desde que em respeito à personalidade alheia.

Semelhante entendimento foi sufragado pelo Supremo Tribunal Federal no julgamento da ADPF n. 130/DF, sob o fundamento de que a imprensa é a "*irmã siamesa*" da democracia. Ou seja, "*a Imprensa passa a manter com a democracia a mais entranhada relação de mútua dependência e retroalimentação.*"[18].

---

16. Os direitos fundamentais são previstos, em sua maioria, nos artigos 4º, 5º e 6º da Lei Fundamental, respectivamente.

17. "**Art. 5º**. *Todos são iguais perante a lei, sem distinção de qualquer natureza, garantindo-se aos brasileiros e aos estrangeiros residentes no País a inviolabilidade do direito à vida, à liberdade, à igualdade, à segurança e à propriedade.*".

18. Conforme item 6 da ementa referente ao julgamento da APDF n. 130/DF (Internet. Endereço eletrônico: http://redir.stf.jus.br/paginadorpub/paginador.jsp?docTP=AC&docID=605411, p. 6).

Se não bastasse, o § 5º do artigo 220 da Constituição proíbe o chamado "poder social da imprensa", é dizer, qualquer regime de monopólio ou oligopólio, direta ou indiretamente, exercido pelos meios de comunicação social. Consagra-se, assim, a sociedade democrática, que tem como fundamentos a imprensa livre e o pluralismo.

Em razão das mais diversas experiências políticas e culturais, a Europa caminha no mesmo sentido. Digna de nota é a lição de Jónatas Machado, para o qual a ordem constitucional portuguesa consagra o princípio democrático, que tem como corolário o princípio da democracia comunicativa, propiciando a livre e esclarecida formação da opinião pública e da vontade política[19].

Assim, a sociedade democrática caracteriza-se pela livre manifestação do pensamento e de opiniões e, ao mesmo tempo, pela igualdade de direitos e deveres entre os concidadãos, tanto na perspectiva formal como prática. Decerto, também se revela indispensável o princípio da isonomia, posto que não existe direito fundamental absoluto ou ilimitado, havendo uma festejada igualdade entre a liberdade de expressão e os demais direitos da personalidade no palco cinematográfico da democracia.

1.3. Constituição Penal e o Necessário Equilíbrio dos Direitos Fundamentais

O artigo 5º, inciso XXXIX, da Constituição Federal consagra o princípio da legalidade dos delitos e das penas, proclamando que não há crime sem lei anterior que o defina, nem pena sem prévia cominação legal. Esse princípio estabelece um limite ao legislador ordinário, com o escopo de garantir a liberdade do cidadão e impedir a arbitrariedade no direito de punir (*ius puniendi*).

Assim, o legislador infraconstitucional tem seu campo de atuação adstrito aos princípios constitucionais penais e processuais penais, devendo seguir o princípio da intervenção mínima do direito penal

---

19. Para Machado: "*A doutrina constitucional sublinha que o princípio democrático tem como subprincípio a democracia comunicativa, estruturada em torno das noções de opinião pública e comunicação cívica e política democrática. A existência, no seio da comunidade política, de uma opinião pública autónoma funciona como garantia substantiva da democracia, a nível nacional, regional e local. Para poder funcionar, uma democracia necessita de todo o tipo de informação sobre as mais variadas questões. Mas a informação sobre o funcionamento das instituições públicas reveste-se de especial importância, na medida em que são estas que procedem à recolha, priorização, alocação e gestão dos recursos públicos.*" (MACHADO, Jónatas E. M. *Difamação de figuras públicas*: tutela jurídica e censura judicial à luz do direito português. Curitiba: Juruá, 2016, p. 23).

(*ultima ratio legis*), que tem como corolário o princípio da fragmentariedade (exclusiva proteção de bem jurídico).

Como se vê, compõe-se a Constituição de valores fundamentais prévios à legislação penal, que devem ser atendidos fielmente pelo legislador ordinário na definição da resposta criminal. Corroborando do entendimento de Luciano Feldens, há a existência de uma "Constituição Penal", ou seja, de um conjunto de regras e princípios que dita a organização e o funcionamento do sistema jurídico-penal[20]. Entendemos, ademais, que há um típico modelo de processo constitucional com reflexos criminais, dando-se azo a uma genuína "Constituição Processual Penal".

Destarte, existe um ponto nuclear na relação entre o Direito Penal e Processual Penal e a Constituição, consistente no dever de proteção criminal dos direitos e garantias fundamentais. Vale dizer, exige-se que o direito penal e processual penal tenha interação e coerência com os ditames constitucionais, sobretudo no que se refere à proteção da liberdade de expressão e dos direitos da personalidade.

De se deixar claro que, em uma sociedade democrática, nem todas as manifestações ou ilações podem ser consideradas ofensivas. Ou seja, deve prevalecer o exercício regular e o respeito irrestrito à liberdade de expressão, com a conscientização e o amadurecimento cultural da sociedade. Em um ambiente cada vez mais movido ao fluxo de informações e novas relações materiais e imateriais, são indispensáveis no povo a tolerância, o pluralismo, a solidariedade e as aberturas mental e de espírito.

Assim, toda e qualquer restrição à liberdade de expressão, sobretudo por meio da intervenção criminal, deve incidir de forma proporcional e em situações excepcionalíssimas. Por exemplo, revela-se necessária e adequada a resposta punitiva para o combate dos discursos de ódio ("hate speech") e de discriminação, assim como de notícias falsas ("fake news") e de crimes contra a honra.

---

20. Para Luciano Feldens: "*Diante desse panorama, surge-nos a noção de 'Constituição Penal', aqui concebida como o conjunto de diretrizes normativas estabelecidas à organização e ao funcionamento do sistema jurídico-penal requerido pela Constituição, as quais compreendem os princípios e regras gerais respeitantes à matéria criminal (penal e processual penal) positivados na ordem constitucional; ademais, uma vez assentada a missão precípua do Direito Penal como instrumento de proteção de bens jurídicos, as linhas compreensivas da 'Constituição Penal' assumirão uma perspectiva material para abranger, em seu núcleo de problematização, os efeitos decorrentes do desenvolvimento dogmático dos direitos fundamentais, enquanto proibições de intervenção e imperativos de tutela.*" (FELDENS, Luciano. *Direitos fundamentais e direito penal*: a Constituição Penal. 2 ed. Porto Alegre: Livraria do Advogado, 2012, p. 60).

Nas demais situações, mostra-se razoável a proteção dos direitos da personalidade mediante outros meios jurídicos menos gravosos, tal como a esfera cível.

Infere-se que, conforme já salientado, as liberdades de expressão e de imprensa integram a primeira dimensão de direitos fundamentais, pois consistem em liberdades públicas do indivíduo diante do Estado. Nada obstante, a globalização da comunicação e a sociedade de massa ampliaram o espectro de atuação da mídia no contexto social, conferindo novos contornos à liberdade de expressão, a ponto de pairar uma zona cinzenta entre a legalidade e a ilegalidade de certas manifestações dos veículos de comunicação. Neste azo, o direito penal e o processo penal devem guardar plena compatibilidade com a Constituição, com o desiderato de estabelecer uma resposta criminal sistemicamente coerente e proporcional no contexto midiático, definindo as fronteiras entre a liberdade de expressão e os demais direitos da personalidade, principalmente diante do surgimento do jornalismo digital.

2. IMPRENSA: ORIGEM E EVOLUÇÃO CONCEITUAL

Originariamente, o termo "imprensa" nasceu com a descoberta da máquina de imprimir ("prensa"), destinada ao escrito em tinta de tipos ou caracteres metálicos sobre o papel em branco[21].

Com o decorrer do tempo, a "imprensa" deixou de ser causa e passou a designar o efeito, ou seja, tornou-se o papel impresso ou a arte gráfica posta em circulação no mercado e ao conhecimento da sociedade. Vale dizer, a imprensa apresentava um sentido amplo, pois abarcava os produtos de artes gráficas destinados à publicação e à divulgação, como no caso dos jornais, revistas, livros, brochuras, panfletos, editais, anúncios, boletins, cartazes, entre outros[22].

Nesse contexto, cabe a compreensão do sentido denotativo de "imprensa" e de "mídia" na atualidade. Com efeito, a "mídia" é a "*Designação genérica dos meios, veículos e canais de comunicação, como, por ex., jornal, revista, rádio, televisão, ´outdoor´ etc.*"[23]. Já a "imprensa"

21. MIRANDA, Darcy de Arruda. *Comentários à Lei de Imprensa*. V. II. São Paulo: Revista dos Tribunais, 1969, p. 18.
22. MIRANDA, Darcy de Arruda. *Comentários à Lei de Imprensa*. V. II. São Paulo: Revista dos Tribunais, 1969, p. 19.
23. FERREIRA, Aurélio Buarque de Holanda. *Miniaurélio: o dicionário da língua portuguesa*. 6. ed. Curitiba: Positivo, 2005, p. 553.

é "*O conjunto de jornais e publicações congêneres*"[24]. Assim, inserem-se no conceito de imprensa os jornais ou periódicos, as emissoras de radiofusão e as agências de notícia[25].

Nada obstante, salienta Darcy de Arruda Miranda que a imprensa passou a ter um conceito moderno no decorrer do tempo, afastando-se da definição genérica de impressos, a ponto de abranger uma noção mais específica dos livros, periódicos, suplementos literários e especializados[26].

Nos dias atuais, discute-se se a *internet* pode integrar o conceito de imprensa. Por exemplo, há o debate de que se portais eletrônicos que, de um lado, só veiculam notícias e aqueles que, de outro, além de notícias, veiculam conteúdo comercial ou de entretenimento, podem se enquadrar ou não no sentido de imprensa.

Em 8 de junho de 2016, o Conselho Institucional do Ministério Público Federal firmou o entendimento de que a *internet* não se insere, em regra, no conceito de imprensa[27].

A Associação Brasileira de Emissoras de Rádio e Televisão (ABERT) e a Associação Nacional de Jornais (ANJ) forneceram, respectivamente, duas representações em face da empresa "Portal Terra", com denominação social "Terra Networks Brasil S.A.", perante a 3ª Câmara de Coordenação e Revisão do Ministério Público Federal, denominada Câmara do Consumidor e Ordem Econômica, para apuração, mediante inquérito civil, das seguintes infrações contra a ordem econômica e as relações de consumo: **(i)** exportação indevida de dados de natureza comercial e cultural; e **(ii)** dominação de mercado da informação, atividade de comunicação ou atividade jornalística.[28]

Na representação, foi alegado que o "Portal Terra" detém de participação societária de capital estrangeiro superior a 30% (trinta por cento) e, consequentemente, teria violado as normas nacionais relativas à atuação das empresas jornalísticas no Brasil, tendo em vista

---

24. FERREIRA, Aurélio Buarque de Holanda. *Miniaurélio: o dicionário da língua portuguesa.* 6. ed. Curitiba: Positivo, 2005, p. 446.
25. MIRANDA, Darcy de Arruda. *Comentários à Lei de Imprensa.* V. II. São Paulo: Revista dos Tribunais, 1969, p. 580.
26. MIRANDA, Darcy de Arruda. *Comentários à Lei de Imprensa.* V. II. São Paulo: Revista dos Tribunais, 1969, p. 21.
27. Para mais detalhes, consultar: http://www.mpf.mp.br/pgr/noticias-pgr/mpf-legislacao-nao-restringe-propriedade-de-portais-de-internet-com-conteudo-jornalistico.
28. Trata-se do inquérito civil n. 1.29.000.001082/2010-16, cabendo menção do seu número e das partes nele envolvidas exclusivamente para fins didáticos.

o disposto no § 1º do artigo 222 da Constituição[29], que preceitua que pelo menos 70% (setenta por cento) do capital social ou vontade de empresas jornalísticas devem pertencer a brasileiros natos ou naturalizados, incidindo, em tese, na prática de infrações, de infrações contra a ordem econômica e as relações de consumo.

A Câmara do Consumidor e Ordem Econômica determinou a remessa de cópias da representação aos Núcleos de Defesa do Consumidor e da Ordem Econômica das Procuradorias da República de São Paulo e do Rio Grande do Sul, que se posicionaram pelo arquivamento do inquérito civil, entendendo que não houve lesão à ordem econômica, tampouco ao direito do consumidor.

A Câmara do Consumidor e Ordem Econômica do Ministério Público Federal, por sua vez, não homologou o arquivamento do inquérito civil, se posicionando pelo prosseguimento da investigação, com expedição de recomendação à Presidência da República para eventual propositura de ação civil pública.

Contudo, o Procurador-Geral da República, ao receber a recomendação, a devolveu para a Câmara do Consumidor e Ordem Econômica, requerendo o reexame da matéria pela própria Câmara, a qual, desta feita, entendeu por anular as deliberações anteriores e, então, homologou a decisão de arquivamento das Procuradorias da República de São Paulo e do Rio Grande do Sul.

A Associação de Emissoras de Rádio e Televisão (ABERT) recorreu em face da decisão da Câmara do Consumidor e Ordem Econômica, sendo o recurso submetido ao julgamento do Conselho Institucional do Ministério Público Federal[30].

Alegou a ABERT que a restrição prevista no § 1º do artigo 222 da CF seria aplicável a toda e qualquer empresa jornalística, sem distinção do meio ou veículo utilizados, no que, necessariamente, se enquadra o portal de *internet* em referência.

---

29. "**Art. 222.** *A propriedade de empresa jornalística e de radiofusão sonora e de sons e imagens é privativa de brasileiros natos ou naturalizados há mais de dez anos, ou de pessoas jurídicas constituídas sob as leis brasileiras e que tenham sede no País.* **§ 1º** *Em qualquer caso, pelo menos setenta por cento do capital total e do capital vontade das empresas jornalísticas e de radiofusão sonora e de sons e imagens deverá pertencer, direta ou indiretamente, a brasileiros natos ou naturalizados há mais de dez anos, que exercerão obrigatoriamente a gestão das atividades e estabelecerão o conteúdo da programação*".

30. O Conselho Institucional do Ministério Público é composto por membros das setes Câmaras de Coordenação e Revisão do Ministério Público Federal e, entre suas diversas atribuições, lhe incumbe julgar os recursos interpostos em face das decisões das Câmaras de Coordenação e Revisão.

O órgão máximo de revisão do Ministério Público Federal, no julgamento desse recurso, decidiu por manter a homologação de arquivamento do inquérito civil, sob o fundamento de que não houve infração à ordem econômica, nem às relações de consumo.

Em geral, o Conselho Institucional apresentou os seguintes entendimentos:

Em primeiro lugar, a *internet* é um ambiente descentralizado e sem fronteiras, razão pela qual a empresa que atua como portal de conteúdo na *internet* - ou seja, que veicula, além de notícias, conteúdos de comercial e de entretenimento -, desempenha atividade específica e, portanto, não pode ser tratada de forma equivalente a jornais, emissoras de rádio e de televisão.

Dessa forma, esses portais eletrônicos não estão sujeitos às mesmas restrições constitucionais impostas a empresas jornalísticas quanto à participação estrangeira em seu capital.

De se ver que, no caso em referência, o portal da *internet* é administrado por certa empresa, a qual, por sua vez, autoriza que terceiros elaborem conteúdo sem a caracterização de atividade jornalística. Por conseguinte, esse portal eletrônico possui natureza diversa em relação aos meios tradicionais de comunicação, motivo pelo qual não assume a feição de empresa jornalística.

Esse entendimento foi reforçado pela jurisprudência do Supremo Tribunal Federal e por estudos técnicos e pareceres.

No julgamento da ADPF n. 130/DF, o Supremo Tribunal Federal decidiu que, por ausência de previsão constitucional, a *internet* está fora do conceito de imprensa[31].

Se não bastasse, a Consultoria Legislativa da Câmara dos Deputados, em parecer técnico sobre o tema, se posicionara que os portais da *internet*, ainda que predominantemente submetidos ao capital estrangeiro, não são equivalentes às empresas jornalísticas, eis que aqueles se caracterizam como plataformas multimídias que disponibilizam conteúdos e espaço de interação distintos aos das atividades de jornalismo.

A Consultoria Jurídica do Ministério das Comunicações, por sua vez, apresenta o mesmo entendimento, acrescentando que qualquer forma de equiparação deve ser prevista em lei específica.

---

31. CARVALHO, Ana Cristina Azevedo P.. *Marco Civil da Internet no Brasil*: Análise da Lei n. 12.965/14 e do Direito de Informação. Rio de Janeiro: Alta Books, 2014, p. .....

Também foi mencionada a Lei n. 12.965/14 (Marco Civil da Internet), sob a alegação de que ela consagra o respeito pleno à liberdade de expressão, à livre iniciativa e à pluralidade no ambiente digital.

Por fim, a propositura de eventual ação civil pública para apurar as infrações à ordem econômica e às relações de consumo não é de competência exclusiva do Ministério Público, mas também pode ser ajuizada pelo órgão de classe competente, ou seja, a Associação de Emissoras de Rádio e Televisão (ABERT).

Além dos fundamentos acima, acrescentamos que qualquer pessoa, de forma não profissionalizada e sem a caracterização de atividade de jornalismo, pode produzir e compartilhar informações por meio da *internet*, embora o conteúdo seja de interesse geral ou de um grupo específico, dando azo aos *self media*[32].

Aliás, esse fluxo de informações no ambiente digital é inerente ao regular exercício da liberdade de expressão dos usuários da *internet*, contribuindo para o pluralismo e o debate político, embora também seja suscetível à configuração de crimes, tais como os delitos de discriminação, falsa identidade, contra a honra, entre outros.

Por outro lado, entendemos que empresas jornalísticas, se valendo da *internet*, podem possuir *blogs*, *sites* e portais eletrônicos para a divulgação profissionalizada de notícias, complementando, com isso, sua atividade-fim.

Sustentamos, neste ponto, que a internet se insere no conceito de imprensa, principalmente diante de estudos desenvolvidos na área da comunicação que indicam a existência de uma nova realidade: os *novos media*.

De se ver que os *novos* media são veículos de comunicação que elaboraram e divulgam notícias, de forma profissionalizada, no ambiente digital, de modo que tal atividade corresponde a de jornalismo.

---

32. Para a compreensão do tema, transcreve-se excerto de Sousa e Amaral: "*A introdução das novas tecnologias nas esferas pública e privada da sociedade, mais do que uma reformulação, originou um novo campo sociocultural e, consequentemente, comunicacional. É a era da Cibercultura e do paradigma da individualização da comunicação. Não pela oposição à comunicação de massas, mas pela aceleração da experiência através da eletrônica num novo universo de sociabilização: o ciberespaço. Efetivamente, a Cibercultura é uma manifestação da vitalidade social contemporânea e os self media traduzem uma reconfiguração do espaço mediático. Os self media, enquanto extensão dos novos media, demonstram como a emergência do ciberespaço implica uma mutação radical da comunicação. A aceleração da era da Cibercultura produz novos espaços e novas esferas. A multiplicação da velocidade da comunicação traduz-se num universo onde se inscrevem infinitas tribos de interesses e inúmeros significados compartilhados*" (AMARAL, Inês; SOUSA, Helena. *A era dos Self Media*. In: *Revista Eletrônica Portas*, v.3, n.3, p. 9-17, 2009).

Neste caso, a imprensa, em especial o jornalismo, ganhou um novo formato diante da difusão e da democratização das redes digitais. Ou seja, a imprensa, outrora escrita, tornou-se predominantemente digital, razão pela qual os profissionais da informação também se tornaram suscetíveis à prática de delitos no ambiente digital.

Não à toa que, nos dias atuais, o direito de informar, que integra a liberdade de imprensa, pode ser exercido por qualquer meio de difusão, ou seja, por meio de jornais, rádio, televisão e, acima de tudo, *internet*[33].

Inconteste, portanto, que o ambiente digital, incluindo os *novos media*, consiste em uma reconfiguração da imprensa e do espaço midiático. Entendemos, em miúdos, que a *internet* integra o conceito de imprensa, desde que a atividade de jornalismo seja exercida de forma profissionalizada e em respeito à veracidade da informação.

Importante salientar, de todo caso, que a atividade de jornalismo não se confunde com a de assessoria de imprensa.

De acordo com o entendimento da Oitava Turma do Tribunal Superior do Trabalho, as funções de assessoria de imprensa são de comunicação corporativa, não se enquadrando no conceito de atividade jornalística.

Assim, não se reconhece à assessoria de imprensa o direito à jornada especial de trabalho de jornalista[34].

Certo é que a internet tem sido um espaço destinado à difusão de informações e de manifestações, contribuindo para a modernização da democracia e, consequentemente, o surgimento de um novo paradigma de uma "cidadania ativa". Nota-se, por isso, a consolidação da *ciberdemocracia*, havendo uma liberdade mais ampla, tanto de cunho individual, como coletiva, e, ao mesmo tempo, uma maior interdependência e mais comunicação[35].

E, independentemente do sentido perfilhado, as sociedades modernas dependem não só da existência da imprensa – seja escrita, seja digital -, mas também que tal atividade seja desenvolvida de maneira

---

33. COUTINHO, Francisco Pereira. O Tribunal Europeu dos Direitos do Homem e a Liberdade de Imprensa: Os Casos Portugueses. In: *Media, direito e democracia*: I curso pós-graduado em direito da comunicação. p. 319-360. Coimbra: Almedina, 2014.
34. Para mais detalhes: Processo: **TST, RR-2102-13.2015.5.02.0026**.
35. CARVALHO, Ana Cristina Azevedo P.. *Marco Civil da Internet no Brasil*: Análise da Lei n. 12.965/14 e do Direito de Informação. Rio de Janeiro: Alta Books, 2014, p. .....

profissional, destinando-se à difusão da informação e à criação de opiniões e ideais com veracidade[36].

De se ver que o direito brasileiro inclina-se à adoção do regime de responsabilidade no âmbito da imprensa em conformidade com o regime democrático. Decerto, há espaço para o Estado regulamentar as atividades de imprensa e de jornalismo editando as respectivas legislações. Esse regime caracteriza-se da seguinte forma: **(i)** inexistência de prévia censura; e **(ii)** o reconhecimento, em circunstâncias excepcionais, de um modelo de responsabilidade criminal[37].

Assevera-se que, na presente exposição, realizar-se-á uma leitura conjuntural dos aspectos materiais e processuais penais dos crimes praticados no contexto da imprensa, sendo necessária a incursão no universo da mídia em certos momentos, sobretudo da internet, pois o sistema criminal ainda encontra-se em franca evolução nesse âmago, apresentando um talvegue nebuloso na era da informação.

De toda sorte, analisados os fundamentos etimológicos e conceituais da imprensa, cabe a ponderação sobre o alcance e o âmbito de manifestação nas searas da comunicação social e das demais liberdades públicas, tais como as liberdades de informação e de expressão.

3. COMUNICAÇÃO SOCIAL E LIBERDADES PÚBLICAS

Fundamentalmente, o pensamento humano não se restringe ao plano interno-intelectivo, mas também assume projeção no ambiente externo, notadamente pela palavra oral ou escrita[38]. Destarte, a liberdade de comunicação abrange as liberdades de expressão, de informação, de imprensa, de radiofusão e dos novos veículos midiáticos, a ponto de desempenhar uma função imprescindível ao bom funcionamento dos sistemas político, socioeconômico, cultural, artístico, religioso e desportivo de cada sociedade[39].

---

36. No mesmo sentido: GONZÁLEZ JARA, Manuel Ángel. *Marco penal de lãs libertades de expresión, opinión e información*. Santiago: Librotecnia, 2012, p. 28-29.

37. São três as formas de intervenção do Estado na imprensa: **(i)** regime de liberdade absoluta; **(ii)** regime de prévia censura absoluta; e **(iii)** regime de responsabilidade (GONZÁLEZ JARA, Manuel Ángel. *Marco penal de las libertades de expresión, opinión e información*. Santiago: Librotecnia, 2012, p. 31-33).

38. CARVALHO, Kildare Gonçalves. *Direito constitucional positivo*. 20 ed. Belo Horizonte: Del Rey, 2013, p. 94.

39. MACHADO, Jónatas E. M. *Difamação de figuras públicas*: tutela jurídica e censura judicial à luz do direito português. Curitiba: Juruá, 2016, p. 17.

Assinala Luiz Rosek Germano que o Estado Democrático de Direito fundamenta-se em um trinômio irrenunciável para a realização das liberdades públicas: a liberdade de informação, a liberdade de expressão e a liberdade de imprensa[40].

Sob o ângulo do direito constitucional brasileiro, a liberdade de comunicação social é consagrada no inciso IX do artigo 5º da Constituição Federal, que tem como corolário o artigo 220 da Lei Fundamental. Logo, ambas as normas constitucionais se dialogam para conferir proteção plena à liberdade de comunicação social.

Preleciona José Afonso da Silva que *"A liberdade de comunicação consiste no conjunto de direitos, formas, processos e veículos, que possibilitam a coordenação desembaraçada da criação, expressão e difusão do pensamento e da informação."*[41].

Assim, é livre a expressão da atividade intelectual, artística, científica e de comunicação, independentemente de censura ou licença. Da mesma sorte, a manifestação do pensamento, a criação, a expressão e a informação, sob qualquer forma, processo ou veículo, não sofrerão qualquer restrição, observado o disposto na Magna Carta. Pretende-se proteger o meio pelo qual o direito constitucionalmente reconhecido será difundido pelos veículos de comunicação de massa.

Em Portugal, discute-se sobre os contornos do direito penal de comunicação social como desdobramento do direito penal especial, que é uma exceção à parte geral do Código Penal lusitano, pois composto de princípios e regras específicos para o tratamento dos crimes e das sanções no contexto da comunicação social.

De acordo com o artigo 37, item 3, da Constituição portuguesa, as infrações cometidas no exercício das liberdades de expressão e de informação ficam submetidas aos princípios gerais de direito criminal ou do ilícito de mera ordenação social, sendo a sua apreciação respectivamente de competência dos tribunais judiciais ou de entidade administrativa independente, nos termos da lei[42]. Neste azo, o direito

40. GERMANO, Luiz Paulo Rosek. *Direito de resposta*. Porto Alegre: Livraria do Advogado, 2011, p. 77.

41. SILVA, José Afonso da. *Curso de direito constitucional positivo*. 33 ed. São Paulo: Malheiros, 2010, 1969, p. 243.

42. *"**Artigo 37.º Liberdade de expressão e informação*** 1. Todos têm o direito de exprimir e divulgar livremente o seu pensamento pela palavra, pela imagem ou por qualquer outro meio, bem como o direito de informar, de se informar e de ser informados, sem impedimentos nem discriminações. 2. O exercício destes direitos não pode ser impedido ou limitado por qualquer tipo ou forma de censura. 3. As infracções cometidas no exercício destes direitos ficam submetidas aos princípios gerais de direito criminal ou

penal de comunicação social tem a finalidade de evitar os abusos da liberdade de imprensa pela proteção da reserva da vida privada.

Obtempera Alexandre de Moraes que o meio de comunicação social é uma forma de desenvolvimento de informação por meio de sons, imagens, impressos, gestos, entre outros. De toda sorte, a Constituição brasileira de 1988 o empregou num sentido estrito, a ponto de abranger o jornal, as revistas, o rádio e a televisão[43].

No mesmo sentido, a Lei Fundamental assegura a propriedade de empresa jornalística e de radiofusão sonora e de sons e imagens, de maneira privativa, aos brasileiros natos ou naturalizados há mais de dez anos, ou às pessoas jurídicas com sede no país constituídas nos moldes das leis brasileiras.[44]

Nos termos do artigo 220 da Constituição, a manifestação do pensamento, a criação, a expressão e a informação, sob qualquer forma, processo ou veículo não sofrerão qualquer restrição. Contudo, são proibidas certas condutas praticadas pelos meios de comunicação social. Primeiramente, nenhuma lei conterá dispositivo que possa constituir embaraço à plena liberdade de informação jornalística em

---

do ilícito de mera ordenação social, sendo a sua apreciação respectivamente da competência dos tribunais judiciais ou de entidade administrativa independente, nos termos da lei. 4. A todas as pessoas, singulares ou colectivas, é assegurado, em condições de igualdade e eficácia, o direito de resposta e de rectificação, bem como o direito a indemnização pelos danos sofridos. ***Artigo 38.º Liberdade de imprensa e meios de comunicação social*** 1. É garantida a liberdade de imprensa. 2. A liberdade de imprensa implica: a) A liberdade de expressão e criação dos jornalistas e colaboradores, bem como a intervenção dos primeiros na orientação editorial dos respectivos órgãos de comunicação social, salvo quando tiverem natureza doutrinária ou confessional; b) O direito dos jornalistas, nos termos da lei, ao acesso às fontes de informação e à protecção da independência e do sigilo profissionais, bem como o direito de elegerem conselhos de redação; c) O direito de fundação de jornais e de quaisquer outras publicações, independentemente de autorização administrativa, caução ou habilitação prévias. 3. A lei assegura, com carácter genérico, a divulgação da titularidade e dos meios de financiamento dos órgãos de comunicação social. 4. O Estado assegura a liberdade e a independência dos órgãos de comunicação social perante o poder político e o poder económico, impondo o princípio da especialidade das empresas titulares de órgãos de informação geral, tratando-as e apoiando-as de forma não discriminatória e impedindo a sua concentração, designadamente através de participações múltiplas ou cruzadas. 5. O Estado assegura a existência e o funcionamento de um serviço público de rádio e de televisão. 6. A estrutura e o funcionamento dos meios de comunicação social do sector público devem salvaguardar a sua independência perante o Governo, a Administração e os demais poderes públicos, bem como assegurar a possibilidade de expressão e confronto das diversas correntes de opinião. 7. As estações emissoras de radiodifusão e de radiotelevisão só podem funcionar mediante licença, a conferir por concurso público, nos termos da lei."

43. MORAES, Alexandre de. *Direito constitucional*. 31 ed. São Paulo: Atlas, 2015, p. 876-877.

44. MORAES, Alexandre de. *Direito constitucional*. 31 ed. São Paulo: Atlas, 2015, p. 877.

qualquer veículo de comunicação social. Ademais, veda-se qualquer censura de jaez político, ideológico e artístico.

Por fim, proíbe-se a exigência de licença de autoridade para publicação de veículo impresso de comunicação. Excepcionalmente, algumas propagandas comerciais sujeitam-se a restrições legais, a exemplo das propagandas de tabaco, bebidas alcoólicas, agrotóxicos, medicamentos e terapias, nas quais deve haver a advertência sobre os malefícios decorrentes do consumo dessas substâncias[45].

Consigna-se que, mesmo que vedada a censura prévia, a comunicação social deve conformar-se com os demais preceitos constitucionais, tal como a proteção dos direitos da criança e do adolescente[46].

Dessa forma, compete à União a edição de lei federal para regular as diversões e espetáculos públicos, com a informação da natureza desses eventos, as faixas etárias aos quais não são recomendados e os locais e horários em que a apresentação for inapropriada. Cabe ao poder público, outrossim, estabelecer os meios legais que garantam à pessoa e à família a viabilidade de se defenderem de programas ou programações de rádio e televisão que contrariem o disposto na Constituição, assim como da propaganda de produtos, práticas e serviços que possam ser nocivos à saúde e ao meio ambiente (art. 220, § 3º, CF)[47].

Em suma, infere-se que a liberdade de comunicação social abarca as mais diversas liberdades de expressão, tais como a liberdade de expressão em sentido estrito, a liberdade de informação e a liberdade de imprensa. Uma vez analisadas as nuances da comunicação social, cabe a compreensão do que se entende por liberdade de informação e, via de consequência, por liberdades de expressão e de imprensa.

4. LIBERDADE DE INFORMAÇÃO

Fundamentalmente, discute-se sobre o exato sentido e alcance das liberdades de informação e de expressão. Parcela da doutrina perfilha que são conceitos de conteúdo distinto, enquanto que outra parte defende que a liberdade de expressão integra a liberdade de informação[48].

Nessa senda, a liberdade consiste na capacidade de fazer ou deixar de fazer tudo que o titular pretende, a despeito de comportar

45. MORAES, Alexandre de. *Direito constitucional.* 31 ed. São Paulo: Atlas, 2015, p. 877.
46. MORAES, Alexandre de. *Direito constitucional.* 31 ed. São Paulo: Atlas, 2015, p. 877.
47. MORAES, Alexandre de. *Direito constitucional.* 31 ed. São Paulo: Atlas, 2015, p. 877.
48. NESPRAL, Bernardo. *Derecho de la información.* Periodismo: derechos, deberes y responsabilidades. Buenos Aires: Bdef, 2014, p. 9.

restrições em sua atividade[49]. Para Manuel Ángel Gonzáles Jara, a expressão, a opinião e a informação representam uma tríade, cada qual com conceitos substanciais à natureza do homem contemporâneo e às sociedades democráticas[50].

Segundo Paulo Affonso Leme Machado, a informação apresenta as mais diversas características, quais sejam: **(i)** é um estado subjetivo, pois se apresenta ora como um saber ora como um não-saber; **(ii)** é um processo interativo, denominado comunicação; **(iii)** é um conteúdo, ou seja, são os dados, conhecimentos, imagens, sons, formas, palavras e símbolos; e **(iv)** é um direito, porquanto incorporado à vida humana. Dessa forma, existe um período temporal entre o pedido e a transmissão da própria informação, de modo que o retardamento nesse lapso causa danos potenciais e efetivos àquele que é informado[51].

Sob o prisma do direito brasileiro, o inciso XIV do artigo 5º da Constituição de 1988 consagra a liberdade de informação, pois é assegurado a todos o acesso à informação e o resguardo do sigilo da fonte, quando necessário ao exercício profissional[52].

Nessa senda, esse preceito constitucional deve ser interpretado sistemicamente com a inviolabilidade à honra e à vida privada e à proteção à imagem[53], sob pena de caracterização das responsabilidades civil e criminal daquele que realiza a publicação da matéria ofensiva[54].

Em nível infraconstitucional, a Lei n. 12.527/11, intitulada "Lei de Acesso à informação", dispõe sobre os procedimentos a serem observados pela União, Estados, Distrito Federal e Municípios, com o fim de garantir o acesso a informações previsto constitucionalmente.[55]

---

49. DEMERCIAN, Pedro. *Curso de processo penal.* São Paulo: Atlas, 1999, p. 369.
50. GONZÁLEZ JARA, Manuel Ángel. *Marco penal de las libertades de expresión, opinión e información.* Santiago: Librotecnia, 2012, p. 19.
51. MACHADO, Paulo Affonso Leme. *Direito à informação e meio ambiente.* São Paulo: Malheiros, 2006, p. 51-52.
52. MACHADO, Paulo Affonso Leme. *Direito à informação e meio ambiente.* São Paulo: Malheiros, 2006, p. 52.
53. "**Art. 5º, V** – *é assegurado o direito de resposta, proporcional ao agravo, além da indenização por dano material, moral ou à imagem.*"
54. "**Art. 5º, X** – *são inviolável a intimidade, a vida privada, a honra e a imagem das pessoas, assegurado o direito a indenização pelo dano material ou moral decorrente de sua violação*".
55. Art. 4º Para os efeitos desta Lei, considera-se: I - informação: dados, processados ou não, que podem ser utilizados para produção e transmissão de conhecimento, contidos em qualquer meio, suporte ou formato;

    II - documento: unidade de registro de informações, qualquer que seja o suporte ou formato; III - informação sigilosa: aquela submetida temporariamente à restrição de acesso público em razão de sua imprescindibilidade para a segurança da sociedade e

Assevera José Afonso da Silva que a liberdade de informação não se confunde com o direito de informação. Com efeito, o acesso à informação (direito à informação) é um direito de liberdade garantido a todos os cidadãos, ou seja, um direito coletivo, independentemente de raça, credo ou convicção político-filosófica, tendo por fim precípuo o alcance do conhecimento e da transparência acerca do funcionamento da máquina pública. Neste viés, o direito à informação tem como consectário a liberdade de informação jornalística, no sentido de que a Constituição assegura a todos o direito de serem informados corretamente[56]. Em caso de afronta à liberdade de informação jornalística, o remédio constitucional pertinente é o *habeas data* para a proteção do acesso à informação (art. 5º, LXXII).

Obtempera Bernardo Nespral que o cerne do direito à informação é consagrado no inciso 1 do artigo 13 do Pacto de São José da Costa Rica, que assegura a busca, o recebimento e a difusão de informações e opiniões de toda índole. Segundo o jurista argentino, "*Há uma inter-relação entre o direito e a informação: eis que se informa sobre o direito e há normas jurídicas relativas à informação*"[57].

Nessa perspectiva, o direito à informação é um direito natural e, ao mesmo tempo, um direito humano. No primeiro caso, é natural por se inserir na natureza sociável do homem, caracterizando-se pela universalidade, inviolabilidade e inalienabilidade. Por outro lado, é humano em função de contribuir para a dignidade humana, já que é necessário para o natural desenvolvimento da personalidade de cada indivíduo em comunidade[58].

---

do Estado; IV - informação pessoal: aquela relacionada à pessoa natural identificada ou identificável; V - tratamento da informação: conjunto de ações referentes à produção, recepção, classificação, utilização, acesso, reprodução, transporte, transmissão, distribuição, arquivamento, armazenamento, eliminação, avaliação, destinação ou controle da informação; VI - disponibilidade: qualidade da informação que pode ser conhecida e utilizada por indivíduos, equipamentos ou sistemas autorizados; VII - autenticidade: qualidade da informação que tenha sido produzida, expedida, recebida ou modificada por determinado indivíduo, equipamento ou sistema; VIII - integridade: qualidade da informação não modificada, inclusive quanto à origem, trânsito e destino; IX - primariedade: qualidade da informação coletada na fonte, com o máximo de detalhamento possível, sem modificações. Art. 5º É dever do Estado garantir o direito de acesso à informação, que será franqueada, mediante procedimentos objetivos e ágeis, de forma transparente, clara e em linguagem de fácil compreensão.

56. SILVA, José Afonso da. *Curso de direito constitucional positivo*. 33 ed. São Paulo: Malheiros, 2010, 1969, p. 243-248.

57. NESPRAL, Bernardo. *Derecho de la información*. Periodismo: derechos, deberes y responsabilidades. Buenos Aires: Bdef, 2014, p. 15, tradução nossa.

58. NESPRAL, Bernardo. *Derecho de la información*. Periodismo: derechos, deberes y responsabilidades. Buenos Aires: Bdef, 2014, p. 15.

Para Manuel Angel Gonzáles Jara, existem três conceitos que se vinculam diretamente com a informação, a saber: **(i)** o direito de informar; **(ii)** o direito de se informar; e **(iii)** o direito de ser informado[59].

Nesse contexto, a informação jornalística deve ser exercida com base em dois requisitos: notícia e crítica. A notícia é a divulgação de um fato de suma importância à pessoa que vive em sociedade, enquanto que a crítica é a opinião ou juízo de valor incutido em determinada notícia. Sem prejuízo, haverá afronta aos direitos da personalidade, sobretudo à vida privada, à intimidade, à honra e à imagem do ser humano, se as notícias não forem de interesse público, geralmente desvestindo-se do caráter de informação.[60]

Para Luis Gustavo Grandinetti Castanho de Carvalho, o direito à informação integra um sub-ramo do direito civil que regula a informação pública de fatos e qualidades de dada pessoa, tendo como destinatário um número indeterminado de indivíduos, a ponto de influir no comportamento humano e propiciar o discernimento de escolhas em sociedade, tanto para assuntos de interesse público como para questões de interesse privado com repercussão social[61].

Noutro viés, a liberdade de informação é um direito individual consagrado na Constituição que compreende a divulgação de fatos, dados e qualidades objetivamente apuradas. Essa liberdade se difere da liberdade de expressão, que consiste na expressão do pensamento por qualquer meio de veiculação social[62].

Assim, a liberdade de informação envolve a procura, o acesso, o recebimento e a difusão de informações ou ideias, por qualquer meio e sem qualquer censura. Essa liberdade viabiliza a informação sobre o meio ambiente e os direitos humanos, além de propiciar a participação política e a luta contra a corrupção.

Segundo Luiz Rosek Germano, o direito de resposta se insere no campo da liberdade de informação, pois o direito de informar comporta o exercício da resposta nas mesmas condições que a matéria veiculada[63].

---

59. GONZÁLEZ JARA, Manuel Ángel. *Marco penal de las libertades de expresión, opinión e información*. Santiago: Librotecnia, 2012, p. 24.

60. CARVALHO, Kildare Gonçalves. *Direito constitucional positivo*. 20 ed. Belo Horizonte: Del Rey, 2013, p. 102-103.

61. CARVALHO, Luis Gustavo Grandinetti Castanho de. *Direito de informação e liberdade de expressão*. Rio de Janeiro: Renovar: 1999, p. 144.

62. CARVALHO, Luis Gustavo Grandinetti Castanho de. *Direito de informação e liberdade de expressão*. Rio de Janeiro: Renovar: 1999, p. 25.

63. GERMANO, Luiz Paulo Rosek. *Direito de resposta*. Porto Alegre: Livraria do Advogado, 2011, p. 76.

A título de argumentação, os tribunais de alta instância dos mais diversos países têm firmado o entendimento de que a liberdade de informação é protegida pela garantia constitucional da liberdade de expressão[64].

Por fim, a transparência não se confunde com o acesso à informação. Decerto, a transparência se refere à vida pública, operando-se por meio de uma comunicação contínua imparcial e verossímil, de modo que se destina ao público. No âmbito do direito, tem a finalidade de deixar constantemente visível a Administração Pública. Complemente Paulo Affonso Leme Machado: *"Não há uma receita universal para a transparência, pois mesmo o sol – símbolo da transparência – não é visível igualmente em todos os dias do ano e de forma uniforme em todas as regiões do planeta Terra."*[65].

Uma vez analisados os fundamentos do acesso à informação e da liberdade de informação, urge ponderar sobre os contornos das liberdades de expressão e de imprensa à luz do Estado Democrático de Direito.

5. LIBERDADES DE EXPRESSÃO E DE IMPRENSA

5.1. Fontes Internacionais e Perspectiva Constitucional

Genericamente, as liberdades de expressão e de imprensa são preconizadas em diversos tratados internacionais, tais como a Convenção Americana sobre Direitos Humanos (1969), a Declaração dos Princípios sobre Liberdade de Expressão (2000), e a Declaração de *Chapultepec* (1994)[66]. Sob a ótica do direito brasileiro, são previstas como garantias individuais na Constituição de 1988, conforme será analisado a seguir.

5.1.1. Convenção Americana sobre Direitos Humanos

O artigo 13 da Convenção Americana sobre Direitos Humanos (Pacto de São José da Costa Rica) consagra as liberdades de pensamento e de expressão, incluindo o direito de procurar, receber e difundir informações

64. Organização das Nações Unidas para a Educação, a Ciência e a Cultura (UNESCO). *Liberdade de expressão*: um estudo do direito comparado. Brasília, Dez./2009, p. 24.

65. MACHADO, Paulo Affonso Leme. *Direito à informação e meio ambiente.* São Paulo: Malheiros, 2006, p. 64.

66. A propósito da prevalência das liberdades de expressão e de imprensa, também ocupa posição de destaque o disposto no artigo 10 da Convenção Europeia dos Direitos Humanos (CEDH), além das decisões do Tribunal Europeu dos Direitos Humanos (TEDH), cujos detalhes serão analisados ao longo da presente obra.

e ideias de qualquer natureza, sem considerações de fronteiras, verbalmente ou por escrito, ou em forma impressa ou artística, ou por qualquer meio de sua escolha.

O exercício dessas liberdades não pode estar sujeito à censura prévia, mas a responsabilidades ulteriores, que devem ser expressamente previstas em lei e que se façam necessárias para assegurar os seguintes pontos: **(i)** o respeito dos direitos e da reputação das demais pessoas; e **(ii)** a proteção da segurança nacional, da saúde, da moral ou da ordem pública.

Veda-se a restrição do direito de expressão por vias e meios indiretos, tais como: **(i)** o abuso de controles oficiais ou particulares de papel de imprensa; **(ii)** o uso de frequências radioelétricas ou de equipamentos e aparelhos empregados na difusão de informação; e **(iii)** a utilização de quaisquer outros meios destinados a obstar a comunicação e a circulação de ideias e opiniões.

A lei pode submeter os espetáculos públicos a censura prévia, com o objetivo exclusivo de regular o acesso a eles, para proteção moral da infância e da adolescência. Ademais, a lei deve proibir toda propaganda a favor da guerra, bem como toda apologia ao ódio nacional, racial ou religioso que constitua incitamento à discriminação, à hostilidade, ao crime ou à violência.

Já o artigo 14 da mencionada Convenção privilegia o direito de resposta ou de retificação. Decerto, toda pessoa, atingida por informações inexatas ou ofensivas emitidas em seu prejuízo por meios de difusão legalmente regulamentados e que se dirijam ao público em geral, tem direito a fazer, pelo mesmo órgão de difusão, sua retificação ou resposta, nas condições que estabeleça a lei. Em nenhum caso a retificação ou a resposta eximirá das outras responsabilidades legais em que se houver incorrido.

Por fim, para a efetiva proteção da honra e da reputação, toda publicação ou empresa jornalística, cinematográfica, de rádio ou televisão, deve ter uma pessoa responsável, que não seja protegida por imunidades, nem goze de foro especial.

5.1.2. Pacto Internacional de Direitos Civis e Políticos

O Pacto Internacional sobre Direitos Civis e Políticos foi adotado pela XXI Sessão da Assembleia-Geral das Nações Unidas, em 16 de dezembro de 1966. Sob o ângulo do direito brasileiro, o Congresso Nacional aprovou o texto desse diploma internacional por meio do Decreto Legislativo n° 226, de 12 de dezembro de 1991, entrando em vigor pelo Decreto n. 592, de 6 de junho de 1992.

Nesse contexto, o artigo 19 do Pacto consagra a liberdade de expressão. De se ver que ninguém poderá ser molestado por suas opiniões (art. 19, parágrafo 1º). Da mesma arte, toda pessoa terá direito à liberdade de expressão, incluindo a liberdade de procurar, receber e difundir informações e ideias de qualquer natureza, independentemente de considerações de fronteiras, verbalmente ou por escrito, em forma impressa ou artística, ou por qualquer outro meio de sua escolha (art. 19, parágrafo 2º).

Por fim, dispõe o parágrafo 3º do artigo 19 que o exercício do direito previsto no parágrafo 2º do mesmo artigo implicará deveres e responsabilidades especiais. Consequentemente, poderá estar sujeito a certas restrições, que devem, entretanto, ser expressamente previstas em lei e que se façam necessárias para assegurar o respeito dos direitos e da reputação das demais pessoas, bem como proteger a segurança nacional, a saúde, a moral ou ordem pública.

5.1.3. Declaração dos Princípios sobre Liberdade de Expressão

A Declaração dos princípios sobre liberdade de expressão foi aprovada pela Comissão Interamericana de Direitos Humanos em seu 108º período ordinário de sessões, celebrado de 16 a 27 de outubro de 2000. Basicamente, compõe-se de um preâmbulo e da parte principiológica[67].

Em seu preâmbulo, reafirma-se a necessidade de assegurar o respeito e a plena vigência das liberdades individuais e dos direitos fundamentais dos seres humanos através de um Estado de Direito, de modo que a consolidação e o desenvolvimento da democracia dependem da existência da liberdade de expressão.

Nesse viés, o direito à liberdade de expressão é essencial para o avanço do conhecimento e do entendimento entre os povos, que conduzirá a uma verdadeira compreensão e cooperação entre as nações. Submete-se o direito de acesso à informação ao poder do Estado, a ponto de conferir transparência nos atos do governo, fortalecendo as instituições democráticas.

Reafirmando o artigo 13 da Convenção Americana sobre Direitos Humanos, enuncia a Declaração de Princípios que a liberdade de expressão é um direito fundamental, compreendendo a liberdade de buscar, receber e divulgar informações e ideias, sem consideração de fronteiras

---

67. Internet: http://www.cidh.oas.org/basicos/portugues/s.Convencao.Libertade.de.Expressao.htm. Acesso em: 23 de junho de 2016.

e por qualquer meio de transmissão. Da mesma sorte, a liberdade de imprensa é essencial para a realização do pleno e efetivo exercício da liberdade de expressão e instrumento indispensável para o funcionamento da democracia representativa, mediante a qual os cidadãos exercem seu direito de receber, divulgar e procurar informação.

Ressalta-se que, à luz dessa Declaração, tanto os princípios da Declaração de *Chapultepec* como os da Carta para uma Imprensa Livre constituem documentos básicos que contemplam a independência da imprensa, assim como a defesa da liberdade de expressão e do direito a informação. Destarte, reconhece-se a necessidade de proteger efetivamente a liberdade de expressão nas Américas, a ponto de privilegiar certos princípios.

De acordo com o item 1 da Declaração, a liberdade de expressão, em todas as suas formas e manifestações, é um direito fundamental e inalienável, inerente a todas as pessoas. Cuida-se, ademais, de um requisito indispensável à própria existência de uma sociedade democrática.

Dispõe o item 2 que toda pessoa tem o direito de buscar, receber e divulgar informação e opiniões livremente, nos termos estipulados no artigo 13 da Convenção Americana sobre Direitos Humanos. Todas as pessoas devem contar com igualdade de oportunidades para receber, buscar e divulgar informação por qualquer meio de comunicação, sem discriminação por nenhum motivo, inclusive os de raça, cor, religião, sexo, idioma, opiniões políticas ou de qualquer outra índole, origem nacional ou social, posição econômica, nascimento ou qualquer outra condição social.

Consagrando o direito de resposta ou de retificação, sinaliza o item 3 que toda pessoa tem o direito de acesso à informação sobre si ou de seus bens, de forma expedita e não onerosa, esteja a informação contida em bancos de dados, registros públicos ou privados e, se for necessário, de atualizá-la, retificá-la ou emendá-la.

Nos moldes do item 4, o acesso à informação em poder do Estado é um direito fundamental do indivíduo. Esse princípio só admite limitações excepcionais previamente estabelecidas em lei, em caso de existência de perigo real e iminente que ameace a segurança nacional em sociedades democráticas.

Aponta o item 5 que a censura prévia, a interferência ou pressão direta ou indireta sobre qualquer expressão, opinião ou informação através de qualquer meio de comunicação oral, escrita, artística, visual ou eletrônica, deve ser proibida por lei. As restrições à livre circulação de ideias e opiniões, assim como a imposição arbitrária de informação e a criação de obstáculos ao livre fluxo de informação, violam o direito à liberdade de expressão.

Estatui o item 6 que toda pessoa tem o direito de externar suas opiniões por qualquer meio e forma. A associação obrigatória ou a exigência de títulos para o exercício da atividade jornalística constituem uma restrição ilegítima à liberdade de expressão. A atividade jornalística deve reger-se por condutas éticas, as quais, em nenhum caso, podem ser impostas pelos Estados.

Assinala o item 7 que condicionamentos prévios, tais como os critérios de veracidade, oportunidade ou imparcialidade por parte dos Estados, são incompatíveis com o direito à liberdade de expressão reconhecido nos instrumentos internacionais.

Dispõe o item 8 que todo comunicador social tem o direito de reserva de suas fontes de informação, anotações, arquivos pessoais e profissionais.

Segundo o item 9, o assassinato, o sequestro, a intimidação e a ameaça aos comunicadores sociais, assim como a destruição material dos meios de comunicação, viola os direitos fundamentais das pessoas e limitam severamente a liberdade de expressão. Dessa forma, é dever dos Estados prevenir e investigar essas ocorrências, sancionar seus autores e assegurar reparação adequada às vítimas.

Ademais, as leis de privacidade não devem inibir nem restringir a investigação e a difusão de informação de interesse público (item 10). A proteção à reputação deve estar garantida somente através de sanções civis, nos casos em que a pessoa ofendida seja um funcionário público ou uma pessoa pública ou particular que se tenha envolvido voluntariamente em assuntos de interesse público. Neste caso, deve-se provar que, na divulgação de notícias, o comunicador teve a intenção de infligir dano ou que estava plenamente consciente de divulgar notícias falsas, ou se comportou com manifesta negligência na busca da verdade ou falsidade das próprias notícias.

À luz do item 11, os funcionários públicos estão sujeitos a maior escrutínio da sociedade. As leis que punem a expressão ofensiva contra funcionários públicos, geralmente conhecidas como "leis de desacato", atentam contra a liberdade de expressão e o direito à informação.

Esclarece o item 12 que os monopólios ou oligopólios na propriedade e controle dos meios de comunicação devem estar sujeitos a leis antimonopólio, haja vista que conspiram contra a democracia ao restringirem a pluralidade e a diversidade que asseguram o pleno exercício do direito dos cidadãos à informação. As concessões de rádio e de televisão devem considerar critérios democráticos que garantam uma igualdade de oportunidades de acesso a todos os indivíduos.

Por fim, dispõe o item 13 que certas condutas, com o objetivo de pressionar, castigar, premiar ou privilegiar os comunicadores sociais e os meios de comunicação em função de suas linhas de informação, atentam contra a liberdade de expressão e devem ser expressamente proibidas por lei, tais como a utilização do poder do Estado e dos recursos da fazenda pública, a concessão de vantagens alfandegárias, a distribuição arbitrária e discriminatória de publicidade e créditos oficiais, a outorga de frequências de rádio e televisão, entre outras.

Logo, os meios de comunicação social têm o direito de realizar seu trabalho de forma independente, de modo que as pressões diretas ou indiretas para silenciar a atividade informativa são incompatíveis com a liberdade de expressão.

5.1.4. Declaração de Chapultepec e Sociedade Interamericana de Imprensa

A Declaração de *Chapultepec* foi editada na Conferência Hemisférica sobre a Liberdade de Expressão, realizada em Chapultepec, no México, em 1994, inaugurando a Sociedade Interamericana de Imprensa.

Cuida-se de uma carta de princípios assumida internacionalmente pelo Estado brasileiro, pois consagra a liberdade de imprensa como condição fundamental para a resolução dos conflitos sociais, a ponto de promover o bem-estar e proteger a liberdade do povo. Destarte, não deve existir nenhuma lei ou ato de poder que restrinja a liberdade de expressão ou de imprensa, seja qual for o meio de comunicação.

Essa Declaração compõe-se de certos princípios. Dispõe o item I que não há pessoas nem sociedades livres sem liberdades de expressão e de imprensa, de forma que o exercício de tais liberdades não é uma concessão das autoridades, mas, acima de tudo, um direito inalienável do povo.

Enuncia o item II que toda pessoa tem o direito de buscar e receber informação, expressar opiniões e divulgá-las livremente, razão pela qual ninguém pode restringir ou negar esses direitos.

Nos termos do item III, as autoridades devem estar legalmente obrigadas a fornecer aos cidadãos, de forma oportuna e equitativa, a informação gerada pelo setor público. Ademais, nenhum jornalista poderá ser compelido a revelar suas fontes de informação.

Consoante o disposto no item IV, o assassinato, o terrorismo, o sequestro, as pressões, a intimidação, a prisão injusta dos jornalistas, a destruição material dos meios de comunicação e qualquer tipo de violência e impunidade dos agressores, afetam seriamente as liberdades de expressão e de imprensa, motivo pelo qual esses atos devem ser investigados com presteza e punidos severamente.

Declara o item V que a censura prévia, as restrições à circulação dos meios ou à divulgação de suas mensagens, a imposição arbitrária de informação, a criação de obstáculos ao livre fluxo informativo e as limitações ao livre exercício e movimentação dos jornalistas se opõem diretamente à liberdade de imprensa.

Os meios de comunicação e os jornalistas não devem ser objeto de discriminações ou favores em função do que escrevam ou digam (item VI). Da mesma arte, dispõe o item VII que as políticas tarifárias e cambiais, as licenças de importação de papel ou equipamento jornalístico, a concessão de frequências de rádio e de televisão e a veiculação ou supressão da publicidade estatal não devem ser utilizadas para premiar ou castigar os meios de comunicação ou os jornalistas.

De acordo com a previsão do item VIII, a incorporação de jornalistas a associações profissionais ou sindicais e a filiação de meios de comunicação a câmaras empresariais devem ser estritamente voluntárias.

Nos moldes do item IX, a credibilidade da imprensa está ligada ao compromisso com a verdade, à busca de precisão, à imparcialidade, à equidade e à clara diferenciação entre as mensagens jornalísticas e as comerciais. A conquista desses fins e a observância dos valores éticos e profissionais são de responsabilidades exclusivas dos jornalistas e dos meios de comunicação, de modo que não devem ser impostos.

Por derradeiro, dispõe o item X que nenhum meio de comunicação ou jornalista deve ser sancionado por difundir a verdade, criticar ou fazer denúncias contra o poder público.

5.1.5. Constituição brasileira de 1988

Substancialmente, o artigo 5º, incisos IV e V, da Constituição brasileira de 1988, consagra o direito à liberdade de manifestação do pensamento, dispondo que é vedado o anonimato e garantido o direito de resposta, proporcional ao agravo sofrido, além da indenização por dano material, moral ou à imagem[68].

---

68. "**Art. 5º.** *Todos são iguais perante a lei, sem distinção de qualquer natureza, garantindo-se aos brasileiros e aos estrangeiros residentes no País a inviolabilidade do direito à vida,*

Da mesma arte, dispõe o artigo 220 da Lei Fundamental que a manifestação do pensamento, a criação, a expressão e a informação, sob qualquer forma, processo ou veículo não sofrerão qualquer restrição, observado o disposto na própria Constituição.

Nos termos do artigo 220, § 1º, nenhuma lei conterá dispositivo que possa constituir embaraço à plena liberdade de informação jornalística em qualquer veículo de comunicação social, observado o disposto no art. 5º, incisos IV, V, X, XIII e XIV, da *Carta Matter.*

Por fim, veda-se toda e qualquer censura de natureza política, ideológica e artística. A partir da análise das liberdades de expressão e de imprensa à luz das fontes internacionais e da perspectiva constitucional, faz-se mister o estudo da noção conceitual e das características dessas liberdades sob a égide do direito brasileiro.

5.2. Noção Conceitual e Características

5.2.1. Liberdade de Expressão

A liberdade de expressão é um dos elementos indissociáveis do Estado Democrático de Direito, eis que propicia o desenvolvimento humano, a construção da identidade cultural de um povo e a realização de outras liberdades por meio do debate de interesse público, seja pela autonomia individual seja pela manifestação coletiva.

Com efeito, a liberdade de expressão ocupa posição de preferência no âmbito das liberdades, eis que sua função não se limita a conferir prerrogativas ao indivíduo. É também um direito objetivo, um princípio geral que condiciona a existência da democracia e de todos os direitos fundamentais. Trata-se do direito de se expressar e de receber informações, condicionando toda a vida social e política de dada sociedade[69].

Na perspectiva dos direitos humanos, a liberdade de expressão é reconhecida na Declaração dos Princípios sobre a Liberdade de Expressão, na Declaração Americana dos Direitos e Deveres do Homem, na Convenção Americana sobre Direitos Humanos, na Declaração Universal de Direitos Humanos, na Resolução 59 da Assembleia Geral das Nações Unidas, na Resolução 104 adotada pela Conferência

---

à liberdade, à igualdade, à segurança e à propriedade, nos termos seguintes: [...] **IV** – *é livre a manifestação do pensamento, sendo vedado o anonimato*; **V** – *é assegurado o direito de resposta, proporcional ao agravo, além da indenização por dano material, moral ou à imagem*; [...] **IX** – é livre a expressão da atividade intelectual, artística, científica e de comunicação, independentemente de censura ou licença".

69. BIOY, Xavier. *Droits Fondementaux Et Libertés Publiques*. 5ª Ed. Jouve: LGDJ, 2018, p. 553.

Geral da Organização das Nações Unidas para a Educação, a Ciência e a Cultura (UNESCO), no Pacto Internacional de Direitos Civis e Políticos e em outros instrumentos internacionais, assumindo o *status* de direito fundamental à medida que contemplada nas diversas constituições nacionais[70].

Sob o ângulo do direito brasileiro, a liberdade de expressão é uma garantia individual (gênero), que tem como espécie a liberdade de imprensa. Com efeito, dispõe o inciso IX do artigo 5º da Constituição que é livre a expressão da atividade intelectual, artística, científica e de comunicação, independentemente de censura ou licença.

Nessa senda, a liberdade de expressão possui um sentido mais abrangente que o da liberdade de imprensa[71]. Com efeito, a liberdade de expressão é o direito de externalizar o pensamento humano sobre os acontecimentos da vida social, observados os parâmetros constitucionais do Estado de Direito.

Tanto a liberdade de expressão como a liberdade de informação são fundamentos para o exercício de outras liberdades, de modo que ocupam posição de preferência (*preferred position*) na ordem constitucional. Nada obstante, essas liberdades se esbarram nos direitos da personalidade, conforme será analisado oportunamente no presente ensaio[72].

De se ver que o Texto Constitucional proíbe expressamente a censura e a licença, pois, de acordo com o § 2º do artigo 220, é vedada toda e qualquer censura de natureza política, ideológica e artística.

A censura é o comando do detentor de um poder que tem o desiderato de impedir a liberdade de expressão e, acima de tudo, o exercício das liberdades públicas. Vale dizer, é a ação governamental, em caráter prévio, que recai sobre o teor de determinada mensagem. Adverte Gilmar Mendes: *"A liberdade de expressão, enquanto direito fundamental, tem, sobretudo, um caráter de pretensão a que o Estado não exerça censura"*[73].

---

70. Sobre as evoluções conceitual e legislativa da liberdade de expressão, cf: LEAL, Luziane de Figueiredo Simão. *Crimes contra os direitos da personalidade na internet*: violações e reparações de direitos fundamentais nas redes sociais. Curitiba: Juruá, 2015, p. 36-45.
71. GERMANO, Luiz Paulo Rosek. *Direito de resposta*. Porto Alegre: Livraria do Advogado, 2011, p. 72.
72. BARROSO, Luís Roberto; BARCELLOS, Ana Paula. *Colisão entre liberdade de expressão e direitos fundamentais*. Critérios de interpretação. Interpretação constitucionalmente adequada do Código Civil e da Lei de Imprensa. In: Revista de Direito Administrativo. V. 235, Rio de Janeiro, p. 1-36, Jan/Mar. 2004, p. 20 e 22.
73. MENDES, Gilmar Ferreira. *Curso de direito constitucional*. 9 ed. São Paulo: Saraiva, 2014, p. 264.

Já a licença é a autorização para veiculação pública de notícias, informações, livros, periódicos, revistas, entre outros[74].

A proteção constitucional da liberdade de expressão não se restringe apenas ao direito de expressar-se oralmente ou por escrito, mas também engloba o direito de ouvir, ler e assistir qualquer informação veiculada pelos meios de comunicação social. Ademais, abrange o silêncio eloquente, pois o próprio silêncio é uma garantia de expressão do indivíduo na sociedade democrática[75]. De toda forma, assevera Manoel Gonçalves Ferreira Filho que a manifestação de pensamento mais comum é a palavra falada, pela qual certo indivíduo se dirige às demais pessoas[76].

Sob o ângulo do direito constitucional francês, a liberdade de expressão é o fundamento lógico e sistêmico dos demais direitos fundamentais, servindo de respeito aos demais direitos e garantias e à soberania nacional[77].

No direito português, a liberdade de expressão é consagrada no artigo 37 da Constituição lusitana, constituindo-se em um direito de cidadania. Cabe dizer, manifesta-se como um *cluster right* ("direito mãe"), assumindo um sentido amplo equivalente à liberdade de comunicação, pois alberga a liberdade de expressão em sentido estrito, a liberdade de imprensa, a liberdade de informação, a proibição da censura, os direitos dos jornalistas e as liberdades de criação artística e de radiofusão[78].

Da mesma arte, a liberdade de expressão desempenha uma função multissistêmica, pois, com fulcro na dignidade da pessoa humana, destina-se à procura da verdade, à criação de um mercado livre das ideias, à autodeterminação democrática, ao exercício do poder e da atividade governamental, ao desenvolvimento pacífico da sociedade, à expressão da autonomia individual ou da autonomia da vontade e à formação e à diversidade da opinião pública na democracia comunicativa[79]. Por con-

---

74. BULOS, Uadi Lammêgo. *Curso de direito constitucional*. 9 ed. São Paulo: Saraiva, 2015, p. 580; RAMOS, André de Carvalho. *Curso de direitos humanos*. 2 ed. São Paulo: Saraiva, 2015, p. 523.
75. MARMELSTEIN, George. *Curso de direitos fundamentais*. 5 ed. São Paulo: Atlas, 2014, p. 124.
76. FILHO, Manoel Gonçalves Ferreira. *Curso de direito constitucional*. 37 ed. São Paulo: Saraiva, 2011, p. 327.
77. BIOY, Xavier. *Droits Fondementaux Et Libertés Publiques*. 5ª Ed. Jouve: LGDJ, 2018, p. 553.
78. MACHADO, Jónatas E. M. *Difamação de figuras públicas*: tutela jurídica e censura judicial à luz do direito português. Curitiba: Juruá, 2016, p. 17.
79. MACHADO, Jónatas E. M. *Difamação de figuras públicas*: tutela jurídica e censura judicial à luz do direito português. Curitiba: Juruá, 2016, p. 19.

seguinte, determina limites para o exercício das demais liberdades de comunicação, em respeito a outros direitos, tal como o direito à honra[80].

Nesse prisma, a liberdade de expressão em sentido amplo dirige-se a todas as pessoas e, ao mesmo tempo, às entidades públicas e privadas, ora assumindo feição individual, ora coletiva. No primeiro, apresenta-se como uma expressão da capacidade racional do indivíduo, a ponto de desenvolver o pensamento abstrato e de articular a estrutura linguística a partir de uma concepção moral e prática, razão pela qual é indispensável ao livre desenvolvimento da personalidade e à autorrealização pessoal. Para Jónatas Machado: "*Esta liberdade fundamental protege o processo interior de formação da opinião e os modos da sua exteriorização. A personalidade humana é considerada e abarcada na sua complexidade*"[81].

No alcance coletivo, a liberdade de expressão propicia o desenvolvimento dos seguintes aspectos: **(i)** o exercício da cidadania; **(ii)** a democracia comunicativa da opinião pública; **(iii)** o combate à corrupção, com baluarte no princípio da anticorrupção; **(iv)** a preservação da vida cultural, política, cívica e democrática das sociedades, com base no princípio do localismo; e **(v)** a autodeterminação democrática da comunidade política à luz do Estado de Direito[82].

Nesse viés, ganha expressão o princípio da anticorrupção, segundo o qual os valores democráticos contemplados na Constituição devem ser interpretados teleologicamente para o efetivo combate da corrupção. Decerto, a anticorrupção tem sido concebida como um princípio geral de direito internacional sob a ótica do constitucionalismo multinível, com previsão na Convenção das Nações Unidas Contra Corrupção (2003), Convenção Anti-Suborno da OCDE (1997), Convenção Penal sobre a Corrupção e Convenção Civil sobre a Corrupção (1999)[83].

---

80. MACHADO, Jónatas E. M. *Difamação de figuras públicas*: tutela jurídica e censura judicial à luz do direito português. Curitiba: Juruá, 2016, p. 19.

81. MACHADO, Jónatas E. M. *Difamação de figuras públicas*: tutela jurídica e censura judicial à luz do direito português. Curitiba: Juruá, 2016, p. 21.

82. MACHADO, Jónatas E. M. *Difamação de figuras públicas*: tutela jurídica e censura judicial à luz do direito português. Curitiba: Juruá, 2016, p. 22-27.

83. Sobre o princípio da anticorrupção, discorre Jónatas Machado: "*A doutrina constitucional mais recente tem vindo a chamar a atenção para a existência de um princípio anticorrupção constitucionalmente estruturante, dotado de um peso normativo autónomo relativamente ao princípio democrático, ao princípio do Estado de direito, ao princípio republicano e ao princípio da separação de poderes, embora estabelecendo com eles uma relação de reforço mútuo. O combate à corrupção é uma preocupação inerente à filosofia política e à teoria constitucional, presente em autores, da melhor tradição republicana, como Maquiavel, Montesquieu, Locke ou Madison. Uma das intenções originárias do constitucionalismo, característica da sua história, substância e estrutura, residiu na luta*

Assim, a liberdade de expressão em sentido amplo alberga dois direitos: **(i)** direito à autodeterminação individual; e **(ii)** direito à autodeterminação coletiva. No primeiro, a liberdade de expressão é de titularidade de cada uma das pessoas. Já no segundo, a liberdade de expressão é de titularidade da coletividade, pois grupos específicos ou a generalidade de indivíduos têm direito à livre circulação da informação[84].

Complementa Jónatas Machado que os veículos de imprensa são titulares de um direito qualificado de liberdade de expressão, pois têm a função de transmitir a informação, participar do controle da atividade governamental e dos poderes públicos e, acima de tudo, dinamizar os debates de questões de interesse público[85].

Na jurisprudência portuguesa dominante, as liberdades de expressão e de imprensa devem ser amparadas na maioria dos casos, cabendo a restrição de ambas para a proteção do bom nome e outras situações excepcionais[86].

Já o Tribunal Europeu dos Direitos Humanos (TEDH) caminha em sentido contrário, conferindo proteção demasiadamente ampla às liberdades de expressão e de imprensa, sob o fundamento de que a mídia desempenha função insubstituível na filtragem do debate político e, consequentemente, ela é indispensável para o resguardo dos valores democráticos. De acordo com o entendimento do TEDH, a participação do cidadão no processo político somente é viável se ele conhecer as questões politicamente relevantes na sua *polis* ou comunidade.

Além disso, a liberdade de expressão reduz os custos sociais resultantes das decisões públicas. Ou seja, as decisões estatais se tornam mais seguras e juridicamente coerentes à medida que o cidadão tem a oportunidade de influenciá-las e de exercer um livre debate de ideias. Complementa Coutinho: "*Por essa razão, o grau de proteção da*

---

contra a corrupção. Daqui decorre, logicamente, que uma das funções ou finalidades de uma Constituição consista no combate à corrupção, devendo as suas normas e as demais disposições infraconstitucionais ser interpretadas e aplicadas à luz deste princípio" (MACHADO, Jónatas E. M. *Difamação de figuras públicas*: tutela jurídica e censura judicial à luz do direito português. Curitiba: Juruá, 2016, p. 25).

84. MACHADO, Jónatas E. M. *Difamação de figuras públicas*: tutela jurídica e censura judicial à luz do direito português. Curitiba: Juruá, 2016, p. 19.

85. MACHADO, Jónatas E. M. *Difamação de figuras públicas*: tutela jurídica e censura judicial à luz do direito português. Curitiba: Juruá, 2016, p. 20.

86. Para estudo minucioso acerca da evolução da jurisprudência portuguesa e do Tribunal Europeu dos Direitos Humanos sobre a liberdade de imprensa, conferir: COUTINHO, Francisco Pereira. O Tribunal Europeu dos Direitos do Homem e a Liberdade de Imprensa: Os Casos Portugueses. In: *Media, direito e democracia*: I curso pós-graduado em direito da comunicação. p. 319-360. Coimbra: Almedina, 2014.

liberdade de imprensa constitui um dos indicadores geralmente escolhidos para ´medir a democracia´ nos Estados"[87].

Segue-se, nesse ponto, o disposto no artigo 10, n. 1, da Convenção Europeia Sobre Direitos Humanos, sob a previsão de que qualquer pessoa tem direito à liberdade de expressão. Este direito compreende a liberdade de opinião e a liberdade de receber ou de transmitir informações ou ideias sem que possa haver ingerência de quaisquer autoridades públicas e sem considerações de fronteiras. Essa previsão, no entanto, não impede que os Estados submetam as empresas de radiodifusão, de cinematografia ou de televisão a um regime de autorização prévia.

No julgamento do caso *Handyside c. Reino Unido* (5493/72), de 7 de dezembro de 1976, o Tribunal Europeu dos Direitos Humanos firmou o entendimento de que a liberdade de expressão é uma das bases da sociedade e, com isso, indispensável ao seu progresso e ao desenvolvimento humano. Assim, ela desempenha função ampla, de modo que todas as formas de expressão devem ser protegidas na sociedade democrática, admitindo-se eventual restrição, formalidade ou sanção somente se houver proporcionalidade entre a própria medida de restrição e o objetivo legítimo que se busca[88].

Destaca-se que a posicionamento do Tribunal Europeu dos Direitos Humanos não é o de conferir posição irretocável às liberdades de expressão e de imprensa. Pelo contrário, é viável a restrição a tais liberdades somente se a medida for proporcional e estabelecida de forma convincente.

Aliás, essa é a previsão do art. 10, n. 2º, da Convenção Europeia Sobre Direitos Humanos, (CEDH), no sentido de que o exercício dessa liberdade implica deveres e responsabilidades, podendo ser submetida a certas formalidades, condições, restrições ou sanções, previstas pela lei, que constituam providências necessárias, numa sociedade democrática, para a segurança nacional, a integridade territorial ou a segurança pública, a defesa da ordem e a prevenção do crime, a proteção da saúde ou da moral, a proteção da honra ou dos direitos de outrem, para impedir a divulgação de informações confidenciais, ou para garantir a autoridade e a imparcialidade do poder judicial.

À luz da ciência social moderna, reverbera Karl Marx que a liberdade de imprensa é o direito de um povo, enquanto que a censura é

---

87. COUTINHO, Francisco Pereira. O Tribunal Europeu dos Direitos do Homem e a Liberdade de Imprensa: Os Casos Portugueses. In: *Media, direito e democracia*: I curso pós-graduado em direito da comunicação. p. 319-360. Coimbra: Almedina, 2014.

88. Cf. *Handyside c. Reino Unido* (5493/72).

um equívoco, pois a imprensa livre não é privilégio dos indivíduos, senão do espírito humano. A liberdade de imprensa permite o desenvolvimento dos debates públicos e da cultura humana, a ponto de transformar as lutas materiais em intelectuais em dada sociedade, conferindo a real identidade de um povo[89]. Já em caso de censura, o povo distancia-se da política e torna-se uma "multidão privada", cuja ideologia deve ser totalmente rechaçada[90].

Para Gilmar Mendes, a liberdade de expressão protege, caso não ocorra colisão com outros direitos fundamentais e valores constitucionalmente reconhecidos, a opinião, convicção, comentário, avaliação ou julgamento sobre qualquer assunto ou pessoa, envolvendo temário de interesse público ou não. Neste azo, a liberdade de expressão é um direito de abstenção do Estado, de modo que o particular tem o condão de exercê-la contra o Poder Público, ainda que já tenha sido invocada no contexto privado[91].

No direito chileno, preconiza Manuel Ángel Gonzáles Jara que "*Os níveis de desenvolvimento de uma democracia se medem, precisamente, pelos níveis que alcança a possibilidade de se expressar*"[92].

Nesse contexto, a liberdade de expressão abrange as diversas formas de manifestação das ideias e pensamentos na contemporaneidade, sobretudo do comportamento individual e coletivo.

Recentemente, o Supremo Tribunal Federal firmou o entendimento de que as marchas e manifestações públicas de descriminalização do consumo de entorpecentes não configura o delito de incitação ao crime, mas meramente se situa na esfera da liberdade de expressão[93]. Da mesma arte, os comportamentos expressivos ou expressões

---

89. MARX, Karl. *Liberdade de imprensa*. Tradução de Cláudia Schilling e José Fonseca. Porto Alegre: L&PM, 2006, p. 60.
90. Assevera Marx: "*A imprensa `censurada´ é a que produz um efeito desmoralizador. O vício da hipocrisia é inseparável dela e, além disso, é desse vício que surgem todos os seus outros defeitos, pois inclusive sua capacidade básica perde-se através do revoltante vício da passividade, mesmo e visto esteticamente. O governo ouve somente sua própria voz; sabe que ouve somente a sua voz; entretanto, tenta convencer-se de que ouve a voz do povo, e exige a mesma coisa do povo. O povo, portanto, cai parcialmente numa superstição política, parcialmente na heregia política, ou isola-se totalmente da vida política, tornando-se uma `multidão privada´*"(MARX, Karl. *Liberdade de imprensa*. Tradução de Cláudia Schilling e José Fonseca. Porto Alegre: L&PM, 2006, p. 65, grifo do autor).
91. MENDES, Gilmar Ferreira. *Curso de direito constitucional*. 9 ed. São Paulo: Saraiva, 2014, p. 264-265.
92. GONZÁLEZ JARA, Manuel Ángel. *Marco penal de las libertades de expresión, opinión e información*. Santiago: Librotecnia, 2012, p. 21, tradução nossa.
93. MENDES, Gilmar Ferreira. *Curso de direito constitucional*. 9 ed. São Paulo: Saraiva, 2014, p. 269.

simbólicas se inserem na liberdade de expressão, embora os valores postos em ponderação tenham certo peso conforme cada caso concreto[94].

Discute-se se realmente existe uma liberdade de expressão *interna corporis*, ou seja, se os jornalistas de certo veículo de comunicação social têm o direito de se opor internamente aos seus patrões, sob o pretexto de não concordarem com eventual conteúdo de matéria a ser veiculada.

Corroborando do entendimento de Gilmar Mendes, não é possível a manifestação da liberdade de expressão no interior das redações dos órgãos de imprensa, pelos seguintes motivos: **(i)** a inviabilidade de organização de um trabalho editorial com as mais diversas dissensões de opiniões e ideias entre o jornalista e o patrão; e **(ii)** a responsabilidade financeira da empresa causada pela opinião ofensiva de um de seus funcionários, apresentando-se como um contrassenso à Súmula 221 do Superior Tribunal de Justiça, que dispõe que são civilmente responsáveis pelo ressarcimento do dano, decorrente de publicação pela imprensa, tanto o autor do escrito como o proprietário do veículo de divulgação.

Salienta-se, no entanto, que se o jornalista não confluir com a linha editorial, tem ele o direito de romper o contrato com a respectiva empresa de comunicação[95].

É bem de ver que, para o exercício do jornalismo, não se exige diplomação em curso superior, pois, em 2009, decidiu o Supremo Tribunal Federal que o Decreto n. 972/1969, que regulamentava o exercício da atividade de jornalista, não foi recepcionado pela Constituição de 1988. De acordo com esse entendimento, a dispensa de diploma para o exercício da profissão não pode ser considerada uma causa geradora de riscos e danos à coletividade, sob o pretenso fundamento de que haveria o uso subversivo da liberdade de expressão[96].

---

94. Gilmar Mendes cita os seguintes exemplos: **(i)** o afastamento da punição criminal, como conduta atentatória ao pudor, do diretor de teatro que exibiu suas nádegas desnudas como reação às vaias do público; e **(ii)** a discussão sobre se a queima da bandeira nacional é acobertada pela liberdade de expressão ou não (MENDES, Gilmar Ferreira. *Curso de direito constitucional*. 9 ed. São Paulo: Saraiva, 2014, p. 269).

95. MENDES, Gilmar Ferreira. *Curso de direito constitucional*. 9 ed. São Paulo: Saraiva, 2014, p. 266.

96. Nesse sentido: **Pleno, STF. RE 511.961/SP. Rel. Min. Gilmar Ferreira Mendes. J. 17.06.2009, DJE 12.11.2009**. Nada obstante, a exigência de diploma para o exercício da liberdade de expressão profissionalmente tornou a ser discutida no âmbito legislativo pela Proposta de Emenda Constitucional n. 386/2009 (Cf. Internet.http://www2.camara.leg.br/camaranoticias/noticias/COMUNICACAO/483434-

Ademais, há uma preocupação mundial no sentido de que a liberdade de expressão tem se tornado objeto de controle de grandes grupos empresariais. Assim, deve ser conferida estrita observância à redação do § 5º do artigo 220 da Constituição Federal, pois é vedado que esse direito seja controlado, direta ou indiretamente, por monopólio ou oligopólio[97].

Em suma, a liberdade de expressão é um dos eixos estruturais do Estado Democrático de Direito, assegurando ao indivíduo e à coletividade a manifestação de opiniões e ideias sobre assuntos fundamentais da vida humana na sociedade democrática. Cuida-se de direito fundamental que tem como consectário a liberdade de imprensa, cujos coloridos serão analisados a seguir.

5.2.2. Liberdade de Imprensa

Originariamente, a liberdade de imprensa foi privilegiada na Primeira Emenda à Constituição norte-americana, de 1787. Em seguida, tornou-se contemplada nas Constituições alemã (1949), portuguesa (1976) e espanhola (1978).

A liberdade de imprensa consiste na faculdade dos meios de comunicação de transmitir publicamente fatos e ideias, abrangendo as liberdades de informação e de expressão, sem a ingerência, em regra, dos Estados[98]. Vale dizer, é o direito de livre manifestação do pensamento pela própria imprensa, pressupondo o exercício do direito de informar sem a ingerência estatal, embora seja suscetível a certas restrições constitucionais[99].

Assim, o direito de informar se condiciona ao dever negativo de abstenção dos Estados no campo da liberdade de imprensa[100].

EXIGENCIA-DO-DIPLOMA-DE-JORNALISTA-VOLTA-A-PAUTA-DO-PLENARIO-NA-TERCA.html. Consulta em 18/07/2016).

97. MENDES, Gilmar Ferreira. *Curso de direito constitucional.* 9 ed. São Paulo: Saraiva, 2014, p. 267.

98. BARROSO, Luís Roberto; BARCELLOS, Ana Paula. *Colisão entre liberdade de expressão e direitos fundamentais.* Critérios de interpretação. Interpretação constitucionalmente adequada do Código Civil e da Lei de Imprensa. In: Revista de Direito Administrativo. V. 235, Rio de Janeiro, p. 1-36, Jan/Mar. 2004, p. 19.

99. HUNGRIA *apud* MIRANDA, Darcy de Arruda. *Comentários à Lei de Imprensa.* V. II. São Paulo: Revista dos Tribunais, 1969, p. 37.

100. COUTINHO, Francisco Pereira. O Tribunal Europeu dos Direitos do Homem e a Liberdade de Imprensa: Os Casos Portugueses. In: *Media, direito e democracia*: I curso pós-graduado em direito da comunicação. p. 319-360. Coimbra: Almedina, 2014.

Assinala Jónatas Machado que a liberdade de imprensa se caracteriza pelos seguintes pontos: **(i)** a liberdade editorial, consistente na livre escolha dos conteúdos a publicar; e **(ii)** os direitos dos jornalistas, que asseguram a transmissão eficaz da informação e a dinamização do debate público[101].

Para Luiz Rosek Germano, "*Entende-se, portanto, que a liberdade de imprensa é uma via de duas mãos: de um lado, o direito de quem informa; de outro, o interesse (que pode ser até mesmo jurídico) de quem é informado*"[102].

No cenário jurídico brasileiro, a liberdade de imprensa é prevista no artigo 220 da Constituição de 1988, despontando como um direito fundamental constitucionalmente consolidado, conquanto algumas disposições ainda devam ser regulamentadas neste viés[103].

A Corte Europeia de Direitos Humanos (*European Court of Human Rights*) confere ampla proteção à liberdade de imprensa, sob o fundamento de que os jornalistas exerçam uma atividade profissional pautada pela boa-fé, com o fornecimento de informações exatas e dignas de crédito[104].

Salienta-se que a liberdade de informação jornalística não se confunde com a liberdade de imprensa, pois aquela é corolário do direito à informação e tem maior amplitude que a própria liberdade de imprensa, abrangendo todo e qualquer veículo de comunicação social, tais como o rádio, cinema, televisão, entre outros[105]. Nada obstante, assevera André Ramos Tavares que o Supremo Tribunal Federal emprega a liberdade de imprensa como sinônimo de liberdade de informações jornalísticas, eis que confere amplo sentido aos direitos previstos no capítulo da comunicação social á luz da Constituição Federal[106].

---

101. MACHADO, Jónatas E. M. *Difamação de figuras públicas*: tutela jurídica e censura judicial à luz do direito português. Curitiba: Juruá, 2016, p. 30.
102. GERMANO, Luiz Paulo Rosek. *Direito de resposta*. Porto Alegre: Livraria do Advogado, 2011, p. 82.
103. GERMANO, Luiz Paulo Rosek. *Direito de resposta*. Porto Alegre: Livraria do Advogado, 2011, p. 83.
104. Jónatas Machado cita os seguintes casos paradigmáticos: "Bladet Tromso et Stensaas c. Norvège" e "Fressoz and Roire v. France", ambos de 1999 (MACHADO, Jónatas E. M. *Difamação de figuras públicas*: tutela jurídica e censura judicial à luz do direito português. Curitiba: Juruá, 2016, p. 31).
105. CARVALHO, Kildare Gonçalves. *Direito constitucional positivo*. 20 ed. Belo Horizonte: Del Rey, 2013, p. 102.
106. RAMOS, André de Carvalho. *Curso de direitos humanos*. 2 ed. São Paulo: Saraiva, 2015, p. 527.

Ademais, tanto a liberdade de informação como as liberdades de expressão e de imprensa não têm caráter absoluto, ou seja, comportam restrições ou limites impostos pela ordem constitucional, exarando o mesmo peso que outros bens jurídicos reconhecidos constitucionalmente[107].

Sob o ângulo do direito argentino, preleciona Bernardo Nespral que os direitos fundamentais não têm caráter absoluto, mas relativo, como é o caso da liberdade de imprensa. A própria jurisprudência tem se inclinado ao reconhecimento da relatividade dos direitos consagrados na Constituição argentina[108].

No palco jurídico brasileiro, dispõe o artigo 220 da Constituição que a manifestação do pensamento, a criação, a expressão e a informação, sob qualquer forma, processo ou veículo não sofrerão qualquer restrição. Da mesma sorte, sinaliza o § 1º do mesmo dispositivo que nenhuma lei conterá dispositivo que possa constituir embaraço à plena liberdade de informação jornalística em qualquer veículo de comunicação social. Sem prejuízo, é imprescindível, em certos casos, as interferências legislativa e pretoriana no campo da liberdade de expressão, a fim de que seja proibido o anonimato e garantido o direito de resposta e a indenização por danos materiais, morais e à imagem.

Ademais, a liberdade de expressão deve ser objeto das seguintes iniciativas legislativas: **(i)** restrições legais à propaganda comercial de tabaco, bebidas alcoólicas, agrotóxicos, medicamentos e terapias, contendo, sempre que necessário, advertência sobre os malefícios decorrentes de seu uso (art. 220, § 4º); **(ii)** regulamentação, mediante lei federal, das diversões e espetáculos públicos, cabendo ao Poder Público informar sobre a natureza deles, as faixas etárias a que não se recomendem, locais e horários em que sua apresentação se mostre inadequada (art. 220, § 3º, I); e **(iii)** determinação, mediante lei federal, dos meios legais que garantam à pessoa e à família a possibilidade de se defenderem de programas ou programações de rádio e televisão que contrariem o disposto no art. 221 da Constituição, bem como da propaganda de produtos, práticas e serviços que possam ser nocivos à saúde e ao meio ambiente (art. 220, § 3º, II).

---

107. MENDES, Gilmar Ferreira. *Curso de direito constitucional.* 9 ed. São Paulo: Saraiva, 2014, p. 264-265; BULOS, Uadi Lammêgo. *Curso de direito constitucional.* 9 ed. São Paulo: Saraiva, 2015, p. 581.

108. NESPRAL, Bernardo. *Derecho de la información.* Periodismo: derechos, deberes y responsabilidades. Buenos Aires: Bdef, 2014, p. 13.

Exemplificativamente, comporta restrição às liberdades de expressão e de imprensa a publicação por um jornalista da imputação falsa de um crime a determinada pessoa, de modo que o próprio jornalista poderá sofrer as seguintes consequências: **(i)** ser condenado ao pagamento de indenização por danos morais e materiais (art. 5º, V, CF); e **(ii)** responder pelo crime de calúnia (art. 138, CP).

Acrescenta Luiz Paulo Rosek Germano que, com o propósito de assegurar outros preceitos constitucionais, a liberdade de expressão e os demais direitos fundamentais podem ser suspensos em situações excepcionais devidamente justificadas à luz da Constituição, como nas hipóteses de guerra e de perigo público, nos contextos de estado de defesa e de estado sítio. Sem embargo, certos direitos fundamentais permanecem inderrogáveis, tais como o direito à vida, a retroatividade da lei penal mais benéfica e a proibição da tortura e de tratamentos desumanos ou degradantes[109].

Além disso, a análise da liberdade de expressão envolve as leis que chegam a interferir, ao menos indiretamente, nas mensagens ou ideias de certos indivíduos em sociedade, cuja solução de cada caso concreto perpassa pelo princípio da proporcionalidade, notadamente pela adequação, necessidade e proporcionalidade em sentido estrito[110].

Assim, entende-se que a liberdade de expressão deve, excepcionalmente, sofrer restrições à luz do Estado Democrático de Direito, com o desiderato de evitar ou reduzir a violação de outros valores de suma importância à dignidade humana, tais como a honra, a imagem, a intimidade e os demais direitos da personalidade[111].

Salienta-se que a liberdade de expressão deve ser manifestada no campo da igualdade, a ponto de subsistir com outros direitos e princípios, rechaçando-se qualquer desproporcionalidade[112].

Primeiramente, os exercícios da liberdade de expressão e do direito de resposta devem seguir, ao menos no plano teórico, o princípio da igualdade ou da isonomia, eis que tal é a pedra de toque do *caput* do

---

109. GERMANO, Luiz Paulo Rosek. *Direito de resposta.* Porto Alegre: Livraria do Advogado, 2011, p. 76.
110. MENDES, Gilmar Ferreira. *Curso de direito constitucional.* 9 ed. São Paulo: Saraiva, 2014, p. 272.
111. MARMELSTEIN, George. *Curso de direitos fundamentais.* 5 ed. São Paulo: Atlas, 2014, p. 133.
112. GERMANO, Luiz Paulo Rosek. *Direito de resposta.* Porto Alegre: Livraria do Advogado, 2011, p. 74.

artigo 5º da Lei Fundamental[113]. Assim, assegura-se o direito de resposta, proporcional ao agravo, além da indenização por dano material, moral ou à imagem (art. 5º, inc. V).

Proíbe-se, outrossim, o uso da liberdade de expressão por meio da pornografia e dos discursos de ódio, compreendidos como manifestações agressivas destinadas a certos grupos sociais, sobretudo às minorias sociais, sob o risco de configuração de discriminações racial, social ou religiosa.

No aporte de André Ramos Tavares, o discurso de ódio é a manifestação de valores discriminatórios que afronta a igualdade e incita a violência[114]. Esse discurso entra em colisão com a dignidade da pessoa humana, a igualdade e o direito das minorias, de modo que tem sido objeto de distintas soluções em dois sistemas jurídicos: **(i)** o americano, que tem se posicionado pela ampliação da liberdade de expressão, e **(ii)** o europeu, que tem restringido o *hate speech*[115].

Em 1923, Adolf Hitler elaborou sua obra intitulada "*Minha Luta*" (*Mein Kampf*) como manifesto pessoal no período em que ficou submetido à prisão na Alemanha, conjugando os ideários do darwinismo social com o antissemitismo, com o propósito de enaltecer a supremacia da raça ariana. Após o fim da Segunda Guerra Mundial, obras dessa natureza passaram a ser vistas com restrições, no que levou à proibição da impressão do livro à época, que perdurou até o final de 2015.

Atualmente, a comunidade germânica possui preocupação significativa com esse tipo de ideologia, devido à onda de imigrantes que o país tem recebido, podendo gerar sérias consequências sociais. Cita-se, por exemplo, a criminalização de negação do holocausto ou "mentira de Auschwitz", cuja política criminal foi adotada na Alemanha, Espanha, Portugal, Itália, França, Áustria, Bélgica, Holanda e Polônia.

A partir da dignidade humana consagrada na Constituição de 1949 (Lei Fundamental de Bonn), o Código Penal alemão prevê, em seu Título III, os crimes de ameaça ao Estado Democrático de Direito

---

113. "**Art. 5º.** *Todos são iguais perante a lei, sem distinção de qualquer natureza, garantindo-se aos brasileiros e aos estrangeiros residentes no País a inviolabilidade do direito à vida, à liberdade, à igualdade, à segurança e a propriedade*".

114. Também é árdua a discussão acerca dos limites da liberdade de expressão e do humor (RAMOS, André de Carvalho. *Curso de direitos humanos*. 2 ed. São Paulo: Saraiva, 2015, p. 525).

115. CARVALHO, Kildare Gonçalves. *Direito constitucional positivo*. 20 ed. Belo Horizonte: Del Rey, 2013, p. 96.

(arts. 84, 85, 86 e 130). A despeito dessa previsão legal, não há legislação específica sobre a tipificação do preconceito ou discriminação.

Já no Brasil, menciona-se o *leading case* em que o editor Siegfried Ellwanger expôs em comercialização o *Hate Speech*, razão pela qual foi acusado do crime de discriminação, notadamente do crime de divulgação do nazismo ou da cruz suástica ou gamada, tipificado no § 1º do artigo 20 da Lei n. 7.716/1989, que assim dispõe: "*Fabricar, comercializar, distribuir ou veicular, símbolos, emblemas, ornamentos, distintivos ou propaganda que utilizem a cruz suástica ou gamada, para fins de divulgação do nazismo*".

Em 2003, o caso foi submetido ao Supremo Tribunal Federal, no julgamento do *Habeas corpus* n. 82.424-2, tendo em vista a colisão entre os princípios da liberdade de expressão - com ênfase no direito de acesso à verdade histórica -, e da dignidade da pessoa humana - com base no crime de discriminação e no direito de punir. Ao final, decidiu o Pretório Excelso que os discursos de ódio, sobretudo as ideias antissemitas, não são amparados pela liberdade de expressão, de modo que configura discriminação racial.

Em linhas gerais, entende-se que o direito à liberdade de expressão não pode ser considerado absoluto nos casos de afronta à dignidade da pessoa humana, sobretudo se o discurso de ódio for praticado pela internet, cujo ambiente facilita o anonimato, a criação de falsos perfis e de grupos fechados e, acima de tudo, acarreta dificuldades técnicas para encontrar e proibir tais condutas ofensivas[116].

É bem de ver que esses ilícitos assumem uma elevada capacidade ofensiva, a ponto de suscitarem reflexões sobre a necessidade de robustecimento do direito penal para o tratamento dos crimes praticados pela imprensa no Brasil.

Em síntese, infere-se que a liberdade de expressão é uma conquista indelével à luz do Estado de Direito, eis que afigura como um direito de cidadania e de desenvolvimento individual e coletivo na sociedade democrática. Entende-se, *concessa venia*, que deve ser alçada a um debate crítico mais minucioso no cenário brasileiro, máxime na perspectiva constitucional, a fim de que passe a ser compreendida sob o ângulo do princípio do localismo, do princípio da anticorrupção e das manifestações individual e coletiva.

---

116. LEAL DA SILVA, Rosane; RUE, Almeida de La; GADENZ, Danielli. Discurso de ódio na internet e multiculturalismo: uma questão de conflito entre liberdade de expressão versus dignidade da pessoa humana. In: *Revista Científica de Direitos Culturais*. V. 9. N. 18. p. 129-151, Maio/Agosto de 2014, p. 148.

5.3. Princípio da Veracidade

O acesso à informação e a liberdade de expressão devem guardar relação umbilical com o princípio da veracidade, pois os cidadãos têm direito à verdade, máxime às informações fornecidas pelo Estado e pelos veículos de comunicação social[117].

Nessa esteira, o governo deve desempenhar sua função de comunicação social com vistas aos seguintes objetivos: **(i)** preservação do espaço comunicativo; **(ii)** proteção do direito de informação do público e do particular; **(iii)** preservação e implantação dos canais de comunicação; **(iv)** manutenção do sistema de informações pública e privada; e **(v)** divulgação das informações de interesses público.

Para Gilmar Mendes, *"A informação falsa não seria protegida pela Constituição, porque conduziria a uma pseudo-operação da formação da opinião"*[118]. Decerto, a coletividade tem o direito à informação verdadeira e atual, de modo que cada integrante deve estar apto a formar sua opinião pública e a desenvolver toda a potencialidade de sua personalidade[119].

Segundo Uadi Lammêgo Bulos, o Estado deve prezar pela moralidade e dignidade de um povo, de sorte que são proibidas notícias injuriosas, inverossímeis e infamantes[120].

No aporte de Bernardo Nespral, a veracidade e o interesse público em geral são pressupostos indiscutíveis que conferem preferência à liberdade de imprensa em detrimento dos direitos da personalidade[121].

Sob o ângulo do direito chileno, preconiza Manuel Ángel Gonzáles Jara que o Código de Ética do Colégio de Jornalistas do Chile determina o compromisso e dever dos próprios jornalistas com a verdade[122]. Cabe dizer, *"O jornalista deve exercer o direito de informar com o resguardo de*

117. CUNHA *apud* CARVALHO, Kildare Gonçalves. *Direito constitucional positivo*. 20 ed. Belo Horizonte: Del Rey, 2013, p. 99.
118. MENDES, Gilmar Ferreira. *Curso de direito constitucional*. 9 ed. São Paulo: Saraiva, 2014, p. 274.
119. MENDES, Gilmar Ferreira. *Curso de direito constitucional*. 9 ed. São Paulo: Saraiva, 2014, p. 274.
120. BULOS, Uadi Lammêgo. *Curso de direito constitucional*. 9 ed. São Paulo: Saraiva, 2015, p. 581.
121. NESPRAL, Bernardo. *Derecho de la información*. Periodismo: derechos, deberes y responsabilidades. Buenos Aires: Bdef, 2014, p. 32.
122. GONZÁLEZ JARA, Manuel Ángel. *Marco penal de las libertades de expresión, opinión e información*. Santiago: Librotecnia, 2012, p. 42-43.

todas as considerações e normas éticas estabelecidas, proibindo-se o uso deste direito em detrimento da comunidade ou das pessoas."[123].

Contudo, a veracidade não ocorre no plano das ideias, mas unicamente dos fatos. Isto porque as ideias dificilmente retratam a existência de uma verdade objetiva, pois elas contêm juízos de razão atribuídos pelo próprio autor[124].

De se ver que o ordenamento brasileiro sinaliza que o limite da liberdade de expressão é a verdade. Dispõe o artigo 30 do Código de Defesa do Consumidor (Lei n. 8.078/1990) que toda informação ou publicidade, suficientemente precisa, veiculada por qualquer forma ou meio de comunicação com relação a produtos e serviços oferecidos ou apresentados, obriga o fornecedor que a fizer veicular ou dela se utilizar o contrato que vier a ser celebrado.

De todo caso, entende-se que a divulgação da notícia é fundada não só na veracidade, mas também na finalidade de consistir em elemento útil de informação para melhor orientar a vida do indivíduo em sociedade[125].

Por fim, não deve ser interpretada de forma extrema a atividade jornalística que, ainda que com o objetivo de alcançar e divulgar a verdade, contenha erro não intencional, salvo se verificada a má-fé no uso da informação. Neste viés, há certa margem de tolerância para o erro, sobretudo nos casos em que o jornalista, não tendo conhecimento direto do fato, tenha buscado a informação em fonte válida e reconhecida[126].

Do exposto, infere-se que o princípio da veracidade é o núcleo inderrogável das liberdades de expressão e de imprensa, pois se destina ao alcance da dignidade da pessoa humana, tanto na perspectiva individual como coletiva.

6. CRÍTICA JORNALÍSTICA E PROIBIÇÃO DE CENSURA

Fundamentalmente, o vernáculo "liberdade" sempre recebeu os mais diversos significados, de modo que cada qual procura delineá-lo

---

123. GONZÁLEZ JARA, Manuel Ángel. *Marco penal de las libertades de expresión, opinión e información*. Santiago: Librotecnia, 2012, p. 42, tradução nossa.

124. GONZÁLEZ JARA, Manuel Ángel. *Marco penal de las libertades de expresión, opinión e información*. Santiago: Librotecnia, 2012, p. 42-43.

125. MENDES, Gilmar Ferreira. *Curso de direito constitucional*. 9 ed. São Paulo: Saraiva, 2014, p. 285.

126. MENDES, Gilmar Ferreira. *Curso de direito constitucional*. 9 ed. São Paulo: Saraiva, 2014, p. 275-276.

à sua maneira. Nada obstante, a liberdade é o "pulmão" da organização social, porquanto responsável pelo funcionamento harmônico dos outros órgãos[127].

Nessa senda, os mais diversos povos conformaram a liberdade à atuação da imprensa. Com efeito, o *Bill of Rights* do Estado de Virgínia, de 1776, consagrava a livre comunicação do pensamento e da opinião, conferindo a todo cidadão o direito de falar, escrever e imprimir livremente, embora sujeito à responsabilidade por abusos porventura cometidos.

Na França, o artigo 4º da Declaração dos Direitos do Homem, de 1789, e o artigo 17 da Constituição de 1791, privilegiavam o princípio da liberdade em um sentido duplo, é dizer, a liberdade de escrever e, ao mesmo tempo, a responsabilidade dos escritores[128].

No Brasil, a atividade censória é proibida desde Textos Constitucionais anteriores, tais como a Carta Imperial de 1824 (art. 179, n. 5), a Constituição de 1891 (art. 72, § 12), a Constituição de 1934 (art. 113, n. 9) e a Constituição de 1946 (art. 141, § 5º). E, à luz da Constituição de 1988, veda-se qualquer censura de natureza política, ideológica e artística (art. 220, § 2º).

Seguindo essa linha, a Segunda Turma do Supremo Tribunal Federal, no julgamento da Rcl. 21.504, enfatizou o seguinte: "*Cabe observar, ainda, que a repulsa à censura, além de haver sido consagrada em nosso constitucionalismo democrático, representa expressão de um compromisso que o Estado brasileiro assumiu no plano internacional*".[129]. São dignos de menção, nesse sentido, a Declaração Universal dos Direitos Humanos (art. XIX), o Pacto Internacional Sobre Direitos Civis e Políticos (art. 19), a Declaração Americana dos Direitos e Deveres do Homem (art. IV), a Convenção Americana Sobre Direitos Humanos (art. 13)

Destarte, a imprensa deve desempenhar variadas funções à luz do Estado Democrático de Direito, a ponto de informar e divulgar

---

127. Preconiza Darcy Arruda: "*No complexo fenomênico da nossa organização social, a liberdade corresponde à atividade do pulmão no organismo humano, sendo esta a resultante do esforço, do sacrifício e do funcionamento harmônico dos outros órgãos. A ausência de equilíbrio gera o descontrole, seja ele provocado pelo excesso ou pela deficiência funcional*" (MIRANDA, Darcy de Arruda. *Comentários à Lei de Imprensa*. V. I. São Paulo: Revista dos Tribunais, 1969, p. 39).

128. MIRANDA, Darcy de Arruda. *Comentários à Lei de Imprensa*. V. I. São Paulo: Revista dos Tribunais, 1969, p. 40-41.

129. Para mais detalhes: **STF, Segunda Turma, Rcl. 21504 Agr/SP, Rel. Min. Celso de Mello. Julgado em 17/11/2015.**

fatos, difundir conhecimentos, disseminar a cultura, canalizar os anseios populares e, acima de tudo, conduzir a opinião pública no sentido do bem e da verdade. Em miúdos, a liberdade de imprensa é uma expressão e, ao mesmo tempo, conquista indelével de um povo.

Nesse viés, as liberdades de expressão e de imprensa não podem ser objeto de qualquer tipo de censura, que apresenta as mais diversas definições ao longo da história da humanidade.

Na antiga Roma, a censura era representada pela conduta do funcionário que, além de realizar a contagem do número de cidadãos por meio do censo, também supervisionava o comportamento público[130].

Já nos dias atuais, sinaliza o Pacto de São José da Costa Rica que as liberdades de expressão e de pensamento não podem ser objeto de prévia censura, sob pena de responsabilidade dos infratores.

No sentido denotativo, "censurar" significa "repreender" ou "*Proibir a divulgação ou execução*"[131]. Para fins jurídicos, consiste na ação governamental que, em caráter prévio, recai sobre o teor de determinada informação jornalística.

Comungando do posicionamento de Bernardo Nespral, certo é que, de uma forma ou de outra, o vocábulo "censura" não é bem-visto, de modo que o respectivo sentido deve ser integralmente rechaçado no regime democrático[132].

Nesse contexto, a liberdade de crítica jornalística deve ser amplamente resguardada, pois, mesmo que desfavorável, insere-se no contexto da personalidade humana, afigurando como fonte de expressão de uma sociedade democrática, salvo nas condutas que atingem a honra dos indivíduos ou que deturpam a organização social. Contudo, não se vislumbra a possibilidade de uma liberdade de imprensa ilimitada nos regimes democráticos, eis que tal é típica das sociedades bárbaras e de governos autoritários[133].

---

130. NESPRAL, Bernardo. *Derecho de la información*. Periodismo: derechos, deberes y responsabilidades. Buenos Aires: Bdef, 2014, p. 21.

131. FERREIRA, Aurélio Buarque de Holanda. *Miniaurélio: o dicionário da língua portuguesa*. 6. ed. Curitiba: Positivo, 2005, p. 224.

132. NESPRAL, Bernardo. *Derecho de la información*. Periodismo: derechos, deberes y responsabilidades. Buenos Aires: Bdef, 2014, p. 21.

133. Para Darcy Miranda: "*A verdadeira missão da imprensa, mais do que a de informar e de divulgar fatos, é a de difundir conhecimentos, disseminar a cultura, iluminar as consciências, canalizar as aspirações e os anseios populares, enfim, orientar a opinião pública no sentido do bem e da verdade*" (MIRANDA, Darcy de Arruda. *Comentários à Lei de Imprensa*. V. I. São Paulo: Revista dos Tribunais, 1969, p. 51).

Sob a ótica do direito português, o item n. 2 do artigo 37º da Constituição lusitana proíbe a censura em sentido amplo, ou seja, tanto a censura prévia sobre a mensagem a ser comunicada, como a censura *ex post facto* decorrente de uma condenação civil, penal ou contraordenacional como consequência da censura prévia[134]. Preconiza Jónatas Machado que "*A liberdade de expressão e de informação, constitucionalmente consagrada, compreende o princípio da proibição da censura.*"[135].

Já no palco brasileiro, a Lei de Imprensa ao menos se preocupou em assegurar a crítica jornalística, a despeito de essa legislação ter sido elaborada durante o regime de exceção. De acordo com o inciso I do artigo 27 da extinta lei, não constitui abuso no exercício da liberdade de manifestação do pensamento e de informação a opinião desfavorável da crítica, literária, artística, científica ou desportiva, salvo quando inequívoca a intenção de injuriar ou difamar[136].

O inciso II do artigo 142 do Código Penal apresenta redação semelhante, no sentido de não constitui injúria ou difamação a opinião desfavorável da crítica literária, artística ou científica, salvo quando inequívoca a intenção de injuriar ou difamar[137]. Porém, o mencionado

---

134. MACHADO, Jónatas E. M. *Difamação de figuras públicas*: tutela jurídica e censura judicial à luz do direito português. Curitiba: Juruá, 2016, p. 29.

135. MACHADO, Jónatas E. M. *Difamação de figuras públicas*: tutela jurídica e censura judicial à luz do direito português. Curitiba: Juruá, 2016, p. 29.

136. "**Art. 27.** *Não constituem abusos no exercício da liberdade de manifestação do pensamento e de informação*: **I** – *a opinião desfavorável da crítica, literária, artística, científica ou desportiva, salvo quando inequívoca a intenção de injuriar ou difamar;* **II** – *a reprodução, integral ou resumida, desde que não constitua matéria reservada ou sigilosa, de relatórios, pareceres, decisões ou atos proferidos pelos órgãos competentes das Casas legislativas;* **III** – *noticiar ou comentar, resumida ou amplamente, projetos e atos do Poder Legislativo, bem como debates e críticas a seu respeito;* **IV** – *a reprodução integral, parcial ou abreviada, a notícia, crônica ou resenha dos debates escritos ou orais, perante juízes e tribunais, bem como a divulgação de despachos e sentenças e de tudo quanto fôr ordenado ou comunicado por autoridades judiciais;* **V** – *a divulgação de articulados, quotas ou alegações produzidas em juízo pelas partes ou seus procuradores;* **VI** – *a divulgação, a discussão e a crítica de atos e decisões do Poder Executivo e seus agentes, desde que não se trate de matéria de natureza reservada ou sigilosa;* **VII** – a crítica às leis e a demonstração de sua inconveniência ou inoportunidade; **VIII** – a crítica inspirada pelo interêsse público; **IX** – *a exposição de doutrina ou idéia.*"

137. "**Exclusão do crime Art. 142** – *Não constituem injúria ou difamação punível:* **I** – *a ofensa irrogada em juízo, na discussão da causa, pela parte ou por seu procurador;* **II** – *a opinião desfavorável da crítica literária, artística ou científica, salvo quando inequívoca a intenção de injuriar ou difamar;* **III** – *o conceito desfavorável emitido por funcionário público, em apreciação ou informação que preste no cumprimento de dever do ofício.* **Parágrafo único** – *Nos casos dos ns. I e III, responde pela injúria ou pela difamação quem lhe dá publicidade.*"

Codex deixou de prever a exclusão da injúria ou difamação no caso de opinião desfavorável da crítica jornalística.

De acordo com o entendimento da jurisprudência dominante, configura-se responsabilidade, tanto cível como criminal, pelo dano praticado por meio da imprensa diante da ocorrência deliberada da injúria, calúnia ou difamação. Assim, é indispensável demonstrar a intenção específica de ofensa à personalidade da vítima.

Por outro lado, se a matéria jornalística voltar-se exclusivamente a críticas prudentes (*animus criticandi*) ou à narrativa de fatos de interesse público (*animus narrandi*), apesar de deselegante ou desvestida de conteúdo malicioso, não restará caracterizada a responsabilização civil por ofensa à honra, constituindo meramente exercício regular do direito de informação[138].

Aliás, a necessidade de narrar ou de informar, uma vez praticada sob o manto da liberdade de imprensa, são fatores que descaracterizam o dolo, ou seja, a vontade consciente e voluntária de ofender a honra alheia, tornando, consequentemente, a conduta legítima, pois acobertada pelas excludentes de ilicitude, em especial pelo exercício regular do direito de informação.

E, malgrado seja objeto de críticas doutrinárias, o Projeto de Lei do Senado n. 236/2012 (Projeto do Novo Código Penal) pretende aprimorar a redação do Código Penal então vigente. Prevê o inciso II do artigo 141 do Projeto que não configura difamação e injúria os casos em que envolver meramente a opinião desfavorável da crítica jornalística, literária, artística ou científica, salvo quando inequívoca a intenção de injuriar ou difamar, sinalizando a exclusão da ilicitude neste viés[139].

Certo é que, com base da Declaração de *Chapultepec* e nos precedentes do Tribunal Europeu dos Direitos Humanos, tem a atividade pretoriana resguardado constitucionalmente a crítica jornalística, ainda que de seu exercício resulte opinião extremamente rigorosa à pessoa pública, a exemplo de políticos[140].

---

138. Nesse sentido: **REsp 719.592, Rel. Min. Jorge Scartezzini; RTJ 200/277, Rel Min. Celso de Mello.**

139. "**Art. 141.** *Não constituem difamação ou injúria:* **I** – *a ofensa irrogada em juízo ou fora dele, na discussão da causa, pela parte ou por seu procurador, inclusive a calúnia;* **II** – *a opinião desfavorável da crítica jornalística, literária, artística ou científica, salvo quando inequívoca a intenção de injuriar ou difamar.*"

140. "**EMENTA: Liberdade de expressão. Profissional de imprensa e empresa de comunicação social. Proteção constitucional. Direito de crítica: prerrogativa fundamental que se compreende na liberdade constitucional de manifestação do pensamento. Magistério da doutrina. Precedentes do Supremo Tribunal Federal**

Por exemplo, no Caso *Linges*, o Tribunal Europeu decidiu que, no campo do direito à informação, é natural a divergência subjetiva de opiniões. Assim, cabe à imprensa interpretar as informações e expandir as críticas pertinentes, sob o risco de reduzir o direito à informação, em especial os debates políticos e as questões de outros setores de interesse público.

Em síntese, entende-se que é proibido qualquer tipo de censura à crítica jornalística, mesmo que divulgados fatos equivocados, contanto que o jornalista ou a empresa de mídia esteja de boa-fé. Por conseguinte, a intervenção criminal deve ser mínima nesse âmago, priorizando pela adoção de meios menos ofensivos (v.g., o direito de resposta e a obrigação de indenizar no campo responsabilidade civil) para a salvaguarda da liberdade de expressão e dos direitos da personalidade sob a égide do Estado Democrático de Direito.

7. CÓDIGOS DE ÉTICA DA IMPRENSA

A ética guarda relação umbilical com a deontologia, que consiste no conjunto de deveres destinado a uma categoria de pessoas. Assim, a ética profissional é o complexo de exigências deontológicas que conformam a atividade humana no cotidiano[141].

A ética é o fio condutor não só do atuar individual do ser humano, senão também de certas atividades grupais no contexto das relações sociais, sobretudo da mídia. No aporte de Bernardo Nespral, "*O problema da ética não é exclusivo do jornalismo; exige-se para todo trabalho profissional ou função pública*"[142].

Nesse contexto, os códigos de ética jornalística compõem-se de normas que regem a profissão jornalística, incluindo o sigilo da fonte.

(ADPF 130/DF, Rel. Min. AYRES BRITTO - AI 505.595-AgR/RJ, Rel. Min. CELSO DE MELLO - Pet 3.486/DF, Rel. Min. CELSO DE MELLO, v.g.). Jurisprudência comparada (Tribunal Europeu de Direitos Humanos e Tribunal Constitucional Espanhol). O significado político e a importância jurídica da Declaração de Chapultepec (11/03/1994). Matéria jornalística e responsabilidade civil. Excludentes anímicas e direito de crítica. Precedentes. Plena legitimidade do direito constitucional de crítica a figuras públicas ou notórias, ainda que de seu exercício resulte opinião jornalística extremamente dura e contundente. Recurso extraordinário provido. Consequente improcedência da ação de reparação civil por danos morais. (STF, RExt com Agravo 732.744-DF. Min. Re. Celso de Mello. Julgamento: 19/02/2014)"

141. NESPRAL, Bernardo. *Derecho de la información*. Periodismo: derechos, deberes y responsabilidades. Buenos Aires: Bdef, 2014, p. 121 e 123.

142. NESPRAL, Bernardo. *Derecho de la información*. Periodismo: derechos, deberes y responsabilidades. Buenos Aires: Bdef, 2014, p. 124.

No Brasil, apontam-se os seguintes códigos de ética no quadro jornalístico: **(i)** Código da Associação Nacional dos Jornais, que prevê linhas seguidas pelas empresas do setor; **(ii)** Código de ética da Radiofusão, proposto pela Associação Brasileira de Emissoras de Rádio e Televisão; **(iii)** Código de Ética do Jornalista Brasileiro, conduzido pela Fenaj; e **(iv)** Princípios Éticos da Associação Nacional dos Editores de Revista (ANER).

Entende-se que a imprensa em geral, mormente o jornalismo investigativo, deve seguir detidamente os parâmetros dos códigos de ética jornalística. Ocupa posição de destaque o Código de Ética dos Jornalistas Brasileiros, que fixa normas a que deverá subordinar-se a atuação do profissional nas suas relações com a comunidade, com as fontes de informação e entre jornalistas.

Dessa forma, assinala-se que, diante de situação de conflito jurídico, os códigos de ética desempenham uma importante função para a elucidação dos casos, pois servem de meio para determinar se o profissional da imprensa atuou ou não com legitimidade no seu direito de informar. Assim, os códigos de ética de imprensa guardam estreita correlação com o *compliance* ou programas de boa governança corporativa, cuja sistemática traz vantagens não só no campo do direito penal (v.g., autoria e nexo causal), mas também no âmbito processual penal, evitando a possibilidade de "denúncias genéricas" diante do tormentoso contexto probatório nos crimes de imprensa[143].

Em suma, forçoso é convir que a conduta dos jornalistas deve se circunscrever, *a priori*, aos códigos de ética de imprensa, cujos parâmetros servem de norte para a interpretação do direito penal e processual penal nos crimes praticados pela imprensa.

8. SIGILO DAS FONTES JORNALÍSTICAS E (IM)POSSIBILIDADE DE MITIGAÇÃO

À luz do Estado Democrático de Direito, é possível que certas informações de interesse da coletividade se tornem públicas com vistas a propiciar a fiscalização sobre a gestão da Administração Pública, em consonância com os princípios da moralidade e da transparência. Vale dizer, garante-se à sociedade a livre divulgação de informações de interesse público, embora seja resguardado o sigilo da fonte[144].

---

143. A propósito do *compliance*, cf. VALENTE, Victor Augusto Estevam. *Direito penal de empresa & criminalidade econômica organizada*: responsabilidade penal das pessoas jurídicas e de seus representantes face aos crimes corporativos. Curitiba: Juruá, 2015, p. 142.

144. MORAES, Alexandre de. *Direito constitucional*. 31 ed. São Paulo: Atlas, 2015, p. 880.

Nesse contexto, o direito à informação jornalística tem como desdobramento o direito fundamental do sigilo das fontes jornalísticas, quando necessário ao exercício profissional, consagrado no inciso XIV do artigo 5º da Constituição brasileira de 1988.

A fonte jornalística é a pessoa que sabe de alguma informação de interesse público e a repassa ao jornalista, o qual, por sua vez, acaba por publicar tal informação. A pessoa, na condição de fonte jornalística, pode solicitar sigilo tanto da sua identidade, como das informações, tornando-as fora do alcance público, ou seja "fora do registro" (*off the record*).

Nessa esteira, a ordem constitucional brasileira assegura o sigilo da fonte jornalística para o regular exercício do direito de informar na profissão de jornalismo, tanto no escrito como no digital.

Acertadamente, essa é a racionalidade da Constituição, pois aquele que, atuando de boa-fé e apresentando razões justificáveis para o seu anonimato, divulga informações a um jornalista, tem o direito de se expressar livremente e sem qualquer censura, contribuindo para o pluralismo e o debate público.

Assim, competem aos profissionais do jornalismo, à luz do Estado Democrático de Direito, respeitar, incondicionalmente, o sigilo da fonte. Caso contrário, se não fosse garantida a preservação da identidade da fonte, aquele que pretendesse oferecer informações ficaria receoso de se expressar livremente, tornando-se alvo de censuras, perseguições e de execração social. Optar-se-ia por permanecer em silêncio e em contrariedade com o Estado de Direito, deixando de contribuir ao jornalismo e ao debate público.

Ao mesmo tempo, o sigilo da fonte assegura aos jornalistas a liberdade plena para o desempenho do seu mister, valendo-se de todas as fontes que forem necessárias para o exercício do direito de informar, ainda que os informantes não sejam identificados, com o escopo de contribuir para o debate democrático e a livre circulação de ideias, sem qualquer censura. Ou seja, deve ser plena a liberdade jornalística em todos os setores e instâncias da sociedade, assegurando ao profissional da imprensa a sua atuação como um verdadeiro intermediador dos debates sociais e, acima de tudo, guardião do Estado Democrático de Direito.

O sigilo da fonte jornalística assegura que a lei, a Administração e os particulares não podem compelir ou coagir um jornalista a indicar o nome de seu informante ou a fonte de suas informações. Cabe dizer, o jornalista não deve sofrer qualquer sanção caso escolha permanecer em silêncio a respeito das fontes pelas quais obteve a informação da matéria que divulga, sobretudo daquela que envolva eventual irregularidade ou caso criminal[145].

Corroborando do entendimento de Bernardo Nespral, o segredo profissional tem seu fundamento no interesse subjetivo do jornalista de não revelar a identidade do sujeito produtor da notícia, a fim de que seja preservada a integridade da fonte tanto nas ocasiões presentes como nas futuras[146].

Feitas essas considerações acerca do sentido e dos fundamentos constitucionais do sigilo da fonte, torna-se indispensável a compreensão sobre alguns detalhes desse instituto.

De se esclarecer que, inexistindo qualquer solicitação de sigilo, o jornalista deve citar as fontes, eis que é vedado o anonimato, de modo que o leitor tem o direito de conhecer a fonte da matéria jornalística para, com senso crítico, avaliar a qualidade e a veracidade da sua informação. Essa é a lógica constitucional, tendo em vista que o anonimato é considerado a forma mais vil e torpe de manifestação do pensamento (art. 5º, inc. IV).

Ademais, com fundamento da interpretação teleológica, a Constituição deve ser interpretada como um todo orgânico, de modo que não existe direito fundamental absoluto nem ilimitado. Justifica-se, neste viés, que é imprescindível a divulgação da fonte em prol do acesso à informação e do conhecimento da verdade histórica, robustecendo a liberdade de imprensa.

É bem verdade que s meios de comunicação social, incluindo as empresas de televisão, têm funções relevantes na sociedade, pois atuam como formadoras de opinião, além de possuírem visibilidade em nível nacional e, dependendo do caso, internacional, principalmente por meio das notícias que veiculam em seus *sites*[147].

Mesmo que uma empresa fundamente a sua reportagem no direito constitucional à informação, na livre expressão de comunicação e

---

145. O direito à informação jornalística é previsto no art. 5º, incs. IV e IX, c/c. o artigo 220, ambos da Constituição. Já o sigilo das fontes jornalísticas é previsto no artigo 5º, incs. XIV, da Magna Carta (FROTA, Hidemberg Alves da. Reflexões sobre quebra judicial do sigilo das fontes jornalísticas, segredo de justiça como limite à liberdade de informação jornalística e divulgação pela mídia do conteúdo de interceptações telefônicas. *Revista Magister de Direito Penal e Processual Penal*, Porto Alegre, v. 2, n. 9, p.22-35, dez./jan. 2006, p. 23).

146. NESPRAL, Bernardo. *Derecho de la información*. Periodismo: derechos, deberes y responsabilidades. Buenos Aires: Bdef, 2014, p. 20.

147. Esses fundamentos já foram enfrentados pela jurisprudência. Para mais detalhes: **STF, Segunda Turma, Rcl. 21504 Agr/SP, Rel. Min. Celso de Mello. Julgado em 17/11/2015.**

no sigilo da fonte, tais direitos não são absolutos, ainda mais quando a reportagem não for fidedigna, tampouco aberta para o direito de resposta daquele que se sentiu ofendido. Acrescenta-se que a Constituição proíbe expressamente o anonimato, preservando a inviolabilidade da honra e da imagem da pessoa, além de defender expressamente a presunção de inocência e a dignidade da pessoa humana, rechaçando o "sensacionalismo midiático".

Se não bastasse, a divulgação de informações, principalmente em casos criminais e nos atos de improbidade administrativa, pode constituir em meio necessário e proporcional para assegurar a transparência na Administração Pública (CF, art. 37), tornando-se indispensável a publicidade de fatos que são de interesse público e que devem ser compartilhados com a sociedade.

Por outro lado, cabe ao jornalista, por imperativo constitucional, silenciar-se diante da solicitação de sigilo por parte daquele que lhe ofereceu a informação[148].

Prevalece que o sigilo será legítimo somente se presentes os seguintes requisitos: **(i)** diante do pedido da própria fonte, não cabendo ao jornalista avaliar sobre a sua viabilidade; **(ii)** de razões justificáveis para a concessão do anonimato; **(iii)** do conhecimento pelo leitor acerca das razões apresentadas pela fonte que justificaram o sigilo; e **(iv)** de que o jornalista tenha a certeza de que não existem outros meios para a obtenção da informação de interesse público.

Com a presença desses requisitos, o sigilo torna-se indispensável para assegurar o exercício profissional da imprensa e, acima de tudo, o acesso à informação, justificando o anonimato da fonte, a qual age de boa-fé e em prol do interesse público. Assim, serão atendidas todas as condições estampadas nos incisos IV e XIV do artigo 5º da Constituição.

Em nível mundial, o segredo profissional na imprensa é garantido em diversos países, tanto na perspectiva jurídica como na dos códigos de ética jornalística, como se verifica na Alemanha, Brasil, Costa Rica, Espanha, Estados Unidos, França, Israel, Itália, Peru e Venezuela[149].

Porém, a jurisprudência estrangeira, em casos pontuais, tem admitido a quebra do sigilo da fonte.

---

148. Para Bernardo Nespral, a confidencialidade da fonte é a exceção, e não a regra geral (GONZÁLEZ JARA, Manuel Ángel. *Marco penal de las libertades de expresión, opinión e información.* Santiago: Librotecnia, 2012, p. 39, tradução nossa).

149. NESPRAL, Bernardo. *Derecho de la información.* Periodismo: derechos, deberes y responsabilidades. Buenos Aires: Bdef, 2014, p. 132.

Na União Europeia, o Tribunal Europeu dos Direitos Humanos (TEDH), em março de 2006, no julgamento do caso *Goodwin v. United Kingdon*, se posicionara, em caráter excepcional, pela possibilidade de quebra do sigilo das fontes jornalísticas, exigindo-se autorização judicial, com base nos seguintes fundamentos: **(i)** a medida encontra amparo no artigo 10.2 da Convenção Europeia de Direitos Humanos[150]; **(ii)** é proporcional à finalidade legítima a que se destina, pela ponderação de princípios em prol da proteção do interesse público; e **(iii)** é necessária para a livre circulação de debates e ideias na sociedade democrática[151].

Nesse sentido, a Corte de Estrasburgo entendeu que a mitigação do sigilo das fontes jornalísticas é embasada no *chilling effect*, ou seja, "*o efeito esfriante – dissuasório – sobre o ânimo de fontes anônimas colaborarem com a imprensa*"[152]. É dizer, justifica-se a preservação do sigilo jornalístico se houver questões de interesse público (v.g., segurança nacional, integridade territorial e segurança pública) que chegam ao conhecimento da imprensa por meio de fontes fidedignas. Porém, não é possível a manutenção do sigilo em caso de questões desprovidas de tal interesse que chegam ao conhecimento da mídia por meio de fontes que atuam de má-fé ou inconsequentemente.

No Brasil, a quebra do sigilo da fonte passou a ser invocada em casos pontuais.

Prevalece, via de regra, que deve ser resguardado o sigilo das fontes jornalísticas, de modo que o jornalista tem o direito de não realizar o *disclosure* da fonte de informação[153]. Nota-se, a rigor, que o dever de

---

150. FROTA, Hidemberg Alves da. Reflexões sobre quebra judicial do sigilo das fontes jornalísticas, segredo de justiça como limite à liberdade de informação jornalística e divulgação pela mídia do conteúdo de interceptações telefônicas. *Revista Magister de Direito Penal e Processual Penal*, Porto Alegre, v. 2, n. 9, p.22-35, dez./jan. 2006, p. 24.

151. FROTA, Hidemberg Alves da. Reflexões sobre quebra judicial do sigilo das fontes jornalísticas, segredo de justiça como limite à liberdade de informação jornalística e divulgação pela mídia do conteúdo de interceptações telefônicas. *Revista Magister de Direito Penal e Processual Penal*, Porto Alegre, v. 2, n. 9, p.22-35, dez./jan. 2006, p. 24.

152. Segundo o art. 10, n. 2º, da Convenção Europeia Sobre Direitos Humanos, o exercício da liberdade de expressão implica deveres e responsabilidades, podendo ser submetida a certas formalidades, condições, restrições ou sanções, previstas pela lei, que constituam providências necessárias, numa sociedade democrática, para a segurança nacional, a integridade territorial ou a segurança pública, a defesa da ordem e a prevenção do crime, a proteção da saúde ou da moral, a proteção da honra ou dos direitos de outrem, para impedir a divulgação de informações confidenciais, ou para garantir a autoridade e a imparcialidade do poder judicial.

153. FROTA, Hidemberg Alves da. Reflexões sobre quebra judicial do sigilo das fontes jornalísticas, segredo de justiça como limite à liberdade de informação jornalística e divulgação pela mídia do conteúdo de interceptações telefônicas. *Revista Magister de Direito Penal e Processual Penal*, Porto Alegre, v. 2, n. 9, p.22-35, dez./jan. 2006, p. 28-29.

investigar não possui maior peso constitucional do que a liberdade de imprensa e o sigilo da fonte.

De acordo com o entendimento já mencionado da Segunda Turma do Supremo Tribunal Federal, no julgamento da Rcl. 21504, esse sigilo é um critério do próprio jornalista, quando este assim o julgar necessário para o seu exercício profissional, no sentido de não compartilhar informações sobre a sua fonte, não podendo sofrer qualquer sanção, direta ou indiretamente, quando se recursar a quebrar o próprio sigilo. Assim, o Poder Judiciário não pode ser complacente a qualquer violação à liberdade de imprensa, tampouco à garantia constitucional do sigilo da fonte, sob o risco de transformar o seu poder geral de cautela em censura estatal[154].

De se esclarecer que o Estado geralmente se vale dos seguintes meios para conseguir acesso à fonte de informações jornalísticas: **(i)** busca e apreensão, envolvendo a apreensão de computadores de jornalistas, além de *laptops*, mídias, *pen drive* e arquivos eletrônicos de qualquer espécie; ou **(ii)** meios de obtenção de prova, tais como interceptações telefônicas e colaboração premiada.

Discute-se, outrossim, sobre a possibilidade de condução coercitiva para prestar esclarecimentos perante a Justiça Pública, incluindo informações sobre fontes jornalísticas, como ocorreu na "Operação Lava Jato"[155].

Os nomes, conversas e demais informações obtidas devem ser, em regra, mantidas sob segredo de justiça, sem qualquer divulgação, com a necessária proteção da intimidade.

Na esfera criminal, o segredo de justiça, que é decretado mediante ordem judicial, tem a finalidade de impedir que os atos investigados, assim como as fontes de informação, sejam divulgados pelos órgãos de comunicação, com fundamento na proteção da intimidade das partes da

---

154. Segundo esse entendimento: "*Isso claramente significa que a prerrogativa concernente ao sigilo da fonte, longe de qualificar-se como mero privilégio de ordem pessoal ou de caráter estamental, configura, na realidade, meio essencial de plena realização do direito constitucional de informar, revelando-se oponível, por isso mesmo, em razão de sua extensão eminentemente constitucional, a qualquer pessoa e, também, a quaisquer órgãos agentes ou autoridades do Poder Público, inclusive do Poder Judiciário, não importando a esfera em que se situe a atuação institucional dos agentes estatais interessados*" **(STF, Segunda Turma, Rcl. 21504 Agr/SP, Rel. Min. Celso de Mello. Julgado em 17/11/2015).**

155. Em um dos casos da "Operação Lava Jato", o juízo da 13ª Vara Federal de Curitiba determinou a condução coercitiva e a quebra de sigilo da fonte do titular do *Blog da Cidadania*, sob o fundamento de que o sigilo da fonte não se aplica, tecnicamente, àqueles que são titulares de *blog*, mas tão somente aos jornalistas, seguindo a previsão da Constituição.

persecução criminal, em especial da pessoa que serviu de informante. Porém, apenas caberá eventual divulgação se a informação for de interesse social, com esteio no art. 5º, LX, da Constituição Federal[156].

Assevera Hidemberg Frota que "*Ambas as hipóteses elencadas pelo art. 5º, inc. LX, da CF/88, conferem ao Poder Judiciário margem discricionária para limitar o exercício do direito constitucional à informação jornalística (art. 5º, incs. IV e IX, c/c. art. 220, § 1º)*". Assim, o principal desafio radica em demarcar até em que ponto cessa a liberdade de expressão jornalística em prol do segredo de justiça.

E, em caso de descumprimento da determinação judicial, restarão configuradas tanto a responsabilidade civil como a criminal.

Entendemos que, no âmbito cível, diante da divulgação indesejada acerca da identidade da fonte, é cabível indenização por danos morais, por violação ao disposto no artigo 5º, inciso X, da Constituição, c./c. os artigos 12 e 21, ambos do Código Civil. Na esfera criminal, podem restar configurados crimes contra a honra (CP, arts. 138 a 140), de violação de sigilo funcional (CP, art. 325), de quebra ilegal de interceptação telefônica (art. 10 da Lei n. 9.296/96), entre outros.

Nota-se, no entanto, que julgados no direito nacional, principalmente no âmbito da "Operação Lava Jato", apresentaram fundamentos de admissibilidade da quebra do sigilo da fonte, com a finalidade de colher provas adicionais em relação aos investigados, viabilizando a melhor persecução dos casos criminais e, ao mesmo tempo, a identificação pessoal de fontes que forneciam informações sigilosas da força-tarefa para jornalistas e blogueiros[157].

Infere-se que, em regra, é inquebrantável a proteção da liberdade de imprensa, em especial do direito de informar, não devendo aquela ser submetida a mitigações de ocasião, tampouco revelada a fonte jornalística.

Reconhece-se, no entanto, que nenhum direito fundamental é ilimitado ou absoluto. Logo, há certa margem para que, em caráter excepcionalíssimo, o sigilo das fontes jornalísticas seja mitigado, desde que devidamente fundamentado e ponderado com outros valores

---

156. FROTA, Hidemberg Alves da. Reflexões sobre quebra judicial do sigilo das fontes jornalísticas, segredo de justiça como limite à liberdade de informação jornalística e divulgação pela mídia do conteúdo de interceptações telefônicas. *Revista Magister de Direito Penal e Processual Penal*, Porto Alegre, v. 2, n. 9, p.22-35, dez./jan. 2006, p. 29.

157. Cita-se, por exemplo, a quebra do sigilo da interceptação telefônica e, concomitantemente, do sigilo da fonte na conversa mantida entre o jornalista Reinaldo Azevedo e a irmã de Aécio Neves, na "Operação Lava Jato". De se ver que ambos os interlocutores sequer figuravam como investigados.

constitucionais, com balaústre na tridimensionalidade do princípio da proporcionalidade, ou seja, na adequação, necessidade e proporcionalidade em sentido estrito.

9. JORNALISMO INVESTIGATIVO

No Brasil, o crescimento exponencial da investigação jornalística ocorreu após o estado de exceção, que perdurou nos idos de 1964 a 1985. Mesmo assim, tinham os profissionais da imprensa que se debruçar fisicamente para a obtenção de dados e informações de conteúdo jornalístico até a década de 90.

Na "Era Collor" (1990 a 1992), os métodos de investigação tornaram-se mais organizados dentro das redações jornalísticas, no que o impedimento presidencial (*impeachment*) foi considerado o marco de consolidação do jornalismo investigativo no Brasil, pois tanto os jornalistas como as empresas de comunicação social passaram a concentrar uma importante ferramenta de informação em seu poder, com possibilidade de difusão e transformação do cenário sócio-político.

Paulatinamente, os avanços tecnológicos e informáticos trouxeram facilidades à atuação jornalística. Em 2002, foi fundada a Associação Brasileira de Jornalismo Investigativo (ABRAJI), ou seja, uma instituição de jornalistas com o objetivo de sistematizar o conhecimento e as práticas do jornalismo investigativo no Brasil, sobretudo aprimorar a utilização dos meios eletrônicos como fonte de consulta e obtenção de informações[158].

Para Mark Lee Hunter e Nils Hanson, o jornalismo investigativo envolve a exposição ao público de questões então ocultas e nebulosas, demandando o uso de fontes e de documentos que ora são mantidos sob sigilo ora são divulgados[159].

Assim, o jornalismo investigativo é uma manifestação da liberdade de expressão, pois, em geral, propicia a transparência e a divulgação de informações relevantes ao interesse público, perfazendo a premissa de que não há jornalismo sem investigação. Sem embargo, ao mesmo tempo em que se revela como um instrumental útil e poderoso, também é trabalhoso e perigoso, a ponto de existir um verdadeiro "*caminho das pedras*". Exemplificativamente, o "Caso Tim Lopes"

---

158. Para maiores detalhes, cf: FORTES, Leandro. *Jornalismo investigativo*. São Paulo: Contexto, 2005.
159. HUNTER, Marl Lee; HANSON, Nils. O que é o jornalismo investigativo. In: *A investigação a partir de histórias*: um manual para jornalistas investigativos. Organização das Nações Unidas para a Educação, a Ciência e a Cultura (UNESCO), 2009, p. 8.

representa o quanto é arriscado o jornalismo de investigação, sobretudo quando envolve as mazelas da criminalidade.

No contexto internacional, cita-se como ruptura de paradigmas o *Caso Walter Gate*, deflagrado pelo *The Washington Post*. Recentemente, aponta-se o caso do *The Panama Papers*, deflagrado pelo *The International Consortium of Investigative Journalists*, em que onze milhões e meio de documentos confidenciais elaborados pela sociedade de advogados panamenha *Mossack Fonseca* forneceu informações detalhadas sobre a atuação de mais de 214.000 empresas em paraísos fiscais *offshore*, com o envolvimento de autoridades e multimilionários dos mais diversos países[160]. Da mesma forma, recentemente foi descortinado o caso do *Bahamas Papers*.

Portanto, entende-se que, como corolário das liberdades de expressão e de imprensa, deve ser amparado e difundido ao máximo o jornalismo investigativo, com o escopo de contribuir à elucidação de casos criminais na sociedade democrática, desde que desprovido de interesses econômicos e ideológicos, em homenagem ao princípio da veracidade na comunicação social.

160. Para maiores detalhes, cf: https://panamapapers.icij.org/

CAPÍTULO II

ASPECTOS CRIMINAIS DOS DIREITOS DA PERSONALIDADE NO CONTEXTO MIDIÁTICO

1. CONSTITUCIONALIZAÇÃO DO DIREITO CIVIL E EFICÁCIA HORIZONTAL DOS DIREITOS FUNDAMENTAIS

Fundamentalmente, a locução "*constitucionalização do direito*" não tem um sentido unívoco, ou seja, não se restringe ao direito civil, eis que relacionada aos maios diversos reflexos gerados pela Constituição sobre o ordenamento jurídico. No presente ensaio, associa-se esse fenômeno com o efeito expansivo das normas constitucionais, cujas regras e princípios se espraiam no sistema jurídico com força normativa, embora seja necessário controlar os riscos de uma constitucionalização excessiva[161].

Em observância aos princípios da unidade do ordenamento e da supremacia da Constituição, a Lei Fundamental é o centro de validade do sistema jurídico, propiciando a compatibilidade formal e material dos demais ramos do direito aos ditames constitucionais e, acima de tudo, à dignidade humana[162]. Destarte, deve o direito civil guardar compatibilidade com o Texto Constitucional, no que resta superado o dogma clássico da patrimonialização das relações privadas, dando-se azo à constitucionalização do direito civil ou direito civil-constitucional ou constitucionalizado[163].

---

161. BARROSO, Luís Roberto. *Curso de direito constitucional contemporâneo*: os conceitos fundamentais e a construção do novo modelo. São Paulo: Saraiva, 2009, p. 351 e 391.

162. Para Konrad Hesse: "*A força que constitui a essência e a eficácia da Constituição reside na natureza das coisas, impulsionando-a, conduzindo-a e transformando-se, assim, em força ativa. Como demonstrado, daí decorrem os seus limites. Daí resultam também os pressupostos que permitem à Constituição desenvolver de forma ótima a sua força normativa. Esses pressupostos referem-se tanto ao conteúdo da Constituição quanto à práxis constitucional* [...]" (HESSE, Konrad. *A força normativa da Constituição*. Tradução de Gilmar Ferreira Mendes. Porto Alegre: Sérgio Fabris, 1991, p. 08).

163. Segundo Nelson Rosenvald e Cristiano Chaves: "*A esse novo sistema de normas e princípios, reguladores da vida privada, relativos à proteção da pessoa, nas suas mais diferentes dimensões fundamentais (desde os valores existenciais até os interesses patrimoniais),*

Nessa senda, apontam-se duas possibilidades de aplicação dos direitos fundamentais, a saber: **(i)** eficácia vertical; ou **(ii)** eficácia horizontal.

A eficácia vertical encontra acolhida na doutrina norte-americana, identificando como direitos fundamentais aqueles que são aplicados na relação entre o Estado e o cidadão. Já no século XX, exsurgiu a eficácia horizontal ou eficácia dos direitos fundamentais contra terceiros (*Drittwirkung*), que consiste na aplicação direta ou indireta dos direitos constitucionalmente reconhecidos às relações entre particulares.

Segundo Barroso, apontam-se duas correntes acerca da possibilidade de aplicação das normas constitucionais às relações privadas, a saber: **(i)** a da eficácia indireta e mediata dos direitos fundamentais, cuja aplicação somente ocorre por meio de cláusulas gerais do direito privado em nível infraconstitucional, tais como a ordem pública, liberdade contratual e a boa-fé; e **(ii)** a da eficácia direta e imediata dos direitos fundamentais, em que se busca a ponderação entre o princípio da autonomia da vontade e o outro direito fundamental posto em colisão.

Salienta-se que, ainda que não forneça uma solução unívoca para todas as situações que possam ocorrer no mundo real, a eficácia horizontal dos direitos fundamentais, sobretudo na forma direta ou imediata[164], encontra ampla guarida no direito brasileiro, a ponto de ser

---

integrados pela Constituição, define-se como Direito Civil-Constitucional (ou Direito Civil constitucionalizado)" (FARIAS, Cristiano Chaves de; ROSENVALD, Nelson. *Curso de direito civil*: parte geral e LINDB. v. 1. 10 ed. Salvador: JusPodivm, 2012, p. 67).

164. "**EMENTA: SOCIEDADE CIVIL SEM FINS LUCRATIVOS. UNIÃO BRASILEIRA DE COMPOSITORES. EXCLUSÃO DE SÓCIO SEM GARANTIA DA AMPLA DEFESA E DO CONTRADITÓRIO. EFICÁCIA DOS DIREITOS FUNDAMENTAIS NAS RELAÇÕES PRIVADAS. RECURSO DESPROVIDO. I. EFICÁCIA DOS DIREITOS FUNDAMENTAIS NAS RELAÇÕES PRIVADAS.** As violações a direitos fundamentais não ocorrem somente no âmbito das relações entre o cidadão e o Estado, mas igualmente nas relações travadas entre pessoas físicas e jurídicas de direito privado. Assim, os direitos fundamentais assegurados pela Constituição vinculam diretamente não apenas os poderes públicos, estando direcionados também à proteção dos particulares em face dos poderes privados. **II. OS PRINCÍPIOS CONSTITUCIONAIS COMO LIMITES À AUTONOMIA PRIVADA DAS ASSOCIAÇÕES.** A ordem jurídico-constitucional brasileira não conferiu a qualquer associação civil a possibilidade de agir à revelia dos princípios inscritos nas leis e, em especial, dos postulados que têm por fundamento direto o próprio texto da Constituição da República, notadamente em tema de proteção às liberdades e garantias fundamentais. O espaço de autonomia privada garantido pela Constituição às associações não está imune à incidência dos princípios constitucionais que asseguram o respeito aos direitos fundamentais de seus associados. A autonomia privada, que encontra claras limitações de ordem jurídica, não pode ser exercida em detrimento ou com desrespeito

desenvolvida pela jurisdição constitucional tanto do juiz estadual como do Supremo Tribunal Federal[165].

Na doutrina, pontificam Cristiano Chaves de Farias e Nelson Rosenvald que os direitos fundamentais consistem em garantias universais previstos em cláusulas pétreas, razão pela qual não se cingem somente ao direito público, mas também se estendem ao direito privado, sobretudo à órbita civilista[166].

Paulatinamente, evidencia-se que o direito civil perpassa por um processo de descodificação, de modo que as relações privadas são disciplinadas e se dialogam em vários microssistemas, tais como o Código de Defesa do Consumidor, o Estatuto da Criança e do Adolescente, o Estatuto do Idoso, entre outros.

Portanto, reconhece-se que tanto a constitucionalização do direito civil como a eficácia horizontal dos direitos fundamentais devem ser tomados como modernos fenômenos jurídicos para o tratamento dos direitos da personalidade, mormente da intimidade, da honra e da imagem no contexto da imprensa.

---

aos direitos e garantias de terceiros, especialmente aqueles positivados em sede constitucional, pois a autonomia da vontade não confere aos particulares, no domínio de sua incidência e atuação, o poder de transgredir ou de ignorar as restrições postas e definidas pela própria Constituição, cuja eficácia e força normativa também se impõem, aos particulares, no âmbito de suas relações privadas, em tema de liberdades fundamentais. **III. SOCIEDADE CIVIL SEM FINS LUCRATIVOS. ENTIDADE QUE INTEGRA ESPAÇO PÚBLICO, AINDA QUE NÃO-ESTATAL. ATIVIDADE DE CARÁTER PÚBLICO. EXCLUSÃO DE SÓCIO SEM GARANTIA DO DEVIDO PROCESSO LEGAL. APLICAÇÃO DIRETA DOS DIREITOS FUNDAMENTAIS À AMPLA DEFESA E AO CONTRADITÓRIO.** As associações privadas que exercem função predominante em determinado âmbito econômico e/ou social, mantendo seus associados em relações de dependência econômica e/ou social, integram o que se pode denominar de espaço público, ainda que não-estatal. A União Brasileira de Compositores – UBC, sociedade civil sem fins lucrativos, integra a estrutura do ECAD e, portanto, assume posição privilegiada para determinar a extensão do gozo e fruição dos direitos autorais de seus associados. A exclusão de sócio do quadro social da UBC, sem qualquer garantia de ampla defesa, do contraditório, ou do devido processo constitucional, onera consideravelmente o recorrido, o qual fica impossibilitado de perceber os direitos autorais relativos à execução de suas obras. A vedação das garantias constitucionais do devido processo legal acaba por restringir a própria liberdade de exercício profissional do sócio. O caráter público da atividade exercida pela sociedade e a dependência do vínculo associativo para o exercício profissional de seus sócios legitimam, no caso concreto, a aplicação direta dos direitos fundamentais concernentes ao devido processo legal, ao contraditório e à ampla defesa (art. 5º, LIV e LV, CF/88). **IV. RECURSO EXTRAORDINÁRIO DESPROVIDO (STF, Segunda Turma, RE 201.819/RJ, Min. Rel. Gilmar Mendes. DJ de 27.10.2007)**".

165. BARROSO, Luís Roberto. *Curso de direito constitucional contemporâneo*: os conceitos fundamentais e a construção do novo modelo. São Paulo: Saraiva, 2009, p. 371 e 382.

166. FARIAS, Cristiano Chaves de; ROSENVALD, Nelson. *Curso de direito civil*: parte geral e LINDB. v. 1. 10 ed. Salvador: JusPodivm, 2012, p. 72-73.

2. DIREITOS DA PERSONALIDADE

2.1. Noções Gerais

Historicamente, os mais diversos povos já se preocupavam em salvaguardar as condições mínimas de existência do homem. Com efeito, a Carta Magna de 1215 disciplinava a proteção dos aspectos fundamentais da personalidade humana, a ponto de reconhecer implicitamente os direitos da personalidade. Da mesma arte, a Declaração dos Direitos do Homem, de 1789, e a Declaração Universal dos Direitos Humanos, de 1948, resguardaram a personalidade humana e os direitos fundamentais.

Após a Segunda Guerra Mundial, as doutrinas germânica e francesa consolidaram o real surgimento dos direitos da personalidade, também chamados de direitos individuais, da individualidade, sobre a própria pessoa ou personalíssimos[167], conferindo proteção a todo e qualquer gênero humano com condições mínimas de uma vida digna[168].

Sob o ângulo do direito brasileiro, o Projeto do Código Civil de Orlando Gomes, da década de 60, propôs o tratamento legislativo dos direitos da personalidade. De toda sorte, tanto a Constituição brasileira de 1988 como o Código Civil de 2002 trouxe expressamente a previsão dos direitos da personalidade.

É bem de ver que, à luz da Lei Fundamental, a dignidade da pessoa humana é a norma hipotética fundamental do Estado Democrático de Direito, a ponto de conferir ao homem uma posição nuclear na ordem jurídica.[169]

No aporte de Limongi França, as relações jurídicas incidem em três campos básicos, a saber: **(i)** na própria pessoa, com correspondência aos direitos da personalidade; **(ii)** na pessoa ampliada na família, com o reconhecimento dos direitos de família; e **(iii)** no mundo exterior, com a incorporação dos direitos patrimoniais[170].

Nesse contexto, toda pessoa é titular de uma personalidade jurídica, de modo que pode invocar, no plano concreto, uma proteção

---

167. A propósito da terminologia, cf. FRANÇA, Rubens Limongi. *Instituições de direito civil.* São Paulo: Saraiva, 1988, p. 1025.

168. FARIAS, Cristiano Chaves de; ROSENVALD, Nelson. *Curso de direito civil*: parte geral e LINDB. v. 1. 10 ed. Salvador: Juspodivm, 2012, p. 167.

169. Sobre os fundamentos da norma hipotética fundamental, cf: KELSEN, Hans. *Teoria pura do direito.* Tradução de João Baptista Machado. 8. ed. São Paulo: WMF Martins Fontes, 2009, p. 217.

170. FRANÇA, Rubens Limongi. *Instituições de direito civil.* São Paulo: Saraiva, 1988, p. 1025.

jurídica especial dos direitos fundamentais para o alcance de uma vida digna. Para Chaves de Farias e Rosenvald: "*Com isso, não é difícil perceber que a noção de personalidade jurídica é o cerne, a base, que sustenta, juridicamente, todas as pessoas, garantindo-lhes um mínimo de proteção fundamental*"[171].

No aporte de Maria Helena Diniz, é o direito da pessoa de defender um direito subjetivo, a ponto de exigir um comportamento negativo de todos por meio de uma ação judicial[172].

Destarte, os direitos da personalidade são direitos subjetivos ou existenciais da pessoa, compondo-se de um conjunto de prerrogativas reconhecidas juridicamente e que é indispensável à vida humana em sociedade[173].

Segundo Limongi França, são "*as faculdades jurídicas cujo objeto são os diversos aspectos da própria pessoa do sujeito, bem assim da sua projeção essencial no mundo exterior*"[174].

Para Rosenvald, são os direitos essenciais ao desenvolvimento da pessoa humana, ou seja, situações jurídicas existenciais reconhecidas ao indivíduo. Prevalece que esses direitos derivam de fontes positivas, pois é a própria ordem jurídica que reconhece tais direitos, a ponto de viabilizar o seu exercício[175].

Obtempera Barroso que os direitos da personalidade apresentam duas peculiaridades, a saber: **(i)** são atribuídos a todo ser humano e, via de consequência, oponíveis a toda coletividade e ao Estado; e **(ii)** comportam variadas formas de reparação, pois nem sempre a lesão desses direitos produz repercussões econômicas ou patrimoniais[176].

Assim, são protegidos de duas formas: **(i)** pela tutela preventiva ou inibitória, que tem a finalidade de impedir a ocorrência do dano;

---

171. FARIAS, Cristiano Chaves de; ROSENVALD, Nelson. *Curso de direito civil*: parte geral e LINDB. v. 1. 10 ed. Salvador: Juspodivm, 2012, p. 167.

172. DINIZ, Maria Helena. *Curso de direito civil brasileiro*: teoria geral do direito civil. v. 1. 22 ed. São Paulo: Saraiva, 2005, p. 123.

173. Para maiores detalhes, conferir os estudos de Carlos Aberto Bittar acerca dos direitos da personalidade, tal como a seguinte a obra: BITTAR, Carlos Alberto; BITTAR FILHO, Carlos Alberto. *Tutela dos direitos da personalidade e dos direitos autorais nas atividades empresariais*. São Paulo: Revista dos Tribunais, 1993.

174. FRANÇA, Rubens Limongi. *Instituições de direito civil*. São Paulo: Saraiva, 1988, p. 1025.

175. FARIAS, Cristiano Chaves de; ROSENVALD, Nelson. *Curso de direito civil*: parte geral e LINDB. v. 1. 10 ed. Salvador: Juspodivm, 2012, p. 173 e 175.

176. BARROSO, Luís Roberto; BARCELLOS, Ana Paula. *Colisão entre liberdade de expressão e direitos fundamentais*. Critérios de interpretação. Interpretação constitucionalmente adequada do Código Civil e da Lei de Imprensa. In: Revista de Direito Administrativo. V. 235, Rio de Janeiro, p. 1-36, Jan/Mar. 2004, p. 12.

ou **(ii)** pela tutela repressiva, que tem o escopo de reparar o dano ao titular do direito lesado.

Em geral, caracterizam-se como direitos: **(i)** absolutos, pois contêm um dever geral de abstenção e, assim, são oponíveis *erga omnes*; **(ii)** intransmissíveis, embora seus reflexos patrimoniais admitam transmissão; **(iii)** imprescritíveis, conquanto seja prescritível a pretensão indenizatória decorrente de um dano; **(iv)** extrapatrimoniais, pois são insuscetíveis de apreciação econômica; **(v)** irrenunciáveis; **(vi)** indisponíveis; **(vii)** impenhoráveis; **(vii)** vitalícios; e **(viii)** ilimitados[177].

Dessarte, os direitos da personalidade não se confundem com as liberdades públicas. Decerto, os direitos da personalidade são estudados sob a ótica do direito civil, pois consistem em uma garantia mínima da pessoa para o exercício de suas atividades internas e externas na vida social. Ademais, esses direitos são classificados conforme os atributos específicos da personalidade, tais quais: **(i)** a integridade física, como os direitos à vida, ao corpo, à saúde, entre outros; **(ii)** a integridade intelectual, como os direitos à autoria científica ou literária, à liberdade religiosa ou de expressão; e **(iii)** a integridade moral ou psíquica, como os direitos à privacidade, ao nome, à honra, à imagem, entre outros[178].

Já as liberdades públicas consistem na titularidade de direitos e garantias individuais reconhecidos pelo Estado[179].

Uma vez analisados os fundamentos essenciais dos direitos da personalidade, cabe sopesá-los com a liberdade de expressão e de imprensa no contexto do regime democrático.

2.2. Liberdade de Imprensa e Direitos da Personalidade: Critérios de Ponderação à luz da Interpretação Constitucional Moderna

Doutrinariamente, prevalece que a tradicional interpretação constitucional se encontra superada pela moderna interpretação da Lei Fundamental, em virtude do desenvolvimento de novos cânones hermenêuticos ou princípios instrumentais para a concretização dos direitos fundamentais à luz do Estado Democrático de Direito

---

177. "**Art. 11.** *Com exceção dos casos previstos em lei, os direitos da personalidade são intransmissíveis e irrenunciáveis, não podendo o seu exercício sofrer limitação voluntária.*"

178. FARIAS, Cristiano Chaves de; ROSENVALD, Nelson. *Curso de direito civil*: parte geral e LINDB. v. 1. 10 ed. Salvador: Juspodivm, 2012, p. 201.

179. FARIAS, Cristiano Chaves de; ROSENVALD, Nelson. *Curso de direito civil*: parte geral e LINDB. v. 1. 10 ed. Salvador: Juspodivm, 2012, p. 181-182.

Com efeito, a interpretação constitucional clássica enfatiza, preponderantemente, a técnica da subsunção do fato à norma para a resolução dos casos. Já o neoconstitucionalismo propiciou uma nova leitura da *Carta Matter*, de modo que a moderna interpretação constitucional demanda uma maior discricionariedade judicial na solução do caso concreto.

Com fundamento na força normativa da Constituição e na unidade do ordenamento jurídico, as normas constitucionais passaram a apresentar as seguintes características: **(i)** compõem-se de conceitos jurídicos indeterminados, geralmente dotados de expressões amplas e abertas, na forma de cláusulas gerais; **(ii)** dividem-se em normas-regras e normas-princípios, em que os próprios princípios adquiriram normatividade, ou seja, caráter deontológico ("dever-ser"); e **(iii)** abrangem a colisão de princípios, cuja solução é trazida pela técnica da ponderação e da argumentação jurídica[180].

Nessa senda, o inciso IX do artigo 5º da Constituição brasileira de 1988 consagra as liberdades de expressão e de imprensa, sendo que é livre a expressão da atividade intelectual, artística, científica e de comunicação, independentemente de censura ou licença. Da mesma arte, dispõe o § 1º do artigo 220 da *Lex Legum* que nenhuma lei conterá dispositivo que possa constituir embaraço à plena liberdade de informação jornalística em qualquer veículo de comunicação social.

A liberdade de imprensa tem uma significativa amplitude conceitual e de aplicação, devendo ser alçada à maior proteção possível. Nada obstante, entende-se que não afigura como um direito fundamental absoluto, pois esbarra nos limites dos direitos da personalidade, especialmente da dignidade humana como norma hipotética fundamental[181].

No aporte de Bernardo Nespral, a colisão entre a liberdade de expressão e os direitos da personalidade é natural sob a égide do Estado de Direito. Sem embargo, os direitos da personalidade não têm superioridade hierárquica à liberdade de expressão, e vice-versa[182].

Destarte, não é incomum a colisão entre a liberdade de imprensa e os direitos da personalidade no cenário jurídico brasileiro.

---

180. BARROSO, Luís Roberto. *Curso de direito constitucional contemporâneo*: os conceitos fundamentais e a construção do novo modelo. São Paulo: Saraiva, 2009, p. 306-311.

181. FARIAS, Cristiano Chaves de; ROSENVALD, Nelson. *Curso de direito civil*: parte geral e LINDB. v. 1. 10 ed. Salvador: Juspodivm, 2012, p. 182-183.

182. NESPRAL, Bernardo. *Derecho de la información*. Periodismo: derechos, deberes y responsabilidades. Buenos Aires: Bdef, 2014, p. 30.

Corroborando do entendimento de Chaves de Farias e Rosenvald, não há existência de qualquer hierarquia entre os direitos em questão, de modo que a técnica da ponderação dos interesses revela-se um instrumental de suma importância para a solução de cada caso concreto[183]. Exemplificativamente, não avilta os direitos da personalidade a veiculação da notícia de político que, aparentemente, diz atuar incondicionalmente em atendimento ao interesse público, quando, em verdade, é surpreendido pela imprensa no envolvimento de escândalos criminais. Da mesma forma, não é caso de afronta a divulgação de fatos que envolvem comprovada sonegação fiscal.

A ponderação entre a liberdade de imprensa (CF, Art. 220) e os demais direitos da personalidade e da autonomia privada (CF, Art. 5º, incs. IV, V e X) também foi sustentada pelo Supremo Tribunal Federal, no julgamento da ADPF n. 130/DF, sob o fundamento de que é indispensável a observância ao mecanismo de calibração dos princípios[184].

---

183. FARIAS, Cristiano Chaves de; ROSENVALD, Nelson. *Curso de direito civil*: parte geral e LINDB. v. 1. 10 ed. Salvador: Juspodivm, 2012, p. 183.

184. Conforme item 4 da ementa referente ao julgamento da ADPF n. 130/DF: "*O art. 220 é de instantânea observância quanto ao desfrute das liberdades de pensamento, criação, expressão e informação que, de alguma forma, se veiculem pelos órgãos de comunicação social. Isto sem prejuízo da aplicabilidade dos seguintes incisos do art. 5º da mesma Constituição Federal: vedação do anonimato (parte final do inciso IV; do direito de resposta (inciso V); direito a indenização por dano material ou moral à intimidade, à vida privada, à honra e à imagem das pessoas (inciso X); livre exercício de qualquer trabalho, ofício ou profissão, atendidas as qualificações profissionais que a lei estabelecer (inciso XIII); direito ao resguardo do sigilo da fonte de informação, quando necessário ao exercício profissional (inciso XIV). Lógica diretamente constitucional de calibração temporal ou cronológica na empírica incidência desses dois blocos de dispositivos constitucionais (o art. 220 e os mencionados incisos do art. 5º). Noutros termos, primeiramente, assegura-se o gozo dos sobredireitos de personalidade em que se traduz a "livre" e "plena" manifestação do pensamento, da criação e da informação. Somente depois é que se passa a cobrar do titular de tais situações jurídicas ativas um eventual desrespeito a direitos constitucionais alheios, ainda que também densificadores da personalidade humana. Determinação constitucional de momentânea paralisia à inviolabilidade de certas categorias de direitos subjetivos fundamentais, porquanto a cabeça do art. 220 da Constituição veda qualquer cerceio ou restrição à concreta manifestação do pensamento (vedado o anonimato), bem assim todo cerceio ou restrição que tenha por objeto a criação, a expressão e a informação, seja qual for a forma, o processo, ou o veículo de comunicação social. Com o que a Lei Fundamental do Brasil veicula o mais democrático e civilizado regime da livre e plena circulação das ideias e opiniões, assim como das notícias e informações, mas sem deixar de prescrever o direito de resposta e todo um regime de responsabilidades civis, penais e administrativas. Direito de resposta e responsabilidades que, mesmo atuando a posteriori, infletem sobre as causas para inibir abusos no desfrute da plenitude de liberdade de imprensa.*'". (Internet. Endereço eletrônico: http://redir.stf.jus.br/paginadorpub/paginador.jsp?docTP=AC&docID=605411, p. 4-5).

De acordo com esse entendimento, há de prevalecer o respeito à informação plena, à livre manifestação do pensamento e à criação da opinião, principalmente no âmbito da imprensa. Segue-se a lógica do artigo 220 da Constituição, do que se depreende da expressão "não sofrerão qualquer restrição", ou seja, de que são plenas a manifestação do pensamento, a criação, a expressão e a informação[185].

E, somente em caráter subsidiário, será cabível a responsabilidade por eventuais abusos contra a personalidade alheia. Por exemplo, haverá dano flagrante aos direitos da personalidade quando a imprensa se desvirtuar do exercício do direito à notícia, a ponto de devassar a intimidade ou a imagem do ofendido, como ocorre nos casos de notícias falsas e no "sensacionalismo midiático" envolvendo casos criminais[186].

Essa racionalidade é prevista no Enunciado 279, da Jornada de Direito Civil, no sentido de que a proteção à imagem deve ser ponderada com outros interesses constitucionalmente tutelados, especialmente em face do direito de amplo acesso à informação e da liberdade de imprensa. Em caso de colisão, levar-se-á em conta a notoriedade do retratado e dos fatos abordados, bem como a veracidade destes e, ainda, as características de sua utilização (comercial, informativa, biográfica), privilegiando-se medidas que não restrinjam a divulgação de informações.

Na mesma esteira, o Superior Tribunal de Justiça firmou o entendimento de que a ampla liberdade de informação, opinião e crítica jornalística assegurada à imprensa em nível constitucional, não é um direito absoluto, eis que possui limitações voltadas à preservação dos direitos da personalidade, incluindo os direitos à honra, à imagem, à privacidade e à intimidade. Consequentemente, veda-se a veiculação de críticas com a intenção de difamar, injuriar ou caluniar, sob o risco de caracterização dos respectivos crimes, além da obrigação civil de indenizar[187].

---

185. "**Art. 220.** *A manifestação do pensamento, a criação, a expressão e a informação, sob qualquer forma, processo ou veículo não sofrerão qualquer restrição, observado o disposto nesta Constituição.*"

186. Para mais detalhes, cf: FARIAS, Cristiano Chaves de; ROSENVALD, Nelson. *Curso de direito civil*: parte geral e LINDB. v. 1. 10 ed. Salvador: Juspodivm, 2012, p. 183-184.

187. **STJ, REsp 1771866/DF, Rel. Ministro MARCO AURÉLIO BELLIZZE, TERCEIRA TURMA, julgado em 12/02/2019, DJe 19/02/2019; STJ, REsp 1567988/PR, Rel. Ministro PAULO DE TARSO SANSEVERINO, TERCEIRA TURMA, julgado em 13/11/2018, DJe 20/11/2018.**

2.3. Espécies de Tutela e Indenização Por Dano Moral

Os direitos da personalidade são objetos de duas formas de proteção: a tutela inibitória ou preventiva e a tutela reparatória.

Cumpre analisar, por oportuno, os fundamentos da tutela reparatória, que tem por objetivo a reparar o dano material ou moral sofrido pela vítima.

De se ver que a Lei n. 5.250/67 (Lei de Imprensa) disciplinava a responsabilidade civil decorrente dos abusos no exercício da liberdade de manifestação de pensamento e de informação, sendo que o artigo 51 trazia limites para a indenização por dano moral, o que é evidentemente incompatível com a atual previsão constitucional[188]. Dessa forma, além da não receptação da Lei de Imprensa no julgamento da ADPF n. 130/DF, foi editada a Súmula 281 do Superior Tribunal de Justiça, que assim dispõe: "*A indenização por dano moral não está sujeita à tarifação prevista na Lei de Imprensa*".

E, para a proteção da honra na esfera cível, é indispensável a observância a deveres específicos da atividade de imprensa, a saber: **(i)** dever geral de cuidado; **(ii)** dever de veracidade; e **(iii)** dever de pertinência[189].

Por outro lado, o abuso de direito servirá de fundamento da responsabilidade civil por dano á honra.

---

188. "**Art. 51.** *A responsabilidade civil do jornalista profissional que concorre para o dano por negligência, imperícia ou imprudência, é limitada, em cada escrito, transmissão ou notícia:* **I** – *a 2 salários-mínimos da região, no caso de publicação ou transmissão de notícia falsa, ou divulgação de fato verdadeiro truncado ou deturpado (art. 16, ns. II e IV).* **II** – *a cinco salários-mínimos da região, nos casos de publicação ou transmissão que ofenda a dignidade ou decôro de alguém;* **III** – *a 10 salários-mínimos da região, nos casos de imputação de fato ofensivo à reputação de alguém;* **IV** – *a 20 salários-mínimos da região, nos casos de falsa imputação de crime a alguém, ou de imputação de crime verdadeiro, nos casos em que a lei não admite a exceção da verdade (art. 49, § 1º).* **Parágrafo único.** *Consideram-se jornalistas profissionais, para os efeitos dêste artigo:* **a)** *os jornalistas que mantêm relações de emprêgo com a emprêsa que explora o meio de informação ou divulgação ou que produz programas de radiodifusão;* **b)** *os que, embora sem relação de emprêgo, produzem regularmente artigos ou programas publicados ou transmitidos;* **c)** *o redator, o diretor ou redator-chefe do jornal ou periódico, a editor ou produtor de programa e o diretor referido na letra b, nº III, do artigo 9º, do permissionário ou concessionário de serviço de radiodifusão; e o gerente e o diretor da agência noticiosa.*"

189. Para mais detalhes: MIRAGEM, Bruno. *Responsabilidade Civil da Imprensa Por Dano À Honra*: O Novo Código Civil e A Lei de imprensa. Porto Alegre: Livraria do Advogado, 2005, p. 241 e ss.. A propósito da análise da responsabilidade civil à luz da extinta Lei de Imprensa, cf. GODOY, Claudio Luiz Bueno de. *A Liberdade de Imprensa e Os Direitos da Personalidade.* 2ª Ed. São Paulo: Atlas, 2008, p. 102.

Esse abuso se caracteriza pela violação à finalidade social da imprensa, à boa-fé no contexto do direito difuso à informação verdadeira e à cláusula de bons costumes.

Importante acrescentar que, sob o ângulo do direito civil constitucional, os princípios são um conjunto de conteúdo normativo que devem orientar o intérprete no momento de articular o Código Civil com outras leis extravagantes, de maneira que tais princípios sejam respeitados.

Corroborando do entendimento de Rosa Nery, alguns princípios exercem suma importância na orientação do direito privado, tais quais os da dignidade humana, da autonomia privada, da solidariedade, da função social, da boa-fé objetiva e da imputação civil de danos .

Com relação ao último princípio (imputação civil de danos), a situação envolvendo os danos e sua reparação se volta à responsabilidade patrimonial, e não a uma penalidade de castigo corporal em detrimento do agente.

Ainda, esse princípio se destina à proteção dos danos morais, sem deixar de tomar em consideração a situação existencial do sujeito que deve suportar o dever de reparar o dano. Cabe dizer, a vítima, na condição de credora, não pode excutir todos os bens do devedor, causador do evento.

Outro aspecto que também deve ser objeto de compreensão é o sentido de dano.

De acordo com o entendimento de alguns juristas, o estudo do dano se vincula ao sentido de valor.

Porém, ao longo do tempo, a configuração do dano foi alterada. Para Bittar Filho, o dano não mais se centraliza na noção de ato ilícito, mas no sentido de dano injusto, ampliando os horizontes e o campo de aplicação da reparação. Isto é, uma conduta pode não constituir infração penal, porém não gera a absolvição do agente da reparação civil.

Entendemos que, nos dias atuais, a reparação do dano encontra fundamento nos princípios da efetiva tutela da pessoa humana e da imputação do dever de indenizar, sendo indispensável para a proteção integral da vítima no processo.

Salienta-se, em um primeiro lugar, que legislações não têm o condão de estipular um valor específico para fins de reparação por dano moral, pois a própria Constituição assegura que tal indenização deve ser balizada de forma ampla e irrestrita, não se submetendo a qualquer limitação.

Assim, entende-se que os avanços científicos e jurisprudenciais alcançados na órbita dos direitos da personalidade são suficientes para atender aos atuais parâmetros constitucionais. Eventual legislação na área cível seria necessária não para estipular valores indenizatórios, mas tão somente para reconhecer novos mecanismos indispensáveis à proteção dos direitos da personalidade – tais como os direitos ao esquecimento, à desindexação e à desvinculação.

E, no caso concreto, compete ao intérprete nortear-se pelo princípio da imputação civil de danos, expressamente previsto nos artigos 927, 932, 935, 944, todos do Código Civil. É salutar que esse princípio seja articulado com os dispositivos do processo civil e do processo penal, com o escopo de fortalecer e conferir maior efetividade à tutela da vítima.

Esse raciocínio guarda pertinência com o diálogo das fontes e a multiplicidade de efeitos causados por um único ilícito nos diversos ramos jurídicos. Por exemplo, admite-se, no processo penal contemporâneo, a fixação de indenização civil na sentença criminal.

Nada obstante, ao se reconhecer a reparação, não podem ser comprometidos interesses existenciais mínimos daquele que incorrerá no dever de indenizar, sob pena de excessividade indenizatória – inclusive, em violação do núcleo duro da liberdade de imprensa.

Nesse sentido, a jurisprudência atual reconhece a necessidade de fixação da indenização por dano moral em casos de matéria ofensiva veiculada amplamente em *site* da *internet*, com conteúdo depreciativo à personalidade alheia, tais como a imagem, a honra, o nome, entre outros.

Neste caso, a ação de indenização por dano moral possui os seguintes requisitos: **(i)** a prova do evento danoso, com a comprovação, por exemplo, das ilações ofensivas à dignidade alheia e dos prejuízos causados à vítima (*eventos damni*); **(ii)** a culpa do ofensor ou requerido; e **(iii)** o nexo de causalidade entre o evento e o dano sofrido pela vítima, cabendo a esta provar a ocorrência do fato narrado, ou seja, demonstrar a culpa (*lato sensu*) do ofensor.

O Supremo Tribunal Federal, no julgamento da ADPF n. 130/DF, que teve por objeto a extinta Lei n. 5.250/67 (Lei de Imprensa), reconheceu a necessidade de proteção dos direitos da personalidade, desde que haja proporcionalidade entre a liberdade imprensa e a responsabilidade por danos materiais e morais. Essa relação de proporcionalidade deve ser feita entre o âmbito interno da potencialidade da ofensa e a concreta situação do ofendido[190].

---

190. As características gerais da indenização por dano moral no contexto da liberdade de imprensa podem ser analisadas no julgamento do Supremo Tribunal Federal proferido em 20 de junho de 2017, referente à Reclamação n. 23.793/DF, de relatoria do Ministro Celso de Mello.

Caso contrário, a excessividade indenizatória funcionará como fator inibidor e de contrafação do exercício constitucional das liberdades de expressão e de imprensa.

Outro caso que é o objeto de discussões diz respeito à responsabilidade por danos morais e materiais diante de críticas ou ofensas injustamente praticadas contra agentes públicos no contexto da liberdade de imprensa. Conforme decidido no julgamento da APDF n. 130/DF, é necessária a observância de uma cláusula de modicidade, ou seja, a indenização deve ser módica ou proporcional, a ponto de ser compatível com as condições financeiras do ofensor e de não onerá-lo excessivamente. Se não observadas tais condições, haverá um excesso na resposta judicial, restringindo o regular exercício da liberdade de imprensa.

Uma vez comprovada a ocorrência do ilícito, torna-se indispensável a fixação do valor da indenização por dano moral.

Reconhece-se, sem embargo, que não só o conceito, como também a mensuração dos danos morais é ampla e imprecisa, causando mais dúvidas que certezas. Prevalece, de toda sorte, que, na quantificação do dano moral, há de se levar em conta uma dupla função dessa espécie de indenização: compensatória e penalizante. De um lado, o dano moral deve possuir o caráter compensatório para a vítima, constituindo uma forma de reparação que se destina a atenuar o sofrimento suportado. Ao mesmo tempo, a indenização deve assumir caráter punitivo para o ofensor, constituindo em sanção pelo ilícito praticado e, com isso, evitando que o próprio ofensor volte a praticar atos lesivos à personalidade de terceiros.

Registra-se, no entanto, que a ofensa assume maior potencialidade lesiva e, via de consequência, um efeito devastador se propalada por meio da imprensa escrita ou da *internet*, aumentando a extensão do dano moral. Quer dizer, uma única mensagem com conteúdo ofensivo é apta a causar um severo abalo moral, tendo em vista que ela pode ser visualizada e compartilhada por milhares de pessoas no ambiente virtual.

Em se tratando de ofensas difundidas pela *internet*, é possível que o ofensor seja autor intelectual de *sites* ou de portais virtuais especializados em divulgação de notícias jornalísticas nas mais variadas áreas do conhecimento.

Além disso, é possível que a indenização por dano moral seja cumulada, em sede de liminar, com o pedido de obrigação de fazer, com o objetivo de determinar, geralmente no prazo de 24 ou 48 horas, a imediata retirada da matéria depreciativa veiculada pelo ofensor em jornal, no *site* ou em outras plataformas digitais, tais como *Instagram*, *Facebook*, entre outros, sob pena de multa diária.

Será indispensável a antecipação de tutela nos seguintes casos: **(i)** a mídia ou documento impresso apresentado deve demonstrar, de forma inequívoca, a verossimilhança das alegações do autor, em especial no que se refere ao conteúdo ofensivo a sua honra e imagem, que geralmente pode ser divulgado por meio de reportagem feita pela empresa de televisão ou pela internet, violando o disposto no artigo 5º, inciso X, da Constituição; **(ii)** se concedida apenas na sentença, a medida será ineficaz, pois, até lá, é comum que o meio de comunicação continue a disponibilizar ao público o conteúdo ofensivo à honra e à imagem da vítima, causando-lhe dano irreparável ou de difícil reparação; e **(iii)** na presença do *periculum in mora*[191].

Outra questão de relevo diz respeito ao uso de mensagens, por meio da *internet*, na forma de *hashtags*, consistentes em palavras-chave que designam um assunto específico que são antecedidas pelo símbolo cerquilha.

Os *hashtags*, uma vez lançados pelo perfil de usuários no *Facebook* ou *Twitter*, podem possuir conteúdo ofensivo à personalidade alheia, justificando, até mesmo em tutela antecipada, a retirada da publicação por parte do autor e de grupos virtuais, sob pena de pagamento de multa diária[192].

Oportuno registrar outros julgados e entendimentos jurisprudenciais acerca de ofensas praticadas pelas redes digitais.

A 9ª Câmara Cível do Tribunal de Justiça do Rio Grande do Sul já decidiu que a reação, na forma de resposta, à provocação anterior na internet não causa dano moral. Ou seja, a pessoa que, mediante

---

191. Esses fundamentos são comumente analisados pela jurisprudência. Por outro lado, é comum que, diante das alegações do ofendido, o veículo de comunicação, na condição de parte ré, alegue violação à liberdade imprensa, em especial ao que fora decidido pelo Supremo Tribunal Federal na ADPF n. 130/DF. Para mais detalhes: **STF, Segunda Turma, Rcl. 21504 Agr/SP, Rel. Min. Celso de Mello. Julgado em 17/11/2015.**

192. Cuida-se do processo n. 0284832-81.2017.8.19.0001, que tramita perante a 14ª Vara Cível do Rio de Janeiro, cuja ação cível se destina à indenização por danos morais e a retirada de *hashtags* com conteúdo ofensivo da *internet*. Apenas a título didático, essa ação foi proposta pelo músico Caetano Veloso contra o escritor Flávio Martins, devido ao uso de *hashtag* ofensivo pelo escritor contra Caetano, após o que grupos virtuais, em sua maioria compostos de ativistas, passaram a fazer uso do mesmo *hashtag*. Para mais detalhes, cf. **Internet: https://www.conjur.com.br/2017-nov-14/ativista-apagar-postagens-ofensivas-caetano-veloso-48-horas. Acessado em 23/01/2019.**

postagem ofensiva, dá causa à discussão polêmica nas redes digitais, não tem o direito de alegar que foi alvo de reação mais ofensiva por parte de outrem[193].

De acordo com esse entendimento, a troca de mensagens recíprocas com conteúdo ofensivo, ainda que feita pela internet, não configura constrangimento, mas simples aborrecimento, não havendo que se falar em violação dos direitos da personalidade[194].

Questão interessante que foi invocada diz respeito à irreverência inerente a certos artistas. É comum que alguns artistas, em razão da personalidade que ostentam, façam declarações polêmicas ou vulgares perante o público, seja para se comunicarem com seus fãs, seja para se manterem em evidência na mídia. Aquele que, sabendo da irreverência de certo artista, o provoca ou contra este profere alguma ofensa, tem o conhecimento prévio de que pode ser alvo de contrarresposta, ainda que tal seja ofensiva[195].

Assim, não houve desproporcionalidade entre as ofensas, sobretudo se a reação é de autoria de artista, devido à sua irreverência e ao comportamento que dele já se espera. Logo, a resposta do artista, ainda que contenha linguagem chula e ofensiva, não teria ocorrido se não fosse a mensagem anterior do próprio autor, já que as partes não mantêm qualquer vínculo pessoal.

Além disso, acusar alguém falsamente de crime em redes sociais configura calúnia e injúria e, via de consequência, é causa geradora de

---

193. Apenas para fins didáticos, trata-se do caso da resposta do cantor Lobão à postagem de jornalista no *Twitter*. O último, compartilhando uma notícia do jornal local de que o *show* de Lobão havia sido cancelado, escreveu em um post, no *Twitter*, mensagem ofensiva contra o cantor, o qual, valendo-se da irreverência que é inerente aos artistas, reagiu com outra mensagem ofensiva. Em primeira instância, a juíza julgou totalmente improcedente a ação indenizatória proposta pelo jornalista em face do cantor Lobão. Após recurso interposto pelo jornalista, a 9ª Câmara Cível do Tribunal de Justiça do Rio Grande do Sul confirmou a sentença então proferida.

194. Para mais detalhes da sentença proferida nos autos do processo n. 019/1.16.0001153-2, perante a 1ª Vara Cível da Comarca de Novo Hamburgo, cf.: https://www.conjur.com.br/dl/vara-hamburgo-rs-indefere-pedido-dano.pdf..

195. Eis excerto da sentença proferida nos autos do processo n. 019/1.16.0001153-2: "*Logicamente, a conduta do réu teve origem na conduta anterior do autor, que certamente, doeu muito mais ao réu do que sua resposta doeu ao autor, de modo que as ofensas devem ser consideradas recíprocas. O comentário do autor, serviu de estopim para reação que, em meu entendimento, não se afigurou desproporcional, como tentou fazer crer o autor na exordial, mas sim, uma resposta que reflete a irreverência, e despudor, bem próprio dos artistas. Afinal, o autor dirigiu-se ao artista 'Lobão'. Não foi o autor, mas o artista quem lhe respondeu.*" **(Internet: https://www.conjur.com.br/dl/vara-hamburgo-rs-indefere-pedido-dano.pdf., p. 4. Acessado em 23/01/2019)**.

dano moral, ainda que aquele que é acusado pela prática de suposto crime não seja objetivamente identificado[196].

Neste caso, é possível que seja pleiteada indenização por dano moral, cumulativamente com a retratação pública do ofensor pela *internet*, inclusive pelo *Facebook*.

A título de menção, nos autos do processo n. 70074801366, que tramitou perante a 1ª Vara Cível do Rio de Janeiro, o juízo de primeiro grau entendeu que houve calúnia e difamação, determinando o pagamento de indenização por dano moral no valor de R$ 10.000,00 (dez mil reais) pela ré, além da retratação da reclamada publicamente nas redes sociais. A demandada interpôs recurso de apelação perante a 10ª Vara Cível do Tribunal de Justiça do Rio de Janeiro, que manteve a sentença então proferida, sob o fundamento de que a ré praticou graves ofensas, sendo apenas reduzido substancialmente o valor indenizatório de R$ 10.000 para R$ 1.000[197].

Acrescenta-se, ademais, que imputar falsamente a alguém fato definido como crime, inclusive por meio da *internet* ou de jornal impresso, configura não só ilícito civil, como também crime de calúnia, com causa de aumento pena pelo fato de ter sido praticada na presença de várias pessoas ou por meio que facilitou a sua divulgação (CP, art. 138, c./c. o art. 141, inc. III). E, na mesma pena incorre quem, sabendo ser falsa a imputação, a propala ou divulga (CP, Art. 138, § 1º).

Porém, de acordo com o entendimento firmando pelo Tribunal Regional Federal da 2ª Região, piada de gosto duvidoso, divulgada pelo *Facebook* e envolvendo etnias, não é o suficiente para

---

196. É o caso, por exemplo, do autor da ofensa que, sem saber o nome ou sem ter a foto da vítima, divulga, pelas redes sociais, somente as placas do veículo desta, no intento de identificá-la publicamente.

197. Registra-se o julgado: "**RESPONSABILIDADE CIVIL. POSTAGEM NO FACEBOOK. ACUSAÇÃO DE ATO ILÍCITO. PROTEÇÃO DE ANIMAL. DANO MORAL.** A responsabilidade civil baseada no art. 186 do CC pressupõe a demonstração dos requisitos legais: ação ou omissão voluntária ou culposa, ilicitude, nexo de causalidade e dano. A relação entre as pessoas deve ser pautada pelo respeito e urbanidade. O ato praticado contra a dignidade da pessoa deve ser reparado. O dano moral deve ser estabelecido com razoabilidade, de modo a servir de lenitivo ao sofrimento da vítima. Devem, ainda, ser levados em consideração os dados concretos dos autos. No caso, o fato atribuído à autora não foi minimamente demonstrado. Porém, a ré divulgou a acusação, a qual teve grande repercussão. A ré violou os direitos da personalidade da pessoa, ao divulgar fato na rede mundial de computares. O valor da indenização deve ser reduzido. Apelo provido em parte." Para mais detalhes, cf. **Internet: https://www.conjur.com.br/2017-nov-10/acusar-falsamente-crime-redes-sociais-causa-dano-moral. Acessado em 23/01/2019**.

demonstrar o cunho racista do autor e, via de consequência, não configura crime[198].

Quanto à resposta diante de ofensas praticadas pela imprensa escrita e digital, as peculiaridades do tema serão analisadas no momento oportuno.

De todo caso, destaca-se, de antemão, o entendimento da 5ª Turma do Tribunal de Justiça do Distrito Federal, nos autos do processo n. 0020959-95.2015.8.07.0001, no sentido de que o *Facebook* não é obrigado a publicar resposta do ofendido. Isto porque cabe ao próprio usuário responsável pelo perfil no *Facebook* a publicação de resposta do ofendido diante do conteúdo ofensivo divulgado nas redes digitais.

Além disso, foi decidido que não seria cabível a aplicação da Lei n. 13.188/15, tendo em vista que o caso em questão não versa sobre conteúdo ou matéria jornalística, mas tão somente de material criado pelo próprio usuário e divulgado em sua plataforma digital[199].

Outro entendimento diz respeito à responsabilidade por danos morais de provedor que, desatendendo decisão judicial, deixa de apagar mensagens ofensivas.

Trata-se do caso em que o *Twitter* foi notificado judicialmente para remover mensagens caluniosas postadas por um ex-delegado de polícia contra certo empresário. Porém, o *Twitter* se manteve inerte, mesmo tendo sido notificado sobre a remoção, razão pela qual a empresa foi responsabilizada a pagar ao empresário uma indenização por danos morais no valor de R$ 10.000,00[200].

Certo é que, à luz do Estado Democrático de Direito, a liberdade de imprensa é a regra, enquanto que sua restrição é a exceção. De todo caso, a manifestação da livre imprensa não é absoluta ou ilimitada, pois deve ter como linhas limítrofes os demais direitos da personalidade, com baluarte na dignidade da pessoa humana. E, se cabível a restrição da liberdade de expressão na órbita civil constitucional, *a fortiori* também é imprescindível nos demais ramos jurídicos, sobretudo na esfera criminal[201].

---

198. Cf. **Internet. https://www.conjur.com.br/2017-nov-01/piada-gosto-duvidoso-nao-crime-desembargador-trf. Acessado em 23/01/2019**.

199. Cf. **Internet. https://www.conjur.com.br/2017-nov-09/facebook-nao-obrigado-publicar-resposta-ofendido-tj-df. Acessado em 23/01/2019**.

200. Cf. **Internet. https://www.conjur.com.br/2017-jul-21/twitter-condenado-nao-apagar-ofensas-protogenes-dantas. Acessado em 24/01/2019**.

201. CARVALHO, Luis Gustavo Grandinetti Castanho de Carvalho. Direito à privacidade. In: *Revista da EMERJ*, v. 1, n. 2, p. 51-76, 1998, p. 72.

2.4. ADPF n. 130/DF e medidas jurídicas face à sua inobservância

Prevalece que, em caso de eventual inobservância dos assuntos tratados no julgamento da ADPF n. 130/DF, tal como a excessividade de indenização por dano moral ou material, não será cabível reclamação.

Em 20 de junho de 2017, no julgamento da Reclamação n. 23.793/DF pelo Supremo Tribunal Federal, de relatoria do Ministro Celso de Mello, foi discutida sobre a possibilidade ou não de cabimento de reclamação constitucional face a eventual descumprimento do que fora decidido no julgamento da ADPF n. 130/DF[202].

Ao final, o Ministro Relator Celso de Mello, proferindo seu voto, negou seguimento à reclamação, eis que ausentes as situações legitimadoras da utilização deste instrumento, restando prejudicado, consequentemente, o exame de recurso de agravo interposto naquele processo, com fundamento no artigo 932, inc. VIII, c./c. o artigo 21, § 1º, do Regimento Interno do Supremo Tribunal Federal.

Em linhas gerais, foram invocados os seguintes fundamentos pelo Ministro Relator: **(i)** a reclamação constitucional não pode ser utilizada como sucedâneo de recurso próprio e outras ações cabíveis (a exemplo da ação rescisória), tampouco como atalho processual para destinar e submeter imediatamente o litígio ao exame direto do Supremo Tribunal Federal, sob o risco de contrariar as finalidades legais do próprio instrumento reclamatório, previstas no artigo 988 do Novo Código de Processo Civil; **(ii)** não cabe reclamação destinada à uniformização de jurisprudência, tampouco para invalidar decisão de outro Tribunal, que porventura tenha divergido da jurisprudência do Supremo Tribunal Federal, firmada no julgamento de

202. Por outro lado, há julgados que admitem o prosseguimento e o julgamento da reclamação pelo Supremo Tribunal Federal, sob os seguintes fundamentos: "*Ocorre, no entanto, que a empresa jornalística reclamante, ora agravada, valeu-se da reclamação como meio plenamente adequado à concretização da própria destinação constitucional de que se acha impregnado referido instrumento processual, consistente, na espécie em exame, na restauração do 'imperium' que qualifica o julgamento que o Supremo Tribunal Federal proferiu na ADPF 130/DF. Irrelevante, no caso, o fato de as decisões objeto da presente reclamação mostrarem-se suscetíveis de interposição de outros recursos, pois o prévio esgotamento da via recursal não se qualifica como pressuposto do ajuizamento da reclamação constitucional. De qualquer forma, esta Corte tem admitido a concomitante utilização, pela parte, de recursos e de reclamação, sob pena de incidir em situação como a dos autos, o enunciado restritivo inscrito na Súmula 734/STF, eis que - como se sabe – a reclamação não se qualifica como sucedâneo da ação rescisória* [...]". Para mais detalhes: **STF, Segunda Turma, Rcl. 21504 Agr/SP, Rel. Min. Celso de Mello. Julgado em 17/11/2015.**

causa diferente, mesmo em se tratando de controvérsias de cunho constitucional; e **(iii)** a decisão proferida na ADPF nº 130/DF foi, em sua parte dispositiva, destinada tão somente ao entendimento da não recepção da Lei de Imprensa e da aplicabilidade consequente da legislação comum, seja de natureza civil, seja penal ou administrativa, sempre de acordo com os princípios e normativos constitucionais, sendo equivocado admitir a discussão de outros assuntos que não constam expressamente da parte dispositiva, tal como a questão da excessividade indenizatória.

Caso fosse admitida a reclamação, tornar-se-ia de alçada do Supremo Tribunal Federal, na condição de Corte Suprema, a deliberação e o julgamento de toda e qualquer matéria relativa à liberdade de imprensa, subtraindo de outros Tribunais a sua apreciação e, via de consequência, contrariando os princípios constitucionais do devido processo legal e do duplo grau de jurisdição.

Feitas essas considerações de ordem procedimental, urge ponderar sobre os direitos da personalidade na perspectiva da integridade moral, enfatizando os direitos à imagem, à privacidade e à honra no contexto da liberdade de expressão.

3. DIREITO À INTEGRIDADE MORAL

Em termos gerais, o direito à integridade moral protege os atributos psíquicos ou incorpóreos da pessoa na vida social, tais como a imagem, a privacidade e a honra, conforme será analisado a seguir.

3.1. Direito à Imagem

O direito à imagem encontra amparo no artigo 5º, incisos V e X, da Constituição brasileira de 1988. Ademais, é um direito autônomo, razão pela qual sua proteção judicial é cabível independentemente de afronta a outros direitos da personalidade do titular, como a privacidade e a honra[203].

Nesse sentido, dispõe o artigo 20 do Código Civil de 2002 que, salvo se autorizadas ou se necessárias à administração da justiça ou à manutenção da ordem pública, a divulgação de escritos, a transmissão

203. Caberá reparação do dano no caso de utilização indevida da imagem de alguém, ainda que com diversos elogios e sem qualquer afronta à sua dignidade (Cf. FARIAS, Cristiano Chaves de; ROSENVALD, Nelson. *Curso de direito civil*: parte geral e LINDB. v. 1. 10 ed. Salvador: JusPodivm, 2012, p. 235).

da palavra, ou a publicação, a exposição ou a utilização da imagem de uma pessoa poderão ser proibidas, a seu requerimento e sem prejuízo da indenização que couber, se lhe atingirem a honra, a boa fama ou a respeitabilidade, ou se se destinarem a fins comerciais.

Nada obstante, entende-se que esse dispositivo legal apresenta um equívoco no tratamento do tema, pois confunde a proteção do direito à imagem com o direito à honra. Obtempera Barroso que as locuções "administração à justiça" e "manutenção à ordem pública" não são previstas na Constituição e se apresentam vagas e imprecisas, fazendo alusão demasiadamente aberta ao interesse público. Assim, faz-se imprescindível adotar a interpretação conforme a Constituição para conformar aludido dispositivo à Lei Fundamental[204].

Nesse contexto, a imagem é a exteriorização da personalidade, envolvendo a reprodução da fisionomia, das sensações e dos comportamentos pessoais do titular, motivo pelo qual é protegida em uma perspectiva tridimensional, isto é: **(i)** imagem-retrato; **(ii)** imagem-atributo; e **(iii)** imagem-voz[205].

A imagem-retrato é a representação de uma pessoa pelo aspecto visual, como no caso da fotografia seja no aspecto estático (v.g., pintura) seja no dinâmico (v.g. filme).

Já a imagem-atributo é a representação da identidade pessoal do titular, cuja aferição se faz a partir dos comportamentos que ele reiteradamente apresenta em sociedade. De se ver que a imagem-atributo guarda relação umbilical com o direito ao esquecimento, sobretudo diante de notícias jornalísticas veiculadas e resgatadas pela imprensa ao longo do tempo, conforme será analisado oportunamente[206].

Além disso, a proteção jurídica da imagem-atributo no campo dos direitos da personalidade reafirma a necessidade de o titular se valer do direito de resposta, cujos fundamentos também serão analisados no decorrer da presente exposição.

---

204. BARROSO, Luís Roberto; BARCELLOS, Ana Paula. *Colisão entre liberdade de expressão e direitos fundamentais*. Critérios de interpretação. Interpretação constitucionalmente adequada do Código Civil e da Lei de Imprensa. In: Revista de Direito Administrativo. V. 235, Rio de Janeiro, p. 1-36, Jan/Mar. 2004, p. 31-33.

205. FARIAS, Cristiano Chaves de; ROSENVALD, Nelson. *Curso de direito civil*: parte geral e LINDB. v. 1. 10 ed. Salvador: Juspodivm, 2012, p. 234.

206. A propósito do caso da apresentadora Xuxa, cf.: FARIAS, Cristiano Chaves de; ROSENVALD, Nelson. *Curso de direito civil*: parte geral e LINDB. v. 1. 10 ed. Salvador: JusPodivm, 2012, p. 235, nota de rodapé, item 168.

A pessoa jurídica tem imagem-atributo, pois reconhecida e particularizada a partir das características que apresenta socialmente, despontando como titular do direito à imagem.

A imagem-voz, por sua vez, é a representação de uma pessoa pelo seu timbre sonoro.

O direito à imagem comporta cessão, que pode ser gratuita ou onerosa. Ademais, pode haver consentimento expresso ou tácito para sua utilização, no que não é possível alegar qualquer dano para reparação civil. Veda-se, no entanto, o consentimento genérico ou perpétuo. Excepcionalmente, será o caso de dano indenizável se o consentimento for desvirtuado ou houver desvio da finalidade mediante a exploração econômica no uso da imagem[207].

Nada obstante, a imagem desempenha uma função social, de modo que pode seu exercício, independentemente do consentimento de seu titular, destinar-se ao atendimento do interesse público, especialmente à administração da justiça ou à manutenção da ordem pública, contanto que a própria imagem não seja veiculada por motivos egoísticos[208]. Em miúdos, a proteção jurídica do direito à imagem não é absoluta ou ilimitada, pois o próprio artigo 20 do Código Civil cuidou de relativizar esse direito, o que se identifica na expressão "*se necessárias à administração da justiça ou à manutenção da ordem pública*". A título de ilustração, atende ao interesse público a divulgação do retrato de um foragido pelos órgãos de imprensa.

As pessoas públicas também devem ter resguardado o direito à imagem, embora tal seja objeto de relativização, pois os atributos das celebridades transcendem ao plano individual e se projetam sobre a coletividade, despertando a curiosidade da opinião pública.

---

207. Cabe a seguinte menção: "[...] *Um exemplo muito interessante pode ser lembrado com a condenação do canal de notícias `Globonews` por desvio de finalidade no uso da imagem de um dos envolvidos no lamentável episódio do naufrágio da Plataforma de petróleo P-16. Aproveitando-se da imagem que havia sido captada para fins jornalístico, a empresa passou a explorá-la comercialmente* [...]" (FARIAS, Cristiano Chaves de; ROSENVALD, Nelson. *Curso de direito civil*: parte geral e LINDB. v. 1. 10 ed. Salvador: Juspodivm, 2012, p. 241).

208. "**Enunciado 279, da Jornada de Direito Civil**: "*A proteção à imagem deve ser ponderada com outros interesses constitucionalmente tutelados, especialmente em face do direito de amplo acesso à informação e da liberdade de imprensa. Em caso de colisão, levar-se-á em conta a notoriedade do retratado e dos fatos abordados, bem como a veracidade destes e, ainda, as características de sua utilização (comercial, informativa, biográfica), privilegiando-se medidas que não restrinjam a divulgação de informações*".

Em caso de publicação não autorizada da imagem de qualquer pessoa pública para fins econômicos ou comerciais ou, ainda, de invasão na vida íntima da celebridade (v.g., *paparazzi's*), a reparação do dano independe da prova do dano econômico[209].

Por outro lado, pode a celebridade ser responsabilizada civilmente por participar de publicidade ilícita de um produto que causa danos nocivos aos consumidores, pois ela desempenha posição de garante nas relações de consumo em geral[210].

A proteção jurídica à imagem encontra fundamento nos artigos 12[211] e 20, ambos do Código Civil, de modo que a tutela pode ser inibitória ou reparatória, no que a última comporta ação de indenização por danos extrapatrimoniais ou morais.

Logo, essa proteção jurídica tem natureza personalíssima, razão pela qual deve ser invocada pelo titular do direito ofendido, salvo no caso do morto, cuja legitimidade se estende ao lesados indiretos, ou seja, ao cônjuge sobrevivente ou qualquer parente em linha reta ou colateral até o quarto grau, com fundamento no artigo 20, parágrafo único, do Código Civil, e no Enunciado n. 5, da Jornada de Direito Civil[212].

3.2. Direito à Privacidade

É dificultoso determinar os limites da vida privada, pois cada povo apresenta diferentes culturas e costumes nas esferas da intimidade e do segredo. Nem mesmo os diplomas legais e as convenções internacionais ousam em determinar um conceito unívoco. De toda sorte, entende-se que a vida privada é o campo de maior confidencialidade de uma pessoa, de modo que suas informações e particularidades são protegidas do conhecimento alheio.

---

209. Reza a **Súmula 403 do Superior Tribunal de Justiça:** "*Independe de prova do prejuízo a indenização pela publicação não autorizada de imagem de pessoa com fins econômicos ou comerciais*".

210. FARIAS, Cristiano Chaves de; ROSENVALD, Nelson. *Curso de direito civil*: parte geral e LINDB. v. 1. 10 ed. Salvador: Juspodivm, 2012, p. 247.

211. "**Art. 12.** *Pode-se exigir que cesse a ameaça, ou a lesão, a direito da personalidade, e reclamar perdas e danos, sem prejuízo de outras sanções previstas em lei*".

212. "**Enunciado 5, da Jornada de Direito Civil**: "*1) as disposições do art. 12 têm caráter geral e aplicam-se inclusive às situações previstas no art. 20, excepcionados os casos expressos de legitimidade para requerer as medidas nele estabelecidas; 2) as disposições do art. 20 do novo Código Civil têm a finalidade específica de regrar a projeção dos bens personalíssimos nas situações nele enumeradas. Com exceção dos casos de legitimação que se conformem com a tipificação preconizada nessa norma, a ela podem ser aplicadas subsidiariamente as regras instituídas no art. 12*".

No cenário jurídico brasileiro, o direito à vida privada é consagrado nos incisos V, X, XI[213], XII[214] e LX[215] do artigo 5º da Constituição brasileira de 1988. Da mesma arte, dispõe o artigo 21 do Código Civil que a vida privada da pessoa natural é inviolável, e o juiz, a requerimento do interessado, adotará as providências necessárias para impedir ou fazer cessar ato contrário a esta norma.

Trata-se de direito autônomo e sua violação não depende de ofensa à honra ou à imagem. Nada obstante, pode ocorrer afronta à privacidade e, ao mesmo tempo, aos direitos à honra e à imagem, no que seriam cabíveis tantas indenizações conforme a quantidade de bens jurídicos violados[216].

Segundo Gilmar Mendes, uma das limitações à liberdade de comunicação social é o respeito à privacidade, à intimidade e à imagem dos indivíduos[217]. No Brasil, o direito à privacidade é delineado pelos princípios da proporcionalidade, da liberdade em geral e da dignidade da pessoa humana, no que "*conduz à pretensão do indivíduo de não ser foco da observação de terceiros, de não ter os seus assuntos, informações pessoais e características particulares expostas a terceiros ou ao público em geral.*"[218].

À luz da teoria alemã das esferas, o direito à privacidade é gênero, do qual são espécies a intimidade e o sigilo[219]. A intimidade consiste

213. "**Art. 5º. XI** – *a casa é asilo inviolável do indivíduo, ninguém nela podendo penetrar sem consentimento do morador, salvo em caso de flagrante delito ou desastre, ou para prestar socorro, ou, durante o dia, por determinação judicial*".

214. "**Art. 5º. XII** – é inviolável o sigilo da correspondência e das comunicações telegráficas, de dados e das comunicações telefônicas, salvo, no último caso, por ordem judicial nas hipóteses e na forma que a lei estabelecer para fins de investigação criminal ou instrução processual penal".

215. "**Art. 5º. LX** – *a lei só poderá restringir a publicidade dos atos processuais quando a defesa da intimidade ou o interesse social o exigirem*".

216. FARIAS, Cristiano Chaves de; ROSENVALD, Nelson. *Curso de direito civil*: parte geral e LINDB. v. 1. 10 ed. Salvador: Juspodivm, 2012, p. 250.

217. MENDES, Gilmar Ferreira. *Curso de direito constitucional*. 9 ed. São Paulo: Saraiva, 2014, p. 280.

218. MENDES, Gilmar Ferreira. *Curso de direito constitucional*. 9 ed. São Paulo: Saraiva, 2014, p. 283.

219. Para Luis Gustavo de Carvalho, não há qualquer diferença conceitual entre os direitos à intimidade e à privacidade, pois ambos consistem no direito de interditar aos demais indivíduos os sentimentos pessoais, pensamentos, sensações e emoções. A intimidade e a privacidade se desdobram em outros direitos, como no direito ao sigilo bancário, sigilo fiscal, sigilo de dados, sigilo telefônico, sigilo de correspondência, vedação de intervenções corporais, entre outros (CARVALHO, Luis Gustavo Grandinetti Castanho de Carvalho. Direito à privacidade. In: *Revista da EMERJ*, v. 1, n. 2, p. 51-76, 1998, p. 52 e 54).

na opção de a pessoa se preservar ou de estar só, reservando-se no direito de não compartilhar suas escolhas pessoais, tais como a orientação sexual e a escolha religiosa[220].

Em caso de abuso desse direito, pode ocorrer do ilícito civil também resultar na configuração de um injusto penal, tornando-se indispensável a tutela criminal da intimidade, em observância aos princípios da intervenção mínima e da fragmentariedade.

Já o sigilo ou segredo é o direito do indivíduo de não divulgar fatos de sua vida pessoal. Porém, o segredo comporta flexibilização, a ponto de tornar de conhecimento geral um fato cuja informação é de relevante interesse público, desde que haja motivação a tanto, como nos seguintes casos: **(i)** quebra do segredo de correspondência; e **(ii)** quebra dos sigilos bancário, fiscal e telefônico, conforme será analisado oportunamente.

Certo é que, em geral, o direito à privacidade pode sofrer restrições na ordem constitucional. Neste caso, pode o interesse público se sobrepor ao direito de estar só, conforme as circunstâncias de cada caso concreto. Segundo Gilmar Mendes: "*A depender de um conjunto de circunstâncias do caso concreto a divulgação de fatos relacionados com uma dada pessoa poderá ser tida como admissível ou como abusiva*"[221].

Entrementes, se o fato então mantido em sigilo for divulgado indevidamente, haverá abuso do direito ao segredo, desaguando na configuração de um ilícito civil e quiçá penal.

Tendo em vista que a violação do direito à privacidade pode assumir uma projeção coletiva de efeitos incalculáveis e vertiginosos, sustenta-se que o Ministério Público tem atribuição constitucional para proteger esse direito, pois lhe compete a defesa dos interesses supraindividuais, nos termos do artigo 127 da *Carta Matter*[222].

É bem de ver que o direito à privacidade pode ser relativizado pelo próprio titular, mediante seu consentimento expresso ou tácito, como no caso da divulgação ou compartilhamento de uma informação pessoal pela mídia ou pela internet.

---

220. Em 1980, Samuel D. Warren e Louis D. Brandeis já anunciavam o direito de estar só ("*The right to privacy*") na perspectiva dos direitos da personalidade. Para mais detalhes, cf: WARREN, Samuel D.; BRANDEIS, Louis D. The right to privacy. In: Harvard Law Review, V. IV, N. 5, p. 193-220, Dez./ 1980).

221. MENDES, Gilmar Ferreira. *Curso de direito constitucional*. 9 ed. São Paulo: Saraiva, 2014, p. 283.

222. RODOTÁ "*apud*" FARIAS, Cristiano Chaves de; ROSENVALD, Nelson. *Curso de direito civil*: parte geral e LINDB. v. 1. 10 ed. Salvador: Juspodivm, 2012, p. 248.

Já as pessoas públicas ou notórias têm o direito à vida privada, mas com parâmetros menos rígidos de relativização, em virtude da necessidade de autoexposição[223].

Para Nelson Rosenvald e Christiano Chaves de Farias, é inviável o propósito da exceção da verdade, pois provar que o fato indevidamente imputado a alguém é verdadeiro significa novamente divulgar a ofensa à vida privada[224].

Analisados os fundamentos do direito à privacidade, faz-se mister a compreensão do direito à honra na perspectiva dos direitos da personalidade.

3.3. Direito à Honra

Substancialmente, a honra é um bem jurídico de suma importância na sociedade democrática, porquanto atrelada à preservação da dignidade individual, a ponto de promover a verdade, o conhecimento, a transparência e a confiança.

A honra é a dignidade pessoal refletida na consideração dos outros e no sentimento da própria pessoa. Assim, esse direito protege a pessoa de falsas imputações e fatos desabonadores que podem macular sua boa fama e vida social[225].

Comungando do entendimento de Jónatas Machado, a honra não pode restringir de maneira desproporcional as liberdades de expressão e de imprensa, pois é inviável qualquer afronta à integralidade do discurso público à luz do Estado Democrático de Direito[226].

Nesse contexto, preconiza o artigo 11 da Convenção Americana sobre Direitos Humanos (Pacto de São José da Costa Rica) que toda pessoa tem direito ao respeito de sua honra e ao reconhecimento de sua dignidade. Dispõe o parágrafo 2º do aludido artigo que ninguém pode ser objeto de ingerências arbitrárias ou abusivas em sua vida privada, na de sua família, em seu domicílio ou em sua correspondência, nem de ofensas ilegais à sua honra ou reputação. Já o parágrafo 3º

---

223. FARIAS, Cristiano Chaves de; ROSENVALD, Nelson. *Curso de direito civil*: parte geral e LINDB. v. 1. 10 ed. Salvador: Juspodivm, 2012, p. 25-251.

224. FARIAS, Cristiano Chaves de; ROSENVALD, Nelson. *Curso de direito civil*: parte geral e LINDB. v. 1. 10 ed. Salvador: Juspodivm, 2012, p. 251.

225. FARIAS, Cristiano Chaves de; ROSENVALD, Nelson. *Curso de direito civil*: parte geral e LINDB. v. 1. 10 ed. Salvador: Jus Podivm, 2012, p. 255.

226. MACHADO, Jónatas E. M. *Difamação de figuras públicas*: tutela jurídica e censura judicial à luz do direito português. Curitiba: Juruá, 2016, p. 32.

do mesmo artigo sinaliza que toda pessoa tem direito à proteção da lei contra tais ingerências ou tais ofensas.

Sob o ângulo do direito brasileiro, reverbera o inciso X do artigo 5º da Constituição que são invioláveis a intimidade, a vida privada, a honra e a imagem das pessoas, assegurado o direito a indenização pelo dano material ou moral decorrente de sua violação.

A honra divide-se em objetiva e subjetiva. A primeira (honra objetiva) é a reputação da pessoa no conceito social. A honra objetiva da pessoa natural é um direito da personalidade, enquanto que da pessoa jurídica não se apresenta como tal.

Já a segunda (honra subjetiva) é a auto-estima da pessoa, ou seja, o que a pessoa pensa sobre ela própria.

De se ver que os ataques à pessoa podem atingir tanto sua honra objetiva como subjetiva, de modo que ambas as espécies são suscetíveis de indenização por dano moral. Neste viés, o magistrado há de ter cautela no arbitramento da indenização por dano moral, devendo levar em conta as condições econômicas e sociais dos envolvidos, assim como a propagação social do dano. Acrescentam Nelson Rosenvald e Cristiano de Farias: "*E exige equilíbrio: não pode ser leve a ponto de não servir de desestímulo ao lesante, nem robusta de modo a proporcionar o enriquecimento sem causa da vítima*"[227].

Nesse sentido, admite-se exceção da verdade em casos de ofensa à honra, de modo que qualquer das partes deve demonstrar a verossimilhança do ato.

Sob o prisma do direito português, assinala Machado que, para diferenciar as situações de típica difamação daquelas de pseudodifamação, a justiça criminal reconhece a possibilidade de exceção da verdade do fato imputado (prova da verdade), de modo que tal instituto também deve ser previsto à luz do direito civil a partir de uma revisão legislativa[228]. Nada obstante, vislumbra-se certa margem para o equívoco das informações, contanto que o jornalista esteja de boa-fé, pois a exigência de notícias plenamente verdadeiras engessaria a liberdade de imprensa à luz do Estado Democrático de Direito[229].

---

227. FARIAS, Cristiano Chaves de; ROSENVALD, Nelson. *Curso de direito civil*: parte geral e LINDB. v. 1. 10 ed. Salvador: Juspodivm, 2012, p. 256.

228. MACHADO, Jónatas E. M. *Difamação de figuras públicas*: tutela jurídica e censura judicial à luz do direito português. Curitiba: Juruá, 2016, p. 45.

229. MACHADO, Jónatas E. M. *Difamação de figuras públicas*: tutela jurídica e censura judicial à luz do direito português. Curitiba: Juruá, 2016, p. 45.

Ademais, existe o direito à honra coletiva, que é a honra de um grupo de pessoas.

Nos termos do artigo 17 do Código Civil, o nome da pessoa não pode ser empregado por outrem em publicações ou representações que a exponham ao desprezo público, ainda quando não haja intenção difamatória. Assevera-se, no entanto, que também há um equívoco nesse dispositivo, notadamente na expressão "*ainda quando não haja intenção difamatória*". Decerto, não se admite responsabilidade objetiva em matéria ofensiva à honra, no que deve restar demonstrada a intenção de difamar, caluniar ou injuriar por parte do ofensor.

Entrementes, não configura ofensa à honra a divulgação, por meio de exceção da verdade (*exceptio veritatis*), de fato ofensivo e, ao mesmo tempo, verdadeiro, mas que seja de interesse público, sobretudo para a apuração de fatos criminosos[230].

Nesse azo, o Informativo 568 do Supremo Tribunal Federal dispõe que é assegurado ao jornalista fazer críticas aos políticos, mesmo em tom contundente.

Sob o ângulo do direito português, preleciona Jónatas Machado que a difamação de figuras públicas é retratada no conflito entre liberdade de expressão e direito à honra, de modo que ambos os bens jurídicos têm assento constitucional e devem ser sopesados na perspectiva da Constituição e dos direitos fundamentais[231].

Sob o ângulo criminal, a Suprema Corte norte-americana, no julgamento do caso *New York Times Co. v. Sullivan* já firmou o entendimento de que a Primeira Emenda Constitucional consagra as liberdades de expressão e de imprensa, estabelecendo limites ao direito da difamação. Excepcionalmente, é cabível a proteção da honra se houver a imputação difamatória com o conhecimento da sua falsidade (dolo direto) ou uma indiferença à sua veracidade (dolo eventual)[232].

Por fim, a lesão à honra pode configurar os crimes contra a honra, notadamente a calúnia, injúria e difamação, previstos nos artigos 138 a 140 do Código Penal, respectivamente.

---

230. FARIAS, Cristiano Chaves de; ROSENVALD, Nelson. *Curso de direito civil*: parte geral e LINDB. v. 1. 10 ed. Salvador: Juspodivm, 2012, p. 256.

231. MACHADO, Jónatas E. M. *Difamação de figuras públicas*: tutela jurídica e censura judicial à luz do direito português. Curitiba: Juruá, 2016, p. 17.

232. MACHADO, Jónatas E. M. *Difamação de figuras públicas*: tutela jurídica e censura judicial à luz do direito português. Curitiba: Juruá, 2016, p. 33.

4. DIREITOS AO ESQUECIMENTO, À DESINDEXAÇÃO, À DESVINCULAÇÃO E EFEITO *STREISAND*

Hodiernamente, parte da doutrina tem defendido a existência do "direito ao esquecimento", também conhecido como direito a autodeterminação informativa, "direito de ser esquecido" (*the right to be forgotten*), de "ser deixado em paz" ou de "estar só" (*the right to be let alone*), como corolário dos direitos à privacidade, à honra e, acima de tudo, à dignidade humana.

Antes mesmo da análise de eventual conceito e de institutos correlatos, cabe considerações sobre a legislação aplicável ao "direito ao esquecimento".[233]

Com efeito, o inciso III do artigo 1º da Constituição brasileira de 1988 consagra a dignidade humana como um dos fundamentos da República Federativa do Brasil. Da mesma arte, preconiza o inciso X do artigo 5º da Lei Fundamental que são invioláveis a intimidade, a vida privada, a honra e a imagem das pessoas, assegurado o direito a indenização pelo dano material ou moral decorrente de sua violação.

Além disso, dispõe o artigo 21 do Código Civil que a vida privada da pessoa natural é inviolável, e o juiz, a requerimento do interessado, adotará as providências necessárias para impedir ou fazer cessar ato contrário a esta norma.

Prevalece que o "direito ao esquecimento" consiste na proteção da vida privada, ou seja, seu titular tem o interesse de não ser mencionado pela mídia sobre fato pretérito que o submeta a constrangimento, ainda que verídico, razão pela qual tal fato deve ser retirado do alcance público, pois, com o transcurso do tempo, caiu ao esquecimento social, não devendo ser resgatado nem levado a conhecimento geral, com baluarte na dignidade humana[234]. Em miú-

---

233. Indispensável, nesse ponto, que sejam feitas certas considerações. Mudamos nosso ponto de vista acerca do chamado "direito ao esquecimento". Na obra "Crimes de Imprensa e Aspectos Práticos de Processo Penal" (Juspodivm), sustentamos que o esquecimento causa mais embaraços que utilidades práticas. Nada obstante, passamos a defender sobre a imprescindibilidade do direito ao esquecimento na sociedade informacional, além dos direitos à desindexação e à desvinculação, haja vista a natureza jurídica personalíssima de tais direitos. Ademais disso, é inconteste que a evolução das redes digitais, assim como os danos materiais e morais por ofensas praticadas na internet e na imprensa em geral justificam a indispensabilidade do esquecimento nos dias atuais.

234. Segundo Bruno César Ribeiro de Paiva: "*O direito ao esquecimento é aquele inerente ao ser humano de não permitir que um fato ocorrido em dado momento de sua vida, ainda que verídico, seja exposto ao público, causando-lhe transtornos ou sofrimento. É também conhecido como direito de ser deixado em paz ou de estar só*" (PAIVA, Bruno

dos, desponta como uma proteção do indivíduo face ao superinformacionismo, guardando pertinência com outros direitos, tais como os direitos à *desindexação* e à *desvinculação*, cujos conceitos serão explorados oportunamente.

Preleciona Gilmar Mendes que a privacidade se sobrepõe caso a pessoa tenha deixado de atrair notoriedade, no que se esvaece o interesse público a respeito de qualquer informação sobre ela, como ocorre com o indivíduo que já cumpriu pena criminal e que necessita se reinserir na sociedade[235].

Em regra, entende-se que o esquecimento pode ser invocado por pessoa natural, pois o artigo 21 da Codificação Reale, ao tratar da privacidade, dispõe expressamente que *"a vida privada da pessoa natural é inviolável"*[236].

Nesse contexto, o "direito ao esquecimento" produz diversos reflexos na seara criminal, sobretudo nos crimes praticados pela imprensa e no jornalismo digital.

Em um primeiro momento, cabe analisá-lo na perspectiva dos direitos do preso. No direito comparado, decidiu o Tribunal Constitucional alemão que um canal de televisão fosse proibido de exibir um documentário referente a determinado acusado, alegando que a imprensa não pode explorar, por prazo indeterminado, a pessoa do criminoso e sua vida privada, sob o risco de embaraçar sua ressocialização[237].

César Ribeiro de. O direito ao esquecimento em face da liberdade de expressão e de informação. *De Jure:* Revista Jurídica do Ministério Público do Estado de Minas Gerais, Belo Horizonte, v. 13, n. 22, p.273-286, jan./jun. 2014, p. 275).

235. MENDES, Gilmar Ferreira. *Curso de direito constitucional.* 9 ed. São Paulo: Saraiva, 2014, p. 286.

236. Noutro viés, vislumbra-se a discussão de que se as pessoas jurídicas podem ou não pleitear o reconhecimento do direito ao esquecimento. Prevalece que as pessoas jurídicas não são titulares dos direitos da personalidade, a despeito de o artigo 52 do Código Civil prever que *"Aplica-se às pessoas jurídicas, no que couber, a proteção dos direitos da personalidade"*. Em um primeiro momento, é certo que as pessoas jurídicas não se enquadram na redação do artigo 21, que se refere à proteção da vida privada das pessoas naturais. De qualquer forma, entende-se que, da redação do artigo 52 do Estatuto Civil, as pessoas jurídicas fazem jus à proteção dos direitos da personalidade, no que necessariamente se inserem na possibilidade de aplicação do direito ao esquecimento. Exemplificativamente, se a imprensa tiver veiculado informações sobre irregularidades praticadas no contexto da sociedade empresária, pode a própria pessoa jurídica requerer que tais fatos não sejam mais divulgados, a fim de que não sejam causados prejuízos à marca empresarial.

237. PAIVA, Bruno César Ribeiro de. O direito ao esquecimento em face da liberdade de expressão e de informação. *De Jure:* Revista Jurídica do Ministério Público do Estado de Minas Gerais, Belo Horizonte, v. 13, n. 22, p.273-286, jan./jun. 2014, p. 276.

Já no Brasil, a "chacina da candelária" foi um dos casos inéditos de discussão acerca do direito ao esquecimento no cenário nacional, em que Jurandir França foi indiciado pela suspeita da prática de homicídios em sequência e, assim, requereu o esquecimento dos fatos noticiados amplamente pela mídia no decorrer do tempo[238].

A jurisprudência pátria também firmou o entendimento de que o acusado tem o direito de que seus antecedentes criminais não sejam trazidos à tona após determinado período de tempo, com vistas a sua ressocialização. A teor do Enunciado 531, aprovado na VI Jornada de Direito Civil pelo Conselho de Justiça Federal: "*A tutela da dignidade da pessoa humana na sociedade da informação inclui o direito ao esquecimento*".

Se não bastasse, dispõe o artigo 202 da Lei n. 7.210/84 (Lei de Execução Penal) que cumprida ou extinta a pena, não constarão da folha corrida, atestados ou certidões fornecidas por autoridade policial ou por auxiliares da Justiça qualquer notícia ou referência à condenação, salvo para instruir processo pela prática de nova infração penal ou outros casos expressos em lei.

Nesse prisma, vislumbra-se certa margem para a concretização da justiça restaurativa ou reconstrutiva[239], na qual o Estado deixa de ser essencialmente repressor e, assim, busca a reconstituição do elo social mediante a reparação e a reconciliação, a ponto de superar o ressentimento e fomentar a solidariedade. Assim, a justiça reconstrutiva volta-se ao futuro, concebendo o esquecimento e o perdão social como meios de resgate da honra, do respeito e do reconhecimento do malfeitor na sociedade[240].

---

238. Quarta Turma, STJ, REsp n. 1.334.097 – RJ (2012/0144910-7), Rel. Min. Luis Felipe Salomão, j. 28.5.2013.

239. De se ver que o Conselho Nacional de Justiça, no dia 31 de maio de 2016, aprovou e publicou a Resolução 225, que versa sobre a Política Nacional da Justiça Restaurativa no âmbito do Poder Judiciário. A Resolução, a partir de orientações internacionais e da realidade nacional, apresenta o conceito de Justiça Restaurativa, suas providências, elenca a participação do ofensor, vítima e comunidade como imprescindível para composição das práticas restaurativas, a obrigatoriedade do facilitador restaurativo e determina quem poderá exercer tal função, e, ainda, entre outras disposições, especifica as atribuições ao poder judiciário vinculadas ao procedimento. Em que pese o avanço na regulamentação da matéria, entende-se que a justiça restaurativa deve ser disciplinada por lei, a fim de que seja previsto um procedimento próprio à luz dos princípios e garantias constitucionais do Estado Democrático de Direito, em respeito aos princípios da segurança jurídica, da legalidade e do contraditório e da ampla defesa.

240. BOLDT, Raphael; ADEODATO, João Maurício. Memória, perdão e esquecimento: reconstruindo os horizontes da justiça penal contemporânea a partir das representações

Certo é que o Supremo Tribunal Federal ainda não coleciona vastos precedentes relacionados ao "direito ao esquecimento", de modo que apenas um único caso ainda está em fase de julgamento.

Em 2004, o programa "Linha Direta" exibiu o contexto de um homicídio de grande repercussão nacional. Afirmaram os familiares da vítima que tal exibição midiática causou um sensacionalismo desmedido acerca do ocorrido, provocando feridas psicológicas na família. Adotando as medidas judiciais cabíveis, pleitearam os familiares que a empresa de televisão fosse desautorizada a utilizar a imagem, o nome e a história da vítima, bem como condenada ao pagamento de indenização por dano moral. Em contrapartida, a emissora de televisão alegou que o programa exibiu um documentário com fato histórico e de domínio público, cujos fatos foram intensamente veiculados pela maioria da imprensa à época.

O juízo da 47ª Vara Cível do Rio de Janeiro julgou improcedente o pedido formulado pelos familiares, sob o argumento de que o programa não fez qualquer insinuação à honra ou à imagem da pessoa falecida, tampouco alusão aos nomes dos familiares. O Tribunal de Justiça do Estado manteve o entendimento da primeira instância.

O caso chegou à apreciação da Suprema Corte no agravo em recurso extraordinário n. 833.248 RG/RJ, em que os familiares da vítima invocaram que o direito ao esquecimento é indissociável da dignidade humana, sobrepondo à liberdade de expressão e ao domínio público.

Na ocasião do julgamento, o Plenário do Supremo Tribunal Federal entendeu pela repercussão geral do direito ao esquecimento na esfera civil, sob o fundamento de haver densidade constitucional e a necessidade de harmonização de princípios constitucionais, de sorte que qualquer vítima de infração penal e seus familiares podem questionar a divulgação pela mídia de acontecimentos passados e que, possivelmente, teriam caído ao esquecimento da sociedade ao longo do tempo[241].

---

simbólicas dos sistemas vindicativos. *Revista de Estudos Criminais,* Porto Alegre, v. 12, n. 57, p. 125-144, abr./jun. 2015, p. 134.

241. "**EMENTA.** DIREITO CONSTITUCIONAL. VEICULAÇÃO DE PROGRAMA TELEVISIVO QUE ABORDA CRIME OCORRIDO HÁ VÁRIAS DÉCADAS. AÇÃO INDENIZATÓRIA PROPOSTA POR FAMILIARES DA VÍTIMA. ALEGADOS DANOS MORAIS. DIREITO AO ESQUECIMENTO. DEBATE ACERCA DA HARMONIZAÇÃO DOS PRINCÍPIOS CONSTITUCIONAIS DA LIBERDADE DE EXPRESSÃO E DO DIREITO À INFORMAÇÃO COM AQUELES QUE PROTEGEM A DIGNIDADE DA PESSOA HUMANA E A INVIOLABILIDADE DA HONRA E DA INTIMIDADE. PRESENÇA DE REPERCUSSÃO GERAL. **(STF, ARE n. 833.248, Rel. Min. Dias Toffoli. Julgado em: 11.12.2014)**"

Cuida-se de precedente inédito na atividade pretoriana brasileira, já que analisado na perspectiva da vítima do delito. Ademais, provavelmente o Pretório Excelso terá que estabelecer balizamentos para a determinação do direito ao esquecimento no Brasil, enfrentando os seguintes pontos: **(i)** até em que momento o indivíduo pode alegar o direito ao esquecimento; **(ii)** se todo fato ocorrido no passado pode ou não ser invocado como objeto de esquecimento; **(iii)** se há um fator determinante que possa trazer o fato pretérito a conhecimento de todos no presente; **(iv)** caso reconhecida a ilicitude, discute-se qual seria a sanção mais compatível, ou seja, a tutela inibitória, a tutela reparatória genérica ao dano moral ou a tutela específica destinada a exigir a atualização das informações, propiciando o conhecimento da verdade dos fatos pelo público.

Em outro caso, a Associação Nacional dos Editores de Livros (ANEL) ajuizou a Ação Direta de Inconstitucionalidade n. 4.815, alegando que os artigos 20 e 21 do Código Civil não se coadunam com as liberdades de expressão e de informação, razão pela qual são inconstitucionais[242].

---

242. "**EMENTA:** AÇÃO DIRETA DE INCONSTITUCIONALIDADE. ARTS. 20 E 21 DA LEI N. 10.406/2002 (CÓDIGO CIVIL). PRELIMINAR DE ILEGITIMIDADE ATIVA REJEITADA. REQUISITOS LEGAIS OBSERVADOS. MÉRITO: APARENTE CONFLITO ENTRE PRINCÍPIOS CONSTITUCIONAIS: LIBERDADE DE EXPRESSÃO, DE INFORMAÇÃO, ARTÍSTICA E CULTURAL, INDEPENDENTE DE CENSURA OU AUTORIZAÇÃO PRÉVIA (ART. 5º INCS. IV, IX, XIV; 220, §§ 1º E 2º) E INVIOLABILIDADE DA INTIMIDADE, VIDA PRIVADA, HONRA E IMAGEM DAS PESSOAS (ART. 5º, INC. X). ADOÇÃO DE CRITÉRIO DA PONDERAÇÃO PARA INTERPRETAÇÃO DE PRINCÍPIO CONSTITUCIONAL. PROIBIÇÃO DE CENSURA (ESTATAL OU PARTICULAR). GARANTIA CONSTITUCIONAL DE INDENIZAÇÃO E DE DIREITO DE RESPOSTA. AÇÃO DIRETA JULGADA PROCEDENTE PARA DAR INTERPRETAÇÃO CONFORME À CONSTITUIÇÃO AOS ARTS. 20 E 21 DO CÓDIGO CIVIL, SEM REDUÇÃO DE TEXTO. 1. A Associação Nacional dos Editores de Livros – Anel congrega a classe dos editores, considerados, para fins estatutários, a pessoa natural ou jurídica à qual se atribui o direito de reprodução de obra literária, artística ou científica, podendo publicá-la e divulgá-la. A correlação entre o conteúdo da norma impugnada e os objetivos da Autora preenche o requisito de pertinência temática e a presença de seus associados em nove Estados da Federação comprova sua representação nacional, nos termos da jurisprudência deste Supremo Tribunal. Preliminar de ilegitimidade ativa rejeitada. 2. O objeto da presente ação restringe-se à interpretação dos arts. 20 e 21 do Código Civil relativas à divulgação de escritos, à transmissão da palavra, à produção, publicação, exposição ou utilização da imagem de pessoa biografada. 3. A Constituição do Brasil proíbe qualquer censura. O exercício do direito à liberdade de expressão não pode ser cerceada pelo Estado ou por particular. 4. O direito de informação, constitucionalmente garantido, contém a liberdade de informar, de se informar e de ser informado. O primeiro refere-se à formação da opinião pública, considerado cada qual dos cidadãos que pode receber livremente dados sobre assuntos de interesse da coletividade e sobre as pessoas cujas ações, público-estatais ou público-sociais, interferem em sua esfera do acervo do direito de saber, de aprender sobre temas relacionados a suas legítimas cogitações. 5. Biografia é história. A vida não se desenvolve apenas a

Em junho de 2015, o Pretório Excelso, por unanimidade, julgou procedente a ADI, posicionando-se pelo afastamento de exigência prévia de autorização para a publicação de biografias. Assim, foi conferida interpretação conforme à Constituição aos artigos 20 e 21 do Código Civil, harmonizando-os às liberdades de expressão da atividade intelectual, artística, científica e de comunicação. Assim, a liberdade de expressão afastou a censura e a licença da pessoa biografada, notadamente em se tratando de obras de biografia literária ou audiovisual.

De todo caso, entende-se que o tema não se exaure na discussão sobre a exigência ou não de autorização para publicação de biografias. Vai mais além: recai no campo do direito ao esquecimento. Decerto, há nítida colisão entre as liberdades de expressão e de informação e os direitos da personalidade, especialmente a privacidade, a honra e a imagem, de modo que há margem para a pessoa biografada alegar o direito ao esquecimento, no sentido de que ela não deseja ser lembrada por equívocos, nem por constrangimentos ocorridos no passado.

O direito ao esquecimento também guarda relação umbilical com o regime ditatorial no Brasil, de 1964 a 1985, conhecido como "anos de chumbo". Seguindo parâmetros nacionais e internacionais de direitos humanos, o Estado brasileiro tem o compromisso de apurar os diversos crimes praticados no período ditatorial, assegurando o direito de todos os brasileiros de acesso à informação histórica e à investigação das atrocidades cometidas naquela época - mesmo havendo

---

partir da soleira da porta de casa. 6. Autorização prévia para biografia constitui censura prévia particular. O recolhimento de obras é censura judicial, a substituir a administrativa. O risco é próprio do viver. Erros corrigem-se segundo o direito, não se cortando liberdades conquistadas. A reparação de danos e o direito de resposta devem ser exercidos nos termos da lei. 7. A liberdade é constitucionalmente garantida, não se podendo anular por outra norma constitucional (inc. IV do art. 60), menos ainda por norma de hierarquia inferior (lei civil), ainda que sob o argumento de se estar a resguardar e proteger outro direito constitucionalmente assegurado, qual seja, o da inviolabilidade do direito à intimidade, à privacidade, à honra e à imagem. 8. Para a coexistência das normas constitucionais dos incs. IV, IX e X do art. 5º, há de se acolher o balanceamento de direitos, conjugando-se o direito às liberdades com a inviolabilidade da intimidade, da privacidade, da honra e da imagem da pessoa biografada e daqueles que pretendem elaborar as biografias. 9. Ação direta julgada procedente para dar interpretação conforme à Constituição aos arts. 20 e 21 do Código Civil, sem redução de texto, para, em consonância com os direitos fundamentais à liberdade de pensamento e de sua expressão, de criação artística, produção científica, declarar inexigível autorização de pessoa biografada relativamente a obras biográficas literárias ou audiovisuais, sendo também desnecessária autorização de pessoas retratadas como coadjuvantes (ou de seus familiares, em caso de pessoas falecidas ou ausentes). **(Pleno, STF, ADI 4815, Rel(a). Min(a). Cármen Lúcia, Julgado em 10.06.2015, Publicado em 01.02.2016)**".

um movimento contrário a tanto, no sentido de que as autoridades da época teriam direito ao esquecimento dos crimes praticados e, portanto, não deveriam ser investigadas publicamente[243].

De todo caso, a Lei n. 12.528/11 instituiu a Comissão Nacional da Verdade, que tem por finalidade apurar graves violações de direitos humanos ocorridas entre 18 de setembro de 1946 e 05 de outubro de 1988 no Brasil[244].

Nesse diapasão, o caso *Gomes Lund e outros vs. Estado brasileiro*, conhecido como "Guerrilha do Araguaia", foi analisado na Corte Interamericana de Direitos Humanos em face ao Estado brasileiro, visando ao esclarecimento dos conflitos existentes entre a Lei de Anistia e o desaparecimento forçado de pessoas[245].

Durante o trâmite processual, o Estado brasileiro pleiteou o arquivamento do feito perante a Corte Interamericana de Direitos Humanos, com os seguintes fundamentos: **(i)** a incompetência processual da Corte para analisar o caso; **(ii)** o esgotamento dos recursos internos; **(iii)** a falta de interesse processual da Comissão Interamericana de Direitos Humanos e de seus representantes; **(iv)** prescritibilidade dos crimes então apurados; e **(v)** possibilidade de aplicação da Lei de Anistia (Lei n. 6.683/1979).

Em 24 de novembro de 2010, a Corte Interamericana proferiu a sentença, enfatizando que as disposições da Lei de Anistia impedem a investigação e a sanção das graves violações de direitos humanos,

---

243. Dúvidas sobre o contexto da morte do jornalista Vladimir Herzog persistem até os dias atuais.

244. Para mais detalhes, cf.: http://www.cnv.gov.br/institucional-acesso-informacao/a-cnv.html; WEICHERT, Marlon Alberto. A sentença da Corte Interamericana de Direitos Humanos e a obrigação de instituir uma Comissão da Verdade. In: GOMES, Luiz Flávio; MAZZUOLI, Valerio de Oliveira (Org.). *Crimes da ditadura militar, uma análise à luz da jurisprudência atual da Corte Interamericana de direito humanos:* Argentina, Brasil, Chile, Uruguai. P. 226-242, São Paulo: Revista dos Tribunais, 2011.

245. Em 1966, militantes do Partido Comunista do Brasil ("PC do B"), cada qual com idade média de 30 (trinta) anos, se instalaram na região localizada ao Sul do Estado do Pará, a região do Rio Araguaia, com o objetivo de organizar uma base de trabalho e, assim, transmitir à população local doutrinas de conscientização política e de implantação do socialismo no Brasil por luta armada. Traziam como argumentos as Revoluções Chinesa e Cubana, além de ter a Guerra do Vietnã como paradigma. Esses militantes eram perseguidos políticos durante o período ditatorial no Brasil, de modo que todos estavam na clandestinidade. Ocorre que, durante sua preparação da luta armada (1970 e 1973), em pleno período ditatorial, o Exército brasileiro realizou diversas operações militares no local para repreender esse movimento, no que todos os integrantes partidários e camponeses foram mortos à época. Essas operações militares foram realizadas às escuras, pois a sociedade e a imprensa não chegaram a ter conhecimento da existência da "Guerrilha do Araguaia". A ordem do governo era para que "ninguém saísse vivo de lá.

a ponto de serem incompatíveis com a Convenção Americana sobre Direitos Humanos (Pacto de São José da Costa Rica) e, assim, carecem de efeitos jurídicos.

Ademais, firmou-se o entendimento de que os crimes praticados no contexto ditatorial são permanentes e imprescritíveis[246]. Da mesma arte, o Estado deve adotar, em um prazo razoável, as medidas que sejam necessárias para tipificar o delito de desaparecimento forçado de pessoas, em conformidade com os parâmetros interamericanos, nos termos do estabelecido no parágrafo 287 da sentença[247].

Certo é que, ao longo da história brasileira, diversos setores sociais defenderam um discurso ao esquecimento do período ditatorial ("clínica ao esquecimento"), no sentido de que a Lei da Anistia fosse integralmente cumprida com a finalidade de ocultar um passado obscuro do país.

---

246. A propósito da imprescritibilidade dos crimes da ditadura militar à luz da jurisprudência da Corte Interamericana de Direitos Humanos, cf.: MARQUES, Ivan Luís. O princípio da imprescritibilidade dos crimes contra a humanidade e sua aplicação no Brasil. In: GOMES, Luiz Flávio; MAZZUOLI, Valerio de Oliveira (Org.). *Crimes da ditadura militar, uma análise à luz da jurisprudência atual da Corte Interamericana de direito humanos*: Argentina, Brasil, Chile, Uruguai. p. 135-153, São Paulo: Revista dos Tribunais, 2011.

247. Entende-se que os delitos apurados na "Guerrilha do Araguaia" (v.g., sequestro, tortura etc) podem ser classificados como crimes de extrema gravidade com alcance internacional ("crimes contra a humanidade"), de modo que são permanentes e, via de consequência, imprescritíveis, além de insuscetíveis de anistia. O Estado brasileiro deve respeitar a decisão da Corte Interamericana e, assim, tomar as providências criminais necessárias para a investigação do caso, a fim de que se cumpra integralmente a decisão da Corte. Se a resposta penal ainda se apresentar carente ou insuficiente, deve o caso ser submetido à jurisdição subsidiária do Tribunal Penal Internacional. Ademais, faz-se necessária a tipificação do crime de desaparecimento forçado de pessoas, já objeto de proposta legislativa desde 2013. Na perspectiva do direito internacional dos direitos humanos, a desaparição ou desaparecimento forçado ocorre quando uma pessoa é secretamente sequestrada ou presa por uma organização política ou estatal ou por terceiros com autorização, apoio ou consentimento do Estado ou de organização política, seguido por uma recusa em reconhecer o destino da pessoa e o seu paradeiro, com a intenção de colocar a vítima fora da proteção da lei. O Projeto de Lei do Senado n. 245/2011 define desaparecimento forçado de pessoa como sendo qualquer ação de apreender, deter, sequestrar, arrebatar, manter em cárcere privado, impedir a livre circulação ou de qualquer outro modo privar alguém de sua liberdade, em nome de organização política, ou de grupo armado ou paramilitar, do Estado, suas instituições e agentes ou com a autorização, apoio ou aquiescência de qualquer destes, ocultando ou negando a privação de liberdade ou deixando de prestar informação sobre a condição, sorte ou paradeiro da pessoa a quem deva ser informado ou tenha o direito de sabê-lo. De acordo com esse Projeto, o desaparecimento forçado de pessoas também passaria a ser incluído no rol dos crimes hediondos (Lei n. 8.072/1990). Por fim, a consumação de delitos dessa espécie não ocorre enquanto a pessoa não for libertada ou não for esclarecida sua condição e paradeiro, ainda que ela já tenha falecido, o que gera efeitos no cômputo da prescrição dessa infração penal.

Em outubro de 2016, a 3ª Turma do Superior Tribunal de Justiça acabou por reconhecer o direito ao esquecimento aos fatos ocorridos durante o período ditatorial no Brasil. Em 1995, um jornal foi condenado por ter publicado uma entrevista de um líder político que havia responsabilizado um ex-deputado federal pela explosão de uma bomba no aeroporto de Recife, em 1966, que culminou com duas pessoas mortas e quatorze feridas. De acordo com a decisão do Superior Tribunal de Justiça, os acontecimentos da época ditatorial foram anistiados à luz da Lei n. 6.683/1979, incluindo o caso em referência, motivo pelo qual devem ser esquecidos, com fundamento no direito ao esquecimento.

Por outro lado, entende parte da doutrina que a ordem constitucional não contempla o "direito ao esquecimento", principalmente nos casos ditatoriais, de modo que esse direito não é dedutível da dignidade da pessoa humana, da privacidade ou de qualquer outro direito fundamental. Assim, a mídia tem a obrigação de divulgar os fatos e as verdades em narrativas históricas, não cabendo ocultá-los pela pretensa justificativa do direito ao esquecimento. Exemplificativamente, as decisões do Superior Tribunal de Justiça que analisaram o direito ao esquecimento tiveram ainda maior repercussão social, sobretudo o caso da "chacina da candelária"[248].

De acordo com essa corrente, não é possível impor o esquecimento do passado de algo que já se tornou conhecido por todos, motivo pelo qual não há que se falar de direito ao esquecimento, mas de "direito ao isolamento". Vale dizer, mostra-se adequado a máxima proteção da livre manifestação do pensamento de fatos pretéritos, em respeito à memória coletiva e à história, mas que também proteja o direito à privacidade, notadamente o direito ao isolamento[249].

Nesse viés, o "direito ao isolamento" consiste no fato de alguém impedir a divulgação de sua vida presente, mas não a recordação de um fato pertencente à memória coletiva e à história já divulgado pela mídia. Ou seja, o direito à privacidade não protege o direito ao esquecimento, mas o "direito ao isolamento"[250].

---

248. NETO, João dos Passos Martins; PINHEIRO, Denise. Liberdade de informar e direito à memória: uma crítica à idéia do direito ao esquecimento. *Novos Estudos Jurídicos*. V. 19, N. 3, p. 808-838, 2014, p. 835.

249. NETO, João dos Passos Martins; PINHEIRO, Denise. Liberdade de informar e direito à memória: uma crítica à idéia do direito ao esquecimento. *Novos Estudos Jurídicos*. V. 19, N. 3, p. 808-838, 2014, p. 835.

250. NETO, João dos Passos Martins; PINHEIRO, Denise. Liberdade de informar e direito à memória: uma crítica à idéia do direito ao esquecimento. *Novos Estudos Jurídicos*. V. 19, N. 3, p. 808-838, 2014, p. 834.

Ressalta-se, de qualquer forma, que a doutrina e a jurisprudência não são adeptas aos fundamentos do "direito ao isolamento", de modo que têm preferência pelo "direito ao esquecimento". Assim, entende-se que o direito ao esquecimento não deve ser invocado na análise de qualquer regime de exceção, pois os direitos de acesso à informação histórica e à investigação preponderam sobre a privacidade e a intimidade, em homenagem à tridimensionalidade do princípio da proporcionalidade. Aliás, todo e qualquer acontecimento de relevância pública afasta a possibilidade de esquecimento social, de modo que tanto o Estado como a mídia deve cooperar para a integral elucidação dos fatos.

Com fundamento nas teorias discursiva do direito e da democracia habermasiana e da integridade de direito, preleciona Vanessa Dorneles Schinke que a sociedade deve levar a anistia política a debate público, em conformidade com os alicerces do Estado Democrático de Direito, retirando o direito ao esquecimento do regime ditatorial da esfera privada[251].

O "direito ao esquecimento" também é discutido sob o prisma do direito digital, máxime quando entra em colisão com a liberdade de expressão. Assevera Raphael Janny que *"Um mero descuido, na internet, é imperdoável, porque é inesquecível"*, pois, uma vez veiculadas informações pessoais pela rede mundial de computadores, tais se tornam imperecíveis e petrificadas no conhecimento público[252].

O debate dessa questão tornou-se mais acentuado a partir da decisão do Tribunal de Justiça da União Europeia sobre o reconhecimento do direito ao esquecimento aos provedores de serviços de busca na internet, sobretudo da remoção de fotos e vídeos de "pornografia de vingança" (*revenge porn*).[253] Da mesma arte, o parlamento russo aprovou uma lei que determina os buscadores da internet a retirarem do alcance público *links* com informações pessoais[254].

---

251. SCHINKE, Vanessa Dorneles. Os indícios do discurso do esquecimento: a anistia de 1979 à luz da teoria discursiva do direito e da democracia. *Revista da Faculdade de Direito da UFG*, Goiânia, v. 33, n. 1, p.67-83, jan./jul. 2009, p. 81.

252. JANNY, Raphael Lobato Collet. A liberdade de expressão e o direito ao esquecimento na internet. *Revista da ABPI*, Rio de Janeiro, n. 137, p.54-60, jul./ago. 2015, p. 54.

253. Recentemente, o "Google" ("Youtube") e a Federal Trade Comission dos Estados Unidos firmaram um acordo diante de acusações sobre violações aos direitos de crianças e adolescentes praticadas pelas plataformas digitais, envolvendo as seguintes tratativas: (i) pagamento de multa no valor de 170 milhões de dólares; (ii) obrigações relativas à proteção de crianças e adolescentes, como no caso da proibição de uso de dados para segmentar anúncios em vídeos destinados a crianças.

254. JANNY, Raphael Lobato Collet. A liberdade de expressão e o direito ao esquecimento na internet. *Revista da ABPI*, Rio de Janeiro, n. 137, p.54-60, jul./ago. 2015, p. 54.

As legislações dos Estados Unidos e da União Europeia disciplinam um procedimento específico a ser seguido pelos provedores da internet para a proteção da intimidade, a ponto de excluir a responsabilidade dos próprios provedores por eventual litígio, denominado *Notice and Takedown*. Essa medida revela-se mais apropriada por privilegiar a esfera extrajudicial, de modo que o Poder Judiciário seria acionado somente em último caso para a solução do conflito[255].

De toda sorte, o caso *Lebach* é emblemático no julgamento do direito ao esquecimento pelo Tribunal Constitucional alemão. Nos idos de 1969, três soldados alemães sofreram uma chacina, no que três indivíduos foram condenados pelo crime, sendo dois deles à prisão perpétua e, o outro, a 6 (seis) anos de reclusão. Dias antes de o terceiro detento deixar a prisão, uma emissora de televisão tornou a mencionar o crime, envolvendo a encenação por profissionais contratados e a exibição de fotos reais, além do nome dos acusados.

Diante disso, a Suprema Corte germânica entendeu que a imprensa não deve explorar, por período indeterminado, os atributos e a vida privada do acusado, havendo nítida afronta a sua personalidade, no que foi suspensa a exibição do documentário por meio de tutela inibitória[256].

Recentemente, o "direito ao esquecimento" para usuários da internet (privacidade *online*) tornou-se regulamentado no plano legislativo do direito europeu, cuja determinação deve ser observada por todo bloco econômico da União Europeia. Assim, o usuário que desejar retirar integralmente informações pessoais da rede mundial de computadores, pode solicitar diretamente ao servidor.

Esse panorama legislativo segue a decisão do Judiciário da União Europeia, que reconheceu o direito ao esquecimento no caso *Google Spain SL, Google Inc. v Agencia Española de Protección de Datos, Mario*

---

255. Segundo Raphael Janny: "*O 'Notice and Takedown' é um procedimento previsto na legislação dos Estados Unidos e da União Europeia, que deve obrigatoriamente ser adotado pelos provedores de aplicações como condição de 'safe harbour', ou seja, de forma a excluir a sua responsabilidade em um eventual litígio. No caso dos EUA, a pessoa que se sinta prejudica por um conteúdo, deve: i) enviar uma notificação extrajudicial ao provedor de aplicações; ii) o provedor, por sua vez, deve, prontamente, remover ou desabilitar o acesso ao material supostamente ilícito; iii) incontinenti, o provedor de aplicações deve notificar o suposto infrator; iv) se houver uma contra-notificação, o provedor deve, então, notificar imediatamente o autor da notificação; e v) se este não entrar com uma ação judicial no prazo de 14 dias, o provedor deverá restaurar o acesso ao conteúdo*" (JANNY, Raphael Lobato Collet. A liberdade de expressão e o direito ao esquecimento na internet. *Revista da ABPI*, Rio de Janeiro, n. 137, p.54-60, jul./ago. 2015, p. 55).

256. PAIVA, Bruno César Ribeiro de. O direito ao esquecimento em face da liberdade de expressão e de informação. *De Jure:* Revista Jurídica do Ministério Público do Estado de Minas Gerais, Belo Horizonte, v. 13, n. 22, p.273-286, jan./jun. 2014, p. 276.

Costeja González. Exemplificativamente, em 2014, o Tribunal de Justiça da União Europeia determinou que o Google pode ser obrigado a filtrar os resultados de buscas para restringir informações sobre determinada pessoa, sendo responsável pelo tratamento dos dados pessoais.

Nesse caso, um usuário do *Facebook* poderá solicitar diretamente ao servidor que seja seu perfil retirado de circulação da internet. Sem prejuízo, a nova regulamentação não traz especificidades sobre o direito ao esquecimento em caso de notícias jornalísticas, tendo em vista a linha tênue entre a liberdade individual e a liberdade de imprensa - a despeito de essa questão ainda ser trazida à discussão no cenário jurídico europeu.

E, a partir de maio de 2018, o direito ao esquecimento tornou-se definitivamente previsto no Regulamento Geral de Proteção de Dados Europeu (Regulamento 679/2016 ou *General Data Protection Regulation*).

Prevê o artigo 17 desse regulamento o chamado "direito de apagamento" ou "direito a ser esquecido", conferindo aos titulares dos dados o direito de solicitar ao responsável pelo tratamento dos dados o apagamento ou remoção dos dados pessoais[257].

Assim, os titulares dos dados têm o direito de eliminação de seus dados pessoais, desde que nas seguintes condições: **(i)** os dados sejam desnecessários para as finalidades para as quais foram obtidos; **(ii)** o titular dos dados retire o seu consentimento se o tratamento estiver fundado no próprio consentimento e inexista qualquer fundamento legal para o tratamento dos dados; **(iii)** os dados pessoais forem utilizados ou tratados de forma ilícita; e **(iv)** o titular se oponha ao tratamento de dados pessoais utilizados para *profiling*[258].

Nada obstante, o regulamento europeu prevê limitações para o direito ao apagamento, devendo ser observados os prazos destinados

---

257. MAGALHÃES, Filipa Matias; PEREIRA, Maria Leitão. *Regulamento Geral de Proteção de Dados. Manual Prático*. 2ª Ed. Porto: Vida Económica, 2018, p. 25.

258. Complementam Magalhães e Pereira: "Na eventualidade de os dados entretanto terem sido divulgados junto de outras entidades, o responsável pelo tratamento deverá informar os restantes responsáveis pelo tratamento dos dados que o titular solicitou o apagamento das ligações para esses dados, bem como das cópias e reproduções dos mesmos, tomando as medidas que forem razoáveis, incluindo de caráter técnico, tendo em consideração a tecnologia disponível e os custos da sua aplicação" (MAGALHÃES, Filipa Matias; PEREIRA, Maria Leitão. *Regulamento Geral de Proteção de Dados. Manual Prático*. 2ª Ed. Porto: Vida Económica, 2018, p. 25).

à preservação de dados por razões de interesse público, segurança nacional, comerciais, fiscais, entre outros.

Importante salientar que os dados referentes a condenações penais e infrações só podem ser submetidos a tratamento por parte de uma autoridade pública ou mediante autorização de disposições do direito da União Europeia que disciplinem garantias apropriadas para os direitos e liberdades dos titulares dos dados[259].

Quanto à extensão espacial do direito ao esquecimento ou de supressão de referências em "sites" de pesquisa, o Tribunal de Justiça da União Europeia (Grande Seção) firmou o entendimento, em 24 de setembro de 2019, de que o administrador do mecanismo de busca, a exemplo do "Google", deve apagar ou suprimir alguns "links" para páginas virtuais de determinadas pessoas apenas no âmbito territorial dos Estados-membros da União Europeia, e não nos demais países em que estão situadas todas as versões da sua plataforma de busca.

Vale dizer, caberá a supressão de referências se a conservação de dados pessoais pelo administrador do mecanismo de busca violar somente os regulamentos e as legislações aplicáveis no território da União Europeia.

Assim, o mecanismo de busca e sua sede respectiva devem estar indissociavelmente vinculados, posto que o próprio administrador depende de publicidade para gerar receita, por exemplo.

Essa decisão tem por fundamento a interpretação das seguintes disposições legais na União Europeia: (i) artigo 12, alínea "b", parágrafo primeiro, alínea "a", da Diretiva 95/46/CE do Parlamento Europeu e do Conselho, de 24 de outubro de 1995, referente à proteção das pessoas naturais, ao tratamento de dados pessoais e à livre circulação de tais dados; (ii) artigo 17, nº 1, do Regulamento nº 2016/679 do Parlamento Europeu e do Conselho (Regulamento Geral de Proteção de Dados Pessoais), de 27 de abril de 2016, atinente à proteção das pessoas naturais, ao tratamento de dados pessoais e à livre circulação de tais dados.

De acordo com esse posicionamento, busca-se desencorajar ou impedir que os internautas realizem buscas a partir do nome de certa pessoa dentro de um dos Estados-membros da União Europeia.[260]

---

259. MAGALHÃES, Filipa Matias; PEREIRA, Maria Leitão. *Regulamento Geral de Proteção de Dados. Manual Prático*. 2ª Ed. Porto: Vida Económica, 2018, p. 60.

260. Acórdão. 1. O pedido de decisão prejudicial tem por objeto a interpretação da Diretiva 95/46/CE do Parlamento Europeu e do Conselho, de 24 de outubro de 1995, relativa à

Sob o ângulo do direito brasileiro, não há qualquer legislação que seja voltada expressamente ao reconhecimento do "direito ao esquecimento".

Paralelamente,, a Lei n. 12.965/14 (Marco Civil da Internet) privilegia a liberdade de expressão em detrimento da intimidade e da privacidade. O artigo 2º da lei de regência assegura o uso da internet no Brasil, tendo como fundamento o respeito à liberdade de expressão, bem como os seguintes pontos: **(i)** o reconhecimento da escala mundial da rede; **(ii)** os direitos humanos, o desenvolvimento da personalidade e o exercício da cidadania em meios digitais; **(iii)** a pluralidade e a diversidade; **(iv)** a abertura e a colaboração; **(v)** a livre iniciativa, a livre concorrência e a defesa do consumidor; e **(vi)** a finalidade social da rede.

O artigo 7º, inciso III, da mencionada legislação é o que mais se aproxima do "direito ao esquecimento", embora não o discipline expressamente.

De acordo com o aludido dispositivo legal, o acesso à internet é essencial ao exercício da cidadania e ao usuário é assegurado, entre os diversos direitos, a exclusão definitiva dos dados pessoais que tiver fornecido a determinada aplicação da internet, a seu requerimento, ao término da relação entre as partes.

Importante compreender, nesse viés, que a internet envolve os chamados provedores de serviços (gênero), os quais se dividem nas mais diversas categorias (espécies). Com efeito, o provedor de serviços da internet consiste na pessoa natural ou jurídica que disponibiliza e fornece serviços destinados ao funcionamento da internet ou, até mesmo, por meio da rede mundial de computadores.

E esses provedores de serviços guardam relação umbilical com o esquecimento, eis que, na qualidade de pessoa física ou jurídica,

---

proteção das pessoas singulares no que diz respeito ao tratamento de dados pessoais e à livre circulação desses dados (JO 1995, L 281, p. 31). 2. Este pedido foi apresentado no âmbito de um litígio que opõe a Google LLC, sucessora da Google Inc., à ´Commission nationale de l´informatique et des libertés´ (Comissão Nacional de Informática e das Liberdades) (CNIL) (França) a respeito de uma sanção de 100.000 euros aplicada à Google pela CNIL pelo facto de aquela sociedade, quando aceitou dar cumprimento a um pedido de supressão de referência, se ter recusado a aplicar essa supressão de referências a todas as extensões de nome do domínio do seu motor de busca. 3. A Diretiva 95/46, de acordo com o seu artigo 1º, nº 1, tem por objeto a proteção das liberdades e dos direitos fundamentais das pessoas singulares, nomeadamente do direito à vida privada, no que diz respeito ao tratamento de dados pessoais, bem como a eliminação de obstáculos à circulação destes dados [...]" (Internet, https://www.conjur.com.br/dl/direito-esquecimento-tj-uniao-europeia.pdf, Acesso em 14 de outubro de 2019)

são obrigados à guarda automática dos registros de acesso a aplicações de internet.

Dividem esses provedores nas mais diversas modalidades, a saber: (i) provedor de estrutura ou de "backbone", consistente na pessoa jurídica que tem a propriedade das redes e a capacidade de administrar elevado volume de informações, a despeito do Marco Civil não fazer qualquer referência a este tipo de provedor; (ii) provedor de acesso ou de conexão, isto é, a pessoa jurídica que fornece serviços que viabilizam o acesso de seus consumidores à internet, tais como os serviços de 3G e 4G fornecidos pela Claro, Tim e Vivo no Brasil; (iii) provedor de correio eletrônico, ou seja, a pessoa jurídica que fornece serviços que possibilitam o envio de mensagens do usuário, por meio do uso de nome de usuário e senha exclusivos, a seus destinatários, tais como o "Gmail", "Hotmail" e "Yahoo"; (iv) provedor de hospedagem, que consiste na pessoa jurídica que fornece serviços de armazenamento de dados em servidores próprios de acesso remoto, viabilizando o acesso de terceiros a tais dados; (v) provedor de conteúdo, ou seja, a pessoa física ou jurídica que disponibiliza na internet as informações desenvolvidas e criadas pelos provedores de informação, por meio da utilização de servidores próprios ou de serviços de certo provedor de hospedagem capaz de armazená-las, envolvendo, por exemplo, desde "blogs" pessoais e "web sites" até portais de imprensa; e (vi) provedor de informação, também chamado de "autor", eis que tal é o efetivo autor da informação.

Nessa esteira, o Capítulo III do Marco Civil trata das responsabilidades do provedores de conexão e de aplicações de internet.

Assinala-se que, em regra, que certos conteúdos próprios ou de terceiro podem ser divulgados por meio do provedor de conexão.

Dessa forma, os provedores de conteúdo são responsáveis por gerar e disponibilizar informações aos usuários da internet, seja em espaço próprio, seja em espaço de terceiro. Assim, há uma diferenciação entre os provedores de conteúdo próprio e os provedores de conteúdo de terceiros, sendo que na última categoria se enquadram diversas plataformas digitais.

Nesse sentido, a seção III do Marco Civil trata da responsabilidade por danos decorrentes de conteúdo gerado por terceiros. Dispõe o artigo 18 da mencionada legislação que o provedor de conexão à internet não será responsabilizado civilmente por danos decorrentes de conteúdo gerado por terceiros. Nada obstante, prevê o artigo 19 da aludida lei que, com o intuito de assegurar a liberdade de expressão e impedir a censura, o provedor de aplicações de internet somente poderá ser responsabilizado civilmente por danos decorrentes de conteúdo gerado por terceiros se, após ordem judicial específica, não tomar as providências para, no âmbito e nos limites técnicos do seu serviço e dentro do prazo assinalado, tornar indisponível o conteúdo apontado como infringente, ressalvadas as disposições legais em contrário[261].

Nos termos do artigo 20 da mencionada legislação, sempre que tiver informações de contato do usuário diretamente responsável pelo conteúdo a que se refere o artigo 19, caberá ao provedor de aplicação de internet comunicar-lhe os motivos e informações relativos à indisponibilização de conteúdo, com informações que permitam o contraditório e a ampla defesa em juízo, salvo expressa previsão legal ou expressa determinação judicial fundamentada em contrário. Ademais, quando solicitado pelo usuário que disponibilizou o conteúdo tornado indisponível, o provedor de aplicações de internet que exerce essa atividade de forma organizada, profissionalmente e com fins econômicos substituirá o conteúdo tornado indisponível pela motivação ou pela ordem judicial que deu fundamento à indisponibilização (art. 20, parágrafo único).

Questão tormentosa diz respeito à responsabilidade das plataformas digitais por conteúdos ofensivos por terceiros e à necessidade de proteção de vulneráveis, tais como crianças e adolescentes. Isto porque crianças e adolescentes são alvos do sensacionalismo midiático e de exposição indevida por meio das redes digitais, tais como propagandas abusivas, "cyberbulling", divulgação de dados, imagens ou outros conteúdos ilícitos, interação com adultos que têm o interesse em práticas sexuais, entre outros.

De qualquer sorte, o artigo 21 do Marco Civil da Internet é a única previsão que guarda estreita relação com o direito à privacidade, embora não faça qualquer alusão expressa ao direito ao esquecimento, pois possibilita a retirada de conteúdo por meio de notificação extrajudicial se houver "pornografia de vingança", ou seja, divulgação de imagens ou vídeos de cenas de nudez ou sexo de caráter privado[262].

Com efeito, estatui o aludido artigo que o provedor de aplicações de internet que disponibilize conteúdo gerado por terceiros será responsabilizado subsidiariamente pela violação da intimidade

---

261. À luz do Marco Civil da Internet, discute-se se é necessária ou não ordem judicial para retirar conteúdo que viole direitos autorais de terceiros.

262. JANNY, Raphael Lobato Collet. A liberdade de expressão e o direito ao esquecimento na internet. *Revista da ABPI*, Rio de Janeiro, n. 137, p.54-60, jul./ago. 2015, p. 55.

decorrente da divulgação, sem autorização de seus participantes, de imagens, de vídeos ou de outros materiais contendo cenas de nudez ou de atos sexuais de caráter privado quando, após o recebimento de notificação pelo participante ou seu representante legal, deixar de promover, de forma diligente, no âmbito e nos limites técnicos do seu serviço, a indisponibilização desse conteúdo.

A Lei Geral de Proteção de Dados (Lei n. 13.709/18) também não conta com previsão específica para o direito ao esquecimento, embora discipline que a empresa, responsável pelo tratamento dos dados, somente poderá utilizá-los enquanto eles forem necessários. Quer dizer, se o dado não for mais necessário, a empresa não poderá mantê-los sob seu domínio.[263]

Dispõe o artigo 18 da mencionada legislação que o titular dos dados pessoais tem direito a obter do controlador, em relação aos dados do titular por ele tratados, a qualquer momento e mediante requisição: **(i)** anonimização, bloqueio ou eliminação de dados desnecessários, excessivos ou tratados em desconformidade com o disposto nessa lei de regência (inc. IV); e **(ii)** eliminação dos dados pessoais tratados com o consentimento do titular, exceto nas hipóteses previstas no artigo 16 da aludida lei (inc. VI).

Importante salientar que o dado, nos termos do artigo 5º, inciso I, da LGPD, é toda informação relacionada à pessoa natural identificada ou identificável[264].

Nesse sentido, ganham expressão os chamados dados sensíveis (art. 5º, inc. II), ou seja, todo dado pessoal sobre origem racial ou étnica, convicção religiosa, opinião política, filiação a sindicato ou a organização de caráter religioso, filosófico ou político, dado referente à

---

263. No que se refere ao tratamento de dados pessoais de vulneráveis, a LGPD conta com seção específica sobre o tratamento de dados de crianças e adolescentes. Dispõe o § 1º do artigo 14 da LGPD que o tratamento de dados pessoais de crianças deverá ser realizado com o consentimento específico e em destaque dado por pelo menos um dos pais ou responsável legal. Ainda, os controladores deverão manter pública a informação sobre os tipos de dados coletados, a forma de utilização e os procedimentos para o exercício dos direitos a que se refere o artigo 18 da aludida legislação (§ 3º). Porém, nos termos do § 3º, poderão ser coletados dados pessoais de crianças sem o consentimento quando a coleta for necessária para contatar os pais ou o responsável legal, utilizados uma única vez e sem armazenamento, ou para sua proteção, e em nenhum caso poderão ser repassados a terceiro sem o consentimento de que trata o § 1º do mencionado artigo.

264. Os titulares dos dados pessoais têm os seguintes direitos: **(i)** de transparência; **(ii)** informação; **(iii)** acesso; **(iv)** retificação, de apagar e de excluir; **(v)** limitação ao tratamento de dados pessoais; **(vi)** oposição.

saúde ou à vida sexual, dado genético ou biométrico, quando vinculado a uma pessoa natural.

Assim, revela-se indispensável para o tratamento de tais dados o consentimento por parte do seu titular, que consiste na manifestação livre, informada e inequívoca pela qual o titular concorda com o tratamento de seus dados pessoais para uma finalidade determinada (art. 5º, inc. XII).

O tratamento envolve toda operação realizada com dados pessoais, como as que se referem à coleta, produção, recepção, classificação, utilização, acesso, reprodução, transmissão, distribuição, processamento, arquivamento, armazenamento, eliminação, avaliação ou controle da informação, modificação, comunicação, transferência, difusão ou extração (art. 5º, inc. XII).

Nada obstante, essa lei não se aplica, entre as mais diversas hipóteses, ao tratamento de dados pessoais realizados exclusivamente para fins jornalísticos e artísticos (art. 4º, inc. I, *a*), com o objetivo de viabilizar o exercício das liberdades de expressão e de imprensa.

Também não se aplica ao tratamento de dados pessoais realizado para fins exclusivos de atividades de investigação e repressão de infrações penais (art. 4º, inc. III, *d*).

De qualquer forma, tanto o Superior Tribunal de Justiça como os demais tribunais têm proferido decisões no sentido de que determinados provedores da internet devem retirar de seus acervos o conteúdo de ofensas entre usuários, com fundamento no artigo 5°, incisos V e X, da Constituição, e no artigo 12 do Código Civil. Contudo, no julgamento do caso "*Xuxa vs. Google*", entendeu o Superior Tribunal de Justiça que os provedores da internet não têm a obrigação de eliminar do sistema de buscas certos termos, expressões, textos ou fotos que se refiram a determinada pessoa[265].

---

265. "CIVIL E CONSUMIDOR. INTERNET. RELAÇÃO DE CONSUMO. INCIDÊNCIA DOCDC. GRATUIDADE DO SERVIÇO. INDIFERENÇA. PROVEDOR DE PESQUISA. FILTRAGEM PRÉVIA DAS BUSCAS. DESNECESSIDADE. RESTRIÇÃO DOS RESULTADOS. NÃO-CABIMENTO. CONTEÚDO PÚBLICO. DIREITO À INFORMAÇÃO. **1.** A exploração comercial da Internet sujeita as relações de consumo daí advindas à Lei nº 8.078/90 **2.** O fato de o serviço prestado pelo provedor de serviço de Internet ser gratuito não desvirtua a relação de consumo, pois o termo mediante remuneração, contido no art.3º, § 2º, do CDC, deve ser interpretado de forma ampla, de modo a incluir o ganho indireto do fornecedor.

3. O provedor de pesquisa é uma espécie do gênero provedor de conteúdo, pois não inclui, hospeda, organiza ou de qualquer outra forma gerencia as páginas virtuais indicadas nos resultados disponibilizados, se limitando a indicar *links* onde podem ser encontrados os termos ou expressões de busca fornecidos pelo próprio usuário. **4.** A filtragem do conteúdo das pesquisas feitas por cada usuário não constitui atividade intrínseca ao serviço prestado pelos provedores de pesquisa, de modo que não se pode reputar defeituoso,

Contudo, em novembro de 2016, a 3ª Turma do Superior Tribunal de Justiça, no julgamento do REsp n. 1.593.873, firmou o entendimento, por decisão unânime, de que o pedido de direito ao esquecimento não pode ser direcionado ao *Google*, pois os provedores de busca não podem ser obrigados a eliminar de seu sistema os resultados de determinado termo, expressão, foto ou texto específico, por ausência de fundamento normativo, salvo no caso de encaminhamento do próprio provedor ao local onde são exibidas as fotografias (provedor de conteúdo).

Nesse contexto, entende-se que o Marco Civil da Internet deixou de regulamentar certos pontos relativos ao "direito ao esquecimento", sobretudo à criação de um procedimento específico a ser adotado pelos provedores para retirar conteúdos de circulação da internet por solicitação do particular mediante notificação extrajudicial, com a intervenção do Judiciário somente em último caso. Contudo, os Projetos de Lei n. 7.881/2014 e n. 181/2014 se inclinam a compatibilizar a privacidade e o direito ao esquecimento às peculiaridades da rede virtual ou *ciberespaço*[266].

---

nos termos do art. 14 do CDC, o *site* que não exerce esse controle sobre os resultados das buscas. **5.** Os provedores de pesquisa realizam suas buscas dentro de um universo virtual, cujo acesso é público e irrestrito, ou seja, seu papel se restringe à identificação de páginas na *web* onde determinado dado ou informação, ainda que ilícito, estão sendo livremente veiculados. Dessa forma, ainda que seus mecanismos de busca facilitem o acesso e a consequente divulgação de páginas cujo conteúdo seja potencialmente ilegal, fato é que essas páginas são públicas e compõem a rede mundial de computadores e, por isso, aparecem no resultado dos *sites* de pesquisa. **6.** Os provedores de pesquisa não podem ser obrigados a eliminar do seu sistema os resultados derivados da busca de determinado termo ou expressão, tampouco os resultados que apontem para uma foto ou texto específico, independentemente da indicação do URL da página onde este estiver inserido. **7.** Não se pode, sob o pretexto de dificultar a propagação de conteúdo ilícito ou ofensivo na *web*, reprimir o direito da coletividade à informação. Sopesados os direitos envolvidos e o risco potencial de violação de cada um deles, o fiel da balança deve pender para a garantia da liberdade de informação assegurada pelo art. 220, § 1º, da CF/88, sobretudo considerando que a Internet representa, hoje, importante veículo de comunicação social de massa. **8.** Preenchidos os requisitos indispensáveis à exclusão, da *web*, de uma determinada página virtual, sob a alegação de veicular conteúdo ilícito ou ofensivo – notadamente a identificação do URL dessa página – a vítima carecerá de interesse de agir contra o provedor de pesquisa, por absoluta falta de utilidade da jurisdição. Se a vítima identificou, via URL, o autor do ato ilícito, não tem motivo para demandar contra aquele que apenas facilita o acesso a esse ato que, até então, se encontra publicamente disponível na rede para divulgação. **9.** Recurso especial provido **(Terceira Turma, STJ – Resp. 1316921 RJ 2011/0307909-6, Min(a). Rel(a). Nancy Andrigui, Data de Julgamento: 26.06.2012, Data de Publicação: DJe 29.06.2012)**".

266. Segundo Costa Melo: "O direito, por si só, não faz desaparecer as informações da internet. Na verdade, nada desaparece no mundo digital e há uma assimetria de informação entre aqueles que sabem pesquisar e aqueles que necessitam da ferramenta de pesquisa.

Em linhas gerais, entende-se que o "direito ao esquecimento" é um dos temas mais árduos a serem definidos pela atividade pretoriana no cenário jurídico brasileiro, envolvendo a discussão de diversas questões afetas aos direitos da personalidade.

Entende-se, *prima facie*, que esse direito guarda compatibilidade com uma das finalidades mais modernas da pena, qual seja, a ressocialização do infrator, pois possibilita que seus antecedentes criminais não sejam trazidos a lume após determinado período de tempo.

Na esfera penal, o ressentimento é superado pela justiça reconstrutiva, de modo que a solidariedade social deve propiciar o esquecimento e o resgate da honra, da imagem e do respeito do indivíduo, em homenagem à dignidade humana e aos direitos da personalidade.

Por outro lado, parece que o esquecimento gera certas incertezas, sobretudo na perspectiva do direito penal e processual.

Primeiramente, os meios de comunicação têm pleno interesse econômico na divulgação das notícias em geral, de modo que procuram resgatá-las a todo momento para despertar a curiosidade da opinião pública e estimular a indústria jornalística.

Em segundo lugar, é complexo o controle da destruição de dados e informações nos dias atuais, pois os meios tecnológicos são amplamente utilizados, tendo o potencial de resgatar ou petrificar os mais diversos acontecimentos históricos.

Além disso, o crime é um acontecimento de interesse público, de sorte que toda sociedade tem o direito de ter acesso à informação dos fatos sociais, sobretudo à forma pela qual é desenvolvido o "jus puniendi" estatal.

Ademais, eventual judicialização do esquecimento geraria reflexos processuais criminais, pois, diante do surgimento de novas provas de uma infração penal, a continuidade da persecução criminal tornar-se-ia prejudicada se reconhecido o próprio esquecimento de certo fato.

Acrescenta-se, outrossim, que o sigilo dos autos já é um mecanismo jurídico existente para assegurar, ao menos temporariamente, o segredo de justiça de certos casos criminais de notoriedade.

A regulação do direito ao esquecimento não significa, portanto, esquecimento *'per se'*. Espera-se, assim que o direito cumpra a sua função de agente de estabilização do passado e de atribuição de previsibilidade ao futuro" (MELO, Jussara Costa. Regulação do direito ao esquecimento no ciberespaço. *Revista de Direito Setorial e Regulatório*, Brasília, v. 1, n. 1, p. 171-194, mai/ 2015, p. 190).

Por fim, é dificultoso estabelecer um padrão de indenização civil nesses casos.

Há quem sustente, em síntese, que o reconhecimento do "direito ao esquecimento" parece ser um tanto tautológico e teratológico na sociedade da informação. Pode ser mais prejudicial que eficaz, pois serve de retrocesso à proteção dos direitos fundamentais e à informação pública de acesso à verdade histórica.

Assim como os fenômenos naturais, o direito não teria o condão de refrear a memória e o estado de consciência humana. À medida que se afasta a informação do público, mais se desperta a curiosidade alheia. Não há como se esquecer do inesquecível, tampouco deixar de lembrar do que é óbvio ou paradigmático.

Tanto assim que, em certos casos, a remoção de conteúdo na imprensa e nas redes digitais nem sempre se revela a melhor solução, pois desperta ainda mais a curiosidade alheia.

Exsurge, assim, o chamado efeito *streisand* (*streisand effect*) ou seja, um fenômeno em que a tentativa de censura, supressão ou remoção de certo conteúdo causa um efeito reverso, tornando-o ainda mais compartilhado e público. Quer dizer, a informação ganha ainda mais impulsionamento e repercussão na mídia[267].

Neste azo, a judicialização do esquecimento é uma tarefa árdua. Nada obstante, certo é que os direitos à privacidade e à honra ainda devem ser objeto de proteção jurídica, sendo indispensável o reconhecimento do chamado "direito ao esquecimento". É salutar que toda ofensa praticada pelos veículos de comunicação seja repreendida no Brasil, seja no âmbito administrativo sejam nas esferas civil e criminal.

Entendemos que o esquecimento é um direito de personalidade autônomo ou de identidade pessoal, quer dizer, é uma situação jurídica subjetiva que se refere a convicções religiosas, sexuais, morais e sociais que diferenciam e, ao mesmo tempo, qualificam cada pessoa na sociedade.

Assim, a existência de outros direitos da personalidade se condiciona ao reconhecimento do esquecimento, reforçado a ideia de que este é um direito personalíssimo autônomo.

---

267. Em 2003, um site norte-americano divulgou uma fotografia aérea da Costa da Califórnia em que se avistava a casa da atriz Bárbara Streisand. A tentativa de restringir a publicidade da fotografia causou um efeito reverso. Ou seja, as imagens foram ainda mais difundidas em fóruns, *blogs* e meios de comunicação, dando origem ao chamado efeito *streisand*.

Há de ser reconhecido, pois, pelo transcurso de um lapso temporal diante da inutilidade da notícia.

Ademais disso, o direito ao esquecimento guarda relação umbilical com os direitos à desindexação e à desvinculação, cujas diferenças são evidentes sob o prisma do direito digital.

No direito à desindexação, o titular dos dados tem o direito de que tais não sejam indexados ou deixem de constar na página de *site* de busca da internet, com o objetivo de evitar ou reduzir a associação do nome da pessoa com os fatos que denigrem sua imagem[268].

A desindexação se revela mais apropriada na sociedade informacional pelo fato de ser factível de que a pessoa não seja mais localizada nas redes digitais, tampouco associada a acontecimentos que lhe causem constrangimentos.

Já no que diz respeito ao direito á *desvinculação*, o titular dos dados tem uma situação jurídica subjetiva de não possuir sua identidade vinculada a certa característica com a qual ele não concorde ou que possa lhe desabonar ou denegrir sua imagem.

Por exemplo, é comum que, em sites de busca, internautas se valham dos mais diversos termos para consultar certa notícia vinculada sobre uma única pessoa[269].

Na esfera penal, entendemos que esse direito tem o potencial de desvincular da memória do acusado um acontecimento delituoso e que lhe causa constrangimentos social e pessoal. Até porque a desvinculação serviria de meio para garantir a dignidade e a própria paz de espírito do acusado, impedindo que ele carregue eternamente o etiquetamento social de "criminoso".

Neste ponto, entendemos que a maioria dos casos submetidos ao julgamento do Supremo Tribunal Federal e dos tribunais superiores no Brasil não se refere, de forma precisa, ao "esquecimento", mas, em grande parte, ao chamado *direito à desvinculação*.

Assim, entende-se que os meios de comunicação devem prezar, em um primeiro momento, por mecanismos extrajudiciais de solução de conflitos e, somente em último caso, a possibilidade de acionar o Poder Judiciário para o reconhecimento dos chamados direitos à desindexação e à desvinculação.

---

268. Essa situação se enquadra, a nosso sentir, no *Caso González vs. Google*.

269. Por exemplo: "'A' é atriz gorda"; "'A' participou de programa televisivo de comida". De se notar que, mediante essa manipulação de algoritmo, o usuário logra encontrar, por meio das mais diversas expressões, certa notícia envolvendo uma única pessoa.

5. TOMADA DE POSTURA: CRITÉRIO DA PONDERAÇÃO E DIÁLOGO DAS FONTES

Sob a égide do direito brasileiro, faz-se imprescindível, com base no diálogo das fontes, a construção de um sistema legislativo harmonioso e coerente entre o direito penal e o direito civil no contexto midiático, com o desiderato de conferir tratamento harmonioso e específico dos ilícitos cometidos contra os direitos da personalidade, contanto que asseguradas devidamente as liberdades de expressão e de imprensa, em observância aos princípios da unidade do ordenamento e da supremacia da Constituição.

O diálogo das fontes é um método que, em razão da repercussão nas mais diversas áreas jurídicas de um único ilícito, propicia um tratamento suficiente, justo, eficiente e, acima de tudo, integrado, sem se desguarnecer da necessária segurança jurídica. Consiste em método que "*em face do atual pluralismo pós-moderno de um direto com fontes legislativas plúrimas, ressurge a necessidade de coordenação entre as leis no mesmo ordenamento, como exigência para um sistema jurídico eficiente e justo* [...]"[270].

Em miúdos, a expressão "diálogo das fontes", é uma tentativa de expressar a necessidade de uma aplicação coerente das leis coexistentes, contribuindo para que se "*dê uma eficiência não hierárquica, mas funcional do sistema plural e complexo de nosso direito contemporâneo, a evitar a antinomia, incompatibilidade ou a não coerência*"[271].

Entendemos que, diante da inexistência de uma previsão legislativa específica, a colisão entre os direitos da personalidade e a liberdade de imprensa é solucionada, preponderantemente, no campo da interpretação e hermenêutica jurídicas, confiando à atividade judicial uma linha multidisciplinar e, ao mesmo tempo, a necessária ponderação daqueles direitos fundamentais. Assim, cabe ao intérprete, na análise de cada caso concreto, prezar pelo diálogo das fontes entre o direito civil, o direito digital, o direito penal e processual penal, com vistas a aplicar as normas que melhor se coadunam com a dignidade humana.

---

270. MARQUES, Cláudia Lima. Diálogo das fontes. In BENJAMIN, Antonio Herman V.; MARQUES, Cláudia Lima; BESSA, Leonardo Roscoe. *Manual de direito do consumidor*. 7ª ed. São Paulo, Revista dos Tribunais, 2016, p. 135.

271. MARQUES, Cláudia Lima. Diálogo das fontes. In BENJAMIN, Antonio Herman V.; MARQUES, Cláudia Lima; BESSA, Leonardo Roscoe. *Manual de direito do consumidor*. 7ª ed. São Paulo, Revista dos Tribunais, 2016, p. 135.

Todavia, o direito ao esquecimento ainda não encontra um fundamento existencial sólido no campo dos direitos da personalidade, de modo que não cabe ser regulamentado e sequer interpretado de forma precisa à luz do direito. Decerto, entende-se que o reconhecimento desse direito traz mais incertezas que segurança jurídica, máxime na perspectiva do direito penal, pois o universo jurídico não tem a capacidade de regulamentar a memória e o estado de consciência do homem.

Uma vez analisados os fundamentos da liberdade de expressão e dos direitos da personalidade no contexto da imprensa, cabe ponderar sobre seus reflexos no âmbito do direito material e processual penal.

CAPÍTULO III

CRIMES PRATICADOS PELA IMPRENSA: CONCEITO, TERMINOLOGIA E LEGISLAÇÃO

1. NOÇÕES TERMINOLÓGICA E CONCEITUAL

À luz de antigas legislações, vislumbram-se correntes doutrinárias que discutiam acerca das diferenças entre os crimes cometidos unicamente por meio da imprensa e os delitos que podiam ser praticados também por meio da imprensa.

Em 1948, o Édito Albertino, primeira Lei de Imprensa italiana, não trazia qualquer distinção terminológica e conceitual. Nada obstante, prevalecia entre os intérpretes que os crimes cometidos unicamente pela imprensa configuravam meramente contravenções que se referiam à função de polícia ou ordenamento de imprensa, motivo pelo qual foram chamados de "crimes de imprensa", "contravenção de imprensa" ou delitos cometidos "pela imprensa".

Já os crimes cometidos também por meio da imprensa configuravam infrações penais, eis que previstos no bojo do Código Penal, razão pela qual eram conhecidos como "delitos cometidos por meio da imprensa"[272].

Sob o manto da Lei n. 2.083, de 2 de novembro de 1953, essa distinção já havia sido acolhida no Brasil por Rui da Costa Antunes, que classificava os crimes de imprensa em dois grupos: **(i)** crimes de imprensa propriamente ditos; e **(ii)** crimes praticados através da imprensa.

A primeira categoria tem natureza de contravenção, de modo que seriam meramente desobediências sem qualquer previsão no Código Penal. Cita-se, por exemplo, o fato de se publicar uma notícia sem lançar os dados exigidos em nota de rodapé.

Já a segunda categoria compõe-se de infrações comuns praticadas por meio da imprensa com previsão no Código Penal, tais como os

272. MIRANDA, Darcy de Arruda. *Comentários à Lei de Imprensa*. V. I. São Paulo: Revista dos Tribunais, 1969, p. 58.

crimes contra a honra[273]. Sob o ângulo do direito argentino, preleciona Bernardo Nespral que *"Não há delitos 'de' imprensa; mas sim delitos que podem ser cometidos pela imprensa"*[274].

Todavia, Darcy de Arruda Miranda não compartilhou dessa divisão, pois a Lei n. 2.083/1953 apenas fazia menção explícita aos crimes típicos de imprensa, correspondentes à matéria contravencional. Posteriormente, a Lei n. 4.743/1923 passou a prever os delitos cometidos "por meio da imprensa", referindo-se expressamente aos delitos típicos do Código Penal[275].

Já Nélson Hungria se referia aos abusos de liberdade de pensamento e de expressão como crimes de opinião[276]. No tocante à noção conceitual, o "Príncipe do direito penal" definia os crimes de opinião como abusos de liberdade do pensamento, seja pela imprensa (v.g., jornal, livro, impressos em geral), seja por palavras ou qualquer outro meio de expressão de ideias, de modo que são desprovidos de qualquer caráter político, como no caso dos crimes contra a honra contra particulares e a apologia de crimes comuns[277].

Com a edição da Lei n. 5.250/1967, os Capítulos III ("Dos Abusos no Exercício da Liberdade de Manifestação do Pensamento e da Informação") e V ("Da Responsabilidade Penal") da Lei n. 5.250/1967 regulamentavam um sistema especial de responsabilidades penal e processual aos crimes de imprensa. Assim, passou-se a considerar como crimes de imprensa as infrações penais tipificadas na Lei de Imprensa, com um conjunto articulado de matérias penal e processual penal[278].

Contudo, no julgamento da ADPF n. 130/DF, o Supremo Tribunal Federal firmou o entendimento de que a Lei n. 5.250/1967 não

---

273. ANTUNES *apud* MIRANDA, Darcy de Arruda. *Comentários à Lei de Imprensa*. V. I. São Paulo: Revista dos Tribunais, 1969, p. 58.

274. NESPRAL, Bernardo. *Derecho de la información*. Periodismo: derechos, deberes y responsabilidades. Buenos Aires: Bdef, 2014, p. 50, tradução nossa.

275. MIRANDA, Darcy de Arruda. *Comentários à Lei de Imprensa*. V. I. São Paulo: Revista dos Tribunais, 1969, p. 59.

276. HUNGRIA, Nelson. *Comentários ao Código Penal*: arts. 1º a 10. V. I. Tomo I. 4 ed. Rio de Janeiro: Forense, 1958, p. 194.

277. HUNGRIA, Nelson. *Comentários ao Código Penal*: arts. 1º a 10. V. I. Tomo I. 4 ed. Rio de Janeiro: Forense, 1958, p. 194.

278. A Lei n. 5.250/1967 não trazia referência expressa aos crimes de imprensa, mas unicamente aos abusos no exercício da liberdade de manifestação do pensamento do pensamento e da informação. De todo caso, assevera Darcy Miranda que *"A utilização da palavra 'crime', em substituição à palavra 'abuso', pouca diferença faz, porque ambas se confundem no caso da presente lei"* (MIRANDA, Darcy de Arruda. *Comentários à Lei de Imprensa*. V. I. São Paulo: Revista dos Tribunais, 1969, p. 147, grifo do autor).

foi recepcionada pela Constituição de 1988, no que o tratamento especialmente destinado aos crimes de imprensa deixou de existir no direito penal brasileiro[279].

Reconhece-se, dessarte, que o vernáculo "crimes de imprensa" tem um sentido amplo, a ponto de designar tanto os crimes de imprensa propriamente ditos, de natureza contravencional, como os crimes praticados pela imprensa, de jaez penal.

Certo é que, nos atuais padrões da sociedade, essa discussão terminológica é mero contingente, pois a referência aos "crimes de imprensa" em nada prejudica a inteligibilidade da matéria. Logo, mesmo que tipificados no bojo do Código Penal e de legislações extravagantes, podem os ilícitos penais praticados no contexto da mídia ser considerados crimes de imprensa, a ponto de designar certas peculiaridades

---

279. Conforme item 10 da ementa referente ao julgamento da ADPF n. 130/DF: "**10. NÃO RECEPÇÃO EM BLOCO DA LEI 5.250 PELA NOVA ORDEM CONSTITUCIONAL.** *10.1. Óbice lógico à confecção de uma lei de imprensa que se orne de compleição estatutária ou orgânica. A própria Constituição, quando o quis, convocou o legislador de segundo escalão para o aporte regratório da parte restante de seus dispositivos (art. 29, art. 93 e § 5º do art. 128). São irregulamentáveis os bens de personalidade que se põem como o próprio conteúdo ou substrato da liberdade de informação jornalística, por se tratar de bens jurídicos que têm na própria interdição da prévia interferência do Estado o seu modo natural, cabal e ininterrupto de incidir. Vontade normativa que, em tema elementarmente de imprensa, surge e se exaure no próprio texto da Lei Suprema. 10.2. Incompatibilidade material insuperável entre a Lei n° 5.250/67 e a Constituição de 1988. Impossibilidade de conciliação que, sobre ser do tipo material ou de substância (vertical), contamina toda a Lei de Imprensa: a) quanto ao seu entrelace de comandos, a serviço da prestidigitadora lógica de que para cada regra geral afirmativa da liberdade é aberto um leque de exceções que praticamente tudo desfaz; b) quanto ao seu inescondível efeito prático de ir além de um simples projeto de governo para alcançar a realização de um projeto de poder, este a se eternizar no tempo e a sufocar todo pensamento crítico no País. 10.3 São de todo imprestáveis as tentativas de conciliação hermenêutica da Lei 5.250/67 com a Constituição, seja mediante expurgo puro e simples de destacados dispositivos da lei, seja mediante o emprego dessa refinada técnica de controle de constitucionalidade que atende pelo nome de "interpretação conforme a Constituição". A técnica da interpretação conforme não pode artificializar ou forçar a descontaminação da parte restante do diploma legal interpretado, pena de descabido incursionamento do intérprete em legiferação por conta própria. Inapartabilidade de conteúdo, de fins e de viés semântico (linhas e entrelinhas) do texto interpretado. Caso-limite de interpretação necessariamente conglobante ou por arrastamento teleológico, a pré-excluir do intérprete/aplicador do Direito qualquer possibilidade da declaração de inconstitucionalidade apenas de determinados dispositivos da lei sindicada, mas permanecendo incólume uma parte sobejante que já não tem significado autônomo. Não se muda, a golpes de interpretação, nem a inextrincabilidade de comandos nem as finalidades da norma interpretada. Impossibilidade de se preservar, após artificiosa hermenêutica de depuração, a coerência ou o equilibrio interno de uma lei (a Lei federal nº 5.250/67) que foi ideologicamente concebida e normativamente apetrechada para operar em bloco ou como um todo pro indiviso*" (Internet. Endereço eletrônico: http://redir.stf.jus.br/paginadorpub/paginador.jsp?docTP=AC&docID=605411, p. 9-11).

se cotejados com as infrações comuns, tais como o meio pelo qual são perpetrados e a elevada potencialidade lesiva que podem assumir.

Tendo em vista que a função primordial do direito penal é a exclusiva proteção de bem jurídico, o crime de imprensa pode ser definido da seguinte forma: é a conduta, consciente e voluntária, que causa lesão ou expõe a perigo de lesão bens jurídico-penais individuais ou difusos e coletivos no contexto da imprensa, cuja potencialidade lesiva é elevada devido ao meio empregado (leia-se, imprensa e, dependendo do caso, redes digitais), a ponto de provocar o desarranjo das liberdades de pensamento e de expressão no regime democrático. Sob o ângulo do sistema criminal brasileiro da atualidade, entende-se que essas infrações podem restar tipificadas tanto à luz do Código Penal como de legislações extravagantes, havendo um evidente vácuo legislativo no tratamento do temário.

Entendemos ser apropriada a tipificação, preferencialmente por meio de legislações criminais específicas, de certas infrações penais no contexto da imprensa e das redes digitais, contanto que respeitado o "núcleo duro" e indisponível da liberdade de imprensa.

2. EVOLUÇÃO LEGISLATIVA NO BRASIL

Originariamente, a portaria de 19 de janeiro de 1822, editada pelo então Ministro do Reino e de Estrangeiros, José Bonifácio de Andrada e Silva, já sinalizava o tratamento da imprensa no Brasil, determinando que o autor e, na falta deste, o editor ou impressor fossem responsabilizados pelos abusos na impressão de escritos, ainda que anônimos[280].

Uma vez proclamada a Independência da República, a primeira Assembleia Constituinte elaborou o projeto da primeira Lei de Imprensa no país, embora tenha encontrado resistências populares. De todo caso, esse projeto transformou-se oficialmente no Decreto de 22 de novembro de 1823, considerada a primeira Lei de Imprensa do Brasil, no qual se repudiava a censura, permitindo a liberdade de publicação, impressão, venda e compra de livros e escritos dos mais diversos[281].

Nessa toada, o inciso IV do artigo 179 da Constituição de 1824 consagrou a liberdade de manifestação do pensamento por palavras

---

280. MIRANDA, Darcy de Arruda. *Comentários à Lei de Imprensa*. V. I. São Paulo: Revista dos Tribunais, 1969, p. 24.

281. MIRANDA, Darcy de Arruda. *Comentários à Lei de Imprensa*. V. I. São Paulo: Revista dos Tribunais, 1969, p. 26.

escritas e propagandas pela imprensa[282]. Procurando regulamentar esse preceito constitucional, foi editada a Lei de 20 de setembro de 1830, conhecida como Projeto de Gonçalves Ledo. Contudo, essa legislação perdurou apenas por três meses, pois o Código Criminal do Império, de 1830, passou a incorporar a matéria de imprensa como inovação no campo do direito penal, sobretudo ao tratar dos crimes contra a honra (art. 230)[283] e do uso indevido da imprensa (arts. 303 a 307)[284].

Desde então, diversos decretos foram baixados como complementação ao Código do Império, tal como o decreto de 18 de março de 1837, que trouxe instruções sobre o processo e sentenças nos crimes por abuso de liberdade de imprensa[285].

Já com a Proclamação da República em 15 de novembro de 1889, foi promulgada a Constituição Republicana dos Estados Unidos do Brasil, de 1891, que consagrou a liberdade de manifestação de pensamento pela imprensa ou tribuna, sem dependência de censura, com a responsabilidade dos indivíduos pelos abusos que cometessem. Ademais, proibia-se o anonimato[286].

---

282. "**Art. 179. IV.** *Todos podem communicar os seus pensamentos, por palavras, escriptos, e publical-os pela Imprensa, sem dependencia de censura; com tanto que hajam de responder pelos abusos, que commetterem no exercicio deste Direito, nos casos, e pela fórma, que a Lei determinar*".

283. "**Art. 230.** *Se o crime de calumnia fôr commettido por meio de papeis impressos, lithographados, ou gravados, que se distribuirem por mais de quinze pessoas contra corporações, que exerçam autoridade publica.* **Penas** – *de prisão por oito mezes a dous annos, e de multa correspondente á metade do tempo.*".

284. "**Art. 303.** *Estabelecer officina de impressão, lithographia, ou gravura, sem declarar perante a Camara da cidade, ou villa, o seu nome, lugar, rua, e casa, em que pretende estabelecer, para ser escripto em livro proprio, que para esse effeito terão as Camaras; e deixar de participar a mudança de casa, sempre que ella aconteça.* **Pena** – *de multa de doze a sessenta mil réis.* **Art. 304.** *Imprimir, lithographar, ou gravar qualquer escripto, ou estampa, sem nelle se declarar o nome do impressor, ou gravador, a terra em que está a officina, em que fôr impresso, lithographado, ou gravado, e o anno da impressão, lithographia, ou gravura; faltando-se a todas, ou a cada uma destas declarações.* **Penas** – *de perda dos exemplares, em que houverem as faltas e de multa de vinte e cinco a cem mil réis.* **Art. 305.** *Imprimir, lithographar, ou gravar com falsidade todas, ou qualquer das declarações do artigo antecedente.* **Penas** – *de perda dos exemplares e de multa de cincoenta a duzentos mil réis.* **Art. 306.** *Se a falsidade consistir em attribuir o escripto, ou estampa a impressor, ou gravador, autor, ou editor, que esteja actualmente vivo.* **Penas** – *dobradas.* **Art. 307.** *Deixar de remetter ao Promotor um exemplar do escripto, ou obra impressa, no dia da sua publicação, e distribuição.* **Pena** – *de multa de dez a trinta mil réis.*".

285. MIRANDA, Darcy de Arruda. *Comentários à Lei de Imprensa*. V. I. São Paulo: Revista dos Tribunais, 1969, p. 27.

286. "**Art. 72, § 12.** *Em qualquer assumpto é livre a manifestação do pensamento pela imprensa ou pela tribuna, sem dependencia de censura, respondendo cada um pelos abusos que commetter, nos casos e pela fórma que a lei determinar. Não é permittido o anonymato.*"

O Código Penal Republicano, de 1890, manteve a criminalização de certas condutas praticadas pela imprensa, tais como os crimes contra a honra (art. 316)[287] e o uso ilegal da arte tipográfica (arts. 383 "*usque*" 387)[288]. Porém, o Código Republicano tornou-se alvo de críticas, em virtude da brevidade de sua elaboração e de certas incongruências sistêmicas, de modo que passaram a ser editadas diversas legislações extravagantes para sua complementação[289].

A matéria de imprensa, antes trazida no bojo do Código Penal, tornou-se objeto de legislação penal especial. Assim, a Lei n. 4.743, de 31 de outubro de 1923 regulamentou tanto a responsabilidade e os crimes de imprensa (arts. 1º *usque* 19) como o respectivo processo penal (arts. 24 *usque* 30).

Após a Revolução de 1930, o inciso 9º do artigo 113 da Constituição de 1934 consagrou a liberdade de manifestação do pensamento, sem dependência de censura, salvo quanto a espetáculos e diversões públicas, respondendo cada um pelos abusos que cometesse. Proibia-se o anonimato e, como inovação, tornou-se assegurado o direito de resposta[290].

---

287. "**Art. 316.** *Si a calumnia for commettida por meio de publicação de pamphleto, impresso ou lithographado, distribuido por mais de 15 pessoas, ou affixado em logar frequentado, contra corporação que exerça autoridade publica, ou contra agente ou depositario desta e em razão de seu officio:* ***Penas*** *– de prisão cellular por seis mezes a dous annos e multa de 500$ a 1:000$000.*"

288. "**Art. 383.** *Estabelecer officina de impressão, lithographia, gravura, ou qualquer outra arte de reproducção de exemplares por meios mecanicos ou chimicos, sem prévia licença da Intendencia, ou Camara Municipal do logar, com declaração do nome do dono, anno, logar, rua e casa onde tiver de estabelecer a officina, ou o logar para onde for transferida depois de estabelecida:* **Pena** *– de multa de 100$ a 200$000.* **Art. 384.** *Imprimir, lithographar ou gravar qualquer escripto, estampa ou desenho, sem nelle se declarar as circumstancias mencionadas no artigo antecedente:* **Penas** *– de perda para a Nação de todos os exemplares apprehendidos, e multa de 50$ a 100$000.* **Art. 385.** *Imprimir, lithographar ou gravar, com falsidade, as declarações do artigo antecedente:* **Penas** *– de perda para a Nação de todos os exemplares apprehendidos, e multa de 100$ a 200$000.* **Art. 386.** *Deixar de remetter á Bibliotheca Publica, nos logares onde a houver um exemplar do escripto ou obra impressa:* **Pena** *– de multa de 50$ a 100$000.* **Art. 387.** *Affixar em logares publicos, nas paredes e muros das casas, sem licença da autoridade competente, cartazes, estampas, desenhos, manuscriptos, ou escrever disticos ou lettreiros:* **Pena** *– de multa de 50$ a 100$000.*"

289. TOLEDO, Francisco de Assis. *Princípios básicos de direito penal*. 5. ed. São Paulo: Saraiva, 1994, p. 61; PIERANGELI, José Henrique. *Códigos Penais do Brasil*: Evolução Histórica. Bauru: Jalovi, 1980, p. 10.

290. "**Art. 113. 9)** *Em qualquer assunto é livre a manifestação do pensamento, sem dependência de censura, salvo quanto a espetáculos e diversões públicas, respondendo cada um pelos abusos que cometer, nos casos e pela forma que a lei determinar. Não é permitido anonimato. É segurado o direito de resposta. A publicação de livros e periódicos*

Mesmo com a Consolidação das Leis Penais (Decreto 22.213, de 14 de dezembro de 1932) pelo Desembargador Vicente Piragibe, o então Presidente da República, Getúlio Vargas, baixou a segunda Lei de Imprensa (Decreto 24.776, de 14 de julho de 1934), que passou a disciplinar os crimes de imprensa (arts. 7º *usque* 25) e os aspectos processuais penais correlatos (arts. 50 *usque* 57).

No Estado Novo, esse decreto sofreu alterações com a Constituição de 1937, que se caracterizara pela prolixidade na regulamentação da imprensa. De toda sorte, o texto de 1937 manteve assegurado o direito de resposta ou retificação[291].

Já o Decreto n. 1949, de 30 de dezembro de 1939, disciplinou as atividades de imprensa e de propaganda no território brasileiro, a ponto de impor-lhes restrições, já que tais deveriam ser submetidos à supervisão do Departamento de Imprensa e Propaganda, cuja censura perdurou até 1945.

Em 1967, foi editada a terceira Lei de Imprensa na história do direito pátrio. Decerto, a Lei n. 5.250, de 9 de fevereiro de 1967, revogou a então vigente Lei n. 2.083/1953, que foi alvo de críticas

---

independe de licença do Poder Público. Não será, porém, tolerada propaganda, de guerra ou de processos violentos, para subverter a ordem política ou social".

291. "**Art. 122. 15)** *todo cidadão tem o direito de manifestar o seu pensamento, oralmente, ou por escrito, impresso ou por imagens, mediante as condições e nos limites prescritos em lei. A lei pode prescrever:* **a)** *com o fim de garantir a paz, a ordem e a segurança pública, a censura prévia da imprensa, do teatro, do cinematógrafo, da radiodifusão, facultando à autoridade competente proibir a circulação, a difusão ou a representação;* **b)** *medidas para impedir as manifestações contrárias à moralidade pública e aos bons costumes, assim como as especialmente destinadas à proteção da infância e da juventude;* **c)** *providências destinadas à proteção do interesse público, bem-estar do povo e segurança do Estado. A imprensa reger-se-á por lei especial, de acordo com os seguintes princípios:* **a)** *a imprensa exerce uma função de caráter público;* **b)** *nenhum jornal pode recusar a inserção de comunicados do Governo, nas dimensões taxadas em lei;* **c)** é assegurado a todo cidadão o direito de fazer inserir gratuitamente nos jornais que o informarem ou injuriarem, resposta, defesa ou retificação; **d)** é proibido o anonimato; **e)** *a responsabilidade se tornará efetiva por pena de prisão contra o diretor responsável e pena pecuniária aplicada à empresa;* **f)** *as máquinas, caracteres e outros objetos tipográficos utilizados na impressão do jornal constituem garantia do pagamento da multa, reparação ou indenização, e das despesas com o processo nas condenações pronunciadas por delito de imprensa, excluídos os privilégios eventuais derivados do contrato de trabalho da empresa jornalística com os seus empregados. A garantia poderá ser substituída por uma caução depositada no princípio de cada ano e arbitrada pela autoridade competente, de acordo com a natureza, a importância e a circulação do jornal;* **g)** *não podem ser proprietários de empresas jornalísticas as sociedades por ações ao portador e os estrangeiros, vedado tanto a estes como às pessoas jurídicas participar de tais empresas como acionistas. A direção dos jornais, bem como a sua orientação intelectual, política e administrativa, só poderá ser exercida por brasileiros natos".*

por não ter combatido plenamente os abusos da liberdade de imprensa, com a previsão de um curto prazo prescricional e a morosidade da justiça no julgamento dos casos.

Assim, a Lei n. 5.250/1967 apresentou técnica legislativa mais aprimorada, embora não tenha logrado reprimir suficientemente as irregularidades praticadas no contexto midiático[292], a ponto de ser vulgarmente chamada de *"lixo autoritário"*.

E, conforme já salientado, privilegia a Constituição Federal de 1988 a manifestação da liberdade de imprensa, dispondo que é a livre a expressão da atividade intelectual, artística, científica e de comunicação, independentemente de censura ou licença (art. 5º, inc. IX). Da mesma arte, é livre a manifestação do pensamento, sendo vedado o anonimato (art. 5º, inc. IV). Neste azo, assegura-se o direito de resposta, proporcional ao agravo, além da indenização por dano material, moral ou à imagem (art. 5º, inc. V).

Em 2009, declarou o Supremo Tribunal Federal, no julgamento da Arguição de Descumprimento de Preceito Fundamental n. 130/DF proposta pelo Partido Democrático Trabalhista, a inconstitucionalidade concentrada e superveniente da Lei n. 5.250/1967, sob o fundamento de que a Constituição brasileira de 1988 veda todo e qualquer cerceamento ou restrição à manifestação do pensamento, à criação, à expressão e à informação no contexto da comunicação social[293].

De acordo com o entendimento firmado pelo Pleno do Pretório Excelso, a Lei de Imprensa é incompatível com a atual ordem constitucional e, então, não foi recepcionada pelo Texto Constitucional, razão pela qual foi totalmente excluída do ordenamento jurídico[294].

Por conseguinte, os litígios passaram a ser submetidos aos Códigos Civil (Lei n. 10.406, de 10 de janeiro de 2002) e Penal (Decreto-lei n. 2.848, de 7 de dezembro de 1940). Da mesma arte, o direito

---

292. MIRANDA, Darcy de Arruda. *Comentários à Lei de Imprensa*. V. I. São Paulo: Revista dos Tribunais, 1969, p. 30.

293. Nesse sentido: **STF, Pleno, ADPF n. 130, Rel. Min. Carlos Britto, julgamento em 30/04/2009.**

294. Na ocasião, os votos dos Ministros do Pretório Excelso foram da seguinte forma: **(i)** total procedência da ADPF n. 130: Eros Grau; Menezes Direito; Cármen Lúcia; Ricardo Lewandowski; Cezar Peluso; Celso de Mello; Carlos Ayres Britto (Relator); **(ii)** parcial procedência da ADPF n. 130: Joaquim Barbosa; Ellen Gracie; Gilmar Mendes; e **(iii)** improcedência da ADPF n. 130: Marco Aurélio (Cf. BRASIL. Supremo Tribunal Federal. http://www.stf.jus.br/portal/cms/verNoticiaDetalhe.asp?idConteudo=107402. Internet: acesso em 30/06/2016).

de resposta deixou de ser regulamentado em nível infraconstitucional, contando com a interpretação dos tribunais superiores em cada caso concreto para a sua regular concessão[295].

Para Miguel Reale Júnior e René Ariel Dotti, havia resquícios ditatoriais na Lei de Imprensa, a exemplo do poder de apreensão de jornais ou notícias relativas à segurança nacional. Assim, não se pode pretender que o campo da informação jornalística se tornasse adstrito ao direito penal, sob pena de prejudicar a liberdade de imprensa e a crítica jornalística[296].

Com a revogação da Lei n. 5.250/1967, uma Comissão de juristas e jornalistas instituída pela Ordem dos Advogados do Brasil apresentou um Anteprojeto de uma nova Lei de Imprensa, tendo como relator René Dotti, embora tal proposta legislativa não tenha prosperado[297].

Tendo em vista as peculiaridades de cada momento político, certo é que os crimes de imprensa e o processo penal correlato sempre foram objetos de reflexão no cenário jurídico brasileiro. Assevera-se que, no atual estágio do direito nacional, há um evidente vácuo legislativo no tratamento dos abusos à liberdade de expressão e de imprensa, sobretudo da criminalidade midiática, a ponto de aviltar os princípios e garantias constitucionais consagrados na Constituição brasileira de 1988.

Obtempera Diego Fonseca Mascarenhas que, a partir da decisão do julgamento da ADPF 130/DF, não há um mínimo de regulamentação de convivência entre as pessoas no campo da liberdade de imprensa, o que leva à guerra de todos contra todos. Assim, à luz da teoria do ordenamento jurídico, vislumbra-se a possibilidade de edição de uma nova Lei de Imprensa, contanto que seja limitada à Constituição Federal[298].

Porém, o Supremo Tribunal Federal, no julgamento da ADPF n. 130/DF, decidiu que as liberdades de expressão e de imprensa

---

295. Entendia parte da doutrina que a Lei de Imprensa não estava eivada de inconstitucionalidade. Para maiores detalhes, cf: PINTO, Ronaldo Batista. Lei de imprensa: inconstitucional por quê?. In: *Justitia*, São Paulo, v. 65, n. 198, p.35-39, jan./jun. 2008.

296. REALE JÚNIOR, Miguel; DOTTI, René Ariel. *Um estatuto da liberdade de imprensa*. São Paulo: Folha de São Paulo, 2008.

297. Para maiores detalhes, cf: DOTTI, René Ariel. Livre informação jornalística e censura judicial. In: *Boletim IBCCRIM*, São Paulo, v. 18, n. 214, p.2-3, set. 2010..

298. MASCARENHAS, Diego Fonseca. *Liberdade de expressão e Lei de Imprensa*: a tensão e a fragilidade na democracia sob a ótica de Hannah Arendt a partir da ADPF 130. Curitiba: Juruá, 2014, p. 23 e 52.

possuem um "núcleo duro" e, via de consequência, impõe-se a interdição parcial de legislar, de modo que o Estado não pode definir, previamente, o que pode ou não pode ser dito por cidadãos e jornalistas. Em miúdos, foram invocados os seguintes fundamentos: **(i)** assegura-se a quem quer que seja o direito de informação e de se manifestar socialmente, mormente no contexto da imprensa; e **(ii)** nenhuma legislação pode dispor sobre matérias nucleares da imprensa, sob o risco de prévia censura[299].

Destarte, cabe à imprensa a sua autorregulação, ajustando-se aos limites da sua liberdade e ao pensamento da sociedade civil,

---

299. Conforme item 8 da ementa referente ao julgamento da ADPF n. 130/DF: "**NÚCLEO DURO DA LIBERDADE DE IMPRENSA E A INTERDIÇÃO PARCIAL DE LEGISLAR.** *A uma atividade que já era "livre" (incisos IV e IX do art. 5º), a Constituição Federal acrescentou o qualificativo de "plena" (§ 1º do art. 220). Liberdade plena que, repelente de qualquer censura prévia, diz respeito à essência mesma do jornalismo (o chamado "núcleo duro" da atividade). Assim entendidas as coordenadas de tempo e de conteúdo da manifestação do pensamento, da informação e da criação 'lato sensu', sem o que não se tem o desembaraçado trânsito das ideias e opiniões, tanto quanto da informação e da criação. Interdição à lei quanto às matérias nuclearmente de imprensa, retratadas no tempo de início e de duração do concreto exercício da liberdade, assim como de sua extensão ou tamanho do seu conteúdo. Tirante, unicamente, as restrições que a Lei Fundamental de 1988 prevê para o "estado de sítio" (art. 139), o Poder Público somente pode dispor sobre matérias lateral ou reflexamente de imprensa, respeitada sempre a ideia-força de que quem quer que seja tem o direito de dizer o que quer que seja. Logo, não cabe ao Estado, por qualquer dos seus órgãos, definir previamente o que pode ou o que não pode ser dito por indivíduos e jornalistas. As matérias reflexamente de imprensa, suscetíveis, portanto, de conformação legislativa, são as indicadas pela própria Constituição, tais como: direitos de resposta e de indenização, proporcionais ao agravo; proteção do sigilo da fonte ("quando necessário ao exercício profissional"); responsabilidade penal por calúnia, injúria e difamação; diversões e espetáculos públicos; estabelecimento dos "meios legais que garantam à pessoa e à família a possibilidade de se defenderem de programas ou programações de rádio e televisão que contrariem o disposto no art. 221, bem como da propaganda de produtos, práticas e serviços que possam ser nocivos à saúde e ao meio ambiente" (inciso II do § 3º do art. 220 da CF); independência e proteção remuneratória dos profissionais de imprensa como elementos de sua própria qualificação técnica (inciso XIII do art. 5º); participação do capital estrangeiro nas empresas de comunicação social (§ 4º do art. 222 da CF); composição e funcionamento do Conselho de Comunicação Social (art. 224 da Constituição). Regulações estatais que, sobretudo incidindo no plano das consequências ou responsabilizações, repercutem sobre as causas de ofensas pessoais para inibir o cometimento dos abusos de imprensa. Peculiar fórmula constitucional de proteção de interesses privados em face de eventuais descomedimentos da imprensa (justa preocupação do Ministro Gilmar Mendes), mas sem prejuízo da ordem de precedência a esta conferida, segundo a lógica elementar de que não é pelo temor do abuso que se vai coibir o uso. Ou, nas palavras do Ministro Celso de Mello, 'a censura governamental, emanada de qualquer um dos três Poderes, é a expressão odiosa da face autoritária do poder público'".* (Internet. Endereço eletrônico: http://redir.stf.jus.br/paginadorpub/paginador.jsp?docTP=AC&docID=605411, p. 7-8).

de modo que "[...] *Os padrões de seletividade do próprio corpo social operam como antídoto que o tempo não cessa de aprimorar contra os abusos e desvios jornalísticos* [...]"[300].

E, no mesmo julgamento, foi decidido que a legislação comum, como forma de inibir eventuais abusos, pode disciplinar matérias lateral e reflexamente vinculadas à imprensa, a saber: **(i)** direito de resposta ou de retificação; **(ii)** inviolabilidade de sigilo de fonte; **(iii)** responsabilidades cíveis e criminais, tais como as ofensas contra a honra; **(iv)** participação de capital estrangeiro nas empresas jornalísticas; **(v)** regulamentação profissional da atividade de imprensa, dispondo sobre a qualificação técnica, em especial da independência e da proteção remuneratória; **(vi)** meios que asseguram à família e à pessoa a possibilidade de defesa diante de programas ou programações de rádio e de televisão que contrariem o disposto no artigo 221 da Constituição Federal, entre outros.

Para Norberto Bobbio, o ordenamento jurídico deve caracterizar-se pelos seguintes elementos: **(i)** unidade, pois deve a norma fundamental (*grund norm*) conferir validade a todas as outras normas, criando um todo unitário; **(ii)** adequação, eis que o ordenamento deve ser uma totalidade ordenada, de modo que seus institutos tenham coerência recíproca; e **(iii)** completude, porquanto deve o ordenamento ser pleno e completo, não comportando dubiedade ou lacunas[301].

Sob o manto do tridimensionalismo jurídico, assinala Miguel Reale que o direito compõe-se de fato, valor e norma, sendo que a norma é embasada em determinado fato e tem por fim precípuo resguardar determinado valor[302].

E, à luz da teoria dos direitos fundamentais, defende a moderna doutrina constitucional que as normas em geral, sobretudo as normas constitucionais, são princípios e regras, pois são ambos dotados de normatividade, cuja característica decorreria da inexistência de hierarquia entre regras e princípios, por força do princípio da unidade da Constituição, mesmo admitindo-se que cada um deles possa

---

300. Conferir item 9 da ementa referente ao julgamento da ADPF n. 130/DF. (Internet. Endereço eletrônico: http://redir.stf.jus.br/paginadorpub/paginador.jsp?docTP=AC&docID=605411, p. 9).

301. BOBBIO, Norberto. *Teoria do ordenamento jurídico*. Tradução de Ari Marcelo Solon. São Paulo: EDIPRO, 2011, p. 61, 79 e 119.

302. REALE, Miguel. *Lições preliminares de direito*. 27. ed. São Paulo: Saraiva, 2002, p. 64-68.

desempenhar distintas funções no ordenamento[303]. Logo, nenhum direito fundamental é absoluto, sobretudo no caso da liberdade de imprensa[304].

Nesses termos, em homenagem aos princípios da intervenção mínima e da fragmentariedade, faz-se imprescindível uma resposta penal específica à criminalidade midiática, acompanhada do devido processo legal, contanto que plenamente resguardados os ditames constitucionais e a relevância da crítica jornalística no regime democrático.

Infere-se, *concessa vênia*, que o tratamento penal dos crimes de imprensa não representa censura, mas uma proteção impostergável das garantias individuais e dos bens jurídico-penais que devem ser equilibrados com a liberdade de imprensa sob a égide do Estado de Direito[305].

Esse entendimento é consentâneo com o então firmado pelo Supremo Tribunal Federal, no julgamento da ADPF n. 130/DF, pois a definição de responsabilidade criminal, desde que proporcional e em respeito à intervenção mínima, é matéria lateral e reflexamente necessária e, portanto, não atinge o núcleo duro da liberdade de imprensa, podendo ser aquela objeto de regulamentação.

---

303. Nesse sentido, cf: VALE, André Rufino do. *Estrutura das normas de direitos fundamentais*: repensando a distinção entre regras, princípios e valores. São Paulo: Saraiva, 2009, p. 41-80; AFONSO DA SILVA, Virgílio. O proporcional e o razoável. In: *Revista dos Tribunais*. São Paulo: Revista dos Tribunais. Ano 91. N. 798. Abril de 2002, p. 23-50; ALEXY, Robert. *Teoria dos direitos fundamentais*. Tradução de Virgílio Afonso da Silva. São Paulo: Malheiros, 2008, p. 85-119; GRAU, Eros Roberto. *A ordem econômica na Constituição de 1988 (interpretação e crítica)*. 14 ed. São Paulo: Malheiros, 2010, p. 73-120.

304. Cf. FARIAS, Cristiano Chaves de; ROSENVALD, Nelson. *Curso de direito civil*: parte geral e LINDB. v. 1. 10 ed. Salvador: JusPodivm, 2012, p. 182-183.

305. No julgamento da ADPF 130/DF, o então Ministro Carlos Ayres Brito reforçou que o atual momento da sociedade brasileira não comporta uma nova Lei de Imprensa, eis que a própria liberdade de imprensa afigura como direito pleno à luz da Constituição de 1988, não comportando, via de regra, qualquer restrição, salvo nos casos de abusos à personalidade alheia. De acordo com o entendimento do relator: "*Acresce que, ainda na esfera dos bens jurídicos ontologicamente fundidos com a noção de imprensa livre, o modo intransigente como a nossa Constituição impõe ao Estado o dever da não-interferência acarreta para ele a lógica impossibilidade de dispor sobre o seu próprio modo de se omitir. Sobre o seu próprio jeito de suportar uma interdição que a Lei Fundamental impôs com todo rigor, pois esse tipo de interposta ação estatal terminaria por relativizar o que foi constitucionalmente concebido como absoluto. E concebido por modo absoluto como condição e garantia de sobreeficácia do querer normativo da Constituição em tema tão cultural e politicamente sensível como a liberdade de imprensa*" (Internet. Endereço eletrônico: http://redir.stf.jus.br/paginadorpub/paginador.jsp?docTP=AC&docID=605411. Acesso em: 30/06/2016).

3. LEI DE IMPRENSA E ADPF N. 130/DF

3.1. Abusos e Modelos de Responsabilidade

Em homenagem aos ditames constitucionais, a então revogada Lei de Imprensa (Lei n. 5.250/1967) regulava a liberdade de manifestação do pensamento e da informação, tendo por finalidade determinar os casos de restrição no uso desses direitos. Destarte, essa legislação conferia tratamento aos seguintes pontos: **(i)** tipificação dos crimes de imprensa; e **(ii)** previsão de um procedimento especial para o processo e julgamento desses crimes.

Em termos gerais, os artigos 1º e 2º da Lei de Imprensa disciplinavam as seguintes restrições[306]: **(i)** no uso da liberdade de manifestação do pensamento e da informação; e **(ii)** na procura, no recebimento e na difusão de informações ou ideias, por qualquer meio, sem dependência de censura, sob pena de cada um responder pelos abusos que cometer[307].

Destarte, a Lei de Imprensa trazia a tipificação dos crimes de imprensa, devido ao exercício ilegal da liberdade de manifestação do pensamento e da informação[308]. De acordo com o artigo 12 da extinta legislação, aqueles que, através dos meios de informação e divulgação, praticassem abusos no exercício da liberdade de manifestação do pensamento e informação, ficariam sujeitos às penas da Lei n. 5.250/1967 e responderiam pelos prejuízos que causassem[309].

---

306. "**Art. 1º** *É livre a manifestação do pensamento e a procura, o recebimento e a difusão de informações ou idéias, por qualquer meio, e sem dependência de censura, respondendo cada um, nos têrmos da lei, pelos abusos que cometer.* **§ 1º** *Não será tolerada a propaganda de guerra, de processos de subversão da ordem política e social ou de preconceitos de raça ou classe.* **§ 2º** *O disposto neste artigo não se aplica a espetáculos e diversões públicas, que ficarão sujeitos à censura, na forma da lei, nem na vigência do estado de sítio, quando o Govêrno poderá exercer a censura sôbre os jornais ou periódicos e emprêsas de radiodifusão e agências noticiosas nas matérias atinentes aos motivos que o determinaram, como também em relação aos executores daquela medida.* **Art. 2º** *É livre a publicação e circulação, no território nacional, de livros e de jornais e outros periódicos, salvo se clandestinos (art. 11) ou quando atentem contra a moral e os bons costumes.* **§ 1º** *A exploração dos serviços de radiodifusão depende de permissão ou concessão federal, na forma da lei.* **§ 2º** *É livre a exploração de emprêsas que tenham por objeto o agenciamento de notícias, desde que registradas nos têrmos do art. 8º.*"
307. DEMERCIAN, Pedro. *Curso de processo penal.* São Paulo: Atlas, 1999, p. 369.
308. DEMERCIAN, Pedro. *Curso de processo penal.* São Paulo: Atlas, 1999, p. 369-370.
309. "**Art. 12.** *Aquêles que, através dos meios de informação e divulgação, praticarem abusos no exercício da liberdade de manifestação do pensamento e informação ficarão sujeitos às penas desta Lei e responderão pelos prejuízos que causarem.* **Parágrafo único.** *São meios de informação e divulgação, para os efeitos dêste artigo, os jornais e outras publicações periódicas, os serviços de radiodifusão e os serviços noticiosos.*"

Ademais, são meios de informação e divulgação, para efeito do aludido dispositivo legal, os jornais e outras publicações periódicas, os serviços de radiodifusão e os serviços noticiosos, exceto boletins, volantes, panfletos avulsos, entre outros (art. 12, parágrafo único)[310].

Nesse contexto, outro instituto que desperta reflexões é a responsabilidade penal sucessiva ou em cascata (*por cascades*). No direito comparado, esse sistema foi introduzido, pela primeira vez, na Bélgica, com o decreto de 20 de julho de 1831, após o que foi adotado pela Hungria, Portugal, Holanda e França (Lei de 29 de julho de 1881). Já no Brasil, foi previsto na Lei de 20 de setembro de 1830 e no Código Criminal do Império, de 1830[311]. Nada obstante, o Código Penal Republicano, de 1890, não se afeiçoou a esse modelo, de modo que passou a prever a responsabilidade por seleção, ou seja, a solidariedade entre o escritor, o editor, o dono da tipografia, litografia ou jornal[312].

Já os artigos 28 e 37 da Lei n. 5.250/1967 disciplinaram novamente a responsabilidade penal sucessiva, trazendo um sistema de responsabilidade penal escalonada para os crimes de imprensa[313].

Com efeito, o Capítulo III da Lei de Imprensa conferia tratamento aos "*Abusos no Exercício da Liberdade de Manifestação do Pensamento e Informação*". Dispunha o artigo 28 da mencionada legislação que o escrito publicado em jornais ou periódicos, sem indicação de seu autor, considera-se redigido: **(i)** pelo redator da seção em que é publicado, se o jornal ou periódico mantem seções distintas sob a responsabilidade de certos e determinados redatores, cujos nomes nelas figuram permanentemente; e **(ii)** pelo gerente ou pelo proprietário das oficinas impressoras, se publicado na parte ineditorial.

Nas emissões de radiofusão, se não há indicação do autor das expressões faladas ou das imagens transmitidas, é tido como seu autor: **(i)** o editor ou produtor do programa, se declarado na transmissão;

310. DEMERCIAN, Pedro. *Curso de processo penal*. São Paulo: Atlas, 1999, p. 369.

311. MIRANDA, Darcy de Arruda. *Comentários à Lei de Imprensa*. V. II. São Paulo: Revista dos Tribunais, 1969, p. 574-575.

312. Assevera Darcy Miranda: "*Realmente, o sistema de responsabilidade por seleção, além de ser propício à fermentação do ódio e da vingança, não evitou a proliferação dos 'homens de palha', dos 'cabeças de pau', tão justamente temidos pelos homens de bem*" (MIRANDA, Darcy de Arruda. *Comentários à Lei de Imprensa*. V. II. São Paulo: Revista dos Tribunais, 1969, p. 577, grifo do autor).

313. Fundamentalmente, foram desenvolvidos quatro sistema de responsabilidade pelos delitos praticados pela imprensa, a saber: **(i)** o solidário; **(ii)** o sucessivo; **(iii)** o misto; e **(iv)** o das penas complementares por culpa (MIRANDA, Darcy de Arruda. *Comentários à Lei de Imprensa*. V. II. São Paulo: Revista dos Tribunais, 1969, p. 571).

(ii) o diretor ou redator registrado de acordo com o artigo 9º, inciso III, letra "b", no caso de programas de notícias, reportagens, comentários, debates ou entrevistas; e **(iii)** o direito ou proprietário da estação emissora, em relação aos demais programas (art. 28, § 1º). A notícia transmitida por agência noticiosa presume-se enviada pelo gerente da agência de onde se origine, ou pelo diretor da empresa (art. 28, § 2º).

Já o Capítulo V regulamentava a responsabilidade penal decorrente da prática dos crimes de imprensa. À luz do artigo 37 da revogada legislação, são responsáveis pelos crimes cometidos através da imprensa e das emissoras de radiofusão[314], sucessivamente: **(i)** o autor do escrito ou transmissão incriminada (art. 28, § 1º), sendo pessoa idônea e residente no Brasil, salvo tratando-se de reprodução feita sem o seu consentimento, caso em que responderá como seu autor quem a tiver reproduzido; **(ii)** quando o autor estiver ausente do Brasil, ou não tiver idoneidade para responder pelo crime, será responsável o diretor ou redator-chefe do jornal ou periódico ou o diretor ou redator registrado, de acordo com o art. 9º, inciso III, letra "b", no caso de programa de notícias, reportagens, comentários, debates ou entrevistas, transmitidos por emissoras de radiodifusão; **(iii)** se o responsável, nos termos do inciso anterior, estiver ausente do Brasil ou não tiver idoneidade para responder pelo crime, será responsável o gerente ou proprietário das oficinas impressoras no caso de jornais ou periódicos ou o diretor ou o proprietário da estação emissora de serviços de radiodifusão; e **(iv)** os distribuidores ou vendedores da publicação ilícita ou clandestina, ou da qual não constar a indicação do autor, editor, ou oficina onde tiver sido feita a impressão[315].

---

314. Segundo Darcy Miranda: "*No que tange aos responsáveis pelos abusos ou crimes cometidos através da imprensa e das emissoras de rádiofusão, o legislador de 1967 preferiu seguir a tradição, estabelecendo a escala sucessiva, a partir do autor. Equivocou-se, porém, ao distinguir no 'caput'do art 37, a 'imprensa', das 'emissoras de radiofusão', confundindo a palavra 'imprensa' com 'jornais ou periódicos', quando o certo é que a 'imprensa'envolve no seu tual conceito, os 'jornais e periódicos', as 'emissoras de radiofusão' e 'as agências de notícias'*" (MIRANDA, Darcy de Arruda. *Comentários à Lei de Imprensa*. V. II. São Paulo: Revista dos Tribunais, 1969, p. 580, grifo do autor).

315. "**Art. 37. § 1º** *Se o escrito, a transmissão ou a notícia forem divulgados sem a indicação do seu autor, aquêle que, nos têrmos do art. 28, §§ 1º e 2º, fôr considerado como tal, poderá nomeá-lo, juntando o respectivo original e a declaração do autor assumindo a responsabilidade.* § **2º** *O disposto neste artigo se aplica:* ***a)*** *nas emprêsas de radiodifusão;* ***b)*** *nas agências noticiosas.* § **3º** *A indicação do autor, nos têrmos do § 1º, não prejudica a responsabilidade do redator de seção, diretor ou redator-chefe, ou do editor, produtor ou diretor.* § **4º** *Sempre que o responsável gozar de imunidade, a parte ofendida poderá promover a ação contra o responsável sucessivo, na ordem dos incisos dêste artigo.* § **5º** *Nos casos de responsabilidade por culpa previstos no art. 37, se a pena máxima privativa da liberdade fôr de 1 (um) ano, o juiz poderá aplicar sòmente a pena pecuniária*".

Certo é que, com o advento da Lei n. 5.250/1967, parcela da doutrina passou a invocar a inconstitucionalidade da responsabilidade penal sucessiva, sob o argumento de configurar responsabilidade objetiva.

Já Darcy Miranda entende que esse sistema é descabível não por afrontar a liberdade de imprensa, mas por ser defeituoso e inábil na repressão do crime, pois instituiu a criação da vergonhosa classe dos "homens de palha" ("testa de ferro", "cabeças de pau" ou *uomo di paglia*) no contexto da imprensa[316].

Noutro viés, defende Victor Rodríguez que deveria ser aprimorada a hermenêutica do instituto, pois o bem jurídico da liberdade de expressão requer um modo específico de restrição da imputação penal, visando a interferir o mínimo possível no campo da liberdade de expressão. Assim, o sistema de responsabilidade penal sucessiva ainda deveria ser considerado como um relevante instituto no sistema criminal nacional, despontando como uma realidade não só no Brasil, como também em diversas legislações estrangeiras então editadas, a exemplo do Código espanhol de 1995[317].

Neste caso, os crimes de imprensa são praticados dentro do quadro empresarial de trabalho organizado, de modo que exsurgem diversas problemáticas de imputação penal, sobretudo no campo da autoria, do elemento subjetivo e do nexo causal.

Para o predito autor, esse sistema é um instituto do direito penal moderno que concebe o meio de comunicação como fonte de perigo a relevantes bens jurídicos, impondo limites aos problemas de imputação penal no contexto da empresa jornalística[318]. Da mesma arte, a responsabilidade penal sucessiva determina as fronteiras da equivalência das condições dos antecedentes causais, além de ter a imputação objetiva como alternativa à causalidade[319]. Assim, a responsabilidade

---

316. MIRANDA, Darcy de Arruda. *Comentários à Lei de Imprensa*. V. II. São Paulo: Revista dos Tribunais, 1969, p. 577.

317. RODRÍGUEZ, Víctor Gabriel de Oliveira. *Responsabilidade penal na lei de imprensa:* a responsabilidade sucessiva e o direito penal moderno. Campinas: Apta, 2004, p. 163-168; O sistema de responsabilidade sucessiva como garantia à liberdade de imprensa. *Ciências Penais:* Revista da Associação Brasileira de Professores de Ciências Penais, São Paulo, v. 2, n. 2, p.168-178, jan./jun. 2005, p. 168-169.

318. RODRÍGUEZ, Víctor Gabriel de Oliveira. *Responsabilidade penal na lei de imprensa:* a responsabilidade sucessiva e o direito penal moderno. Campinas: Apta, 2004, p. 163-168; O sistema de responsabilidade sucessiva como garantia à liberdade de imprensa. *Ciências Penais:* Revista da Associação Brasileira de Professores de Ciências Penais, São Paulo, v. 2, n. 2, p.168-178, jan./jun. 2005, p. 172.

319. RODRÍGUEZ, Víctor Gabriel de Oliveira. *Responsabilidade penal na lei de imprensa:* a responsabilidade sucessiva e o direito penal moderno. Campinas: Apta, 2004, p. 234-250.

penal sucessiva deve ser interpretada em harmonia com as demais regras de autoria do delito previstas no Código Penal então vigente[320].

Nada obstante, essa concepção não deve prosperar. Com efeito, entende-se que a responsabilidade penal sucessiva não é compatível com o direito penal democrático, pois é uma flagrante violação não só à responsabilidade penal subjetiva, mas também a todos os princípios que com ela guardam correlação, tais como a individualização da pena e a culpabilidade, com reflexos na dignidade humana. Ademais, esse modelo de responsabilidade propicia a criação dos chamados "testas de ferro" no contexto de imprensa, dando-se azo a arbitrariedades.

Por fim, revela-se equivocado, *concessa vênia*, inferir que a responsabilidade em cascata é um mecanismo do direito penal moderno que considera os veículos de comunicação como fontes de contenção de perigo a relevantes bens jurídicos. Pelo contrário, trata-se de instituto que se tornou objeto de críticas ao longo da história do direito penal brasileiro, sobretudo à luz da Lei n. 5.250/1967, que se embasava em um sistema criminal desprovido de alicerces liberais, pois editada no contexto do regime de exceção. Logo, a responsabilidade penal em cadeia não se coaduna com os atuais ditames constitucionais à luz do Estado Democrático de Direito.

Nesse sentido, infere-se que o enfrentamento dos crimes praticados pela imprensa ainda se perfaz com os institutos da clássica teoria do delito e em respeito à crítica jornalística, embora com alterações pontuais, mormente no campo da autoria (v.g., responsabilidade penal da pessoa jurídica; deveres de garante em delitos omissivos impróprios; programas de "*compliance*" em harmonia com os códigos de ética da imprensa; princípio da confiança; cegueira deliberada e cumplicidade através de ações neutras), do nexo causal (v.g., imputação objetiva) e do elemento subjetivo.

Exemplificativamente, discute-se se seria crível o reconhecimento da responsabilidade penal das pessoas jurídicas no contexto da imprensa[321]. No âmbito dos delitos contra a intimidade, o artigo 226-1 do

---

320. RODRÍGUEZ, Víctor Gabriel de Oliveira. *Responsabilidade penal na lei de imprensa:* a responsabilidade sucessiva e o direito penal moderno. Campinas: Apta, 2004, p. 219-227; O sistema de responsabilidade sucessiva como garantia à liberdade de imprensa. *Ciências Penais:* Revista da Associação Brasileira de Professores de Ciências Penais, São Paulo, v. 2, n. 2, p.168-178, jan./jun. 2005, p. 176.

321. A propósito da responsabilidade penal das organizações societárias, cf: VALENTE, Victor Augusto Estevam. *Direito penal de empresa & criminalidade econômica organizada*: responsabilidade penal das pessoas jurídicas e de seus representantes face aos crimes corporativos. Curitiba: Juruá, 2015.

Código Penal francês de 1994 tipifica como crime a conduta voluntária que atenta contra a intimidade e a vida privada alheia, cominando-se a pena de prisão e multa de 45.000 euros. Em complementação à essa previsão, dispõe o artigo 226-7 que as pessoas jurídicas poderão ser declaradas penalmente responsáveis pelas infrações previstas na Seção VI ("Dos Atentados contra a intimidade"), nas condições previstas no artigo 121-2 do *Le Nouveau Code Penal*, cominando-lhes as seguintes sanções; **(i)** multa; **(ii)** proibição, a título definitivo ou pelo período de até 5 (cinco) anos, de exercer direta ou indiretamente a atividade profissional ou social na mesma atividade em que fora cometida a infração; e **(iii)** a publicação ou difusão da resolução adotada, nas condições previstas no artigo 131-35.

Nada obstante, o sistema criminal francês depende da imprensa ou dos veículos de comunicação para a punição da pessoa jurídica. Decerto, uma das penas consiste na publicação e difusão da sentença condenatória através dos meios de comunicação escrita e audiovisuais. Já a Lei de Imprensa então vigente na França (Lei de 29 de julho de 1881) consagra a responsabilidade penal sucessiva das pessoas físicas pela prática dos crimes de imprensa[322].

Em suma, infere-se que a responsabilidade penal no contexto da imprensa deve ser construída a partir dos parâmetros do direito penal liberal e, acima de tudo, em respeito à crítica jornalística norteada pela boa-fé e à veracidade das informações, de sorte que os institutos da clássica teoria geral do delito merecem ser resguardados, embora necessariamente submetidos a pontuais reflexões à luz do Estado Democrático de Direito, sobretudo no campo da autoria, do nexo causal e do elemento subjetivo (v.g., imputação objetiva).

Uma vez analisados os aspectos gerais da responsabilidade penal decorrente dos crimes de imprensa, cabe confrontar os grupos de infrações que eram previstos na Lei n. 5.250/1967 e que, nos dias atuais, são tipificadas na legislação criminal brasileira.

3.2. Grupos de Infrações Penais na extinta Lei n. 5.250/1967

A presente exposição não tem o desiderato de esgotar a análise e os fundamentos dos grupos de infrações perpetradas no contexto da imprensa, mas de apenas situá-los na discussão do tema, visando à compreensão dos aspectos penais e processuais criminais.

---

322. A Lei de Imprensa francesa traz a tipificação dos crimes nos artigos 23 *usque* 41-1. Já a responsabilidade penal sucessiva é prevista nos artigos 42 a 44 da legislação de regência.

Nos termos do artigo 13 da extinta Lei n. 5.260/1967, os crimes de imprensa caracterizavam-se pela exploração ou utilização dos meios de informação e divulgação (arts. 14 a 22).

Precipuamente, previa a Lei de Imprensa nove figuras típicas, de modo que as infrações eram agrupadas da seguinte forma: **(i)** crimes contra o Estado e a ordem pública, que abrangia os crimes atentatórios contra a Segurança Nacional e a ordem política e social e os crimes que violavam a moral pública, os bons costumes e a ordem pública; e **(ii)** crimes contra particulares, que abarcava os crimes contra a honra das pessoas físicas ou jurídicas.

Nesse contexto, esses crimes encontravam previsão ou somente da Lei n. 5.250/1967 ou na própria Lei de Imprensa e, ao mesmo tempo, em outras leis penais – leia-se, Código Penal ou legislações esparsas.

3.2.1. Delitos com Previsão Simultânea na Lei de Imprensa e em Leis Penais

Diversos crimes tipificados na revogada Lei n. 5.250/1967 (Lei de Imprensa) também configuravam, simultaneamente, infrações penais previstas em outros diplomas legais, abarcando tanto o Código Penal como as legislações esparsas.

Além dos crimes contra a segurança nacional tipificados nos artigos 14 a 17 da extinta Lei de Imprensa[323], tais figuras típicas também tinham como crimes equivalentes os previstos nos artigos 22 e seguintes da ainda vigente Lei de Segurança Nacional (Lei n. 7.170/1983)[324].

Afora os crimes contra a honra tipificados nos artigos 20 a 22 da antiga Lei de Imprensa[325], tais figuras típicas também tinham como

323. "**Art. 14.** *Fazer propaganda de guerra, de processos para subversão da ordem política e social ou de preconceitos de raça ou classe:* **Pena:** *de 1 a 4 anos de detenção.*"

324. "**Art. 22** – *Fazer, em público, propaganda:* **I** – *de processos violentos ou ilegais para alteração da ordem política ou social;* **II** – *de discriminação racial, de luta pela violência entre as classes sociais, de perseguição religiosa;* **III** – *de guerra;* **IV** – *de qualquer dos crimes previstos nesta Lei.* **Pena:** *detenção, de 1 a 4 anos.* **§ 1º** – *A pena é aumentada de um terço quando a propaganda for feita em local de trabalho ou por meio de rádio ou televisão.* **§ 2º** – *Sujeita-se à mesma pena quem distribui ou redistribui:* **a)** *fundos destinados a realizar a propaganda de que trata este artigo;* **b)** *ostensiva ou clandestinamente boletins ou panfletos contendo a mesma propaganda.* § **3º** – *Não constitui propaganda criminosa a exposição, a crítica ou o debate de quaisquer doutrinas.*"

325. "**Art. 20.** *Caluniar alguém, imputando-lhe falsamente fato definido como crime:* **Pena:** *Detenção, de 6 (seis) meses a 3 (três) anos, e multa de 1 (um) a 20 (vinte) salários-mínimos da região.* § 1º *Na mesma pena incorre quem, sabendo falsa a imputação, reproduz a publicação ou transmissão caluniosa.* § 2º *Admite-se a prova da verdade, salvo se do crime*

crimes correspondentes os previstos no Código Penal (art. 138, 139 e 140) e no Código Eleitoral (arts. 324, 325 e 326) – a despeito destes diplomas disciplinarem crimes próprios e procedimentos especiais para seu processo e julgamento.

Além do crime de propaganda de preconceito de raça ou classe previsto no artigo 14 da antiga Lei de Imprensa, tal figura típica também tinha como crimes correspondentes os previstos nas seguintes legislações: **(i)** Lei n. 1.390/1983 (Lei Afonso Arinos); e **(ii)** Lei n. 7.716/1989 (Lei Antidiscriminação).

Por derradeiro, a incitação à prática de crime ou a apologia a fato criminoso ou de autor de crime, todos previstos no artigo 19 da revogada Lei de Imprensa[326], também se amoldavam nos artigos 286 e 287 do Código Penal.

Feitas essas considerações, cabe a análise dos crimes que eram previstos somente na Lei de Imprensa.

3.2.2. Delitos com Previsão Exclusiva na Lei de Imprensa

Outros crimes encontravam previsão unicamente na Lei de Imprensa, como foi o caso dos crimes específicos da área de informação e divulgação. Nos termos do artigo 18, esse crime restava configurado com a conduta de obter ou procurar obter, para si ou para outrem, favor, dinheiro ou outra vantagem para não fazer ou impedir que se faça publicação, transmissão ou distribuição de notícias, cominando-se

---

imputado, embora de ação pública, o ofendido foi absolvido por sentença irrecorrível. § 3º Não se admite a prova da verdade contra o Presidente da República, o Presidente do Senado Federal, o Presidente da Câmara dos Deputados, os Ministros do Supremo Tribunal Federal, Chefes de Estado ou de Govêrno estrangeiro, ou seus representantes diplomáticos. **Art. 21.** *Difamar alguém, imputando-lhe fato ofensivo à sua reputação: Pena: Detenção, de 3 (três) a 18 (dezoito) meses, e multa de 2 (dois) a 10 (dez) salários-mínimos da região. § 1º A exceção da verdade sòmente se admite:* **a)** *se o crime é cometido contra funcionário público, em razão das funções, ou contra órgão ou entidade que exerça funções de autoridade pública;* **b)** *se o ofendido permite a prova. § 2º Constitui crime de difamação a publicação ou transmissão, salvo se motivada por interêsse público, de fato delituoso, se o ofendido já tiver cumprido pena a que tenha sido condenado em virtude dêle.* **Art. 22.** *Injuriar alguém, ofendendo-lhe a dignidade ou decôro:* **Pena:** *Detenção, de 1 (um) mês a 1 (um) ano, ou multa de 1 (um) a 10 (dez) salários-mínimos da região.* **Parágrafo único.** *O juiz pode deixar de aplicar a pena:* **a)** *quando o ofendido, de forma reprovável, provocou diretamente a injúria;* **b)** *no caso de retorsão imediata, que consista em outra injúria."*

326. "**Art. 19.** *Incitar à prática de qualquer infração às leis penais:* **Pena:** *Um têrço da prevista na lei para a infração provocada, até o máximo de 1 (um) ano de detenção, ou multa de 1 (um) a 20 (vinte) salários-mínimos da região. § 1º Se a incitação fôr seguida da prática do crime, as penas serão as mesmas cominadas a êste. § 2º Fazer apologia de fato criminoso ou de autor de crime:* **Pena:** *Detenção, de 3 (três) meses a 1 (um) ano, ou multa de 1 (um) a 20 (vinte) salários-mínimos da região."*

penal de reclusão, de 1 (um) a 4 (quatro) anos, e multa de 2 (dois) a 30 (trinta) salários-mínimos da região.

Caso a notícia cuja publicação, transmissão ou distribuição se prometeu não fazer ou impedir que se faça, mesmo que expressada por desenho, figura, programa ou outras formas capazes de produzir resultados, fosse desabonadora da honra e da conduta de alguém, a pena era de reclusão, de 4 (quatro) a 10 (dez) anos, ou multa de 5 (cinco) a 50 (cinquenta) salários-mínimos da região (art. 18, § 1º).

Ademais, caracterizava infração penal a conduta de fazer ou obter que se faça, mediante paga ou recompensa, publicação ou transmissão que importe em crime previsto na lei, cominando-se pena de reclusão, de 1 (um) a 4 (quatro) anos, e multa de 2 (dois) a 30 (trinta) salários-mínimos da região (art. 18, 2º).

Já as demais infrações eram tidas como crimes comuns, mas que, uma vez praticadas pelos meios de divulgação e informação, seriam submetidas ao procedimento especial da Lei de Imprensa.

Analisados os grupos de infrações que eram previstas na Lei n. 5.250/1967, urge identificar os delitos que são tipificados no cenário jurídico brasileiro da atualidade.

4. INFRAÇÕES PENAIS NO ATUAL PANORAMA LEGAL

A partir da revogação da Lei de Imprensa, todo e qualquer ilícito é submetido à legislação comum, tanto nas esferas civil e administrativa, como na órbita criminal. Vale dizer, aplicam-se o Código Civil, o Novo Código de Processo Civil, o Código Penal e o Código de Processo Penal.

Aliás, esse entendimento foi cunhado pelo Supremo Tribunal Federal no julgamento da ADPF n. 130/DF[327].

E, com a evolução da imprensa nas redes digitais, a exemplo do jornalismo *online*, aplicam-se, com base no diálogo das fontes, os fundamentos do direito digital e as respectivas legislações, tais como a

---

327. Conforme item 11 da ementa referente ao julgamento da ADPF n. 130/DF: "**EFEITOS JURÍDICOS DA DECISÃO.** *Aplicam-se as normas da legislação comum, notadamente o Código Civil, o Código Penal, o Código de Processo Civil e o Código de Processo Penal às causas decorrentes das relações de imprensa. O direito de resposta, que se manifesta como ação de replicar ou de retificar matéria publicada é exercitável por parte daquele que se vê ofendido em sua honra objetiva, ou então subjetiva, conforme estampado no inciso V do art. 5º da Constituição Federal. Norma, essa, "de eficácia plena e de aplicabilidade imediata", conforme classificação de José Afonso da Silva. "Norma de pronta aplicação", na linguagem de Celso Ribeiro Bastos e Carlos Ayres Britto, em obra doutrinária conjunta."* (Internet. Endereço eletrônico: http://redir.stf.jus.br/paginadorpub/paginador.jsp?docTP=AC&docID=605411, p. 11).

Lei n. 12.965/14 (Marco Civil da Internet), o Regulamento Geral de Proteção de Dados da União Europeia (*General Data Protection Regulation* ou GDPR), a Lei n. 13.709/18 (Lei Geral de Proteção de Dados Pessoais - LGPD), entre outros.

No que diz respeito à área penal, o crime comum que for praticado pela imprensa será submetido, a rigor, às seguintes leis: **(i)** à previsão do Código Penal; ou **(ii)** à legislação penal especial pertinente.

Em 2019, o Superior Tribunal de Justiça firmou o entendimento de que a não recepção da Lei n. 5.250/67 pela Constituição brasileira de 1988 não caracterizou a *abolitio criminis* dos crimes contra a honra praticados por meio da imprensa, sob o fundamento de que tais infrações subsistem previstas na legislação penal comum[328].

Ainda que o crime contra a honra tenha sido praticado antes do julgamento da ADPF n. 130/DF, não há que se falar em *abolitio criminis*, razão pela qual serão aplicadas as legislações penais e processuais pertinentes.

Nada obstante, outras condutas outrora previstas como infrações penais unicamente na Lei n. 5.250/67 passaram por *abolitio criminis*[329].

Logo, faz-se mister uma breve análise sobre o atual panorama legal das infrações penais praticadas no contexto da imprensa, em função da revogação da Lei n. 5.250/67.

a) Crimes contra a Segurança Nacional

Com relação aos crimes contra a segurança nacional, aplica-se a ainda vigente Lei de Segurança Nacional (Lei n. 7.170/83), que traz

---

328. **STJ. 5ª Turma. HC 287819/PA. Rel. Min. Joel Ilan Paciornik. Julgamento: 16/08/2018. Publicado no DJe 28/08/2018.**

329. **"Ementa: HABEAS CORPUS. CRIMES DA LEI DE IMPRENSA. NÃO RECEPÇÃO DA LEI 5.250/67 PELA ATUAL ORDEM CONSTITUCIONAL. *ABOLITIO CRIMINIS.* ESVAZIAMENTO DA EXORDIAL ACUSATÓRIA. PERDA DE OBJETO DO PROCESSO PENAL EM CURSO EM DESFAVOR DO ACUSADO. ORDEM CONCEDIDA. 1.** O Supremo Tribunal Federal julgou incompatível a antiga Lei de Imprensa com a atual Constituição da República (ADPF 130),extirpando do ordenamento jurídico a totalidade do diploma normativo, de forma que, em termos práticos, tal decisão implica no reconhecimento da inexistência jurídica da norma. **2.** No caso, diante da decisão da Corte Suprema pela declaração de não recepção da Lei de Imprensa, não há mais norma incriminadora a estear a exordial acusatória, acarretando *abolitio criminis*, deforma que, esvaziado o objeto da lide processual em curso em desfavor do réu, o trancamento da ação na qual se apurava a suposta prática de ilícitos nele descritos se torna inevitável. **3.** Ordem concedida para trancar a Queixa-Crime 2092122007 em curso no Juízo da 6ª Vara Criminal de Teresina/PI" **(STJ. 5ª Turma. HC 190500 PI 2010/0210921-0. Rel. Min. Jorge Mussi. Julgamento: 18/08/2011. Publicado no DJe 29/08/2011).**

crimes específicos (arts. 8º a 29) e procedimento específico para o processo e julgamentos desses delitos, que se destinam a atingir o Estado e desestabilizar suas instituições (arts. 30 e ss.).

No que diz respeito à imprensa e aos comentários proferidos por leitores e internautas em notícias jornalísticas, o artigo 22 da Lei de Segurança Nacional prevê como crime, apenado com detenção, de 1 a 4 anos, a conduta de fazer, em público, propaganda: (i) de processos violentos ou ilegais para alteração da ordem política ou social (inc. I); (ii) de discriminação racial, de luta pela violência entre as classes sociais, de perseguição religiosa (inc. II); (iii) de guerra (inc. III); (iv) de qualquer dos crimes previstos na mencionada legislação.

O § 1º do artigo 22 dispõe que a pena será aumentada de um terço se a propaganda for feita em local de trabalho ou por meio de rádio ou televisão.

E, sujeita-se à mesma pena, quem distribui ou redistribui (art. 22, § 2º): (i) fundos destinados a realizar a propaganda de que trata este artigo; (ii) ostensiva ou clandestinamente boletins ou panfletos contendo a mesma propaganda.

Porém, não constitui propaganda criminosa a exposição, a crítica ou o debate de quaisquer doutrinas, já que tais iniciativas têm por finalidade o regular exercício da liberdade de expressão e do direito à verdade histórica (art. 22, § 3º).

Ademais disso, configura crime, nos termos do artigo 23 da Lei de Segurança Nacional, a conduta de incitar: (i) à subversão da ordem política ou social (inc. I); (ii) à animosidade entre as Forças Armadas ou entre estas e as classes sociais ou as instituições civis (inc. II); (iii) à luta com violência entre as classes sociais (inc. III); (iv) à prática de qualquer dos crimes previstos nesta Lei (inc. IV).

Por exemplo, a apologia à ditadura ou ao regime de exceção no Brasil configura os crimes acima mencionados.

Por fim, o artigo 26 da lei de regência prevê o crime de calúnia ou difamação praticado contra o Presidente da República, o do Senado Federal, o da Câmara dos Deputados ou o do Supremo Tribunal Federal, imputando-lhes fato definido como crime ou fato ofensivo à reputação.

Na mesma pena incorre quem, conhecendo o caráter ilícito da imputação, a propala ou divulga (art. 26, parágrafo único).

Importante salientar, de acordo com o entendimento jurisprudencial, que os crimes contra a segurança nacional são crimes políticos, razão pela qual compete à Justiça Federal o processamento e julgamento de tais crimes, com fundamento no artigo 109, inc. IV, da Constituição Federal.

Isto porque o artigo 30 da Lei n. 7.170/83, que determina que compete à Justiça Militar processar e julgar os crimes previstos naquela lei, não foi recepcionado pela Constituição de 1988.

Além das consequências criminais acima mencionadas, os crimes de segurança nacional, a exemplo da incitação à subversão ou à ordem, também podem configurar atos ou "crimes" de responsabilidade ("impeachment"), mormente os atos contra o exercício dos direitos políticos, individuais e sociais (art. 22 da Lei 1.079/50) e contra a segurança interna do país (art. 23 da Lei de Responsabilidade).

b) Crimes contra a Honra das Pessoas Físicas ou Jurídicas

Atualmente, os crimes contra a honra das pessoas físicas ou jurídicas praticados pela imprensa caracterizam as condutas previstas no Código Penal (art. 138, 139 e 140) e no Código Eleitoral (arts. 324, 325 e 326) – a despeito de ambos os diplomas disciplinarem crimes próprios e procedimentos especiais para seu processo e julgamento, inclusive a Lei n. 9.099/1995 às infrações penais de menor potencial ofensivo.

Importante salientar que, para a caracterização dos crimes contra a honra, se exige a demonstração mínima do intento positivo e deliberado de ofender a honra alheia, o chamado dolo específico, ou seja, o animus "*caluniandi, diffamandi vel injuriandi*".

E, diante da flagrante inexistência da intenção específica de ofender a honra alheia, é possível, em caráter excepcional, a impetração de ordem de *Habeas Corpus* para demonstrar a não configuração do crime contra a honra, implicando no trancamento do inquérito policial ou no regular curso da ação penal, diante do constrangimento ilegal sofrido pelo paciente[330].

Importante salientar que o artigo 142 do Código Penal prevê causas excludentes da ilicitude em crimes contra a honra, em especial na injúria e difamação.

Assim, não constituem injúria ou difamação a ofensa irrogada em juízo, na discussão da causa, pela parte ou por seu procurador (inc. I).

Trata-se da imunidade judiciária, consectária do princípio constitucional da amplitude de defesa. Por exemplo, eventuais expressões injuriosas ou difamatórias, desde que voltadas à discussão da causa,

---

330. **STJ, ArRg no HC 395714/CE, Rel. Ministro SEBASTIÃO REIS JÚNIOR, SEXTA TURMA, julgado em 02/04/2019, DJe 11/04/2019.**

são toleradas nos autos do processo, no debate em audiência ou sessão dos tribunais.

Porém, se houver publicidade dos atos processuais, o responsável responderá pelas ofensas, nos termos do parágrafo único do artigo 142 do Código, salvo se houver publicação em diário oficial.

Também é causa excludente da ilicitude a opinião desfavorável da crítica literária, artística ou científica, salvo quando inequívoca a intenção de injuriar ou difamar (inc. II). Respeita-se, neste viés, as liberdades de manifestação de pensamento e de imprensa, rechaçando a censura.

No Brasil, a atividade censória é proibida desde Textos Constitucionais anteriores, tais como a Carta Imperial de 1824 (art. 179, n. 5), a Constituição de 1891 (art. 72, § 12), a Constituição de 1934 (art. 113, n. 9) e a Constituição de 1946 (art. 141, § 5º).

E, à luz da Constituição de 1988, veda-se qualquer censura de natureza política, ideológica e artística (art. 220, § 2º).

Seguindo essa linha, a Segunda Turma do Supremo Tribunal Federal, no julgamento da Rcl. 21.504, enfatizou o seguinte: "*Cabe observar, ainda, que a repulsa à censura, além de haver sido consagrada em nosso constitucionalismo democrático, representa expressão de um compromisso que o Estado brasileiro assumiu no plano internacional*".

São dignos de menção, nesse sentido, a Declaração Universal dos Direitos Humanos (art. XIX), o Pacto Internacional Sobre Direitos Civis e Políticos (art. 19), a Declaração Americana dos Direitos e Deveres do Homem (art. IV), a Convenção Americana Sobre Direitos Humanos (art. 13).

Por fim, é causa de exclusão da ilicitude o conceito desfavorável emitido por funcionário público, em apreciação ou informação que preste no cumprimento de dever do ofício (inc. III).

O cumprimento do dever legal dos funcionários públicos nas suas manifestações, pareceres, conclusões, despachos, observações, pode sugerir o uso de termos ou expressões de sentido ofensivo. Porém, se isso fosse proibido, comprometer-se-ia a atuação e o interesse da Administração Pública.

Enfim, outras características dos crimes contra a honra serão oportunamente analisadas no tópico dos "*Crimes Contra a Honra Praticados Pela Internet*".

c) Incitação à Prática de Crime ou Apologia de Fato Criminoso ou de Autor de Crime

A incitação à prática de crime ou realização de apologia de fato criminoso ou de autor de crime se amolda nos artigos 286 e 287 do

Código Penal (*"Dos crimes contra a Paz Pública"*). Nos termos do artigo 286 do mencionado Codex, configura incitação ao crime incitar, publicamente, a prática de crime, cominando-se pena de detenção, de três a seis meses, ou multa.

Quanto ao artigo 286 do CP, o legislador criminalizou, de forma autônoma, atos preparatórios que integram outros crimes. Quer dizer, basta para a configuração do delito em questão a simples incitação ou estímulo, publicamente, de um crime, independentemente ou não da efetiva prática deste crime.

A objetividade jurídica é a paz pública, haja vista que o tipo penal tem por finalidade assegurar o sentimento coletivo de paz, bem como a segurança na ordem jurídica. Por mais nobre que seja o motivo, tal não se justifica caso um crime seja incitado publicamente.

O núcleo do tipo é "incitar", consistente em incentivar ou estimular, publicamente, a prática de um crime no presente ou no futuro.

Tecnicamente, a incitação ao "crime" se refere a crime determinado, malgrado não seja necessária qualquer menção a vítimas ou a meios de execução do crime a ser praticado.

Porém, não configurará esse delito se a incitação se destinar à prática de contravenção penal ou atos meramente imorais.

É indispensável a publicidade da incitação, que pode ocorrer por meio de cartazes, redes digitais e da imprensa em geral, envolvendo televisão, jornal impresso, rádio, entre outros. A incitação será pública se for percebida ou perceptível por um número indeterminado de pessoas, não se exigindo que seja endereçada a pessoa determinada. Ou seja, a publicidade deve ser realizada na presença de várias pessoas ou por meio apto a levar o fato ao conhecimento de um número indeterminado de destinatários, justificando o risco à "paz pública".

Por exemplo, pode configurar esse crime qualquer comentário público, contato de que não amparado pela liberdade de expressão, destinado a movimentos sociais com a intenção de incitá-los ao uso de armas ou de força física para causar desordem de natureza social.

Outro exemplo, em uma greve de rodoviários, cuja reunião é realizada em uma praça, um dos participantes incentiva os demais a destruírem um ônibus.

Nada obstante, não compreendem "publicidade" ou local público os pequenos estabelecimentos comerciais, nem mesmo a residência particular, ainda que habitada por várias pessoas.

Além disso, é indispensável a seriedade na incitação, por meio de palavras ou gestos que tenham o potencial de incitar um número indeterminado de pessoas à prática de crime. Admite-se, pois, qualquer meio de execução, caracterizando crime de forma livre.

É crime comum ou geral, já que pode ser praticado por qualquer pessoa.

Cuida-se de crime vago, vez que o sujeito passivo é ente desprovido de personalidade jurídica, qual seja, a "paz pública".

Também é crime de perigo comum, pois coloca em risco um número indeterminado de pessoas. Prevalece que é crime de perigo abstrato, pois a intenção do agente é a de incitar, publicamente, o cometimento de crime por outras pessoas - a despeito de parcela doutrina sustentar que se trata de crime de perigo concreto.

Contudo, pode ocorrer de um dos destinatários praticar o crime objeto de incitação. Neste caso, o responsável pela incitação incorrerá em participação, devendo responder, em concurso formal próprio ou impróprio (CP, art. 70), tanto pelo delito de incitação ao crime, como pelo crime praticado.

O elemento subjetivo é o dolo (dolo genérico), ou seja, a intenção inequívoca e clara de incitar publicamente a prática de crime ("animus instiganti delicti"), não se exigindo qualquer finalidade específica. Não é admitida a forma culposa.

Cuida-se de crime formal, de resultado cortado ou consumação antecipada, alcançando sua consumação com a efetiva prática da incitação, independentemente ou não da prática do crime objeto de incitação.

É crime plurissubsistente, admitindo tentativa. Por exemplo, o agente, no momento em que iniciava a fixação de cartazes ou panfletos em viaduto público com o objetivo de incitar várias pessoas à prática de crime, é preso em flagrante. Por outro lado, será crime unissubsistente se a incitação for feita por meio oral, posto que tal já é suficiente para a caracterização da própria incitação e, via de consequência, para a consumação do delito em questão.

Trata-se de infração penal de menor potencial ofensivo, pois a pena máxima cominada é de 6 (seis) meses, sendo suscetível de proposta de transação penal. Da mesma forma, é possível a proposta de concessão de suspensão condicional do processo, posto que a pena mínima cominada é de 3 (três) meses.

Por fim, há conflito aparente de normas entre a incitação ao crime com os seguintes delitos: (i) artigo 23 da Lei n. 7.170/83 (Lei de Segurança Nacional), que restará caracterizado se a incitação for de natureza política; (ii) genocídio, previsto no artigo 3º da Lei n. 2.889/56;

(iii) crime militar de incitamento, preceituado no artigo 155 do Decreto-lei n. 1.001/69 (Código Penal Militar); e (iv) crime de discriminação genérica, capitulado no artigo 20 da Lei n. 7.716/89 (Lei Antidiscriminação). E, por força do princípio da especialidade, prevalecem os crimes previstos nas legislações especiais.

Ademais, o artigo 287 prevê o crime de apologia de fato criminoso ou de autor de crime, que resta configurado com a conduta de fazer, publicamente, apologia de fato criminoso ou de autor de crime, cominando pena de detenção, de três a seis meses, ou multa.

A objetividade jurídica é a paz pública, posto que o tipo penal tem por finalidade garantir o sentimento coletivo de paz, assim como a segurança na ordem jurídica.

O núcleo do tipo é "fazer apologia", que consiste em enaltecer, elogiar, exaltar, por meio público ("publicamente"), fato criminoso - leia-se, crime, excluídas as contravenções penais e os comportamentos meramente imorais -, ou autor de crime, que abrange, em sentido amplo, a autoria, coautoria ou participação.

A título de exemplo, pode configurar essa figura típica a apologia à ditadura militar, é dizer, a conduta de elogiar ou exaltar os crimes praticados durante o regime de exceção, a despeito de existir o Projeto de Lei n. 980/15, que tem por escopo alterar a redação do artigo 287 do Código Penal, para prever modalidade específica do crime de apologia ao retorno da ditadura militar ou à pregação de novas rupturas institucionais.

Da mesma forma, o sensacionalismo midiático em matéria criminal, que envolve programas de televisão que incitam o ódio e a violência, pode ensejar a caracterização de incitação ao crime ou de apologia de fato criminoso ou autor de crime.

Além das consequências criminais, é possível que os telespectadores, por meio de plataformas digitais "on-line", ofereçam denúncias sobre exposição indevida de pessoas por parte de programas de televisão, incitação ao crime, desrespeito à presunção de inocência, tortura psicológica ou tratamento degradante, entre outros.

Afora os casos mencionados, há decisões judiciais de que músicas reproduzidas em plataformas digitais, que contêm conteúdo que exalta ações delituosas, extrapolam os limites das liberdades de expressão e de manifestação artística, a ponto de configurar responsabilidade civil por parte dos seus autores.

Visando a elidir qualquer responsabilidade civil, compete à plataforma digital retirar de circulação os "links" de acesso a músicas dessa natureza.

Impende registrar, em regra, que a música é, além de uma obra artística, uma forma de expressão cultural, sob o fundamento de que é livre a expressão da atividade intelectual, artística, científica e de comunicação, independentemente de censura ou licença (CF, art. 5º, inc. IX).

Insere-se nessa categoria, por exemplo, o "Funk consciente", ou seja, músicas do "funk" que integram o cenário artístico oficial e que se destinam a narrar o cotidiano na realidade social brasileira.

Entretanto, há casos em que conteúdos musicais, a exemplo de parte das letras no "Funk proibido" ou trabalho musical "underground", extrapolam o campo da liberdade de manifestação artística, sugerindo as mais diversas responsabilidades jurídicas, máxime de natureza criminal, pois se destinam à apologia ao tráfico, à misoginia ou à criminalidade em geral.

É dificultoso de se estabelecer, no entanto, até que ponto os compositores ou cantores dessas músicas incidem ou não na prática de incitação ao crime (CP, art. 286) ou apologia de fato criminoso ou de autor de crime (CP, art. 287), já que a maioria das letras narra genericamente um crime.

Quanto ao delito previsto no artigo 287 do Código Penal, "fato criminoso" significa crime determinado e que tenha sido praticado anteriormente à apologia criminosa, sendo prescindível que seja reconhecido em sentença condenatória irrecorrível.

Caso não seja feita apologia pública a crime determinado já praticado, não há que se falar em configuração do delito capitulado no art. 287 do Substantivo Penal.

Aliás, essa é a nota característica que serve para diferenciar a apologia de fato criminoso ou de autor de crime em relação ao delito de incitação ao crime.

No primeiro (CP, art. 287), a apologia se refere a fato criminoso que já aconteceu, sendo que o agente, ao elogiar ou exaltar crime determinado ou seu autor, indiretamente incita. No último (CP, art. 286), exige-se que a incitação se refira, diretamente e de forma pública, à prática de crime determinado no presente ou no futuro ("in abstracto"), ou seja, como episódio que ocorre ou ainda está suscetível de ocorrer. Até porque é inviável incitar a prática de crime que já se consumou.

Assim, não restará integralmente caracterizado o tipo penal de incitação ao crime se a música simplesmente narrar uma história delituosa ou fizer menção genérica a certo crime, tais como crimes de tráfico, de roubo ou de estupro de vulnerável, sem qualquer indicação ou intenção específica de cometimento de crime determinado pelos destinatários. Por mais que sejam acintosas condutas dessa natureza, tais devem ser avaliadas sob os prismas da imoralidade ou da regressão cultural de dada sociedade, mas não se inserem, em termos técnicos, nas leis penais, por força do princípio da tipicidade estrita ("lege certa").

Logo, não é admitida qualquer incitação genérica à prática de crimes, sendo o fato atípico.

Por outro lado, "autor de crime", tal como se exige para a configuração do delito do art. 287 do CP, é expressão empregada em sentido amplo, abrangendo a autoria, coautoria ou participação, isto é, toda e qualquer pessoa envolvida na prática de crime determinado, independentemente se o autor já foi condenado ou se contra ele foi oferecida ação penal.

A apologia deve ser feita publicamente, ou seja, em local público, a ponto de alcançar pessoas indeterminadas e, via de consequência, colocar em risco a paz pública, em particular uma pluralidade de pessoas (crime de perigo comum). Ausente a elementar "publicamente", não restará caracterizado o delito do artigo 287 do Código Penal, ainda que a apologia seja feita no interior de residência ou em local particular frequentado por poucos indivíduos.

Trata-se de crime comum ou geral, pois pode ser praticado por qualquer pessoa. Contudo, não haverá a configuração desse delito em caso de imunidade parlamentar, ainda que o próprio parlamentar tenha se utilizado mal da grandeza e finalidade da instituição a qual deve servir.

Além disso, é crime vago, pois o sujeito passivo é a coletividade, ou seja, um ente destituído de personalidade jurídica.

O elemento subjetivo é o dolo, ou seja, a intenção clara e inequívoca fazer, publicamente, apologia de fato criminoso ou de autor de crime. Não é admitida a modalidade culposa.

Vale salientar que, nas críticas e debates indispensáveis à evolução do Direito Penal, o fato será atípico, por ausência do dolo de incentivar, indiretamente, fato criminoso ou autor de crime, tal como ocorre nas reflexões acerca da descriminalização do porte de drogas para consumo pessoal e no aborto provocado pela gestante ou com seu consentimento.

Cuida-se de crime formal, pois, para a caracterização delituosa, basta a conduta de fazer apologia publicamente, independentemente da ocorrência do delito que é objeto de estímulo ou exaltação. Cria-se, com a probabilidade da prática de novos delitos, perigo à paz pública (crime de perigo abstrato), transmitindo sentimento de insegurança à coletividade.

Em regra, será crime plurissubsistente se a apologia for praticada por meio de jornal, panfletos ou outros meios escritos. Admite-se, neste caso, a tentativa, como no caso de o autor ser surpreendido em poder de panfletos contendo apologia a crime de dano antes mesmo que tais panfletos fossem distribuídos a indivíduos indeterminados. Por outro lado, não será possível a tentativa ("conatus") se a apologia for praticada por meio oral, no que o crime será unissubsistente, alcançando a consumação com a mera de conduta de fazer apologia oralmente.

É crime de ação penal pública incondicionada.

E, tendo em vista que constitui infração penal de menor potencial ofensivo, sujeita-se ao rito sumaríssimo, além de ser possível a concessão de transação penal, com base na Lei n. 9.099/95.

Por fim, se em um mesmo contexto fático, for feita apologia de dois ou mais fatos criminosos ou de dois ou mais autores de crimes, imputar-se-ão ao agente dois ou mais delitos previstos no artigo 287 do CP, em concurso formal imperfeito ou impróprio, preceituado no artigo 70, "caput", parte final, do Substantivo Penal.

Na mesma esteira, o Supremo Tribunal Federal, no julgamento da ADPF n. 187, ajuizada pela Procuradoria Feral da República, firmou o entendimento de que é legítima a chamada "Marcha da Maconha", sob o fundamento de que as liberdades de expressão e de manifestação do pensamento não configuram os delitos de incitação ao crime (CP, art. 286) e de apologia de fato criminoso ou autor de crime (CP, art. 287).

De acordo com esse posicionamento, o artigo 287 do CP deve ser interpretado conforme a Constituição, a fim de que não sejam vedadas manifestações públicas em defesa da legalização de drogas, já que a "Marcha da Maconha" é um movimento social espontâneo que, por meio da liberdade de manifestação do pensamento, sugere a discussão democrática do modelo proibicionista do consumo de drogas no Brasil, não havendo que se falar em apologia de "fato criminoso" ou de "autor do crime".

Também não há que se falar em incitação ao crime (art. 286, CP), eis que esse movimento social é de natureza cultural e se destina à reflexão, por meio de atividades teatrais, musicais e performáticas, acerca da descriminalização de certo ilícito penal, qual seja, o porte de drogas para consumo pessoal (art. 28 da Lei n. 11.343/06). Neste azo, não há intenção de incitar, ainda que publicamente, a prática do porte de drogas para consumo pessoal. É dizer, não há o "animus instiganti delicti", mas meramente um movimento social que defende a opinião de exclusão ou descriminalização do porte de droga para consumo próprio.

Da mesma sorte, não se enquadra nos tipos penais em questão o movimento contrário à "Escola Sem Partido", ou seja, a manifestação de posicionamento político, ideológico ou de gênero em sala de aula, não sendo necessária e razoável a criminalização do assédio ideológico. Até porque, pela natureza da formação humana, as opiniões individuais são indissociáveis de opções e críticas de cunho político, artístico, histórico, social, entre outros. Esses componentes são indispensáveis à construção de uma sociedade livre, justa e solidária, que se caracteriza pelos debates democráticos e pelo respeito às diferenças, servindo de combate à intolerância. Por outro lado, toda e qualquer manifestação que coloque em xeque as diretrizes e os planejamentos pedagógicos do direito à educação no país, implicará em responsabilidade no âmbito dos direitos difusos e coletivos (tutela processual coletiva), havendo a possibilidade de instauração de inquérito civil e a pretensa propositura de ação civil pública pela Promotoria de Justiça de Cidadania ou de Direitos Humanos do Ministério Público.

Por derradeiro, há conflito aparente de normas entre o delito de apologia de crime ou criminoso com o delito previsto no artigo 22 da Lei n. 7.170/83 (Lei de Segurança Nacional).

Em setembro de 2019, a Comissão de Segurança Pública e Combate ao Crime Organizado aprovou proposta legislativa voltada à criminalização de disseminação de conteúdo violento por meio das redes digitais. Porém, de acordo com a proposta legislativa, não haverá crime, configurando causa excludente da ilicitude, se a divulgação for realizada nas seguintes condições: (i) por cumprimento do dever legal decorrente de atividade policial ou investigação criminal; ou (ii) em publicações jornalísticas, científicas, culturais ou acadêmicas. Também prevê a proposta que a imprensa será civilmente responsável, sujeitando-se à indenização, se ela realizar a divulgação de possível suspeito com a finalidade de constrangê-lo ou submetê-lo a linchamento.

Nada obstante, é possível, independentemente de previsão legal específica, a responsabilidade civil por dano moral de empresas jornalísticas televisivas, faladas ou impressas, pelo uso devido de imagem, máxime diante de notícias injuriosas, caluniosas ou difamantes. Nessa linha, o direito de informar deve ser analisado em harmonia com o direito à imagem, não comportando qualquer avaliação isolada de um dos direitos na perspectiva constitucional.

O Superior Tribunal de Justiça, no julgamento do REsp 267529/RJ, estabeleceu parâmetros de análise acerca desses direitos. Assim, devem ser definidos critérios para verificação da gravidade do dano sofrido pela pessoa que teve sua imagem utilizada sem autorização prévia, além de parâmetros a serem observados no exercício do direito de informar.

De acordo com esse posicionamento: (i) o direito à imagem possui duplo conteúdo, ou seja, moral, porquanto é um direito de personalidade, e patrimonial, pois embasado no princípio de que a ninguém é lícito locupletar-se à custa alheia; (ii) a utilização da imagem para fins econômicos, sem a devida autorização do seu titular, constitui locupletamento indevido, ensejando indenização; (iii) o direito à imagem é um direito de personalidade, de caráter personalíssimo e extrapatrimonial, razão pela qual seu titular tem a capacidade de opor-se à divulgação dessa imagem; e (iv) a obrigação de reparar o dano decorre do abuso de direito ou uso indevido do direito personalíssimo à imagem, por meio da demonstração de que a notícia jornalística veiculada é inverídica, não se exigindo prova de existência do dano. Em miúdos, o dano é a própria utilização indevida da imagem, sendo dispensável a comprovação do prejuízo material ou moral (dano "in re ipsa"). Também é possível a concessão de medida cautelar para a proteção do direito á imagem, com base no perigo de dano e na plausibilidade do direito ("periculum in mora" e "fumus boni iuris").

Ademais disso, a pessoa jurídica também poderá figurar no polo ativo da ação, pois tal possui prestígio, confiabilidade e reputação empresariais que devem ser asseguradas na sociedade, mormente perante seus clientes.

Por outro lado, o autor do dano pode ser tanto pessoa física como pessoa jurídica. A responsabilidade será, em regra, pessoa e direta e, dependendo do caso, indireta ou objetiva.

Haverá responsabilidade direta se o ato for praticado pelo próprio causador do dano.

Porém, será o caso de responsabilidade indireta ou objetiva se alguém responder pela prática de ato de terceiro, com fundamento nos artigos 932 e 933 do Código Civil. E, neste caso, aquele que pagar terá direito de regresso, total ou parcialmente.

E, em se tratando de ilícitos cometidos no contexto da imprensa, a responsabilidade civil envolve não somente o autor do dano, mas também o veículo responsável pela divulgação da notícia, tais como jornal, revista, "blog", "site", entre outros.

A teor da Súmula 221 do Superior de Tribunal de Justiça: "São civilmente responsáveis pelo ressarcimento de dano, decorrente de publicação pela imprensa, tanto o autor do escrito quanto o proprietário do veículo de divulgação".

Por fim, o valor ou "quantum" indenizatório pelo uso indevido da imagem" deverá ser fixado com base nos seguintes parâmetros: (i) extensão do dano; (ii) condições financeiras do ofendido e do ofensor; e (iii) aferição da culpa.

No que diz respeito à extensão do dano, cabe a análise da sua gravidade no caso concreto. De todo caso, o valor suficiente para a reparação deve observar o princípio do não enriquecimento ilícito sem causa da vítima e, ao mesmo tempo, o critério de que o próprio valor deve ser apto a impedir a reiteração do ilícito por parte do veículo de imprensa.

Envolve, pois, a análise tanto do dano emergente ("dammum emergens"), consistente no dano integral produzido pelo fato prejudicial, como do lucro cessante ("lucrum cessans"), atual ou futuro, isto é, o valor que representa todas as vantagens que o ofendido deixou de obter em razão do evento danoso, incluindo, ainda, os juros.

O Superior Tribunal de Justiça, no julgamento do REsp 267529/RJ, firmou o entendimento de que, para a fixação do valor indenizatório voltado à proteção da imagem-retrato, devem ser tomados em conta os seguintes critérios: (i) o grau de consciência do ofendido (retratado) em relação à possibilidade de captação da sua imagem; (ii) o nível de identificação do ofendido na imagem divulgada; e (iii) a natureza e o grau de repercussão do meio pelo qual foi realizada a divulgação da imagem.[331]

d) Incitação de Genocídio pela Imprensa

Fundamentalmente, o genocídio é vinculado ao ideário de *"limpeza étnica"*. À luz da Lei n. 2.889/56, é o comportamento com a intenção de destruir, no todo ou em parte, grupo nacional, étnico, racial ou religioso.

Pode a imprensa instigar uma parcela da comunidade à prática de genocídio, a ponto de atingir considerável número de pessoas.

---

331. STJ, REsp 267529/RJ, 4ª Turma, Relator Min. Sálvio De Figueiredo Teixeira, Publicado em 18/12/2000; STJ, REsp 1005278/SE, 4ª Turma, relator Min. Luis Felipe Salomão, Publicado em 11/11/2010".

Assim, o § 2º do artigo 3º da Lei n. 2.889/1956 traz causa de aumento de pena quando o genocídio for praticado nessas circunstâncias[332].

A competência para processo e julgamento do crime de genocídio condiciona-se à conduta praticada pelo agente. Com fundamento no art. 5º, inciso XXXVIII, "*d*", da Constituição Federal, a competência será do Tribunal do Júri se o genocídio caracterizar-se como crime doloso contra a vida, como nos seguintes casos: **(i)** matar membros do grupo; **(ii)** causar lesão grave à integridade física ou mental de membros do grupo; **(iii)** submeter intencionalmente o grupo a condições de existência capazes de ocasionar-lhe a destruição física total ou parcial; e **(iv)** adotar medidas destinadas a impedir os nascimentos no seio do grupo - leia-se aborto[333].

O genocídio submete-se ao processo e julgamento do Juízo Comum Estadual no caso da alínea "e", ou seja, se "*efetuar a transferência forçada de crianças do grupo para outro grupo*".

Eventualmente, será a Justiça Federal competente para o processo e julgamento do crime de genocídio em dois casos, a saber: **(i)** federalização das graves violações de direitos humanos ou incidente de deslocamento de competência; e **(ii)** crime de genocídio praticado contra comunidade indígena (art. 109, XI, CF).

É cabível uma breve análise da federalização das graves violações de direitos humanos. Nos termos do artigo 109, V-A, da Constituição, compete à Justiça Federal processo e julgar as causas relativas a direitos humanos a que se refere o § 5º deste artigo.

Por força do artigo 109, § 5º, da Magna Carta, nas hipóteses de grave violação de direitos humanos, o Procurador-Geral da República, com a finalidade de assegurar o cumprimento de obrigações decorrentes de tratados internacionais de direitos humanos dos quais o Brasil seja parte, poderá suscitar, perante o Superior Tribunal de Justiça, em qualquer fase do inquérito ou processo, incidente de deslocamento de competência para a Justiça Federal.

---

332. "**Art. 3º.** *Incitar, direta e publicamente, alguém a cometer qualquer dos crimes de que trata o art. 1º.* **Pena:** *metade das penas ali cominadas.* **§ 1º.** *A pena pelo crime de incitação será a mesma de crime incitado, se este se consumar.* **§ 2º.** *A pena será aumentada de 1/3 (um terço), quando a incitação for cometida pela imprensa.*".

333. "**Art. 1º.** *Quem, com a intenção de destruir, no todo ou em parte, grupo nacional, étnico, racial ou religioso, como tal:* **a)** *matar membros do grupo;* **b)** *causar lesão grave à integridade física ou mental de membros do grupo;* **c)** *submeter intencionalmente o grupo a condições de existência capazes de ocasionar-lhe a destruição física total ou parcial;* **d)** *adotar medidas destinadas a impedir os nascimentos no seio do grupo* [...]".

e) Crime de Propaganda de Preconceito de Raça ou Classe

Com relação aos crimes de propaganda de preconceito de raça ou classe, aplicam-se as seguintes legislações: **(i)** Lei n. 1.390/83 ("Lei Afonso Arinos"), que tipifica as contravenções penais em razão de preconceito de raça ou de cor, de modo que o procedimento será o sumaríssimo, previsto na Lei n. 9.099/1995; **(ii)** Lei n. 7.716/89 (Lei Antidiscriminação), cujo procedimento será determinado nos moldes do Código de Processo Penal, de acordo com a natureza da infração penal; e **(iii)** Estatuto do Idoso (Lei n. 10.741/03) e Estatuto dos Portadores de Deficiência (Lei n. 13.146), cujos procedimentos serão determinados nos moldes do Código de Processo Penal, de acordo com a natureza da infração penal.

f) Crimes Ocorridos na Investigação e na Obtenção de Prova no Contexto da Organização Criminosa

A Lei n. 12.850 prevê os crimes ocorridos na investigação e na obtenção da prova no contexto da investigação criminosa. Com efeito, o artigo 18 tipifica a conduta de revelar a identidade, fotografar ou filmar o colaborador, sem sua prévia autorização por escrito, com a cominação de pena de reclusão, de 1 (um) a 3 (três) anos, e multa.

O artigo 19 traz da conduta de imputar, falsamente, sob pretexto da colaboração com a Justiça, a prática de infração penal a pessoa que saber inocente, ou revelar informações sobre a estrutura de organização criminosa que sabe inverídicas, cominando pena de reclusão de 1 (um) a 4 (quatro) anos, e multa.

Nos termos do artigo 20, também caracteriza como o crime o descumprimento da determinação de sigilo das investigações que envolvam a ação controlada e a infiltração de agentes, cuja pena é de reclusão, de 1 (um) a 4 (quatro) anos, e multa.

Já o artigo 21 configura como infração penal a recusa ou omissão de dados cadastrais, registros, documentos e informações requisitadas pelo juiz, Ministério Público ou delegado de polícia, no curso de investigação ou processo, cuja pena é de reclusão, de 6 (seis) meses a 2 (dois) anos, e multa. Na mesma pena incorre quem, de forma indevida, se apossa, propala, divulga ou faz uso dos dados cadastrais de que trata e Lei n. 12.850/13.

g) Lei n. 9.296/96 (Intercepção Telefônica)

Prevê o artigo 10 da Lei n. 9.296/96 (Lei de Interceptação Telefônica) que constitui crime realizar interceptação de comunicações telefônicas, de informática ou telemática, ou quebrar segredo da Justiça, sem autorização judicial ou com objetivos não autorizados em lei, cuja pena é de reclusão, de 2 (dois) a 4 (quatro) anos[334].

h) Lei n. 8.069/90 (Estatuto da Criança e do Adolescente)

Em regra, os crimes tipificados na Lei n. 9.069/90 (Estatuto da Criança e do Adolescente) ECA têm objetividade jurídica uniforme, pois tem o legislador a intenção de proteger: **(i)** os direitos da criança (0 a 12 anos incompletos) e do adolescente (12 a 18 anos); **(ii)** as integridades física e psíquica da criança e do adolescente; e **(iii)** o nascituro - indivíduo que ainda não nasceu, mas que conta com uma proteção jurídica antecipada) -, ou neonato, que é o recém-nascido.

Afora essa objetividade jurídica uniforme, os crimes previstos no ECA também têm uma objetividade jurídica específica, pois implicitamente prevista em cada um deles, como nos seguintes casos: **(i)** crimes relacionados a hospitais e centros de saúde (arts. 228 e 229); **(ii)** crimes relacionados atos infracionais (arts. 230 a 235); **(iii)** crimes relacionados **à a**tuação da autoridade judiciária, membro do Ministério Público e membro do Conselho Tutelar (art. 236); **(iv)** crimes relacionados á colocação irregular em família substituta (arts. 238 e 239); e **(v)** crimes relacionados à pornografia, sexo explícito ou exploração sexual e corrupção de menores (arts. 240, 241, 241-A, 241-B, 241-C, 241-D, 241-E, 244-A e 244-B).

Nesse contexto, destaca-se o crime previsto no artigo 241 do ECA, que resta aperfeiçoado pela conduta de vender ou expor à venda fotografia, vídeo ou outro registro que contenha cena de sexo explícito ou pornográfica envolvendo criança ou adolescente, cominando-se a pena de reclusão, de 4 a 8 anos, e multa.

Em 1998, no julgamento do *Habeas Corpus* n. 76.689-0, a Primeira Turma do Supremo Tribunal Federal inovou, de forma

---

334. Esclarece Vicente Greco Filho: "*Na verdade, dois são os crimes previstos no dispositivo: realizar interceptação indevidamente e quebrar o segredo da Justiça. Os momentos de sua possível ocorrência são diferentes, os agentes, em princípio, serão diferentes, de modo que serão tratados, aqui separadamente. O crime de interceptação tem como antecedentes o art. 56 do Código Brasileiro de Telecomunicações e o art. 151, II, do Código Penal, que se encontram derrogados tacitamente quanto à conduta agora incriminada. Como se disse no início deste estudo, a interceptação é a violação feita por terceiro em face de dois interlocutores, não se aplicando, pois, à conduta unilateral de um deles. O crime consuma-se com o ato de interceptar, ou seja, intervir, imiscuir-se, ingressar em, independentemente de a conversa vir a ser gravada. Em tese, admite-se tentativa*" (GRECO FILHO, Vicente. *Interceptação telefônica*: considerações sobre a Lei n. 9.296, de 24 de julho de 1996. São Paulo: Saraiva, 1996, p. 41-40).

paradigmática, no tratamento conferido aos crimes digitais no Brasil, sob o fundamento de que é possível a adaptação do Código Penal e das legislações extravagantes para a repressão dos delitos praticados pela internet.

Neste julgamento, o Pretório Excelso, no voto de relatoria do Ministro Sepúlveda Pertence, firmou o entendimento de que a publicação de cena de sexo explícito infanto-juvenil pela internet configura o crime previsto no artigo 241 da Lei n. 8.069/90 (Estatuto da Criança e do Adolescente[335].

No caso em tela, adolescentes de quinze anos de idade, por meio da internet, veicularam imagens de crianças e adolescentes completamente despidos em práticas sexuais diversas, razão pela qual foi imputada, aos menores infratores, a prática de ato infracional equiparado ao crime do artigo 241 do ECA.

Diante disso, aos dois adolescentes foi imposta, perante a Vara da Infância e da Juventude da Comarca de Campina Grande/PB, medida socioeducativa de prestação de serviços à comunidade, pelo prazo de três meses, nos termos do artigo 112, inc. III, c./c. o artigo 241 da lei n. 8.069/90.

Os adolescentes, por intermédio de advogados, interpuseram recurso de apelação perante o Tribunal de Justiça do Estado da Paraíba, sendo negado o provimento ao recurso, em consonância com o parecer da Procuradoria Geral de Justiça.

Após, interpuseram recursos especial e extraordinários contra o acórdão que negou provimento à apelação.

Ainda inconformados, impetraram ordem de *Habeas Corpus* (*HC* n. 76.689-0) perante o Supremo Tribunal Federal, com pedido de liminar, com o objetivo de rejeição da representação, além do trancamento do processo e arquivamento, sob o fundamento de inexistir qualquer legislação específica referente aos fatos que lhes foram imputados.

Em geral, alegaram os impetrantes: **(i)** a atipicidade da conduta; **(ii)** a ofensa ao princípio da reserva legal; e **(iii)** a nulidade pela ausência do indispensável exame corpo de delito.

Quer dizer, argumentaram que o "pseudocrime" não existia no ordenamento penal nacional, não havendo qualquer previsão legal de inclusão de cenas pornográficas pela internet, com a consequente ofensa ao princípio da legalidade e o emprego de analogia *in malam partem*.

335. **STF, Primeira Turma, Habeas Corpus n. 76.689-0/PB, Rel Min. Sepúlveda Pertence, Julgado em 22/09/1998. Divulg. 06/11/1998.**

Nada obstante, de acordo com o voto do Ministro Relator Sepúlveda Pertence, o tipo penal em referência, ainda que norteado pelo princípio da legalidade, é uma norma aberta, eis que, para a caracterização do crime de pornografia infantil, basta a idoneidade técnica do veículo utilizado com a divulgação das cenas de sexo explícito pela internet para um número indeterminado de pessoas.

Trata-se de caso emblemático, eis que foi um dos primeiros a consolidar o entendimento de que é possível a prática de pornografia infantil pela internet.

Portanto, essa jurisprudência teve o condão de demonstrar que, na maioria dos casos, não há a existência de lacuna normativa para o tratamento dos crimes informáticos.

Da mesma arte, o artigo 241-A tipifica a conduta de oferecer, trocar, disponibilizar, transmitir, distribuir, publicar ou divulgar por qualquer meio, inclusive por meio de sistema de informática ou telemático, fotografia, vídeo ou outro registro que contenha cena de sexo explícito ou pornográfica envolvendo criança ou adolescente, cuja pena é de reclusão, de 3 a 6 anos, e multa.

Como figura equiparada, na mesma pena incorre quem (art. 241-A, § 1º): **(i)** assegura os meios ou serviços para o armazenamento das fotografias, cenas ou imagens de que trata o "*caput*" do artigo 241-A; e **(ii)** assegura, por qualquer meio, o acesso por rede de computadores às fotografias, cenas ou imagens de que trata o "*caput*" do mesmo artigo.

Nos termos do § 2º do aludido artigo, as condutas tipificadas nos incisos I e II do § 1º deste artigo são puníveis quando o responsável legal pela prestação do serviço, oficialmente notificado, deixa de desabilitar o acesso ao conteúdo ilícito de que trata o "*caput*" deste artigo.

Nessa senda, a 5ª Turma do Superior Tribunal de Justiça, no julgamento do RE 617.221/RJ, firmou o entendimento de que, mesmo que os agentes realizem troca particular de fotos pornográficas de crianças e adolescentes em ambiente virtual, resta caracterizado o crime do artigo 241 do ECA – atual artigo 241-A -, pois os próprios agentes permitiram ou ao menos correram o risco da difusão da imagem para um número indeterminado de pessoas, gerando um dano potencial às vítimas, as quais devem ser protegidas integralmente, por força do princípio da proteção integral.

Logo, é prescindível, para a caracterização do crime em questão apenas o dano efetivo ou real[336].

---

336. **STJ – 5ª Turma, RE 617.221/RJ, Rel. Min. Gilson Dipp, j 19/10/2004.**

O artigo 241-B também preceitua como crime a conduta de adquirir, possuir ou armazenar, por qualquer meio, fotografia, vídeo ou outra forma de registro que contenha cena de sexo explícito ou pornográfica envolvendo criança ou adolescente, com a cominação de pena de reclusão, de 1 a 4 anos, e multa.

Além do que, o artigo 247 da Lei n. 8.069/90 prevê como infração administrativa a conduta de divulgar, total ou parcialmente, sem autorização devida, por qualquer meio de comunicação, nome, ato ou documento de procedimento policial, administrativo ou judicial relativo a criança ou adolescente a que se atribua ato infracional, cuja sanção é a incidência de multa de três a vinte salários de referência, aplicando-se o dobro em caso de reincidência.

Nos termos do § 1º do mesmo artigo, incorre na mesma pena quem exibe, total ou parcialmente, fotografia de criança ou adolescente envolvido em ato infracional, ou qualquer ilustração que lhe diga respeito ou se refira a atos que lhe sejam atribuídos, de forma a permitir sua identificação, direta ou indiretamente.

Por fim, dispõe o § 2º do artigo 247 que se o fato for praticado por órgão de imprensa ou emissora de rádio ou televisão, além da pena prevista nesse artigo, a autoridade judiciária poderá determinar a apreensão da publicação.

i) Código Eleitoral e Lei n. 9.504/97 (Lei das Eleições)

O artigo 323 da Lei n 4.737/65 prevê como crime a conduta de divulgar, na propaganda, fatos que sabe inverídicos em relação a partidos ou candidatos e capazes de exercerem influência perante o eleitorado, cominando-se a pena de detenção de 2 (dois) meses a 1 (um) ano, ou pagamento de 120 a 150 dias-multa. Neste viés, a pena é agravada se o crime é cometido pela imprensa, rádio ou televisão (art. 323, parágrafo único).

Da mesma arte, o § 4º do artigo 33 da Lei n. 9.504/1997 (Lei das Eleições) prevê que a divulgação de pesquisa fraudulenta constitui crime, punível com detenção de 6 (seis) meses a 1 (um) ano, e multa no valor de cinquenta mil a cem mil UFIR.

j) Código Brasileiro de Telecomunicações e Lei de Rádio e Difusão Comunitária

Fundamentalmente, apontam-se duas legislações principais que passaram a regulamentar o serviço de telecomunicações no Brasil, a saber: **(i)** a Lei n° 4.117, de 27 de agosto de 1962; e **(ii)** a Lei n. 9.472, de 16 de julho de 1967.

Nos termos do artigo 70 da Lei n° 4.117/1962, constitui crime punível com a pena de detenção de 1 (um) a 2 (dois) anos, aumentada da metade se houver dano a terceiro, a instalação ou utilização de telecomunicações, sem observância do disposto nessa legislação e nos regulamentos. Precedendo ao processo penal, para os efeitos referidos neste artigo, será liminarmente procedida a busca e apreensão da estação ou aparelho ilegal (art. 70, parágrafo único).

De se ver que a Lei n° 4.117/62 foi revogada pela Lei n 9.472/97 (novo Código Brasileiro de Telecomunicações), salvo quanto à matéria penal não tratada na última lei e quanto aos preceitos relativos à radiodifusão[337].

O artigo 183 da Lei n 9.472/97 prevê como crime a conduta de desenvolver clandestinamente atividades de telecomunicação, apenada como detenção de 2 (dois) a 4 (quatro) anos, aumentada da metade se houver dano a terceiro, e multa de R$ 10.000,00 (dez mil reais). Nos termos do parágrafo único do referido artigo, incorre na mesma pena quem, direta ou indiretamente, concorrer para o crime.

Dispõe o artigo 184 que são efeitos da condenação penal transitada em julgado: **(i)** tornar certa a obrigação de indenizar o dano causado pelo crime; e **(ii)** a perda, em favor da agência, ressalvado o direito do lesado ou de terceiros de boa-fé, dos bens empregados na atividade clandestina, sem prejuízo de sua apreensão cautelar. Neste caso, considera-se clandestina a atividade desenvolvida sem a competente concessão, permissão ou autorização de serviço, de uso de radiofrequência e de exploração de satélite (art. 184, parágrafo único).

Por fim, o crime definido no Código Brasileiro de Telecomunicações é de ação penal pública, incondicionada, cabendo ao Ministério Público promovê-la (art. 185).

Além disso, a Lei n. 9.612, de 19 de fevereiro de 1998, instituiu o serviço de radiofusão comunitária no Brasil, consistente na radiodifusão sonora, em frequência modulada, operada em baixa potência e cobertura restrita, outorgada a fundações e associações comunitárias, sem fins lucrativos, com sede na localidade de prestação do serviço. O artigo 21 da mencionada legislação prevê como infrações administrativas: **(i)** usar equipamentos fora das especificações autorizadas pelo poder concedente; **(ii)** transferir a terceiros os direitos ou procedimentos de execução do serviço; **(iii)** permanecer fora de operação por mais de 30 (trinta) dias sem motivo justificável; **(iv)** infringir qualquer

---

337. Discute-se se há a ocorrência ou não de um conflito aparente de normas entre as disposições penais da Lei n. 4.117/1962 e da Lei n 9.472/1997.

dispositivo desta Lei ou da correspondente regulamentação. Assim, as penalidades aplicáveis em decorrência das infrações cometidas são advertência, multa e, na reincidência, revogação da autorização.

k) Lei n. 9.434/1997 (Lei de Transplantes)

A Lei n. 9.434/97 (Lei de Transplantes) dispõe sobre a remoção de órgãos, tecidos e partes do corpo humano para fins de transplante e tratamento.

Nos termos do artigo 11 da mencionada legislação, é proibida e veiculação, através de qualquer meio de comunicação social, de anúncio que configure: **(i)** publicidade de estabelecimentos autorizados a realizar transplantes e enxertos, relativa a estas atividades; **(ii)** apelo público no sentido da doação de tecido, órgão ou parte do corpo humano para pessoa determinada, identificada ou não, ressalvado o disposto no parágrafo único do mesmo artigo; e **(iii)** apelo público para a arrecadação de fundos para o financiamento de transplante ou enxerto em benefício de particulares.

Reza o parágrafo único do artigo 11 que os órgãos de gestão nacional, regional e local do Sistema Único de Saúde (SUS) realizarão periodicamente, através dos meios de comunicação social, campanhas de esclarecimento público dos benefícios esperados a partir da vigência da Lei n. 9.434/97 e de estímulo à doação de órgãos.

A lei de regência prevê algumas modalidades de crimes (arts. 14 a 20). O artigo 20 considera como crime a publicação de anuncia ou apelo público em desacordo com o disposto no artigo 11 da mesma legislação, cominando-se a pena de multa, de 100 a 200 dias-multa.

Com relação às infrações administrativas, dispõe o artigo 23 da Lei de Transplantes que sujeita-se às penas do artigo 59 da Lei n. 4.117/62 (Código Brasileiro de Telecomunicações)[338], a empresa de comunicação social que veicular anúncio em desacordo com o disposto no artigo 11.

---

338. "**Art. 59.** *As penas por infração desta lei são:* **a)** *multa, até o valor de NCr$ 10.000,00;* **b)** *suspensão, até trinta (30) dias;* **c)** *cassação;* **d)** *detenção. § 1º Nas infrações em que, a juízo do CONTEL, não se justificar a aplicação de pena, o infrator será advertido, considerando-se a advertência como agravante na aplicação de penas por inobservância do mesmo ou de outro preceito desta Lei. § 2º A pena de multa poderá ser aplicada isolada ou conjuntamente, com outras sanções especiais e estatuídas nesta Lei. § 3º O valor das multas será atualizado de 3 em 3 anos, de acordo com os níveis de correção monetária.*"

l) Crime de Importunação Sexual (CP, Art. 215-A) e Pornografia de Vingança (CP, Art. 218-C, § 1º)

A Lei n. 13.718, de 24 de setembro de 2018, alterou o Código Penal para tipificar os crimes de importunação sexual e de divulgação de cena de estupro, tornando pública incondicionada a natureza da ação penal dos contra a liberdade sexual e dos crimes sexuais contra vulnerável.

Ademais, essa legislação estabeleceu causas de aumento para os crimes mencionados, além de definir como causas de aumento de pena o estupro coletivo e o estupro corretivo.

Caracteriza crime de importunação sexual a conduta de praticar contra alguém se sem a sua anuência ato libidinoso com o objetivo de satisfazer a própria lascívia ou a de terceiro, cominando-se pena de reclusão, de 1 (um) a 5 (cinco) anos, se o fato não constitui crime mais grave (CP, art. 215-A).

Consequentemente, foi revogada a contravenção penal então prevista no artigo 61 do Decreto-Lei n. 3.688/1941 (Lei das Contravenções Penais), que possuía a seguinte redação: "*Importunar alguém, em lugar público ou acessível ao público, de modo ofensivo ao pudor*".

A figura típica outrora consistia em contravenção penal e, via de consequência, se inseria no grupo das infrações penais de menor potencial ofensivo, inviabilizando, em regra, a prisão em flagrante, além de ser possível a concessão de institutos despenalizadores da Lei n. 9.099/95, como nos casos da suspensão condicional do processo e da transação penal.

"Importunar" significa causar embaraço ou envergonhar. Utiliza-se do constrangimento em seu sentido comum, qual seja, o de expor alguém a uma situação moralmente desconfortável.

Esse constrangimento deve ser ofensivo à liberdade sexual, ou seja, contra o livre consentimento da vítima para a prática de ato libidinoso.

Também não mais se exige que a conduta seja cometida em local público ou a que o público tem acesso, como ocorria para a contravenção penal.

Caso seja praticado o constrangimento sem violência ou grave ameaça, não restará configurado o crime de importunação sexual, mas será o caso de crime de estupro (CP, art. 213, CP).

Por outro lado, outra modalidade de crime sexual pode ser engendrada pelas redes digitais, como no caso do crime de exposição pornográfica não consentida, também chamado de divulgação de cena de estupro ou de cena de estupro de vulnerável, de cena de sexo ou pornografia, previsto no artigo 218-C do Código Penal.

Configura essa modalidade delitiva com a conduta de oferecer, trocar, disponibilizar, transmitir, vender ou expor à venda, distribuir, publicar ou divulgar, por qualquer meio, inclusive por meio de comunicação de massa ou sistema de informática ou telemática, fotografia, vídeo ou outro registro audiovisual que contenha cena de estupro ou de estupro de vulnerável ou que faça apologia ou induza a sua prática, ou, sem o consentimento da vítima, cena de sexo, nudez ou pornografia, cominando-se pena de reclusão, de 1 (um) a 5 (cinco) anos, se o fato não constitui crime mais grave.

O § 1º do artigo 218-C do Substantivo Penal prevê modalidade na forma de pornografia de vingança (*revenge porn*), sendo que a pena será aumentada de 1/3 (um terço) a 2/3 (dois terços) se o crime é praticado por agente que mantém ou tenha mantido relação íntima de afeto com a vítima ou com o fim de vingança ou humilhação.

Em se tratando de crimes digitais, essa figura típica se enquadra no grupo do *sextortion*, ou seja, da extorsão por meio da divulgação de imagens íntimas e sexuais da vítima.

Porém, o § 2º do aludido dispositivo prevê hipótese de exclusão de ilicitude, pois não há crime quando o agente pratica as condutas descritas no *caput* do artigo 218-C em publicação de natureza jornalística, científica, cultural ou acadêmica com a adoção de recurso de impossibilite a identificação da vítima, ressalvada sua prévia autorização, caso seja maior de 18 (dezoito) anos.

Essa excludente de ilicitude tem a finalidade de evitar a colisão com o princípio constitucional da liberdade de expressão e de imprensa, viabilizando a publicação de natureza jornalística (CF, art. 5º, inc. IX).

Por fim, a Lei n. 13.772/18 inseriu o artigo 216-B no Código Penal, referente ao crime de registro não autorizado da intimidade sexual, que consiste na conduta de produzir, fotografar, filmar ou registrar, por qualquer meio, conteúdo com cena de nudez ou ato sexual ou libidinoso de caráter íntima e privado sem autorização dos participantes, cominando pena de detenção, de 6 (seis) meses a 1 (um) ano, e multa.

5. CRÍTICAS

Entende-se que, com a revogação da Lei de Imprensa, há um evidente vácuo legislativo no tratamento dos crimes praticados pela imprensa no Brasil, tanto em nível de direito material como processual penal.

Assim, a interpretação e a hermenêutica jurídicas ganham expressão para a interpretação dos crimes praticados pela imprensa, despontando como flagrante ofensa aos princípios da legalidade, da segurança jurídica e da proibição de proteção insuficiente em direito penal[339].

E, mesmo no campo da intimidade, a resposta criminal é insuficiente. Segundo Mariano da Silva, faz-se mister, seguindo o mandado constitucional implícito de criminalização, que o legislador se dedique à construção de um tipo penal específico para a proteção da intimidade e da vida privada, evitando a tipificação indireta por outros crimes[340].

A criação de tipos penais autônomos e especialmente destinados aos ilícitos praticados pela imprensa e pelas redes digitais é medida que robustece a segurança jurídica e, acima de tudo, a legalidade, em especial a taxatividade, definindo, de forma mais clara, as fronteiras entre a liberdade de crítica jornalística e os abusos praticados em seu contexto.

Logo, é salutar a construção de uma política criminal harmoniosa a eficiente para o enfrentamento dos crimes midiáticos, desde que respeitados os princípios e garantias fundamentais do Estado Democrático de Direito, tais como a intervenção mínima e a subsidiariedade penal.

5.1. Direito Material e PLS n. 236/2012 (Novo Código Penal)

Na perspectiva do direito material, entende-se que a Parte Geral do Código Penal ainda não se apresenta compatível com os crimes praticados pela imprensa, sobretudo com a ausência de modelos específicos de responsabilidade e de dosimetria da pena, sem a previsão, por exemplo, de atenuantes e agravantes às infrações cometidas pela mídia.

A inércia legislativa decorre da nítida falta de interesse político de regulamentar a matéria em nível criminal. Ademais, a maioria dos crimes contra honra, mesmo que praticados pela mídia, apresenta penas demasiadamente brandas, compondo-se de infrações penais de menor potencial ofensivo, no que tais seriam submetidas ao

---

339. Para Pedro Augusto Zaniolo: *"A interpretação é elemento fundamental para os ´crimes´ modernos, ainda mais quando a grande maioria desses não possui tipificação legal imediata e deve ser enquadrada no ordenamento jurídico existente, caso aplicável"* (ZANIOLO, Pedro Augusto. *Crimes modernos*: o impacto da tecnologia no direito. 3. Ed. Curitiba: Juruá, 2016, p. 51-52).

340. Por interpretação teleológica, o artigo 5º da Constituição Federal prevê mandados constitucionais implícitos de criminalização que autorizam a tutela penal da intimidade, como no caso dos incisos XI, XII, X e LVI (MARIANO DA SILVA, Cesar Dario. *Tutela penal da intimidade*. Curitiba: Juruá, 2015, p. 35 e 141-142).

procedimento sumaríssimo da Lei n. 9.099/1995 ou, subsidiariamente, ao próprio procedimento especial dos crimes contra a honra do Código de Processo Penal.

Com efeito, vislumbra-se uma incongruência da resposta criminal neste viés. Ainda que considerados infrações de menor potencial ofensivo pela reduzida pena cominada - leia-se, nos casos de contravenções penais e nos crimes em que a pena máxima não suplanta a dois anos -, certo é que os crimes contra a honra praticados pela mídia podem assumir, na prática, uma maior potencialidade lesiva, pois, além de atentarem contra a liberdade de expressão como direito fundamental, têm o condão de atingir diversas pessoas com maior intensidade de lesão ao bem jurídico.

Nesse sentido, as políticas internacionais em direitos humanos apontam diretrizes para a elaboração de uma legislação suficiente ao combate dos ilícitos praticados pela imprensa. Exemplificativamente, o princípio 10 da Declaração dos Princípios sobre Liberdade de Expressão indica como ilícito o caráter falso da publicação jornalística.

Acusa-se que a legislação penal brasileira então vigente, sobretudo nos crimes contra a honra, apresenta falhas neste âmbito, trazendo conceitos demasiadamente amplos. A título de argumentação, o crime de injúria, capitulado no artigo 140 do Código Penal, resta configurado com a conduta de *"Injuriar alguém, ofendendo-lhe a dignidade ou o decoro"*. Assim, esse tipo penal tem um sentido amplo, pois pode caracterizar como injúria até mesmo as opiniões que se situam dentro dos parâmetros legais do exercício da liberdade de expressão.

Em homenagem aos princípios da segurança jurídica, da legalidade e da taxatividade, faz-se imprescindível a edificação de um tipo penal específico aos crimes contra a honra praticados pela imprensa, a fim de se conferir os exatos contornos à dignidade penal da liberdade de expressão.

Aponta-se, por exemplo, o caso de certo jornalista que foi denunciado à Comissão Interamericana de Direitos Humanos no âmbito da OEA (Organização dos Estados Americanos).

Esse jornalista foi processado, civil e criminalmente, pelo vice-presidente do Tribunal de Justiça de Sergipe, o desembargador Edson Ulisses, por fazer críticas impessoais, por meio de uma crônica literária ficcional, ao modelo político coronelista que ainda subsistia no Nordeste. Ao final, o jornalista foi condenado pelo crime de injúria, a uma pena de 7 meses e 16 dias de prisão, convertida em prestação de serviços à comunidade e ao pagamento indenizatório de R$ 25.000,00.

Diante disso, o caso tornou-se objeto de denúncia à Comissão Interamericana de Direitos Humanos, com o pleito dos seguintes pontos para o processo penal: **(i)** o ressarcimento das custas processuais ao condenado; **(ii)** indenização por danos morais e materiais; **(iii)** cessão dos efeitos da sentença condenatória; e **(iv)** retratação pública oficial.

Em que pese ser objeto de diversas críticas científicas, o Projeto do Senado Federal n. 236/2012 (Projeto de Reforma do Código Penal) confere certo tratamento penal aos crimes cometidos pela imprensa e meios eletrônicos, a ponto de caminhar, ao menos que minimamente, em *pari passu* com os tratados internacionais de direitos humanos, sobretudo nos casos de responsabilização criminal pelo uso ilegal da liberdade de expressão.

De acordo com o princípio 10 da Declaração dos Princípios sobre Liberdade de Expressão, as leis de privacidade não devem inibir nem restringir a investigação e a difusão de informação de interesse público. A proteção à reputação deve ser garantida somente através de sanções civis, nos casos em que a pessoa ofendida seja um funcionário público ou uma pessoa pública ou particular que se tenha envolvido voluntariamente em assuntos de interesse público. Ademais, nesses casos, deve-se provar que, na divulgação de notícias, o comunicador teve intenção de infligir dano ou que estava plenamente consciente de estar divulgando notícias falsas, ou se comportou com manifesta negligência na busca da verdade ou falsidade das mesmas.

No mesmo sentido, dispõe o item 2 do art. 13 da Convenção Americana sobre Direitos Humanos (Pacto de São José da Costa Rica) que o exercício do direito de liberdade de expressão e pensamento não pode estar sujeito à censura prévia, mas a responsabilidades ulteriores, que devem ser expressamente previstas em lei e que se façam necessárias para assegurar o respeito dos direitos e da reputação das demais pessoas e a proteção da segurança nacional, da ordem pública, ou da saúde ou da moral públicas.

Assim, o PLS n. 236 traz as seguintes previsões:

(i) seguindo o Projeto n. 386/2011, propõe a criminalização do *sexting* como modalidade qualificada do crime de difamação, consistente no ato de divulgação não autorizada de imagens por meio eletrônico. Ademais, pune-se a difamação de alguém com a divulgação ou compartilhamento não consentido ou não autorizado de fotografia, vídeo ou imagem, por qualquer meio eletrônico ou digital, que contenha cena de sexo ou qualquer forma de exposição da intimidade da vítima.

(ii) propõe o aumento da pena até em dobro se os crimes contra a honra forem praticados por meio jornalístico, inclusive eletrônico ou digital, ou qualquer outro meio de comunicação que facilite a divulgação da calúnia, da difamação ou da injúria (art. 140, II). Nada obstante, não configura difamação e injúria caso envolva meramente a opinião desfavorável da crítica jornalística, literária, artística ou científica, salvo quando inequívoca a intenção de injuriar ou difamar (art. 141, II). Neste caso, exclui-se a ilicitude da conduta do agente (causa legal de exclusão da ilicitude).

(iii) confere uma maior punição aos crimes praticados pela internet, pois, seguindo diversos projetos de lei já em andamento (v.g., para a ameaça há o Projeto n. 225/2004, enquanto que para o constrangimento ilegal há o Projeto n. 481/2011), propõe-se a inserção da expressão "*inclusive por meio das redes sociais presentes na rede mundial de computadores – INTERNET*", a exemplo dos crimes de ameaça (art. 147) e de constrangimento ilegal (art. 146).

(iv) o artigo 81, II, alínea "*f*" do Projeto traz o reconhecimento de uma circunstância atenuante se o agente ter sofrido violação dos direitos do nome e da imagem pela degradação abusiva dos meios de comunicação social.

(v) prevê a possibilidade de a pessoa jurídica ser vítima de difamação, reconhecendo a exceção da verdade (art. 137, § 2º, II).

e **(vi)** traz a tipificação da interceptação ilícita[341].

Em que pese o intento de reprimir a criminalidade midiática, salienta Janaína Conceição Paschoal que "*Com a elevação da pena destinada à difamação, com grande repercussão, o projeto possibilita a perseguição dos jornalistas, o que não é desejável em democracias.*"[342].

Portanto, reconhece-se que o Projeto segue tratados de direitos humanos no campo da liberdade de expressão, embora apresente pontuais equívocos no tratamento dos crimes de imprensa. Sem prejuízo, entende-se que a atividade legislativa deve optar pela previsão

---

341. "**Art. 154.** *Realizar ou determinar a realização de interceptação de comunicações telefônicas, telemática ou ambiental sem autorização judicial ou com objetivos não autorizados em lei:* **Pena** *– prisão, de dois a cinco anos. Revelação ilícita* § 1º *Revelar para terceiro, estranho ao processo ou procedimento, o conteúdo de interceptação telefônica, telemática ou ambiental enquanto perdurar o sigilo da interceptação:* **Pena** *– prisão, de dois a cinco anos.* § 2º *Na mesma pena incide aquele que divulgar, sem justa causa, o conteúdo de interceptação telefônica, telemática ou ambiental.* § 3º *Aumenta-se a pena de um terço até a metade:* **I** *– se a divulgação ilícita for feita por meio da imprensa, rádio, televisão, internet ou qualquer outro meio que facilite a sua propagação; ou* **II** *– se o agente se vale do anonimato ou de nome suposto*".

342. PASCHOAL, Janaína Conceição. *Direito penal*: parte geral. 2 ed. Barueri: Manole, 2015, p. 186.

dos delitos midiáticos em legislações penais pontuais, prezando pela edificação de um sistema suficiente e que seja sistemicamente coerente neste viés, a ponto de cominar penas proporcionais a cada infração, tendo como baricentro a dupla face da proporcionalidade (proibição de excesso e proibição de insuficiência), conforme será analisado oportunamente.

5.2. Processo Penal

A criminalidade midiática também é objeto de dissensões na prática forense, sobretudo na perspectiva do processo penal. Com efeito, seguir o procedimento especial dos crimes contra a honra então previsto no Código de Processo Penal (arts. 519 a 523) causa mais embaraços que certezas, haja vista que a maioria dessas condutas se apresenta como infrações de menor potencial ofensivo, permitindo a incidência da Lei n. 9.099/1995.

Com relação ao direito de resposta, entende-se que, com o julgamento da ADPF n. 130/DF, esse instituto ainda encontrava previsão constitucional. Nada obstante, sob o ângulo infraconstitucional, não mais havia um procedimento especial voltado à regulamentação desse instituto.

Prezando pelo melhor balizamento do tema, recentemente foi editada a Lei n. 13.188/2015, em observância aos princípios da legalidade e da segurança jurídica.

Em suma, faz-se imprescindível a construção de uma política criminal destinada ao enfrentamento dos crimes de imprensa, a ponto de disciplinar especificadamente as matérias de direito material e processual penal correspondentes.

6. DIREITO PENAL DE IMPRENSA NO BRASIL

6.1. Sociedade de Risco e Mídia de Massa (Mass Media)

Fundamentalmente, as liberdades de expressão e de imprensa despontam como eixos estruturais das sociedades democráticas. Nada obstante, os mais diversos povos emitem suas opiniões, crenças e pensamentos em uma dinâmica extremamente acelerada e movida à transnacionalidade, dando-se azo à globalização da comunicação na sociedade pós-moderna[343].

---

343. Assevera Shecaira: *"A verdade é que se o processo globalizador traz inúmeras consequências no plano das relações humana, produz, igualmente, evidentes reflexos no direito penal e na criminologia, ciências que devem adotar como ponto de partida esse novo*

Nessa senda, a comunicação de massa não se confunde com a mídia de massa (*mass media*). Embora existam várias propostas conceituais, prevalece que o primeiro é o processo pelo qual um comunicador, podendo ser uma pessoa, um grupo de indivíduos ou grandes organizações, criam informações e, de forma profissionalizada, passa a transmiti-las a um grande grupo anônimo e heterogêneo de pessoas.

O segundo, por seu turno, consiste em tecnologias organizadas que permitem a comunicação de massa, tornando viável a transmissão tanto de notícias pessoais como de mensagens públicas para o público em geral. Compõe-se, em geral, de oito indústrias tradicionais, tais como jornais, rádio, televisão, revistas, livros, filmes, gravações e internet[344].

No aporte de Bauman, a linguagem tem a função de classificar os eventos ou objetos e, assim, propiciar a ordem do mundo, evitando a ambivalência nas experiências humanas. Porém, uma situação será ambivalente quando os instrumentos linguísticos não forem aplicados adequadamente[345].

Nos dias atuais, vivencia-se uma guerra moderna contra a ambivalência, gerada pelo caos e a falta de controle, em que o Estado não logra êxito em promover a ordem social e, via de consequência, cria possibilidades para que o particular o faça, surgindo a "privatização da ambivalência" ou a "competência especializada"[346].

Nesse contexto, a mídia de massa assumiu o monopólio das liberdades de expressão e do pensamento, a ponto de desvirtuar a real finalidade das notícias, passando a comercializá-las como pseudomercadorias, no que o julgamento midiático (*trial by media*) conforta a segurança e o medo da população[347].

---

paradigma de sociedade globalizada e excludente sempre que pretenderem ser efetivas em seus papéis de entendimento e equalização dos fenômenos criminais tais como têm se apresentado na atualidade" (SHECAIRA, Sérgio Salomão. *Criminologia*. 6 ed. São Paulo: Revista dos Tribunais, 2014, p. 32).

344. A propósito da atuação dos *mass media* na sociedade de massa, cf: WOLF, Mauro. *Teorias das comunicações de massa*. São Paulo: Martins Fontes, 2010.

345. BAUMAN, Zigmund. *Modernidade e ambivalência*. Tradução de Marcus Penchel. Rio de Janeiro: Jorge Zahar, 1999, p. 9-10.

346. BAUMAN, Zigmund. *Modernidade e ambivalência*. Tradução de Marcus Penchel. Rio de Janeiro: Jorge Zahar, 1999, p. 207 *et. seq.*.

347. PELUSO, Vinicius de Toledo Piza. Sociedade, mass media e direito penal: uma reflexão. In: *Revista Brasileira de Ciências Criminais*, São Paulo, v. 10, n. 39, p.175-187, jul./set. 2002, p. 179 e 185; CALLEGARI, André Luís; WERMUTH, Maiquel Ângelo Dezordi. "Deu no jornal": notas sobre a contribuição da mídia para a (ir)racionalidade da produção legislativa no bojo do processo de expansão do direito penal. *Revista Liberdades*, São Paulo, n. 2, p.56-77, set./dez. 2009, p. 57-64.

Analisando as influências sociais e psicológicas provocadas pelos *mass media*, Katz, Gurevitch e Hass identificaram cinco necessidades de diferentes grupos de pessoas e que se tornaram objetos de satisfação pela mídia de massa, a saber: **(i)** necessidades cognitivas, ou seja, relacionadas ao fortalecimento da informação, conhecimento e compreensão; **(ii)** necessidades relacionadas ao fortalecimento da experiência emocional, prazerosa e afetiva; **(iii)** necessidades de integração no âmbito na personalidade humana, relativas ao fortalecimento da credibilidade, da estabilidade e do *status*; **(iv)** necessidades de integração em nível social, relativas ao fortalecimento do contato com a família, os amigos e mundo; e **(v)** necessidades de evasão, relacionadas com a fuga ou a liberação de tensão.

Assim, o uso da mídia e o conteúdo a ser veiculado variam conforme a predisposição psicológica e as conveniências sociais, políticas, econômicas e religiosas de cada sociedade[348].

De todo caso, é possível notar que, no transcurso do tempo, grande parcela dos cidadãos, sobretudo aqueles pertencentes a sociedades culturalmente mais evoluídas, chegou a adquirir um maior senso crítico sobre as notícias difundidas pelos veículos de comunicação de massa, especialmente pela imprensa escrita, a ponto de discernir as notícias falsas das verdadeiras. Provavelmente, esse processo de conscientização tenha decorrido do maior acesso à educação, da evolução da consciência humana, do contato cultural, do enfrentamento de crises morais e econômicas, entre inúmeros fatores.

Assim, com o desenvolvimento da tecnologia a partir da década de 70, especialmente com a criação e difusão da rede mundial de computadores, os *mass media* têm perdido espaço para o *self media*, à medida que as necessidades humanas então mencionadas – e apontadas por Katz, Gurevitch e Hass – têm sido satisfeitas pelo uso da *internet*, conforme será analisado oportunamente.

Atendendo ao padrão do mercado midiático e à opinião pública, a atividade legiferante edifica um ilegítimo direito penal simbólico (retórico), pedagógico (ético-social) e emergencial, pois desvencilhado da função primordial de exclusiva proteção de bem jurídico[349].

Para André Callegari e Maiquel Wermuth, a opinião pública é formada, em grande parte, pelos discursos de medo e de insegurança

348. Para mais detalhes, conferir: KATZ, Elihu; GUREVITCH, Michael; HASS, Hadassah. On The Use of The Mass Media For Importante Things. In: *American Sociological Review*, Vol. 38, p.164-181; April/1973.

349. SILVA SÁNCHEZ, Jesús-María. *Aproximação ao direito penal contemporâneo*. Tradução de Roberto Barbosa Alves. São Paulo: Revista dos Tribunais, 2011, p. 450.

difundidos pelos meios de comunicação de massa, surgindo uma pressão popular sobre os poderes públicos para a realização de reformas penais[350].

Segundo Luiz Flávio Gomes, o populismo penal é a crença do povo, do legislativo e da mídia de que o recrudescimento das leis penais desponta como a panaceia para o enfrentamento da violência, da segurança pública e, acima de tudo, da criminalidade. Sem prejuízo, essa política punitivista é equivocada, pois não é erigida a partir dos dogmas da ciência penal e dos estudos criminológicos, dando-se azo à hipertrofia legislativa e ao direito penal simbólico. Neste viés, a mídia é a principal fonte que explora o medo e a insegurança social, perfazendo um populismo penal midiático, no sentido de que iniciativas de política criminal devem ser tomadas pelo Estado face à criminalidade[351].

Para Shecaira, a teoria da aprendizagem social leva a população a assimilar o comportamento não só por meio do êxito, mas também pela observação de modelos, a ponto de nortear-se a partir dos discursos da mídia. Complementa o predito autor que "*O estado subjetivo de insegurança acaba por influenciar, inexoravelmente, o funcionamento da justiça criminal e intervir na própria criação da legislação penal. Isto se dá através da exploração hábil da variável do crime que pode distorcer a realidade das estatísticas*"[352].

Nessa senda, a criminalidade deve ser refreada pelas agências de controle social, consistentes no conjunto de mecanismos e sanções sociais que buscam adaptar o comportamento do indivíduo às normas comunitárias.

Segundo Shecaira, o controle social formal é caracterizado pela atuação do aparelho político do Estado, tais como a Polícia, o Exército, o Ministério Público, o Poder Judiciário, entre outros. Já o controle social informal é realizado pela sociedade civil, contando com a participação da família, da escola, dos grupos de pressão, da opinião pública, da mídia, entre outros[353].

---

350. CALLEGARI, André Luís; WERMUTH, Maiquel Ângelo Dezordi. "Deu no jornal": notas sobre a contribuição da mídia para a (ir)racionalidade da produção legislativa no bojo do processo de expansão do direito penal. *Revista Liberdades*, São Paulo, n. 2, p. 56-77, set./dez. 2009, p. 57-64.

351. GOMES, Luiz Flávio; ALMEIDA, Débora de Souza de. *Populismo penal midiático*: caso mensalão, mídia disruptiva e direito penal crítico. São Paulo: Saraiva, 2013, p. 27 *et. seq.*.

352. SHECAIRA, Sérgio Salomão. A criminalidade e os meios de comunicação social de massas. *Revista Brasileira de Ciências Criminais*, São Paulo, v. 3, n. 10, p. 135-143, abr./jun. 1995, p. 139.

353. SHECAIRA, Sérgio Salomão. *Criminologia*. 6 ed. São Paulo: Revista dos Tribunais, 2014, p. 56.

Na perspectiva sociológica, o público é um fenômeno de massa que se comporta de maneira estranha à estrutura social, pois as instituições sociais dependem do próprio público para a auto-sustentação e manutenção ao longo do tempo[354].

Por conseguinte, a opinião pública é um fenômeno sobre o qual organiza determinado grupo e que pode assumir as mais diversas mudanças e conotações no tempo e no espaço. Entretanto, a partir do momento em que as opiniões passam a ser externalizadas, sobretudo por meio das propagandas e dos veículos de comunicação social, vislumbra-se o surgimento dos chamados grupos de pressão.

Para Celso Pinheiro de Castro, a propaganda é uma técnica de controle das atitudes desprovida de qualquer tipo de diálogo, tendo por finalidade propiciar um clima de necessidades, levando os indivíduos a satisfazer seus desejos da maneira como veiculado[355].

Assevera Bourdieu que a televisão caracteriza-se por uma "circular circulação da informação", debates falsos e a urgência das notícias, a ponto de concentrar o monopólio dos instrumentos de difusão da informação e o *fast thinking*[356]. Neste viés, o campo jornalístico se vale do "sensacionalismo" para reforçar a informação como mercadoria (cifra de venda ou *best-sellers*), deixando de transpassá-la com pureza e veracidade[357].

Sob o ângulo do *labeling approach*, as diferentes agências de controle sociocriminal realizam cerimônias degradantes ao indivíduo na sociedade, procedendo ao prejulgamento e, via de consequência, à estigmatização ou ao etiquetamento dos envolvidos em um processo criminal de delinquência secundária, com flagrante afronta aos princípios e garantias constitucionais à luz do Estado Democrático de Direito. Dessa forma, o controle social formal e o controle social informal permanecem distantes e anacrônicos ao efetivo combate dos crimes de imprensa[358].

---

354. CASTRO, Celso Antonio Pinheiro de. *Sociologia do direito*: fundamentos de sociologia geral; sociologia aplicada ao direito. 8 ed. São Paulo: Atlas, 2008, p. 266.

355. CASTRO, Celso Antonio Pinheiro de. *Sociologia do direito*: fundamentos de sociologia geral; sociologia aplicada ao direito. 8 ed. São Paulo: Atlas, 2008, p. 266-268.

356. BOURDIEU, Pierre. *Sobre a televisão*. Tradução de Maria Lúcia Machado. Petrópolis: Vozes, 1997, p. 30 *et. seq.*.

357. BOURDIEU, Pierre. *Sobre a televisão*. Tradução de Maria Lúcia Machado. Petrópolis: Vozes, 1997, p. 104-105.

358. Com origem nos Estado Unidos nos anos 60, a teoria do "*labelling approach*" inclina-se a diagnosticar o fenômeno delituoso em diferentes perspectivas, com destaque para a perspectiva interacionista, na qual as pessoas tornam sociais a partir do processo de interação com outros indivíduos e instâncias de controle. Logo, essa teoria procura compreender o fenômeno criminológico não a partir da ação ("*bad actors*"), mas com a reação

Tendo em vista a complexa organização da sociedade hodierna, a teoria dos sistemas sociais apresenta um importante instrumental para a compreensão conjuntural dos fenômenos sociais, sobretudo do direito e da comunicação social. Neste viés, o sistema é o conjunto estruturado pela relação conjunta e recíproca de elementos, sendo que o mundo ou a complexidade se situa em seu lado externo. Caracteriza-se por um sistema de "*autopoiese por excellence*", pois os subsistemas sociais se reafirmam a partir de sua própria estrutura, e assim sucessivamente, sem receber influências do ambiente externo[359].

Nesse universo, a realidade é algo intangível, de modo que a comunicação social, por meio do noticiário, da publicidade e do entretenimento, acaba por construir idealmente o ambiente externo, tornando-o intelectivo por todos[360].

Assim, propõe Luhmann a construção da teoria dos sistemas de comunicação social, segundo a qual a comunicação é um processo, pois pressupõe que um dos interlocutores entenda a informação repassada por outrem em uma cadeia contínua de informação. É bem de ver que a comunicação não é uma ação, mas é uma fonte imperceptível (*medium*) que torna algo perceptível[361].

Para o sociólogo alemão, um sistema não tem observador, mas meramente observa (observador de segunda ordem) a si mesmo

---

("*powerful reactors*") ou etiquetamento dos indivíduos em sociedade (SHECAIRA, Sérgio Salomão. *Criminologia*. 6 ed. São Paulo: Revista dos Tribunais, 201, p. 256 e 261-263).

359. LUHMANN, Niklas. *Sociologia do direito I*. Rio de Janeiro: Tempo Brasileiro, 1983, p. 175; CAMPILONGO, Celso Fernandes. *Interpretação do direito e movimentos sociais*. Rio de Janeiro: Elsevier, 2012, p. 163.

360. Preconiza Niklas Luhmann: "*A realidade dos meios de comunicação, sua realidade real, pode-se dizer, consiste em suas próprias operações. Imprime-se e difunde-se. Lê-se. Emissões são recebidas. Inúmeras comunicações envolvendo a preparação e a difusão subseqüente cobrem esse acontecimento. O processo de difusão, contudo, só é possível por causa da tecnologia. Seu modo de trabalho estrutura e limita aquilo que é possível como comunicação de massa. Isso tem que ser considerado em todas as teorias de comunicação. Contudo, não pretendemos ver o trabalho dessas máquinas, tampouco seu funcionamento interno mecânico e eletrônico, como operações internas do sistema dos meios de comunicação. Nem tudo o que é condição de possibilidade de operações sistêmicas pode ser partes das sequências operacionais do próprio sistema (Isso vale também, naturalmente, para seres vivos e, de forma geral, para todos os sistemas autopoiéticos). Há, portanto, muito sentido considerar a realidade real dos meios de comunicação como comunicações que passam por eles. Não duvidamos que essas comunicações ocorram de fato (embora, num sentido da teoria do conhecimento, todas as afirmações e, portanto, também esta são afirmações de um observador e, por conseqüência, possua sua própria realidade nas operações do observador*" (LUHMANN, Niklas. *A realidade dos meios de comunicação*. Tradução de Ciro Marcondes Filho. São Paulo: Paulus, 2005, p. 18).

361. LUHMANN, Niklas. *A realidade dos meios de comunicação*. Tradução de Ciro Marcondes Filho. São Paulo: Paulus, 2005, p. 17.

(autorreferência) e, ao mesmo tempo, aos outros indivíduos (heterorreferência), sem manter qualquer diálogo com o meio externo. Por conseguinte, exsurgem as irritações dos sistemas, eis que o próprio sistema observa as diferenças entre as informações de sua estrutura interna e aquelas existentes fora dele. Dessa forma, ocorre o acoplamento estrutural, ou seja, o sistema e o ambiente se adaptam mutuamente[362].

Nesse contexto, tanto o direito como a comunicação social passam por constante reestruturação na sociedade de risco. Com efeito, Ulrich Beck erigiu a teoria da nova sociedade mundial de risco sob o enfoque político-sociológico, segundo a qual os riscos têm uma dimensão global e catastrófica, com condições de acarretar a destruição da vida em massa, tal como ocorre nos crimes praticados pela imprensa, demandando novos contornos do direito penal e processo penal para a prevenção e repressão da criminalidade[363]. Sem embargo, assevera-se que a dogmática penal tem invocado a sociedade de risco com um tom diletante, como se fosse o único paradigma sociológico apto a erigir o direito penal moderno[364].

Adverte Janaína Conceição Paschoal que a concepção de sociedade de risco deve ser esmeradamente compreendida, pois tem gerado o alargamento do poder punitivo nas sociedades que se pretendem democráticas[365].

Destaca Guido Fidelis que a atuação da imprensa é marcada pela violência humana, o sensacionalismo e o pitoresco na sociedade moderna[366]. Assim, "*O jornalista tem a delicada missão de anunciar a verdade, despertando a própria consciência da dignidade e responsabilidade do homem, que fica ciente de seu valor e de sua humanidade.*"[367].

Na perspectiva criminológica, assevera Senderey que a atuação da imprensa produz os mais diversos reflexos no mundo jurídico, sobretudo na criminalidade. Exemplificativamente, aponta-se uma

---

362. LUHMANN, Niklas. *A realidade dos meios de comunicação*. Tradução de Ciro Marcondes Filho. São Paulo: Paulus, 2005, p. 21 e 27-33.
363. BECK, Ulrich. *Sociedade do risco*: rumo a uma outra modernidade. Tradução de Sebastião Nascimento. São Paulo: 34, 2010, p. 25-29.
364. VALENTE, Victor Augusto Estevam. *Direito penal de empresa & criminalidade econômica organizada*: responsabilidade penal das pessoas jurídicas e de seus representantes face aos crimes corporativos. Curitiba: Juruá, 2015, p. 34-35.
365. PASCHOAL, Janaína Conceição. *Direito penal*: parte geral. 2 ed. Barueri: Manole, 2015, p. 184.
366. FIDELIS, Guido. *Crimes de imprensa*. São Paulo: Sugestões Literárias, 1977, p. 19-28.
367. FIDELIS, Guido. *Crimes de imprensa*. São Paulo: Sugestões Literárias, 1977, p. 30.

influência maléfica sobre uma parte da comunidade, principalmente sobre os menores e adolescentes, já que o respectivo grupo ainda não possui uma maturidade suficiente para discernir as informações repassadas pelos veículos de comunicação social. Da mesma arte, acusa-se que a imprensa omite as próprias opiniões na crônica policial, a ponto de determinar o rumo nas investigações e dos processos criminais. Assim, verifica-se a verdadeira influência da mídia na administração da justiça[368].

Outro exemplo a ser mencionado é o caso da Escola Base, revelando que a imprensa não tem se inclinado nem sequer contribuído ao alcance da verdade justa, a ponto de aviltar o princípio da veracidade no contexto da liberdade de expressão.[369].

Paralelamente, identifica-se a manifestação do direito penal e processual subterrâneo e paralelo, exercido arbitrariamente pelos agentes da Administração Pública, pois, ao não seguirem fielmente as leis, acabam também por incidir na prática de infrações penais, a exemplo das torturas, dos desaparecimentos forçados, dos processos destituídos de garantias constitucionais e, acima de tudo, de afronta à liberdade de expressão.

Neste azo, as agências que compõem o sistema penal não atuam suficientemente dentro dos parâmetros da legalidade, acarretando um nítido *déficit* operacional e uma inversão de funções na própria atuação hierarquizada das instituições, como no caso dos órgãos de investigação e de persecução criminal (v.g., polícia, acusação, judicatura, etc.).

Por conseguinte, as agências executivas de controle assumem o ônus de aplicação da lei penal e processual penal, a ponto de constituírem um Estado paralelo (direito penal paralelo), como no caso da imprensa. Assim, tais agências não integram o discurso oficial e institucionalizado do direito penal, embora vejam-se na necessidade de punir com a mesma força que se esperaria da intervenção punitiva (v.g., multas de trânsito, sanções administrativas internas por irregularidades praticadas por funcionários, entre outros)[370].

Nesse prisma, entende-se que um dos possíveis caminhos para se conter os abusos à liberdade de expressão seja a solidariedade, a fim

---

368. SENDEREY, Israel Drapkin. *Imprensa e criminalidade*. Traduação de Ester Kosovski. São Paulo: José Bushatsky, 1983, p. 1

369. Para maiores detalhes, cf: RIBEIRO, Alex. *Caso escola base*: os abusos da imprensa. São Paulo: Ática, 1995.

370. ZAFFARONI, Eugênio Raúl; PIERANGELI, José Henrique. *Manual de direito penal brasileiro*. V. I. 2. ed. São Paulo: Revista dos Tribunais, 2009, p. 64-77.

de que a informação e a opinião sejam exercitadas em prol do coletivo e da felicidade geral, combatendo-se qualquer forma de monopólio do conhecimento, eis que jamais existiu verdade absoluta[371].

Logo, o julgamento da comunicação na era da informação global acarreta um direito material e processual penal exclusivamente simbólicos e emergenciais, a ponto de aviltar os princípios e garantias impostergáveis do Estado Democrático de Direito, tais como a *ultima ratio legis*, a fragmentariedade, o devido processo legal e a dignidade humana. Destarte, a política criminal deve ser compatível com os avanços da tecnologia e a atuação midiática na contemporaneidade, a ponto de melhor delinear a proteção dos bens jurídicos afetos à liberdade de expressão e aos direitos da personalidade, demandando o robustecimento da legislação e da hermenêutica jurídica à luz do Estado de Direito[372].

Uma vez analisadas as perspectivas sociológicas e criminológicas da imprensa no contexto da criminalidade, urge ponderar sobre os fundamentos materiais e processuais penais para o tratamento dos crimes praticados pela imprensa no Brasil.

6.2. Mandados Constitucionais de Criminalização e Proibição de Insuficiência

A Constituição estabelece mandados e proibições de proteção penal dos direitos fundamentais. Com efeito, existe uma relação axiológica-normativa entre a Constituição e o Direito Penal, que é identifica por meio de três ordens: **(i)** intervenção penal constitucionalmente proibida; **(ii)** intervenção penal constitucionalmente possível; e **(iii)** intervenção penal constitucionalmente obrigatória.

Na intervenção penal constitucionalmente proibida, o Texto Constitucional funciona como fonte material do direito penal, estabelecendo barreiras na criminalização de condutas.

Já na intervenção penal constitucionalmente possível, a *Lex Fundamentallis* funciona como fonte valorativa do direito penal. Isto é, há

---

371. BAUMAN, Zigmund. *Modernidade e ambivalência*. Tradução de Marcus Penchel. Rio de Janeiro: Jorge Zahar, 1999, p. 271.

372. Segundo Pedro Augusto Zaniolo: "*Destarte, todos os ramos do Direito: administrativo, constitucional, civil, penal, processual, eleitoral, tributário, internacional, comercial, financeiro, consumerista, ambiental, trabalhista etc., precisam ser revistos e adaptados a essa modernidade, que rapidamente nos envolve. Não somente a lei, mas também profissões jurídicas tendem a sofrer profundas transformações a partir dos efeitos mais visíveis da globalização.*" (ZANIOLO, Pedro Augusto. *Crimes modernos*: o impacto da tecnologia no direito. 3. Ed. Curitiba: Juruá, 2016, p. 39).

um paradigma na seleção dos bens jurídicos a serem penalmente tutelados pelo legislador ordinário.

Na intervenção penal constitucionalmente obrigatória, a Magna Carta é um fundamento do direito penal, determinando as hipóteses em que deve ocorrer a criminalização de condutas como forma de proteção dos direitos fundamentais. *In casu*, o legislador tem o compromisso de atuar por força dos mandados constitucionais de criminalização, também denominados ordens ou mandamentos de criminalização (ou de penalização).

A Constituição Penal, nesse quadrante, dedica-se à proteção dos direitos fundamentais, pautando-se na dupla face da proporcionalidade: ora estabelece a proibição de proteção - identificada doutrinariamente pelo princípio da proibição de excesso (garantismo negativo ou Übermassverbot) - ora determina o imperativo de tutela – também representado na doutrina pelo princípio da proibição deficiente (garantismo positivo ou *Utermassverbot*).

O direito penal passa a ser encarado como um instrumento essencial para a proteção dos bens e direitos fundamentais previstos na *Carta Matter*[373]. O próprio legislador constituinte, seguindo a concepção de algumas constituições europeias, teve a intenção de estabelecer comandos ao legislador ordinário para a criminalização de condutas que afrontam direitos dessa natureza. No magistério de Antonio Carlos da Ponte, *"os mandados de criminalização indicam matéria sobre as quais o legislador ordinário não tem a faculdade de legislar, mas a obrigatoriedade de tratar, protegendo determinados bens ou interesses de forma adequada e, dentro do possível, integral".*[374]

Insta salientar que a eleição de um mandado de criminalização é realizada por meio de uma leitura sistemática dos princípios que norteiam a Constituição, o que permite verificar qual a posição que o

---

373. Cabe salientar que as fontes do direito penal desmembram-se em fontes materiais e fontes formais. As fontes materiais (ou de produção) são representadas pelo Estado. No Brasil, a União tem competência privativa para legislar sobre matéria penal, *ex vi* artigo 22, inciso I, da *Lex Legum*. Os Estados também podem legislar sobre matéria desse caráter, desde que a lei complementar os autorize e de que tratem de pontos específicos, a teor do que dispõe o artigo 22, parágrafo único, da Constituição Federal. Importante também consignar que os veículos normativos que podem conter tipos penais são as leis de natureza ordinária e complementar (artigo 59 CF). Já as fontes formais (ou de conhecimento) dividem-se em: imediatas, representadas pela lei em sentido estrito, erigindo-se pelo princípio da legalidade; e mediatas, consistentes nos costumes e princípios gerais do direito, que, malgrado não tenham o condão de definir crimes, influem diretamente no âmbito da eficácia das leis.

374. PONTE, Antonio Carlos da. *Crimes Eleitorais*. São Paulo: Saraiva, 2008, p. 152.

bem jurídico ocupa na ordem constitucional. Ademais, as ordens de criminalização podem ser divididas em expressas e implícitas, sendo encontradas na forma de cláusulas pétreas[375] ou de preceitos constitucionais, conforme será analisado a seguir.

Nesse contexto, um mandado constitucional implícito de criminalização encontra previsto no inciso XIV do artigo 5º da Constituição brasileira de 1988, que consagra a liberdade de informação, pois é assegurado a todos o acesso à informação e resguardado o sigilo da fonte, quando necessário ao exercício profissional. Esse preceito constitucional deve ser interpretado sistemicamente com a inviolabilidade à honra e à vida privada e à proteção à imagem[376], sob pena de caracterização das responsabilidades civil e criminal do responsável pela publicação da matéria ofensiva[377].

Ademais, outro mandado constitucional de criminalização é o estampado no artigo 5º, § 3º, dispondo que os tratados e convenções internacionais sobre direitos humanos que forem aprovados, em cada Casa do Congresso Nacional, em dois turnos, por três quintos dos votos dos respectivos membros, serão equivalentes às emendas constitucionais.

Segundo a doutrina, esse mandado de criminalização é uma abertura da Constituição Federal para a criminalização de condutas afetas aos tratados e convenções internacionais de direitos humanos, permitindo a "oxigenação" e a calibração do ordenamento brasileiro[378].

Mesmo que não aprovados pelo procedimento descrito no § 3º do artigo 5º da Magna Carta, apontam-se os seguintes tratados e convenções internacionais de extrema importância para o combate da criminalidade, tanto em nível nacional como internacional: **(i)** Convenção de Palermo, para o enfrentamento do crime organizado transnacional; **(ii)** Convenção de Viena, para o combate da lavagem de dinheiro; **(iii)**

---

375. Nem todos os mandados de constitucionalização se apresentam na forma de cláusulas pétreas, malgrado sejam assim identificados nas seguintes normas constitucionais: i) ao racismo; ii) à tortura; iii) ao tráfico ilícito de entorpecentes e drogas afins; iv) à exploração sexual contra a criança e o adolescente; v) e à ação de grupos armados, civis ou militares, contra ordem constitucional e o Estado Democrático de Direito.

376. **Art. 5º, V** – *é assegurado o direito de resposta, proporcional ao agravo, além da indenização por dano material, moral ou à imagem."*

377. "**Art. 5º, X** – *são inviolável a intimidade, a vida privada, a honra e a imagem das pessoas, assegurado o direito a indenização pelo dano material ou moral decorrente de sua violação"*

378. Segundo Tercio Sampaio Ferraz Júnior, as regras de calibração são responsáveis pela regulagem ou ajustamento de um sistema (FERRAZ JÚNIOR, Tercio Sampaio. *Introdução ao estudo do direito*: técnica, decisão, dominação. 6. Ed. São Paulo: Atlas, 2012, p. 159-160).

Convenção de Combate à Tortura; e **(iv)** diversos tratados internacionais que regulamentam a liberdade de expressão e o direito de resposta.

Assim, a liberdade de expressão é um direito fundamental, com evidente dignidade penal, reconhecido na Declaração dos Princípios sobre a Liberdade de Expressão, na Declaração Americana dos Direitos e Deveres do Homem, na Convenção Americana sobre Direitos Humanos, na Declaração Universal de Direitos Humanos, na Resolução 59 da Assembleia Geral das Nações Unidas, na Resolução 104 adotada pela Conferência Geral da Organização das Nações Unidas para a Educação, a Ciência e a Cultura (UNESCO), no Pacto Internacional de Direitos Civis e Políticos e em outros instrumentos internacionais e constituições nacionais.

Portanto, entende-se que a liberdade de expressão deve ser protegida na forma de mandado constitucional implícito de criminalização (art. 5º, incs. IV e V, e art. 220, ambos da Constituição), pois os veículos de comunicação devem prezar pela elaboração e difusão de notícias dentro dos parâmetros de uma sociedade livre, justa e solidária e, acima de tudo, em respeito à democracia e à dignidade humana, tanto na perspectiva individual como coletiva (art. 1º), de modo que eventuais excessos devem submeter o infrator às responsabilidades civil e criminal.

Assim, entende-se que, sob a égide do Estado Democrático de Direito, a liberdade de imprensa deve sofrer limitações por decorrência de seu constante uso abusivo, a ponto de sujeitar os infratores às responsabilidades civil e criminal.

Do exposto, infere-se que esses ilícitos assumem uma elevada capacidade ofensiva, a ponto de configurarem as mais diversas infrações penais, de modo que se faz imprescindível o avigoramento do direito penal e processual penal aos crimes praticados pela imprensa no Brasil. Nada obstante, entende-se que, antes mesmo da resposta criminal, há que se dar preferência aos meios menos gravosos, tais como a indenização cível, o direito de resposta, a retratação e o pedido de explicações, conforme será analisado no decorrer do ensaio.

6.3. Alocação Sistêmica

Historicamente, vislumbram-se discussões doutrinárias sobre a alocação sistêmica dos crimes de imprensa, ou seja, se é mais apropriado o tratamento desses ilícitos no âmbito do direito penal comum ou do direito penal especial.

Para uma primeira corrente, o crime de imprensa deve ser submetido ao direito penal comum, pois é uma forma qualquer de delito meramente singularizada pelo meio empregado. Segundo Luis Jiménez de Asúa, é equivocado classificar o direito penal em especialidades, pois as respectivas matérias podem ser englobadas nos preceitos gerais do Código Penal. Assim, não há que se falar em um direito penal de imprensa, já que o meio pelo qual os crimes são praticados não justifica tamanha especialidade[379].

Por outro lado, há o entendimento de que os crimes de imprensa apresentam certas peculiaridades, a ponto de constituírem delitos *sui generis*, pois permitem que um mal seja amplamente difundido e, via de consequência, produza uma elevada lesividade na sociedade. Por conseguinte, esses crimes devem ser tratados no campo do direito penal especial.

Com a edição da Lei n. 5.250/1967, o legislador penal conferiu tratamento especial aos crimes de imprensa, reconhecendo as especificidades desses delitos com uma punição própria.

Em que pese esse intento, preleciona Darcy Arruda que *"A matéria, porém, está longe de ser pacífica"*[380]. Decerto, diversas legislações estrangeiras conferem tratamento ao crime de imprensa no âmbito do direito penal comum, com a incidência de agravantes ou causas de aumento de pena.

Para Darcy Arruda, os crimes de imprensa são delitos "*sui generis*", já que assumem características próprias e uma maior lesividade, de modo que não se confundem com os delitos comuns e, portanto, devem ser submetidos à legislação adequada[381].

Em apertada síntese, reconhece-se que os crimes de imprensa compõem-se de certas peculiaridades, de modo que devem receber um tratamento especial tanto do direito penal como do direito processual penal, contanto que resguardados os princípios liberais do Estado Democrático de Direito, notadamente a intervenção mínima e a fragmentariedade. Ademais, entende-se que a descodificação é o

379. ASÚA, Luis Jiménez de. *Tratado de derecho penal*: el delito. Tomo III. Buenos Aires: Losada, 1950, p. 61.

380. MIRANDA, Darcy de Arruda. *Comentários à Lei de Imprensa*. V. I. São Paulo: Revista dos Tribunais, 1969, p. 61.

381. Para Darcy Arruda: *"Ora, o delito de imprensa é um delito `sui generis´, com modalidades próprias, não se confundindo com o delito comum, razão pela qual exige uma legislação adequada, especial. O princípio informativo do delito de imprensa tem raízes mais profundas e mais complexas do que parece à primeira vista. Até em suas conseqüências difere do delito comum. Nem a responsabilidade `sucessiva´ que lhe é peculiar, consagrada em todas as legislações modernas, se adapta à legislação penal comum."* (MIRANDA, Darcy de Arruda. *Comentários à Lei de Imprensa*. V. I. São Paulo: Revista dos Tribunais, 1969, p. 63, grifo do autor).

meio mais apropriado para o enfrentamento da criminalidade midiática, conforme será analisado a seguir.

7. INTERVENÇÃO MÍNIMA E DESCODIFICAÇÃO

Tendo em vista que a função primordial do direito penal é a exclusiva proteção de bens jurídicos, certo é que, em geral, os crimes praticados no contexto da mídia são suscetíveis a causar maior danosidade tanto a bens individuais como coletivos indispensáveis à qualidade de vida do homem, a ponto de demandar uma resposta penal específica neste viés, em homenagem aos princípios da intervenção mínima e da fragmentariedade.

Corroborando do entendimento de Jónatas Machado, entende-se que a resposta penal deve incidir apenas em *ultima ratio legis*, dando-se preferência a meios menos gravosos para o tratamento dos ilícitos cometidos pela imprensa, sobretudo dos crimes contra a honra de pessoas públicas. A título de exemplo, a Resolução 1.577/2007 da Assembleia Parlamentar do Conselho da Europa aponta para a descriminalização da difamação na comunidade europeia, propondo aos Estados a abolição da pena de prisão a essa espécie delitiva, com a finalidade de evitar qualquer tratamento privilegiado às figuras públicas e, acima de tudo, o abuso na tipificação desse delito[382].

Em 04 de julho de 2016, o Tribunal de Justiça do Estado do Rio de Janeiro, em decisão proferida no Juizado Especial Criminal Adjunto à 2ª Vara Criminal da Comarca de Belford Roxo, declarou incompatível o crime de desacato (art. 331 do Código Penal) com o regime democrático, a liberdade de expressão e o direito à informação, não só pela inconstitucionalidade do tipo em comento com a Constituição brasileira de 1988, senão também pela inconvencionalidade com recentes decisões da Corte Interamericana de Direitos Humanos e tratados internacionais, tais como a Convenção Americana sobre Direitos Humanos e a Declaração de Princípios sobre Liberdade de Expressão. Nada obstante, sustenta-se que o reconhecimento da inconstitucionalidade ou inconvencionalidade do desacato não autoriza o desrespeito aos agentes públicos no exercício da função, de modo que deve se prezar pelo direito de resposta, pela indenização civil e, eventualmente, a caracterização de crimes contra a honra[383].

---

382. MACHADO, Jónatas E. M. *Difamação de figuras públicas*: tutela jurídica e censura judicial à luz do direito português. Curitiba: Juruá, 2016, p. 55.

383. Nos autos do processo n. 0013156-07.2015.8.19.0008, segue parte do teor da sentença: "*Os cidadãos têm o direito de criticar e examinar as ações e atitudes dos funcionários*

Em homenagem aos princípios da intervenção mínima e da fragmentariedade, entende-se que deve haver preferência, quando possível, a meios jurídicos menos gravosos para o enfrentamento dos ilícitos cometidos pela imprensa, tal como o direito civil, com a consequente responsabilidade civil extracontratual pela obrigação de indenizar. Antes mesmo da intervenção criminal, devem ser enaltecidas três premissas: **(i)** em um primeiro momento, a preferência é do direito de resposta ou de retificação como mecanismo jurídico menos gravoso – o que torna-se viável no direito brasileiro a partir da Lei n. 13.188/15 e da Lei n. 9.504/97; **(ii)** preza-se pelos meios de tutela penal e de tutela civil definitivos, a ponto de afastar a prevalência dos meios de tutela civil de caráter liminar, já que a segunda categoria interfere previamente na divulgação das informações e, assim, na liberdade de expressão; e **(iii)** privilegia-se a responsabilidade civil pela obrigação de indenizar, no sentido de que seja reparado o dano[384].

Sob o ângulo do direito penal chileno, preleciona Manuel Ángel Gonzáles Jara que a política criminal deve ter como fio condutor o garantismo, de modo que as garantias constitucionais e o direito penal demandam um extremo cuidado por parte do Estado tanto na criação como na aplicação das normas penais[385].

De acordo com o predito jurista, o Código Penal do Chile prevê delitos que encontram plena compatibilidade com a Constituição daquele país. Contudo, o aludido *Codex* contem uma série de disposições penais que parecem não guardar harmonia constitucional, obrigando o operador do direito a proceder um trabalho exegético rigoroso para encontrar a devida constitucionalidade[386].

---

públicos no exercício de suas funções. O exercício da função pública não se coaduna com melindres ou suscetibilidades por parte do agente estatal. Por outro lado, é bom consignar que a revogação ou o reconhecimento da inconstitucionalidade e/ou inconvencionalidade do crime de desacato não autoriza sejam os agentes estatais desrespeitados por parte dos cidadãos, que, em hipótese de abuso do exercício do direito de livre manifestação, continuarão sujeitos, conforme o caso, às responsabilizações civil (indenizações, reparações e/ou direitos de resposta), administrativo-disciplinar e/ou ainda eventualmente penal pelos crimes de injúria, calúnia e/ou difamação, cujos tipos penais, ao exigirem dolos específicos e bem delimitados, são de mais difícil caracterização e, por tutelarem a honra individual – e não a dignidade da Administração Pública ou do exercício do Serviço Público, como o crime de desacato –, colocam os cidadãos em pé de igualdade com os agentes públicos".

384. MACHADO, Jónatas E. M. *Difamação de figuras públicas*: tutela jurídica e censura judicial à luz do direito português. Curitiba: Juruá, 2016, p. 57.

385. GONZÁLEZ JARA, Manuel Ángel. *Marco penal de las libertades de expresión, opinión e información*. Santiago: Librotecnia, 2012, p. 20.

386. GONZÁLEZ JARA, Manuel Ángel. *Marco penal de las libertades de expresión, opinión e información*. Santiago: Librotecnia, 2012, p. 63-64.

Nesse contexto, a preferência por meios menos gravosos parece ser privilegiada à luz da Constituição brasileira de 1988 para assegurar o equilíbrio entre a liberdade de expressão e os direitos da personalidade. Dispõe o inciso V do artigo 5º da *Lex Fundamentalis* que é assegurado o direito de resposta, proporcional ao agravo, além da indenização por dano material, moral ou à imagem.

Salienta-se, no entanto, que algumas celeumas existem no campo da obrigação de indenizar, tais quais: **(i)** a indenização civil de valor inflacionado pode produzir um efeito de maior contundência que a resposta criminal, a ponto de colocar em risco a sustentabilidade da empresa de mídia, de modo que, para a fixação da indenização, sugere-se a leitura constitucional do equilíbrio econômico-financeiro da empresa e do jornalista; e **(ii)** a responsabilidade civil não apresenta uma fórmula certa e definitiva para a resolução dos litígios, a ponto de sempre comportar a ponderação dos bens jurídicos[387].

É bem de ver que esses fundamentos em nada afastam a necessidade da intervenção penal, mas que lhe conferem uma maior legitimidade à luz do Estado Democrático de Direito, seguindo a racionalidade de uma política criminal de intervenção mínima no contexto da comunicação social. Assim, ainda há um *minus* que conclama pela incidência do direito penal para o tratamento dos ilícitos praticados pela imprensa, haja vista a função de exclusiva proteção de bem jurídico.

Nessa senda, ganham expressão as técnicas de codificação e descodificação para o tratamento da criminalidade. Como se sabe, a codificação é representada não só pela aglutinação das leis penais extravagantes, como também pelo aprimoramento de certos institutos penais, propiciando o refinamento do sistema penal de dado país. Ademais, permite uma melhor sistematização da Parte Geral com os institutos específicos da Parte Especial, possibilitando um eficiente tratamento da delinquência[388].

Nada obstante, entende-se que a tipificação dos crimes de imprensa não deve se verificar no campo da codificação, mas, excepcionalmente, das legislações penais especiais, sob pena de engessamento do Código Penal no contexto dos crimes de imprensa, tamanha a dinâmica e versatilidade dos acontecimentos sociais na era da informação.

---

387. MACHADO, Jónatas E. M. *Difamação de figuras públicas*: tutela jurídica e censura judicial à luz do direito português. Curitiba: Juruá, 2016, p. 57.

388. A propósito dos aspectos desfavoráveis da não-codificação, cf: PONTE, Antonio Carlos da. *Crimes eleitorais*. São Paulo: Saraiva, 2008, p. 21.

Se não bastasse, a criação de uma legislação específica para a regulamentação de todos os temas afetos à imprensa, inclusive de ordem criminal, causaria o risco de atingir o *status* de preferência e o núcleo duro da liberdade jornalística, elevando a resposta jurídica ao extremo e ao arrepio dos princípios constitucionais.

Dessarte, a legislação penal esparsa deve guardar plena harmonia e compatibilidade com os institutos das teorias do delito e da pena preconizados no Código Penal. Na legislação extravagante, há de se construir um modelo de responsabilidade próprio dos veículos de comunicação e de seus representantes, desde que em conformidade com os ditames constitucionais, sobretudo com a responsabilidade subjetiva. Da mesma arte, devem ser construídas tipologias específicas aos crimes praticados no contexto da imprensa, máxime aos crimes contra a honra.

Todavia, entende-se que alguns dos institutos da clássica teoria do delito devem ser alçados a uma releitura à luz do Estado Democrático de Direito, máxime no campo da autoria (v.g., responsabilidade penal da pessoa jurídica; deveres de garante em delitos omissivos impróprios; programas de *compliance* em harmonia com os códigos de ética da imprensa; princípio da confiança; cegueira deliberada e cumplicidade através de ações neutras), do nexo causal (v.g., imputação objetiva) e do elemento subjetivo.

Logo, faz-se imprescindível a edificação de um direito penal de imprensa no Brasil por meio da descodificação, contanto que haja plena compatibilidade e harmonia da correlata legislação esparsa com as teorias do delito e da pena privilegiadas no Código Penal, seguindo os alicerces do direito penal liberal à luz do Estado Democrático de Direito.

De se ver que o direito penal deve conservar suas raízes nos mecanismos tradicionais da teoria do delito, embora deva buscar pontuais releituras de seus institutos para conformar o tratamento criminal aos avanços tecnológicos, incluindo a forma pela qual são manuseadas as informações pela imprensa e pelos sistemas informáticos na contemporaneidade. De toda sorte, entende-se que, antes mesmo da resposta criminal, há de se dar preferência aos meios jurídicos menos gravosos, tais como o direito civil e o direito administrativo.

CAPÍTULO IV

COMUNICAÇÃO SOCIAL E CRIMES NAS REDES DIGITAIS

1. *NOVOS MEDIA* E *SELF MEDIA*: COMUNICAÇÃO SOCIAL E A NOVA ROUPAGEM DA LIBERDADE DE EXPRESSÃO NAS REDES DIGITAIS

Conforme já assinalado, com o desenvolvimento da tecnologia a partir da década de 70, especialmente com a criação e difusão da rede mundial de computadores, a mídia de massa (*mass media*) tem cedido espaço para os *novos media* e, em extensão, para os *self media*, eis que, em geral, o público passou a ter um contato mais direto e pessoal com outros meios de comunicação e de informação, tal como as redes digitais.

Em um primeiro lugar, os *novos media* não se confundem com os *self media*.

Os *novos media* são espaços existentes nas redes digitais em que a informação é produzida de forma profissionalizada, de modo que os seus utilizadores se sujeitam às regras dos profissionais da informação. Entendemos que, na maioria dos casos, os *novos media* são utilizados por grandes grupos de comunicação social, tais como o jornalismo digital e a televisão digital.

Neste ponto, a imprensa, em especial o jornalismo impresso, ganhou um novo formato diante da difusão das redes digitais. Sustentamos que a imprensa, outrora escrita, tornou-se predominantemente digital, razão pela qual os profissionais da informação também estão suscetíveis à prática de delitos no ambiente digital.

Os *self media*, por sua vez, são uma extensão dos *novos media*, pois consistem em espaços de troca de informação, mas não de forma profissionalizada e sem qualquer submissão às regras dos profissionais da informação, geralmente como ocorre com os *bloggers*. Vale dizer, são espaços nos quais a informação é produzida pelo próprio utilizador e de forma não profissionalizada, pois deixa de cumprir com os requisitos exigidos para a atividade de jornalismo[389]. São exemplos

389. Complementa Inês Amaral e Helena Sousa: "*Os self media definem-se como espaços de informação não profissionalizada, na medida em que esta é produzida pelo utilizador*

de tais ambientes os *sites*, *blogs*, *Facebook*, *Twitter* ou o jornalismo hiperlocal, que é caracterizado pela produção de notícias especialmente endereçadas à determinada área e sem ser de forma profissionalizada, como se verifica em pequenas cidades ou bairros.

Nesse ponto, a internet permite a democratização do uso e da difusão da informação, assegurando que as diversas tribos e grupos de pessoas participem diretamente da vida social, tanto em níveis nacional e regional, como no internacional. Exemplificativamente, se reconhece que o jornalismo digital *online* possibilita a opressão às desigualdades sociais, garantindo uma maior inclusão das mulheres na sociedade e na própria atividade de jornalismo, de modo que aquele é frutífero à evolução da consciência humana; também propicia debates envolvendo os interesses em comum de determinado grupo[390].

Em miúdos, essa categoria de jornalismo permite novas formas de participação social e de expressão, sejam de ordem pessoal, sejam coletivas, bem como a interação humana e o incentivo de iniciativas políticas nos mais variados segmentos da sociedade.

Dessa forma, os *self media* criaram um novo paradigma da comunicação, contando com a atuação de novos atores sociais nos contextos regional, nacional e internacional.

Asseveram Inês Amaral e Helena Sousa que a atuação de tais autores é um paradoxo: ao mesmo tempo em que eles agem de forma individualizada, também se interagem em tribos cibernéticos ou na cibersociedade, tornando-se emissores e receptores simultâneos.

Esse papel pró-ativo possibilita a autoedição ou a interface, ou seja, o receptor da informação também se tornou emissor, de modo que ele

---

comum que, mesmo que seja especializado, não cumpre requisitos profissionais como os jornalistas. Será, na nossa opinião, esta a diferença entre self media e novos media: a questão profissional. O fenômeno dos bloggers profissionais pode tentar contrariar esta definição, no entanto a falta de regulamentação mantém a distinção. Na nossa perspectiva, os novos media referem-se aos espaços de informação profissionalizada que habitam na rede. Os self media são a sua extensão, na medida em que são espaços de troca de informação, mas não profissionalizada, já que são produzidos por utilizadores comuns que não estão sujeitos às mesmas regras que os profissionais da informação." (AMARAL, Inês; SOUSA, Helena. *A era dos Self Media*. In: *Revista Eletrônica Portas*, v.3, n.3, p. 9-17, 2009).

390. Advertem Lima e Sousa: "*Assim como apresenta crescente número de mulheres atuando no jornalismo profissional, há no Brasil um número significativo de publicações voltadas para mulheres, onde estas aparecem como fontes ou personagens das histórias, em especial no segmento de revistas. Mas, isto não quer dizer que as notícias e reportagens estabeleçam conteúdos que deixem de reforçar os estereótipos e preconceitos de gênero.*" (Cf. VECCHIO-LIMA, Myrian Del; SOUZA, Humberto da Cunha Alves de. Espaços Alternativos na Internet Como Formas de Viabilizar As Mulheres no Jornalismo Brasileiro. In: *Media e Jornalismo*. Nº 31, vol. 17, nº 2, p. 129-152. Imprensa da Universidade de Coimbra, 2017, p. 137).

"[...] *pode agora intervir diretamente na comunicação e tem possibilidades técnicas antes inimagináveis: pode publicar à escala global*"[391].

Assim, não só a imprensa, como também a liberdade de expressão assumiu uma nova roupagem no contexto das redes digitais, pois, ao mesmo tempo em que há o crescimento exponencial de meios de comunicação – em especial do ambiente digital -, novos problemas são gerados pelo uso de tais meios e com impactos sociais significativos, provocando, não raras vezes, a desinformação, como no caso das notícias falsas (*fake news*).

E, se antes os *mass media* eram suscetíveis à difusão de notícias falsas ou manipuladas, nos dias atuais os *self media* também se tornaram terreno fértil às influências do capital econômico e do poder político para a propagação de *fake news*.

Importante salientar que as notícias falsas são propagadas intencionalmente na internet pelo *hacktivismo*, ou seja, um conjunto de ações, geralmente ilícitas, destinado a promover determinada ideologia política, social ou religiosa no ambiente digital.

Se não bastasse, o *streaming* e os novos espaços artificiais de interação, geralmente por meio de jogos eletrônicos ou videojogos, geram os mesmos problemas que em outras comunidades *online* e *offline*, tendo em vista que parte dos seus usuários se envereda à discriminação, à xenofobia, ao sexismo, à violência e ao abuso[392].

Destacam Pinto, Cádima, Coelho e Dias: "*Uma minoria muito ruidosa de jogadores luta por espaços de jogos exclusivamente integrados por pessoas brancas, cisgênero, heterossexual e masculina, contrariamente à diversidade real dos jogadores destes mundos virtuais* [...]"[393].

---

391. AMARAL, Inês; SOUSA, Helena. *A era dos Self Media*. In: *Revista Eletrônica Portas*, v.3, n.3, p. 9-17, 2009.

392. O *streaming* pode ser definido da seguinte forma: "*Um stream é algo que acontece em direto, quase sem interrupções e que pode ser comentado em tempo real, pelos espectadores que estão naquele momento a assistir ao desenrolar dos eventos. Fazer um stream permite a existência de uma nova forma de televisão social, que fornece uma plataforma interativa, para a interação da audiência, a um nível mais pessoal com outros jogadores ou com jogadores profissionais (Edge, 2013). Existem várias plataformas de streaming, que criaram um mercado interativo exclusivo da internet, mas vamos focar-nos na mais popular e na mais bem conseguida, o TwitchTV ou Twitch.* (PINTO, David; CÁDIMA, Francisco Rui; COELHO, Joana; DIAS, Laura. *Streaming*, Questões de Gênero e Assédio Online. In: *Media e Jornalismo*. Nº 31, vol. 17, nº 2, p. 165-176. Imprensa da Universidade de Coimbra, 2017, p. 168).

393. PINTO, David; CÁDIMA, Francisco Rui; COELHO, Joana; DIAS, Laura. *Streaming*, Questões de Gênero e Assédio Online. In: *Media e Jornalismo*. Nº 31, vol. 17, nº 2, p. 165-176. Imprensa da Universidade de Coimbra, 2017, p. 170.

Certo é que, tanto nos casos dos *novos media* como nos dos *self media*, é possível a configuração de crimes no ambiente digital, principalmente pela internet, tais como os crimes contra a honra, de falsa identidade, de perseguição obsessiva ou insidiosa (*cyberstalking*), de discriminação, entre outros.

2. CRIMES NO AMBIENTE DIGITAL

A criminalidade informática não é fenômeno recente. Desde a década de 70, esse tipo de criminalidade, conhecida à época como criminalidade mediante computadores, tem sugerido a implantação e o desenvolvimento de novas formas de controle da manifestação patológica por meio da tecnologia.

Assinala-se que, em 1973, um dos casos emblemáticos de criminalidade econômica envolveu a manipulação de dados virtuais por certa empresa norte-americana de seguros, qual seja, a *Equity Funding Corporation of America*.

Neste caso, a *Equity* praticou fraude em seu sistema de processamento de dados destinado ao controle das apólices de seguros, sofrendo um prejuízo superior a 30 milhões de dólares e, via de consequência, chegando à falência .

Verifica-se que, ao menos um primeiro momento, a criminalidade mediante computadores era punida, preponderantemente, no contexto da criminalidade econômica. A título de exemplo, a Alemanha, uma das primeiras nações a legislar sobre o tema, passou a punir a criminalidade informática para garantir a proteção da ordem econômica.

Na década de 80, o Comitê Europeu chegou a certas conclusões sobre os problemas criminais de competência do Conselho da Europa, constatando que a criminalidade informática não violava unicamente a ordem econômica, senão também direitos de diversas naturezas, tais como a privacidade e os direitos autorais.

Em nível global, a Convenção de Budapeste prevê recomendações para o tratamento universal e uniformizado de prevenção e de combate à criminalidade digital.

Assim, o ciberespaço é o espaço virtual criado por meio das comunicações e dos meios tecnológicos disponíveis, sem necessidade de intervenção humana[394].

Vale dizer, possui noção conceitual demasiadamente ampla, envolvendo: **(i)** os espaços ou mundos virtuais, a exemplo da internet;

394. ANTUNES, Mário; RODRIGUES, Baltazar. *Introdução à Cibersegurança*: a internet, os aspectos legais e a análise digital forense. Lisboa: FCA, 2018, p. 102.

e **(ii)** a infraestrutura que viabiliza a comunicação global entre todos os usuários e equipamentos digitais, tais como as redes de telefones e telemóveis e outros meios convencionais.

Sustenta-se, nesse sentido, que o acesso à comunicação virtual, em especial o direito de acesso à internet, é um direito fundamental de quinta dimensão, guardando relação umbilical com os direitos humanos na atualidade.

Isto porque a internet é uma ferramenta indispensável para a inserção social e a educação do cidadão na globalização mundial, garantindo o alcance dos direitos sociais (CF, Art. 6º) e, via de consequência, um piso mínimo existencial, com fundamento na dignidade humana e no princípio da proibição ao retrocesso social (efeito *cliquet*).

Em que pese não ser expressamente previsto na Constituição, entendemos que o direito de acesso à internet encontra fundamento no § 2º do artigo 5º da Constituição Federal, sob o fundamento de que "Os direitos e garantias expressos nesta Constituição não excluem outros decorrentes do regime e dos princípios por ela adotados, ou dos tratados internacionais em que a República Federativa do Brasil seja parte".

Dessa forma, indispensável que o ordenamento jurídico interno, em especial o direito penal, seja conformado com a atual dinâmica dos direitos humanos em nível global.

Diante da eclosão da *cibercriminalidade* e dos crimes informáticos, deve o direito penal brasileiro ser compatibilizado com a Convenção de Budapeste, legitimando a edificação de um microssistema jurídico-penal que seja sistemicamente coerente e eficiente para a repressão dessa categoria de delitos, tanto em nível nacional, como na perspectiva da cooperação jurídica internacional.

Importante salientar que a *cibercriminalidade* também possui um sentido demasiadamente amplo, pois consiste em qualquer crime praticado no ciberespaço, embora seja comumente praticado na internet ou nas redes digitais.

Entendemos, nesse viés, que os crimes informáticos podem ser considerados como espécie de "*cibercrime*" (gênero).

Prevalece que os crimes informáticos são os ilícitos praticados contra os sistemas informáticos, os dados e informações alojadas nos sistemas de informação[395].

Nos dias atuais, constata-se um aumento exponencial nos crimes praticados por meio da internet, causando danos incomensuráveis

---

395. ANTUNES, Mário; RODRIGUES, Baltazar. *Introdução à Cibersegurança*: a internet, os aspectos legais e a análise digital forense. Lisboa: FCA, 2018, p. 102.

às pessoas físicas e jurídicas, tanto no setor público, como no setor privado.

Se não bastasse, não se vislumbra um efetivo controle de prevenção e repressão dessa criminalidade por parte do Estado, fomentando as situações de autotutela como forma de solução dos conflitos[396].

Assim, o Direito Penal tradicional não se apresenta, eficiente e suficientemente, apto ao combate dos crimes perpetrados na sociedade contemporânea, máxima dos delitos informáticos, eis que desvencilhado da carga axiológica da atual sociedade da informação e da tecnologia.

3. DOS CRIMES CONTRA A HONRA PRATICADOS PELA INTERNET

É comum que, em crimes contra a honra praticados pelos sistemas informáticos, o agente, para a criação de contas eletrônicas e o envio de *e-mails* falsos, atribui a si próprio múltiplas falsas identidades, com o fim específico de denegrir a reputação da vítima, seja da pessoa física, seja da pessoa jurídica, causando-lhes prejuízos morais e patrimoniais.

Discute-se, outrossim, se é viável a responsabilidade criminal de quem não só propala a ofensa, mas também do indivíduo que lança "curtidas" (likes) ou corrobora com comentário ofensivo publicado via *Facebook*.

Nessa linha, o Egrégio Tribunal de Justiça do Estado de São Paulo já reconheceu a corresponsabilidade daqueles que divulgam, sem a devida certificação da veracidade dos fatos, mensagens com conteúdos desabonadores à honra de terceiro[397].

---

396. Para Rossini e Brito: "A busca intensa por inclusão digital, em geral, aquém do adequado; a substituição de contato físico por relacionamentos via internet; a expansão e a popularização do comércio eletrônico; e, principalmente, o aumento das transações bancárias e financeiras pelo computador são as principais características identificadas na sociedade atual como incrementadoras dos riscos relacionados à delinquência informática". (ROSSINI, Augusto Eduardo de Souza; BRITO, Auriney Uchôa de. Apontamentos Sobre a Criminalidade Informática. In: *Direito Penal Econômico*: crimes financeiros e correlatos. Série GVLaw. VILARDI, Celso Sanchez; PEREIRA, Flávia Rahal Bresser; NETO, Theodomiro Dias (Coords). São Paulo: Saraiva, 2011, p. 184).

397. "**RESPONSABILIDADE CIVIL – AÇÃO DE INDENIZAÇÃO POR DANOS MORAIS – RÉS QUE DIVULGARAM TEXTO E FIZERAM COMENTÁRIOS NA REDE SOCIAL "FACEBOOK" SEM SE CERTIFICAREM DA VERACIDADE DOS FATOS – ATUAÇÃO DAS REQUERIDAS QUE EVIDENTEMENTE DENEGRIU A IMAGEM DO AUTOR, CAUSANDO-LHE DANOS MORAIS PASSÍVEIS DE INDENIZAÇÃO – LIBERDADE DE EXPRESSÃO DAS REQUERIDAS (ART. 5º, IX, CF) QUE DEVE OBSERVAR O DIREITO DO AUTOR DE**

Ainda, o entendimento firmado pelo Superior Tribunal de Justiça é o de que se exige a demonstração mínima do intento positivo e deliberado de ofender a honra alheia, o chamado dolo específico, ou seja, o animus "*caluniandi, diffamandi vel injuriandi*"[398].

Por outro lado, expressões eventualmente contumeliosas, ou seja, quando proferidas em momento de exaltação ou no exercício do direito de crítica ou de censura profissional, mesmo que veementes, descaracterizam o elemento subjetivo dos crimes contra a honra[399].

As notícias-falsas, chamadas de *fake news*, também podem configurar crimes contra a honra. E, quanto a grupos de *Whatsapp*, discute-se se o administrador de grupo pode também responder por eventuais ofensas proferidas por outros membros do mesmo grupo.

Além disso, há discussões sobre se as pessoas jurídicas podem ser vítimas de crimes contra a honra praticados pela internet, em especial de difamação[400].

INDENIZAÇÃO QUANDO VIOLADA A SUA HONRA E IMAGEM, DIREITO ESTE TAMBÉM CONSTITUCIONALMENTE DISPOSTO (ART. 5, V, X, CF) – VALOR ARBITRADO A TÍTULO DE DANOS MORAIS QUE DEVE SER REDUZIDO PARA FUGIR DO ENRIQUECIMENTO SEM CAUSA DA PARTE PREJUDICADA, PORÉM, MANTENDO O SEU CARÁTER EDUCACIONAL A FIM DE COIBIR NOVAS CONDUTAS ILÍCITAS – SENTENÇA PARCIALMENTE MODIFICADA, PARA MINORAR O QUANTUM INDENIZATÓRIO. RECURSOS PARCIALMENTE PROVIDOS. Ora, por certo é direito de todos a manifestação do livre pensamento, conforme artigo 5º, IX, da Constituição Federal. Contudo, caminha com este direito o dever de reparar os danos dela advindos se estes violarem o direito à honra (subjetiva e objetiva) do autor, direito este também disposto na Constituição Federal, em seu artigo 5º, V e X. Se, por um lado, o meio eletrônico tornou mais simples a comunicação entre as pessoas, facilitando também a emissão da opinião, sendo forte ferramenta para debates em nossa sociedade e para denúncias de inúmeras injustiças que vemos em nosso dia-a-dia, por outro lado, trouxe também a divulgação desenfreada de mensagens que não condizem com a realidade, e atingem um número considerável de pessoas, além da manifestação precipitada e equivocada sobre os fatos, dificultando o direito de resposta e reparação do dano causado aos envolvidos **[...]** Há responsabilidade dos que "compartilham" mensagens e dos que nelas opinam de forma ofensiva, pelos desdobramentos das publicações, devendo ser encarado o uso desse meio de comunicação com mais seriedade e não com o caráter informal que como entendem as rés" **(TJ/SP, Apelação n. 4000515-21.2013.8.26.0451, 2ª Câmara de Direito Privado, Rel. Des. Neves Amorim. Julgado em 26/11/2013).**

398. **STJ, APn 895/DF, Rel. Ministra NANCY ANDRIGHI, CORTE ESPECIAL, julgado em 15/05/2019, DJe 07/06/2019; STJ, AgRg no HC 395714/CE, Rel. Ministro SEBASTIÃO REIS JÚNIOR, SEXTA TURMA, julgado em 02/04/2019, DJe 11/04/2019.**

399. **STJ, RHC 93648/RO, Rel. Ministro ANTONIO SALDANHA PALHEIRO, SEXTA TURMA, julgado em 07/08/2018, DJe 13/08/2018.**

400. Segundo Patrícia Peck Pinheiro: *"Pela nossa experiência, grandes empresas estão mais expostas, portanto, são alvos mais fáceis. Quanto mais famosa e conhecida uma marca, mais incidentes ela está sujeita a passar na Internet no tocante ao uso não autorizado da marca, abuso de liberdade de expressão por terceiros, registro indevido de domínio*

Assinala-se que, geralmente, pessoas físicas e empresas com atuação de destaque em certo segmento do mercado são mais suscetíveis a sofrer abusos de identidade e da marca empresarial no ambiente digital, demandando uma proteção penal suficiente nesse âmago.

Nesse sentido, discute-se a pessoa jurídica pode ser vítima de crime de difamação, preceituado no artigo 139 do Código Penal.

De acordo com o entendimento predominante, sobretudo dos tribunais superiores, pode a pessoa jurídica, além das pessoas físicas, ser vítima de crime de difamação, pois, em uma sociedade tecnológica e da informação, tem ela honra objetiva e, via de consequência, tem uma reputação a zelar que, se violada, acarreta prejuízos à sua atividade econômica e, acima de tudo, à marca empresarial e aos colaboradores que ali ganham o seu sustento.

Por outro lado, as pessoas jurídicas não podem ser vítimas de crimes de calúnia (CP, art. 138), salvo se o fato imputado falsamente for imputado como crime ambiental.

Certo é que, em se tratando de crime de calúnia, envolvendo como vítima seja a pessoa física seja a pessoa jurídica, é indispensável que o agente que atribui a alguém fato definido como crime tenha conhecimento da falsidade da imputação[401].

Além disso, o Superior Tribunal de Justiça firmou o entendimento de que o crime de calúnia não resta caracterizado com afirmações genéricas e de cunho abstrato, razão pela qual a peça acusatória deve conter a descrição de fato específico e definido no tempo praticado pela pretensa vítima[402].

Importante salientar, outrossim, que a pessoa jurídica não pode ser vítima de injúria, porquanto ela não possui dignidade ou decoro. Ou seja, é inviável, no universo fenomênico e existencial, que a pessoa jurídica se sinta abalada em sua honra subjetiva, não assumindo condições psicossomáticas, inerentes ao ser humano, para construir juízo de valor acerca da sua própria honra e valores morais.

Se não bastasse, os crimes contra a honra, que são de ação penal privada, assumem outras peculiaridades quando praticados pela internet.

---

ou similar para fins de cybersquatting, uso da marca em e-mails falsos para ludibriar pessoas a passarem dados e a se contaminarem por arquivos maliciosos". (PINHEIRO, Patrícia Peck. *Direito Digital.* 6 ed. São Paulo: Saraiva, 2016, p. 391).

401. **STJ, RHC 77768/CE, Rel. Ministro REYNALDO SOARES DA FONSECA, QUINTA TURMA, julgado em 18/05/2017, DJe 26/05/2017.**

402. **STJ, RHC 77768/CE, Rel. Ministro REYNALDO SOARES DA FONSECA, QUINTA TURMA, julgado em 18/05/2017, DJe 26/05/2017.**

Em primeiro lugar, adquirem maior potencialidade de lesão à honra objetiva ou subjetiva da vítima, de modo que é cediço a configuração da causa de aumento de pena relativa ao fato de ter sido a ofensa praticada na presença de várias pessoas e por meio que facilitou a sua divulgação (CP, Art. 141, inciso III), além da continuidade delitiva (CP, Art. 71).

E, devido à inviabilidade de conhecimento pleno e imediato acerca da autoria do delito, corre-se o risco de se operar o prazo decadencial da ação penal privada.

Na prática, é comum a propositura de ação de obrigação de fazer cumulada com preceito cominatório e pedido liminar de tutela de urgência antecipada contra o provedor da aplicação empregada na prática ilícita, com a finalidade de obter dados cadastrais e registros eletrônicos vinculados à conta de e-mail que permitam identificar o ofensor para a sua ulterior responsabilização civil e criminal.

Diante do anonimato do ofensor, é necessário o ajuizamento da demanda cível, pois, de acordo com o artigo 10, § 1º, do Marco Civil da Internet, os provedores responsáveis pela guarda dos registros de acesso a aplicações de internet devem contribuir para identificação do usuário, porém somente poderão disponibilizar tais registros associados a dados pessoais, mediante ordem judicial.

Por fim, o artigo 22, parágrafo único, do Marco Civil da Internet estabelece que, para a formulação do pedido, devem estar presentes os seguintes requisitos: **(i)** fundados indícios da ocorrência do ilícito; **(ii)** justificativa motivada da utilidade dos registros solicitados para fins de investigação ou instrução probatória; e **(iii)** período ao qual se referem os registros.

Ademais, vislumbra-se a possibilidade de propositura de ação de obrigação de não fazer, com a finalidade de, por meio de tutela inibitória, impedir que o ofensor veicule novamente as ofensas pela internet.

Além disso, é possível de se pleitear o dano moral, a despeito das dificuldades práticas de se comprová-lo, sobretudo se a ofensa atingir pessoa jurídica e for veiculada para diversas pessoas pela internet.

In casu, é dificultoso de se quantificar os lucros cessantes, ou seja, quantos potenciais clientes o empresário ou a pessoa jurídica perdeu em razão da ofensa.

Por outro lado, geralmente não há problemas para se determinar o dano emergente, isto é, o prejuízo financeiro imediato e mensurável efetivamente sofrido pela vítima.

3.1. Da Imunidade Parlamentar Material (*Freedom of speech*)

À luz do Estado de Direito, o correto e acurado exercício da liberdade de expressão pressupõe, no mínimo, a veracidade e a responsabilidade social na manifestação e difusão de fatos e ideias, sobretudo no que diz respeito ao escorreito exercício do mandato parlamentar e à representação popular.

Sabe-se que os vereadores e deputados, por exemplo, são amparados pela imunidade parlamentar, a qual não é um privilégio, senão uma prerrogativa constitucional vinculada à função desempenhada por seu titular, com a finalidade de garantir a liberdade necessária para o exercício do mandato, embora ainda com restrições constitucionais.

De um lado, a imunidade absoluta, também chamada de imunidade material, substancial, real, de indenidade ou de *freedom of speech*, significa que os parlamentares são invioláveis, civil e penalmente, por quaisquer opiniões, palavras e votos (CF, Art. 53).

Certo é que a liberdade de expressão, de qualquer forma, desempenha uma função multissistêmica no Estado de Direito, pois, com fulcro na dignidade da pessoa humana, destina-se à procura da verdade, à criação de um mercado livre das ideias, à autodeterminação democrática, ao regular exercício do poder e da atividade governamental, ao desenvolvimento pacífico da sociedade, à expressão da autonomia individual e à formação e à diversidade da opinião pública na democracia comunicativa.

Entendemos, no entanto, que a liberdade de expressão, incluindo a imunidade parlamentar, não deve ser reputada um direito absoluto, sugerindo a ruptura com certos paradigmas constitucionais, pois, com fundamento no princípio da proporcionalidade, deve ser sopesada com os direitos da personalidade, cujos excessos de manifestação de ideias e de pensamento podem, inclusive, configurar ofensa à honra.

Oportuno registrar, pontualmente, a jurisprudência e julgados sobre o tema em referência.

Por exemplo, a imunidade não permite que parlamentar tente incriminar colega. Cita-se o caso em que certo deputado, após editar um vídeo, o publicou em seu perfil de *Facebook*, com a intenção de incriminar outro parlamentar pela prática de racismo, ou seja, de supostas ofensas proferidas contra grupos da sociedade.

Porém, o Supremo Tribunal Federal, no julgamento da Petição n. 5.705, entendeu que a edição do vídeo não é acobertada pela imunidade parlamentar, tendo em vista que o deputado, ao editar trechos, o fez com a intenção de imputar falsamente o crime de racismo ao outro parlamentar, no intento de prejudicá-lo[403].

Por outro lado, já foi decido que a imunidade parlamentar abrange trocas de ofensas. De acordo com o entendimento do Supremo Tribunal Federal, nas situações em que não é evidente o limite entre a liberdade de expressão e a ofensa, é salutar que seja priorizada a imunidade parlamentar para quaisquer opiniões, palavras e votos, com supedâneo no artigo 53 da Constituição Federal.

Assim, há uma evidente tolerância da Constituição em relação a certas falas, ainda que abusivas, de parlamentares, razão pela qual deve ser preservada a imunidade parlamentar, por imperativo constitucional[404].

E, no julgamento da Petição 6.587, a 2ª Turma do Supremo Tribunal Federal decidiu que a imunidade parlamentar se aplica a todas as manifestações que guardam relação com o desempenho da função legislativa ou que tenham sido proferidas em razão dela, inclusive o envio de mensagens via *WhatsApp*.

Ademais, todas as manifestações, ainda que manifestadas em âmbito extraparlamentar, são igualmente protegidas pela imunidade[405].

Na mesma linha, o entendimento do Superior Tribunal de Justiça é o de que os deputados federais e senadores usufruem de imunidade parlamentar material, afastando a tipicidade de eventuais condutas que sejam ofensivas à honra alheia, desde que tais sejam praticadas no âmbito de suas atuações político-legislativas, com esteio no artigo 53 da Constituição Federal.

Da mesma arte, essa prerrogativa é extensível aos deputados estaduais, com base no artigo 27, § 1º, da Lei Fundamental[406].

No que diz respeito ao advogado, a imunidade em seu favor, desde que relacionada ao exercício da sua atividade profissional, contemplada no artigo 7º, § 2º, da Lei n. 8.906/94 (Estatuto da Ordem dos

---

403. Trata-se do vídeo editado contra o deputado Jean Wyllys. Para mais detalhes, cf.: **Internet. https://www.conjur.com.br/2017-ago-29/imunidade-nao-permite-parlamentar-tente-incriminar-colega. Acessado em 23/01/2019**.

404. Para mais detalhes, cf.: **Internet. https://www.conjur.com.br/2017-ago-03/imunidade-parlamentar-tambem-abrange-trocas-ofensas-fachin. Acessado em 23/01/2019**.

405. Cf. **Internet. https://www.conjur.com.br/2017-ago-03/imunidade-parlamentar-vale-tambem-whatsapp-decide-stf. Acessado em 23/01/2019**.

406. **STJ, HC 443385/GO, Rel. Ministro RIBEIRO DANTAS, QUINTA TURMA, julgado em 06/06/2019, DJe 11/06/2019; STJ, REsp 1694419, Rel. Ministra NANCY ANDRIGHI, TERCEIRA TURMA, julgado em 21/08/2018, DJe 14/09/2018.**

Advogados do Brasil), não abarca o crime de calúnia, limitando-se aos crimes de injúria e difamação[407].

Prevê o aludido dispositivo legal: "*O advogado tem imunidade profissional, não constituindo injúria, difamação ou desacato puníveis qualquer manifestação de sua parte, no exercício de sua atividade, em juízo ou fora dele, sem prejuízo das sanções disciplinares perante a OAB, pelos excessos que cometer.*"

Neste caso, atua o advogado com a intenção de se defender (*animus defendendi*), sendo acobertado pela excludente de ilicitude prevista no artigo 142, inc. I, do Código Penal.

Nada obstante, a parte não responde por crime contra a honra decorrente de peças caluniosas, difamatórias ou injuriosas apresentadas em juízo por advogado credenciado[408].

4. DA PERSEGUIÇÃO OBSESSIVA OU INSIDIOSA (*CYBERSTALKING*)

O *stalking*, também chamado de perseguição obsessiva, persistente ou insidiosa, consiste em uma violência praticada pelo sujeito ativo, que invade, reiteradamente, a esfera de privacidade da vítima, empregando táticas de perseguição e meios diversos, tais como o envio de mensagens por correio eletrônico ou a publicação de fatos ou boatos pela internet, caso em que é chamado de *cyberstalking*.

Os motivos dessa prática são diversos, tais como o ódio, a inveja, entre outros.

De acordo com o *National Institute of Justice Centers for Disease and Prevention*, convencionou-se que o stalking tem o seguinte significado: "*Um curso de conduta direcionado a uma pessoa específica e que envolva repetitivas aproximações físicas ou visuais; comunicação não consensual; ameaças verbais, escritas ou implícitas ou uma combinação dessas estáticas, de modo a causar temor a uma pessoa razoável*"[409].

Nada obstante, não há uma figura típica específica para o stalking no ordenamento penal pátrio, embora seja possível a configuração

---

407. **STJ, RHC 100494, Rel. Ministro NEFI CORDEIRO, SEXTA TURMA, julgado em 12/02/2019, DJe 07/03/2019.**

408. **STJ, RHC 93648/RO, Rel. Ministro ANTONIO SALDANHA PALHEIRO, SEXTA TURMA, julgado em 07/08/2018, DJe 13/08/2018.**

409. TJADEN, Patricia; THOENNES, Nancy. Stalking in America: Findings From the National Violence Against Women Survey. In: *National Institute of Justice Centers for Disease and Prevention*, Abril de 2008, p. 1. Disponível em: https://www.ncjrs.gov/pdffiles/169592.pdf. Acesso em: 3 de outubro de 2018.

da contravenção penal de perturbação da paz ou tranquilidade, prevista no artigo 65 da Lei das Contravenções Penais (Decreto-lei nº 3.688/1941).

Condutas dessa natureza, por meio do envio de mensagens eletrônicas falsas e de conteúdos ofensivos, causam constrangimentos e prejuízos morais às vítimas.

Ademais, a sanção penal cominada a essa contravenção penal, qual seja, de prisão simples, de quinze dias a dois meses, revela-se desproporcional em relação à ofensa à tranquilidade e à paz praticada pela internet.

5. DOS CRIMES DE DISCRIMINAÇÃO PRATICADOS PELA INTERNET

A Lei n. 7.716/89 prevê os crimes de discriminação em razão de raça, cor, etnia, religião ou procedência nacional.

Fundamentalmente, a política de segregação racial é retratada pela postura da sociedade de impedir o gozo de direitos por uma parcela da população, com base na origem étnica. De todo caso, o combate à política de segregação racial foi intensificada diante de diversos acontecimentos históricos da humanidade, entre os quais a Segunda Guerra Mundial e o Apartheid.

Em 1923, Adolf Hitler elaborou sua obra intitulada Mein Kampf ("Minha Luta"), como uma forma de manifesto pessoal no período em que foi mantido na prisão, conjugando os ideários do darwinismo social com o antissemitismo, a ponto de enaltecer a supremacia da "raça ariana".

Após o fim da Segunda Guerra Mundial, a Alemanha passou a prever o crime de apologia ao nazismo, consistente no ato de promover ou praticar, sob qualquer argumento ou meio, as ideias doutrinárias ou institucionais do Partido Nacional Socialista Alemão dos Trabalhadores do Terceiro Reich.

No período compreendido entre os anos de 1948 e 1994, os sucessivos governos do Partido Nacional da África do Sul institucionalizaram um regime de segregação racial, denominado apartheid, pelo qual os direitos da maioria dos habitantes, em que grande parcela compunha-se de negros, foram cerceados pela minoria branca que integrava o governo.

Dessa forma, o discurso de ódio (*hate speech*) é a manifestação de valores discriminatórios que afronta a igualdade e incita a violência, dando-se azo aos crimes de ódio (*hate crimes*). Esse discurso entra em colisão com a dignidade da pessoa humana, da igualdade e do direito das minorias.

Diante disso, a Convenção sobre a Eliminação de todas as formas de Discriminação Racial foi adotada em 21 de setembro de 1965, no âmbito da ONU. Sob o ângulo do direito brasileiro, essa Convenção foi ratificada em 27 de março de 1968.

A incorporação dessa Convenção tem como fundamento a consciência de que a discriminação entre as pessoas por motivo de raça, cor ou origem étnica é um obstáculo às relações amistosas e pacíficas entre as nações, sendo capaz de perturbar a paz e a segurança entre os povos e a harmonia na convivência das pessoas, ainda que dentro de um mesmo Estado.

Para os fins dessa Convenção, "discriminação racial" significa toda distinção, exclusão, restrição ou preferência baseada em raça, cor, descendência ou origem nacional ou étnica que tenha por objeto ou resultado anular ou restringir o reconhecimento, gozo ou exercício em um mesmo plano (em igualdade de condição) de direitos humanos e liberdades fundamentais nos campos político, econômico, social, cultural ou em qualquer outro campo da vida pública (art. 1º).

Dessa forma, os Estados-partes têm o compromisso de programar políticas públicas capazes de assegurar efetivamente a progressiva eliminação da discriminação racial.

Nesse sentido, a Constituição de 1988, em seu artigo 3º, define como um dos objetivos fundamentais da República Federativa do Brasil a promoção do bem de todos, sem preconceitos de origem, raça, sexo, cor, idade ou quaisquer outras formas de discriminação, consagrando o princípio da igual formal ou teórica (artigo 3º).

Deve-se notar que a expressão "quaisquer outras formas de discriminação" refere-se às demais formas de discriminação não mencionadas explicitamente no aludido dispositivo constitucional, tais como orientação sexual, discriminação em razão da profissão, entre outras.

É bem de ver que o princípio da igualdade pode ser entendido sob dois prismas diferentes, ou seja, na perspectiva teórica (formal) ou prática (material).

A igualdade teórica ou formal é a posição igualitária dos cidadãos consagrada na Lei Fundamental, pois tem por finalidade evitar a distribuição desproporcional de direitos e garantias, seguindo a sistemática do artigo 3º, incisos III e IV, da Constituição.

Dispõe o artigo 5º da Carta Magna que todos são iguais perante a lei, se distinção de qualquer natureza, garantindo-se aos brasileiros e aos estrangeiros residentes no país, a inviolabilidade do direito à vida, à segurança e à propriedade, nos seguintes termos: (i) homens e mulheres são iguais em direitos e obrigações (inc. I); (ii) a lei punirá qualquer discriminação atentatória dos direitos e liberdades fundamentais (inc. XLI); e (iii) a prática do racismo constitui crime inafiançável e imprescritível, sujeito à pena de reclusão, nos termos da legislação específica (inc. XLII).

A igualdade material ou prática, por seu turno, significa que, no caso concreto, todas as pessoas têm as mesmas oportunidades e, assim, são iguais, proibindo-se qualquer forma de diferenciação. Esse princípio apresenta uma roupagem moderna na perspectiva da isonomia, qual seja, "tratar igualmente os iguais e desigualmente os desiguais, na medida de sua desigualdade".

Nessa senda, as ações afirmativas surgiram para promover a igualdade entre as pessoas e, assim, evitar discriminações ou qualquer tipo de diferenciação nas estruturas ou estamentos sociais.

Na perspectiva internacional, são previstas na Convenção sobre a Eliminação de todas as formas de Discriminação Racial, tendo por fim promover as igualdades formal e material das pessoas à luz dos direitos fundamentais. Ou seja, as ações afirmativas são permitidas, cabendo aos Estados-partes adotá-las para fomentar a promoção da igualdade étnico-racial.

Percebe-se que, sob o ângulo do direito brasileiro, o conceito das ações afirmativas é trazido pelo artigo 1º, parágrafo único, inciso VI, da Lei n. 12.288/2010 (Estatuto da Igualdade Racial), definindo-as como os programas e medidas especiais adotados pelo Estado e pela iniciativa privada para a correção das desigualdades raciais e para a promoção da igualdade de oportunidades.

Sob o ângulo do Direito Penal brasileiro, o enfrentamento da discriminação também perpassa pelos mandados constitucionais de criminalização, que são comandos emitidos pelo constituinte para a proteção de determinados bens jurídicos com dignidade penal, considerando a ordem e importância que ocupam tais bens na Lei Fundamental.

A eleição de um mandado de criminalização é realizada por meio de uma leitura sistemática dos princípios que norteiam a Constituição, o que permite verificar qual a posição que o bem jurídico a ser penalmente tutelado apresenta na ordem constitucional.

Como um dos mandados constitucionais explícitos ou expressos de criminalização, aponta-se o artigo 5º, inciso XLII, da Constituição Federal, que trata do racismo, de modo que tal mandado de criminalização foi atendido pelo legislador penal em nível infraconstitucional, sendo editada a Lei n. 7.716/1989.

E, ao longo da história, foram editadas as seguintes legislações para o tratamento dos atos discriminatórios no Brasil: (i) Ordenações Filipinas (1603); (ii) Constituição de 1824; (iii) Código Criminal do Império (1830); (iv) Lei Áurea (1988); (iv) Código Penal Republicano (1890); (v) Constituição de 1891; (vi) Constituição de 1934; (vii) Constituição de 1937; (viii) Código Penal de 1940, com a Reforma da Parte Geral trazida pela Lei n. 7.209/1984; (ix) Constituição de 1946; (x) Lei Afonso Arinos (1951), com alteração trazida pela Lei n. 7.437/1985; (xi) Constituição de 1969; (xii) Lei n. 6.629/1978 (art. 36 da Lei de Segurança Nacional); (xiii) Lei n. 7.716/1989 (Lei Antidiscriminação); (xiv) Lei n. 9.029/95, que se destina ao enfrentamento do preconceito referente à gravidez ou esterilização na admissão e nas relações de trabalho; (xv) Lei n. 12.984/14, que trata da punição da discriminação das pessoas portadoras do vírus da imunodeficiência humana e doentes de AIDS; e (xvi) Lei 13.146/15 (Estatuto das Pessoas com Deficiência), que alterou a Lei n. 7.853/89.

Discute-se se a proteção penal ainda é suficiente neste âmago, já que a Lei n. 7.716/89 deixa de tipificar os atos discriminatórios contra os homossexuais, portadores de deficiência e outros grupos étnicos da sociedade brasileira que apresentam vulnerabilidade, razão pela qual os crimes de ódio (*hate crimes*) merecem uma maior atenção nos dias atuais.

De todo caso, entrou em vigor, com relação aos portadores de deficiência, o Estatuto das Pessoas Com Deficiência (Lei 13.146/2015), que traz uma série de infrações penais que atenta contra esse grupo de pessoas, além de outros tipos de responsabilidade.

Nessa senda, cabe analisar se a discriminação em razão da orientação sexual é punida ou não na perspectiva de outras legislações, a exemplo da Lei Afonso Arinos.

Com efeito, a Lei n. 1.390/1951 foi a primeira legislação brasileira a tipificar, nas formas de contravenções penais, os atos de preconceito de raça e cor. Posteriormente, a redação original da Lei Afonso Arinos sofreu sensível alteração pela Lei n. 7.437/1985, que ainda encontra-se em vigor, a ponto de inserir, na forma de contravenções penais, a punição dos atos de discriminação em razão de sexo ou estado civil.

Logo, passaram a ser previstas as contravenções penais de preconceito de raça, cor, sexo e estado civil – ao passo que, atualmente, a Lei n. 7.716, de 1989 tipifica como crimes as condutas resultantes de discriminação ou preconceito de raça, cor, etnia, religião ou precedência nacional.

Discute-se, assim, se há legislação pertinente para a criminalização da discriminação em razão de sexo ou estado civil, havendo duas correntes neste viés.

Para uma primeira corrente, a Lei Afonso Arinos não foi recepcionada pela Constituição brasileira de 1988, pois exige a Magna Carta que, em nível ordinário, o racismo seja tipificado como crime e punido com reclusão. Por conseguinte, eventual discriminação em razão de sexo ou estado civil pode ser tipificada como injúria ou constrangimento ilegal, e não como contravenção penal.

Para uma segunda corrente, a Lei Afonso Arinos ainda continua em vigor, razão pela qual deve ser aplicada para a punição da discriminação em razão de sexo e estado civil, na forma de contravenção penal. Por exemplo, constitui contravenção penal negar hospedagem a alguém em função de seu estado civil, ou impedir a entrada em estabelecimento público em razão do sexo.

Cabe a compreensão, igualmente, da importância da Lei n. 7.716/1989 para o combate da discriminação no Brasil.

Em todos os delitos da mencionada legislação, a objetividade jurídica é a igualdade racial, com fundamento na dignidade da pessoa humana, coibindo a discriminação ou preconceito de raça, cor, etnia, religião ou procedência nacional.

São crimes comuns, de modo que qualquer pessoa pode figurar como sujeito ativo, inclusive com a possibilidade do próprio integrante da raça praticar racismo contra seus pares.

Um caso emblemático a ser citado se refere ao do editor Siegfried Ellwanger, que passou a expor em comercialização o *Hate Speech*, de modo que foi acusado do crime de discriminação, notadamente do crime de divulgação do nazismo ou da cruz suástica ou gamada, tipificado no § 1º do artigo 2º da Lei n. 7.716/89, que assim dispõe: "Fabricar, comercializar, distribuir ou veicular, símbolos, emblemas, ornamentos, distintivos ou propaganda que utilizem a cruz suástica ou gamada, para fins de divulgação do nazismo.".

Em 2003, o caso foi submetido ao Supremo Tribunal Federal, no julgamento do *Habeas Corpus* n. 82.424-2, tendo em vista a colisão entre os princípios da liberdade de expressão, com ênfase no direito de acesso à verdade histórica, e a dignidade da pessoa humana, com base na configuração do crime de discriminação.

Nessa esteira, entendeu o Pretório Excelso que não existe direito fundamental absoluto e, no caso apreciado, a liberdade de expressão deve ceder à dignidade humana, caracterizando o crime de discriminação.

Ademais disso, qualquer pessoa pode figurar como vítima nos diversos crimes da Lei Antidiscriminação.

Ademais, a perspectiva criminológica do perfil lombrosiano, que teve origem na Escola Positiva Italiana, pode ser considerada crime de discriminação. Caracteriza crime de racismo a seletividade de alguém a partir de seu perfil genético ou biológico, concebendo-o como "delinquente-nato", sendo que tal conduta é proibida à luz do Estado Democrático de Direito, com fundamento nos princípios da igualdade e da dignidade da pessoa humana.

Todos os crimes de discriminação tipificados na Lei n. 7.716/89 têm elementos normativos em comum, quais sejam, os crimes resultantes de discriminação ou preconceito de raça, cor, etnia, religião ou procedência nacional.

Por razão de conveniência, não foram repetidos em cada um dos tipos incriminadores esses elementos, mas previstos de forma genérica na mencionada legislação.

Dispõe o artigo 1º da Lei Antidiscriminação: "Serão punidos, na forma desta Lei, os crimes resultantes de discriminação ou preconceito de raça, cor, etnia, religião ou procedência nacional."

Assim, consideram-se, para a tipificação dessas infrações, dois requisitos: **(i)** atitude de preconceito e discriminação; **(ii)** em função de um aspecto específico, referente à raça, cor, etnia, religião ou procedência nacional da vítima. E, em que pesem entendimentos em sentido contrário, entende-se que o rol acima mencionado é taxativo.

A Lei n. 7.716/1989 prevê crimes formais ou de consumação antecipada, pois, para a sua caracterização, basta a prática da conduta discriminatória, independentemente da efetiva ocorrência do resultado naturalístico. Em regra, são crimes plurissubsistentes, de modo que admitida a tentativa.

Percebe-se, etimologicamente, que racismo não se confunde com discriminação, tampouco com preconceito.

O racismo é o conjunto de teorias e crenças que estabelecem hierarquia entre as raças ou etnias, além de atitude de hostilidade em relação a determinadas categorias de pessoas. Consequentemente, pode o racismo ser considerado um fenômeno cultural.

O preconceito, por sua vez, não é uma manifestação no plano concreto, mas meramente uma atitude mental. Vale dizer, é uma percepção mental negativa referente à raça, cor, etnia, religião ou precedência nacional de um indivíduo ou determinado grupo de pessoas, geralmente indicando uma atitude, opinião ou sentimento, seja favorável seja desfavorável.

Essa noção conceitual é trazida pelo artigo 1º da Convenção Internacional sobre a Eliminação de todas as formas de Discriminação Racial, ratificada pelo Brasil em 1968.

Por constituir-se em atitude mental, o preconceito, a rigor, não pode ser punido, pois, como já dizia Ulpiano, a cogitação não pode ser punida (*cogitationis poenam nemo patitur*). Logo, apenas pode ser punida a discriminação da forma de preconceito, o que chega a ingressar nos atos executórios do crime e, assim, na possibilidade de conatus (tentativa).

Ademais, mesmo que punido fosse, seria dificultoso de se provar a intenção discriminatório do infrator neste viés.

Em linhas gerais, o preconceito não é punível, salvo nos casos em que externalizado por atitudes, o que recairá no plano da discriminação.

A discriminação é a materialização do preconceito, ou seja, a conduta resultante, no plano concreto, de percepções materiais negativas referentes a raça, cor, etnia, religião ou procedência nacional, a ponto de haver a exclusão, restrição ou preferência de determinada pessoa em função dessas características. Em miúdos, consiste na conduta de discriminar ou discernir baseada no preconceito.

Dispõe o artigo 20 da Lei n. 7.716/1989 que configura crime de racismo a conduta de praticar, induzir ou incitar a discriminação ou preconceito de raça, cor, etnia, religião ou procedência nacional, cominando a pena de reclusão, de 1 (um) a 3 (três) anos, e multa.

É figura típica que trata da promoção genérica da discriminação, não havendo vítima determinada.

O crime tipificado no artigo 20 da Lei Antidiscriminação pode assumir a forma de exteriorização verbal do preconceito, o que, em certa parte, se aproxima do crime de injúria racial ou injúria qualificada pelo preconceito (art. 140, § 3º, CP), embora ambas as infrações sejam diferentes.

No crime de injúria racial, o dolo do agente é o de aviltar a honra subjetiva de determinada pessoa (autoestima). Tem como destinatário uma vítima determinada.

É crime de ação penal pública condicionada à representação (art. 145, parágrafo único CP), enquanto que os demais crimes contra a honra são de ação penal privada (queixa), salvo quando, no caso do art. 140, § 2º, da violência resulta lesão corporal (art. 145, *caput*).

Há a corrente de que o principal critério diferenciador entre a injúria racial e o crime de racismo é o fato de a injúria ser restrita a própria pessoa contra a qual foi proferida.

Já no crime de "racismo", a ofensa extrapola o âmbito da pessoa, de modo que o agente delimita o direito de ir e vir da vítima em razão da raça, cor, etnia, religião ou procedência nacional. Ou seja, o racismo impede a prática de exercício de um direito por parte de seu titular. Trata-se de crime de ação penal pública incondicionada.

Importante assinalar que, recentemente, o Supremo Tribunal Federal considerou que a injúria racial é crime imprescritível, pois se enquadra no conceito amplo de racismo à luz da Constituição[410].

Ademais, o Pretório Excelso, no julgamento da ADO n. 26/DF, também firmou o entendimento de que, até que o Congresso Nacional tipifique a homofobia e transfobia no ordenamento penal brasileiro, as condutas de discriminação na forma de preconceito contra a orientação sexual devem ser enquadradas na Lei Antidiscriminação.

Registra-se, nesse sentido, que são de competência da Justiça Estadual os crimes de discriminação previstos nos artigos 4º, 5º, 7º a 12 e 14, todos da Lei n. 7.716/1989, pois tais modalidades são praticadas no âmbito das relações privadas.

Por outro lado, são de competência da Justiça Comum Federal as seguintes modalidades: **(i)** artigo 3º, referente a acesso a cargo público, se o crime for cometido em órgão federal da administração direta ou em autarquia ou empresa pública federal; **(ii)** artigo 6º, atinente a acesso a estabelecimento de ensino, se o crime for perpetrado em instituição de ensino federal; **(iii)** artigo 13, cuja figura típica envolve as Forças Armadas; e **(iv)** artigo 20, correspondente à discriminação genérica, se o crime for cometido contra indígenas em razão de disputas sobre direitos indígenas, consoante dispõe o artigo 109, inciso XI, da Constituição Federal.

Em caso de internacionalidade, firma-se a competência da Justiça Federal, posto que o Estado Brasileiro é signatário da Convenção Internacional Sobre a Eliminação de Todas as Formas de Discriminação Racial (Art. IV, "a"), obrigando-se a reprimir o racismo

410. Esse foi o entendimento da 1ª Turma do Supremo Tribunal Federal, no julgamento dos embargos de declaração de decisão em Agravo Regimental no Recurso Extraordinário n. 983.531, do Distrito Federal.

e a discriminação, seguindo o disposto no artigo 109, inciso V, da Constituição Federal.

Além disso, a internet pode servir como meio de difusão do racismo ou de ideias preconceituosas ou discriminatórias, despertando a preocupação dos Estados, tanto em nível nacional, como no cenário internacional.

Preconiza Christiano Jorge Santos: "*Efetivamente, o uso da Internet para difusão de ideias racistas ou de práticas preconceituosas e de cunho discriminatório é extremamente preocupante e enseja a atenção permanente por parte dos Estados e de todo o mundo*"[411].

Assim, é possível a configuração do crime de discriminação genérica por meio da internet nas seguintes situações: **(i)** veiculação de discriminação contra negros, nordestinos e judeus, além da defesa do nazismo, em página da internet; **(ii)** criação de comunidade racista no Orkut e em demais endereços eletrônicos da internet.

Recentemente, aponta-se o caso do terrorismo (art. 3º, Lei n. 13.260/16) e de incitação ao crime (art. 286, CP) em contexto discriminatório, tais como apurados na Operação Intolerância (2012) e Operação Bravata (2018).

Na própria Operação Bravata, a condenação foi de 41 anos, 6 meses e 20 dias de prisão, além do pagamento de R$1 milhão e 678 dias de multa, no valor de 1/10 do salário mínimo vigente, como forma de reparação de danos. O valor da multa será destinado a programas responsáveis pelo combate de crimes cibernéticos, bem como a programas educativos nesta área.

Nos termos do § 3º do artigo 20 da lei de regência, é possível ouvido, o Ministério Público ou a pedido deste, ainda antes do inquérito policial, sob pena de desobediência, a determinação judicial das seguintes medidas assecuratórias: **(i)** o recolhimento imediato ou a busca e apreensão dos exemplares do material respectivo; **(ii)** a cessação das respectivas transmissões radiofônicas, televisivas, eletrônicas ou da publicação por qualquer meio; e **(iii)** a interdição das respectivas mensagens ou páginas de informação na rede mundial de computadores.

Nesse sentido, a jurisprudência diverge quanto à fixação da competência para apuração dos crimes de discriminação praticados pela internet.

---

411. SANTOS, Christiano Jorge. *Crimes de preconceito e de discriminação.* 2 Ed. São Paulo: Saraiva, 2010, p. 130.

Para a primeira corrente, firma-se a competência da Justiça Federal nos seguintes casos: **(i)** se a página estiver hospedada no exterior; **(ii)** se houver a utilização de provedores no exterior; e **(iii)** se houver a possibilidade de acesso à página no exterior.

Prevê o artigo 20, § 1º, da lei de regência forma qualificada do crime de discriminação, consistente nas condutas de fabricar, comercializar, distribuir ou veicular símbolos, emblemas, ornamentos, distintivos ou propaganda que utilizem a cruz suástica ou gamada, para fins de divulgação do nazismo.

Outra forma qualificada é disciplinada no artigo 20, § 2º, da Lei n. 7.716/1989, eis que a discriminação também pode ser praticada por intermédio de meios de comunicação social ou publicação de qualquer natureza, a exemplo da imprensa e da rede mundial de computadores, cuja pena é de reclusão, de 2 (dois) a 5 (cinco) anos, e multa. Essa figura típica corresponde a delitos previstos em outras legislações, tais como os delitos disciplinados na Lei n. 1.390/1983 (Lei Afonso Arinos) e no artigo 14 da extinta Lei de Imprensa.

Poderá o juiz determinar, ouvido o Ministério Público ou a pedido deste, ainda antes do inquérito policial, sob pena de desobediência (art. 20, § 3º): (i) o recolhimento imediato ou a busca e apreensão dos exemplares do material respectivo (inc. I); (ii) a cessação das respectivas transmissões radiofônicas, televisa, eletrônicas ou da publicação por qualquer meio (inc. II); e (iii) a interdição das respectivas mensagens ou páginas de informação na rede mundial de computadores (inc. III).

Constitui efeito da condenação, após o trânsito em julgado da decisão, a destruição do material apreendido (artigo 20, § 4º).

Com relação aos demais crimes, a Lei n. 7.716/1989 leva em conta o escalonamento de algumas condutas preconceituosas que impedem a prática de um direito por parte do seu titular.

O primeiro grupo de infrações compõe-se de crimes mais graves, punidos com pena de reclusão, de 3 (três) a 5 (cinco) anos, como no caso dos crimes previstos nos artigos 6º e 7º da lei de regência.

O segundo grupo abrange os crimes dos artigos 3º e 4º da Lei Antidiscriminação, punidos com pena de reclusão, de 2 (dois) a 5 (cinco) anos.

O terceiro grupo abrange os crimes previstos nos artigos 13 e 14 da lei de regência, ambos punidos com reclusão, de 2 (dois) a 4 (quatro) anos.

O quarto grupo se refere aos crimes mais leves, punidos com reclusão, de 1 (um) a 3 (três) anos.

Em todos esses crimes, constitui efeito da condenação a perda do cargo ou função pública, para o servidor público, e a suspensão do funcionamento do estabelecimento particular por prazo não superior a 3 (três) meses. (artigo 16), sendo que tais efeitos não são automáticos, devendo ser motivadamente declarados na sentença (artigo 17).

Porém, outros crimes, apesar de serem resultantes de preconceito, apresentam objetividade jurídica diversa, a ponto de não serem abarcados pela Lei n. 7.716/89, como no caso da injúria racial (artigo 140, § 3º, do Código Penal) e da condição análoga a escravo por motivos raciais (artigo 149, § 2º, do Código Penal).

Por fim, é possível a solução de conflitos relativos à discriminação ou ao preconceito internamente ("interna corporis") ou por via administrativa do provedor de serviços. Caso seja a discriminação praticada por meio da internet, os provedores de aplicação devem se nortear não somente pelas legislações nacionais e internacionais, senão também pela "autorregulação regulada" e por programas de conformidade ("compliance"), pois eles contam com autonomia privada para resolver os conflitos existentes entre usuários em suas próprias plataformas digitais, valendo-se de leis autônomas, procedimentos extrajudiciais, retirada de conteúdos ofensivos ou discriminatórios aos usuários, entre outros. Neste azo, a remoção extrajudicial de conteúdos ilícitos não avilta a liberdade de expressão e a livre manifestação do pensamento, tampouco a reserva de jurisdição. Caso a decisão administrativa seja objeto de contestação, o Poder Judiciário poderá ser acionado para reapreciá-la em termos legais. Em caso de utilização dos meios judiciais, segue-se o disposto nos artigos 19 e 21, ambos do Marco Civil da Internet".

Portanto, infere-se que há fundamentos constitucionais irrefragáveis para o enfrentamento da discriminação no Brasil, de modo que a prática de racismo constitui crime inafiançável e imprescritível, sujeito à pena de reclusão, nos termos da Lei n. 7.716/89, vedando-se qualquer forma de deficiência da tutela penal nesse viés, com fundamento nos princípios da dupla face da proporcionalidade, da igualdade e, acima de tudo, da dignidade da pessoa humana.

6. DAS PROVAS VIRTUAIS: *SOFTWARES* ESPIÕES, MÉTODOS OCULTOS DE INVESTIGAÇÃO E INFILTRAÇÃO DE AGENTES DE POLÍCIA NA INTERNET

É indispensável, para a análise dos crimes informáticos, a compreensão acerca da persecução criminal correlata, em especial da produção das provas digitais.

Em se tratando de manipulação de dados e informações pessoais, os autores dos crimes digitais são pessoas de perfil diferenciado, pois dotados de elevado conhecimento tecnológico e que se utilizam da internet para assegurar o anonimato.

Nessa esteira, a Constituição Federal veda expressamente o anonimato, que é a forma mais vil e torpe de se omitir o pensamento, motivo pelo qual os crimes praticados pela internet devem ser punidos, em especial a falsa identidade. Dispõe o artigo 5º, inciso IV, da CF: *"é livre a manifestação do pensamento, sendo vedado o anonimato".*

De se ver que esse é um dos principais empecilhos da persecução penal relativa aos crimes digitais, pois é cediço que o autor se utilize da internet como meio facilitador para a prática de ilícitos, principalmente para garantir o anonimato e a clandestinidade que ela proporciona.

Se não bastasse, é comum que autor dos delitos digitais proceda ao envio de e-mails em *ciber*cafés ou *lanhouses*, cujas redes corporativas permitem uso particular ou carecem de autenticação.

Dessa forma, é comum que cada estado discipline o fornecimento de dados cadastrais, tais como nome, documentos de identidade, endereço e demais dados disponíveis, para auxiliar na identificação de usuário que se utiliza da conexão à internet de alguma *lanhouse* ou cibercafé em período devidamente indicado.

Também são comuns as seguintes solicitações: **(i)** fornecimento de eventuais filmagens feitas por câmeras de filmagem instaladas no estabelecimento comercial ou em sua fachada para auxiliar na identificação do responsável; e **(ii)** fornecimento de eventuais comprovantes de pagamento para utilização da internet e qualquer outra evidência que for possível para identificação do infrator.

Entendemos, neste azo, que as provas periciais não devem se restringir a simples e-mail e a números de Internet Protocol (IP). Em verdade, para a demonstração da autoria e da prova da materialidade do delito, é indispensável que outras provas virtuais sejam robustas e cuidadosamente produzidas, tais como a perícia virtual, a ligação de sinais da internet e de sinais *wireless* (*wi-fi*), procedimentos auditáveis, ata notarial, entre outros.

Com efeito, pode ocorrer de o suposto número de Internet Protocol (IP) fornecido ser considerado um IP "dinâmico", havendo uma mutação contínua de máquinas de usuários que se valem do mesmo endereço de IP para, assim, navegar pela rede mundial de computadores. Explica-se:

O IP é, a rigor, um código numérico atribuído a cada dispositivo conectado em uma rede, de modo que esse número é único para cada aparelho, ou seja, é encarado como um endereço desse equipamento.

Devido à quantidade excessiva de usuários na rede mundial de computadores no Brasil, não há números de IP suficientes para todos os usuários, razão pela qual um único número de IP, que pertence a certa rede de operadora, pode designar a utilização e o acesso à internet por mais de uma máquina de usuário.

Além disso, o IP "dinâmico" se refere a um endereço que muda constantemente, ou seja, quando o usuário liga o modem ou em intervalos de tempo definidos pelo provedor, o que geralmente ocorre em conexões domésticas.

Cabe dizer, o endereço de IP "dinâmico" é passível de mudança a todo momento, não se sabendo ao certo qual o endereço da máquina que teve acesso à internet.

Discute-se, outrossim, acerca da veracidade e da carga probatória das atas notariais.

Para uma primeira corrente, a ata notaria assume apenas presunção relativa, haja vista que o interessado comparece junto ao cartório e indica ao tabelião o conteúdo que deve ser preservado, seja ele original seja fabricado, sendo este lavrado sem a adoção de procedimentos ideais de conferência do conteúdo.

Nessa linha, a doutrina, ciente acerca dessa realidade, reconhece que o conteúdo atestado em ata notarial não deve ser tomado com força probatória absoluta (*jure et de jure*), mas deve ser objetivo de relativização, ou seja, de presunção relativa (*juris tantum*):

E, se a presunção relativa da ata notarial é adotada na esfera cível, com mais cuidado e diligência deve ser na seara criminal, na qual se discute os bens jurídicos mais caros do cidadão.

Para outra corrente, é indispensável que a vítima preserve, para a comprovação das ofensas, os conteúdos por meio de ata notarial, que é documento dotado de fé pública, nos termos do art. 384 do Novo Código de Processo Civil, c/c o artigo 232 do Código de Processo Penal .

Neste viés, é possível a utilização da ata notarial como prova no processo penal digital.

Também é possível a solicitação às operadoras de telefonia celular para o fornecimento de dados e de ligações telefônicas registradas em ERB´S (Estações-Rádio Base), com fundamento no artigo 5º, inciso XII, da Constituição Federal.

Sustentamos, de qualquer sorte, que a identificação do usuário na internet deveria ser realizada por meio do fornecimento pleno dos seus dados pessoais, inclusive com biometria e certificado digital, reunindo-os todos em um banco de dados de identificação no âmbito nacional.

Portanto, duas alternativas se revelam possíveis, à primeira vista, para a tutela penal no ambiente virtual, com o desiderato de afastar qualquer proteção deficiente.

A primeira seria a criação de uma identidade digital obrigatória no Brasil e sua compatibilização com o crime de falsa identidade (CP, Art. 307). A outra também demandaria a criação da identidade digital obrigatória, mas acompanhada da formulação de um novo tipo penal que tratasse, de forma específica e suficientemente, de conduta que atente contra a identidade digital.

In pari passu, revela-se indispensável a conjugação entre os métodos ocultos de investigação criminal e a prova digital, com a finalidade de garantir a eficiência da persecução criminal.

Com relação ao Marco Civil da Internet, os provedores têm a responsabilidade de fornecimento de dados a partir do advento da aludida legislação. Porém, já foi decidido que o Facebook não precisa revelar os dados apagados de determinado usuário antes da entrada em vigor do Marco Civil[412].

Além disso, outra questão de suma importância a ser enfrentada no direito brasileiro se refere à infiltração clandestina em sistemas de tecnologia da informação, com o escopo de realizar investigações criminais.

Além de não existir qualquer precedente na Suprema Corte, havia uma insuficiência legislativa no que diz respeito à possibilidade de utilização de softwares espiões com o propósito de monitorar online as atividades cibernéticas.

Nada obstante, a Lei n. 13.441, de 8 de maio de 2017, alterou a Lei n. 8.069/90 (Estatuto da Criança e do Adolescente) para prever a infiltração de agentes de polícia na internet, com o fim de investigar crimes contra a dignidade sexual de criança e de adolescente.

Ocorre que essa alteração legislativa não se aplica a todos os crimes, mas unicamente aos delitos contra a dignidade sexual de crianças e adolescentes, havendo uma insuficiência da proteção penal nesse âmago.

Discutia-se se, antes do advento da Lei n. 13.441/17, era viável a aplicação analógica, a todas as infrações penais, dos procedimentos de

---

412. Cf. **Internet. https://www.conjur.com.br/2017-out-22/facebook-nao-revelar-dados-apagados-antes-marco-civil. Acessado em 23/01/2019**.

interceptações telefônicas e telemáticas, regulamentados pela Lei n. 9.296/1996, para fundamentar a utilização de *software* espiões e, consequentemente, o monitoramento *online* das atividades cibernéticas.

7. DA COMPETÊNCIA

Em nível dos Tribunais Superiores, discute-se acerca dos critérios de fixação de competência para processamento e julgamento dos delitos informáticos.

Primeiramente, o fato de o crime ter sido praticado pela rede mundial de computadores ou caracterizar-se por sua transnacionalidade, não implica, necessariamente, na fixação da competência da Justiça Comum Federal.

A teor do Enunciado n. 50 da Segunda Câmara de Coordenação e Revisão do Ministério Público Federal: "*O fato de a conduta ter ocorrido por meio da rede mundial de computadores não atrai, somente por este motivo, a atribuição do Ministério Público Federal para a persecução penal*".

Ademais disso, prevalece que, em se tratando de crimes contra a honra praticados pela internet, o foro competente é o do local de onde efetivamente partiu a publicação do conteúdo ou do local onde foram enviados os e-mails falsos.

Com efeito, as ofensas proferidas pela internet são de competência do juízo do lugar de onde partiu a publicação virtual, e não do local onde ganharam publicidade.

Quer dizer, como não é possível definir o local de produção do resultado, já que o próprio resultado pode ocorrer em múltiplos locais, a competência será do local da conduta delituosa, ou seja, onde o comportamento criminoso também foi concluído[413].

No que se refere ao crime de pedofilia praticado pela internet mediante divulgação de imagens pornográficas de crianças e de adolescentes (ECA, Arts. 240 e 241), é dificultoso de se determinar o lugar do resultado, razão pela qual se firma a competência pelo lugar da ação ou omissão, de modo que tal é suficiente para a consumação desse delito, sendo irrelevante o local da sede do respectivo provedor[414].

---

413. TAVORA, Nestor. *Curso de direito processual penal*. 9 ed. Juspodivm: Salvador, 2014, p. 337.

414. TAVORA, Nestor. *Curso de direito processual penal*. 9 ed. Juspodivm: Salvador, 2014, p. 338.

CAPÍTULO V

IMPRENSA E PROCESSO PENAL CONSTITUCIONAL

1. GARANTIAS PROCESSUAIS PENAIS

Fundamentalmente, é comum a referência a um "processo penal midiático" para designar as influências que a mídia exerce no âmbito da persecução criminal, chegando a aviltar os princípios e garantias individuais arduamente conquistados à luz do Estado Democrático de Direito.

Nada obstante, o presente ensaio tem a finalidade de compreender os principais aspectos práticos pelos quais se desenvolve o processo penal nos crimes de imprensa, enfatizando o inquérito policial, os procedimentos especiais e as garantias individuais, como no caso do direito de resposta e dos mecanismos inerentes aos crimes contra a honra (v.g., retratação e pedido de explicações). Em miúdos, faz-se mister a análise das garantias típicas do processo penal constitucional no contexto midiático.

Sob o ângulo do direito brasileiro, a Constituição Federal de 1988 consagra um conjunto de princípios de matéria processual, integrado e articulado por garantias judiciais, perfazendo o modelo constitucional do processo brasileiro, o que se denomina "devido processo constitucional"[415]. Destarte, o devido processo legal tem assento constitucional, razão pela qual deve partir da Constituição a atuação do Estado-juiz no desenvolvimento do processo.

Corroborando do entendimento de Gustavo Badaró, o modelo constitucional do processo brasileiro compõe-se das seguintes garantias processuais penais[416]: **(i)** garantias consagradas na Convenção Americana sobre Direitos Humanos; **(ii)** garantia do juiz independente e imparcial; **(iii)** garantia do juiz natural; **(iv)** garantias do contraditório e da ampla defesa; **(v)** garantia de igualdade de partes; **(vi)** garantia do estado de inocência; **(vii)** garantia da motivação; **(viii)**

---

415. Cf. BADARÓ, Gustavo Henrique Righi. *Processo penal*. Rio de Janeiro: Elsevier, 2012, p. 3.
416. BADARÓ, Gustavo Henrique Righi. *Processo penal*. Rio de Janeiro: Elsevier, 2012, p. 3-4.

garantia da publicidade; **(ix)** garantia do processo no prazo razoável; e **(x)** garantia do devido processo legal.

Em linhas gerais, entende-se que há uma relação umbilical entre o direito processual penal, os tratados internacionais de direitos humanos e a Constituição brasileira de 1988, dando-se azo a uma nítida Constituição Processual Penal, que deve seguir um bloco de constitucionalidade à luz do Estado Democrático de Direito. Decerto, a persecução da criminalidade midiática deve seguir os alicerces do processo penal constitucional.

2. CONVENÇÃO AMERICANA SOBRE DIREITOS HUMANOS

A Convenção Americana sobre Direitos Humanos (CADH ou Pacto de São José da Costa Rica), de 1969, é o principal documento internacional do sistema americano de direitos humanos no âmbito da OEA (Organização dos Estados Americanos). Destarte, o Pacto de São José da Costa Rica integra o bloco de constitucionalidade e, via de consequência, o sistema de garantias processuais do Brasil, notadamente o modelo constitucional do processo nacional[417].

Dessa forma, faz-se mister a análise das principais garantias da CADH que guardam pertinência com o processo penal no contexto da imprensa.

O artigo 7.4 da Convenção consagra a proteção da liberdade de locomoção, de modo que toda pessoa detida ou retida deve ser informada das razões de sua detenção e notificada, sem demora, da acusação ou acusações formuladas contra ela. Da mesma sorte, dispõe o artigo 7.5 que toda pessoa detida ou retida deve ser conduzida, sem demora, à presença de um juiz ou outra autoridade autorizada pela lei a exercer funções judiciais e que tem ela direito a ser julgada dentro de um prazo razoável ou a ser posta em liberdade, sem prejuízo de que se prossiga o processo. Sua liberdade pode ser condicionada a garantias que assegurem o seu comparecimento em juízo.

Ademais, prevê o artigo 7.6 que toda pessoa privada de liberdade tem direito a recorrer a um juiz ou tribunal competente, a fim de que este decida, sem demora, sobre a legalidade de sua prisão ou detenção e ordene sua soltura se a prisão ou a detenção forem ilegais. Nos Estados-Partes cujas leis preveem que toda pessoa que se vir ameaçada de ser privada de sua liberdade, tem esta o direito de recorrer a um juiz ou tribunal competente, a fim de que se decida sobre a legalidade de

417. BADARÓ, Gustavo Henrique Righi. *Processo penal.* Rio de Janeiro: Elsevier, 2012, p. 4.

tal ameaça. De se ver que o recurso pode ser interposto pela própria pessoa ou por outra pessoa.

O artigo 8.1 da Convenção consagra as garantias do processo no prazo razoável, do juiz natural e do juiz independente e imparcial, no sentido de que toda pessoa tem o direito a ser ouvida, com as devidas garantias e dentro de um prazo razoável (garantia do processo no prazo razoável), por um juiz ou tribunal competente, independente e imparcial (garantias do juiz natural e do juiz independente e imparcial), estabelecido anteriormente por lei, na apuração de qualquer acusação penal formulada contra ela ou para que se determinem seus direitos ou obrigações de natureza civil, trabalhista, fiscal ou de qualquer outra natureza.

Da mesma arte, o artigo 8.2 privilegia as garantias do estado de inocência, do contraditório e da ampla defesa, da não auto-incriminação e do duplo grau de jurisdição, de modo que toda pessoa acusada de delito tem direito a que se presuma sua inocência enquanto não se comprove legalmente sua culpa (garantia do estado de inocência).

Durante o processo, toda pessoa tem direito, em plena igualdade, às seguintes garantias mínimas: **(i)** direito do acusado de ser assistido gratuitamente por tradutor ou intérprete, se não compreender ou não falar o idioma do juiz ou tribunal; **(ii)** comunicação prévia e pormenorizada ao acusado da acusação formulada; **(iii)** concessão ao acusado do tempo e dos meios adequados para a preparação de sua defesa; **(iv)** direito do acusado de defender-se pessoalmente ou de ser assistido por um defensor de sua escolha e de comunicar-se, livremente e em particular, com seu defensor; **(v)** direito irrenunciável de ser assistido por um defensor proporcionado pelo Estado, remunerado ou não, segundo a legislação interna, se o acusado não se defender ele próprio nem nomear defensor dentro do prazo estabelecido pela lei; **(vi)** direito da defesa de inquirir as testemunhas presentes no tribunal e de obter o comparecimento, como testemunhas ou peritos, de outras pessoas que possam lançar luz sobre os fatos; **(vii)** direito de não ser obrigado a depor contra si mesma, nem a declarar-se culpada; e **(viii)** direito de recorrer da sentença a juiz ou tribunal superior (garantia do duplo grau de jurisdição).

Nos moldes do artigo 8.4, o acusado absolvido por sentença transitada em julgado não poderá ser submetido a novo processo pelos mesmos fatos.

Consagra o artigo 8.5 o princípio da publicidade, enunciando que o processo penal deve ser público, salvo no que for necessário para preservar os interesses da justiça.

Já o artigo 10 confere tratamento à indenização, no sentido de que toda pessoa tem direito de ser indenizada conforme a lei, no caso de haver sido condenada em sentença passada em julgado, por erro judiciário.

Por fim, o artigo 14 assegura o direito de retificação ou resposta, prevendo que toda pessoa atingida por informações inexatas ou ofensivas emitidas em seu prejuízo por meios de difusão legalmente regulamentados e que se dirijam ao público em geral tem direito a fazer, pelo mesmo órgão de difusão, sua retificação ou resposta, nas condições que estabeleça a lei.

Em nenhum caso a retificação ou a resposta eximirão das outras responsabilidades legais em que se houver incorrido. Para a efetiva proteção da honra e da reputação, toda publicação ou empresa jornalística, cinematográfica, de rádio ou televisão, deve ter uma pessoa responsável que não seja protegida por imunidades nem goze de foro especial.

Seguindo o disposto nos §§ 2º e 3º do art. 5º da Constituição brasileira, a CADH tem natureza materialmente constitucional, conquanto suas normas não sejam formalmente constitucionais, já que não aprovadas de acordo com o *quorum* das emendas constitucionais. Nada obstante, havendo conflito de normas, toda e qualquer norma infraconstitucional, anterior ou posterior, que não for materialmente compatível com a CADH, não terá eficácia, pois incongruente com a própria CADH (norma superior) e, assim, inconstitucional[418].

Uma vez analisadas as garantias processuais penais à luz do Pacto de São José da Costa Rica, urge ponderar a forma pela qual elas incidem na persecução criminal dos crimes de imprensa no Brasil, envolvendo seus reflexos tanto na fase preliminar de investigação como na instrução criminal.

3. INQUÉRITO POLICIAL

3.1. Noções Gerais

Seguindo tratados internacionais de direitos humanos, a Constituição brasileira de 1988 consagra diversas garantias processuais penais à luz do Estado Democrático de Direito, entendidas como mínimas condições ao desenvolvimento do devido processo legal.

---

418. De acordo com o entendimento do Supremo Tribunal Federal, a CADH tem natureza supralegal ou materialmente constitucional (Cf. BADARÓ, Gustavo Henrique Righi. **Processo penal**. Rio de Janeiro: Elsevier, 2012, p. 6-7).

Destarte, a moderna tendência do processualismo penal não é a de reconhecer a incidência dessas garantias exclusivamente à fase jurisdicional, mas também estendê-las à investigação[419].

Assinala-se que a investigação é a fase da persecução criminal promovida pela polícia judiciária, de natureza administrativa, no que precede à provocação da jurisdição penal[420]. Vale dizer, é a fase pré-processual que se destina à cabal e plena elucidação do fato investigado, inclinando-se à formação da opinião delitiva (*opinio delicti*) por parte do órgão de acusação.

Para Aury Lopes Júnior, a fase pré-processual tem como fundamentos a busca do fato oculto, a função simbólica e a impossibilidade de acusações infundadas. Assim, é uma fase de caráter misto, cuja realização é obrigatória para os delitos graves e, ao mesmo tempo, facultativa para as infrações de menor gravidade e complexidade, tal como as infrações penais de menor potencial ofensivo à luz da Lei n. 9.099/1995[421].

Nesse sentido, ganha expressão o inquérito policial, consistente em procedimento administrativo, de natureza inquisitiva, cuja finalidade é a de fornecer ao titular da ação penal elementos para a construção da opinião delitiva e, via de consequência, preparar a fase de instrução criminal.

No escólio de Galdino Siqueira, é ato extrajudicial que compreende todas as diligências necessárias para a verificação da ocorrência do crime, com todas as circunstâncias, bem como para a identificação dos autores e cúmplices[422].

Para Frederico Marques, "*O inquérito policial, portanto, é um procedimento administrativo-persecutório de instrução provisória, destinado a preparar a ação penal*"[423].

Na definição de Aury Lopes Júnior, "*o inquérito tem como finalidade o fornecimento de elementos para decidir entre o processo ou o não*

---

419. CHOUKR, Fauzi Hassan. *Garantias constitucionais na investigação criminal*. 3ª ed. Rio de Janeiro: Lumen Juris, 2006, p. 97.

420. PACELLI DE OLIVEIRA, Eugênio. *Curso de processo penal*. 20. ed. São Paulo: Atlas, 2016, p. 55.

421. LOPES JR., Aury. *Investigação preliminar no processo penal*. Saraiva: São Paulo, 2014, p. 185-187.

422. SIQUEIRA, Galdino. *Processo criminal*. 2. ed. São Paulo: Livraria e Oficina Magalhães, 1917, p. 305.

423. MARQUES, José Frederico. *Elementos de direito processual penal*. V. III. Campinas: Bookseller, 1997, p. 290.

processo, assim como servir de fundamento para as medidas endoprocedimentais que se façam necessárias no seu curso"[424].

Segundo Hélio Tornaghi, o inquérito policial tem caráter inquisitório, no que implica as seguintes consequências: **(i)** a autoridade policial é seu presidente; **(ii)** o sigilo deve ser assegurado caso seja necessário à elucidação do fato ou exigido pelo interesse da sociedade; **(iii)** o indiciado pode ser mantido em incomunicabilidade, até por 3 (três) dias, se o interesse da sociedade ou a conveniência da investigação assim o exigir, consoante o que dispõe o artigo 21 do Código de Processo Penal; e **(iv)** a acusação ainda não existe na fase policial[425].

Assinala Tourinho Filho que a autoridade policial, ao tomar conhecimento de crime de ação penal pública incondicionada, deve instaurar o inquérito nas seguintes condições: **(i)** de ofício, ou seja, por iniciativa própria; **(ii)** mediante requisição da autoridade judiciária; **(iii)** mediante requisição do órgão do Ministério Público; ou **(iv)** mediante requerimento do ofendido ou de quem tiver a qualidade de representá-lo[426].

Uma vez analisados os fundamentos do inquérito policial, urge ponderar sobre os direitos fundamentais do acusado na investigação preliminar, principalmente se envolver a persecução dos crimes de imprensa.

3.2. Contraditório, Juiz de Garantias e Audiência de Custódia

Fundamentalmente, os crimes de imprensa demandam uma reflexão pontual do processualismo penal no Brasil, seja no âmbito da legislação seja da cultura jurídica, a fim de que a persecução criminal seja fielmente desenvolvida acorde as garantias individuais preconizadas tanto em tratados internacionais de direitos humanos como na Constituição de 1988.

No escólio de Aury Lopes júnior, há uma íntima relação entre a história das penas e o surgimento do processo penal, eis que a persecução criminal é o caminho necessário para a aplicação legítima da pena, com fundamento no princípio da necessidade. Na concepção moderna, deve o processo penal deixar de ser concebido essencialmente como um instrumento do direito de punir, passando a desempenhar

---

424. LOPES JR., Aury. *Investigação preliminar no processo penal.* Saraiva: São Paulo, 2014, p. 222.
425. TORNAGUI, Hélio. *Curso de processo penal.* V. I. São Paulo: Saraiva, 1981, p. 34-35.
426. TOURINHO FILHO, Fernando da Costa. *Processo penal.* V. I. 9 ed. São Paulo: Saraiva, 1996, p. 192.

uma função maior, qual seja, a de garantir os direitos fundamentais do indivíduo[427].

Para Ada Pellegrini Grinover, o acusado não é mais objeto do processo, mas figura como sujeito da relação jurídico-processual, em conjunto com o juiz e o órgão de acusação, de modo que o contraditório é meio de formação de toda e qualquer prova[428].

Segundo Fernando Pedroso de Almeida, não são poucas as vozes na doutrina que pretendem estender o direito de defesa à fase de investigação[429]. Nada obstante, esse entendimento é insustentável, pois o direito de defesa não se dirige à autoridade policial, mas ao juiz da causa, incidindo necessariamente na instrução criminal[430].

Nada obstante, entende Lopes Júnior que a previsão constitucional do contraditório deve ser relativamente aplicada na investigação preliminar. De acordo com esse entendimento, a imputação formal ou indiciamento e sua comunicação asseguram um mínimo de contraditório na fase pré-processual, a fim de que o acusado possa exercer a autodefesa no interrogatório e a defesa técnica por meio de acompanhamento e solicitação de diligências que tenham o condão de atenuar ou afastar a sua culpa[431].

Destarte, o inciso LV do artigo 5º da Constituição não pode ser objeto de leitura restritiva, mas necessariamente ampla, com vistas a assegurar um processo penal garantista e democrático. O próprio legislador incorreu em pontuais equívocos na previsão do tema, trazendo resquícios para o reconhecimento do contraditório da investigação preliminar, pelos seguintes motivos: **(i)** há uma confusão terminológica no emprego das palavras processo e procedimento, tanto na Constituição como no Código de Processo Penal, de modo que essa postura legislativa em nada impede o reconhecimento do contraditório na fase de investigação, pois a intenção do constituinte é a de proteger os litigantes seja no processo judicial seja no procedimento administrativo; e **(ii)** há referência, no dispositivo constitucional supramencionado, a "acusados em geral", o que inclui não só os acusados, mas também os imputados.

---

427. LOPES JR., Aury. *Direito processual penal*. São Paulo: Saraiva, p. 33-35.

428. GRINOVER, Ada Pellegrini. *Liberdades públicas e processo penal*: as interceptações telefônicas. 2. ed. São Paulo: Revista dos Tribunais, 1982, p. 54.

429. PEDROSO, Fernando de Almeida. *O direito de defesa*: repercussão, amplitude e limites. 2. Ed. São Paulo, Revista dos Tribunais, 1994, p. 55.

430. PEDROSO, Fernando de Almeida. *O direito de defesa*: repercussão, amplitude e limites. 2. Ed. São Paulo, Revista dos Tribunais, 1994, p. 56.

431. LOPES JR., Aury. *Investigação preliminar no processo penal*. Saraiva: São Paulo, 2014, p. 467-468.

Enfatiza Lopes Júnior que o contraditório não é aplicado de forma plena, mas apenas relativamente na investigação preliminar, pois ainda não resta constituída a relação jurídico-processual nesta fase. De toda sorte, o contraditório parcial tem como fundamento o direito à informação, haja vista que a comunicação da imputação penal possibilita ao investigado o exercício do direito de defesa, também conhecido como "direito-réplica"[432].

Ainda na fase de investigação preliminar, duas temáticas desempenham suma importância no processualismo penal brasileiro: o "juiz de garantias" e as audiências de custódia.

Primeiramente, o "juiz de garantias" ou "juiz de garante" tem como função jurisdicional garantir os direitos do acusado na persecução criminal, notadamente no inquérito policial. Atuando como um autêntico garantidor, o juiz se mantém afastado da investigação preliminar e a todo momento condiciona-se à prévia manifestação do Ministério Público, da polícia ou do sujeito passivo, restringindo-se ao controle formal da prisão em flagrante e da decretação das medidas restritivas de direitos (v.g., busca e apreensão, medidas cautelares, interceptação telefônica), exceto se decidir de ofício ("*ex officio*"), em homenagem ao princípio da imparcialidade[433].

No sistema acusatório, não há a existência de um juiz instrutor e julgador, pois o magistrado não se inclina à investigação, mantendo uma postura suprapartes e alheia à atividade policial, de modo que a intervenção jurisdicional é contingente e excepcional. Assevera Aury Lopes Júnior que a redação do inciso I do artigo 156 do Código de Processo Penal avilta o "juiz de garantias", porquanto disciplina que é facultado à autoridade judicial, de ofício, ordenar, mesmo antes de iniciada a ação penal – ou seja, na fase de investigação preliminar -, a produção antecipada de provas consideradas urgentes e relevantes, observando-se a necessidade, adequação e proporcionalidade da medida[434].

Nesse prisma, entende-se que o juiz de garantia revela-se como um importante ferramental para o desenvolvimento da investigação

---

432. LOPES JR., Aury. *Investigação preliminar no processo penal.* Saraiva: São Paulo, 2014, p. 468.

433. LOPES JR., Aury. *Direito processual penal.* São Paulo: Saraiva, 2016, p. 123.

434. Adverte Lopes Júnior: "*Como se percebe, além de caminhar em direção ao passado (juiz-instrutor), a reforma pontual maquiou o problema, utilizando critérios vagos e imprecisos (necessidade e adequação para que e para quem?) e o manipulável princípio da proporcionalidade (que com certeza será utilizado a partir da falaciosa dicotomia entre o [sagrado...] interesse público e o [sempre sacrificável] direito individual do imputado...).*" (LOPES JR., Aury. *Direito processual penal.* São Paulo: Saraiva, 2016, p. 124, grifo do autor).

preliminar dos crimes de imprensa, visando a impedir as influências midiáticas no percurso da investigação policial.

Já a audiência de custódia é contemplada no artigo 7º, parágrafo 5º, do Pacto de São José da Costa Rica, no sentido de que toda pessoa presa, detida ou retida deve ser conduzida, sem demora, à presença de um juiz ou outra autoridade autorizada por lei a exercer funções judiciais e tem o direito de ser julgada em prazo razoável ou de ser posta em liberdade, sem prejuízo de que prossiga o processo.

Da mesma arte, dispõe o artigo 9º, parágrafo 3º, do Pacto Internacional sobre Direitos Civis e Políticos, que qualquer pessoa presa ou encarcerada em virtude de infração penal deverá ser conduzida, sem demora, à presença do juiz ou de outra autoridade habilitada por lei a exercer funções judiciais e terá o direito de ser julgada em prazo razoável ou de ser posta em liberdade. A prisão preventiva de pessoas que aguardam julgamento não deverá constituir a regra geral, mas a soltura poderá estar condicionada a garantias que assegurem o comparecimento da pessoa em questão à audiência, a todos os atos do processo e, se necessário for, para a execução da sentença.

De se ver que, antes da sistemática da Convenção Americana sobre Direitos Humanos, o preso em flagrante era conduzido à autoridade policial e, assim, formalizado o seu auto de prisão, após o que era encaminhado ao juiz, que decidia pela homologação ou relaxamento da prisão em flagrante, seguindo o disposto no artigo 310 do Código de Processo Penal. Em sequência, a autoridade judicial decidia se seria o caso de decretação da prisão preventiva ou de aplicação de medida cautelar diversa da prisão, com base no artigo 319 do aludido *Codex*[435].

Na atual conjuntura, a audiência de custódia é o controle imediato realizado pelo juiz em uma única audiência, após a formalização do auto de prisão em flagrante pela autoridade policial, com a finalidade de ouvir o preso e, assim, decidir pela homologação ou relaxamento da prisão em flagrante e, em seguida, pela necessidade ou não de decretação da prisão preventiva ou de concessão de medidas cautelares diversas da prisão[436].

Com esteio no artigo 7º, parágrafo 5º, do Pacto de São José da Costa Rica, a audiência de custódia não se circunscreve somente às hipóteses de prisão em flagrante, mas também é aplicável a toda prisão,

435. LOPES JR., Aury. *Direito processual penal*. São Paulo: Saraiva, 2016, p. 637.
436. LOPES JR., Aury. *Direito processual penal*. São Paulo: Saraiva, 2016, p. 637.

detenção ou reclusão, no que necessariamente se estende à prisão temporária e à prisão preventiva[437].

Em geral, a audiência de custódia tem as seguintes finalidades: **(i)** alinhar a realidade brasileira e o ordenamento jurídico com os tratados internacionais de direitos humanos; **(ii)** humanizar o ato de prisão, pois, além de propiciar um melhor controle da legalidade da prisão em flagrante, também permite que o juiz avalie de uma melhor forma a necessidade ou não da prisão cautelar, incluindo a prisão temporária ou preventiva; **(iii)** evitar que o preso seja ouvido somente após um considerável período de tempo de sua prisão em flagrante[438].

Segundo Lopes Júnior, as medidas cautelares[439] de natureza penal se destinam à tutela do processo, ou seja, têm uma dupla finalidade: garantir o regular desenvolvimento processual e, via de consequência, a eficácia do direito de punir[440].

Nesse contexto, em estrita observância aos princípios da provisionalidade, excepcionalidade e proporcionalidade, as prisões cautelares não devem ser aplicadas como forma de antecipação da punição, sob o risco de afrontar o estado de inocência. Decerto, são medidas cautelares cabíveis apenas se preenchidos os requisitos legais e situacionais, consubstanciados no binômio *periculum libertatis* e *fumus comissi delicti*[441].

De se ver que, à luz do Estado Democrático de Direito, a liberdade é a regra, enquanto que a privação da liberdade é a exceção. A prisão

---

437. LOPES JR., Aury. *Direito processual penal*. São Paulo: Saraiva, 2016, p. 637-638.

438. LOPES JR., Aury. *Direito processual penal*. São Paulo: Saraiva, 2016, p. 638.

439. No atual panorama legal, as prisões se dividem em: **(i)** prisão-pena; e **(ii)** prisão provisória. A prisão provisória é decretada durante a persecução criminal, sem o trânsito em julgado de eventual sentença condenatória. Com a edição da Lei nº 12.403/2011, a doutrina apresenta três modalidades dessa modalidade de prisão: **(i)** prisão em flagrante, que tem natureza pré-cautelar, prevista nos artigos 301 a 310 do Código de Processo Penal; **(ii)** prisão preventiva, que é de natureza estritamente cautelar, disciplinada nos artigos 311 a 316 do mesmo *Codex*; e **(iii)** prisão temporária, também de natureza cautelar, regida pela Lei nº 7.960/89 (CASARA, Rubens R. R. *Prisão e Liberdade*. 1. ed. São Paulo: Estúdio Editores.com, 2014, p. 34 *et. seq.*).

440. LOPES JR., Aury. *Direito processual penal*. São Paulo: Saraiva, 2016, p. 599.

441. Para Lopes Jr., a fundamentação da prisão preventiva não comporta as terminologias do processo civil, quais sejam: **(i)** "*periculum in mora*", pois o perigo não decorre da morosidade processual, mas da situação de liberdade do acusado quanto à possibilidade de fuga ou prática de atos prejudiciais à persecução criminal, tais como a destruição de provas, ameaça a testemunhas ou vítimas etc.; e **(ii)** "*fumus boni iuris*", porquanto o indício de cometimento do delito não pode ser considerado como a "fumaça do bom direito", como se fosse algo plausível e justificável, mas necessariamente a negação do próprio direito. A propósito da crítica sobre os fundamentos das medidas cautelares, cf.: LOPES JR., Aury. *Direito processual penal*. São Paulo: Saraiva, 2016, p. 599 *et. seq.*.

cautelar deve ser encarada como medida de maior excepcionalidade, de caráter meramente processual, tendo por fim precípuo garantir a adequada persecução criminal, mas sem elidir os direitos fundamentais do acusado. O juízo sobre seu cabimento ou não funda-se no antagonismo entre os princípios do estado de inocência e da segurança pública – este último no que concerne à garantia da efetiva persecução criminal –, modo que se justificaria a medida cautelar somente nos casos de prevalência do último.

Em se tratando de crimes de imprensa, entende-se que é imprescindível uma reforma legislativa do processo penal no Brasil, no sentido de que não haja qualquer margem a lacunas e vaguezas conceituais dos mecanismos processuais, tampouco à aplicação de institutos remotos aos preceitos constitucionais.

Neste viés, as audiências de custódia guardam estreita relação com a figura do juiz de garantias. Em se tratando de prisões cautelares, entende-se que a atuação do juiz como garantidor dos direitos fundamentais seria otimizada pela ampliação da presunção relativa (*juris tantum*) no processo penal brasileiro, propiciando ao acusado a demonstração de prova em contrário.

Na apuração da criminalidade midiática, é salutar que o magistrado se conduza pelo espírito de garantias individuais, em observância aos princípios do contraditório, da provisionalidade, da jurisdicionalidade e da motivação das prisões cautelares. Ademais, faz-se necessário estipular um limite temporal das prisões cautelares, com as consequentes sanções pelo seu descumprimento - à exceção da prisão temporária,[442].

Arremata Frederico Marques que, no campo da hermenêutica processual, deve o juiz aplicar as leis de acordo com os fins sociais e as exigências do bem comum (art. 5º da Lei de Introdução às Normas do Direito brasileiro), de sorte que jamais deve se esquecer que a liberdade individual está compreendida nos imperativos do bem-comum, eis que a pessoa humana é o mais alto valor amparado pelo direito[443].

Corroborando do entendimento de Fauzi Hassan Choukr, devem incidir no inquérito policial as seguintes garantias de jaez processual: **(i)** estado de inocência; **(ii)** direito a não produzir prova contra si

---

442. O Projeto de Lei 4.208/2001 já procurou fixar um prazo máximo de duração da prisão preventiva, embora não tenha prosperado nesse sentido (LOPES JR., Aury. *Direito processual penal*. São Paulo: Saraiva, 2016, p. 608-609).

443. MARQUES, José Frederico. *Elementos de direito processual penal*. v. I. Campinas: Bookseller, 1997, p. 52.

mesmo; **(iii)** direito à informação; **(iv)** publicidade; **(v)** direito à defesa técnica; e **(vi)** acesso aos autos por defensor e sigilo da investigação[444].

Em suma, infere-se que os direitos fundamentais do investigado na investigação preliminar devem ser objeto de releitura tanto na legislação como na cultura jurídica pátria, a fim de que os tratados internacionais de direitos humanos e a Constituição brasileira de 1988 sejam amplamente enaltecidos no Estado de Direito, com vistas à construção de um processo penal garantista e democrático, sobretudo na persecução da criminalidade midiática.

Cabe a análise, na presente exposição, das garantias constitucionais que geram reflexos dos mais evidentes no processo penal dos crimes de imprensa, notadamente o estado de inocência, a publicidade e o direito ao silêncio e à vedação à autoincriminação. De todo caso, serão compreendidos na perspectiva da investigação preliminar somente os princípios do direito ao silêncio e da publicidade, reservando a análise do estado de inocência na parte do processo penal, tendo em conta a nova roupagem que tal princípio passou a assumir com a atual atividade jurisprudencial.

4. DIREITO AO SILÊNCIO E À NÃO AUTOINCRIMINAÇÃO

O direito ao silêncio e de não produzir provas contra si mesmo (*nemo tenetur se detegere*) é consagrado no artigo 8º da Convenção Americana sobre Direitos Humanos (Pacto de São José da Costa Rica) e no inciso LXIII da Constituição brasileira de 1988, eis que o preso será informado de seus direitos, entre os quais o de permanecer calado, sendo-lhe assegurada a assistência da família e do advogado. De se ver que o *nemo tenetur se detegere* é um desdobramento dos direitos ao silêncio e à informação[445].

Para Eugênio Pacelli, essa garantia exprime dois sentidos essenciais, a saber: **(i)** que o acusado ou aprisionado tem o direito de

---

444. CHOUKR, Fauzi Hassan. *Garantias constitucionais na investigação criminal*. 3ª ed. Rio de Janeiro: Lumen Juris, 2006, p. 97-109.

445. Assinala Pacelli: "*A regra da não exigibilidade de participação compulsória do acusado na formação da prova a ele contrária, ressalvadas as hipóteses previstas em leis e não invasivas da integridade física e psíquica do agente, decorre, além do próprio sistema de garantias e franquias públicas instituído pelo constituinte de 1988, de norma expressa prevista no art. 8º da Convenção Americana sobre Direitos Humanos (Pacto de São José da Costa Rica), de 22 de novembro de 1969, integrada ao nosso ordenamento jurídico pelo Decreto n. 678, de 6 de novembro de 1992, no que toca ao direito ao silêncio e à proteção contra ingerências atentatórias da dignidade humana.*" (PACELLI DE OLIVEIRA, Eugênio. *Curso de processo penal*. 20. ed. São Paulo: Atlas, 2016, p. 42).

permanecer em silêncio seja na investigação policial seja em juízo; e **(ii)** que tem ele o direito de não ser compelido a produzir ou contribuir com a formação da prova contrária ao seu interesse[446].

A Lei n. 10.792/2003 introduziu diversas alterações no Código de Processo Penal, a ponto de consolidar o reconhecimento do direito ao silêncio, notadamente nos artigos 185, § 5º e 186, "*caput*" e parágrafo único.

Segundo Pacelli, foi revogada a primeira parte do artigo 260 do Código de Processo Penal, que trata da condução coercitiva, devido à manifesta incompatibilidade com o direito ao silêncio[447]. Assevera-se que, no inquérito policial, é cediço um evidente prejuízo a esse direito, especialmente nos casos em que alguém seja ouvido, em um primeiro momento, como testemunha - necessariamente com a obrigação de dizer a verdade ou não poder se calar -, tornando-se, em seguida, "indiciado" pelos fatos narrados[448].

Arremata Fernando Pedroso que, em se tratando de prisão preventiva, "*Preciso é, ainda, que seu motivo ensejador não tenha lastro em o direito do acusado de não se auto-acusar ('nemo tenetur se detegere')*"[449].

Em linhas gerais, eventuais declarações ou comportamento do acusado explorados pelos veículos de comunicação social não devem, a rigor, prejudicá-lo na persecução penal, tanto na investigação policial como na instrução criminal, sob o risco de aviltar a marca constitucional do *nemo tenetur se detegere*.

5. PUBLICIDADE

Sob o ângulo do direito brasileiro, o artigo 159 da Constituição Imperial e o § 35 do artigo 113 da Constituição Republicana de 1934 consagraram o princípio da publicidade[450]. Da mesma arte, dispõe o artigo 5º, inciso LX, da Constituição de 1988 que a lei só poderá

---

446. PACELLI DE OLIVEIRA, Eugênio. *Curso de processo penal*. 20. ed. São Paulo: Atlas, 2016, p. 41.

447. A condução coercitiva a que se refere é aquela que se destina a simples interrogatório, no qual o acusado não tem o compromisso de prestar qualquer informação, nem de dizer a verdade (PACELLI DE OLIVEIRA, Eugênio. *Curso de processo penal*. 20. ed. São Paulo: Atlas, 2016, p. 40-41).

448. CHOUKR, Fauzi Hassan. *Garantias constitucionais na investigação criminal*. 3ª ed. Rio de Janeiro: Lumen Juris, 2006, p. 100.

449. PEDROSO, Fernando de Almeida. *O direito de defesa*: repercussão, amplitude e limites. 2. Ed. São Paulo, Revista dos Tribunais, 1994, p. 94.

450. CHOUKR, Fauzi Hassan. *Garantias constitucionais na investigação criminal*. 3ª ed. Rio de Janeiro: Lumen Juris, 2006, p. 105.

restringir a publicidade dos atos processuais quando a defesa da intimidade ou o interesse social o exigirem[451].

Proclama o inciso IX do artigo 93 da *Carta Matter* que todos os julgamentos dos órgãos do Poder Judiciário serão públicos, e fundamentadas todas as decisões, sob pena de nulidade, podendo a lei limitar a presença, em determinados atos, às próprias partes e seus advogados, ou somente a estes, em casos nos quais a preservação do direito à intimidade do interessado no sigilo não prejudique o interesse público à informação.

Nos termos do artigo 792 do Código de Processo Penal, as audiências, sessões e os atos processuais serão, em regra, públicos e se realizarão nas sedes dos juízos e tribunais, com assistência dos escrivães, do secretário, do oficial de justiça que servir de porteiro, em dia e hora certos, ou previamente designados. Se da publicidade da audiência, da sessão ou do ato processual puder resultar escândalo, inconveniente grave ou perigo de perturbação da ordem, o juiz, ou o tribunal, câmara ou turma poderá, de ofício ou a requerimento da parte ou do Ministério Público, determinar que o ato seja realizado a portas fechadas, limitando o número de pessoas que possam estar presentes.

Segundo Frederico Marques, a publicidade pode ser dividida em dois grupos: **(i)** geral e parcial; e **(ii)** imediata e mediata.

A publicidade parcial é concedida somente as partes do processo ou da investigação preliminar, enquanto que a publicidade geral ou plena garante a acessibilidade das demais partes ou sujeitos processuais, além do público em geral.

Já a publicidade imediata significa que os atos processuais estão ao alcance do público, ao passo que a publicidade mediata é o fato de que os atos processuais só se tornam públicos por meio de informe ou certidão sobre a realização ou conteúdo dos próprios atos processuais[452].

É bem de ver que a publicidade aplica-se tanto ao processo como à investigação preliminar. Dessa forma, o direito brasileiro privilegia o princípio da publicidade absoluta ou externa, sendo que o cidadão, inclusive por meio da imprensa, tem o condão de exercer o controle externo da atividade jurisdicional, consultando os atos processuais e as decisões judiciais. Consoante o entendimento de Paulo Rangel, *"Dessa forma, não há, nos modelos políticos que consagram o Estado*

451. BADARÓ, Gustavo Henrique Righi. *Processo penal*. Rio de Janeiro: Elsevier, 2012, p. 30.
452. MARQUES, José Frederico. *Elementos de direito processual penal*. V. III. Campinas: Bookseller, 1997, p. 75.

Democrático de Direito (cf. art. 1º da CRFB), espaço possível reservado ao mistério"[453].

Para Frederico Marques, "*Um dos princípios políticos de maior projeção na Justiça Penal é o da publicidade, profundamente ligado à humanização do processo penal, e ao qual se contrapõe o princípio do procedimento secreto ou procedimento em segredo.*"[454].

Assinala-se que a publicidade guarda relação umbilical com o sistema do acusatório, porquanto o desenvolvimento do processo legal requer a externalização e o conhecimento geral dos atos que lhes são inerentes[455].

Assim, a publicidade ampla e popular é a regra, enquanto que a decretação da publicidade restrita é a exceção. Exemplificativamente, é possível a determinação da publicidade restrita ou mediata no âmbito da sala secreta do Tribunal do Júri, pois, conforme reza o artigo 485, não havendo dúvida a ser esclarecida, o juiz presidente, os jurados, o Ministério Público, o assistente, o querelante, o defensor do acusado, o escrivão e o oficial de justiça dirigir-se-ão à sala especial a fim de ser procedida à votação[456].

Ressalta-se, por fim, que o sigilo somente é cabível nas hipóteses de utilitarismo social, ou seja, para a defesa da intimidade ou por motivo de interesse social. Analisando o contexto da imprensa, assinala Bernardo Nespral que as notícias ou ideias de interesse público são aquelas que, devido à sua gravidade ou importância, transcendem à esfera de dada pessoa, o lugar em que se encontra ou o fato ao qual a própria pessoa está envolvida[457].

Adverte Aury Lopes Júnior que se a publicidade parcial dos atos pode ser determinada por questões de utilitarismo social, *a fortiori* também pode ser permitida para a preservação do direito à intimidade, à vida privada, à honra e à imagem do sujeito passivo, com baluarte no inciso X do artigo 5º da Constituição Federal. Essa sistemática é imprescindível para assegurar os direitos fundamentais do acusado

---

453. RANGEL, Paulo. *Direito processual penal*. 24. ed. São Paulo: Atlas, 2016, p. 13.
454. MARQUES, José Frederico. *Elementos de direito processual penal*. V. III. Campinas: Bookseller, 1997, p. 290.
455. RANGEL, Paulo. *Direito processual penal*. 24. ed. São Paulo: Atlas, 2016, p. 75.
456. Sustenta parte da doutrina que o princípio da publicidade gerou a revogação dos artigos do Código de Processo Penal referentes à sala secreta, razão pela qual é possível a votação "*coram populo*" (RANGEL, Paulo. *Direito processual penal*. 24. ed. São Paulo: Atlas, 2016, p. 14).
457. NESPRAL, Bernardo. *Derecho de la información*. Periodismo: derechos, deberes y responsabilidades. Buenos Aires: Bdef, 2014, p. 32.

na fase de investigação preliminar, protegendo-o da estigmatização social produzida pelo *marketing* sensacionalista[458].

Complementa o predito autor que a maior problemática repousa no conflito entre o suposto direito de informar e os direitos à intimidade, à vida privada, à honra e à imagem. Neste viés, devem prevalecer os direitos fundamentais do investigado, pois "[...] *essa liberdade de informar não pode ser confundida com um suposto ´direito´ que assistiria ao cidadão e ao jornalista de realizar juízos paralelos, sobre temas alheios aos seus interesses* [...]"[459].

Assevera Tourinho Filho que a publicidade, em casos excepcionais, pode acarretar inconvenientes de toda ordem, a ponto de gerar o sensacionalismo, a forte impressão no público e o desprestígio do réu[460].

Corroborando do posicionamento de Badaró, o advogado tem direito de investigar não só os autos de inquérito, mas qualquer procedimento investigatório para fins penais, inclusive a investigação direta do Ministério Público, em homenagem ao princípio da ampla defesa (art. 5, LV, CF)[461].

Nesse contexto, prevê a Súmula 14 do Supremo Tribunal Federal que "É direito do defensor, no interesse do representado, ter acesso amplo aos *elementos de prova que, já documentados em procedimento investigatório realizado por órgão com competência de polícia judiciária, digam respeito ao exercício do direito de defesa*"[462].

Uma vez analisados os fundamentos da publicidade pública dos atos processuais, faz-se mister explorar o místico universo do sigilo.

5.1. Sigilo

O art. 20 do Código de Processo Penal determina que a autoridade assegurará o sigilo ou publicidade restrita no inquérito policial necessário à elucidação do fato ou exigido pelo interesse da sociedade[463].

---

458. LOPES JR., Aury. *Investigação preliminar no processo penal*. Saraiva: São Paulo, 2014, p. 192 e 195-197.

459. LOPES JR., Aury. *Investigação preliminar no processo penal*. Saraiva: São Paulo, 2014, p. 197, grifo do autor.

460. TOURINHO FILHO, Fernando da Costa. *Processo penal*. V. I. 9 ed. São Paulo: Saraiva, 1996, p. 45.

461. BADARÓ, Gustavo Henrique Righi. *Processo penal*. Rio de Janeiro: Elsevier, 2012, p. 31-32.

462. Também é a previsão do artigo 7º, inciso XIV, do Estatuto da Ordem dos Advogados do Brasil.

463. "**Art. 20.** *A autoridade assegurará no inquérito o sigilo necessário à elucidação do fato ou exigido pelo interesse da sociedade.* **Parágrafo único:** *Nos atestados de antecedentes que*

No aporte de Tourinho Filho, a publicidade não atinge os atos realizados no inquérito policial, em virtude da natureza inquisitiva desse procedimento e da interpretação do artigo 20 do Código de Processo Penal, que é *lex specialis*[464].

De acordo com a natureza da publicidade dos atos processuais, propõe Aury Lopes Júnior que o sigilo seja classificado em interno e externo. Decerto, a publicidade parcial representa a ausência de segredo interno, mas com existência do segredo externo na persecução criminal. Neste caso, o fato é público, mas são sigilosas as atuações dos órgãos de instrução e de investigação, tal como pretende a regra esculpida no artigo 20 do Código de Processo Penal[465].

A publicidade plena, por sua vez, caracteriza-se pela ausência tanto do sigilo externo como interno da *persecutio*[466].

Obtempera Inocêncio Borges da Rosa que o inquérito deve ser relativamente secreto, a fim de que a autoridade policial tenha a máxima liberdade para o desempenho de suas funções e que não seja burlada pela publicidade tampouco tolhida pela intervenção de estranhos[467].

Corroborando do entendimento de Fauzi Hassan, a previsão do artigo 20 do Código de Processo Penal não é fielmente seguida na prática forense, de modo que já nasceu praticamente morta, eis que a investigação criminal tornou-se alvo de influências da mídia, com o consequente surgimento do inquérito policial midiático, havendo a manifestação de uma nítida psicologia de massas pela "publicidade externa", "espetacularização do direito penal" e o "*trial by media*" (julgamento pela mídia) no gizar da sociedade da informação, a ponto de a própria mídia transformar-se em um "quarto poder" e, assim, aviltar o secular princípio da separação dos poderes[468].

---

lhe forem solicitados, a autoridade policial não poderá mencionar quaisquer anotações referentes a instauração de inquérito contra os requerentes."

464. TOURINHO FILHO, Fernando da Costa. *Processo penal*. V. I. 9 ed. São Paulo: Saraiva, 1996, p. 46.

465. LOPES JR., Aury. *Investigação preliminar no processo penal*. Saraiva: São Paulo, 2014, p. 192-193.

466. LOPES JR., Aury. *Investigação preliminar no processo penal*. Saraiva: São Paulo, 2014, p. 192.

467. ROSA, Inocêncio Borges da. *Processo penal brasileiro*. V. I. Porto Alegre: Barcellos, Bertaso & Cia, 1942, p. 12.

468. Para Fauzi Hassan: "*Uma regra que nasceu praticamente morta com o Código de Processo Penal foi a do sigilo do inquérito, estipulada no art. 20 [...] O cotidiano da preparação da ação penal de há muito a sepultou, tendo transformado a investigação criminal em verdadeiro palco para o estrelado de agentes públicos e alimentando toda uma indústria jornalística que vive em torno do tema. Falar de sigilo da investigação nesse quadro é cair*

Nesse contexto, o sigilo no inquérito policial é imprescindível para que certos fatos, devido à sua natureza ou complexidade, sejam mantidos sob o escrutínio da justiça, retirando da imprensa qualquer possibilidade de divulgação e influência na produção de provas. Trata-se de uma moderna tendência do processualismo penal a tratar o indiciado não como objeto da investigação criminal, mas como sujeito de direitos.

5.2. Publicidade e Colisão entre Informação e Intimidade

Sob o manto do Estado Democrático de Direito, não são permitidas "investigações secretas", pois não só a sociedade, como também o próprio investigado faz jus ao direito à informação, nas hipóteses previstas em lei.

Preconiza Ada Pellegrini Grinover que a intensificação das relações sociais e o progresso tecnológico têm gerado a colisão entre o interesse social e a liberdade individual. Neste azo, o processo penal é o terreno sobre o qual vem se desenvolvendo a problemática da intimidade, demandando reflexões acerca dos contornos da persecução criminal à luz dos mais diversos ramos jurídicos[469].

De se ver que, embora o artigo 5º, inciso LX, da Constituição se refira exclusivamente ao processo, certo é que sua previsão também deve ser estendida ao inquérito policial, a ponto de a publicidade ser a regra e, o sigilo, a exceção, desde que com a motivação adequada da decisão e, sempre que possível, em defesa da intimidade[470].

Assinala-se que a colisão entre a publicidade e a intimidade é tema tormentoso, sobretudo no contexto da imprensa. Além das controvérsias doutrinárias e jurisprudenciais que envolvem a divulgação de certas informações então mantidas sob sigilo durante a persecução criminal, parcela da mídia acaba por invadir flagrantemente a intimidade do indiciado para abastecer o mercado de notícias, afrontando sua dignidade humana[471].

---

no abismo entre a realidade dos fatos e o direito positivo." (Cf. CHOUKR, Fauzi Hassan. *Garantias constitucionais na investigação criminal.* 3ª ed. Rio de Janeiro: Lumen Juris, 2006, p. 105).

469. GRINOVER, Ada Pellegrini. *Liberdades públicas e processo penal*: as interceptações telefônicas. 2. ed. São Paulo: Revista dos Tribunais, 1982, p. 67-68.

470. CHOUKR, Fauzi Hassan. *Garantias constitucionais na investigação criminal.* 3ª ed. Rio de Janeiro: Lumen Juris, 2006, p. 105.

471. Assinala Fauzi Hassan: *"Por certo, existe a argumentação que repousa no suposto choque entre os valores constitucionais da informação e da intimidade no caminhar da investigação. O tema é tormentoso e de solução ainda distante, muito embora sua discussão entre nós não tenha alcançado a dimensão que deveria. Isto porque existe um confronto explícito*

Destarte, a simbiose entre a justiça e a mídia acarreta o desenvolvimento de um processualismo penal em que a publicidade irrestrita avilta os direitos individuais do acusado e de outros personagens[472].

Em certos países, a imprensa se mantem equidistante da investigação ao ponto de não reunir condições de fazer um prejulgamento do investigado, restando respeito seu direito à intimidade, como no caso da Inglaterra. Contudo, a realidade brasileira é peculiar, pois não raras vezes a honra, a imagem e a privacidade do investigado são ofendidas pelos veículos de comunicação social.

Nesse contexto, apontam-se correntes que buscam solucionar a colisão entre intimidade e informação, tanto em sede inquisitorial como processual. De todo caso, prevalece que esse conflito é meramente aparente, pois ambos tendem à harmonização, contanto que analisados o alcance e a finalidade de cada um deles. Assim, caberá sempre ao julgador garantir os direitos fundamentais em questão em cada caso concreto[473].

Para Alexandre de Moraes, o inciso XIV do artigo 5º da Constituição consagra o acesso à informação, cujo direito não tem caráter absoluto, eis que há necessidade de distinguir as informações de relevante interesse público em relação às informações referentes à inviolabilidade da vida privada. Nada obstante, mesmo em se tratando de pessoas públicas, deve permanecer inatingível a proteção constitucional

---

entre uma parcela da mídia, que se alimenta da invasão do direito à intimidade do `indiciado´ (a imprensa adora esta expressão, embora raramente saiba extrair seu conteúdo jurídico, que é praticamente nenhum) em nome da `informação`, sendo este último valor constitucional, tão importante quanto o primeiro. Há, por certo, normas correcionais coibindo a indevida exposição do preso. A Autoridade somente poderia expô-lo nessas circunstâncias com a anuência daquele. Como exemplo da norma nesse sentido, veja-se a portaria nº. 3/92, da Corregedoria dos Presídios e da Polícia Judiciária de Santos, de 26 de maio de 1992, que trilha exatamente o caminho indicado." (CHOUKR, Fauzi Hassan. *Garantias constitucionais na investigação criminal.* 3ª ed. Rio de Janeiro: Lumen Juris, 2006, p. 106).

472. RAHAL, Flávia. Publicidade no processo penal: a mídia e o processo. *Revista Brasileira de Ciências Criminais*, São Paulo, v. 12, n. 47, p.270-283, mar./abr. 2004, p. 273.

473. Para Nucci: *"A atual redação do art. 93, IX, da Constituição Federal, após a edição da Emenda Constitucional 45/2004, indica, claramente, os interesses a compor: o segredo de justiça é viável para a preservação do direito à intimidade desde que não prejudique o interesse público à informação. Noutros termos, na esfera penal, deve-se focar o crime praticado e o bem jurídico envolvido. Originando-se a infração penal da esfera individual, das relações íntimas, da ida privada, sem qualquer toque a bens públicos, como regra, prevalecerá o sigilo em detrimento da informação (ex.: delito contra a honra; delito sexual). Emergindo o delito da esfera de relações sociais ou profissionais, envolvendo bens públicos ou de interesse público, como regra, prevalecerá a informação (ex.: crimes contra a administração pública, contra a saúde pública, contra a vida)."* (NUCCI, Guilherme de Souza. *Princípios constitucionais penais e processuais penais.* 2ª ed. São Paulo: Revista dos Tribunais, 2012, p. 347).

à vida privada, à intimidade, à honra e, acima de tudo, à dignidade, máxime das informações que não guardam qualquer pertinência com o interesse público ou social, sob pena de caracterização das responsabilidades civil e criminal[474].

Por fim, segundo o entendimento do Superior Tribunal de Justiça, o Provimento n. 32/2000 do TJ-SP não afronta ao princípio da publicidade, haja vista que não impõe segredo tanto ao inquérito como ao processo, mas apenas aos nomes de vítimas e das testemunhas que dele participam[475]. Neste caso, permanecem as partes, a acusação e a defesa com acesso aos dados sigilosos das pessoas coagidas e submetidas à ameaça[476].

Em síntese, a publicidade é a regra tanto na investigação policial como na instrução criminal, eis que possibilita às partes o acesso às informações processuais, evitando arbitrariedades na persecução penal. Sem embargo, a publicidade e o sigilo ganham novas nuances à luz da Lei n. 9.296/1996 (Lei de Interceptação Telefônica), cujos fundamentos serão analisados a seguir.

5.3. Lei n. 9.296/1996 e Sigilo das Interceptações Telefônicas

Destaca-se que a presente exposição não tem a pretensão de exaurir o temário da interceptação telefônica, mas apenas compreender os aspectos gerais para situá-lo na constelação dos crimes praticados pela imprensa.

Conforme já salientado, a publicidade dos atos processuais é a regra, enquanto que o sigilo é exceção. Nada obstante, a publicidade e o sigilo das comunicações apresentam uma sistemática peculiar, tanto na perspectiva constitucional como ordinária. À luz da Lei n. 9.296/1996 (Lei de Interceptação Telefônica), o sigilo é a regra, enquanto que a publicidade é a exceção.

Com efeito, o sigilo das comunicações é desmembramento não só da liberdade de expressão do pensamento, como também dos direitos fundamentais da privacidade e da intimidade[477].

---

474. MORAES, Alexandre de. *Direito constitucional*. 31 ed. São Paulo: Atlas, 2015, p. 880.

475. "**Art. 1º.** *Aplicam-se às disposições deste provimento aos inquéritos e processos em que os réus são acusados de crimes dentre aqueles discriminados no artigo 1º, inciso III, da Lei Federal nº 7.960, de 21 de dezembro de 1989.*"

476. **5ª Turma, STJ, HC 202.021-SP, Rel. Min. Jorge Mussi, J. 18.11.2011**. No mesmo sentido, o entendimento de NUCCI, Guilherme de Souza. *Princípios constitucionais penais e processuais penais*. 2ª ed. São Paulo: Revista dos Tribunais, 2012, p. 307.

477. MENDES, Gilmar Ferreira. *Curso de direito constitucional*. 9 ed. São Paulo: Saraiva, 2014, p. 548.

Dispõe o inciso XII do artigo 5º da Constituição brasileira de 1988 que é inviolável o sigilo da correspondência e das comunicações telegráficas, de dados e das comunicações telefônicas, salvo, no último caso, por ordem judicial, nas hipóteses e na forma que a lei estabelecer para fins de investigação criminal ou instrução processual penal.

Da leitura do aludido dispositivo constitucional, depreende-se que a restrição do sigilo caberia somente às comunicações telefônicas, pois a expressão "*salvo, no último caso*" parece se referir às "*comunicações telefônicas*" e, quando muito, aos "*dados*". Sem prejuízo, sabe-se que todo direito fundamental não é absoluto e ilimitado, de modo que pode sofrer relativizações, desde que em harmonia com o Texto Constitucional e em prol do interesse público. Assim, pode ser quebrado o sigilo da correspondência postal, telegráfica e das comunicações telemáticas, com fundamento no princípio da proporcionalidade, notadamente na adequação, necessidade e proporcionalidade em sentido estrito[478].

Nessa senda, é salutar que o legislador brasileiro compatibilize a Lei Fundamental e as legislações ordinárias com os avanços tecnológicos, a fim de que forneça a proteção suficiente ao direito à privacidade na contemporaneidade[479]. Com base na Constituição de 1988, foram editadas as seguintes leis sobre a temática das comunicações: **(i)** Lei n. 9.296/1996 (Lei das Interceptações Telefônicas)[480]; e **(ii)** Lei n. 9.034/1995, então revogada pela Lei n. 12.850/2013 (Nova Lei de Organização Criminosa).

Assevera Jorge Sebastião Filho que "*Nesta linha, tanto o direito penal como o processo penal passam a servir a uma política criminal securitária, visando cumprir com sua nova função*", qual seja, a de prevenir os riscos e o perigo[481]. Os autores dos crimes modernos, sobretudo dos delitos econômicos, prezam pelo pleno exercício da ampla defesa, por meio da assistência técnica de advogado, evitando que ocorram eventuais arbitrariedades na instrução criminal, principalmente na

---

478. MENDES, Gilmar Ferreira. *Curso de direito constitucional*. 9 ed. São Paulo: Saraiva, 2014, p. 293.

479. MENDES, Gilmar Ferreira. *Curso de direito constitucional*. 9 ed. São Paulo: Saraiva, 2014, p. 294.

480. A propósito da lacuna legislativa acerca das interceptações telefônicas antes da entrada em vigor da Lei n. 9.296/1996, cf. GRINOVER, Ada Pellegrini. *Liberdades públicas e processo penal*: as interceptações telefônicas. 2. ed. São Paulo: Revista dos Tribunais, 1982, p. 247.

481. FILHO, Jorge Sebastião. *Interceptação telefônica*: como medida cautelar probatória nos delitos econômicos. Curitiba: Juruá, 2012, p. 37.

prova oral e no interrogatório. Diante disso, o Estado acaba por adotar novas técnicas processuais de obtenção de provas que invadem a esfera de privacidade do investigado com maior amplitude, tal como a interceptação telefônica[482].

Complementa o predito autor que certos mecanismos de política criminal têm provocado uma significativa intromissão nos direitos fundamentais, tais como as medidas cautelares patrimoniais, as medidas cautelares pessoais e os meios invasivos de obtenção de provas, abrangendo a quebra do sigilo bancário e a interceptação das comunicações telefônicas[483].

Certo é que a interceptação telefônica, quando autorizada sem a devida fundamentação, pode ser considerada como um perigoso instrumento de obtenção de provas, a ponto de aviltar os princípios processuais penais preconizados na Constituição. Nada obstante, entende-se que, se decretada dentro dos parâmetros legais, essa medida é necessária e legítima para o enfrentamento da delinquência, sobretudo das novas formas de criminalidade, com vistas à busca da verdade real e em prol do interesse público. Assim, o equívoco não recai na essência ou necessidade do instituto, mas na cultura jurídica, ou seja, na forma pela qual a lei disciplina a medida e como a hermenêutica jurídica acaba por invocá-la.

Nesse contexto, a Lei n. 12.850/2013 define organização criminosa e dispõe sobre a investigação criminal, os meios de obtenção de prova, infrações penais correlatas e o procedimento criminal. Dispõe o artigo 3º da mencionada legislação que, em qualquer fase da persecução criminal, serão permitidos, sem prejuízo de outros já previstos em lei, os mais diversos meios de obtenção de prova, a saber: **(i)** a captação ambiental de sinais eletromagnéticos, ópticos ou acústicos; **(ii)** o acesso a registros de ligações telefônicas e telemáticas, a dados cadastrais constantes de bancos de dados públicos ou privados e a informações eleitorais ou comerciais; **(iii)** interceptação de comunicações telefônicas e telemáticas, nos termos da legislação específica; **(iv)** afastamento dos sigilos financeiro, bancário e fiscal, nos termos da legislação específica, entre outros.

---

482. FILHO, Jorge Sebastião. *Interceptação telefônica*: como medida cautelar probatória nos delitos econômicos. Curitiba: Juruá, 2012, p. 42.

483. Jorge Sebastião Filho tece críticas ao mal uso da interceptação telefônica, sobretudo quando empregada como instrumento de antecipação da tutela penal nos crimes econômicos, razão pela qual tal medida é um afronta ao princípio da autoincriminação (FILHO, Jorge Sebastião. *Interceptação telefônica*: como medida cautelar probatória nos delitos econômicos. Curitiba: Juruá, 2012, p. 39).

Ressalta-se que a Nova Lei de Organização Criminosa prevê a possibilidade de, em qualquer fase da persecução criminal, decretar a interceptação ou captação ambiental mediante autorização judicial, embora tenha deixado de disciplinar um procedimento específico[484].

Nos termos do artigo 23 do novel legislativo, o sigilo da investigação poderá ser decretado pela autoridade judicial, para garantia da celeridade e da eficácia das diligências investigatórias, assegurando-se ao defensor, no interesse do representado, amplo acesso aos elementos de prova que digam respeito ao exercício do direito de defesa, devidamente precedido de autorização judicial, ressalvados os referentes às diligências em andamento. Determinado o depoimento do investigado, seu defensor terá assegurada a prévia vista dos autos, ainda que classificados como sigilosos, no prazo mínimo de 3 (três) dias que antecedem ao ato, podendo ser ampliado, a critério da autoridade responsável pela investigação.

A Lei n. 12.850/2013 tipifica os crimes ocorridos na investigação e na obtenção da prova no contexto de organizações criminosas. Destaca-se que o artigo 18 tipifica a conduta de revelar a identidade, fotografar ou filmar o colaborador, sem sua prévia autorização por escrito, com a cominação de pena de reclusão, de 1 (um) a 3 (três) anos, e multa.

Aponta-se, outrossim, o delito preceituado no artigo 20, que se caracteriza com o descumprimento da determinação de sigilo das investigações que envolvam a ação controlada e a infiltração de agentes, cuja pena é de reclusão, de 1 (um) a 4 (quatro) anos, e multa.

Atendendo ao inciso XII do artigo 5º da Constituição, a Lei n. 9.296/1996 regulamenta a intercepção de comunicações telefônicas, de qualquer natureza, para prova em investigação criminal e em instrução processual penal, devendo observar o disposto na própria legislação, além de ser decretada por ordem do juiz competente da ação principal, sob segredo de justiça (art. 1º).

---

484. Comungando do entendimento de Gilmar Mendes: "*A legislação brasileira sobre o tema, ao não prever, de modo claro, como já visto, requisitos procedimentais mínimos no uso de tecnologias intrusivas em investigações criminais, deixa aberta uma porta por onde é possível cometer os mais variados excessos. Nesse sentido, o grande desafio consiste exatamente em resguardar, de forma clara e suficiente, a garantia constitucional do direito à privacidade, sem privar o Estado do uso de novas tecnologias na investigação de práticas criminosas cada vez mais sofisticadas. Poder-se-ia suscitar, diante dos graves riscos que medidas dessa natureza impõem ao direito à privacidade, até mesmo a necessidade de expressa previsão constitucional, a exemplo do que ocorre no direito alemão*" (MENDES, Gilmar Ferreira. *Curso de direito constitucional*. 9 ed. São Paulo: Saraiva, 2014, p. 557).

De todo caso, o artigo 1º da Lei n. 9.296/1996 prevê uma reserva legal qualificada, no sentido de que a interceptação telefônica autorizada por determinação judicial deve se destinar à investigação criminal ou a processo penal em que haja a apuração de um delito[485]. Ademais, essa legislação também se aplica à interceptação do fluxo de comunicações em sistemas de informática e telemática (art. 1º, parágrafo único)[486].

Visando à legitimidade dessa medida cautelar probatória, a Resolução 59/2008 do Conselho Nacional de Justiça regulamenta e uniformiza os procedimentos de realização das interceptações telefônicas e telemáticas[487].

Importante salientar que o inciso XII do artigo 5º da Lei Fundamental se refere à interceptação telefônica com ou sem o consentimento de um dos interlocutores, que seja destinada à investigação criminal ou a processo penal. Dessa forma, a Lei n. 9.296/1996 trata das modalidades de interceptação telefônica, de qualquer natureza, e de comunicações em sistema de informática ou telemática, realizadas por terceiros (*terzietà*), com ou sem o consentimento de um dos interlocutores[488].

Complementa Ada Pellegrini Grinover que, etimologicamente, "interceptar" vem dos vocábulos *inter* e *capio*, que significam "deter na passagem", e, via de consequência, impedir que algo chegue ao lugar que se dirigia. Assim, a interceptação em sentido lato consiste em qualquer ato de interferência nas comunicações telefônicas alheias,

---

485. A propósito da interceptação telefônica, o entendimento do Supremo Tribunal Federal acerca do tema se divide em dois momentos. Em uma primeira ocasião, o Pretório Excelso se posicionou pela inviabilidade da interceptação telefônica, ainda que realizada com autorização judicial, pois, antes mesmo da edição da Lei n. 9.296/1996, não havia qualquer regulamentação do inciso XII do artigo 5º da Constituição. Neste caso, não caberia nem mesmo a disciplina do artigo 57, II, "a", do Código Brasileiro de Telecomunicações, pois o exige-se reserva legal qualificada para a interceptação telefônica, no sentido de que seja ela realizada com o objetivo de se destinar à investigação criminal ou a processo penal. Para maiores detalhes, cf: MENDES, Gilmar Ferreira. *Curso de direito constitucional*. 9 ed. São Paulo: Saraiva, 2014, p. 553-554.

486. Aponta Vicente Greco Filho que o parágrafo único do artigo 1º da Lei n. 9.296/1996 é objeto de inconstitucionalidade, pois, a partir da interpretação constitucional do inciso XII do artigo 5º, a interceptação telefônica não alcança o fluxo de comunicações em sistemas de informática e telemática (GRECO FILHO, Vicente. *Interceptação telefônica*: considerações sobre a Lei n. 9.296, de 24 de julho de 1996. São Paulo: Saraiva, 1996, p. 9).

487. As interceptações telemáticas são a quebra do sigilo em sistemas de informática.

488. Parte da doutrina entende que a quebra do sigilo telemático é inconstitucional, pois o inciso XII do artigo 5º não faz qualquer menção aos dados de informáticas, mas somente à possibilidade de interceptação telefônica.

seja com a finalidade de impedi-las, seja com o propósito de tomar conhecimento acerca de determinados fatos[489].

Segundo a festejada autora, a interceptação pode consistir tanto na escuta como na gravação da conversa telefônica. Por conseguinte, *"É irrelevante indagar a respeito da existência de conhecimento e consentimento de um dos interlocutores. É possível que nenhum deles esteja a par da operação técnica"*[490].

Nessa senda, a interceptação telefônica é a intervenção de um terceiro na conversa mantida entre duas pessoas, podendo apresentar as seguintes modalidades[491]: **(i)** escuta telefônica, em que a interceptação é realizada em conversação telefônica; **(ii)** interceptação *stricto sensu*, que é realizada sem o conhecimento de ambos os interlocutores; **(iii)** escuta ambiental, que é a interceptação feita com o conhecimento de um dos interlocutores; e **(iv)** interceptação ambiental, que é a realizada sem o conhecimento de um dos interlocutores, embora a legislação nada se refira à sua proibição[492].

Quanto à natureza jurídica, entende-se que a interceptação telefônica não é uma prova, mas um meio de produção de prova, ou seja, uma medida cautelar probatória, que apresenta as seguintes características: **(i)** instrumentalidade; **(ii)** jurisdicionalidade e motivação da decisão; **(iii)** provisionalidade; **(iv)** provisoriedade; **(v)** excepcionalidade; **(vi)** proporcionalidade; e **(vii)** contraditório[493].

Entretanto, não está no alcance da Lei n. 9.296/1996 a gravação clandestina, que se divide em: **(i)** gravação clandestina propriamente dita, ou seja, a gravação feita por aparelho telefônico ou eletrônico por um dos interlocutores, sem o conhecimento do outro; e **(ii)** gravação

---

489. GRINOVER, Ada Pellegrini. *Liberdades públicas e processo penal*: as interceptações telefônicas. 2. ed. São Paulo: Revista dos Tribunais, 1982, p. 198.

490. GRINOVER, Ada Pellegrini. O regime brasileiro das interceptações telefônicas. In: GRINOVER, Ada Pellegrini. *A marcha do processo*. p. 100-118, Rio de Janeiro: Forense Universitária, 2000, p. 114.

491. Paulo Rangel que a interceptação telefônica pode ser realizada na conversa entre dois ou mais interlocutores, como no caso do serviço telefônico oferecido pela Telerj chamado de "Reunião", no Rio de Janeiro (RANGEL, Paulo. Breves considerações sobre a lei 9.296/96: interceptação telefônica. *Revista Brasileira de Ciências Criminais*, São Paulo, v. 7, n. 26, p.143-151, abr./jun. 1999, 145).

492. MARIANO DA SILVA, Cesar Dario. *Tutela penal da intimidade*. Curitiba: Juruá, 2015, p. 112.

493. GRECO FILHO, Vicente. *Interceptação telefônica*: considerações sobre a Lei n. 9.296, de 24 de julho de 1996. São Paulo: Saraiva, 1996, p. 27; RUTHES, Igor Fernando. *Interceptação telefônica*: a legalidade das prorrogações das escutas telefônicas no âmbito da investigação criminal. Curitiba: Juruá, 2016, p. 233; FILHO, Jorge Sebastião. *Interceptação telefônica*: como medida cautelar probatória nos delitos econômicos. Curitiba: Juruá, 73.

ambiental, que é o registro do próprio diálogo por um dos interlocutores no ambiente da conversação entre presentes, sem o consentimento do outro[494].

De se ver que a gravação clandestina, em todas suas modalidades, parece se inserir no inciso X do artigo 5º da Magna Carta, que trata da intimidade e da vida privada - embora não haja qualquer procedimento ou regulamentação da matéria em nível infraconstitucional. A título de exemplo, essa gravação geralmente ocorre quando uma pessoa deseja produzir uma autodefesa no contexto do sequestro de um familiar[495].

Neste caso, a gravação clandestina não é ilícita, pois pode o interlocutor legitimamente realizá-la com a finalidade de produzir documentação própria. Nada obstante, poderá ser ilícita a divulgação, sem justa causa, da conversa confidencial[496].

No processo em que se apura o crime de divulgação de segredo[497], o Supremo Tribunal Federal tem considerado como "justa causa" a gravação clandestina ambiental realizada pelo indivíduo que pretende defender seu próprio direito, a ponto de divulgar conteúdo de documento particular ou de correspondência confidencial, de que é destinatário ou detentor, e cuja divulgação possa produzir dano a outrem. Neste azo, a gravação clandestina é considerada como prova lícita e, assim, uma "justa causa" para a divulgação do segredo, caracterizando-se como causa excludente da ilicitude (v.g., estado de necessidade ou legítima defesa), de modo que afasta um dos elementos do tipo penal em questão, qual seja, a elementar "sem justa causa"[498].

---

494. A gravação clandestina não se confunde com a escuta clandestina, embora ambas tenham certas semelhanças. Segundo Mariano da Silva: "É certo, de acordo com a doutrina, que a escuta clandestina se trata de modalidade de interceptação lato sensu, haja vista a interferência de terceira pessoa na conversação. Entretanto, ela muito se assemelha à gravação clandestina. Dessa forma, *como nela há autorização ou conhecimento de um dos interlocutores para que a conversa seja percebida e/ou gravada pelo terceiro, independe de ordem judicial, podendo seu conteúdo ser empregado como prova em juízo quando presente a justa causa, do mesmo modo que ocorre com a gravação clandestina*." (MARIANO DA SILVA, Cesar Dario. *Tutela penal da intimidade*. Curitiba: Juruá, 2015, p. 112-113).

495. MENDES, Gilmar Ferreira. *Curso de direito constitucional*. 9 ed. São Paulo: Saraiva, 2014, p. 550.

496. GRINOVER, Ada Pellegrini. O regime brasileiro das interceptações telefônicas. In: GRINOVER, Ada Pellegrini. *A marcha do processo*. p. 100-118, Rio de Janeiro: Forense Universitária, 2000, p. 114.

497. "**Art. 153** – *Divulgar alguém, sem justa causa, conteúdo de documento particular ou de correspondência confidencial, de que é destinatário ou detentor, e cuja divulgação possa produzir dano a outrem*: **Pena** – *detenção, de um a seis meses, ou multa, de trezentos mil réis a dois contos de réis.*"

498. MENDES, Gilmar Ferreira. *Curso de direito constitucional*. 9 ed. São Paulo: Saraiva, 2014, p. 557.

Da mesma forma, é lícita a gravação clandestina ambiental realizada em garagem por um dos proprietários do imóvel com a finalidade de identificar o autor que danifica seu automóvel[499]. Também é legítima a gravação clandestina que registra diálogo em local público.

Além disso, a Suprema Corte tem entendido como lícita, se ausente qualquer previsão legal de sigilo ou de reserva de conversação, a gravação clandestina de conversa telefônica realizada por um dos interlocutores, sem o consentimento do outro, com o objetivo de produzir prova para fins pessoais em juízo ou em inquérito policial[500].

Contudo, o Pretório Excelso considera como ilícita a gravação clandestina ambiental realizada entre os policiais e o preso com o propósito de registrar a confissão de eventual crime, pois há flagrante afronta ao direito ao silêncio do acusado, consagrado no inciso LXIII do artigo 5º da Constituição Federal[501].

---

499. "HABEAS CORPUS" – FILMAGEM REALIZADA, PELA VÍTIMA, EM SUA PRÓPRIA VAGA DE GARAGEM, SITUADA NO EDIFÍCIO EM QUE RESIDE – GRAVAÇÃO DE IMAGENS FEITA COM O OBJETIVO DE IDENTIFICAR O AUTOR DE DANOS PRATICADOS CONTRA O PATRIMÔNIO DA VÍTIMA – LEGITIMIDADE JURÍDICA DESSE COMPORTAMENTO DO OFENDIDO – DESNECESSIDADE, EM TAL HIPÓTESE, DE PRÉVIA AUTORIZAÇÃO JUDICIAL – ALEGADA ILICITUDE DA PROVA PENAL – INOCORRÊNCIA – VALIDADE DOS ELEMENTOS DE INFORMAÇÃO PRODUZIDOS, EM SEU PRÓPRIO ESPAÇO PRIVADO, PELA VÍTIMA DE ATOS DELITUOSOS – CONSIDERAÇÕES EM TORNO DA QUESTÃO CONSTITUCIONAL DA ILICITUDE DA PROVA – ALEGAÇÃO DE INÉPCIA DA DENÚNCIA – EXISTÊNCIA, NO CASO, DE DADOS PROBATÓRIOS MÍNIMOS, FUNDADOS EM BASE EMPÍRICA IDÔNEA – PEÇA ACUSATÓRIA QUE SATISFAZ, PLENAMENTE, AS EXIGÊNCIAS LEGAIS – PEDIDO INDEFERIDO. **(STF, HC: 84203 RS, Rel. Min. Celso de Mello, Data de Julgamento: 19/10/2004, Segunda Turma, Data de Publicação: 25.09.2009).**"

500. "PROVA. Criminal. Conversa telefônica. Gravação clandestina, feita por um dos interlocutores, sem conhecimento do outro. Juntada da transcrição em inquérito policial, onde o interlocutor requerente era investigado ou tido por suspeito. Admissibilidade. Fonte lícita de prova. Inexistência de interceptação, objeto de vedação constitucional. Ausência de causa legal de sigilo ou de reserva da conversação. Meio, ademais, de prova da alegada inocência de quem a gravou. Improvimento ao recurso. Inexistência de ofensa ao art. 5º, incs. X, XII e LVI, da CF. Precedentes. Como gravação meramente clandestina, que se não confunde com interceptação, objeto de vedação constitucional, é lícita a prova consistente no teor de gravação de conversa telefônica realizada por um dos interlocutores, sem conhecimento do outro, se não há causa legal específica de sigilo nem de reserva da conversação, sobretudo quando se predestine a fazer prova, em juízo ou inquérito, a favor de quem a gravou. **(STF, RE: 402717 PR, Rel. Min. Cezar Peluso, Data de Julgamento: 02/12/2008, Segunda Turma, Data de Publicação: 13.02.2009)**".

501. "I – PROVA OBTIDA POR MEIOS ILÍCITOS: INVOCAÇÃO DO ARTIGO 5., LVI DA CONSTITUIÇÃO: IMPROCEDÊNCIA: PRECEDENTES INAPLICÁVEIS. 1. A ESPÉCIE – GRAVAÇÃO DE CONVERSA PESSOAL ENTRE INDICIADOS PRESOS E AUTORIDADES POLICIAIS, QUE OS PRIMEIROS DESCONHECERIAM – NÃO SE PODERIA OPOR O PRINCÍPIO DO SIGILO DAS COMUNICAÇÕES TELEFÔNICAS – BASE DOS PRECEDENTES RECORDADOS – MAS, EM TESE, O DIREITO AO SILENCIO (CF, ARTIGO 5., LXIII), COROLÁRIO DO PRINCÍPIO "NEMO TENETUR SE DETEGERE", O QUAL ENTRETANTO, NÃO APROVEITA

Corroborando do entendimento de Gilmar Mendes, há uma nítida insuficiência legislativa no tratamento das gravações clandestinas ambientais no Brasil, máxime pelo descompasso com os avanços tecnológicos, a ponto de não proteger a intimidade e a vida privada a contento. Assim, é recomendável a aplicação analógica da Lei n. 9.296/1996, eis que as gravações clandestinas guardam certas semelhanças com as interceptações telefônicas e telemáticas[502].

Em linhas gerais, o Supremo Tribunal Federal firmou o entendimento de que é lícita a prova obtida por meio de interceptação telefônica autorizada legalmente a partir da Lei n. 9.296/1996, salvo nos seguintes casos: **(i)** a decisão judicial que autorizou a interceptação telefônica não encontra-se suficientemente fundamentada; e **(ii)** a gravação de conversa telefônica foi feita pelo interlocutor em telefonema próprio, sem o consentimento do outro[503].

Nos termos do artigo 2º da Lei n. 9.296/1996, não será admitida a interceptação de comunicações telefônicas quando ocorrer qualquer das seguintes hipóteses: **(i)** não houver indícios razoáveis da autoria ou participação em infração penal; **(ii)** a prova puder ser feita por outros meios disponíveis; e **(iii)** o fato investigado constituir infração penal punida, no máximo, com pena de detenção[504].

A TERCEIROS, OBJETO DA DELAÇÃO DE CO-REUS; ACRESCE QUE, NO CASO, A LUZ DA PROVA, A SENTENÇA CONCLUIU QUE OS INDICIADOS ESTAVAM CIENTES DA GRAVAÇÃO E AFASTOU A HIPÓTESE DE COAÇÃO PSICOLÓGICA. II – PRISÃO PARA APELAR DE RÉU CONDENADO POR TRAFICO DE ENTORPECENTES: LEI 6.368/76, ARTIGO 35, E LEI 8.072/90, ARTIGO 2., PAR. 2., INTERPRETAÇÃO CONFORME A CONSTITUIÇÃO: EXIGÊNCIA DE NECESSIDADE CAUTELAR SATISFEITA NA ESPÉCIE. A PRISÃO PARA APELAR SÓ SE LEGITIMA QUANDO SE EVIDENCIA A SUA NECESSIDADE CAUTELAR, NÃO CABENDO INFERI-LA EXCLUSIVAMENTE DA GRAVIDADE EM ABSTRATO DO DELITO IMPUTADO; E POSSÍVEL, CONTUDO, EXTRAIR DO CONTEXTO DO FATO CONCRETO – QUE REVELA A EXISTÊNCIA DE COMPLEXA ORGANIZAÇÃO CRIMINOSA DE DIMENSÕES INTERNACIONAIS – BASE EMPÍRICA PARA A AFIRMAÇÃO DO RISCO DE FUGA DOS CONDENADOS, FUNDAMENTO IDÔNEO PARA A CAUTELA DA PRISÃO PROVISÓRIA IMPOSTA **(Primeira Turma, STF, HC: 69818 SP, Rel. Min. Sepúlveda Pertence, Data de Julgamento: 03.11.1992, Data de Publicação: DJ 27.11.1992)**".

502. MENDES, Gilmar Ferreira. *Curso de direito constitucional*. 9 ed. São Paulo: Saraiva, 2014, p. 558.

503. MENDES, Gilmar Ferreira. *Curso de direito constitucional*. 9 ed. São Paulo: Saraiva, 2014, p. 550.

504. No direito processual penal português, há um rol de crimes para os quais a escuta telefônica é autorizada, denominados crimes de catálogo (ANDRADE, Manuel da Costa. Das escutas telefônicas. In: COSTA, José de Faria; SILVA, Marco Antonio Marques da. *Direito penal especial, processo penal e direitos fundamentais:* visão luso-brasileira. p. 203-213, São Paulo: Quartier Latin, 2006, p. 207). Já algumas propostas de emenda ao Projeto de Reforma do Novo Código de Processo Penal sugerem que seja inserido um rol taxativo dos crimes nos quais é autorizada a interceptação telefônica (GRECO FILHO, Vicente.

Salienta-se que somente será cabível a interceptação nas infrações penais apenadas com reclusão. Sem embargo, essa previsão legal tornou-se objeto de críticas, pois há crimes ou contravenções penais que, mesmo que apenados com detenção, demandam a investigação por meio de interceptação telefônica, tais como os crimes de injúria e de ameaça e a contravenção do jogo do bicho[505].

Consigna-se que o objetivo do legislador, ao exigir a pena de reclusão, foi o de permitir a decretação da interceptação telefônica somente aos crimes de maior gravidade. Contudo, parece haver um equívoco legislativo nesse sentido, pois há infrações de menor potencial ofensivo apenadas com reclusão que são alcançadas pela interceptação telefônica, ao passo que outras infrações de elevado potencial ofensivo não são apenadas com reclusão e, então, deixam de ser objeto da medida.

Compartilhando do posicionamento de Gilmar Mendes, a interceptação telefônica é cabível em todas as infrações penais de natureza grave, sendo que o juiz deve se atentar às circunstâncias de cada caso concreto para decretá-la ou não, tendo como baricentro o princípio da proporcionalidade, notadamente a adequação, a necessidade e a proporcionalidade em sentido estrito[506].

Nesse sentido, o Supremo Tribunal Federal se posicionou que a prova obtida por interceptação telefônica destinada à investigação de crime apenado com reclusão, pode servir de embasamento de denúncia de crime apenado com detenção[507]. Em qualquer hipótese, deve ser descrita com clareza a situação objeto da investigação, inclusive com indicação e qualificação dos investigados, salvo manifesta impossibilidade, devidamente justificada (art. 2º, parágrafo único).

Pela leitura literal do artigo 3º da Lei n. 9.296/1996, a interceptação das comunicações telefônicas poderá ser determinada pelo juiz, de

---

Interceptação telefônica: considerações sobre a Lei n. 9.296, de 24 de julho de 1996. São Paulo: Saraiva, 1996, p. 13; GRINOVER, Ada Pellegrini. Do regime das interceptações telefônicas no projeto de novo CPP - proposta de emendas do IBDP. *Boletim IBCCRIM*, São Paulo, v. 18, 213 - Edição Especial, p.2-3, ago. 2010).

505. Para Ada Pellegrini Grinover, o inciso III do artigo 2º da Lei n. 9.296/1996 é inconstitucional, pois é mais apropriado que o legislador descreva rol taxativo de infrações penais que comportam a interceptação telefônica (GRINOVER, Ada Pellegrini *apud* MENDES, Gilmar Ferreira. *Curso de direito constitucional*. 9 ed. São Paulo: Saraiva, 2014, p. 551).

506. MENDES, Gilmar Ferreira. *Curso de direito constitucional*. 9 ed. São Paulo: Saraiva, 2014, p. 551; GRINOVER, Ada Pellegrini. O regime brasileiro das interceptações telefônicas. In: GRINOVER, Ada Pellegrini. *A marcha do processo*. p. 100-118, Rio de Janeiro: Forense Universitária, 2000, p. 116.

507. MENDES, Gilmar Ferreira. *Curso de direito constitucional*. 9 ed. São Paulo: Saraiva, 2014, p. 551.

ofício ou a requerimento[508]: **(i)** da autoridade policial, na investigação criminal; ou **(ii)** do representante do Ministério Público, na investigação criminal e na instrução processual penal. Neste viés, o pedido de interceptação telefônica deve conter a demonstração de que sua realização é necessária à apuração da infração penal, com indicação dos meios a serem empregados (art. 4º, "*caput*"). Excepcionalmente, o juiz poderá admitir que o pedido seja formulado verbalmente, desde que estejam presentes os pressupostos que autorizem a interceptação, caso em que a concessão será condicionada à sua redução a termo (art. 4º, § 1º).

Sustenta parte da doutrina que a possibilidade de decretação da interceptação telefônica de ofício traz ao magistrado poderes investigatórios e, via de consequência, a desconformidade na imparcialidade, tanto na fase de investigação como na instrução criminal, razão pela qual o artigo 3º da Lei n. 9.296/1996 é inconstitucional, pois afronta o sistema acusatório consagrado na Constituição brasileira de 1988. Ademais, a lei de regência não traz qualquer previsão sobre as prerrogativas da defesa, criando um desnível processual entre a acusação e a própria defesa, a ponto de afrontar o princípio da paridade de armas[509].

Nesse contexto, o artigo 249 do Projeto de Lei n. 8.045/2010 (Projeto do novo Código de Processo Penal) afasta a possibilidade de decretação da interceptação telefônica *ex officio*, em consonância com o princípio constitucional do acusatório[510].

Assim, a decretação da interceptação telefônica não é cabível a partir meras suspeitas, mas de um conjunto de indícios que comprovam a necessidade da medida. Assim, pressupõe a presença dos seguintes requisitos: **(i)** a viabilidade do provimento cautelar, em virtude da existência de indícios de autoria e a probabilidade de ocorrência da infração penal (*fumus comissi delicti*), prevista no inciso I do artigo 2º da Lei n. 9.296/1996 ("*não houver indícios razoáveis da autoria ou participação em infração penal*"); e **(ii)** o perigo de perda

---

508. FILHO, Jorge Sebastião. *Interceptação telefônica*: como medida cautelar probatória nos delitos econômicos. Curitiba: Juruá, 2012, p. 101; RUTHES, Igor Fernando. *Interceptação telefônica*: a legalidade das prorrogações das escutas telefônicas no âmbito da investigação criminal. Curitiba: Juruá, 2016, p. 49.

509. GOMES, Luiz Flávio. Interceptação telefônica "de ofício": inconstitucionalidade. *Revista IOB de Direito Penal e Processual Penal*, Porto Alegre, v. 8, n. 45, p.13-20, ago./set. 2007; FILHO, Jorge Sebastião. *Interceptação telefônica*: como medida cautelar probatória nos delitos econômicos. Curitiba: Juruá, 2012, p. 101; RUTHES, Igor Fernando. *Interceptação telefônica*: a legalidade das prorrogações das escutas telefônicas no âmbito da investigação criminal. Curitiba: Juruá, 2016, p. 49.

510. FILHO, Jorge Sebastião. *Interceptação telefônica*: como medida cautelar probatória nos delitos econômicos. Curitiba: Juruá, 2012, p. 106.

ou destruição da prova (*periculum libertatis*), prevista no artigo 4º da lei de regência[511].

Em homenagem ao princípio do juiz natural, a decretação da interceptação somente é possível mediante escrita e fundamentada decisão do juiz competente da ação principal, sob pena de nulidade da própria decisão. Nos termos do § 2º do artigo 4º, o juiz tem o prazo máximo de 24 (vinte e quatro) horas para decidir sobre o pedido. De qualquer forma, a decisão será fundamentada, sob pena de nulidade, indicando também a forma de execução da diligência, que não poderá exceder o prazo de 15 (quinze) dias, renovável por igual tempo, uma vez comprovada a indispensabilidade do meio de prova (art. 5º).

Discute-se sobre a possibilidade de prorrogação ou não da medida por sucessivas vezes diante das peculiaridades do caso concreto. Parte da doutrina entende que a lei de regência, mesmo que preveja *"o prazo de 15 dias, renovável por igual tempo"*, não traz qualquer previsão sobre quantas vezes é permitida a renovação da interceptação telefônica, uma vez presentes os requisitos legais.

De toda sorte, o Supremo Tribunal Federal tem admitido a prorrogação sucessiva desse prazo se o fato for complexo, a ponto de demandar uma investigação diferenciada[512].[513].

Deferido o pedido, a autoridade policial conduzirá os procedimentos de interceptação, dando ciência ao Ministério Público, que poderá acompanhar a sua realização (art. 6º). No caso de a diligência possibilitar a gravação da comunicação interceptada, será determinada a sua transcrição.

Cumprida a diligência, a autoridade policial encaminhará o resultado da interceptação ao juiz, acompanhado de auto circunstanciado, que deverá conter o resumo das operações realizadas. Recebidos

---

511. MENDES, Gilmar Ferreira. *Curso de direito constitucional.* 9 ed. São Paulo: Saraiva, 2014, p. 551.

512. MENDES, Gilmar Ferreira. *Curso de direito constitucional.* 9 ed. São Paulo: Saraiva, 2014, p. 552.

513. A propósito da prorrogação da medida, assevera Ruhtes: "*Digno de se asseverar que os posicionamentos aqui trazidos que suportam as prorrogações sucessivas de interceptações telefônicas estão embasados na busca de uma verdade real, e, principalmente o posicionamento de Greco Filho, em uma discricionariedade do magistrado pelo silêncio da lei, ou seja, sem nenhuma vinculação aos direitos fundamentais. Ademais não o fazem qualquer menção à proporcionalidade na restrição dos Direitos Fundamentais, principalmente no que tange à proporcionalidade em sentido estrito como já visto acima.*" (RUTHES, Igor Fernando. *Interceptação telefônica*: a legalidade das prorrogações das escutas telefônicas no âmbito da investigação criminal. Curitiba: Juruá, 2016, p. 56).

esses elementos, o juiz determinará a providência do art. 8°, no que o Ministério Público tomará ciência (art. 6º, § 3º).

Dispõe o art. 7º que, para os procedimentos de interceptação de que trata a mencionada legislação, a autoridade policial poderá requisitar serviços e técnicos especializados às concessionárias de serviço público.

De se ver que a interceptação de comunicação telefônica, de qualquer natureza, ocorrerá em autos apartados, apensados aos autos do inquérito policial ou do processo criminal, preservando-se o sigilo das diligências, gravações e transcrições respectivas (art. 8º).

Por outro lado, a gravação que não interessar à prova será inutilizada por decisão judicial, durante o inquérito, a instrução processual ou após esta, em virtude de requerimento do Ministério Público ou da parte interessada (art. 9º). Neste caso, o incidente de inutilização será assistido pelo Ministério Público, sendo facultada a presença do acusado ou de seu representante legal (art. 9º, parágrafo único).

Apontam-se, nesse contexto, duas correntes acerca da possibilidade de publicidade ou não do conteúdo das interceptações telefônicas.

Para a primeira corrente, o sigilo das diligências, gravações e transcrições obtidas pela interceptação é a regra, (art. 8º), enquanto que a publicidade é a exceção. Ademais, o artigo 10 da Lei de Interceptação Telefônica tipifica como crime a quebra indevida do sigilo do conteúdo da própria interceptação.

Assim, seja ao final das investigações (fase investigativa) seja antes da prolação da sentença, os autos com as gravações das conversas deverão ser apensados ao procedimento ou processo, no que se tornam acessíveis à defesa, propiciando o contraditório. A partir desse momento, torna-se prescindível o sigilo para a preservação da prova e de sua utilidade, pois a própria prova já é de conhecimento dos investigados ou dos acusados – em que pese ainda subsistir a possibilidade de se manter o sigilo das interceptações, em proteção à intimidade.

Segundo Paulo Rangel, o princípio da publicidade deve ser interpretado conforme a natureza jurídica da interceptação telefônica, pois tal caracteriza-se como uma medida cautelar incidental, razão pela qual deve ser mantida, a rigor, em segredo (publicidade restrita ou mediata) para que alcance sua finalidade durante o processo criminal. Caso fosse levada ao conhecimento do acusado, a interceptação telefônica perderia seu sentido no contexto da persecução criminal[514]. Con-

514. RANGEL, Paulo. *Direito processual penal*. 24. ed. São Paulo: Atlas, 2016, p. 16.

tudo, é possível conferir publicidade externa à interceptação telefônica a partir da interpretação da regra esculpida no inciso LX do artigo 5º da Constituição Federal, no sentido de que a lei poderá restringir a publicidade dos atos processuais quando a defesa da intimidade ou o interesse social o exigirem[515].

Em se tratando de agentes políticos, há possibilidade de mitigação do direito à preservação da intimidade, pois a escolha da função pública implica na renúncia de parcela da intimidade. Em havendo fatos de interesse público, tais podem ser divulgados à coletividade, com fundamento no artigo 93, IX, da Constituição Federal. Neste viés, o direito público à informação prevalece sobre o direito à intimidade, por força do princípio da proporcionalidade.

Caso não haja interesse público à informação, é salutar a proteção ao direito à intimidade, eis que este direito prevalece sobre aquele. Acrescenta-se que se a gravação das conversas não for útil às investigações ou ao processo, tais deverão ser inutilizadas, mediante ordem judicial, a pedido do Ministério Público ou da parte interessada (art. 9º da Lei n. 9.296/1996)[516].

Já para a segunda corrente, o artigo 8º da Lei n. 9.296/1996 prevê a necessidade de sigilo absoluto da gravação das interceptações telefônicas, sem qualquer exceção.

Certo é que o artigo 93, IX, da Constituição consagra amplamente o direito público à informação, conferindo publicidade a todos os julgamentos, de modo que a lei pode limitar a presença, em determinados atos do julgamento, às próprias partes e a seus advogados ou, ainda, somente aos advogados, sobretudo nos casos em que o direito à intimidade não prejudicar o direito público à informação.

Salienta Gustavo Badaró, no entanto, que esse dispositivo constitucional não se refere à publicidade nos autos do processo (v.g., documentação e registro dos atos processuais; meios de obtenção de prova), mas apenas aos atos processuais, principalmente aqueles praticados em audiência. Dessarte, inviável a publicidade do conteúdo das interceptações telefônicas sob a alegação de que tal seria permitida à luz do artigo 93, IX, da Constituição[517].

---

515. RANGEL, Paulo. *Direito processual penal*. 24. ed. São Paulo: Atlas, 2016, p. 16.
516. Cf. MARIANO DA SILVA, Cesar Dario. *Tutela penal da intimidade*. Curitiba: Juruá, 2015.
517. BADARÓ, Gustavo. *Grampos no caso Lava Jato*: ilegalidade. In: Carta Forense. Abril de 2016, p. B-22.

Entende-se, *concessa vênia*, que deve prosperar a primeira corrente, haja vista que a o sigilo da interceptação telefônica é regra, embora admita a publicidade em casos excepcionais.

Nesse prisma, encontra-se em trâmite no Congresso Nacional o Projeto da Nova Lei de Interceptação Telefônica, com vistas a revogar total ou parcialmente a Lei n. 9.296/1996. Discute-se se é salutar inserir no aludido projeto o crime que se caracteriza pela divulgação jornalística do conteúdo de grampos (interceptação telefônica), mesmo que tenham autorização judicial, com pena de 1 (um) a 3 (três), e multa[518]. Nada obstante, entende-se que essa criminalização não deve prosperar, pois há casos em que o teor das interceptações telefônicas são de interesse público, razão pela qual o conteúdo deve ser divulgado pela imprensa para conhecimento geral[519].

De se ver que, durante a interceptação, é possível a produção dos seguintes elementos: **(i)** do encontro fortuito de provas (desvio causal da prova, conhecimento fortuito ou princípio da serendipidade), ou seja, da descoberta fortuita de outras provas então desconhecidas que indicam a ocorrência de outros crimes praticados por um dos interlocutores investigados ou por outra pessoa identificada somente após o início do procedimento – desde que tais crimes sejam punidos com reclusão, o que autoriza a interceptação telefônica; ou **(ii)** do conhecimento de outros participantes nos crimes investigados.

Assinala Vicente Greco Filho que, em caso de descoberta de fatos delituosos diferentes daquele que fundamentou a interceptação, pode a gravação do primeiro crime objeto de investigação ser utilizada como prova dos últimos fatos, desde que a segunda infração seja passível de interceptação e que tal fato seja relacionado com o primeiro, perfazendo concurso de crimes, continência ou conexão. Porém, "*O que não se admite (inclusive o mesmo ocorre no direito estrangeiro), é a utilização da interceptação em face de fato em conhecimento fortuito e desvinculado do fato que originou a providência.*"[520].

---

518. FROTA, Hidemberg Alves da. Reflexões sobre quebra judicial do sigilo das fontes jornalísticas, segredo de justiça como limite à liberdade de informação jornalística e divulgação pela mídia do conteúdo de interceptações telefônicas. *Revista Magister de Direito Penal e Processual Penal*, Porto Alegre, v. 2, n. 9, p. 22-35, dez./jan. 2006, p. 32.

519. FROTA, Hidemberg Alves da. Reflexões sobre quebra judicial do sigilo das fontes jornalísticas, segredo de justiça como limite à liberdade de informação jornalística e divulgação pela mídia do conteúdo de interceptações telefônicas. *Revista Magister de Direito Penal e Processual Penal*, Porto Alegre, v. 2, n. 9, p. 22-35, dez./jan. 2006, p. 34.

520. GRECO FILHO, Vicente. *Interceptação telefônica*: considerações sobre a Lei n. 9.296, de 24 de julho de 1996. São Paulo: Saraiva, 1996, p. 22.

Para Eugênio Pacelli, o encontro fortuito de provas é um eficiente mecanismo para o enfrentamento da criminalidade organizada e macroeconômica, geralmente como ocorre com o emprego da interceptação telefônica. Porém, não será possível o seu reconhecimento se houver o cumprimento de mandado judicial de busca a apreensão na investigação de crime contra a fauna, vez que os agentes policiais ingressam na residência apenas para realizar diligências de busca de animais silvestres, ao passo que as demais provas encontradas serão ilícitas[521].

Obtempera Aury Lopes Júnior que o desvio causal da prova entre o crime originário e aquele descoberto de forma fortuita requer uma análise mais acurada. Com efeito, o ato judicial que autoriza a interceptação telefônica e a quebra dos sigilos bancário e fiscal é vinculado e limitado, ou seja, vincula a utilização da prova unicamente ao respectivo processo, pois busca apurar o crime que ensejou o próprio ato judicial. Dessa forma, haverá conexão, que é a reunião das infrações penais para julgamento simultâneo, sendo que a prova de um dos crimes passará a integrar o mesmo processo para ambas as infrações.

Assevera o predito autor que o conceito de conexão trazido pelo Código de Processo Penal é amplo, razão pela qual "*As regras de conexão podem ser admitidas como forma de relativizar o princípio da especialidade da prova, mas exigem sempre uma leitura restritiva desse conceito, bem como a demonstração da real existência dos elementos que a compõem*"[522]. Neste caso, é possível o encontro fortuito de provas na conexão e continência.

Não sendo o caso de conexão, a "prova" obtida a partir do desvio causal pode servir de início para a investigação do outro crime, mas não deve ela ser considerada essencialmente como "prova", mas como "fonte de prova" ou notícia-crime, porquanto não é um elemento indiciário[523]. Essa "prova" é despida de valor probatório e, via de consequência, é ilícita, ou melhor, prova ilícita derivada, de modo que, uma vez utilizada, contamina todos os atos em continuidade[524].

---

521. PACELLI DE OLIVEIRA, Eugênio. *Curso de processo penal*. 20. ed. São Paulo: Atlas, 2016, p. 368-369.

522. LOPES JR., Aury. *Direito processual penal*. São Paulo: Saraiva, 2016, p. 400-401.

523. LOPES JR., Aury. *Direito processual penal*. São Paulo: Saraiva, 2016, p. 401.

524. Adverte Lopes Júnior: "*Em que pese maior parte da doutrina que trata do tema admitir que a prova obtida de (mediante desvio causal) seja o 'starter' de uma nova investigação, há que se ponderar o seguinte: se usarmos a prova obtida com desvio causal, ainda que a título de 'conhecimento fortuito', estaremos utilizando uma prova ilícita derivada. Isso gera um paradoxo insuperável: a prova é ilícita (despida de valor probatório) em um*

Além disso, o encontro fortuito de provas gera discussões no campo da prova emprestada. Ganha expressão o princípio da especialidade, comumente invocado no direito penal econômico para a transferência ou compartilhamentos de provas entre os órgãos estatais, tais como a Receita Federal, o BACEN e o COAF. À luz da cooperação jurídica internacional, sobretudo no Estatuto de Roma, esse princípio significa que, se a prova obtida na cooperação foi solicitada para a investigação de determinado delito, não poderá tal prova ser utilizada para fundamentar denúncia de infração penal diversa.

Ressalta-se que o princípio da especialidade da prova é fruto de um processo penal democrático, haja vista que sua finalidade é a de evitar investigações abertas e indeterminadas, geralmente colocadas a cargo do substancialismo inquisitorial.

Adverte Lopes Júnior que, atualmente, há uma banalização do compartilhamento de provas no cenário jurídico brasileiro, pois, devido a um substancialismo inquisitorial, caracterizado pela vagueza e imprecisão, é comum que haja ilegalmente o desvio da investigação de um fato certo e determinado para envolver a apuração de outro ilícito que o réu tenha supostamente praticado[525].

De toda forma, a maior parte da doutrina entende que o encontro fortuito é uma nova prova que enseja uma nova investigação. O Pretório Excelso já se posicionou ser admissível o encontro fortuito de provas a partir de gravação de conversa telefônica legalmente decretada, que tinha por objetivo o acompanhamento de outro suspeito ou fato investigado[526].

Assevera Gilmar Mendes que o encontro fortuito de provas suscita dissensões sobre a fixação da competência para o processo e o julgamento da infração penal, pois a interceptação inicia-se no local do crime objeto de suspeita, enquanto que as provas dela supervenientes

---

processo, mas vale(ria) como notícia-crime em outro... Ora, partindo do Princípio da Legalidade, a investigação tem que iniciar a partir de prova lícita e não de uma prova ilícita, sob pena de contaminarmos todos os atos praticados na continuação!" (LOPES JR., Aury. *Direito processual penal*. São Paulo: Saraiva, 2016, p. 401).

525. Complementa Lopes Júnior: "*Constitui um desvio ilegítimo obter – por exemplo – uma autorização judicial para realização de uma interceptação telefônica para apuração do delito de tráfico de substâncias entorpecentes e, posteriormente, utilizar esse mesmo material probatório para instauração de outro processo criminal, pelo delito de sonegação fiscal*" (LOPES JR., Aury. *Direito processual penal*. São Paulo: Saraiva, 2016, p. 404).

526. MENDES, Gilmar Ferreira. *Curso de direito constitucional*. 9 ed. São Paulo: Saraiva, 2014, p. 295.

podem levar à determinação de outro foro competente na ocasião das investigações[527].

Por outro lado, discute-se se são legítimas ou não as provas obtidas a partir da gravação de conversas telefônicas clandestinas. Para o Supremo Tribunal Federal, a prova obtida por interceptação telefônica não autorizada pela autoridade judicial é ilícita, a ponto de não gerar qualquer efeito processual, assim como os elementos a partir dela obtidos, com fundamento na doutrina dos "frutos da árvore envenenada" (*fruits of the poisonous tree*).

De todo caso, outras provas autônomas alcançadas por meios legais, independentemente das ilícitas, asseguram a existência do processo, de modo que não há que se falar em qualquer nulidade processual[528]. Enuncia Gilmar Mendes que "*Tem-se mitigado também a nulidade de prova ilícita decorrente de interceptação telefônica ilegal se a persecução criminal ou a condenação tiver base em outros elementos probatórios idôneos*"[529].

Ademais, a Suprema Corte firmou o entendimento de que, na apuração de irregularidades cometidas por autoridades e agentes públicos, é possível que a prova obtida a partir da interceptação telefônica realizada em investigação criminal seja emprestada e utilizada em procedimento administrativo disciplinar[530].

Da mesma arte, preleciona Eugênio Pacelli que a interceptação telefônica só é possível de ser decretada no âmbito de competência do juiz criminal, embora o juiz cível, por exemplo, possa conhecer da prova colhida em ação penal, pois não há qualquer risco ou diminuição da eficácia da norma que protege a inviolabilidade da comunicação telefônica neste caso. Também não há que se falar em qualquer violação à competência de jurisdição[531].

---

527. MENDES, Gilmar Ferreira. *Curso de direito constitucional*. 9 ed. São Paulo: Saraiva, 2014, p. 559.

528. MENDES, Gilmar Ferreira. *Curso de direito constitucional*. 9 ed. São Paulo: Saraiva, 2014, p. 294.

529. MENDES, Gilmar Ferreira. *Curso de direito constitucional*. 9 ed. São Paulo: Saraiva, 2014, p. 552.

530. **Tribunal Pleno, STF, Inq-QO: 2424 RJ, Min. Rel. Cezar Peluso, Data de Julgamento: 25.04.2007, Data de Publicação: 24.08.2007, DJ 24.08.2007.**

531. Para Eugênio Pacelli: "*Na realidade, a exceção ali mencionada não é procedimental, mas excludente da ilicitude. Sendo assim, não haveria necessidade alguma do oferecimento dela em separado, para autuação em apenso, como ocorre com as demais exceções processuais. Todavia, parece-nos conveniente que assim se proceda, quando se tratar de querelado que goze de prerrogativa de função, nos crimes comuns. É que, nesse caso, caberá ao tribunal competente para julgá-lo nos crimes comuns o julgamento da exceção da verdade,*

Outra questão a ser enfrentada no direito brasileiro se refere à infiltração clandestina em sistemas de tecnologia da informação com a finalidade de realizar investigações criminais. Além de não haver qualquer precedente na Suprema Corte, há uma omissão legislativa no tratamento do tema, especialmente no que toca à possibilidade de utilização de "*softwares espiões*" com o propósito de monitorar "*online*" as atividades cibernéticas. Obtempera Gilmar Mendes que "*Diante dessa lacuna, cabe indagar sobre a possibilidade de aplicação analógica dos procedimentos sobre interceptações telefônicas e telemáticas da Lei n. 9.296/1996*"[532].

A utilização do ciberespaço também é temática debatida no âmbito da quebra do sigilo de armazenamento de dados. Até2014, não havia qualquer lei específica destinada à disciplina do armazenamento de dados, sobretudo das informações dos usuários de internet em poder dos provedores virtuais[533].

Recentemente, foi editada a Lei 12.965/2014, reputada como a "Constituição da Internet", visto que estabelece princípios, garantias, direitos e deveres para o uso da rede mundial de computadores no Brasil, inaugurando o chamado marco civil ou regulatório da internet.

Analisando a livre iniciativa e os direitos do consumidor no contexto da internet, discorre Fabiano Del Masso que o uso da rede mundial de computadores transcende as fronteiras de uma simples mídia, a ponto de também desaguar no comércio eletrônico ou mercado digital, em que *websites* são criados por empresas para atingir reais e potenciais clientes em operações econômicas[534]. Consigna-se que o fornecimento de registros de conexão de acesso a aplicações e dados pessoais depende de prévia ordem judicial[535].

---

porquanto o conteúdo desta exceção pode, inegavelmente, conter a firmação de fato que constitua, por si só, infração penal. Assim, e dando cumprimento ao que dispõe o art. 85 do CPP, os autos da exceção seriam remetidos ao tribunal competente por prerrogativa de função, permanecendo os autos da ação penal no juízo de origem (da queixa)" (PACELLI DE OLIVEIRA, Eugênio. *Curso de processo penal*. 20. ed. São Paulo: Atlas, 2016, p. 795.

532. MENDES, Gilmar Ferreira. *Curso de direito constitucional*. 9 ed. São Paulo: Saraiva, 2014, p. 566.

533. Gilmar Mendes menciona o contexto da União Europeia, em que foi aprovada uma diretiva visando à padronização das diversas previsões dos Estados acerca das obrigações dos fornecedores de serviços de comunicações telefônicas de manter o armazenamento de dados gerados na internet (MENDES, Gilmar Ferreira. *Curso de direito constitucional*. 9 ed. São Paulo: Saraiva, 2014, p. 567).

534. MASSO, Fabiano Del. Livre-iniciativa, livre concorrência e direitos do consumidor como fundamentos do uso da internet no Brasil. In: *Marco civil da internet*: Lei n. 12.965/2014, p. 40-53, São Paulo: Revista dos Tribunais, 2014, p. 43.

535. LIMA, Caio César Carvalho. Requisição judicial de registros eletrônicos. In: *Marco civil da internet*: Lei n. 12.965/2014, p. 232-250, São Paulo: Revista dos Tribunais, 2014, p. 239.

Assinala Marco Aurélio Florêncio Filho que houve uma inversão de política legislativa no cenário jurídico brasileiro, pois, *a priori*, o legislador se preocupou em tipificar os crimes praticados na internet para, somente em seguida, cuidar dos direitos, deveres e garantias dos usuários na rede mundial de computadores, havendo nítida afronta ao princípio da *ultima ratio legis* e da fragmentariedade.

Compartilhando do entendimento do sobredito autor, o marco civil da internet é uma emblemática evolução dos direitos e deveres dos usuários da rede mundial de computadores no Brasil, embora apresente algumas imperfeições, de modo que caberá aos tribunais enfrentar os desafios na aplicação do novel legislativo, a fim de que sejam delineados os limites entre a liberdade de expressão e a privacidade no ambiente digital[536].

Em suma, infere-se que a matéria de publicidade então regulamentada pelo direito brasileiro apresenta um evidente descompasso com o avanço das tecnologias, de modo que há uma insuficiência legislativa no tratamento das gravações clandestinas e das interceptações telefônicas e telemáticas, deixando de salvaguardar suficientemente os direitos da personalidade.

Faz-se imprescindível a edificação harmoniosa e padronizada de um marco regulatório do sigilo das telecomunicações no Brasil, a fim de que seja melhor definido o uso da moderna tecnologia, sobretudo do modo de manuseio das informações telefônicas e telemáticas tanto pela mídia como pelas redes virtuais. Paralelamente, devem o direito penal e processual penal conferir o devido tratamento aos ilícitos praticados no quadro da modernização tecnológica, principalmente quando envolve a veiculação de informações pela imprensa.

5.4. Interceptação Telefônica entre Advogado e Cliente

No dia 16 de junho de 2016, no julgamento do caso "*Versini-Campinchi e Crasnianski v. França*", uma Câmara da Corte Europeia de Direitos Humanos firmou o entendimento de que a interceptação de conversa telefônica entre advogado e cliente não viola a intimidade (direito à vida privada).

Nesse caso, as empresas "*Districoupe*" e da "*Buffalo Grill*", que contavam como diretor Christian Picart, foram acusadas de não atender à determinação do governo francês, no sentido de restringir a

536. FILHO, Marco Aurélio Florêncio. Apontamento sobre a liberdade de expressão e a violação da privacidade no marco civil da internet. In: *Marco civil da internet*: Lei n. 12.965/2014, p. 27-40, São Paulo: Revista dos Tribunais, 2014, p. 28 e 40.

importação de carne bovina do Reino Unido, onde havia a proliferação da "doença da vaca-louca" (encefalopatia ou espongiforme bovina).

Após a constatação de diversas mortes na França pelo consumo de carne bovina supostamente contaminada, as autoridades francesas instauraram uma investigação criminal para a apuração dos fatos. Durante as investigações, a autoridade judicial autorizou a interceptação telefônica entre o investigado Christian Picart e seus advogados Versini-Campinchi e Tania Crasnianski.

Em certas transcrições das conversas, havia evidências de que os advogados praticaram crimes de desacato e de violação da confidencialidade profissional.

Diante disso, os advogados pleitearam a nulidade das gravações perante a Corte de Apelação de Paris, mas não lograram êxito.

Em sequência, o procurador público da Corte de Apelação de Paris encaminhou as conversas ao Presidente da Ordem dos Advogados de Paris, na qual foi iniciado um procedimento disciplinar contra os próprios advogados. Ao final, os advogados Versini-Campinchi e Tania Crasnianski foram condenados a suspensão da atuação profissional por 21 e 12 meses, respectivamente.

Acionando a Corte Europeia de Direitos Humanos (Corte de Estrasburgos), os advogados contestaram a penalidade de suspensão das atividades profissionais, sob a alegação de que a interceptação telefônica foi decretada de forma ilegal e, portanto, não serviria de fundamento para tal suspensão.

De toda sorte, conclui a Corte Europeia de Direitos Humanos que a interceptação telefônica foi legalmente decretada, pois, mesmo envolvendo a vida privada dos advogados, consistiu em medida proporcional com um fim legítimo em uma sociedade democrática, qual seja, a de prevenir a desordem. Ademais, conclui-se que os advogados cometeram ilícitos em sua atividade profissional e que, em qualquer momento, a interceptação telefônica acarretou prejuízo ao exercício do direito de defesa[537].

Analisados os fundamentos da interceptação telefônica, cabe o estudo da quebra dos sigilos bancários e fiscal no contexto midiático.

537. Cf. http://www.cedin.com.br/corte-europeia-de-direitos-humanos-conclui-que-interceptacao-de-conversa-telefonica-entre-advogado-e-cliente-nao-viola-direito-a-vida-privada/. Internet. Acesso em: 23 de junho de 2016. Para maiores informações sobre todos os casos julgados pela Corte Europeia de Direitos Humanos envolvendo interceptação de comunicações, escutas telefônicas e *"surveillance"*, cf: http://www.echr.coe.int/Documents/FS_Data_ENG.pdf.

5.5. Sigilos Bancário e Fiscal

Fundamentalmente, não há um sentido unívoco do que seja sigilo bancário. Com efeito, diversas correntes doutrinárias se inclinam em determinar a natureza jurídica desse instituto, tais como: **(i)** a teoria contratualista; **(ii)** a teoria do direito à privacidade; **(iii)** a teoria consuetudinária; **(iv)** a teoria da boa-fé; **(v)** a teoria do sigilo profissional; **(vi)** a teoria do direito à intimidade dos bancos; e **(vii)** a teoria da complexidade do vínculo[538].

A determinação da natureza jurídica do sigilo bancário ou fiscal passa pela análise da previsão constitucional. Proclama o inciso X do artigo 5º da Lei Fundamental que são invioláveis a intimidade, a vida privada, a honra e a imagem das pessoas, assegurado o direito a indenização pelo dano material ou moral decorrente de sua violação. Da mesma arte, dispõe o inciso XII do mesmo dispositivo constitucional que é inviolável o sigilo da correspondência e das comunicações telegráficas, de dados e das comunicações telefônicas, salvo, no último caso, por ordem judicial, nas hipóteses e na forma que a lei estabelecer para fins de investigação criminal ou instrução processual penal.

À luz do ordenamento jurídico brasileiro, prevalece que o sigilo bancário é corolário do direito fundamental à privacidade, com fundamento nos incisos X e XII do artigo 5º da Constituição. Complementa Lilian Tourinho que "*Em outras palavras, o sigilo bancário está contido no direito à vida privada e, assim, é objeto de proteção constitucional em nosso ordenamento jurídico.*"[539].

No escólio de Miguel Reale Júnior, o direito à privacidade compreende a proteção de diversos direitos da personalidade, sobretudo do direito ao sigilo bancário ou fiscal, de modo que devem ser afastadas do domínio público informações referentes às quantias em dinheiro e movimentações financeiras de determinada pessoa, cabendo ao Estado, como regra, respeitar a esfera da vida privada[540].

---

538. OLIVEIRA, Rodrigo Szuecs de; FILIZZOLA, Marina Franco Lopes; BAPTISTA, Paula Rosa Barros. A quebra de sigilo bancário e o tratado de assistência legal mútua. *Meritum: revista de direito da Universidade FUMEC*, Belo Horizonte, v. 9, n. 2, p.365-392, jul./dez. 2014, p. 369-371.

539. TOURINHO, Lilian Oliveira da Costa. A quebra do sigilo bancário trazida pela lei complementar 105/2001 à luz da Constituição de 1988. *Revista da AJUFE*, Brasília, v. 21, 75/76, p. 379-408, 2004, p. 400.

540. Nesse sentido, o parecer de Miguel Reale Júnior: REALE JÚNIOR, Miguel. A inconstitucionalidade da quebra de sigilo bancário estabelecido pelas leis complementares 104/2001 e 105/2001. *Revista Brasileira de Ciências Criminais*, São Paulo, v. 10, n. 39, p.251-263, jul./set. 2002, p. 253.

Buscando uma definição, entende Sérgio Carlos Covello que o sigilo bancário é a obrigação dos bancos de não revelar as informações obtidas no desempenho da atividade profissional, salvo por justa causa[541]. Em miúdos, o sigilo bancário consiste na obrigação dos bancos e de seus funcionários de manter a discrição e o respeito dos negócios celebrados com o particular no presente e no passado, notadamente sobre as operações financeiras, sejam ativas sejam passivas[542].

Já o sigilo fiscal protege a intimidade mediante o segredo de dados, encontrando previsão no artigo 198 do Código Tributário Nacional[543]. Nos termos do § 2º do aludido dispositivo, o intercâmbio de informação sigilosa no âmbito da Administração Pública, será realizado através de processo regularmente instaurado. A entrega de informações será feita pessoalmente à autoridade solicitante, por meio de recibo, que formalizará a transferência e assegurará a preservação do sigilo[544].

Dispõe o § 3º do mesmo artigo que não é vedada a divulgação de informações relativas aos seguintes pontos: **(i)** representações fiscais para fins penais; **(ii)** inscrições da Dívida Ativa da Fazenda Pública; e **(iii)** parcelamento ou moratória.

Afirma Miguel Reale Júnior que os sigilos bancário ou fiscal são a regra, enquanto que sua quebra é a exceção, contanto que devidamente fundamentada. Analisando a redação do inciso XII do artigo 5º da Constituição, adverte o predito autor que a expressão "*salvo, no último caso*" se refere à possibilidade excepcional de quebra do

---

541. COVELLO, Sérgio Carlos. *O sigilo bancário*: com particular enfoque na sua tutela civil. 2 ed. Saraiva, 2001, p. 86.

542. MENDES, Gilmar Ferreira. *Curso de direito constitucional*. 9 ed. São Paulo: Saraiva, 2014, p. 287.

543. Para maiores detalhes, cf. FERRAZ JUNIOR, Tercio Sampaio. *Sigilo de dados*: o direito à privacidade e os limites à função fiscalizadora do Estado. Revista da Faculdade de Direito da Universidade de São Paulo, v. 88, 1993, p. 450-452.

544. "**Art. 198.** *Sem prejuízo do disposto na legislação criminal, é vedada a divulgação, por parte da Fazenda Pública ou de seus servidores, de informação obtida em razão do ofício sobre a situação econômica ou financeira do sujeito passivo ou de terceiros e sobre a natureza e o estado de seus negócios ou atividades.* § 1**o** *Excetuam-se do disposto neste artigo, além dos casos previstos no art. 199, os seguintes*: **I** – *requisição de autoridade judiciária no interesse da justiça;* **II** – *solicitações de autoridade administrativa no interesse da Administração Pública, desde que seja comprovada a instauração regular de processo administrativo, no órgão ou na entidade respectiva, com o objetivo de investigar o sujeito passivo a que se refere a informação, por prática de infração administrativa.*§ **2o** *O intercâmbio de informação sigilosa, no âmbito da Administração Pública, será realizado mediante processo regularmente instaurado, e a entrega será feita pessoalmente à autoridade solicitante, mediante recibo, que formalize a transferência e assegure a preservação do sigilo.* § 3**o** *Não é vedada a divulgação de informações relativas a:* **I** – *representações fiscais para fins penais;* **II** – *inscrições na Dívida Ativa da Fazenda Pública;* **III** – *parcelamento ou moratória.*"

sigilo "*de dados e das comunicações telefônicas*", desde que haja ordem judicial a tanto, nas hipóteses e nas formas que as legislações pertinentes estabelecerem para fins de investigação criminal ou instrução processual penal[545].

Apregoa André Ramos Tavares que há uma evidente confusão na redação do inciso XII, embora seja nítido que o sigilo bancário decorra de uma série de direitos e princípios constitucionais, não sendo necessário invocar um dispositivo específico para sua fundamentação[546].

Nesse sentido, cabe a análise das características e da previsão infraconstitucional do sigilo bancário das operações financeiras.

Primeiramente, essa matéria é regulamentada pela Lei Complementar n. 104/2001, Lei Complementar n. 105/2001, Decreto 3.724/2001 e Portaria 1.624 da Secretaria da Receita Federal.

A Lei Complementar n. 104/2001 alterou a redação do artigo 198 do Código Tributário Nacional (Lei n. 5.172/1966), dispondo que, sem prejuízo do disposto na legislação criminal, é vedada a divulgação, por parte da Fazenda Pública ou de seus servidores, de informação obtida em razão do ofício sobre a situação econômica ou financeira do sujeito passivo ou de terceiros e sobre a natureza e o estado de seus negócios ou atividades. Excepcionalmente, é possível a divulgação, além dos casos previstos no artigo 199 do Código Tributário, nas seguintes hipóteses (art. 198, § 1º): **(i)** requisição de autoridade judiciária no interesse da justiça; e **(ii)** solicitações de autoridade administrativa no interesse da Administração Pública, desde que seja comprovada a instauração regular de processo administrativo, no órgão ou na entidade respectiva, com o objetivo de investigar o sujeito passivo a que se refere a informação, por prática de infração administrativa.

Já a Lei Complementar n. 105, de 10 de janeiro de 2001, dispõe sobre o sigilo das operações de instituições financeiras e dá outras providências. De acordo com o artigo 1º da mencionada legislação, as instituições financeiras conservarão sigilo em suas operações ativas e passivas a serviços prestados. Assim, dispõe o § 1º do aludido dispositivo que são consideradas instituições financeiras, para os efeitos da lei complementar: **(i)** os bancos de qualquer espécie; **(ii)**

545. Nesse sentido, o parecer de Miguel Reale Júnior: REALE JÚNIOR, Miguel. A inconstitucionalidade da quebra de sigilo bancário estabelecido pelas leis complementares 104/2001 e 105/2001. *Revista Brasileira de Ciências Criminais*, São Paulo, v. 10, n. 39, p. 251-263, jul./set. 2002, p. 254.

546. TAVARES, André Ramos. O sigilo bancário e o interesse público. In: SARMENTO, Daniel; GALDINO, Flávio (Org.). *Direitos fundamentais:* estudos em homenagem ao Professor Ricardo Lobo Torres. p. 61-88, Rio de Janeiro: Renovar, 2006, p. 65-66.

distribuidoras de valores mobiliários; **(iii)** corretoras de câmbio e de valores mobiliários; **(iv)** sociedades de crédito, financiamento e investimentos; **(v)** sociedades de crédito imobiliário; **(vi)** administradoras de cartões de crédito; **(vii)** sociedades de arrendamento mercantil; **(viii)** administradoras de mercado de balcão organizado; **(ix)** cooperativas de crédito; **(x)** associações de poupança e empréstimo; **(xi)** bolsas de valores e de mercadorias e futuros; **(xii)** entidades de liquidação e compensação; e **(xiii)** outras sociedades que, em razão da natureza de suas operações, assim venham a ser consideradas pelo Conselho Monetário Nacional.

Nos termos do § 3º do artigo 1º, não constitui violação do dever de sigilo: **(i)** a troca de informações entre instituições financeiras, para fins cadastrais, inclusive por intermédio de centrais de risco, observadas as normas baixadas pelo Conselho Monetário Nacional e pelo Banco Central do Brasil; **(ii)** o fornecimento de informações constantes de cadastro de emitentes de cheques sem provisão de fundos e de devedores inadimplentes, a entidades de proteção ao crédito, observadas as normas baixadas pelo Conselho Monetário Nacional e pelo Banco Central do Brasil; **(iii)** o fornecimento das informações de que trata o § 2° do art. 11 da Lei n° 9.311, de 24 de outubro de 1996; **(iv)** a comunicação, às autoridades competentes, da prática de ilícitos penais ou administrativos, abrangendo o fornecimento de informações sobre operações que envolvam recursos provenientes de qualquer prática criminosa; **(v)** a revelação de informações sigilosas com o consentimento expresso dos interessados; **(vi)** a prestação de informações nos termos e condições estabelecidos nos artigos 2°, 3°, 4°, 5°, 6°, 7° e 9 da Lei Complementar n. 105/2001.

Entretanto, entende-se que os sigilos bancário e fiscal não são absolutos, de modo que comportam flexibilização conforme as circunstâncias de cada caso concreto. Diante da colisão entre o sigilo particular e a publicidade, deve a coletividade tomar conhecimento dos fatos se as informações forem relevantes a certo contexto social[547].

Em atendimento ao interesse público, dispõe o artigo 1º, § 4º, da Lei Complementar n. 105/2001 que a quebra do sigilo bancário pode ser decretada quando necessária para apuração de qualquer ilícito, em qualquer fase do inquérito policial ou do processo judicial, e especialmente nos seguintes crimes (art. 1º, § 4º): **(i)** de terrorismo; **(ii)** de tráfico ilícito de substâncias entorpecentes ou drogas afins; **(iii)** de

547. MENDES, Gilmar Ferreira. *Curso de direito constitucional*. 9 ed. São Paulo: Saraiva, 2014, p. 287.

contrabando ou tráfico de armas, munições ou material destinado a sua produção; **(iv)** de extorsão mediante sequestro; **(v)** contra o sistema financeiro nacional; **(vi)** contra a Administração Pública; **(vii)** contra a ordem tributária e a previdência social; **(viii)** lavagem de dinheiro ou ocultação de bens, direitos e valores; e **(ix)** praticado por organização criminosa.

Também é cabível a quebra do sigilo bancário durante o trâmite de inquérito civil que tenha por objeto a apuração de ato de improbidade administrativa, cujas modalidades são previstas na Lei n. 8.429/1992, com a finalidade de obter medida preparatória para a propositura de ação civil pública[548].

Nesse contexto, o dever de sigilo é extensivo ao Banco Central do Brasil, em relação às operações que realizar e às informações que obtiver no exercício de suas atribuições (art. 2º).

O sigilo, inclusive quanto a contas de depósitos, aplicações e investimentos mantidos em instituições financeiras, não pode ser oposto ao Banco Central do Brasil nas seguintes hipóteses (art. 2º, § 1º): **(i)** no desempenho de suas funções de fiscalização, compreendendo a apuração, a qualquer tempo, de ilícitos praticados por controladores, administradores, membros de conselhos estatutários, gerentes, mandatários e prepostos de instituições financeiras; e **(ii)** ao proceder a inquérito em instituição financeira submetida a regime especial.

Nos termos do § 3º do artigo 2º, o dever de sigilo bancário também aplica-se à Comissão de Valores Mobiliários, quando se tratar de fiscalização de operações e serviços no mercado de valores mobiliários, inclusive nas instituições financeiras que sejam companhias abertas. Esse dever também se estende aos demais órgãos fiscalizadores de instituições financeiras e aos bancos centrais ou entidades fiscalizadoras de outros países (art. 2º, § 5º).

Serão prestadas pelo Banco Central do Brasil, pela Comissão de Valores Mobiliários e pelas instituições financeiras as informações ordenadas pelo Poder Judiciário, preservado o seu caráter sigiloso mediante acesso restrito às partes, que delas não poderão servir-se para fins estranhos à lide (art. 3º). Neste caso, dependem de prévia autorização do Poder Judiciário a prestação de informações e o fornecimento de documentos sigilosos solicitados por comissão de inquérito administrativo destinada a apurar responsabilidade de servidor público por infração praticada no exercício de suas atribuições, ou

548. MARIANO DA SILVA, Cesar Dario. *Tutela penal da intimidade*. Curitiba: Juruá, 2015, p. 127.

que tenha relação com as atribuições do cargo em que se encontre investido (art. 3º, § 1º), hipótese em que o requerimento de quebra de sigilo independe da existência de processo judicial em curso (art. 3º, § 2º).

Nos termos do artigo 4º, o Banco Central do Brasil e a Comissão de Valores Mobiliários, nas áreas de suas atribuições, e as instituições financeiras fornecerão ao Poder Legislativo Federal as informações e os documentos sigilosos que, fundamentadamente, se fizerem necessários ao exercício de suas respectivas competências constitucionais e legais.

Salienta-se que as comissões parlamentares de inquérito, no exercício de sua competência constitucional e legal de ampla investigação, obterão as informações e documentos sigilosos de que necessitarem, diretamente das instituições financeiras, ou por intermédio do Banco Central do Brasil ou da Comissão de Valores Mobiliários (art. 4º, § 1º). Essas solicitações deverão ser previamente aprovadas pelo Plenário da Câmara dos Deputados, do Senado Federal, ou do plenário de suas respectivas comissões parlamentares de inquérito (art. 4º, § 2º).

De acordo com o artigo 5º, o Poder Executivo disciplinará, inclusive quanto à periodicidade e aos limites de valor, os critérios segundo os quais as instituições financeiras informarão à administração tributária da União as operações financeiras efetuadas pelos usuários de seus serviços. Consideram-se operações financeiras, para os efeitos do aludido artigo (art. 5º, § 1º): **(i)** depósitos à vista e a prazo, inclusive em conta de poupança; **(ii)** pagamentos efetuados em moeda corrente ou em cheques; **(iii)** emissão de ordens de crédito ou documentos assemelhados; **(iv)** resgates em contas de depósitos à vista ou a prazo, inclusive de poupança; **(v)** contratos de mútuo; **(vi)** descontos de duplicatas, notas promissórias e outros títulos de crédito; **(vii)** aquisições e vendas de títulos de renda fixa ou variável; **(viii)** aplicações em fundos de investimentos; **(ix)** aquisições de moeda estrangeira; **(x)** conversões de moeda estrangeira em moeda nacional; **(xi)** transferências de moeda e outros valores para o exterior; **(xii)** operações com ouro, ativo financeiro; **(xiii)** operações com cartão de crédito; **(xiv)** operações de arrendamento mercantil; e **(xv)** quaisquer outras operações de natureza semelhante que venham a ser autorizadas pelo Banco Central do Brasil, Comissão de Valores Mobiliários ou outro órgão competente.

Não se incluem entre as informações de que trata esse artigo as operações financeiras efetuadas pelas administrações direta e indireta da União, dos Estados, do Distrito Federal e dos Municípios (art. 5º, § 3º).

Recebidas as informações de que trata o mencionado dispositivo, se detectados indícios de falhas, incorreções ou omissões, ou de cometimento de ilícito fiscal, a autoridade interessada poderá requisitar as informações e os documentos de que necessitar, bem como realizar fiscalização ou auditoria para a adequada apuração dos fatos (art. 5º, § 4º). Por fim, dispõe o § 5º do artigo 5º que as informações a que refere este dispositivo serão conservadas sob sigilo fiscal, na forma da legislação em vigor.

Já o artigo 6º prevê que as autoridades e os agentes fiscais tributários da União, dos Estados, do Distrito Federal e dos Municípios somente poderão examinar documentos, livros e registros de instituições financeiras, inclusive os referentes a contas de depósitos e aplicações financeiras, quando houver processo administrativo instaurado ou procedimento fiscal em curso e tais exames sejam considerados indispensáveis pela autoridade administrativa competente.

Seguindo os requisitos da Portaria n. 1.624 da Secretaria da Receita Federal, o Decreto n. 3.724/2001, com nova redação trazida pelo Decreto n. 8.303/2014, passou a regulamentar o artigo 6º da Lei Complementar n. 105/2001, sobretudo o que se entende por procedimento fiscal. Dispõe o § 2º do artigo 2º do Decreto n. 3.724/2001 que entende-se por procedimento de fiscalização a modalidade de procedimento fiscal a que se referem os artigos 7º e seguintes do Decreto n. 70.235, de 6 de março de 1972[549].

Nos termos no artigo 9º da Lei Complementar n. 105/2001, quando, no exercício de suas atribuições, o Banco Central do Brasil e a Comissão de Valores Mobiliários verificarem a ocorrência de crime definido em lei como de ação pública, ou indícios da prática de tais crimes, informarão ao Ministério Público, juntando à comunicação os documentos necessários à apuração ou comprovação dos fatos.

Consoante o disposto no § 1° do artigo 9º, a comunicação de que trata este artigo será efetuada pelos Presidentes do Banco Central do Brasil e da Comissão de Valores Mobiliários, admitida delegação de competência,

---

549. "**Art. 7º** *O procedimento fiscal tem início com:* **I** – *o primeiro ato de ofício, escrito, praticado por servidor competente, cientificado o sujeito passivo da obrigação tributária ou seu preposto;* **II** – *a apreensão de mercadorias, documentos ou livros;* **III** – *o começo de despacho aduaneiro de mercadoria importada.* § 1° *O início do procedimento exclui a espontaneidade do sujeito passivo em relação aos atos anteriores e, independentemente de intimação a dos demais envolvidos nas infrações verificadas.* § 2° *Para os efeitos do disposto no § 1º, os atos referidos nos incisos I e II valerão pelo prazo de sessenta dias, prorrogável, sucessivamente, por igual período, com qualquer outro ato escrito que indique o prosseguimento dos trabalhos.*".

no prazo máximo de 15 (quinze) dias, a contar do recebimento do processo, com manifestação dos respectivos serviços jurídicos.

Estatui o § 2º que, independentemente do disposto no "*caput*" do artigo 9º, o Banco Central do Brasil e a Comissão de Valores Mobiliários comunicarão aos órgãos públicos competentes as irregularidades e os ilícitos administrativos de que tenham conhecimento, ou indícios de sua prática, anexando os documentos pertinentes.

Prevê o artigo 10 que a quebra de sigilo bancário, fora das hipóteses autorizadas na mencionada Lei Complementar, constitui crime e sujeita os responsáveis à pena de reclusão, de um a quatro anos, e multa, aplicando-se, no que couber, o Código Penal, sem prejuízo de outras sanções cabíveis. Como figura equiparada, dispõe o parágrafo único do artigo 10 que incorre nas mesmas penas quem omitir, retardar injustificadamente ou prestar falsamente as informações requeridas nos termos da Lei Complementar 105/2001.

O servidor público que utilizar ou viabilizar a utilização de qualquer informação obtida em decorrência da quebra de sigilo de que trata a mencionada Lei Complementar responde pessoal e diretamente pelos danos decorrentes, sem prejuízo da responsabilidade objetiva da entidade pública, quando comprovado que o próprio servidor agiu de acordo com orientação oficial (art. 10).

Acrescenta-se que, além dessa previsão legal, os artigos 153 e 325 do Código Penal têm como objetividade jurídica o sigilo, a ponto de tipificar, respectivamente, a divulgação de segredo e a violação de sigilo funcional. Da mesma sorte, o artigo 18 da Lei n. 7.492/1986 (Lei dos Crimes contra o Sistema Financeiro ou do "Colarinho Branco") prevê como crime a violação do sigilo de operação ou de serviço prestado por instituição financeira ou integrante do sistema de distribuição de títulos mobiliários de que tenha conhecimento, em razão do ofício, com a cominação de pena de reclusão, de 1 (um) a 4 (quatro) anos, e multa[550].

Ademais, o artigo 27-D da Lei n. 6.385/1976 tipifica o crime de informação privilegiada (*insider trading*), consistente na utilização de informação relevante ainda não divulgada ao mercado, de que tenha conhecimento e da qual deva manter sigilo, capaz de propiciar, para si ou para outrem, vantagem indevida, mediante negociação, em nome próprio ou de terceiro, com valores mobiliários, cuja pena é de

550. BALTAZAR JUNIOR, José Paulo. Considerações sobre o sigilo bancário. *Revista Brasileira de Ciências Criminais*, São Paulo, v. 9, n. 36, p. 102-131, out./dez. 2001, p. 129.

reclusão, de 1 (um) a 5 (cinco) anos, e multa de até 3 (três) vezes o montante da vantagem ilícita obtida em decorrência do crime[551].

Nessa senda, o Supremo Tribunal Federal e o Superior Tribunal de Justiça têm relacionado os sigilos bancário e fiscal com a proteção da vida privada dos indivíduos[552]. Assim, prevalece tanto na doutrina como na jurisprudência que a quebra do sigilo bancário, com a consequente revelação das operações financeiras (*disclosure*), pode ser decretada apenas como medida excepcional pelo Poder Judiciário e, por equiparação, pelas Comissões Parlamentares de Inquérito, desde que com a devida fundamentação.

Analisando o contexto de elaboração das leis, assinala Ives Gandra da Silva Martins que é evidente a existência de um sistema jurídico que se inclina à proteção do sigilo bancário. Nada obstante, entende-se ser possível a quebra de tal sigilo em situações excepcionais de interesse público, desde que determinada por autorização judiciária[553].

Pontifica André Ramos Tavares que, tendo em vista que não existe direito fundamental absoluto ou inafastável, é possível a quebra do sigilo bancário, mediante ordem judicial ou, por equiparação, pela Comissão Parlamentar de Inquérito[554].

Todavia, discute-se se tanto as autoridades fiscais como o Ministério Público têm o condão de decretar a quebra do sigilo bancário ou fiscal, independentemente de autorização judicial.

Em um primeiro momento, decidiu o Supremo Tribunal Federal que a Receita Federal não poderia ter acesso direto aos dados fiscais dos contribuintes, sobretudo sem prévia autorização judicial, porquanto é inconstitucional a previsão da Lei Complementar n. 135/2001 - exclusivamente para o caso analisado[555]. Por conseguinte,

---

551. Cf. GRANDIS, Rodrigo de. Aspectos penais do uso de informação privilegiada (insider trading) no direito brasileiro. *Direito penal econômico: crimes financeiros e correlatos*, Série GV Law, p. 141-175, São Paulo: Saraiva, 2001.

552. MENDES, Gilmar Ferreira. *Curso de direito constitucional*. 9 ed. São Paulo: Saraiva, 2014, p. 286.

553. MARTINS, Ives Gandra da Silva. Sigilo bancário. *Revista Dialética de Direito Tributário*, São Paulo, n. 1, p.15-25, out. 1995, 24-25.

554. TAVARES, André Ramos. O sigilo bancário e o interesse público. In: SARMENTO, Daniel; GALDINO, Flávio (Org.). *Direitos fundamentais:* estudos em homenagem ao Professor Ricardo Lobo Torres. p. 61-88, Rio de Janeiro: Renovar, 2006, p. 71 e 77.

555. "**SIGILO DE DADOS – AFASTAMENTO.** Conforme disposto no inciso XII do artigo 5º da Constituição Federal, a regra é a privacidade quanto à correspondência, às comunicações telegráficas, aos dados e às comunicações, ficando a exceção a quebra do sigilo submetida ao crivo de órgão equidistante o Judiciário e, mesmo assim, para efeito de investigação criminal ou instrução processual penal. SIGILO DE DADOS BANCÁRIOS

a Receita Federal tem o direito de obter as informações das movimentações financeiras dos contribuintes, contanto que acionado o Poder Judiciário[556].

Na prática, é comum a instauração de procedimento fiscal meramente a partir de dados de certa informação financeira, tendo por objetivo a devassa de livros e demais elementos sobre a movimentação econômica do contribuinte, seguindo o disposto na Lei Complementar n. 105/2001 e no Decreto 3.724/2001[557].

No mesmo sentido, o Pretório Excelso já decidiu que o Ministério Público não pode, a rigor, decretar a quebra do sigilo bancário sem autorização judicial. Contudo, há precedentes que possibilitam ao *Parquet*, em situação extremamente excepcional, a quebra do sigilo bancário, a saber: **(i)** no procedimento administrativo que se destina à proteção do patrimônio público, envolvendo dinheiro ou verbas públicas[558]; e **(ii)** na

---

RECEITA FEDERAL. Conflita com a Carta da República norma legal atribuindo à Receita Federal parte na relação jurídico-tributária o afastamento do sigilo de dados relativos ao contribuinte **(STF, RE 389808/PR, Relator: Min. Marco Aurélio, Data de Julgamento: 15/12/2010, Tribunal Pleno, Data de Publicação: DJe-086 Divulgado em 09-05-2011, Data da publicação em 10.05.2011)**".

556. MENDES, Gilmar Ferreira. *Curso de direito constitucional.* 9 ed. São Paulo: Saraiva, 2014, p. 287.

557. REALE JÚNIOR, Miguel. A inconstitucionalidade da quebra de sigilo bancário estabelecido pelas leis complementares 104/2001 e 105/2001. *Revista Brasileira de Ciências Criminais*, São Paulo, v. 10, n. 39, p.251-263, jul./set. 2002, p. 252.

558. "**EMENTA:** Mandado de Segurança. Sigilo Bancário. Instituição financeira executora de política creditícia e financeira do Governo Federal. Legitimidade do Ministério Público para requisitar informações e documentos destinados a instruir procedimentos administrativos de sua competência. **2** – Solicitação de informações, pelo Ministério Público Federal ao Banco do Brasil S/A, sobre concessão de empréstimos, subsidiados pelo Tesouro Nacional, com base em plano de governo, a empresas do setor sucroalcooleiro. **3** – Alegação do Banco impetrante de não poder informar os beneficiários dos aludidos empréstimos, por estarem protegidos pelo sigilo bancário, previsto no art. 38 da Lei n° 4.595/1964, e, ainda, ao bancário, previsto no art. 8°, da LC n° 75/1993 **4** – O poder de investigação do Estado é dirigido coibir atividades afrontosas à ordem jurídica e a garantia do sigilo bancário não se estende às atividades ilícitas. A ordem jurídica confere explicitamente poderes amplos de investigação ao Ministério Público – art. 129, incisos VI, VIII, da Constituição Federal, e art. 8°, incisos II e IV, e § 2°, da Lei Complementar n° 75/93. **5** – Não cabe ao Banco do Brasil negar, ao Ministério Público, informações sobre nomes de beneficiários de empréstimos concedidos pela instituição, com a recursos subsidiados pelo erário federal, sob invocação do sigilo bancário, em se tratando de requisição de informações e documentos para instruir procedimento administrativo instaurado em defesa do patrimônio público. Principio da publicidade, ut art. 37 da Constituição. **6** – No caso concreto, os empréstimos concedidos eram verdadeiros financiamentos públicos, porquanto o Banco do Brasil os realizou na condição de executor da política creditícia e financeira do Governo Federal, que deliberou sobre sua concessão e ainda se comprometeu a proceder à equalização da taxa de juros, sob a forma de subvenção econômica ao setor produtivo, de acordo com a Lei n° 8.427/1992.

requisição do órgão de acusação ao Banco do Brasil para fornecimento de dados referentes a empréstimos, financiados pelo Tesouro Nacional, para empresas do setor sucroalcooleiro, no que não caberia ao Banco do Brasil negar qualquer tipo de informação à acusação[559].

Em outubro de 2015, o Superior Tribunal de Justiça julgou um caso em que o Ministério Público havia denunciado certo prefeito municipal pela prática de crimes. Diante disso, foi impetrada ordem de *habeas corpus* sob a alegação de que as provas que fundamentaram a ação penal eram ilegais, pois colhidas por quebra de sigilo bancário decretada pelo *Parquet* sem qualquer autorização judicial.

De toda sorte, entendeu o Superior Tribunal de Justiça que o Ministério Público pode requisitar informações bancárias de entes públicos, independentemente de autorização judicial, eis que as contas públicas não se sujeitam à proteção da privacidade e da intimidade, devendo a Administração Pública atender ao dever de transparência, com prevalência dos princípios da moralidade e da publicidade[560].

---

7 – Mandado de Segurança indeferido **(Pleno, STF, MS 21729-4/DF, Rel. Min. Marco Aurélio, J. 05.10.1995)**".

559. MENDES, Gilmar Ferreira. *Curso de direito constitucional*. 9 ed. São Paulo: Saraiva, 2014, p. 287.

560. "**HABEAS CORPUS Nº 308.493 - CE (2014/0288406-3) RELATOR: MINISTRO WALTER DE ALMEIDA GUILHERME (DESEMBARGADOR CONVOCADO DO TJ/SP) IMPETRANTE: SAMMUEL DAVID DE ANDRADE MEDEIROS E BARBOSA E OUTROS ADVOGADO: SAMMUEL DAVID DE ANDRADE MEDEIROS E BARBOSA E OUTRO (S) IMPETRADO: TRIBUNAL DE JUSTIÇA DO ESTADO DO CEARÁ PACIENTE: SAMUEL CARLOS TENORIO ALVES DE ALENCAR DECISÃO** Trata-se de habeas corpus, com pedido liminar, impetrado em favor de SAMUEL CARLOS TENÓRIO ALVES DE ALENCAR contra acórdão proferido pelo Tribunal de Justiça do Estado do Ceará. Consta dos autos que o paciente, Prefeito do Município de Potengi/CE, foi denunciado, com outras pessoas, pelo Ministério Público, pela suposta prática da conduta descrita no art. 288, caput e art. 313-A, ambos do Código Penal, art. 90 da Lei n. 8.666/1993, art. 1º, da Lei n. 9.613/1998 e art. 1º, I e II, do Decreto Lei n. 201/1967, todos combinados com os arts. 29 e 69 do Código Penal. Os Desembargadores integrantes das Câmaras Criminais Reunidas decidiram, por maioria, rejeitar as preliminares e, no mérito, receber a denúncia em todos os seus termos (e-STJ fl. 21). Os impetrantes alegam, no presente habeas corpus, que a ação penal foi proposta com base em provas ilegais, porque foram colhidas através de quebra de sigilo bancário o Ministério Público do Estado do Ceará requisitou, por meio do ofício n. 190/2012, endereçado ao gerente do Banco do Brasil da agência local e sem autorização judicial, o envio de cópia de cheques, bem como a respectiva fita do caixa, de contas bancárias do Município de Potengi/CE. Argumenta que o fundamento legal adotado para justificar o pedido de quebra do sigilo bancário diretamente pelo Ministério Público, a saber, a decisão do Supremo Tribunal Federal nos autos do MS n. 21.729/DF, não pode subsistir, porque não tem efeito vinculante e erga omnes, visto que foi proferida em sede de controle difuso. Destaca, ainda, precedentes desta Corte no sentido de que "o Ministério Público, no uso de suas prerrogativas institucionais, não está autorizado a requisitar documentos fiscais e bancários

No aporte de Juarez Tavares, o Ministério Público tem o condão de decretar a quebra do sigilo bancário, desde que com ordem judicial devidamente fundamentada. Mesmo com a previsão do inciso VIII do artigo 129 da Constituição, no sentido de que uma das funções institucionais do "*Parquet*" é a de requisitar diligências investigatórias e a instauração de inquérito policial, indicados os fundamentos jurídicos de suas fundamentações, entende-se que o pedido de decretação deve ser submetido ao crivo do Poder Judiciário. Assim, cabe a interpretação harmoniosa do mencionado dispositivo com o princípio do devido processo legal, previsto no inciso LIV do artigo 5º da Lei Fundamental[561].

Por outro lado, entende José Paulo da Costa Júnior que "*Com a atual regulamentação, que permite a quebra do sigilo diretamente pela administração fazendária, parece incongruente não possa o Ministério Público obter tais informações sem intermediação judicial*"[562].

É bem de ver que diversas ações diretas de inconstitucionalidade foram propostas por partidos políticos e confederações patronais no decorrer do tempo, visando à discussão da constitucionalidade de

---

sigilosos diretamente ao Fisco e às instituições financeiras, sob pena de violar os direitos e garantias constitucionais de intimidade da vida privada dos cidadãos", sem a prévia autorização judicial (e-STJ fl. 12). Conclui que uma vez demonstrada a ilicitude das provas, colhidas por meio inidôneo para embasar a ação penal, todo o processo estaria contaminado. Diante disso, pede, liminarmente, a suspensão do processo n. 0001357-22.2013.8.06.0000, até o julgamento do presente habeas corpus; no mérito, busca o trancamento da ação penal e que se determine o desentranhamento das provas colhidas de forma ilícita. É o breve relatório, decido. Em juízo de cognição sumária, não visualizo manifesta ilegalidade no ato ora impugnado que justifique o deferimento da medida de urgência. No presente caso, observa-se que a defesa deixou de juntar o inteiro teor da decisão do colegiado. Como é cediço, "constitui ônus do impetrante a correta instrução do habeas corpus, mediante prova pré-constituída, cabendo-lhe colacionar, quando da impetração, as peças necessárias ao deslinde da controvérsia, de sorte a demonstrar o alegado constrangimento ilegal." (AgRg no HC nº 278.141/SP, Relatora a Ministra Assusete Magalhães, julgado em 22/10/2013, DJe 25/11/2013). Ademais, entendo que o caso merece uma reflexão maior e que deve ser analisado em momento oportuno, por ocasião do julgamento definitivo do habeas corpus pelo colegiado. Ante o exposto, indefiro a liminar. Solicitem-se informações ao Juízo de primeiro grau e ao Tribunal de origem. Após, abra-se vista dos autos ao Ministério Público Federal. Publique-se. Brasília (DF), 31 de outubro de 2014. MINISTRO WALTER DE ALMEIDA GUILHERME (DESEMBARGADOR CONVOCADO DO TJ/SP) Relator **(STJ – HC: 308493 CE 2014/0288406-3, Rel. Min. Walter de Almeida Guilherme, Data de Publicação: DJ 10.11.2014)**".

561. TAVARES, Juarez. A violação ao sigilo bancário em face da proteção da vida privada (parecer). *Revista Brasileira de Ciências Criminais,* São Paulo, v. 1, n. 1, p.105-111, jan./mar. 1999, p. .

562. BALTAZAR JUNIOR, José Paulo. Considerações sobre o sigilo bancário. *Revista Brasileira de Ciências Criminais,* São Paulo, v. 9, n. 36, p. 102-131, out./dez. 2001, p. 120.

certos dispositivos da Lei Complementar n. 105/2011, que permitem a quebra do sigilo bancário no curso do procedimento fiscal, sem passar sob o crivo do Poder Judiciário. Assim, parte da doutrina passou a sustentar que os artigos dessas legislações "*fazem tábua rasa da exigência constitucional de existência prévia de ordem judicial fundamentada, para que haja a quebra de sigilo bancário*"[563], havendo nítida afronta aos incisos X e XII do artigo 5º da Constituição brasileira de 1988.

Para essa corrente, também há uma clara ofensa ao princípio do devido processo legal, previsto no inciso LIV do artigo 5º da *Carta Matter*, proclamando que ninguém será privado da liberdade e de seus bens, sem o devido processo legal. Obtempera Reale Júnior que "*somente poderá haver a quebra do sigilo bancário se for observado o devido processo legal, compreendido tanto no seu aspecto processual como substancial*"[564].

Por amor ao debate, entende-se que a restrição do segredo bancário sem qualquer ordem judicial também é uma flagrante deturpação dos princípios da inafastabilidade jurisdicional, da separação dos poderes e da segurança jurídica, a ponto de abalar os alicerces do Estado Democrático de Direito. Com efeito, não se justifica o enfrentamento à criminalidade e aos mais diversos ilícitos por meio de medidas extremas, sem que seja assegurado ao indivíduo as garantias e os direitos individuais constitucionalmente reconhecidos.

Complementa Reale Júnior que a quebra do sigilo sem a devida fundamentação também é contrária ao § 1º do artigo 145 da Constituição Federal, no sentido de que a fiscalização da autoridade tributária é limitada e, com isso, deve respeito aos direitos individuais constitucionalmente reconhecidos[565].

Discute-se, outrossim, se é eivada de ilegalidade ou não a instauração de procedimento fiscal meramente a partir de dados de movimentação financeira, sem quaisquer indícios da prática de infração penal, tendo em vista a Portaria SRF 1.624/2000 e o Decreto 3.724/2001.

---

563. REALE JÚNIOR, Miguel. A inconstitucionalidade da quebra de sigilo bancário estabelecido pelas leis complementares 104/2001 e 105/2001. *Revista Brasileira de Ciências Criminais*, São Paulo, v. 10, n. 39, p. 251-263, jul./set. 2002, p. 257.

564. REALE JÚNIOR, Miguel. A inconstitucionalidade da quebra de sigilo bancário estabelecido pelas leis complementares 104/2001 e 105/2001. *Revista Brasileira de Ciências Criminais*, São Paulo, v. 10, n. 39, p. 251-263, jul./set. 2002, p. 260.

565. REALE JÚNIOR, Miguel. A inconstitucionalidade da quebra de sigilo bancário estabelecido pelas leis complementares 104/2001 e 105/2001. *Revista Brasileira de Ciências Criminais*, São Paulo, v. 10, n. 39, p. 251-263, jul./set. 2002, p. 261.

Por outro lado, defende Américo Bedê Freire Júnior que, em momento algum, o artigo 5º da Constituição trata do sigilo bancário, motivo pelo qual tal matéria não está sujeita à reserva de jurisdição. Assim, "*Demonstrado que a Constituição não garante reserva de jurisdição sobre o tema, inviável falar em qualquer inconstitucionalidade da Lei Complementar n. 105/2001*"[566].

No mesmo diapasão, sustenta Luciano Feldens que o temário do sigilo bancário não se submete à reserva de jurisdição, razão pela qual é prescindível o controle preventivo do Poder Judiciário sobre as informações compartilhadas pelos órgãos de fiscalização do Estado durante a persecução criminal. Neste viés, os canais de comunicação entre o Ministério Público e o Banco Central devem ser fortalecidos, pois ambos lidam em maior frequência com as informações do sigilo[567].

Além disso, discute-se se as legislações brasileiras que tratam da quebra do sigilo bancário podem ser aplicadas em outros países, especialmente em decorrência da nova criminalidade econômica mundial. De se ver que os países passaram a estabelecer tratados para o enfrentamento desse tipo de delinquência, como no caso do Acordo de Assistência Legal Mútua entre o Brasil e os Estados Unidos, internalizado pelo Decreto n. 3.810/2001. Em pedidos de cooperação jurídica internacional, os tribunais superiores têm se posicionado no sentido de que somente é cabível a quebra do sigilo bancário mediante prévia autorização judicial[568].

Em fevereiro de 2016, o Plenário do Supremo Tribunal Federal concluiu o julgamento conjunto de cinco processos que questionavam a previsão da Lei Complementar n. 105/2001, especialmente os artigos que possibilitam que os bancos forneçam diretamente à Receita Federal dados bancários dos contribuintes, sem prévia autorização judicial. Por 9 votos a 2, firmou-se o entendimento de que esses dispositivos não trazem hipóteses de quebra do sigilo bancário, mas meramente transferência de sigilo da esfera bancária para o Fisco, de modo que ambas são protegidas contra o acesso de terceiros e, assim,

566. FREIRE JÚNIOR, Américo Bedê. A possibilidade de quebra do sigilo bancário por parte da receita federal como forma de viabilizar a justiça fiscal. *Revista Dialética de Direito Tributário*, São Paulo, n. 97, p.16-19, out. 2003, p. 18.

567. FELDENS, Luciano. Sigilo bancário e ministério público: da necessária coabitação entre as leis complementares 105/01 e 75/93. *Boletim dos Procuradores da República*, São Paulo, v. 5, n. 56, p. 12-14, dez. 2002, p. 13-14.

568. Cf. OLIVEIRA, Rodrigo Szuecs de; FILIZZOLA, Marina Franco Lopes; BAPTISTA, Paula Rosa Barros. A quebra de sigilo bancário e o tratado de assistência legal mútua. *Meritum:* revista de direito da Universidade FUMEC, Belo Horizonte, v. 9, n. 2, p. 365-392, jul./dez. 2014.

se mantem íntegro o sigilo dos dados, não havendo qualquer ofensa à Constituição Federal[569].

---

569. "Petições 89114/2011-STF, 15596/2012-STF e 41664/2013-STF. O Sindicato Nacional dos Auditores Fiscais da Receita Federal do Brasil – SINDIFISCO (fls. 644-785) e a Associação Nacional dos Delegados de Polícia Federal ADPF (fls. 788-836) requerem o ingresso no feito na qualidade de amici curiae, aos seguintes argumentos: O Sindifisco, por meio de seus diretores e filiados detém conhecimentos técnicos e vasta experiência no uso das ferramentas proporcionadas pelos multicitados normativos, fato que acentua a legitimidade de sua participação como `amicus curiae´ "(fl. 647). (...) a entrega de informações sigilosas (distinta da quebra de sigilo), a quem também tem o dever de sigilo, opera como instrumento hábil à busca do indício capaz de fundamentar a instauração ou não de procedimentos que visem materializar autoria e responsabilidade de transgressão à lei, o que revela o interesse da intervenção da ADPF como amicus curiae nesse Recurso Extraordinário. (...) Como amicus curiae, instituições representativas de setores potencialmente afetados pelo julgamento muitas vezes trazem ao feito nuances relevantes da questão constitucional a ser enfrentada. Por meio desse instituto pluraliza-se o debate com a participação da sociedade, ampliando-se a legitimidade social das decisões proferidas pelo Tribunal, de grande abrangência (fl. 792). Por sua vez, o recorrente requer o indeferimento dos pedidos de amici curiae "pelo simples fato de a matéria debatida nos presentes autos não afetar os Delegados da Polícia Federal e Auditores Fiscais, enquanto indivíduos, mas sim à Fazenda Nacional, enquanto representante do Estado (fl. 840). No caso, trata-se de recurso extraordinário interposto contra acórdão que entendeu pela constitucionalidade do art. 6º da Lei Complementar 105/2001, no tocante ao fornecimento de informações sobre a movimentação bancária de contribuintes, pelas instituições financeiras, diretamente ao Fisco por meio de procedimento administrativo, sem a prévia autorização judicial. O acórdão recorrido concluiu, ainda, que a Lei 10.174/2001 é constitucional e que é possível aplicá-la para instaurar procedimento administrativo para verificação de existência de eventuais créditos tributários, mesmo que em relação a exercícios anteriores à vigência da referida lei. Esta Corte reconheceu a existência de repercussão geral do tema versado neste recurso. Transcrevo a ementa: CONSTITUCIONAL. SIGILO BANCÁRIO. FORNECIMENTO DE INFORMAÇÕES SOBRE MOVIMENTAÇÃO BANCÁRIA DE CONTRIBUINTES, PELAS INSTITUIÇÕES FINANCEIRAS, DIRETAMENTE AO FISCO, SEM PRÉVIA AUTORIZAÇÃO JUDICIAL (LEI COMPLEMENTAR 105/2001). POSSIBILIDADE DE APLICAÇÃO DA LEI 10.174/2001 PARA APURAÇÃO DE CRÉDITOS TRIBUTÁRIOS REFERENTES A EXERCÍCIOS ANTERIORES AO DE SUA VIGÊNCIA. RELEVÂNCIA JURÍDICA DA QUESTÃO CONSTITUCIONAL. EXISTÊNCIA DE REPERCUSSÃO GERAL (fl. 563). É o breve relatório. Decido. De acordo com o § 6º do art. 543-A do Código de Processo Civil: O Relator poderá admitir, na análise da repercussão geral, a manifestação de terceiros, subscrita por procurador habilitado, nos termos do Regimento Interno do Supremo Tribunal Federal". Por sua vez, o § 2º do art. 323 do RISTF assim disciplinou a matéria: Mediante decisão irrecorrível, poderá o (a) Relator (a) admitir de ofício ou a requerimento, em prazo que fixar, a manifestação de terceiros, subscrita por procurador habilitado, sobre a questão da repercussão geral. A esse respeito, assim se manifestou o eminente Min. Celso de Mello, Relator, no julgamento da ADI 3.045/DF: a intervenção do `amicus curiae´, para legitimar-se, deve apoiar-se em razões que tornem desejável e útil a sua atuação processual na causa, em ordem a proporcionar meios que viabilizem uma adequada resolução do litígio constitucional. Verifico que o SINDIFISCO e a ADPF atendem aos requisitos necessários para participar desta ação na qualidade de `amici curiae´, além de não visarem a discussão de situações de caráter individual, como argumenta o recorrente. Isso posto, defiro os pedidos dos interessados, Sindicato Nacional dos Auditores Fiscais

Salienta-se, outrossim, que tanto o Estado como a Justiça Federal no âmbito do Poder Judiciário pode determinar a quebra do sigilo bancário sem prévia oitiva do investigado. Consequentemente, o indivíduo que não concordar com a adoção da medida pode questioná-la em juízo, máxime pela ordem de *habeas corpus*[570].

Diante dessas discussões, entende-se que o sigilo bancário ou fiscal é a regra, enquanto que sua quebra é a exceção. Assim, a situação excepcional de quebra do sigilo *"de dados e das comunicações telefônicas"* pressupõe prévia autorização judicial devidamente fundamentada, em observância ao inciso XII do artigo art. 5º da Lei Fundamental. Da mesma arte, a Comissão Parlamentar de Inquérito pode efetuar a quebra do sigilo bancário, desde que o faça em decisão devidamente fundamentada, com fundamento no inciso IX do artigo 93 da Magna Carta[571].

Em miúdos, há de se ter uma a existência concreta de uma causa provável que legitime a medida excepcional, ou seja, devem ser comprovados suficientemente os elementos mínimos do fato, sobretudo da autoria e materialidade do delito, que permitam a quebra do sigilo bancário.

Caso seja decretada a medida sem passar sob o crivo do Poder Judiciário, entende Reale Júnior ser possível a impetração de mandado de segurança preventivo, com baluarte no inciso LXIX do artigo 5º da Constituição Federal e no artigo 1º da Lei n. 12.016/2009. Assim, conceder-se-á mandado de segurança para proteger direito líquido e certo, não amparado por *habeas corpus* ou *habeas data*, sempre que, ilegalmente ou com abuso de poder, qualquer pessoa física ou jurídica sofrer violação ou houver justo receio de sofrê-la por parte da autoridade, seja de que categoria for e sejam quais forem as funções que exerça[572].

---

da Receita Federal do Brasil SINDIFISCO e Associação Nacional dos Delegados de Polícia Federal ADPF, para ingressarem no feito na qualidade de `amici curiae´. À Secretaria, para as anotações necessárias. Publique-se. Brasília, 18 de setembro de 2013. Ministro RICARDO LEWANDOWSKI- Relator **(STF, RE: 601314 SP, Relator: Min. Ricardo Lewandowski, Data de Julgamento: 18/09/2013, Data de Divulgação: 20.09.2013, Data de Publicação: 23/09/2013)**".

570. MENDES, Gilmar Ferreira. *Curso de direito constitucional*. 9 ed. São Paulo: Saraiva, 2014, p. 288.

571. REALE JÚNIOR, Miguel. A inconstitucionalidade da quebra de sigilo bancário estabelecido pelas leis complementares 104/2001 e 105/2001. *Revista Brasileira de Ciências Criminais*, São Paulo, v. 10, n. 39, p. 251-263, jul./set. 2002, p. 254.

572. REALE JÚNIOR, Miguel. A inconstitucionalidade da quebra de sigilo bancário estabelecido pelas leis complementares 104/2001 e 105/2001. *Revista Brasileira de Ciências Criminais*, São Paulo, v. 10, n. 39, p. 251-263, jul./set. 2002, p. 261.

O direito líquido e certo é comprovado pela existência do direito ao sigilo bancário, previsto nos incisos X e XII do artigo 5º da Constituição. Também justifica-se o mandado de segurança pelo receio de sofrer, inconstitucional e ilegalmente, a violação do sigilo bancário pela autoridade tributária, eis que ausente qualquer manifestação do Poder Judiciário para resguardá-lo[573].

Com a quebra do sigilo, os autos que receberem as informações pertinentes tramitarão em segredo de justiça, sob pena de responsabilidade civil do Estado na omissão desse dever[574].

Caso seja obtido qualquer elemento de prova a partir da quebra ilegal do sigilo bancário ou fiscal, tal elemento será considerado prova ilícita, a qual é eivada de nulidade absoluta e desconstituída de qualquer eficácia[575].

Se o cliente manifestar seu consentimento para a quebra do sigilo bancário ou apresentar ato incompatível com a manutenção do sigilo, afasta-se a ilicitude da medida excepcional quando decretada sem qualquer autorização judicial[576].

Por fim, assinala-se que a Lei Complementar n. 105/2001 não traz qualquer previsão de que é vedado à instituição financeira comunicar ao cliente a quebra do sigilo bancário, ao contrário do que ocorre no inciso II do artigo 11 da Lei n. 9.613/1998 (Lei de Lavagem de Capitais)[577].

Em suma, infere-se que os sigilos bancário e fiscal devem ser alçados a uma releitura no cenário jurídico brasileiro, sobretudo na atividade jurisprudencial e em nível infraconstitucional, a fim de que sejam fielmente seguidos os ditames constitucionais e, acima de tudo, o direito fundamental à vida privada.

À luz do Estado Democrático de Direito, entende-se que qualquer relativização ao segredo bancário deve ser apreciada e determinada exclusivamente pelo Poder Judiciário, por força dos

---

573. REALE JÚNIOR, Miguel. A inconstitucionalidade da quebra de sigilo bancário estabelecido pelas leis complementares 104/2001 e 105/2001. *Revista Brasileira de Ciências Criminais*, São Paulo, v. 10, n. 39, p. 251-263, jul./set. 2002, p. 262.

574. MENDES, Gilmar Ferreira. *Curso de direito constitucional*. 9 ed. São Paulo: Saraiva, 2014, p. 288.

575. MENDES, Gilmar Ferreira. *Curso de direito constitucional*. 9 ed. São Paulo: Saraiva, 2014, p. 289.

576. BALTAZAR JUNIOR, José Paulo. Considerações sobre o sigilo bancário. *Revista Brasileira de Ciências Criminais*, São Paulo, v. 9, n. 36, p.102-131, out./dez. 2001, p. 128.

577. BALTAZAR JUNIOR, José Paulo. Considerações sobre o sigilo bancário. *Revista Brasileira de Ciências Criminais*, São Paulo, v. 9, n. 36, p.102-131, out./dez. 2001, p. 128.

princípios do devido processo legal, da inafastabilidade jurisdicional, da separação dos poderes e da segurança jurídica. Em regra, as informações financeiras do particular devem ser afastadas do domínio público e da imprensa, de modo que a quebra do sigilo somente se revela necessária em casos excepcionais, isto é, em atendimento ao interesse público.

6. PROCESSO E PROCEDIMENTO

6.1. Noções Conceituais

À luz do processualismo penal contemporâneo, processo não se confunde com procedimento. Com efeito, o processo é um instrumento que viabiliza a jurisdição do Estado-juiz, tendo por fim precípuo alcançar a solução dos conflitos de interesses entre autor e réu e, via de consequência, a pacificação social.

No escólio de Galdino Siqueira, "*Distingue-se o processo do procedimento em ser aquelle uma direção no movimento, e este o modo de mover e a forma em que é movido o ato*"[578]. Assim, o processo é o movimento na forma intrínseca, enquanto que o procedimento é o movimento na forma extrínseca[579].

Preleciona Giovanni Leone que o processo caracteriza-se pelo conflito entre o direito subjetivo do *jus puniendi* do Estado e o *status libertatis* do réu. Destarte, tanto o processo como o procedimento é o conjunto de atos desenvolvidos até o esgotamento da relação processual representada pela coisa julgada[580].

Obtempera Frederico Marques que "*O processo é a atividade jurisdicional na função de aplicar a lei*"[581]. Assim, o processo é a própria dinâmica jurisdicional.

Segundo Tourinho Filho, o processo é um complexo de atos que visa à aplicação da lei ao caso concreto, desde o ato inicial até o *meritum causae*[582].

---

578. SIQUEIRA, Galdino. *Processo criminal*. 2. ed. São Paulo: Livraria e Oficina Magalhães, 1917, p. 96.
579. SIQUEIRA, Galdino. *Processo criminal*. 2. ed. São Paulo: Livraria e Oficina Magalhães, 1917, p. 96.
580. LEONE, Giovanni. *Tratado de derecho procesal penal*. V. I. Buenos Aires: Ediciones Jurídicas Europa-América, 1963, p. 182.
581. MARQUES, José Frederico. *Elementos de direito processual penal*. V. III. Campinas: Bookseller, 1997, p. 349.
582. TOURINHO FILHO, Fernando da Costa. *Processo penal*. V. I. 9 ed. São Paulo: Saraiva, 1996, p. 16.

Arremata Ada Pellegrini Grinover que "*O processo é uma expressão da civilização e de cultura e consequentemente se submete aos limites impostos pelo reconhecimento dos valores da dignidade do homem*"[583]. Vale dizer, o processo penal é um instrumento da liberdade individual e da personalidade humana.

Dessarte, compõe-se o processo de uma relação jurídica triangular, dinâmica, efêmera e de direito público, é dizer, entre autor, juiz e réu. Já no processo penal, desenvolve-se pela relação entre juiz, acusação e réu.

A lei estabelece formas de desenvolvimento do processo, trazendo procedimentos específicos que sejam compatíveis com a natureza e peculiaridades do direito material invocado em juízo, sobretudo do bem jurídico a ser protegido.

Nesse sentido, o procedimento é o conjunto de atos processuais ordenados e concatenados desenvolvidos no curso do processo, cujo modelo é trazido pela lei, em homenagem às garantias do devido processo legal, da legalidade e da segurança jurídica. Para Frederico Marques, "*O procedimento é o conteúdo formal do processo, do mesmo modo que a lide é o seu conteúdo material ou substancial*"[584].

Em respeito à instrumentalidade das formas, mesmo com a inobservância do ato processual, tal será válido se atingida sua finalidade, desde que não haja prejuízo à parte. Contudo, se não atingida sua finalidade, deverá ser decretada a nulidade do ato processual.

Corroborando do entendimento de Vicente Greco Filho, o processo tem uma forma complexa, pois se revela em dois planos[585]: **(i)** intrínseco, interno ou essencial; e **(ii)** exterior.

Em seu plano interno, o processo é formado e se desenvolve pela relação jurídica mantida entre autor, juiz e réu. Já em seu plano exterior, o processo se materializa em um procedimento, consistente no conjunto de atos ordenados e concatenados, cujo modelo é trazido pela lei. Assim, os planos intrínseco e exterior são inseparáveis.

Assinala-se que não há processo sem procedimento, nem procedimento sem processo. Vicente Greco Filho cita o seguinte exemplo:

---

583. GRINOVER, Ada Pellegrini. *Liberdades públicas e processo penal*: as interceptações telefônicas. 2. ed. São Paulo: Revista dos Tribunais, 1982, p. 52.

584. MARQUES, José Frederico. *Elementos de direito processual penal*. V. III. Campinas: Bookseller, 1997, p. 349.

585. GRECO FILHO, Vicente. *Manual de processo penal*. 7ª ed. São Paulo: Saraiva, 2009, p. 363.

mesmo em caso de processo nulo ou em procedimentos incidentais, o procedimento não existiria por si mesmo sem o próprio processo[586].

Tendo em vista o conteúdo da prestação jurisdicional a que se destina produzir, o processo pode apresentar as seguintes classificações: **(i)** processo de conhecimento; **(ii)** processo de execução; e **(iii)** processo cautelar.

Primeiramente, o processo de conhecimento tem por fim precípuo a discussão sobre a proteção do direito material invocado em juízo, sendo que seu encerramento se dá com a sentença, ou seja, uma decisão declarativa acerca de uma pretensão. Assim, a função essencial desse processo é declarativa, pois declara a quem assiste a pretensão à luz da ordem jurídica, a ponto de incidir as respectivas consequências jurídicas[587].

Já o processo de execução tem a finalidade de satisfazer ou viabilizar a execução da sentença (declarativa) obtida no processo de conhecimento. Dessarte, a função essencial do processo de execução é a satisfação de um comando declarado na sentença[588].

O processo cautelar tem o escopo de proteger provisória, célere e emergencialmente os bens jurídicos envolvidos no próprio processo, sob o risco de perecimento diante de uma situação fática peculiar. Logo, a função essencial desse processo é a proteção de bens jurídicos até que se tenha a solução definitiva da lide, como no caso das medidas assecuratórias, que são procedimentos cautelares processuais penais[589].

6.2. Estrutura Principiológica

Sob o ângulo do direito brasileiro, há adoção de uma única teoria geral do processo, tanto no processo civil como no processo penal, a despeito de existirem controvérsias acerca da necessidade de edificação de uma teoria processual peculiar a cada qual desses ramos.

Tendo em vista que processo e procedimento são inseparáveis, certo é que não há qualquer distinção entre os princípios regentes de

---

586. GRECO FILHO, Vicente. *Manual de processo penal*. 7ª ed. São Paulo: Saraiva, 2009, p. 363.
587. GRECO FILHO, Vicente. *Manual de processo penal*. 7ª ed. São Paulo: Saraiva, 2009, p. 363-364.
588. GRECO FILHO, Vicente. *Manual de processo penal*. 7ª ed. São Paulo: Saraiva, 2009, p. 363-364.
589. GRECO FILHO, Vicente. *Manual de processo penal*. 7ª ed. São Paulo: Saraiva, 2009, p. 363-364.

ambos. Neste viés, os princípios são regras de carga deôntica ("dever--ser"), de caráter geral, de modo que informam determinado ramo do conhecimento científico. Assim, podem apresentar certas classificações conforme os seguintes pontos de vista: **(i)** quanto à extensão; e **(ii)** quanto ao modo de atuação[590].

No que concerne à extensão, os princípios dividem-se em: **(i)** omnivalentes; e **(ii)** plurivalentes. Os omnivalentes são aqueles que informam toda uma ciência, enquanto que os plurivalentes informam vários ramos de uma mesma ciência.

Já quanto ao modo de atuação, classificam-se os princípios em: **(i)** deontológicos; e **(ii)** epistemológicos. Os deontológicos são aqueles que se situam no plano abstrato ou do ideal, dividindo-se em: **(i)** lógico; **(ii)** jurídico; **(iii)** político; e **(iv)** econômico[591].

Pelo princípio lógico, o operador do direito deve se valer da escolha dos meios jurídicos mais seguros para descobrir a verdade, a ponto de evitar, ao máximo, o erro.

Já pelo princípio jurídico, pretende-se o alcance da igualdade ou isonomia na demanda, tendo por finalidade o alcance da justiça.

Pelo princípio político, o processo deve garantir os direitos com a maior amplitude possível, com o mínimo de sacrifício da liberdade no plano individual, a ponto de haver um equilíbrio entre o poder do Estado e os direitos da pessoa.

Pelo princípio econômico, o processo não deve gerar a perda do direito material discutido no conflito de interesse (lide), tampouco deve dificultar ou inviabilizar o acesso dos pobres à justiça, otimizando ao máximo o acesso à justiça ou a inafastabilidade jurisdicional.

Noutro viés, os princípios epistemológicos incidem diretamente sobre a realidade, destinando-se à interpretação e à integração do processo na prática. Invocando o entendimento de Robert Winnes Millar, preleciona Vicente Greco Filho que esses princípios apresentam as seguintes classificações[592]: **(i)** bilateralidade da audiência ou do contraditório; **(ii)** iniciativa de parte ("*ne procedat iudex ex officio*"); **(iii)** impulso oficial; **(iv)** ordem consecutiva legal; **(v)** prova formal e da persuasão racional na apreciação da prova; **(vi)** oralidade e imediação;

---

590. GRECO FILHO, Vicente. *Manual de processo penal*. 7ª ed. São Paulo: Saraiva, 2009, p. 364.
591. GRECO FILHO, Vicente. *Manual de processo penal*. 7ª ed. São Paulo: Saraiva, 2009, p. 364.
592. MILAR *apud* GRECO FILHO, Vicente. *Manual de processo penal*. 7ª ed. São Paulo: Saraiva, 2009, p. 364.

(vi) publicidade; **(vii)** economia processual; e **(viii)** publicidade dos graus de jurisdição.

Ressalta-se que a presente incursão não comporta a análise de cada um desses princípios, sob pena de desvio ou hipertrofia temática. De qualquer sorte, certo é que o processo destinado aos crimes de imprensa deve ter como baluarte os princípios regentes do processo e do procedimento, a fim de que se desenvolva em uma ordem sistemicamente coerente e harmoniosa no universo jurídico.

Uma vez analisados os fundamentos essenciais do processo, sobretudo do processo destinado aos crimes de imprensa, faz-se mister um breve estudo sobre o estado de inocência, tendo em conta as controvérsias que esse princípio tem se inserido na atual conjuntura do direito processual penal pátrio. Em seguida, passa-se à compreensão da classificação dos procedimentos, com a finalidade de identificar quais deles geralmente incidem na persecução da criminalidade midiática.

6.3. Estado de Inocência e Execução Provisória da Pena

O princípio do estado ou da situação jurídica de inocência, também conhecido como princípio de não culpabilidade, é consagrado no inciso LVII do artigo 5º da Constituição brasileira de 1988, que dispõe que ninguém será considerado culpado até o trânsito em julgado de sentença penal condenatória.

Nessa senda, o princípio em referência é reverberado desde o início até o final da persecução criminal. Nada obstante, tem apresentado certas peculiaridades na etapa da sentença penal condenatória, a ponto de exprimir diferentes sentidos e alcances na atualidade.

Em um primeiro momento, cabe a análise do estado de inocência no sentido expresso originariamente na Constituição Federal. À luz do Estado Democrático de Direito, o estado natural da pessoa é a inocência, cujo direito é indisponível e irrenunciável, com fundamento na dignidade humana. Vale dizer, a inocência é a regra, enquanto que a culpa é a exceção.

Com efeito, a pessoa nasce inocente e assim permanece por toda vida, a menos que se incline à prática de uma infração penal, cuja ocorrência deve ser efetivamente comprovada pelo Estado por meio de uma condenação criminal definitiva (*"trânsito em julgado de sentença penal condenatória"*), ou seja, decisão contra a qual não é mais cabível qualquer tipo de recurso, restando aperfeiçoada a certeza da culpa, em homenagem ao princípio do devido processo legal.

Com o trânsito em julgado da condenação, alcança-se a certeza da culpa, a ponto de afastar a inocência e, então, o acusado ser considerado culpado pela prática do delito. De se ver que a inocência não é uma mera presunção, mas um estado, no que se revela mais apropriado referir-se a esse princípio como estado de inocência[593].

Segundo Badaró, o estado de inocência assume os seguintes significados: **(i)** garantia política; **(ii)** regra de tratamento do acusado; e **(iii)** regra probatória[594].

Para Paulo Rangel: "*Primeiro, não adotamos a terminologia ´presunção de inocência´, pois, se o réu não pode ser considerado culpado até o trânsito em julgado da sentença penal condenatória, também não pode ser presumidamente inocente*"[595]. Assim, a pessoa não tem o estado de presunção de inocência, mas de certeza da inocência, salvo se houver certeza da culpa pela prova dos autos e, via de consequência, pelo trânsito em julgado da sentença penal condenatória[596].

Assevera Rangel que a redação do inciso LVII do artigo 5º da Constituição sequer trata-se de princípio, mas de uma regra destinada ao órgão de acusação, pois se refere ao ônus da prova. Ou seja, não é o réu que tem que provar sua inocência, mas o próprio órgão de acusação[597].

Nesse contexto, preleciona Giovanni Leone que o estado de inocência do imputado assume dois sentidos, a saber, na relação com o tema das provas e com o *status* do imputado[598]. No tocante às provas, a presunção de inocência tem como corolário o princípio do *favor libertatis* ou do *in dubio pro reo*, segundo o qual todas as normas restritivas da liberdade não podem ser objeto de aplicação analógica.

Para o processualista romano: "*A esse significado se referiam, evidentemente, os escritores da era medieval quando afirmava: `innocens praesumitur cuius innocentia non probatur` [presume-se inocente àquele que não se prova a inocência]*"[599].

---

593. No mesmo sentido, o entendimento de PACELLI DE OLIVEIRA, Eugênio. *Curso de processo penal*. 20. ed. São Paulo: Atlas, 2016, p. 48.
594. BADARÓ, Gustavo Henrique Righi. *Processo penal*. Rio de Janeiro: Elsevier, 2012, p. 24.
595. RANGEL, Paulo. *Direito processual penal*. 24. ed. São Paulo: Atlas, 2016, p. 24.
596. RANGEL, Paulo. *Direito processual penal*. 24. ed. São Paulo: Atlas, 2016, p. 25.
597. RANGEL, Paulo. *Direito processual penal*. 24. ed. São Paulo: Atlas, 2016, p. 26.
598. LEONE, Giovanni. *Tratado de derecho procesal penal*. V. I. Buenos Aires: Ediciones Jurídicas Europa-América, 1963, p. 463.
599. LEONE, Giovanni. *Tratado de derecho procesal penal*. V. I. Buenos Aires: Ediciones Jurídicas Europa-América, 1963, p. 463, tradução nossa e grifo do autor.

Com relação à condição de imputado, esse princípio teve origem no artigo 9º da Declaração dos Direitos do Homem e do Cidadão, pois todo acusado é considerado inocente até ser declarado culpado e, se julgar indispensável prendê-lo, todo o rigor desnecessário à guarda da sua pessoa deverá ser severamente reprimido pela lei[600].

Para Aury Lopes Júnior o estado de inocência desponta como um dever de tratamento, porquanto exige que o réu seja tratado como inocente, apresentando duas dimensões: **(i)** interna; e **(ii)** externa[601].

Na primeira, o estado de inocência é um dever de tratamento que se destina ao juiz, pois determina que a prova seja demonstrada plenamente pelo órgão de acusação. Na última, consiste em dever de tratamento que impede a publicidade abusiva e a estigmatização precipitada do réu.

A dimensão externa deve ser utilizada como um limite democrático aos veículos de comunicação social, de sorte que "*O bizarro espetáculo montado pelo julgamento midiático deve ser coibido pela eficácia da presunção de inocência*"[602].

Assinala Fauzi Hassan Choukr que, na investigação criminal, a presunção de inocência guarda relação com o tema dos maus antecedentes, ou seja, da existência de investigações em andamento[603]. De acordo com a Súmula 444 do Superior Tribunal de Justiça: "*É vedada a utilização de inquéritos policiais e ações penais em curso para agravar a pena base.*".

O estado de inocência tem como corolário outros princípios e direitos constitucionais de índole processual, tais quais: **(i)** princípio da proibição da auto-incriminação (*nemo tenetur se detegere*), pois se a pessoa é naturalmente inocente, não lhe cabendo o dever de demonstrar qualquer tipo de culpa, logo não tem ela a obrigação de se auto-acusar; **(ii)** direito ao silêncio, pelos mesmos motivos acima; e **(iii)** princípio do *in dubio pro reo*, visto que, em caso de dúvida, deve-se julgar em favor do acusado, a ponto de prevalecer o interesse do réu e, assim, manter sua inocência.

Nesse sentido, o órgão acusatório tem o dever ou ônus de provar a culpa, o que naturalmente provoca efeitos secundários, tais quais[604]: **(i)** a

600. LEONE, Giovanni. *Tratado de derecho procesal penal.* V. I. Buenos Aires: Ediciones Jurídicas Europa-América, 1963, p. 462.

601. LOPES JR., Aury. *Direito processual penal.* São Paulo: Saraiva, 2016, p. 96.

602. LOPES JR., Aury. *Direito processual penal.* São Paulo: Saraiva, 2016, p. 97.

603. CHOUKR, Fauzi Hassan. *Garantias constitucionais na investigação criminal.* 3ª ed. Rio de Janeiro: Lumen Juris, 2006, p. 98.

604. NUCCI, Guilherme de Souza. *Princípios constitucionais penais e processuais penais.* Revista dos Tribunais: São Paulo, 2012, p. 265.

restrição dos direitos individuais só pode ocorrer em casos excepcionais contra o inocente; **(ii)** nenhuma anotação criminal comprometedora do Estado pode prejudicar o inocente; e **(iii)** a intervenção penal estatal deve ser mínima, eis que a inocência é o estado natural das pessoas. Decerto, dispõe o artigo 156 do Código de Processo Penal que a prova da alegação incumbirá a quem a fizer, sendo, porém, facultado ao juiz de ofício: **(i)** ordenar, mesmo antes de iniciada a ação penal, a produção antecipada de provas consideradas urgentes e relevantes, observando a necessidade, adequação e proporcionalidade da medida; e **(ii)** determinar, no curso da instrução, ou antes de proferir a sentença, a realização de diligências para dirimir sobre ponto relevante.

Sob o ângulo do processo penal, tem a doutrina a tendência de definir o ônus da prova como o dever do órgão acusatório de provar a autoria e a ocorrência do crime narrados na inicial, ou seja, comprovar, em um sentido amplo, o fato típico, ilícito e culpável, inclusive demonstrando a inocorrência de alguma excludente da ilicitude ou culpabilidade porventura alegada pelo réu[605].

---

605. Na perspectiva do processo civil, o ônus da prova divide-se entre autor e réu, apresentando um espectro distinto daquele existente no processo penal. Seguindo os parâmetros do Código de Processo Civil de 1973, o artigo 373 do novo CPC mantem a distribuição do ônus de prova entre autor e réu, nos seguintes sentidos: **(i)** o autor tem o ônus de provar o fato constitutivo de seu direito; e **(ii)** o réu tem o ônus de provar a existência de fato impeditivo, modificativo ou extintivo do direito do autor. Assim, cabe ao autor demonstrar ao juiz a verdade do fato alegado na inicial, o que servirá de fundamento para a constituição do fato correspondente ao direito alegado na própria inicial. Já o réu deve: **(i)** fazer prova impeditiva dessa constituição; ou **(ii)** demonstrar fato modificativo ou extintivo do direito do autor. Excepcionalmente, o novo CPC privilegia a teoria da distribuição dinâmica do ônus da prova, conferindo ao juiz a possibilidade de aplicá-la no caso concreto. Dispõe o § 1º do artigo 373 do novo "*Codex*" que, nos casos previstos em lei ou diante de peculiaridades da causa relacionada à impossibilidade ou à excessiva dificuldade de cumprir o encargo nos termos do "caput" ou à maior facilidade de obtenção da prova do fato contrário, poderá o juiz atribuir o ***ônus da prova de modo diverso***, desde que o faça por decisão fundamentada, caso em que deverá dar à parte a oportunidade de se desincumbir do ônus que lhe foi atribuído. A decisão prevista no § 1º desse artigo não pode gerar situação em que a desincumbência do encargo pela parte seja impossível ou excessivamente difícil (art. 373, § 2º). Nos termos do § 3º do artigo 373, a distribuição diversa do ônus da prova também pode ocorrer por convenção das partes, salvo quando: **(i)** recair sobre direito indisponível da parte; e **(ii)** tornar excessivamente difícil a uma parte o exercício do direito. Essa convenção pode ser celebrada antes ou durante o processo (art. 373, § 4º). É bem de ver que o artigo 6º, inciso VIII, do Código de Defesa do Consumidor (Lei n. 8.078/90) já prevê a técnica de inversão do ônus da prova como direito básico do consumidor, com fundamento na teoria da distribuição dinâmica do ônus da prova (a "*facilitação da defesa de seus direitos, inclusive com a inversão do ônus da prova, a seu favor, no processo civil, quando, a critério do juiz, for verossímil a alegação ou quando for ele hipossuficiente, segundo as regras ordinárias de experiências*").

Noutro viés, o princípio do estado de inocência guarda correlação com a execução provisória da pena. Com efeito, a Lei n. 11.719/2008 conferiu nova redação ao artigo 387, § 1º, do Código de Processo Penal, no sentido de que o juiz, ao proferir a sentença, decidirá, fundamentadamente, sobre a manutenção ou, se for o caso, a imposição de prisão preventiva ou de outra medida cautelar, sem prejuízo do conhecimento de apelação que vier a ser interposta.

De se ver que, antes da alteração do § 1º do artigo 387, os tribunais reconheciam a execução provisória da pena, com fundamento no inciso I do artigo 393 do Código de Processo Penal. De acordo com a Súmula 716 do Supremo Tribunal Federal: "*Admite-se a progressão de regime de cumprimento da pena ou a aplicação imediata de regime menos severo nela determinada, antes do trânsito em julgado da sentença condenatória*".

De acordo com a previsão expressa da lei, não é mais possível a execução provisória da pena, mas tão somente a imposição de prisão preventiva na sentença penal condenatória, de natureza cautelar, se preenchidos os requisitos legais, com a finalidade de garantir a efetividade. Assim, os tribunais deverão rever seus posicionamentos. A título de registro, a própria edição da Lei n. 11.719/2008 gerou o cancelamento da Súmula 716 do STF.

Enfatiza Paulo Rangel que, em vez da prisão, pode o juiz aplicar qualquer uma das medidas cautelares de restrição de direitos (medidas cautelares diversas da prisão) previstas no artigo 319 do Código de Processo Penal[606], com fundamento no princípio da proporcionalidade[607].

---

606. "**Art. 319.** *São medidas cautelares diversas da prisão:* **I** – *comparecimento periódico em juízo, no prazo e nas condições fixadas pelo juiz, para informar e justificar atividades;* **II** – *proibição de acesso ou freqüência a determinados lugares quando, por circunstâncias relacionadas ao fato, deva o indiciado ou acusado permanecer distante desses locais para evitar o risco de novas infrações;* **III** – *proibição de manter contato com pessoa determinado quando, por circunstâncias relacionadas ao fato, deva o indiciado ou acusado dela permanecer distante;* **IV** – *proibição de ausentar-se da Comarca quando a permanência seja conveniente ou necessária para a investigação ou instrução;* **V**- *recolhimento domiciliar no período noturno e nos dias de folga quando o investigado ou acusado tenha residência ou trabalho fixos;* **VI** – *suspensão do exercício de função pública ou de atividade de natureza econômica ou financeira quando houver justo receio de sua utilização para a prática de infrações penais;* **VII** – *internação provisória nas hipóteses de crimes praticados com violência ou grave ameaça, quando os peritos concluírem ser inimputável ou semi-imputável (art. 26 do Código Penal) e houver risco de reiteração;* **VIII** – *fiança nas infrações que admitem, para assegurar o comparecimento a atos do processo, evitar a obstrução do seu andamento ou em caso de resistência injustificada à ordem judicial;* **IX** – *monitoração eletrônica.*"

607. RANGEL, Paulo. *Direito processual penal.* 24. ed. São Paulo: Atlas, 2016, p. 839.

Em geral, o juiz tem a possibilidade de três alternativas: **(i)** a liberdade do réu; **(ii)** a imposição de medida cautelar diversa da prisão; e **(iii)** a decretação da prisão preventiva[608].

Recentemente, o Supremo Tribunal Federal, no julgamento do HC n. 126.292/SP, relativizou o princípio constitucional da "presunção" de inocência, permitindo a execução provisória da condenação criminal do réu em liberdade. No caso analisado, o réu interpôs apelação para desconstituir acórdão do tribunal superior que determinou sua imediata prisão pela sentença condenatória de primeiro grau.

Assim, o Pretório Excelso denegou, por maioria, a ordem de *habeas corpus*, sob o fundamento de que a execução provisória de acórdão penal condenatório proferido em julgamento de apelação, ainda que sujeito a recurso especial ou extraordinário, não compromete o princípio constitucional da presunção de inocência.

De acordo com o entendimento da Suprema Corte, a execução provisória de sentenças penais condenatórias envolve a reflexão sobre os seguintes pontos: **(i)** o alcance do princípio da presunção da inocência; e **(ii)** a busca de necessário equilíbrio entre a presunção de inocência e a efetividade da jurisdição penal, de modo que tal equilíbrio se volta não só ao atendimento das garantias individuais do acusado, mas também da sociedade.

É bem verdade que a execução provisória da pena privativa de liberdade de acórdão penal condenatório proferido em julgamento de apelação, ainda que sujeito a recurso especial ou extraordinário, já encontrava respaldo na jurisprudência do Supremo Tribunal Federal balizada à luz da Constituição brasileira de 1988. Da mesma arte, prescreve a Súmula 716 do Pretório Excelso que "*Admite-se a progressão de regime de cumprimento da pena ou a aplicação imediata de regime menos severo nela determinada, antes do trânsito em julgado da sentença condenatória*". Também é a previsão da Súmula 717 da Suprema Corte: "*Não impede a progressão de regime de execução da pena, fixada em sentença não transitada em julgado, o fato de o réu se encontrar em prisão especial*".

Segundo o Supremo Tribunal Federal, faz-se mister que o estado de inocência seja resguardado integralmente antes de prolatada a sentença penal condenatória no juízo de primeiro grau (via ordinária), na qual há um juízo de culpa, embora não definitivo, pois a decisão é suscetível de recurso de apelação perante tribunal de hierarquia superior. Uma vez interposta a apelação e caso o tribunal superior profira acórdão

608. RANGEL, Paulo. *Direito processual penal*. 24. ed. São Paulo: Atlas, 2016, p. 840.

pela manutenção da decisão condenatória de primeiro grau, ainda que sujeito a recurso especial ou extraordinário, não há mais a possibilidade de exame sobre os fatos e provas da causa, no que se aperfeiçoa o juízo da culpa do acusado e, via de consequência, o duplo grau de jurisdição.

Em condições normais, o réu (solto) poderia recorrer em liberdade às vias extraordinárias, ou seja, interpor recursos especial ou extraordinário ao Superior Tribunal de Justiça e ao Supremo Tribunal Federal. Ocorre que, no caso em questão, esses recursos, à exceção da revisão criminal, não são desdobramentos do duplo grau de jurisdição, pois não têm ampla devolutividade, já que não possibilitam o debate da matéria fática e probatória, ocorrendo uma espécie de preclusão da matéria envolvendo os fatos da causa. Assim, não é possível conferir efeito suspensivo da decisão via recursos especial e extraordinário, mas tão somente efeito devolutivo[609].

Enfatizou o Pretório Excelso que a execução provisória da pena, ainda que na pendência de recursos especial ou extraordinário, não compromete o núcleo essencial da culpabilidade, pois foi conferido tratamento à inocência do acusado no curso de todo o processo ordinário criminal, sendo assegurados integralmente os direitos e garantias individuais que lhe são inerentes, além de observadas as regras probatórias e o sistema acusatório[610].

---

609. Destaca-se uma parte da decisão do Supremo Tribunal Federal: "*Nessas circunstâncias, tendo havido, em segundo grau, juízo de incriminação do acusado, fundado em fatos e provas insuscetíveis de reexame pela instância extraordinária, pareceria inteiramente justificável a relativização e até mesmo a própria inversão, para a situação concreta, do princípio da presunção de inocência até então observado. Faria sentido, portanto, negar efeito suspensivo aos recursos extraordinários, como o fazem o art. 637 do CPP e o art. 27, § 2º, da Lei 8.038/1990.*" **(STF, HC 126292/SP, Min. Rel. Teori Zavascki, Data de Julgamento: 05.02.2015, Data de Publicação: 10/02/2015, publicado no Informativo 814).**

610. Segundo o Pretório Excelso, o tema guarda relação umbilical com a Lei Complementar n. 135/2010: "*Nessa trilha, aliás, haveria o exemplo recente da LC 135/2010 – Lei da Ficha Limpa, que, em seu art. 1º, I, expressamente consagraria como causa de inelegibilidade a existência de sentença condenatória por crimes nela relacionados, quando proferidas por órgão colegiado. A presunção de inocência não impediria que, mesmo antes do trânsito em julgado, o acórdão condenatório produzisse efeitos contra o acusado. De todo modo, não se poderia desconhecer que a jurisprudência que assegura, em grau absoluto, o princípio da presunção da inocência — a ponto de negar executividade a qualquer condenação enquanto não esgotado definitivamente o julgamento de todos os recursos, ordinários e extraordinários — teria permitido e incentivado a indevida e sucessiva interposição de recursos da mais variada espécie, com indisfarçados propósitos protelatórios. Visaria, não raro, à configuração da prescrição da pretensão punitiva ou executória. Cumpriria ao Poder Judiciário e, sobretudo, ao STF, garantir que o processo — único meio de efetivação do "jus puniendi" estatal — resgatasse sua inafastável função institucional. A retomada da tradicional jurisprudência, de atribuir efeito apenas devolutivo aos recursos especial e extraordinário — como previsto em textos normativos — seria, sob esse aspecto, mecanismo*

Nada obstante, o Partido Ecológico Nacional e o Conselho Federal da Ordem dos Advogados do Brasil ajuizaram, respectivamente, as ações declaratórias de constitucionalidade n. 43/DF e n. 44/DF, pleiteando a declaração de constitucionalidade do artigo 283 do Código de Processo Penal, a fim de reconhecer que a prisão só é cabível após o trânsito em julgado da sentença penal condenatória transitada em julgado, salvo em caso de prisão em flagrante ou de decretação de prisão cautelar.

Em outubro de 2016, a Suprema Corte, no julgamento das ações declaratórias, manteve o entendimento acerca da possibilidade de execução provisória da pena, enfatizando os seguintes fundamentos: **(i)** o novo Código de Processo Civil não confere efeito suspensivo aos recursos especial e extraordinário, autorizando o imediato cumprimento da pena pelo condenado; e **(ii)** dispõe o inciso LVII do artigo 5º da Constituição Federal que "ninguém será considerado culpado", e não que "ninguém será preso até o trânsito em julgado de sentença penal condenatória".

Por outro lado, grande parcela da comunidade jurídica passou a tecer críticas acerca da relativização do estado de inocência. Segundo Eugênio Pacelli, a decisão do Supremo Tribunal Federal não é apropriada, pois a discussão sobre a execução provisória da pena na perspectiva do estado de inocência não é matéria que deve ser analisada a partir da conformação legislativa, mas evidentemente de alteração na Lei Fundamental por emenda constitucional. Para o predito autor, "*A menos que se modifique a Constituição, como assim queria a conhecida proposta de Emenda Constitucional designada por ´Emenda Peluso´, não vemos como alterar o conceito de trânsito em julgado, não ser por essa via constitucional*"[611].

Para Paulo Rangel, "*O STF confundiu prisão cautelar (que pode ser adotada no curso do processo) com presunção de inocência.*". Assim, o acusado que tumultua o curso do processo de conhecimento deve ter sua prisão cautelar decretada, embora ainda seja presumidamente inocente. Logo, "*Uma coisa é o princípio da presunção de inocência; outra* é o instituto da prisão cautelar que continua em vigor no ordenamento jurídico (art. 5, LVII e LXI)"[612].

---

legítimo de harmonizar o princípio da presunção de inocência com o da efetividade da função jurisdicional." **(STF, HC 126292/SP, Min. Rel. Teori Zavascki, Data de Julgamento: 05.02.2015, Data de Publicação: 10/02/2015, publicado no Informativo 814).**

611. PACELLI DE OLIVEIRA, Eugênio. *Curso de processo penal.* 20. ed. São Paulo: Atlas, 2016, p. 48.

612. RANGEL, Paulo. *Direito processual penal.* 24. ed. São Paulo: Atlas, 2016, p. 840

Complementa o sobredito autor que, com essa decisão, a Suprema Corte não se preocupou com a análise do estado de inocência *de per si*, mas com a morosidade no julgamento dos recursos interpostos na instância extraordinária[613].

Recentemente, o Ministro Celso de Mello, no julgamento do *Habeas corpus* n. 135.100/MG, com pedido de medida cautelar, entendeu, em relatoria, que a execução provisória da pena é uma flagrante afronta ao princípio do estado de inocência, sob o fundamento de que o *status* da inocência é um direito fundamental que deve prevalecer até o trânsito em julgado da condenação criminal.

Ainda que a Suprema Corte brasileira tenha se manifestado favoravelmente à relativização do estado de inocência, certo é que o temário ainda permanece em aberto, suscitando as mais diversas reflexões tanto na doutrina como na jurisprudência, podendo o temário chegar à reflexão da Corte Interamericana de Direitos Humanos.

À luz do garantismo penal, arremata Luigi Ferrajoli que a maioria das legislações não confere o devido tratamento sistêmico e humano ao estado de inocência, pois a sanção preventiva é usada como uma política punitivista para afastar do convívio comunitário os indivíduos tidos como socialmente perigosos[614].

De toda sorte, entende-se que o estado de inocência não deve sofrer qualquer desvirtuamento por parte dos veículos de comunicação social, rechaçando-se qualquer julgamento precipitado da mídia acerca dos casos criminais, sob pena de afronta ao princípio da separação de poderes, da inafastabilidade jurisdicional, do devido processo legal, da ampla defesa e do contraditório, do juiz natural, da inadmissibilidade de obtenção de provas por meios ilícitos, da não auto-incriminação e, acima de tudo, da dignidade humana.

7. PROCESSO PENAL DE IMPRENSA E PROIBIÇÃO DE INSUFICIÊNCIA

Seguindo a tradição de legislações anteriores, a Lei n. 5.250/1967, em seus artigos 42 "*usque*" 48[615], regulamentou matéria processual es-

---

613. RANGEL, Paulo. *Direito processual penal*. 24. ed. São Paulo: Atlas, 2016, p. 841.

614. FERRAJOLI, Luigi. *Direito e razão*: teoria do garantismo penal. 3. ed. São Paulo: Editora Revista dos Tribunais, 2002, p. 594-595.

615. **Art. 42.** *Lugar do delito, para a determinação da competência territorial, será aquêle em que fôr impresso o jornal ou periódico, e o do local do estúdio do permissionário ou concessionário do serviço de radiodifusão, bem como o da administração principal da agência noticiosa. Parágrafo único. Aplica-se aos crimes de imprensa o disposto no art. 85, do*

pecífica aos crimes de imprensa, conferindo tratamento à ação penal, ao lugar do delito, à jurisdição e competência, à consumação do crime, ao procedimento, aos recursos e à legislação subsidiária.

A partir da ADPF n. 130/DF, houve um vácuo legislativo na disciplina específica do processo penal relativo aos crimes de imprensa.

Código de Processo Penal. **Art. 43.** *A denúncia ou queixa será instruída com exemplar do jornal ou periódico e obedecerá ao disposto no art. 41 do Código de Processo Penal, contendo a indicação das provas que o autor pretendia produzir. Se a infração penal tiver sido praticada através de radiodifusão, a denúncia ou queixa será instruída com a notificação de que trata o art. 57. § 1º Ao despachar a denúncia ou queixa, o juiz determinará a citação do réu para que apresente defesa prévia no prazo de cinco dias. § 2º Não sendo o réu encontrado, será citado por edital com o prazo de quinze dias. Decorrido êsse prazo e o qüinqüídio para a defesa prévia, sem que o réu haja contestado a denúncia ou queixa, o juiz o declarará revel e lhe nomeará defensor dativo, a quem se dará vista dos autos para oferecer defesa prévia. § 3º Na defesa prévia, devem ser argüidas as preliminares cabíveis, bem como a exceção da verdade, apresentando-se, igualmente, a indicação das provas a serem produzidas. § 4º Nos processos por ação penal privada será ouvido a seguir o Ministério Público.* **Art. 44.** *O juiz pode receber ou rejeitar a denúncia ou queixa, após a defesa prévia, e, nos crimes de ação penal privada, em seguida à promoção do Ministério Público.* **§ 1º** *A denúncia ou queixa será rejeitada quando não houver justa causa para a ação penal, bem como nos casos previstos no art. 43 do Código de Processo Penal. § 2º Contra a decisão que rejeitar a denúncia ou queixa cabe recurso de apelação e, contra a que recebê-la, recurso em sentido estrito sem suspensão do curso do processo.* **Art. 45.** *Recebida a denúncia, o juiz designará data para a apresentação do réu em juízo e marcará, desde logo, dia e hora para a audiência de instrução e julgamento, observados os seguintes preceitos:* **I** *– se o réu não comparecer para a qualificação, o juiz considerá-lo-á revel e lhe nomeará defenfor dativo. Se o réu comparecer e não tiver advogado constituído nos autos, o juiz poderá nomear-lhe defensor. Em um e outro caso, bastará a presença do advogado ou defensor do réu, nos autos da instrução;* **II** *– na audiência serão ouvidas as testemunhas de acusação e, em seguida, as de defesa, marcando-se novas audiências, se necessário, em prazo nunca inferior a oito dias;* **III** *– poderá o réu requerer ao juiz que seja interrogado, devendo, nesse caso, ser êle ouvido antes de inquiridas as testemunhas;* **IV** *– encerrada a instrução, autor e réu terão, sucessivamente, o prazo de três dias para oferecerem alegações escritas. Parágrafo único. Se o réu não tiver apresentado defesa prévia, apesar de citado, o juiz o considerará revel e lhe dará defensor dativo, a quem se abrirá o prazo de cinco dias para contestar a denúncia ou queixa.* **Art. 46.** *Demonstrada a necessidade de certidões de repartições públicas ou autárquicas, e a de quaisquer exames, o juiz requisitará aquelas e determinará êstes, mediante fixação de prazos para o cumprimento das respectivas diligências. § 1º Se dentro do prazo não fôr atendida, sem motivo justo, a requisição do juiz, imporá êste a multa de Cr$10.000 (dez mil cruzeiros) a Cr$100.000 (cem mil cruzeiros) ao funcionário responsável e suspenderá a marcha do processo até que em nôvo prazo seja fornecida a certidão ou se efetue a diligência. Aos responsáveis pela não-realização desta última, será aplicada a multa de Cr$10.000 (dez mil cruzeiros) a Cr$100.000 (cem mil cruzeiros). A aplicação das multas acima referidas não exclui a responsabilidade por crime funcional. § 2º Vetado. § 3º A requisição de certidões e determinação de exames ou diligências, serão feitas no despacho de recebimento da denúncia ou queixa.* **Art. 47.** *Caberá apelação, com efeito suspensivo, contra a sentença que condenar ou absolver o réu.* **Art. 48.** *Em tudo o que não é regulado por norma especial desta Lei, o Código Penal e o Código de Processo Penal se aplicam à responsabilidade penal, à ação penal e ao processo e julgamento dos crimes de que trata esta Lei."*

Com efeito, os litígios ocorridos no contexto da mídia passaram a se sujeitar às regras comuns do Código Penal, com o consequente procedimento previsto seja no Código de Processo Penal seja em legislações extravagantes.

De toda sorte, reconhece-se que há a necessidade de edificação de um processo penal de imprensa no Brasil, em harmonia com a tipificação da criminalidade midiática, por força do princípio da proibição de insuficiência.

Esse modelo de processo penal demanda uma leitura mais balizada de certos institutos aplicáveis aos delitos praticados pela imprensa, tanto na etapa inquisitorial como na segunda fase da persecução criminal, contanto que asseguradas amplamente as garantias processuais penais consagradas na Lei Fundamental, tais quais o estado de inocência, o juiz natural e o contraditório e a ampla defesa.

No inquérito policial, requer-se uma melhor definição do sigilo, da publicidade, da prisão cautelar e do juiz de garantias à luz do estado de inocência. Já na segunda fase da persecução, devem ser conferidos contornos mais precisos tanto à ação penal como ao procedimento dos delitos midiáticos, sobretudo ao procedimento dos crimes contra a honra, envolvendo a exceção da verdade, o pedido de explicações, a retratação do acusado e o direito de resposta.

Se não bastasse, os crimes dolosos contra a vida, que assumem ampla repercussão social, devem ser objeto de maior atenção legislativa. Se sabe que o desaforamento é um importante mecanismo para evitar o sensacionalismo midiático.

Nos termos do artigo 427 do Código de Processo Penal, se o interesse da ordem pública o reclamar ou houver dúvida sobre a imparcialidade do júri ou a segurança pessoal do acusado, o Tribunal, a requerimento do Ministério Público, do assistente, do querelante ou mediante representação do juiz, poderá determinar o desaforamento do julgamento para outra comarca, da mesma região, onde não existam aqueles motivos, preferindo-se as mais próximas.

Entendemos, nesse prisma, que o desaforamento, da forma como previsto no Código de Processo Penal, não é mais plenamente suficiente para conter o sensacionalismo midiático, mormente diante do desenvolvimento do jornalismo digital e da internet, sendo que novos espaços de interação social foram criados e tornaram-se em instrumentos de influência sobre os casos criminais. Neste ponto, um dos meios de neutralizar o sensacionalismo midiático perpassa sobre a necessidade do juiz de garantias, a fim de que sejam resguardados, ao máximo, os direitos e garantias inerentes ao acusado e que regem o sistema acusatório, servindo de base para a construção plena do livre convencimento dos jurados.

Entende-se, outrossim, que os códigos de ética da imprensa devem guardar perfeita sintonia com a persecução criminal, a ponto de determinarem regras gerais aos veículos de comunicação social e aos jornalistas na obtenção e divulgação de dados jornalísticos com repercussão de direito material e processual penal[616].

Segundo Roxin, os meios de comunicação desempenham um papel indispensável no processo penal, pois privilegiam o princípio da publicidade. De todo caso, apresentam uma atuação perigosa na persecução criminal. Assim, podem ser enumeradas algumas propostas adequadas para assegurar minimamente o processo penal, a saber: **(i)** restringir as fontes de informação pelas quais os meios de comunicação colhem o material antes do julgamento judicial; e **(ii)** fortalecer o autocontrole dos meios de comunicação, a exemplo do Código de Imprensa em vigor na Alemanha, que determina regras gerais aos veículos midiáticos[617].

Portanto, enquanto não houver uma previsão legislativa específica, os crimes cometidos pela imprensa serão submetidos a um processo penal midiático. Assim, faz-se imprescindível a releitura do atual modelo de processo penal então vigente no Brasil, a fim de que sejam amplamente enaltecidas as garantias individuais impostergáveis do Estado Direito.

---

616. Conforme já salientado, os códigos de ética jornalística compõem-se de normas que regem a profissão jornalística. No Brasil, apontam-se os seguintes códigos de ética: **(i)** Código da Associação Nacional dos Jornais, que prevê linhas seguidas pelas empresas do setor; **(ii)** Código de ética da Radiofusão, proposto pela Associação Brasileira de Emissoras de Rádio e Televisão; **(iii)** Código de Ética do Jornalista Brasileiro, conduzido pela Fenaj; e **(iv)** Princípios Éticos da Associação Nacional dos Editores de Revista (ANER).

617. ROXIN, Claus. El proceso penal y los medios de comunicación. *Revista del Poder Judicial*, Madrid, n. 55, p. 73-93, 1999, p. 73, 88, 91.

CAPÍTULO VI

PROCEDIMENTO ESPECIAL DOS CRIMES CONTRA A HONRA: ASPECTOS PRÁTICOS NO CONTEXTO DA IMPRENSA

1. CLASSIFICAÇÃO DOS PROCEDIMENTOS

No presente etapa, faz-se necessária uma breve incursão na classificação dos procedimentos processuais penais, sem maiores profundidades, com o desiderato de simplesmente situá-los na reflexão sobre a criminalidade midiática e o processo penal de imprensa.

Com efeito, a Lei n. 11.719, de 20 de junho de 2008, instituiu a Reforma do Código de Processo Penal, introduzindo diversas alterações nos procedimentos. Nos termos do artigo 394 do Código de Processo Penal, o procedimento será: **(i)** comum; e **(ii)** especial.

Dispõe o § 1º do aludido dispositivo que o procedimento comum divide-se em: **(i)** ordinário; **(ii)** sumário; **(iii)** ou sumaríssimo.

O procedimento comum ordinário destina-se ao processo e julgamento de crime cuja sanção máxima cominada é igual ou superior a 4 (quatro) anos de pena privativa de liberdade. Prescreve o § 5º do artigo 394 do Código de Processo Penal que aplicam-se subsidiariamente aos procedimentos especial, sumário e sumaríssimo as disposições do procedimento ordinário.

De se ver que o procedimento comum sumário aplica-se ao processo e julgamento do crime cuja sanção máxima cominada é inferior a 4 (quatro) anos de pena privativa de liberdade.

Já o procedimento sumaríssimo se volta ao processo e julgamento das infrações penais de menor potencial ofensivo, na forma da Lei n. 9.099/1995 e da Lei n. 10.259/2001.

Em geral, prevê o § 2º do artigo 394 que aplica-se a todos os processos o procedimento comum, salvo disposições em contrário do Código de Processo Penal ou de lei especial.

Complementa o § 4º do mesmo dispositivo que a previsão dos artigos 395 a 398 aplica-se a todos procedimentos penais de primeiro grau, ainda que não regulados no Código de Processo Penal.

Noutro viés, os procedimentos especiais são determinados tanto pelo Código de Processo Penal como por legislações especiais. No primeiro caso, o Código de Processo Penal prevê os seguintes procedimentos especiais: **(i)** crimes de competência do Júri[618]; **(ii)** restauração de autos extraviados; **(iii)** *habeas corpus*; **(iv)** revisão criminal; **(v)** crimes contra a propriedade industrial; **(vi)** crimes de competência originária; **(vii)** crimes contra a honra do Código Penal; e **(viii)** crimes de responsabilidade dos funcionários públicos.

Já as legislações especiais disciplinam os seguintes procedimentos especiais: **(i)** crimes de responsabilidade dos agentes políticos (Lei n. 1.079/1950)[619]; **(ii)** abuso de autoridade (Lei n. 4.898/1965); **(iii)** crimes da Lei de Licitações (Lei n. 8.666/1993); **(iv)** Juizados Especiais Criminais (Lei n. 9.099/1995); **(v)** crimes falimentares (Lei n. 11.101/2005); **(vi)** crimes de drogas (Lei n. 11.343/2006); e **(vi)** crimes de imprensa tipificados na extinta Lei de Imprensa (Lei n. 5.250/1967).

Assevera-se que, com o julgamento da ADPF n. 130/DF, a Lei n. 5.250, de 9 de fevereiro de 1967, foi declarada inconstitucional e, assim, revogada do ordenamento jurídico brasileiro, de modo que deixaram de ser previstos os aspectos materiais e processuais criminais especialmente destinados aos crimes de imprensa, havendo um vácuo legislativo no tratamento desse temário no Brasil.

Reconhece-se que o procedimento especial dos crimes contra a vida, disciplinado no Código de Processo Penal, geralmente guarda relação umbilical com os crimes praticados pela imprensa, sobretudo quando envolve o desaforamento e a soberania dos veredictos. Em que pese a importância dessa temática, o presente ensaio não se ocupará de sua compreensão, devido à extensão e à profundidade que exige o estudo desse procedimento. Assim, propõe a presente exposição unicamente a análise do procedimento especial dos crimes contra a honra no contexto midiático.

---

618. "**Art. 394. § 3º.** *Nos processos de competência do Tribunal do Júri, o procedimento observará as disposições estabelecidas nos arts. 406 a 497 deste Código.*"

619. Há dissensões de que se os "crimes de responsabilidade" e o respectivo procedimento, ambos previstos na Lei n. 1.079/1950, são ou não de natureza penal e processual penal, respectivamente.

2. PROCEDIMENTOS DOS CRIMES CONTRA A HONRA À ÉPOCA DA LEI N. 5.250/1967

À luz da *giurisprudenza criminale* italiana de 1800, já dizia Giovanni Carmignani que a felicidade humana protegida pelas leis sociais não consiste apenas na conservação da vida e da incolumidade do corpo, senão também na proteção da própria honra, mais preciosa e importante que o dinheiro[620].

Originariamente, havia os seguintes procedimentos especiais para o processo e julgamento dos crimes contra a honra, a saber: **(i)** aos crimes contra a honra tipificados à luz do Código Penal, desde que sujeitos à ação penal privada, corresponde o procedimento especial dos arts. 519 a 523 do CPP; **(ii)** aos crimes contra a honra tipificados à luz da revogada Lei n. 5.250/1967 (Lei de Imprensa), correspondia o procedimento especial previsto na própria Lei de Imprensa (arts. 43 a 48)[621]; **(iii)** aos crimes contra a honra praticados na Justiça Eleitoral, corresponde o procedimento especial previsto na Lei n. 4.737/1965 (Código Eleitoral); e **(iv)** aos crimes contra a honra definidos na Lei 7.170/1983 (Lei de Segurança Nacional), segue-se disciplina da Lei n. 7.170/1983[622].

Ressalta-se que ainda continua a existir, embora com algumas alterações pontuais, o procedimento especial do Código de Processo Penal (arts. 519 a 523) destinado especialmente aos crimes contra honra tipificados no Código Penal, desde que sujeitos à ação penal privada (arts. 138 a 140).

Nada obstante, tendo em vista que o Supremo Tribunal Federal firmou o entendimento de que a Lei de Imprensa não foi recepcionada pela Constituição brasileira de 1988, o procedimento especial

---

620. CARMIGNANI, Giovanni. *Elementos de derecho criminal*. Bogotá: Temis Librería, 1979, p. 410.

621. Para maiores detalhes sobre o procedimento especial à luz da Lei n. 5.250/1967, cf: FIDELIS, Guido. *Crimes de imprensa*. São Paulo: Sugestões Literárias, 1977, p. 103-108.

622. Na visão de Gustavo Badaró: "*Havia dois procedimentos especiais para os crimes contra a honra: (1) o procedimento especial dos arts. 519 a 523 do CPP e (2) o procedimento especial da Lei de Imprensa – Lei n. 5.250, de 1967, arts. 43 a 48. O procedimento especial do Código de Processo Penal (arts. 519 a 523), que se aplica aos crimes contra a honra previstos no Código Penal (CP, arts. 138 a 140), desde que estejam sujeitos à ação penal de iniciativa privada, continua a existir, embora com pouca aplicação prática. Por outro lado, o procedimento especial previsto na Lei de Imprensa – Lei n. 5.250, de 1967, arts. 43 a 48 -, que era aplicável aos crimes de calúnia, injúria e difamação, previstos naquela lei (arts. 20 a 22), deixou de existir, tendo em vista que o STF, considerou que a referida lei especial não foi recepcionada pela Constituição de 1988*" (BADARÓ, Gustavo Henrique Righi. *Processo penal*. Rio de Janeiro: Elsevier, 2012, p. 535).

previsto na própria Lei de Imprensa, que era aplicável especialmente aos crimes contra a honra praticados nesse âmago, deixou de existir plenamente.

Logo, faz-se necessária a análise de como os procedimentos dos crimes contra a honra praticados pela imprensa são disciplinados atualmente, conforme será analisado a seguir.

3. ATUAL PANORAMA LEGAL

3.1. Direito Material e Processual Penal

Com a revogação da Lei de Imprensa, entende-se que os delitos praticados pela imprensa devem ser analisados sob as seguintes perspectivas: **(i)** direito material; e **(ii)** direito processual penal.

No que diz respeito ao direito material, segue-se a previsão do Código Penal (Parte Geral e Parte Especial). Já quanto ao direito processual, com a revogação da Lei de Imprensa, os crimes praticados pela imprensa devem seguir os seguintes quadros: **(i)** procedimento comum do Código Penal; ou **(ii)** os procedimentos especiais previstos tanto no Código Penal como em legislações especiais.

3.2. Procedimentos dos Crimes Contra a Honra Então Existentes

No que tange especialmente os crimes contra a honra, cabe a análise dos procedimentos correspondentes à luz do atual panorama legal, conforme será exposto a seguir.

3.2.1. Crimes contra a honra previstos no Código Penal, desde que sujeitos à ação penal privada, ainda que praticados por meio da imprensa

A Parte Especial do Código Penal, no Capítulo V ("Dos Crimes contra Honra") do Título I ("Dos Crimes contra a Pessoa"), tipifica os crimes de calúnia (art. 138), difamação (art. 139) e injúria (art. 140)[623].

Nessa perspectiva, o Código de Processo Penal, no Capítulo III ("Do Processo e Julgamento dos Crimes de Calúnia e Injúria, de Competência do Juiz Singular") do Título II ("Dos Processos Especiais"), prevê o procedimento especial para os crimes contra a honra.

---

623. MARQUES, José Frederico. *Elementos de direito processual penal*. V. III. Campinas: Bookseller, 1997, p. 289.

É bem de ver que o Capítulo III traz expressamente o procedimento aos crimes de calúnia e injúria, não fazendo qualquer alusão ao crime de difamação. Para Tourinho Filho, justifica-se essa postura legislativa pelo fato de a difamação não ter sido prevista como figura típica autônoma antes do advento do Código Penal de 1940[624].

No aporte de Lopes Júnior, "*Foi uma falha do legislador processual operar na lógica do Código Penal de 1890 sem considerar que também tramitava, em paralelo, o projeto do Código Penal de 1940, que tripartia os crimes contra a honra em calúnia, injúria e difamação.*"[625].

Corroborando do entendimento de Frederico Marques, entende-se que o procedimento especial também se estende à difamação, pois o próprio artigo 523 do Código trata da exceção de notoriedade do fato, que é aplicável à própria difamação[626].

Assim, o procedimento especial previsto nos artigos 519 a 523 do Código de Processo Penal é cabível em todos os crimes contra a honra.

Ademais, acusa-se que o Capítulo III trata "*Do Processo e do Julgamento dos Crimes de Calúnia e Injúria, de competência do Juiz Singular*", de modo que há um equívoco legislativo no emprego da expressão "*competência do Juiz Singular*". Isto porque, à época da elaboração do Código de Processo Penal, encontrava-se em vigor o Decreto n. 2.776/1934, que disciplinava o júri de imprensa para a persecução dos crimes contra a honra praticados por meio da imprensa, de sorte que essa questão está superada nos dias atuais por não mais existir aquele órgão julgador[627].

Em geral, os crimes contra a honra previstos no Código Penal são de ação penal privada, motivo pelo qual devem seguir o procedimento especial previsto nos artigos 519 a 523 do Código de Processo Penal[628]. Nada obstante, tendo em vista que a maioria dos crimes contra a honra consiste em infração penal de menor potencial ofensivo,

---

624. TOURINHO FILHO, Fernando da Costa. *Código de processo penal comentado*. V. II. São Paulo: Saraiva, 1996, p. 149.

625. LOPES JR., Aury. *Direito processual penal*. São Paulo: Saraiva, 2016, p. 753-754.

626. MARQUES, José Frederico. *Elementos de direito processual penal*. V. III. Campinas: Bookseller, 1997, p. 289.

627. LOPES JR., Aury. *Direito processual penal*. São Paulo: Saraiva, 2016, p. 754.

628. TORNAGUI, Hélio. *Curso de processo penal*. São Paulo: Saraiva, 1981, p. 268. Para Frederico Marques: "*Ao estabelecer um procedimento especial para os crimes contra a honra, o Código de Processo Penal tirou-os da subordinação normativa às regras do 'processo sumário', muito embora todos estes delitos estejam punidos com 'detenção'. Há, assim, uma aplicação toda particular dos preceitos do processo ordinário a crimes não punidos com 'reclusão'.*" (MARQUES, José Frederico. *Elementos de direito processual penal*. V. III. Campinas: Bookseller, 1997, p. 291, grifo do autor).

segue-se o procedimento sumaríssimo do Juizado Especial Criminal (Lei n. 9.099, de 1995) – salvo se exceder o limite da pena ou se houver injúria qualificada (art. 140, § 3º), que não é infração penal de menor potencial ofensivo[629].

---

629. **"EMENTA. APELAÇÃO CRIMINAL. CRIMES DA LEI DE IMPRENSA. CALÚNIA E INJÚRIA. NORMA NÃO RECEPCIONADA PELA CONSTITUIÇÃO FEDERAL. ADPF N. 130. FATOS QUE SE ENQUADRAM NOS TIPOS DO ARTIGO 138 E 140 DO CÓDIGO PENAL. PRESCRIÇÃO. EXCEÇÃO DA VERDADE. PROVAS NÃO PRODUZIDAS. DIFAMAÇÃO. ABSOLVIÇÃO. AUSÊNCIA DE PREJUÍZO. SUSPENSÃO CONDICIONAL DO PROCESSO. CABIMENTO. PROPOSTA NEGADA DE FORMA MOTIVADA. PRERROGATIVA DO QUERELANTE. INEXISTÊNCIA DE IRREGULARIDADE E PRECLUSÃO. ALEGAÇÃO DE FALTA DE INTIMAÇÃO DA EXPEDIÇÃO DE CARTA PRECATÓRIA PARA A OITIVA DE TESTEMUNHA. DEFESA INTIMADA VIA PUBLICAÇÃO ELETRÔNICA. PROVA NÃO INVOCADA NA SENTENÇA. AUSÊNCIA DE PREJUÍZO. NULIDADES AFASTADAS. MATERIALIDADE, AUTORIA E DOLO DEMONSTRADOS. CONDENAÇÃO MANTIDA. DOSIMETRIA DA PENA. PENA-BASE. CRITÉRIOS. MULTA. APELO DESPROVIDO. 1.** O Supremo Tribunal Federal, ao julgar a ADPF nº 130, considerou a Lei de Imprensa (Lei nº 5.250/67) como não recepcionada pela Constituição Federal de 1988. **2.** A decisão de inequívocos efeitos gerais não impossibilita a desclassificação dos fatos narrados na queixa-crime a outros tipos penais que os comportem, notadamente aqueles previstos nos artigos 138 e 140 do Código Penal, que veiculam os delitos de calúnia e injúria, respectivamente. **3.** Na hipótese vertente, verificado o trânsito em julgado para a acusação, tem-se o transcurso do prazo prescricional relativo ao delito de injúria, aferido com base na pena concretamente imposta na sentença, a contar do último março interruptivo, que é a publicação da decisão condenatória. **4.** O incorreto processamento de exceção da verdade, sem a colheita das provas requeridas pelo querelado, não acarretou qualquer prejuízo à defesa no caso em apreço, porquanto as imputações fáticas, cuja veracidade o excipiente buscava comprovar e que se limitavam à acusação de difamação, foram consideradas atípicas na sentença, não havendo de se falar em nulidade. **5.** A suspensão condicional do processo é aplicável às ações penais privadas quando a soma das penas mínimas cominadas aos delitos praticados em concurso material ou a exasperação decorrente do cúmulo formal não ultrapassa o limite de 01 (um) ano, nos termos do artigo 89 da Lei nº 9.099/95. **6.** Todavia, o oferecimento da proposta de aplicação do instituto despenalizador incumbe exclusivamente ao querelante, sendo que a recusa infundada deve ser alegada na primeira oportunidade que a defesa tiver para se pronunciar nos autos, sob pena de preclusão. Precedente do STF. **7.** Não se vislumbra de nulidade processual se a defesa foi previamente intimada, por meio de publicação eletrônica, da expedição de carta precatória para a colheita de prova testemunhal requerida pela acusação. **8.** Ademais, a nulidade decorrente da irregular intimação é de natureza relativa, requerendo alegação em tempo oportuno e demonstração do prejuízo para a defesa, situação que não se verifica nos autos. **9.** Comprovada a materialidade do crime capitulado no artigo 138 do Código Penal, bem como a autoria delitiva imputada ao querelado. **10.** Constatado, outrossim, o dolo do apelante em propalar o artigo de conteúdo calunioso, atingindo a honra objetiva do querelante. **11.** As graves consequências que redundam da articulação de denúncias infundadas em face de autoridades públicas já foi valorada negativamente pelo legislador ao prever a causa de aumento do artigo 141, inciso II, do Código Penal, não podendo ser empregada na primeira fase da dosimetria penal, sob pena de configurar *bis in idem*. **12.** Substituída, de ofício, a pena de multa prevista no diploma revogado, que restou aplicada na sentença, por aquela veiculada pelo preceito secundário do artigo 138 do Código Penal, de menor rigor. 13. Apelo desprovido." **(TRF-3. 2ª Turma. Apelação Criminal**

Destarte, o procedimento nos crimes contra a honra deve ser determinado da seguinte forma: **(i)** como regra, se constituírem infração penal de menor potencial ofensivo, segue-se o procedimento sumaríssimo da Lei n. 9.099/1995; e **(ii)** subsidiariamente, incidir-se-á como complementação o procedimento especial dos crimes contra a honra previsto nos artigos 519 a 523 do Código de Processo Penal.

Excepcionalmente, há casos em que não é possível a aplicação do procedimento sumaríssimo. Comungando do posicionamento de Fábio Roque Sbardelotto *et. all.*, apontam-se as seguintes situações em que não será possível a incidência do procedimento em comento[630]:

(i) crime de injúria qualificada, preceituado no artigo 140, parágrafo 3º, do Código Penal, com pena privativa de liberdade entre 1 (um) a 3 (três) anos de reclusão, cuja sanção transcende ao limite da competência dos juizados e, assim, não consiste em infração penal de menor potencial ofensivo, afastando-se o rito sumaríssimo estabelecido na Lei n.º 9.099/95;

(ii) crime de calúnia majorada pela incidência do artigo 141 do Código Penal, que determina o acréscimo de 1/3 (um terço) na pena privativa da liberdade em abstrato de 6 (seis) meses a 2 (dois) anos, e multa, cuja soma extrapola o limite máximo de 2 (dois) anos, de modo que não restará configurada infração penal de menor potencial ofensivo e, assim, não será caso de competência dos Juizados Especiais Criminais, afastando-se o rito sumaríssimo previsto na Lei n.º 9.099/95;

(iii) violência doméstica e familiar contra a mulher na forma moral (artigo 7º, inciso V, da Lei n.º 11.340/06), pois o artigo 41 da Lei Maria da Penha exclui qualquer possibilidade de incidência da Lei n.º 9.099/95 aos crimes de violência doméstica e familiar contra a mulher, de modo que, ainda que a pena máxima cominada não seja superior a 2 (dois) anos, afasta-se qualquer possibilidade de aplicação do rito sumaríssimo da Lei n. 9.099/1995[631].

---

393 SP 2006.61.23.000393-2. Rel. Des. Federal Cotrim Guimarães. Julgado em: 28/09/2010).

630. Cf. SBARDELLOTTO, Fábio Roque; FISCHER, D.; BALTAZAR JUNIOR, José Paulo; RIBEIRO, M. R. ; SILVA, David André Costa; EBERHARDT, M. Os procedimentos e a reforma. In: Guilherme de Souza Nucci. (Org.). *Reformas do Processo Penal.* 2ª ed., v. 1, p. 135-235, Porto Alegre: Verbo Jurídico, 2009.

631. Para Fábio Roque Sbardelotto, a todos esses crimes aplica-se o procedimento comum sumário, pelos seguintes motivos: "*Na atualidade, considerando a vigência ainda existente dos artigos 519 a 523 do Código de Processo Penal, notadamente o artigo 519 que determina deva ser adotado o disposto nos Capítulos I e III, Título I, do Livro II do Código aos crimes contra a honra, e neles (Capítulo I) estar inserido o artigo 394 que redefiniu os procedimentos comum ordinário e sumário, cremos ser indubitável que, doravante, será*

Ademais, se houver concurso material de crimes entre calúnia, difamação ou injúria, afasta-se a competência do Juizado Especial Criminal, de modo que as infrações serão processadas e julgadas conforme o rito especial dos crimes contra a honra[632].

Complementa Gustavo Badaró que, mesmo que configuradas infrações penais de menor potencial ofensivo, não é cabível o procedimento sumaríssimo se o juízo do Juizado Especial Criminal determinar a remessa do feito para o juízo comum, por decorrência das seguintes hipóteses: **(i)** o acusado não for localizado, no que deverá ser citado por edital, nos moldes do artigo 66, parágrafo único, da Lei n. 9.099/1995; e **(ii)** o caso for complexo, de modo que não era possível a propositura de queixa oral[633].

Da mesma sorte, se o crime contra a honra for de ação penal pública, segue-se o procedimento comum, como ocorre nas seguintes situações[634]:

(i) crime de injúria praticado mediante vias de fato (art. 140 § 2º, c.c. o art. 145, ambos do CP), na qual há concurso de crimes entre a injúria e a lesão corporal, de modo que a ação penal é pública incondicionada;

(ii) injúria racial (art. 140, § 3º, c.c. o artigo 145, parágrafo único, ambos do CP), cuja ação é pública condicionada à representação;

(iii) crimes contra a honra (injúria, calúnia e difamação) praticados contra o Presidente da República ou contra chefe de governo estrangeiro, cuja ação penal é pública condicionada à requisição do Ministro da Justiça (art. 141, inc. I, c.c. o artigo 145, parágrafo único, ambos do CP);

(iv) crimes contra a honra (injúria, calúnia e difamação) praticados contra funcionário público, em razão de suas funções (*propter*

---

aplicado o procedimento sumário às aludidas infrações penais, considerando o montante da pena privativa da liberdade máxima cominada ser inferior a 4 (quatro) anos. Por isso, adota-se o artigo 519 para concluir que o rito a ser imprimido aos crimes de calúnia, difamação e injúria, quando não forem da competência dos juizados especiais criminais, será regido pelo artigo 394 do Código de Processo Penal. No caso, o procedimento comum sumário. A especialidade do rito será definida a partir da aplicação dos artigos 520 a 523." (SBARDELLOTTO, Fábio Roque; FISCHER, D.; BALTAZAR JUNIOR, José Paulo; RIBEIRO, M. R. ; SILVA, David André Costa; EBERHARDT, M. Os procedimentos e a reforma. In: Guilherme de Souza Nucci. (Org.). *Reformas do Processo Penal.* 2ª ed., v. 1, p. 135-235, Porto Alegre: Verbo Jurídico, 2009).

632. LOPES JR., Aury. *Direito processual penal.* São Paulo: Saraiva, 2016, p. 754.

633. BADARÓ, Gustavo Henrique Righi. *Processo penal.* Rio de Janeiro: Elsevier, 2012, p. 536.

634. MARQUES, José Frederico. *Elementos de direito processual penal.* V. III. Campinas: Bookseller, 1997, p. 290.

officium), no que será caso de legitimidade concorrente, pois, a teor da Súmula 714 do Supremo Tribunal Federal, é cabível ou ação penal privada ou ação penal pública condicionada à representação (art. 141, inc. II, c.c. o artigo 145, parágrafo único, ambos do CP)[635].

Obtempera Lopes Júnior que se o crime contra a honra for de ação penal pública, não será possível os seguintes atos processuais: **(i)** prévia reconciliação, pois a ação pública é indisponível; e **(ii)** retratação da representação, porquanto pressupõe-se que a denúncia já tenha sido oferecida, como ocorre nos crimes contra a honra praticados contra funcionário público, em razão de suas funções[636].

Salienta-se que, para todos os crimes acima mencionados, é possível o exercício do direito de resposta ou retificação à luz da Lei n. 13.188/2015.

Insta assinalar que, no direito penal brasileiro, de acordo com o atual entendimento doutrinário, prevalece que a pessoa jurídica não pode figurar como sujeito passivo em crime de injúria (artigo 140 do Código Penal), pois não tem honra subjetiva, sendo inviável de ter abalada sua dignidade ou decoro. Não obstante, pode ela ser vítima do delito de difamação (artigo 139), pois possui honra objetiva, podendo ser-lhe imputado fato ofensivo à sua reputação, já que possui um conceito perante a sociedade que pode ser atingido.

Questão controversa diz respeito ao crime de calúnia, havendo duas correntes: **(i)** não poderia figurar como sujeito passivo, pois não possui capacidade de ação e, por consequência, não poderia praticar crime, sendo impossível imputar-lhe falsamente fato definido como crime; e **(ii)** pode figurar como vítima, desde que a calúnia esteja relacionada à prática de algum crime ambiental, já que teria sido esta a única hipótese de responsabilização penal da pessoa jurídica à luz do ordenamento penal brasileiro[637].

A 6ª Turma do Superior Tribunal de Justiça posiciona-se no sentido de que não pode ser vítima, pelos seguintes motivos: **(i)** os crimes contra a honra estão inseridos no Capítulo V, Título I, da Parte Especial, que cuida dos crimes contra a pessoa, sendo que, quando o legislador trata sobre a pessoa, refere-se não à pessoa jurídica, mas

---

635. TORNAGUI, Hélio. *Curso de processo penal*. São Paulo: Saraiva, 1981, p. 268.

636. LOPES JR., Aury. *Direito processual penal*. São Paulo: Saraiva, 2016, p. 755.

637. Pela possibilidade de a pessoa jurídica figurar como sujeito passivo do crime de calúnia, cf: MARQUES, José Frederico. *Elementos de direito processual penal*. V. III. Campinas: Bookseller, 1997, p. 290.

somente à pessoa física; e **(ii)** ao tratar da difamação, diz difamar "alguém", de modo que este "alguém" deve ser necessariamente a pessoa humana[638].

Por fim, é possível a prática de crime de calúnia contra os mortos (art. 138, § 2º, CP), cuja ação penal privada poderá ser proposta pelo cônjuge, ascendente, descendente ou irmão (artigo 100, § 4º, CP[639]), no que parte da doutrina entende também ser possível essa situação nos crimes de injúria e de difamação contra os mortos.

3.2.2. Crimes contra a honra no Código Eleitoral

Os crimes contra a honra praticados na forma de crimes eleitorais seguem o procedimento especial da Lei n. 4.737/1965 (Código Eleitoral). De se ver que a propaganda eleitoral em geral comporta o direito de resposta previsto nos artigos 58 e 58-A da Lei n. 9.504/1997, cujos fundamentos serão analisados oportunamente[640].

3.3. Aplicação do Procedimento Sumaríssimo da Lei n. 9.099/1995

Deve ser cautelosa a aplicação da Lei n. 9.099/95 aos procedimentos especiais previstos no Código de Processo Penal, pois não é salutar a supressão ou restrição de qualquer previsão benéfica ao acusado, conforme será esposado oportunamente.

---

638. VALENTE, Victor Augusto Estevam. *Direito penal de empresa & criminalidade econômica organizada*: responsabilidade penal das pessoas jurídicas e de seus representantes face aos crimes corporativos. Curitiba: Juruá, 2015, p. 207-208.

639. "**Art. 100. § 4º** - *No caso de morte do ofendido ou de ter sido declarado ausente por decisão judicial, o direito de oferecer queixa ou de prosseguir na ação passa ao cônjuge, ascendente, descendente ou irmão.*"

640. Segundo Nestor Távora e Rosmar Rodrigues Alencar: "*O procedimento especial para os crimes contra a honra sobejou, pois, de maneira restrita, já que a regra é que tais infrações sejam processadas no seio dos Juizados Especiais. O regramento gizado nos artigos 519 e seguintes, CPP, é para o processo e julgamento desses crimes – calúnia, injúria e difamação – com tramitação perante o juiz de primeiro grau. Essa disciplina é para os delitos contra honra previstos no Código Penal. Se o crime contra a honra for enquadrável na Lei de Imprensa (Lei n. 5.250/1967), era nesse diploma legal especial que havia disciplina processual específica em seus artigos 42 e seguintes, ficando afastada a lei geral. Na Lei de Imprensa, como se depreendia, tinha-se um outro procedimento especial, a evidenciar a complexidade da legislação processual penal a colocar o jurista em sucessivas ciladas interpretativas. Todavia, com a declaração de não recepção da Lei de Imprensa (ADF 130/DF), eventuais delitos passam a ser processados nos juizados, seguindo-se o rito sumaríssimo*" (TÁVORA, Nestor; ALENCAR, Rosmar Rodrigues. *Curso de direito processual penal*. 9ª ed. Salvador: Juspodivm, 2014, p. 957).

Assevera Eugênio Pacelli: "*Fica aqui unicamente o registro do procedimento, em atenção ao fato de não ter sido feita a modificação legislativa expressa de tais crimes para aqueles do rito sumaríssimo*"[641].

Nos crimes contra a honra – calúnia (art. 138 CP), difamação (art. 139 CP) e injúria (art. 140), salvo na injúria racial (art. 140, § 3º, CP) -, vislumbra-se a possibilidade de concessão de transação penal da Lei n. 9.099/1995, mas somente após a tentativa de conciliação entre as partes, prevista nos artigos 520 a 522 do Código de Processo Penal, pois essa sistemática processual seria mais benéfica ao acusado[642].

Assim, somente após a tentativa de conciliação, com a consequente não realização de acordo para encerrar o feito, torna-se possível a transação.

Com a possibilidade de transação, dar-se-á o seguinte curso ao feito: **(i)** se o autor dos fatos aceitá-la, haverá o fim do feito; **(ii)** se o autor dos fatos não aceitá-la ou não for cabível a transação penal, seguir-se-á normalmente o procedimento comum do Código de Processo Penal após a tentativa de conciliação, com a designação de audiência de instrução e julgamento e a consequente citação do querelado e intimação das testemunhas de defesa e de acusação. Durante esse tempo, o querelado terá o direito de apresentar sua resposta à acusação, em homenagem ao contraditório e à ampla defesa. Na audiência de instrução, o juiz decidirá se é o caso ou não de recebimento da queixa-crime. E, se for o caso de recebimento da inicial, realizar-se-á normalmente a audiência. Apontamos, nesse ponto, uma crítica à previsão legal, pois se revela irracional que as testemunhas sejam intimadas para comparecer em dia e hora para a audiência de instrução sob o risco de que tal não seja realizada, pois pode o juiz decidir pela rejeição da denúncia. O adequado seria que o magistrado, logo após à apreciação da resposta à acusação do querelado, se manifestasse sobre o recebimento ou rejeição da inicial, pois assim asseguraria a celeridade e economia processuais.

3.4. Procedimento Especial do Código de Processo Penal

Conforme já salientado, o procedimento especial dos crimes contra é contemplado nos artigos 519 a 523 do Código de Processo Penal.

---

641. PACELLI DE OLIVEIRA, Eugênio. *Curso de processo penal*. 20. ed. São Paulo: Atlas, 2016, p. 795.

642. NUCCI, Guilherme de Souza. *Manual de processo penal e execução penal*. 5ª ed. São Paulo: Revista dos Tribunais, 2008, p. 686.

Genericamente, esse procedimento caracteriza-se da seguinte forma[643]: **(i)** oferta da queixa[644]; **(ii)** possibilidade de rejeição liminar da queixa; **(iii)** notificação do querelado e do querelante para a audiência de reconciliação; **(iv)** audiência de reconciliação[645]; **(v)** possibilidade de conciliação e arquivamento da queixa; **(vi)** citação; **(vii)** resposta, com eventual exceção da verdade ou notoriedade do fato; **(viii)** possibilidade de absolvição sumária; **(ix)** caso contrário, o juiz recebe ou rejeita a queixa; **(x)** recebida a queixa, adota-se o procedimento comum; e **(xi)** audiência de instrução, debates e julgamento[646].

De se ver que o artigo 144 do Código Penal prevê a possibilidade de pedido de explicações a ser formulado pelo ofendido, que é facultativo e sempre prévio ao processo penal, pois tem a finalidade de esclarecer o conteúdo de expressões ou alusões sobre as quais recaiam dúvidas acerca da ofensa.[647]. Assim, o pedido de explicações é meramente uma medida preparatória facultativa, em que o ofendido pode obter esclarecimento sobre o assunto ou colher melhor base à acusação[648]. De todo caso, pode a vítima propor a queixa independentemente de explicações.[649]

Mesmo que prevista no bojo do Código Penal, certo é que o Código de Processo Penal deixou de regulamentar o *modos procedendi* do

643. BADARÓ, Gustavo Henrique Righi. *Processo penal.* Rio de Janeiro: Elsevier, 2012, p. 536; CUNHA, Rogério Sanches; PINTO, Ronaldo Batista. *Processo penal:* doutrina e prática. Salvador: Juspodivm, 2009, p. 179.

644. "**Art. 519.** *No processo por crime de calúnia ou injúria, para o qual não haja outra forma estabelecida em lei especial, observar-se-á o disposto nos Capítulos I e III, Titulo I, deste Livro, com as modificações constantes dos artigos seguintes*".

645. "**Art. 520.** *Antes de receber a queixa, o juiz oferecerá às partes oportunidade para se reconciliarem, fazendo-as comparecer em juízo e ouvindo-as, separadamente, sem a presença dos seus advogados, não se lavrando termo.*

Art. 521. *Se depois de ouvir o querelante e o querelado, o juiz achar provável a reconciliação, promoverá entendimento entre eles, na sua presença.*

Art. 522. *No caso de reconciliação, depois de assinado pelo querelante o termo da desistência, a queixa será arquivada.*"

646. "**Art. 523.** *Quando for oferecida a exceção da verdade ou da notoriedade do fato imputado, o querelante poderá contestar a exceção no prazo de dois dias, podendo ser inquiridas as testemunhas arroladas na queixa, ou outras indicadas naquele prazo, em substituição às primeiras, ou para completar o máximo legal.*"

647. "**Art. 141.** *Se, de referências, alusões ou frases, se infere calúnia, difamação ou injúria, quem se julga ofendido pode pedir explicações em juízo. Aquele que se recusa a dá-las ou, a critério do juiz, não as dá satisfatórias, responde pela ofensa.*"

648. MARQUES, José Frederico. *Elementos de direito processual penal.* V. III. Campinas: Bookseller, 1997, p. 295.

649. "**Art. 141.** *Se, de referências, alusões ou frases, se infere calúnia, difamação ou injúria, quem se julga ofendido pode pedir explicações em juízo. Aquele que se recusa a dá-las ou, a critério do juiz, não as dá satisfatórias, responde pela ofensa.*"

pedido de explicações. Conforme bem anota Hélio Tornaghi, o aludido Código não trouxe qualquer disciplina para tornar efetivo o aludido dispositivo. Optou-se por seguir o mesmo procedimento usado na esfera cível para os protestos e notificações, cujos fundamentos serão analisados oportunamente[650].

Obtempera Lopes Júnior que "*Quando, após as explicações, for oferecida a queixa, caberá ao juiz avaliar as justificativas apresentadas pelo (agora) querelado, na sentença.*"[651].

Analisando os contornos do procedimento em comento à época da edição do Código de Processo Penal (Decreto-Lei n. 3.689, de 3 de outubro de 1941), preceitua Inocêncio Borges da Rosa que, antes de receber a queixa, o juiz deverá oferecer a oportunidade de reconciliação às partes, na presença de seus advogados, no que as notificará para comparecimento em juízo (art. 520, CPP)[652].

Ressalta-se que, em uma primeira etapa, a prévia reconciliação deve ser realizada na presença dos advogados, com fundamento na interpretação do artigo 133 da Constituição Federal. Caso seja frutífera a reconciliação, será declarada a extinção da punibilidade pela renúncia – embora seu reconhecimento esteja situado entre a renúncia e o perdão[653].

Em seguida, cada uma das partes será ouvida separadamente, sem a presença dos respectivos advogados, de cujo ato não se lavrará termo[654]. Neste caso, a ausência dos advogados tem a finalidade de tornar a reconciliação um ato informal, no que o juiz funcionará como um pacificador das partes[655].

---

650. Esse procedimento tem se apresentado da seguinte forma: **(i)** o ofendido formula requerimento para chamamento do suposto ofensor; **(ii)** o juiz notifica o suposto agressor para comparecimento em juízo; **(iii)** na data hora designados, o magistrado ouve o possível ofensor e lhe pede explicações; **(iv)** o juiz se pronunciará no sentido de que se considera ou não as explicações satisfatórias; e **(v)** ao fim de quarenta e oito horas, os autos de interpelação serão entregues ao interpelante, independentemente de traslado (TORNAGUI, Hélio. *Curso de processo penal*. São Paulo: Saraiva, 1981, p. 269).

651. LOPES JR., Aury. *Direito processual penal*. São Paulo: Saraiva, 2016, p. 755.

652. ROSA, Inocêncio Borges da. *Processo penal brasileiro*. V. II. Porto Alegre: Barcellos, Bertaso & Cia, 1942, p. 238.

653. LOPES JR., Aury. *Direito processual penal*. São Paulo: Saraiva, 2016, p. 754.

654. ROSA, Inocêncio Borges da. *Processo penal brasileiro*. V. II. Porto Alegre: Barcellos, Bertaso & Cia, 1942, p. 238.

655. Para Badaró, essa parte do artigo 520 do Código de Processo Penal é inconstitucional, pois afronta a regra do artigo 93, IX, da Constituição Federal, que determina que nenhum ato processual poderá ser praticado sem o acesso aos advogados (BADARÓ, Gustavo Henrique Righi. *Processo penal*. Rio de Janeiro: Elsevier, 2012, p. 538).

Tendo em vista que deve o juiz reunir esforços para a reconciliação em uma etapa preliminar, entende-se que a tentativa de reconciliação é condição de prosseguibilidade da pretensa queixa a ser ajuizada[656]. Acrescenta Hélio Tornaghi que deve o juiz funcionar como verdadeiro pacificador, a ponto de prezar por uma atuação informal no intento de reconciliar as partes[657].

Entrementes, isso não quer dizer que a audiência de reconciliação deva ser realizada, pois pode o juiz rejeitar liminarmente a queixa nas hipóteses do artigo 395 do Código de Processo Penal[658].

Porém, a reconciliação preliminar não será possível nas seguintes situações, pois incompatível com a indisponibilidade da ação penal pública: **(i)** crimes contra a honra com ocorrência de lesão corporal, em que o último é de ação penal pública; e **(ii)** crimes contra a honra contra o Presidente da República e contra chefe de governo (art. 141, inc. I) e contra funcionário público, em razão de suas funções (art. 141, II)[659].

Com relação à notificação das partes para comparecimento à audiência de conciliação (art. 520, CPP), entende Tornagui que tal determinação cria para o querelante um ônus, enquanto que, para o querelado, cria-se um dever.

Conforme assinala Badaró, apontam-se duas correntes sobre a consequência do não comparecimento do querelante à audiência de reconciliação. Para parcela da doutrina, será o caso de perempção, tendo em conta que a ação penal é de iniciativa privada.

Já para outra corrente, o querelante tem a faculdade de comparecer ou não à audiência, no que a sua ausência é uma forma tácita de manifestar que não deseja reconciliar-se com o ofensor. Ademais, não há que se falar em perempção, pois não há relação jurídica e, via de consequência, não há processo[660].

Assim, prevalece o entendimento de que, se o querelante não comparecer à audiência, considerar-se-á perempta a ação penal por

---

656. Corroborando do entendimento de Badaró, a audiência de conciliação é uma condição de prosseguibilidade da ação penal (BADARÓ, Gustavo Henrique Righi. *Processo penal.* Rio de Janeiro: Elsevier, 2012, p. 537). Já Frederico Marques considera que a audiência de reconciliação é uma condição de procedibilidade, como se fosse uma condicionante para a propositura da ação penal (MARQUES, José Frederico. *Elementos de direito processual penal.* V. III. Campinas: Bookseller, 1997, p. 293).

657. TORNAGUI, Hélio. *Curso de processo penal.* São Paulo: Saraiva, 1981, p. 269.

658. BADARÓ, Gustavo Henrique Righi. *Processo penal.* Rio de Janeiro: Elsevier, 2012, p. 538.

659. MARQUES, José Frederico. *Elementos de direito processual penal.* V. III. Campinas: Bookseller, 1997, p. 297.

660. BADARÓ, Gustavo Henrique Righi. *Processo penal.* Rio de Janeiro: Elsevier, 2012, p. 537.

ele movida, extinguindo-se a punibilidade, com fundamento no artigo 60, III, do Código de Processo Penal[661] - exceto se seu advogado estiver presente munido de procuração com poderes especiais para renunciar-se ao direito de queixa, no que o querelante não poderá ser punido pela perempção[662].

Da mesma arte, há dissensões sobre as consequências do não comparecimento do querelado à audiência. Para uma primeira corrente, poderá ele ser conduzido coercitivamente à presença do juiz, com fulcro no artigo 260 do Código de Processo Penal[663]. Já para outro posicionamento, a reconciliação não comporta qualquer condução coercitiva[664].

De todo caso, certo é que a ausência do querelado é irrelevante, pois meramente representa a sua intenção de não reconciliar-se, no que restará afastada a aplicação do artigo 367 do Código de Processo Penal.

Em caso de reconciliação, determinará o juiz a lavratura do termo de desistência da ação – tal como também ocorre se houver a desistência da ação[665]. Com a assinatura do querelante, há arquivamento da queixa, nos moldes do artigo 522 do Código de Processo Penal.

Enfatiza Badaró: "*A possibilidade de reconciliação é uma decorrência do caráter dispositivo da ação penal de iniciativa privada. Uma vez que o querelante pode dispor da ação, poderá, também, se reconciliar com o seu defensor, pondo fim ao processo.*"[666].

Conforme bem anota Frederico Marques, a reconciliação e a desistência da queixa são um fato jurídico processual e, ao mesmo

---

661. "**Art. 60.** *Nos casos em que somente se procede mediante queixa, considerar-se-á perempta a ação penal:* **I** – *quando, iniciada esta, o querelante deixar de promover o andamento do processo durante 30 dias seguidos;* **II** – *quando, falecendo o querelante, ou sobrevindo sua incapacidade, não comparecer em juízo, para prosseguir no processo, dentro do prazo de 60 (sessenta) dias, qualquer das pessoas a quem couber fazê-lo, ressalvado o disposto no art. 36;* **III** – *quando o querelante deixar de comparecer, sem motivo justificado, a qualquer ato do processo a que deva estar presente, ou deixar de formular o pedido de condenação nas alegações finais;* **IV** -*quando, sendo o querelante pessoa jurídica, esta se extinguir sem deixar sucessor.*"

662. LOPES JR., Aury. *Direito processual penal.* São Paulo: Saraiva, 2016, p. 755.

663. "**Art. 260.** *Se o acusado não atender à intimação para o interrogatório, reconhecimento ou qualquer outro ato que, sem ele, não possa ser realizado, a autoridade poderá mandar conduzi-lo à sua presença.* **Parágrafo único.** *O mandado conterá, além da ordem de condução, os requisitos mencionados no art. 352, no que lhe for aplicável.*"

664. BADARÓ, Gustavo Henrique Righi. *Processo penal.* Rio de Janeiro: Elsevier, 2012, p. 538.

665. BADARÓ, Gustavo Henrique Righi. *Processo penal.* Rio de Janeiro: Elsevier, 2012, p. 539.

666. BADARÓ, Gustavo Henrique Righi. *Processo penal.* Rio de Janeiro: Elsevier, 2012, p. 537.

tempo, um negócio jurídico processual penal, eis que colocam fim à acusação do querelante e, consequentemente, geram a extinção da punibilidade[667].

Parcela da doutrina entende que a reconciliação se situa entre a renúncia e o perdão, motivo pelo qual se extingue a punibilidade – a despeito de não ter sido prevista como causa extintiva da punibilidade no Código Penal de 1940, com a Reforma da Parte Geral de 1984. Nada obstante, entende-se que a desistência da queixa gera simplesmente a extinção da punibilidade, com o necessário arquivamento dos autos, cuja hipótese não é prevista no artigo 107 do Código Penal. Comungando do entendimento de Badaró: "*De qualquer forma, extinta a punibilidade, pela reconciliação, a consequência será o arquivamento dos autos.*"[668].

Salienta-se que a aceitação ou rejeição da queixa deverá ocorrer somente após a defesa prévia apresentada pelo réu.

Caso seja o réu citado e deixe de apresentar defesa prévia, o juiz considerá-lo-á revel, nomeando-lhe defensor dativo, com a abertura do prazo de 5 (cinco) dias para contestar a denúncia ou queixa.

Se não alcançada a reconciliação, seguirá o processo o curso do artigo 519 do Código de Processo Penal. Assim, verificando a presença dos requisitos do artigo 41 e sem qualquer ocorrência das causas do artigo 395 do Código de Processo Penal, o juiz receberá a queixa, no que esclarecerá em seu despacho a tentativa de reconciliação em audiência preliminar, com a assinatura das partes, o que é aconselhável para deixar documentado tal ato, o procedimento comum ordinário ou sumário, dependendo da quantidade de crimes e da pena abstratamente cominada.

Complementa Gustavo Badaró que, a partir da interpretação da norma de extensão do § 4º do artigo 394 do Código de Processo Penal, é possível a incidência da etapa inicial do procedimento comum ordinário, prevista nos artigos 395 a 399 do Código de Processo Penal, sobre o procedimento especial dos crimes contra honra[669].

De se ver que, dependendo do crime que lhe for imputado, pode o réu, ao formular sua defesa prévia, oferecer exceção da notoriedade do fato ou exceção da verdade (*exceptio veritatis* ou *demonstratio veri*), sendo que a última é prevista nos artigos 138, § 3º, e 139, parágrafo

---

667. MARQUES, José Frederico. *Elementos de direito processual penal.* V. III. Campinas: Bookseller, 1997, p. 292.

668. BADARÓ, Gustavo Henrique Righi. *Processo penal.* Rio de Janeiro: Elsevier, 2012, p. 539.

669. BADARÓ, Gustavo Henrique Righi. *Processo penal.* Rio de Janeiro: Elsevier, 2012, p. 536.

único, ambos do Código Penal. Neste caso, a exceção da verdade não tem procedimento próprio, nem sequer autuação em apartado[670].

O querelante poderá contestar a exceção, no prazo de dois dias, com possibilidade de alterar ou ampliar o rol de testemunhas que havia apresentado com a acusação constante da queixa. Nesta oportunidade, poderão ser inquiridas as testemunhas arroladas na queixa ou, ainda, outras porventura indicadas neste prazo, em substituição às primeiras testemunhas[671].

Se o querelado não arguir a exceção da verdade ou da notoriedade do fato na defesa prévia, não mais terá a oportunidade de fazê-lo posteriormente. De todo caso, poderá o querelado se valer das testemunhas arroladas na resposta ou de documentos e quaisquer meios de prova admitidos em direito para provar que o fato ofensivo à honra do querelante era verdadeiro[672]. Consigna Badaró que "*O não oferecimento da exceção da verdade, no prazo legal, apenas impedirá que o querelante possa arrolar novas testemunhas ou substituir as anteriormente arroladas, como lhe permite o art. 523 do CPP.*"[673].

Assinala-se que a exceção da verdade é uma defesa material direta, pois permite que o réu se defenda da acusação da calúnia, sob a alegação de que o querelante ou ofendido realmente praticou o crime que lhe foi imputado, de modo que a acusação não é falsa. Também é cabível para o réu se defender face à acusação de ter difamado funcionário público, sob a afirmação de que é verdade o que disse a respeito do próprio funcionário público.

Contudo, assevera Tornagui que "*A `exceptio veritatis´ não deve transformar-se numa devassa da vida privada do querelado. Ela se refere exclusivamente ao fato que lhe foi imputado*"[674].

Salienta-se que o artigo 523 do Código de Processo Penal faz menção expressa ao "querelante", subentendendo-se que a exceção da verdade seria cabível somente nos crimes de ação penal privada. Sem prejuízo, ela também é cabível nos crimes de ação penal pública condicionada, notadamente na calúnia ou difamação praticada contra

670. BADARÓ, Gustavo Henrique Righi. *Processo penal*. Rio de Janeiro: Elsevier, 2012, p. 540.

671. ROSA, Inocêncio Borges da. *Processo penal brasileiro*. V. II. Porto Alegre: Barcellos, Bertaso & Cia, 1942, p. 238-239.

672. TOURINHO FILHO, Fernando da Costa. *Código de processo penal comentado*. V. II. São Paulo: Saraiva, 1996, p. 161.

673. BADARÓ, Gustavo Henrique Righi. *Processo penal*. Rio de Janeiro: Elsevier, 2012, p. 541.

674. TORNAGUI, Hélio. *Curso de processo penal*. São Paulo: Saraiva, 1981, p. 271, grifo do autor.

funcionário público em razão de suas funções, de modo que o Ministério Público deverá responder à exceção[675].

É bem de ver que, na exceção da verdade, pode o querelante contestá-la, bem como ampliar ou modificar o rol de testemunhas arroladas na queixa[676]. Assinala Lopes Júnior que "*A exceção da verdade não tramita em autos apartados, de modo que, oposta e admitida, será autuada no próprio processo e colhida a prova em conjunto, decidindo o juiz ao final sobre o caso penal narrado na queixa e também, nesse mesmo momento, sobre a exceção da verdade*"[677].

Ademais, nos processos em que os crimes contra a honra forem praticados contra pessoas que estejam acobertadas pelo foro por prerrogativa de função, aplica-se o procedimento previsto nos artigos 1º a 12 da Lei n. 8.038/1990, com a incidência da audiência de reconciliação e da exceção da verdade e da notoriedade do fato[678]. Neste caso, a exceção da verdade funciona como uma espécie de reconvenção e, via de consequência, desloca o processo aos tribunais superiores, ainda que se tenha cessado o exercício funcional do ofendido[679]. Cabe dizer, deve a exceção da verdade ser encaminhada ao tribunal competente para o julgamento da vítima, com fulcro no artigo 85 do Código de Processo Penal[680].

Segundo Lopes Júnior: "*Destacamos, contudo, que muitas dúvidas pairam sobre o processamento da exceção da verdade no tribunal, diante da lacuna legislativa. Pensamos que o melhor procedimento é a apresentação da exceção junto com a resposta à acusação em primeiro grau*"[681].

---

675. BADARÓ, Gustavo Henrique Righi. *Processo penal*. Rio de Janeiro: Elsevier, 2012, p. 540.

676. MARQUES, José Frederico. *Elementos de direito processual penal*. V. III. Campinas: Bookseller, 1997, p. 291.

677. LOPES JR., Aury. *Direito processual penal*. São Paulo: Saraiva, 2016, p. 755.

678. Complementa Badaró: "*O mesmo procedimento será aplicável no caso de competência dos TJs e TRFs, uma vez que o art. 1º da Lei n. 8.658/1992 determina que se apliquem as normas do art. 1º ao art. 12 da Lei n. 8.038/1990, às ações penais de competência originária desses tribunais.*" (BADARÓ, Gustavo Henrique Righi. *Processo penal*. Rio de Janeiro: Elsevier, 2012, p. 537).

679. De acordo com a Súmula 396 do Supremo Tribunal Federal: "*Para a ação penal por ofensa à honra, sendo admissível a exceção da verdade quanto ao desempenho de função pública, prevalece a competência especial por prerrogativa de função, ainda que já tenha cessado o exercício funcional do ofendido*".

680. LOPES JR., Aury. *Direito processual penal*. São Paulo: Saraiva, 2016, p. 755.

681. Complementa Lopes Júnior: "*Obedecendo ao disposto no art. 523 do CPP, deve o juiz abrir vista para manifestação do querelante (contestação, diz a lei) no prazo de 2 dias, podendo arrolar testemunhas. Após, preenchidos os requisitos legais de admissibilidade (cabimento legal da exceção da verdade e tempestividade), deverá o juiz 'a quo' processar a exceção em*

Por outro lado, se o querelante tiver praticado um crime de calúnia e usufruir de foro por prerrogativa de função, caberá ao tribunal competente o julgamento da exceção da verdade. Essa regra tem o escopo de evitar descompassos processuais, ou seja, que o juiz declare em primeira instância como culpado pela prática de um crime aquele que tem assegurado o foro por prerrogativa de função[682].

Consigna-se, outrossim, que a exceção da notoriedade do fato não é prevista no Código Penal, embora o Código de Processo Penal tenha introduzido legalmente esse tipo de defesa.

Conforme anota Badaró: "*Fato notório é aquele que ocorreu à vista do público ou é sabido de todos*"[683]. Assim, a exceção da notoriedade do fato é a possibilidade de o acusado de difamação de se defender, sob a alegação de que o fato difamatório era sabido e conhecido pelo público e, portanto, manifestamente notório[684]. Em miúdos, a notoriedade do fato tem duas finalidades: **(i)** demonstrar a boa-fé do querelado; e **(ii)** demonstrar a falta de ofensividade da conduta do querelado[685].

Nos crimes contra a honra praticados pela imprensa, aplicava-se o procedimento previsto na extinta Lei n. 5.250/67 nesta etapa.

A decisão que rejeita a queixa é considerada sentença, contra a qual caberá apelação. Já a decisão que recebe a queixa é interlocutória, contra a qual caberá recurso em sentido estrito.

Em havendo o recebimento da queixa, determinará o juiz a data para apresentação do réu em juízo, designando o dia e hora de realização da audiência de instrução, debates e julgamento.

Desde então, se o réu não comparecer em juízo, o juiz declarará sua revelia, nomeando-lhe defensor dativo. Já em caso de comparecimento sem defensor constituído, o magistrado nomear-lhe-á defensor.

---

autos apartados e enviá-los para o tribunal competente para o julgamento (em razão da prerrogativa de função da vítima). É importante destacar que a prova da exceção da verdade (inclusive a testemunhal) deverá ser produzida no tribunal e não no órgão de primeiro grau. Caberá ao tribunal o processamento e julgamento da exceção da verdade, incluindo a coleta da prova, até mesmo por imposição do princípio da identidade física do juiz, segundo o qual o órgão que assistir à coleta da prova deverá julgar (logo, incumbe ao tribunal providenciar a coleta da prova e posteriormente julgar a exceção)." (LOPES JR., Aury. *Direito processual penal.* São Paulo: Saraiva, 2016, p. 755-756, grifo do autor).

682. BADARÓ, Gustavo Henrique Righi. *Processo penal.* Rio de Janeiro: Elsevier, 2012, p. 541.
683. BADARÓ, Gustavo Henrique Righi. *Processo penal.* Rio de Janeiro: Elsevier, 2012, p. 542.
684. TORNAGUI, Hélio. *Curso de processo penal.* São Paulo: Saraiva, 1981, p. 271.
685. BADARÓ, Gustavo Henrique Righi. *Processo penal.* Rio de Janeiro: Elsevier, 2012, p. 542.

Durante a audiência, serão ouvidas as testemunhas de acusação e de defesa. É possível que o réu requeira ser interrogado, caso em que deverá ser ouvido antes mesmo que as testemunhas.

Encerrada a instrução, passa-se à apresentação das alegações finais por cada uma das partes no prazo de três dias. Se houver necessidade de certidões de repartições públicas ou autárquicas, bem como de outros exames, determinará o juiz sejam realizadas essas diligências, fixando prazo a tanto, sob pena de multa.

Assinala Gustavo Badaró que a audiência de instrução, debates e julgamento compõe-se das seguintes etapas: **(i)** oitiva da vítima; **(ii)** oitiva de testemunhas de acusação e de defesa; **(iii)** esclarecimentos dos peritos; **(iv)** acareações e reconhecimento de pessoa ou coisa; **(v)** interrogatório; **(vi)** requerimento oral de diligências complementares; **(vii)** debates orais; e **(viii)** sentença oral[686].

Por fim, contra a sentença que condenar ou absolver o réu caberá apelação, com efeito suspensivo. No mais, tudo o que não for regulado por norma especial, aplica-se subsidiariamente o Código Penal e o Código de Processo Penal.

3.4.1. Exceção da Verdade ou Notoriedade do Fato

Conforme já salientado, a exceção da verdade ou da notoriedade do fato deve ser arguida na defesa prévia do procedimento especial dos crimes contra a honra, previsto nos artigos 519 a 523 do Código de Processo Penal. Destarte, é cabível apenas aos crimes de calúnia[687] e de difamação[688] – mas não ao de injúria –, pois refere-se ao conhecimento de todos a respeito do ofendido (honra objetiva).

De acordo com o item 49 da Exposição de Motivos da Parte Especial do Código Penal de 1940, a *fides veri* ou *exceptio veritatis* gera a exclusão dos crimes de calúnia e de difamação, salvo, no último caso, quando o

---

686. BADARÓ, Gustavo Henrique Righi. *Processo penal*. Rio de Janeiro: Elsevier, 2012, p. 536.

687. "**Art. 138.** *Caluniar alguém, imputando-lhe falsamente fato definido como crime.* **§ 1º** *Na mesma pena incorre quem, sabendo falsa a imputação, a propala ou divulga.* **§ 2º** *É punível a calúnia contra os mortos.* **Exceção da verdade § 3º** – *Admite-se a prova da verdade, salvo:* **I** – *se, constituindo o fato imputado crime de ação privada, o ofendido não foi condenado por sentença irrecorrível;* **II** – *se o fato é imputado a qualquer das pessoas indicadas no nº I do art. 141;* **III** – *se do crime imputado, embora de ação pública, o ofendido foi absolvido por sentença irrecorrível.*"

688. "**Art. 139** – *Difamar alguém, imputando-lhe fato ofensivo à sua reputação:* **Pena** – *detenção, de três meses a um ano, e multa.* **Exceção da verdade Parágrafo único** – *A exceção da verdade somente se admite se o ofendido é funcionário público e a ofensa é relativa ao exercício de suas funções.*"

ofendido for agente ou depositário da autoridade pública e a ofensa se referir ao exercício de suas funções, não se tratando do Presidente da República ou chefe de governo estrangeiro em visita ao país.

No aporte de Frederico Marques, a exceção da verdade é o meio ou modo do réu (querelado) se defender nos crimes de calúnia e difamação. Obtempera o predito autor que "*Trata-se de uma 'exceptio', porquanto o réu admite a existência do fato constitutivo da imputação, mas invoca circunstância que impede tal fato de enquadrar-se em descrição legal de figura típica.*"[689].

Assim, a exceção da verdade (prova da verdade ou *exceptio veritatis*) em crime de calúnia consiste no fato de o réu reconhecer que atribui certo fato à vítima, embora comprove a veracidade de que a própria vítima realmente apresenta uma situação desonrosa. Assim, nega ter imputado o crime falsamente à vítima, a ponto de não restar configurado o crime de calúnia contra ele próprio alegado.

Nada obstante, o Superior Tribunal de Justiça firmou o entendimento de que não se admite a exceção da verdade quando o excipiente não consegue demonstrar a veracidade da prática de conduta criminosa do excepto[690].

Ademais, o juízo de admissibilidade, o processamento e a instrução da exceção da verdade oposta em face de autoridades públicas com prerrogativa de foro devem ser feitos pelo próprio juízo da ação penal originária que, após a instrução dos autos, admitida a *exceptio veritatis*, deve remetê-los à instância decorrente da prerrogativa de função para julgamento do mérito[691].

Impende destacar, outrossim, que é possível que o crime objeto da exceção da verdade esteja em julgamento em outra ação penal, no que necessariamente haverá conexão instrumental com a formação de processos simultâneos (*simultaneus processus*), com fundamento no artigo 76, III, do Código de Processo Penal[692].

Ademais, há a viabilidade de que o juiz condene o réu (querelado) pelo crime de calúnia, sob o fundamento de que a vítima (querelante)

---

689. MARQUES, José Frederico. *Elementos de direito processual penal*. V. III. Campinas: Bookseller, 1997, p. 293, grifo do autor.

690. **STJ, AgRg no AREsp 1068510/RS, Rel. Ministro JORGE MUSSI, QUINTA TURMA, julgado em 26/09/2017, DJe 06/10/2017.**

691. **STJ, HC 311623/RS, Rel. Ministro JORGE MUSSI, QUINTA TURMA, julgado em 10/03/2015, DJe 17/03/2015.**

692. MARQUES, José Frederico. *Elementos de direito processual penal*. V. III. Campinas: Bookseller, 1997, p. 294.

teria praticado tal delito em legítima defesa. Neste caso, a sentença penal será declaratória, com eficácia fora do processo, seguindo o sentido do artigo 85 do Código de Processo Penal[693].

Já a exceção da notoriedade do fato é cabível nos crimes de difamação e será processada tal como a exceção da verdade, pois consiste na possibilidade de o acusado alegar que todos tenham conhecimento de que o fato imputado à vítima é verdadeiro. Excepcionalmente, é possível exceção da verdade se a difamação for praticada contra funcionário público, em razão de suas funções[694].

De se ver que essas exceções são processadas simultaneamente com a ação. Complementa Tourinho Filho: "*Ação penal e exceção da verdade ou da notoriedade correm num só processo e as provas são recolhidas na mesma instrução criminal*[695].

No mesmo ato, serão ouvidas as testemunhas, tanto de acusação como de defesa (no caso da ação) e, também, as testemunhas da exceção.

Nos termos do artigo 523 do Código de Processo Penal, quando for oferecida a exceção da verdade ou da notoriedade do fato imputado, o querelante poderá contestar a exceção no prazo de dois dias, podendo ser inquiridas as testemunhas arroladas na queixa, ou outras indicadas naquele prazo, em substituição às primeiras, ou para completar o máximo legal.

Para Eugênio Pacelli de Oliveira, a exceção mencionada no artigo 523 do Código de Processo Penal não é procedimental, mas essencialmente uma causa de exclusão da ilicitude, de modo que não há necessidade de que tal exceção seja oferecida em separado, com autuação em apenso, como ocorre nas demais exceções processuais. Nada obstante, se o querelado for processado pela prática de crime comum e tiver prerrogativa de função, é salutar o oferecimento da exceção da verdade em separado, com autuação em apenso. Assim, os autos de exceção devem ser remetidos ao tribunal competente por prerrogativa de função, enquanto que os autos da ação penal permanecem no juízo de origem[696].

---

693. "**Art. 85.** *Nos processos por crime contra a honra, em que forem querelantes as pessoas que a Constituição sujeita à jurisdição do Supremo Tribunal Federal e dos Tribunais de Apelação, àquele ou a estes caberá o julgamento, quando oposta e admitida a exceção da verdade.*"

694. TOURINHO FILHO, Fernando da Costa. *Código de processo penal comentado.* V. II. São Paulo: Saraiva, 1996, p. 160.

695. TOURINHO FILHO, Fernando da Costa. *Código de processo penal comentado.* V. II. São Paulo: Saraiva, 1996, p. 161.

696. Para Eugênio Pacelli: "*Na realidade, a exceção ali mencionada não é procedimental, mas excludente da ilicitude. Sendo assim, não haveria necessidade alguma do oferecimento dela*

Por fim, caso a exceção da verdade não seja processada de acordo com o artigo 523 do Código de Processo Penal, o arguente deve alegar a nulidade de toda a instrução, dando-se cumprimento ao disposto naquele dispositivo[697].

Nesses termos, tendo em vista suas especificidades, discute-se se a exceção da verdade ou da notoriedade do fato é cabível ou não no procedimento sumaríssimo da Lei n. 9.099/1995, eis que a maioria dos crimes contra a honra constitui-se em infração penal de menor potencial ofensivo, conforme será analisado a seguir.

3.4.2. Exceção da Verdade no Procedimento Sumaríssimo

Discute-se sobre a possibilidade ou não de exceção da verdade ou da notoriedade do fato nos crimes contra a honra.

Prevalece que, em havendo o recebimento da queixa à luz da Lei n. 9.009/1995, segue-se normalmente o procedimento sumaríssimo, mas com a possibilidade de concessão de exceção da verdade ou notoriedade do fato, previstas no artigo 523 do Código de Processo Penal e adaptadas de uma melhor forma para beneficiar o réu neste caso[698].

Assim, somente após a tentativa de conciliação, com a consequente não realização de acordo para encerrar o feito, torna-se possível a transação.

Com a possibilidade de transação, dar-se-á o seguinte curso ao feito: **(i)** concessão e cumprimento da transação, com o fim do feito; ou **(ii)** se incabível, haverá o recebimento da queixa, seguindo o rito da Lei n. 9.099/1995.

3.4.3. Pedido de Explicações

Historicamente, o pedido de explicações foi previsto no artigo 240 do Código Criminal de 1839, e no artigo 321 do Código Penal

---

em separado, para autuação em apenso, como ocorre com as demais exceções processuais. Todavia, parece-nos conveniente que assim se proceda, quando se tratar de querelado que goze de prerrogativa de função, nos crimes comuns. É que, nesse caso, caberá ao tribunal competente para julgá-lo nos crimes comuns o julgamento da exceção da verdade, porquanto o conteúdo desta exceção pode, inegavelmente, conter a firmação de fato que constitua, por si só, infração penal. Assim, e dando cumprimento ao que dispõe o art. 85 do CPP, os autos da exceção seriam remetidos ao tribunal competente por prerrogativa de função, permanecendo os autos da ação penal no juízo de origem (da queixa)" (PACELLI DE OLIVEIRA, Eugênio. *Curso de processo penal*. 20. ed. São Paulo: Atlas, 2016, p. 795).

697. TOURINHO FILHO, Fernando da Costa. *Código de processo penal comentado*. V. II. São Paulo: Saraiva, 1996, p. 161.

698. NUCCI, Guilherme de Souza. *Manual de processo penal e execução penal*. 5ª ed. São Paulo: Revista dos Tribunais, 2008, p. 686.

Republicano de 1890, com aplicação à Lei de Imprensa de 1923. Em sequência, o instituto passou a ser previsto na redação original do Código Penal de 1940, com algumas alterações, após o que tornou-se objeto de regulamentação pelo artigo 25 da extinta Lei n. 5.250/1967 (Lei de Imprensa)[699].

Conforme já salientado, atualmente o pedido de explicações encontra amparo no artigo 144 do Código Penal, embora o Código de Processo Penal tenha deixado de regulamentar seu *modos procedendi*[700]. De toda sorte, devem ser aplicadas as normas referentes às notificações e, ainda, o artigo 144 do Código de Processo Penal, com a seguinte ordem: **(i)** requerimento do ofendido; **(ii)** o deferimento do juiz com designação de audiência, na qual deve comparecer o requerido como forma de se manifestar a respeito dos fatos; **(iii)** após a audiência, os autos devem ser entregues ao interessado, por determinação judicial[701].

De se ver que, à luz do Código de Processo Civil de 1973, a matéria de notificações encontrava previsão expressa nos artigos 867 a 873. Já com o advento do novo Código de Processo Civil (Lei n. 13.105/2015), a matéria vem regulada nos artigos 726 a 729[702].

Entende-se que não é possível o indeferimento *in limine* do pedido de explicações pelo juiz, pois impede que o indivíduo tenha segurança para a propositura da pretensa ação penal. Nada obstante, será caso de inépcia do pedido se não houver menção às referências e expressões dúbias que deixam de indicar a existência do ilícito penal[703].

Assim, quando equívoca ou ambígua a ofensa, há a possibilidade de o pedido de explicações, de natureza facultativa, ser formulado pelo ofendido, pois pode a vítima propor a queixa independentemente

---

699. MIRANDA, Darcy de Arruda. *Comentários à Lei de Imprensa*. V. I. São Paulo: Revista dos Tribunais, 1969, p. 479-480.

700. BADARÓ, Gustavo Henrique Righi. *Processo penal*. Rio de Janeiro: Elsevier, 2012, p. 543.

701. MIRABETE, Júlio Fabbrini. *Processo penal*. 3 ed. São Paulo: Atlas, 1994, p. 539.

702. "**Art. 726.** *Quem tiver interesse em manifestar formalmente sua vontade a outrem sobre assunto juridicamente relevante poderá notificar pessoas participantes da mesma relação jurídica para dar-lhes ciência de seu propósito.* § 1**o** *Se a pretensão for a de dar conhecimento geral ao público, mediante edital, o juiz só a deferirá se a tiver por fundada e necessária ao resguardo de direito.* § 2**o** *Aplica-se o disposto nesta Seção, no que couber, ao protesto judicial.* **Art. 727.** *Também poderá o interessado interpelar o requerido, no caso do art. 726, para que faça ou deixe de fazer o que o requerente entenda ser de seu direito.* **Art. 728.** *O requerido será previamente ouvido antes do deferimento da notificação ou do respectivo edital:* **I** *– se houver suspeita de que o requerente, por meio da notificação ou do edital, pretende alcançar fim ilícito;* **II** *– se tiver sido requerida a averbação da notificação em registro público.* **Art. 729.** *Deferida e realizada a notificação ou interpelação, os autos serão entregues ao requerente.*"

703. MIRABETE, Júlio Fabbrini. *Processo penal*. 3 ed. São Paulo: Atlas, 1994, p. 539.

de explicações.[704] Vale dizer, o pedido de explicações é uma medida meramente preparatória e facultativa, em que o ofendido pode obter esclarecimento sobre o assunto ou colher melhor base à acusação[705].

Decerto, consiste em medida processual de caráter preparatório que se destina à viabilização da propositura da ação penal, cabível aos crimes de calúnia, de difamação e de injúria[706]. Esse pedido tem por fim precípuo esclarecer o real sentido e alcance das referências ou alusões de calúnia, injúria ou difamação, com vistas ao exercício de uma pretensa ação penal.

Corroborando do entendimento de Tourinho Filho, "*Trata-se de excelente providência para evitar que uma ação penal seja promovida açodadamente, quando o próprio autor da pretensa ofensa pode dar as explicações necessárias, desfazendo equívocos.*"[707].

Segundo Eugênio Pacelli, o pedido de explicações tem a finalidade de esclarecer para o querelante o real conteúdo da afirmação que ele considera desonrosa, de modo que, se não se der por satisfeito, poderá adotar as medidas judiciais cabíveis. Assim, não se profere nenhuma decisão se as explicações apresentadas são satisfatórias ou não[708].

A legitimidade é da pessoa que se sentir ofendida pela matéria veiculada, mesmo que seja funcionário público[709].

Caso o interpelado se recuse em atender ao pedido, o juiz não poderá constrangê-lo a prestar as explicações. Neste azo, a revelia significa apenas que o interpelado se recusou em comparecer em juízo

---

704. "**Art. 141.** *Se, de referências, alusões ou frases, se infere calúnia, difamação ou injúria, quem se julga ofendido pode pedir explicações em juízo. Aquele que se recusa a dá-las ou, a critério do juiz, não as dá satisfatórias, responde pela ofensa.*"

705. MARQUES, José Frederico. *Elementos de direito processual penal.* V. III. Campinas: Bookseller, 1997, p. 295.

706. MIRANDA, Darcy de Arruda. *Comentários à Lei de Imprensa.* V. I. São Paulo: Revista dos Tribunais, 1969, p. 479-480.

707. TOURINHO FILHO, Fernando da Costa. *Código de processo penal comentado.* V. II. São Paulo: Saraiva, 1996, p. 151.

708. Obtempera Eugênio Pacelli: "*As explicações poderão até servir de matéria de defesa por parte do querelado, quando instaurada a ação penal, na medida em que se prestarem a esclarecer a inexistência de intenção caluniosa, ou mesmo em relação à natureza e à própria existência dos fatos então afirmados. Por isso, a apreciação de seu conteúdo, a valoração de seus efeitos e as conseqüências na órbita do patrimônio moral do querelado serão da competência do Juiz Criminal, por ocasião da prolação da sentença*" (PACELLI DE OLIVEIRA, Eugênio. *Curso de processo penal.* 20. ed. São Paulo: Atlas, 2016, p. 795-796).

709. TOURINHO FILHO, Fernando da Costa. *Código de processo penal comentado.* V. II. São Paulo: Saraiva, 1996, p. 151.

para as devidas explicações, de modo que o juiz não deve condená-lo, mas apenas receber posteriormente a denúncia ou queixa.

Ademais, mesmo que o interpelado compareça, mas apresente explicações insatisfatórias, pode o juiz posteriormente receber a denúncia ou queixa, que deverá ser instruída com os autos do pedido de explicações[710].

Entende-se que o prazo para o exercício do pedido de explicações é de natureza decadencial. Dessarte, o transcurso do prazo decadencial da queixa afasta a possibilidade do próprio pedido de explicações[711].

A decisão que infere o pedido de explicações é uma sentença com força definitiva, contra a qual caberá apelação, nos moldes d artigo 593, III, do Código de Processo Penal.

Por fim, tendo em vista que o pedido de explicações é medida preliminar ao exercício da ação penal, compete ao juiz criminal apreciá-lo[712].

3.4.4. Retratação do Acusado

Etimologicamente, retratação vem de "*retractatio*", que significa "desdizer-se" ou "mudar de parecer". Destarte, é instituto de origem secular, pois previsto desde as mais antigas legislações e relacionado ao pedido de perdão ("*deprecatio*" ou " *venia postulandi*") e ao reconhecimento da honra do ofendido ("*honoris declaratio*")[713].

Em termos históricos, passou a ser contemplado no artigo 22 do Decreto n. 24.776/1934, no artigo 143 da redação original do Código Penal de 1940 e no artigo 26 da extinta Lei n. 5.250/1967 (Lei de Imprensa)[714].

A retratação é o reconhecimento do erro sobre a afirmação ofensiva ou distorcida feita pelo autor contra a vítima de crime contra a honra. Por previsão expressa do artigo 143 do Código Penal, é possível somente nos crimes de calúnia e de difamação, pois o querelado que, antes da sentença, se retrata cabalmente da calúnia ou da difamação, fica isento de pena.

---

710. MIRABETE, Júlio Fabbrini. *Processo penal*. 3 ed. São Paulo: Atlas, 1994, p. 540.
711. FERREIRA, Amauri Pinto. *Calúnia, injúria e difamação*. 2 ed. Rio de Janeiro: AIDEA, 2000, p. 173.
712. MIRABETE, Júlio Fabbrini. *Processo penal*. 3 ed. São Paulo: Atlas, 1994, p. 539.
713. MIRANDA, Darcy de Arruda. *Comentários à Lei de Imprensa*. V. I. São Paulo: Revista dos Tribunais, 1969, p. 502.
714. MIRANDA, Darcy de Arruda. *Comentários à Lei de Imprensa*. V. I. São Paulo: Revista dos Tribunais, 1969, p. 504-507.

Recentemente, a Lei n. 13.188/2015, que regulamenta o direito de resposta, introduziu nova redação ao parágrafo único do artigo 143 do Código Penal, haja vista que, nos casos em que o querelado tenha praticado a calúnia ou difamação utilizando-se de meios de comunicação, a retratação dar-se-á, se assim desejar o ofendido, pelos mesmos meios em que se praticou a ofensa[715].

De se ver que, a partir dessa alteração legislativa, a retratação do acusado durante a persecução criminal acaba por encerrar unicamente a instância penal, de modo que pode o ofendido ainda pleitear tanto o direito de resposta ou retificação como a ação de indenização por dano moral no âmbito cível, em razão da ofensa sofrida.

Portanto, o parágrafo único do artigo 143 do Código Penal é um dos principais pontos que revela a preocupação legislativa em concatenar a Lei n. 13.188/15 com o sistema criminal então vigente no Brasil, sobretudo na perspectiva dos crimes de imprensa.

3.4.5. Da Transação Penal e Da Suspensão Condicional do Processo

Em se tratando de crimes de ação privada, é legítima e possível a concessão tanto de transação penal (art. 76 da Lei n. 9.099/95) como da proposta de suspensão condicional do processo ao querelado (art. 89 da mesma legislação), desde que atendidos aos requisitos legais.

Importante salientar que ambos os benefícios deverão ser formalmente aceitos pela querelante e pelo querelado em audiência especialmente designada pelo juízo criminal, antes mesmo do recebimento ou da rejeição da queixa-crime.

E, a todo momento, o juízo criminal, bem como o Ministério Público, na condição de fiscal da lei, exorbitarão o querelado sobre a possibilidade de aceitação desses benefícios, velando ao máximo pelos princípios que regem os Juizados Especiais Criminais, mormente os da celeridade e da eficiência processuais.

No que concerne à transação penal, o entendimento dos Tribunais Superiores é firme acerca da possibilidade de concessão de transação penal em crimes de ação penal privada, cuja pena máxima cominada não suplanta a 2 (dois) anos, reconhecendo a legitimidade do

---

715. "**Retratação Art. 143.** *O querelado que, antes da sentença, se retrata cabalmente da calúnia ou da difamação, fica isento de pena* **Parágrafo único:** *Nos casos em que o querelado tenha praticado a calúnia ou difamação utilizando-se de meios de comunicação, a retratação dar-se-á, se assim deseja o ofendido, pelos mesmos meios em que se praticou a ofensa.*"

querelante para formular a proposta de transação, sob o fundamento de que tal poder é inerente ao titular da ação penal[716].

Da mesma sorte, é cabível a aplicação da suspensão condicional do processo a todos os crimes cuja pena mínima cominada seja igual ou inferior a 1 (um) ano, abrangidas ou não pela Lei n. 9.099/95 e independentemente da éspecie de ação penal.

Destarte, caberá o oferecimento da suspensão do processo, por 2 (dois) a 4 (quatro) anos, desde que o autor do fato não esteja sendo processado ou não tenha sido condenado por outro crime, além de presentes os demais requisitos que autorizariam a suspensão condicional da pena, previtos no artigo 77 do Substantivo Penal.

Entendemos, ainda assim, que a concessão da proposta de suspensão condicional do processo, em se tratando de crimes de ação penal privada, é mera faculdade do querelado, e não direito subjetivo, eis que a conveniência acerca da concessão do *sursis* processual deve ser analisada pela querelante em audiência, em homenagem ao princípio da oportunidade da ação penal privada.

É importante que o juízo, para a concessão seja da transação penal, seja da suspensão condicional do processo, proceda à juntada aos autos da folha de antecedentes criminais para fins de análise dos requisitos objetivos e subjetivos de ambos os institutos, antes mesmo da formulação da proposta em audiência.

E, caso infrutífero qualquer acordo, segue-se o regular curso do procedimento especial dos crimes contra a honra, no que o juiz, após

---

716. "**PENAL E PROCESSUAL PENAL. AÇÃO PENAL ORIGINÁRIA. QUEIXA. INJÚRIA. TRANSAÇÃO PENAL. AÇÃO PENAL PRIVADA. POSSIBILIDADE. LEGITIMIDADE DO-QUERELANTE. JUSTA CAUSA EVIDENCIADA. RECEBIMENTO DA PEÇA ACUSATÓRIA.** I - A transação penal, assim como a suspensão condicional do processo, não se trata de direito público subjetivo do acusado, mas sim de poder-dever do Ministério Público (Precedentes desta e. Corte do c. Supremo Tribunal Federal). II - A jurisprudência dos Tribunais Superiores admite a aplicação da transação penal às ações penais privadas. Nesse caso, a legitimidade para formular a proposta é do ofendido, e o silêncio do querelante não constitui óbice ao prosseguimento da ação penal. III - Isso porque, a transação penal, quando aplicada nas ações penais privadas, assenta-se nos princípios da disponibilidade e da oportunidade, o que significa que o seu implemento requer o mútuo consentimento das partes. IV - Na injúria não se imputa fato determinado, mas se formulam juízos de valor, exteriorizando-se qualidades negativas ou defeitos que importem menoscabo, ultraje ou vilipêndio de alguém. V - O exame das declarações proferidas pelo querelado na reunião do Conselho Deliberativo evidenciam, em juízo de prelibação, que houve, para além do mero animus criticandi, conduta que, aparentemente, se amolda ao tipo inserto no art. 140 do Código Penal, o que, por conseguinte, justifica o prosseguimento da ação penal. Queixa recebida" **(STJ, Corte Especial, APn: 634 RJ 2010/0084218-7, Min. Rel. Felix Fischer; Julgado em: 21/03/2012)**.

a apresentação da resposta à acusação pelo querelado, decidirá sobre o recebimento ou a rejeição da peça acusatória (CPP, arts. 519 a 523).

3.4.6. Da Ação Penal Privada e Da Procuração com Poderes Especiais

Além dos requisitos previstos no artigo 41 do Código de Processo Penal, a queixa-crime deve ser instruída com farta documentação, com o objetivo de demonstrar a autoria e a prova de materialidade delitivas.

Vale dizer, é indispensável que a inicial seja instruída com elementos de convicção que demonstram a viabilidade da ação penal, com a consequente condenação do querelado, além de possuir procuração com poderes especiais.

Em consonância com o disposto no artigo 44 do Código de Processo Penal, a procuração com poderes especiais deve conter a assinatura do querelante, se for a vítima pessoa física, ou a assinatura do preposto ou representante da querelante, se for pessoa jurídica em crime de difamação.

Além disso, o instrumento de outorga deve conter a menção ao fato criminoso e indicação da querelante e das pessoas contra quem o outorgante autoriza a querela.

Dispõe o artigo 44 do CPP: "*A queixa poderá ser dada por procurador com poderes especiais, devendo constar do instrumento do mandato o nome do querelante e a menção do fato criminoso, salvo quando tais esclarecimentos dependerem de diligências que devem ser previamente requeridas no juízo criminal*".

Essas exigências constituem verdadeiras condições especiais de procedibilidade e, uma vez presentes, justificam o recebimento da inicial, evitando qualquer arbitrariedade por parte da querelante ou de seu representante no exercício da ação privada.

Entendemos que, ao longo da persecução criminal, ainda que findo o prazo decadencial para a propositura de queixa-crime, é possível que seja retificada a procuração com poderes especiais, com o fito de seguir fielmente todos os requisitos exigidos no artigo 44 do CPP.

Cabe dizer, eventuais elementos da procuração com poderes especiais podem ser retificados ou sanados a todo tempo, máxime até o momento que antecede à prolação da sentença[717].

717. De acordo com a jurisprudência: "Possibilidade de ser sanada, mediante ratificação, no correr do processo, ainda que haja escoado o prazo de decadência – Inteligência do

Nos termos do artigo 569 do Código de Processo Penal: "*As omissões da denúncia ou da queixa, da representação, ou, nos processos das contravenções penais, da portaria ou do auto de prisão em flagrante poderão ser supridas a todo o tempo, antes da sentença final*".

Esse entendimento é consentâneo com a finalidade de se assegurar os autênticos interesses e direitos fundamentais da vítima durante a persecução criminal.

Ademais, novos elementos a serem inseridos na procuração se destinam a robustecer e a aprimorar a acusação na esfera privada, contribuindo para a formação do livre convencimento motivado do juiz.

Cabe observar, nada obstante, essa retificação somente será cabível se realizada até o momento que precede à decisão do juiz acerca do recebimento ou rejeição da inicial.

Se não bastasse, entende Nucci que a expressão "*procurador*", da forma como descrita no artigo 44 do Código de Processo Penal, deve ser interpretada com o objetivo de ampliar sua nomeação para outorga dos poderes especiais.

Isto porque não somente o advogado estaria autorizado a receber os poderes especiais, senão também toda e qualquer pessoa capaz que possa representar a querelante, contratando advogado, inclusive, para a propositura da ação penal privada[718].

Da mesma forma, basta a simples menção ao fato criminoso, sem necessidade de descrição pormenorizada da imputação[719].

3.4.7. *Da Emendatio Libelli*

Prezando pelo princípio da congruência ou correlação entre acusação e sentença, é possível que seja aplicada, durante a persecução

---

art. 569 do Código de Processo Penal" **(Ap. 399.930-3/1, Garça, 2ª C. rel. Silva Pinto, 17/03/2003)**.

718. NUCCI, Guilherme de Souza. *Código de Processo Penal Comentado*. 8 Ed. São Paulo: Revista dos Tribunais, 2008, p. 160.

719. De acordo o entendimento do Superior Tribunal de Justiça: "A procuração outorgada pelo querelante ao seu advogado para fins de ingresso com queixa-crime não requer a descrição pormenorizada do fato criminoso, bastando, no dizer do art. 44 do CPP, a menção a ele, a qual se perfaz com a indicação do artigo de lei no qual incidiu, em tese, o querelado" **(RHC 8.337-SP, 5ª T., rel. Felix Fischer, 09/11/1999)**. No mesmo sentido o posicionamento do Tribunal de Justiça do Estado de São Paulo: "A exigência do art. 44 do CPP relativa à menção do fato criminoso no mandato procuratório não exige a descrição minuciosa do fato delituoso, pois o legislador, bem a propósito, empregou o vocábulo ´menção´ e não ´descrição´ ou ´narrativa´ do mesmo com todas as circunstâncias e peculiaridades" **(HC 93.851-3, 2ª C., rel. Canguçu de Almeida, 18/06/1990)**.

criminal, a *emendatio libelli* em crimes de ação penal privada, bem como em crimes de ação penal pública condicionada ou incondicionada (CPP, art. 383)[720].

Já a *mutatio libelli* é suscetível de aplicação em crimes de ação penal pública incondicionada ou ação penal privada subsidiária da pública (CPP, art. 384).

Primeiramente, ambos os institutos foram incluídos no Código de Processo Penal pela Lei n. 11.719/08, que implementou a Reforma Processual.

Na sentença, deve o juiz julgar o fato descrito na denúncia ou queixa, ficando adstrito à descrição do fato (fato processual), embora não seja vinculado à classificação jurídica da conduta (fato penal).

Exsurge, assim, a *emendatio libelli*, sob o fundamento de que a classificação jurídica da conduta pode ser alterada, com fundamento na máxima "*da mihi factum, dabo tibi ius*" ("*narra-me o fato, e eu te darei o direito*").

O juiz pode fazer a *emendatio* diretamente na sentença, não havendo procedimento algum a tanto - por exemplo, não há aditamento.

Não se altera o fato (fato processual), mas apenas a classificação jurídica da conduta (fato penal), não havendo qualquer prejuízo à defesa.

Ou seja, não é necessário aditamento e, via de consequência, não há um procedimento próprio para garantir o contraditório, pois não há qualquer prejuízo à defesa com a alteração da classificação jurídica do fato.

Busca-se, assim, a congruência entre acusação e sentença, com a finalidade de inserir na queixa-crime, por meio da *emendatio*, a correta capitulação jurídica da conduta, incluindo causas de aumento, qualificadoras, agravantes, entre outros.

Por outro lado, a *mutatio libelli* é a mudança ("*mutatio*") do fato descrito na denúncia (fato processual) e, por conseguinte, da classificação jurídica da conduta (fato penal), salvo casos excepcionais.

Há um novo fato para o processo, porquanto não descrito inicialmente na petição inicial.

Dessa forma, a *mutatio* pressupõe a inclusão do fato novo na petição inicial (denúncia ou queixa subsidiária, com o respectivo aditamento), a fim de que, posteriormente, o juiz possa julgá-lo na sentença,

---

720. **STJ. 5ª Turma. HC 287819/PA. Rel. Min. Joel Ilan Paciornik. Julgamento: 16/08/2018. Publicado no DJe 28/08/2018.**

por força do princípio da congruência entre acusação (aditamento) e sentença.

Deve haver o aditamento da denúncia a fim de que o próprio Ministério Público acuse novamente, com base no sistema acusatório.

Compete ao *Parquet*, destarte, proceder ao aditamento da denúncia, seguido da manifestação da defesa, com fundamento no princípio do contraditório e da ampla defesa.

Entendemos, nesse sentido, que, em crimes de ação penal privada, não é possível o aditamento da peça acusatória diante do surgimento de novos fatos conexos com os então descritos na inicial. Quer dizer, é salutar que a querelante ofereça outra queixa-crime acerca dos novos fatos, desde que não transcorrido o prazo decadencial.

O próprio artigo 384 do CPP se refere expressamente que "[...] *o Ministério Público deverá aditar a denúncia ou queixa* [...]", não abarcando as hipóteses de ação penal privada exclusiva ou personalíssima.

Importante consignar que há casos excepcionais, na *mutatio libelli*, em que se muda o fato processual (descrição do fato), mas não se altera, necessariamente, o fato penal (classificação jurídica da conduta).

A título de exemplo, é necessária a *mutatio libelli* se o autor houver sido denunciado por crime culposo na direção de veículo automotor (art. 302 da Lei n. 9.503/1997), por trafegar em alta velocidade (imprudência), porém, durante a instrução criminal, muda-se a culpa pelo mesmo crime (agora por negligência).

Neste caso, muda-se a descrição do fato (fato processual), mas não se altera a classificação jurídica da conduta (fato penal).

3.4.8. Do Concurso de Pessoas e da Indivisibilidade da Ação Penal Privada

Sob o ângulo técnico-jurídico, toda e qualquer medida judicial deve ser adotada incontinente para assegurar a plena proteção dos interesses e direitos fundamentais da vítima, observando a temporalidade e imediatidade dos fatos delituosos, mormente em ofensas contra a honra praticadas pela imprensa e no ambiente digital.

Caso contrário, o risco da demora na adoção de medidas judiciais prejudica os direitos inerentes à honra e à imagem da vítima, causando-lhe danos irreparáveis. Cabe lembrar, aqui, que o "*Direito não socorre aos que dormem*" (*Dormientibus non sucurrit jus*).

Importante salientar que ofensas engendradas pela imprensa e pela internet assumem elevada capacidade ofensiva, havendo uma propagação social do dano e, via de consequência, demandando maiores cuidados por parte da vítima para a proteção da sua honra e imagem perante a sociedade.

Privilegiando a temporalidade e imediatidade das medidas judiciais, o Código Civil prevê as tutelas inibitória e reparatória para amparo dos direitos da personalidade (CC, art. 12), além de reconhecer a extensão na proteção de tais direitos às pessoas jurídicas (CC, art. 52).

E a mesma temporalidade deve ser observada na esfera criminal, mormente diante da ocorrência de crimes contra a honra praticados pela imprensa e pela internet.

Antes mesmo do oferecimento da ação penal privada, é certo que a querelante deve optar pela elucidação dos fatos e pela identificação de outros possíveis autores por meios menos gravosos, tais como o direito de resposta e o pedido de explicações.

Ainda assim, o artigo 12, § 1º, da Lei nº. 13.188/15, que regulamenta o direito de resposta no Brasil, dispõe que a propositura de ação cível ou penal contra o veículo de comunicação ou seu responsável com fundamento na divulgação, publicação ou transmissão ofensiva não prejudica o exercício administrativo ou judicial do direito de resposta ou retificação.

A finalidade desse novel instrumento legislativo é a de buscar o esclarecimento de expressões supostamente ofensivas e, acima de tudo, a de propiciar a imediatidade das medidas judiciais em casos de ofensas contra a honra, incluindo o direito de resposta e a ação penal privada, no intento de combater os danos decorrentes de ilícitos praticados pela imprensa e pelas redes digitais.

Nesse sentido, os crimes contra a honra praticados em concurso de pessoas (CP, art. 29) devem observar o princípio da indivisibilidade da ação penal privada.

Como se sabe, caracteriza-se a coautoria se duas ou mais pessoas, com a intenção de produzirem o mesmo resultado, ou seja, atuando com vínculo subjetivo, praticam o núcleo do mesmo tipo penal, seguindo a racionalidade do artigo 29 do Código Penal.

Quer dizer, é indispensável a presença dos seguintes requisitos para a caracterização do concurso de pessoas: **(a)** pluralidade de agentes; **(b)** relevância causal das condutas para a prática do delito; **(c)** vínculo subjetivo entre os agentes; **(d)** unidade de infração penal para todos os agentes; e **(e)** a existência de fato punível, em consonância com o princípio da exterioridade, previsto no art. 31 do Código Penal.

A título exemplificativo, a peça acusatória deve descrever o vínculo subjetivo inequívoco e claro entre os coautores, assim como a relevância causal de cada uma de suas condutas para a prática do delito, desde que identificado cada um dos agentes.

Tanto assim que, entre os seus diversos requisitos, a denúncia ou queixa-crime deve conter a exposição do fato criminoso, com todas as suas circunstâncias (CPP, art. 41), sob o risco de ser manifestamente inepta ou faltar justa causa para a ação penal, impondo-se a sua rejeição (CPP, art. 395, incs. I e III).

Por esse princípio, a queixa-crime deve ser oferecida contra todos os autores do crime, não competindo à querelante escolher o agente contra qual irá propor a ação penal privada.

Dispõe o artigo 48 do Código de Processo Penal que a queixa contra qualquer dos autores do crime obrigará ao processo de todos.

Consequentemente, a exclusão voluntária de um dos corréus da queixa-crime gera renúncia ao coautor mencionado na peça acusatória, extinguindo-se a punibilidade do agente, exceto se não identificados os demais agentes da infração penal.

Isto porque haverá renúncia tácita se for inferido e demonstrado do comportamento da vítima que sua intenção foi a de não perseguir penalmente o autor da ofensa.

Haverá flagrante ofensa ao princípio da indivisibilidade se ocorrer exclusão voluntária, isto é, se o ofendido tiver conhecimento de todos os autores que cometeram o crime e, deliberadamente, excluí-los do polo passivo da ação penal, com fulcro nos artigos 48 e 49 do Código de Processo Penal, e artigo 104, *caput*, do Código Penal.

De acordo com o entendimento da 5ª Turma do Superior Tribunal de Justiça, a não inclusão de autores conhecidos na queixa-crime viola o princípio da indivisibilidade e, via de consequência, configura renúncia tácita, extinguindo a punibilidade[721].

Destarte, a conduta de cada um dos coautores deve ser individualizada, não sendo admitida a responsabilidade penal automática, ou seja, pelo simples fato de um deles ser proprietário do jornal ou do veículo de imprensa no qual é divulgada a matéria ofensiva.

No mesmo sentido, o Supremo Tribunal Federal, no julgamento da Petição 5.631/DF, firmou o entendimento de que há afronta à

---

721. O número do processo não foi divulgado, pois se encontra sob segredo de justiça. Para mais detalhes: https://www.conjur.com.br/2018-jun-22/nao-inclusao-todos-coautores-extingue-acao-penal-stj. Acesso em: 22/08/2019.

responsabilidade subjetiva a simples referência à posição hierárquica de proprietários de jornal em que divulgadas matérias pretensamente ofensivas à honra do querelante.

É certo que a elaboração e redação de notícias jornalísticas envolvem a participação de diversos profissionais de imprensa.

Assim, se identificados todos os coautores da ofensa, a querelante não tem o condão de propor a ação penal privada em face de um único jornalista, sob pena de violação do princípio da indivisibilidade. Por conseguinte, a renúncia tácita dos demais coautores é ato incompatível com o interesse da vítima de ver processar o único autor mencionado na inicial acusatória.

É certo que, a todo momento, compete à querelante buscar a plena observância à indivisibilidade da ação penal privada, embora não seja plenamente atendida diante da ineficácia persecutória do Estado-investigação.

Ainda que adotadas todas as providências estilares durante a persecução criminal, pode ocorrer de a querelante não lograr a identificação de outros possíveis autores, confiando à polícia judiciária tal tarefa.

Entendemos, nesse ponto, que a peça acusatória, prezando plenamente pelo tecnicismo jurídico, indique tão somente a circunstância de concurso de agentes na narração dos fatos sem identificar outros autores ou eventual vínculo subjetivo entre eles.

Quer dizer, se não há a possibilidade, ao cabo da persecução criminal, de se nominar ou individualizar, com absoluto grau de certeza, outros possíveis agentes de ofensas propagadas pela imprensa ou pela internet, não há que se falar em violação do princípio da indivisibilidade da ação penal privada, tampouco em renúncia tácita.

A inércia ou ineficácia na investigação criminal não pode ser debitada às custas da vítima, mas, única e exclusivamente, à atividade persecutória do Estado, notadamente dos órgãos responsáveis pela investigação criminal.

Caso contrário, haveria flagrante afronta ao exercício do direito de ação e, acima de tudo, ao princípio da oportunidade da ação privada, prejudicando sobremaneira os interesses e direitos fundamentais da vítima.

Ademais disso, a ineficácia da investigação preliminar não significa quebra ou violação do princípio da indivisibilidade.

Primeiramente, a investigação preliminar, notadamente o inquérito policial, é de autonomia e controle da polícia judiciária, caracterizando-se como um procedimento administrativo pré-processual[722].

Assim, a vítima ou particular não assume qualquer relação administrativa em sede de inquérito policial, razão pela qual não é da sua incumbência a atividade persecutória estatal.

Por outro lado, se o ofendido não tiver conhecimento de todos os coautores e, tão somente por tecnicismo jurídico e juízo probalístico, fizer mera referência à circunstância do concurso de pessoas para assegurar a acusação em caso de identificação futura de outros possíveis agentes, não é caso de exclusão voluntária ou renúncia tácita, tampouco de ofensa ao princípio da indivisibilidade.

Em verdade, cuida-se de mera técnica narrativa acerca dos fatos, sem indicar outros possíveis coautores dos crimes diante da ineficácia absoluta da atividade persecutória estatal.

Mas não é só. Em se tratando de crimes praticados por meio da imprensa e nas redes digitais, é dificultoso de se identificar todos os coautores da ofensa.

Certo é que o entendimento da jurisprudência é no sentido de que todos os autores de comentários ofensivos propagados pela internet devem ser elencados no polo passivo da ação penal privada.

Entendemos, nada obstante, que, em caso de pluralidade de autores, é inviável de elencá-los todos no polo passivo da ação penal.

A propósito do tema e revelando sua sensibilidade humana como magistrado, assevera Guilherme Madeira Dezem que, em se tratando de crime contra a honra praticado pela internet, é impossível de se incluir todos os autores no polo passivo[723].

Nesse sentido, o Superior Tribunal de Justiça firmou o entendimento de que, se várias pessoas denegrirem a imagem de alguém por meio da internet, cada qual se utilizando de um comentário

---

722. Invocando o entendimento de Manzini, preleciona Aury Lopes Jr.: "*Quanto à natureza jurídica do inquérito policial, vem determinada pelo sujeito e pela natureza dos atos realizados, de modo que deve ser considerado como um procedimento administrativo pré-processual. A atividade carece do mando de uma autoridade com potestade jurisdicional e por isso não pode ser considerada como atividade judicial e tampouco processual, até porque não possui a estrutura dialética do processo. Como explica MANZINI, só pode haver uma relação de índole administrativa entre a polícia, que é um órgão administrativo igual ao MP (quando vinculado ao Poder Executivo), e aquele sobre quem recaia a suspeita de haver cometido um delito*" (LOPES JR., Aury. *Direito Processual Penal.* 13 Ed. São Paulo: Saraiva, 2016, p. 120).

723. DEZEM, Guilherme Madeira. *Curso de Processo Penal.* 3 Ed. São Paulo: Revista dos Tribunais, 2017, p. 269.

independente, não há coautoria ou participação, mas a prática de delitos autônomos, configurando, no máximo, conexão probatória.

Ademais disso, a não inclusão, na queixa-crime, de autor em comentário autônomo não caracteriza renúncia tácita ou exclusão voluntária ao direito de ação penal privada[724].

---

724. Nesse sentido: "**PROCESSUAL PENAL. QUEIXA-CRIME. DESEMBARGADOR. TRIBUNAL DE JUSTIÇA FORO POR PRERROGATIVA DE FUNÇÃO. COMPETÊNCIA. STJ. ART. 105, I, "A", DA CF/88. CRIMES CONTRA A HONRA. INJÚRIA. CAUSA DE AUMENTO. MEIO QUE FACILITE A DIVULGAÇÃO. ARTS. 140 E 141, III, DO CP. INTERNET. COMPETÊNCIA TERRITORIAL. LOCAL DA INSERÇÃO DA OFENSA EM REDE SOCIAL. OFENSAS AUTÔNOMAS. DIVERSOS AUTORES. DIREITO DE QUEIXA. RENÚNCIA TÁCITA. INOCORRÊNCIA. DECADÊNCIA. TERMO INICIAL. CONHECIMENTO DA AUTORIA. PROVA EM CONTRÁRIO. ÔNUS DO OFENSOR. ELEMENTO ESPECIAL DO INJUSTO. ESPECIAL FIM DE AGIR. ATIPICIDADE MANIFESTA. NÃO COMPROVAÇÃO. ABSOLVIÇÃO SUMÁRIA. ART. 397, III, DO CPP. IMPOSSIBILIDADE**. 1. O propósito da presente fase procedimental é determinar se a queixa-crime na qual é imputada a Desembargadora do TJ/RJ a suposta prática do crime de injúria (art. 140 do CP) com causa de aumento do meio que facilite sua divulgação (art. 141, III, do CP) pode ser recebida ou se é possível o julgamento imediato de improcedência da acusação. 2. De acordo com a interpretação mais recente desta Corte sobre sua competência penal originária, a supervisão do inquérito e o processamento e julgamento da ação penal devem permanecer no STJ na hipótese em que o crime imputado a Desembargador for de competência material da Justiça Estadual e abrangido pela competência territorial do Tribunal de Justiça ao qual vinculado e no qual exerce suas funções. Precedente. 3. A determinação da competência territorial para a apuração de crimes contra a honra praticados na internet relaciona-se ao local no qual as redes sociais são alimentadas, no qual ocorre a divulgação do conteúdo supostamente ofensivo. Precedentes. 4. Ao rito especial da Lei 8.038/90 aplicam-se, subsidiariamente, as regras do procedimento ordinário (art. 394, § 5º, CPP), razão pela qual eventual rejeição da denúncia é balizada pelo art. 395 do CPP, ao passo que a improcedência da acusação (absolvição sumária) é pautada pelo disposto no art. 397 do CPP. 5. Quando várias pessoas denigrem a imagem de alguém, via internet, cada uma se utilizando de um comentário, não há coautoria ou participação, mas vários delitos autônomos, unidos no máximo por conexão probatória. Precedente. 6. A falta de inclusão de autor de comentário autônomo na queixa-crime não configura, pois, renúncia tácita ao direito de queixa. 7. Nos termos dos arts. 38 do CPP e 103 do CP, o termo inicial do prazo decadencial para oferecimento da queixa-crime apenas se inicia no dia em que a vítima vem a saber quem é o autor do crime, sendo ônus do ofensor, especialmente nos crimes cometidos por meio da internet, comprovar o decaimento do direito. Precedente. 8. A absolvição sumária é hipótese de julgamento antecipado do mérito da pretensão punitiva que exige a demonstração inequívoca e manifesta da ocorrência das hipóteses do art. 397 do CPP, inclusive quanto à atipicidade da conduta pela ausência de especial fim de agir nos tipos penais que o exigem. 9. Na presente hipótese, a conduta atribuída à querelada é aparentemente típica, pois houve demonstração, no campo hipotético e indiciário, da intenção deliberada de injuriar, denegrir, macular ou de atingir a honra do querelante, devendo ser apreciada a efetiva existência do especial fim de agir exigido pelo art. 140 do CP no curso da instrução criminal. 10. Queixa-crime recebida." **(STJ, Corte Especial, APn/Ação Penal 2018/0065246-0, Rel(a) Min(a). Nancy Andrighi, Data de Julgamento 15/05/2019, Data da Publicação DJE: 07/06/2019)**.

Se não bastasse, há dificuldades práticas de se determinar, em crimes de imprensa, os autores corresponsáveis pela produção ou redação da matéria jornalística.

Essas dificuldades práticas são encaradas há tempos, desde a extinta Lei de Imprensa (Lei nº. 5.250/67), que admitia a responsabilidade penal sucessiva ou em cascata (*por cascades*).

3.4.9. Da dispensabilidade do inquérito policial para a propositura da ação penal privada

Uma das características do inquérito policial é a da dispensabilidade, ou seja, havendo indícios suficientes de autoria e prova da materialidade da infração penal, o titular da ação penal tem a possibilidade de oferecê-la independentemente de qualquer procedimento criminal.

A propósito dos Juizados Especiais Criminais, essa é a racionalidade do artigo 77, § 1º, da Lei n. 9.099/95, dispondo que, para o oferecimento da denúncia, o inquérito policial é dispensável.

Destarte, o inquérito policial não é peça indispensável para o oferecimento de denúncia ou queixa, se existente prova idônea pré-constituída e identificado ao menos um dos autores.

Existindo justa causa e elementos suficientes de materialidade e autoria delitivas, o particular ou interessado tem plena legitimidade para a propositura da ação penal privada, independentemente de inquérito policial[725].

Quer dizer, a querelante é autorizada a propor a queixa-crime se, após adotadas todas as medidas estilares, contar com provas idôneas

---

725. Assinala Adalberto José de Camargo Aranha: "*Para o recebimento da queixa, como ocorre na denúncia, além dos requisitos formais são necessários indícios de materialidade e de autoria, demonstradores da seriedade e da legitimidade da acusação feita. É preciso que haja a justa causa para levar-se alguém ao juízo criminal; é preciso um suporte fático que justifique processar-se alguém criminalmente, fato que, por si só, atinge a reputação da pessoa atingida. ´Entre os requisitos essenciais para o oferecimento da denúncia ou queixa, ao lado da possibilidade jurídica, do interesse de agir e da legitimidade ´ad causam´, figura a justa causa, o ´fumus boni juris´ dos clássicos, entendida como a idoneidade e seriedade da pretensão, já que amparada em elementos de convicção quanto à existência do crime e sua autoria´. Foi o que dissemos ´alhures´, e completamos: ´Em regra, tais elementos estão contidos no inquérito policial, porém tal peça não é imprescindível para configurá-los. Como afirmado por Hélio Tornaghi, a denúncia ou queixa podem ser acompanhadas de quaisquer elementos de convicção, não tendo de basear-se necessariamente no inquérito policial. Há casos, inclusive em que uma prova documental irretorquível tornará supérflua a apuração policial´*" (ARANHA, Adalberto José Q. T. de Camargo. *Crimes Contra a Honra*. São Paulo: Saraiva, 1995, p. 143-144).

pré-constituídas e suficientes para embasar a materialidade e a autoria delitivas.

De se ver que o artigo 44 do Código de Processo Penal dispõe que a queixa poderá ser dada por procurador com poderes especiais, devendo constar do instrumento do mandato o nome do querelante e a menção do fato criminoso, salvo quando tais esclarecimentos dependerem de diligências que devem ser previamente requeridas no juízo criminal[726].

3.4.10. Da Rejeição da Queixa-Crime Diante da Pluralidade de Ações Privadas Sobre o Mesmo Fato: Crimes Plurilocais e Concurso de Pessoas

Sob o ângulo técnico do direito processual penal, a rejeição da denúncia ou queixa se faz mediante decisão interlocutória mista terminativa, que extingue o processo sem julgamento do mérito.

Assim, a decisão que rejeita a denúncia ou queixa é, tecnicamente, de caráter processual, não implicando qualquer análise de mérito, razão pela qual gera unicamente coisa julgada formal, isto é, mera preclusão das vias recursais.

Se não bastasse, a fundamentação de insuficiência de elementos de prova também gera somente coisa julgada formal, não havendo qualquer análise do mérito.

Assim, se foram ajuizadas duas ações privadas versando sobre o mesmo fato e mesmo autores da infração penal, embora uma delas tenha sido rejeitada por insuficiência de provas em um dos juízos, não há que se falar em coisa julgada material, mas tão somente em coisa julgada formal.

Consequentemente, nada impede a discussão dos mesmos fatos, causa de pedir e pedido na outra ação penal privada até então em trâmite.

---

726. A propósito do tema e revelando sua sensibilidade humana como magistrado, assinala Nucci: "[...] *No caso do advogado, duas são as hipóteses: a) ele é contatado pela vítima logo que esta toma conhecimento do crime contra ela cometido e, ofertando procuração para em seu nome agir, o causídico requer a instauração de inquérito para apurar a materialidade e a autoria; b) ele é contatado pela vítima quando as provas pré-constituídas já estão formadas, razão pela qual o ingresso da queixa depende somente da outorga da procuração com poderes especiais. Nesse caso, é natural que o nome do querelado e os detalhes do fato sejam conhecidos. Esse é o motivo pelo qual, para dar sentido ao artigo, necessita-se interpretar a expressão 'juízo criminal' como sendo qualquer esfera do Estado na persecução penal, inclusive a policial, levando-se em conta que, em regra, será a diligência de esclarecimento requerida no inquérito*" (NUCCI, Guilherme de Souza. *Código de Processo Penal Comentado.* 8 Ed. São Paulo: Revista dos Tribunais, 2008, p. 47).

Importante salientar que a coisa julgada formal é a sentença que transitou formalmente em julgado, havendo preclusão das vias impugnativas ou recursais.

Vale dizer, é a imutabilidade da sentença no próprio processo, tornando-a irrecorrível, por força de preclusão dos recursos. Torna-se inviável todo e qualquer tipo de alteração da sentença por meio de outros recursos, devido ao exaurimento dos prazos recursais[727].

No entender de Aury Lopes Jr., não há análise e julgamento do mérito, é dizer, sobre o fato processual ou caso penal[728].

Ressalta-se que as decisões de natureza processual, a exemplo da rejeição da denúncia ou queixa (CPP, art. 395), não implicam análise de mérito e, via de consequência, somente geram coisa julgada formal, ou seja, mera preclusão das vias recursais[729].

A título de exemplo, há coisa julgada formal se, na sentença, não for tratado, de forma específica, do fato supostamente delituoso ou se não houver lastro probatório mínimo indispensável para a instauração do processo penal[730].

---

727. No aporte de Gustavo Badaró: "A coisa julgada formal é a imutabilidade da sentença no próprio processo. Tem-se a coisa julgada formal pela preclusão das vias impugnativas: seja pelo transcurso ´in albis´ do prazo recursal (não se interpôs recurso), seja pelo esgotamento das vias recursais (interposto o recurso, este foi julgado e não há mais recurso a se interpor)" (BADARÓ, Gustavo Henrique. *Processo Penal*. 4 Ed. Revista dos Tribunais: São Paulo, 2016, p. 551).

728. Complementa Lopes Jr.: "Quando não há análise e julgamento sobre o mérito (ou seja, sobre o fato processual ou o caso penal), a decisão faz coisa julgada formal, mas não produz coisa julgada material, ou seja, é imutável no próprio processo (após a fluência do prazo sem a interposição do recurso, ou pela denegação do eventual recurso interposto, é claro), sem que exista a produção exterior de seus efeitos. Por outro lado, quando há uma sentença de mérito, em que se julga efetivamente o caso penal, condenando ou absolvendo o réu, existe coisa julgada formal (no primeiro momento, imutabilidade interna ou endoprocedimental) e, após, produz-se coisa julgada material, com a imutabilidade dos efeitos da sentença. Também as decisões declaratórias de extinção da punibilidade (prescrição, perdão etc.) produzem coisa julgada formal e material, fulminando o poder punitivo estatal e impedindo novo processo ou o seu reexame" (LOPES JR., Aury. *Direito Processual Penal*. 13 Ed. Saraiva: São Paulo, 2016, p. 925).

729. LOPES JR., Aury. *Direito Processual Penal*. 13 Ed. Saraiva: São Paulo, 2016, p. 926-927.

730. Analisando a qualidade da decisão que rejeita a peça acusatória, preleciona Renato Brasileiro de Lima: "A rejeição da peça acusatória com fundamento no art. 395, inciso I, do CPP, só faz coisa julgada formal, na medida em que não há análise do mérito da imputação. Diante dela, a parte acusadora tem a opção de recorrer em sentido estrito (CPP, art. 581, I), ou oferecer nova peça acusatória vez com fiel observância dos requisitos do art. 41 do CPP" (LIMA, Renato Brasileiro de. *Manual de Processo Penal*. 6 Ed. Salvador: Juspodivm, 2018, p. 1.312).

Prevalece, em se tratando de coisa julgada formal, uma visão predominantemente processualística, desvinculando-se, da apreciação judicial, a análise de qualquer fato da vida.

Por outro lado, a coisa julgada material é a sentença que transitou materialmente em julgado. Cuida-se de comando que emerge da sentença, a ponto de torná-la imutável, tanto na perspectiva jurídica como em relação ao fato da vida ou do mundo[731].

O caso julgado, na perspectiva material, opera-se fora do processo, alcançando todas as pessoas e, com isso, gerando efeito contra todos ("*erga omnes*"). Cabe dizer, pressupõe análise definitiva dos fatos, envolvendo condenação ou absolvição, impedindo que os mesmos fatos sejam rediscutidos judicialmente, com base na segurança jurídica e no "*ne bis in idem*".

Doutrina e jurisprudência citam como exemplos de coisa julgada material a atipicidade ou fato atípico (irrelevante penal), as excludentes de ilicitude ou de culpabilidade, entre outros.

Por exemplo, a atipicidade, uma vez reconhecida pelo Poder Judiciário, deve ser considerada definitiva, não havendo sentido sustentar que alguém possa, ulteriormente, conseguir novas provas acerca de fato já declarado atípico ou irrelevante penalmente pelo Estado-juiz[732].

Salienta-se, uma vez mais, que a coisa julgada material decorre de sentença de mérito, isto é, da efetiva resolução do fato típico, condenando ou absolvendo o réu.

---

731. Assinala Badaró: "A coisa julgada material é a imutabilidade dos efeitos da sentença. Só fazem coisa julgada material as sentenças de mérito, pois somente estas definem a relação jurídica material, projetando seus efeitos para fora do processo. São esses feitos que atingem a situação da vida (relação material), que se tornam imutáveis. Não fazem coisa julgada material as sentenças terminativas. A sentença formal é pressuposto da coisa julgada material. A sentença tem que se tornar imutável dentro do processo (coisa julgada formal), para que os efeitos que a sentença tenha produzido também se tornem imutáveis (coisa julgada material). Não é possível ter a coisa julgada material sem a coisa julgada formal. Formada a coisa julgada material, o objeto do processo não poderá voltar a ser discutido em outro processo envolvendo as mesmas partes: é o que se denomina função negativa da coisa julgada. No mesmo processo, por óbvio, também não poderá ser discutido novamente, por força da coisa julgada" (BADARÓ, Gustavo Henrique. *Processo Penal*. 4 Ed. Revista dos Tribunais: São Paulo, 2016, p. 551-552).

732. Badaró cita outros exemplos: "Além das sentenças penais condenatórias e absolutórias, no processo penal também faz coisa julgada material a sentença que julgar extinta a punibilidade (sentença de mérito em sentido lato), bem como a sentença que rejeitar a denúncia contra o funcionário público, por atipicidade do fato (CPP, art. 513), ou por considerar inexistente o crime ou improcedente a ação (CPP, art. 516). Faz coisa julgada material, ainda, a sentença que homologa transação penal. O fato que foi objeto da transação penal homologada não poderá voltar a ser objeto de ação penal" (BADARÓ, Gustavo Henrique. *Processo Penal*. 4 Ed. Revista dos Tribunais: São Paulo, 2016, p. 552).

Prevalece, noutro viés, que a decisão que rejeita a denúncia ou queixa é meramente *interlocutória mista terminativa*, extinguindo o processo sem julgamento de mérito.

E, conforme já salientado, decisões dessa natureza, que são de caráter processual, não implicam qualquer análise do mérito e, por conseguinte, somente geram coisa julgada formal, isto é, mera preclusão das vias recursais[733].

3.4.11. *Das Custas e Honorários Advocatícios*

Caso a ação privada seja recebida pelo juízo criminal, não se justifica a condenação da querelante ao pagamento dos honorários do advogado dos querelados, tampouco a aplicação do princípio geral da sucumbência.

Porém, em havendo rejeição da inicial, o entendimento da jurisprudência é firme no sentido de que se revela possível a aplicação do princípio geral da sucumbência no âmbito processual penal se tratar de ação penal privada[734].

Aplica-se o artigo 3º do Código de Processo Penal e, subsidiariamente, os princípios norteadores do Código de Processo Civil, sob o fundamento de que a condenação de honorários não se restringe aos casos de sentença de mérito[735].

---

733. LOPES JR., Aury. *Direito Processual Penal*. 13 Ed. Saraiva: São Paulo, 2016, p. 926-927.

734. "**PROCESSUAL PENAL. EMBARGOS DE DIVERGÊNCIA EM RECURSO ESPECIAL. AÇÃO PENAL PRIVADA. HONORÁRIOS ADVOCATÍCIOS. APLICAÇÃO DO PRINCÍPIO DA CAUSALIDADE. ART. 3º DO CPP.** I - "Consoante a jurisprudência sedimentada do STJ, o princípio geral da sucumbência é aplicável no âmbito do processo penal quando se tratar de ação penal privada" (AgRg no REsp n. 1.206.311/SP, Quinta Turma, Rel. Min. Jorge Mussi). II - Tal entendimento, que decorre da aplicação do disposto no art. 3º do CPP, restritivamente às ações penais privadas, deve observar o princípio da causalidade, não se limitando a condenação de honorários aos casos em que haja sentença de mérito, pois utilizado subsidiariamente o CPC, devem ser aplicados também seus princípios norteadores. Embargos de divergência desprovidos." **(EREsp 1218726/RJ, Rel. Ministro FELIX FISCHER, TERCEIRA SEÇÃO, julgado em 22/06/2016, DJe 01/07/2016)**.

735. "**PENAL E PROCESSUAL PENAL. EMBARGOS DE DECLARAÇÃO CONTRA ACÓRDÃO QUE REJEITOU QUEIXA-CRIME. AUSÊNCIA DE JUSTA CAUSA PARA O PROSSEGUIMENTO DA AÇÃO. ATIPICIDADE DOS FATOS NARRADOS. INEXISTÊNCIA DE QUALQUER VÍCIO NO ARESTO EMBARGADO. MERA IRRESIGNAÇÃO COM O TEOR DO ACÓRDÃO. DESCABIMENTO. REJEIÇÃO DOS EMBARGOS DECLARATÓRIOS.** 1. Ficou claramente explicado no acórdão embargado que os conceitos de inépcia da peça acusatória e ausência de justa causa não se confundem, sendo perfeitamente natural que se decida que a queixa-crime não é inepta - por ter descrito os aspectos fáticos para o suposto cometimento dos delitos quanto o dolo específico -, mas pode ser rejeitada liminarmente por ausência de justa causa para o prosseguimento da

4. DA COMPETÊNCIA

Em se tratando de crimes contra a honra praticados por meio de jornal impresso, firma-se a competência de acordo com o disposto no artigo 70 do Código de Processo Penal, que assim dispõe: "*A competência será, de regra, determinada pelo lugar em que se consumar a infração, ou, no caso da tentativa, pelo lugar em que for praticado o último ato de execução*".

Assim, fixa-se a competência no local em que for impresso o jornal ou periódico, e não do local em que a matéria jornalística for divulgada ou elaborada por seu subscritor[736].

---

demanda penal, nos termos do art. 395, III, do CPP, pelo fundamento da atipicidade, porquanto não reconhecida a caracterização do dolo específico de caluniar, difamar ou injuriar. 2. O embargante não indicou, nem mesmo implicitamente, em qual das hipóteses de suspeição taxativamente previstas no art. 145 do CPC/2015 o Ministro apontado como suspeito teria incorrido. Limitou-se a alegar, sem fundamentar tal alegação, que a atuação do referido Ministro na condução de Representação Disciplinar apresentada pelo querelante em face da querelada, relativa a fatos também objeto da presente lide penal, afrontou de forma inequívoca e suspeita o Regimento Interno do CNJ. Disse, ainda, que a atuação do Ministro no CNJ e no presente processo faria incidir na hipótese a Teoria da Dissonância Cognitiva. Como se verifica, trata-se de alegações genéricas de suspeição de um Ministro que compõe a Corte Especial do STJ, sem que sequer se aponte o inciso do art. 145 do CPC que incidiria na hipótese. Precedentes do STJ: AgRg na ExSusp 123/DF, Rel. Ministro Benedito Gonçalves, Primeira Seção, julgado em 9/4/2014, DJe 15/4/2014; AgRg na ExSusp 93/RJ, Rel. Ministro Jorge Mussi, Terceira Seção, DJe 21/5/2009; AgRg na ExSusp .99/RJ, Rel. Ministro Vasco Della Giustina (Desembargador Convocado do TJ/RS), Segunda Seção, DJe 1º/9/2010; AgRg na ExSusp 103/PR, Primeira Seção, Rel. Min. Arnaldo Esteves Lima, DJe 18/3/2011; AgRg na ExSusp 87/GO, Segundo Seção, Rel. Min. Fernando Gonçalves, DJe 16/9/2009. 3. O Superior Tribunal de Justiça tem posição consolidada no sentido do cabimento da condenação do querelante em honorários advocatícios quando da rejeição da queixa-crime, por aplicação subsidiária do CPC. Precedentes do STF (RE 78.770/ES, Min. Aliomar Baleeiro, Primeira Turma, DJ 4/11/1974) e do STJ (Eresp 1.218.726, Rel. Min. Félix Fischer, Terceira Seção, DJe 1º/7/2016). 4. Os honorários advocatícios foram arbitrados em R$ 2.000,00 (dois mil reais), valor consentâneo com as balizas do art. 85, §§ 2º e 8º, do CPC/2015. 5. A Súmula 691 do STF dispõe que: "Não compete ao Supremo Tribunal Federal conhecer de habeas corpus impetrado contra decisão do relator que, em habeas corpus requerido a tribunal superior, indefere a liminar." Não se verifica como tal enunciado sumular se aplique ao presente caso, uma vez que a rejeição da queixa-crime está bem embasada na ausência de justa causa para o prosseguimento da demanda, considerando-se a atipicidade dos fatos descritos na exordial. 6. Não enxergo como se possa depreender da rapidez de um julgamento de habeas corpus ou da participação de um magistrado convocado no referido julgamento como fato novo caracterizador de alguma nulidade no presente processo. 7. Embargos de declaração rejeitados." **(EDcl na APn 881/DF, Rel. Ministro OG FERNANDES, CORTE ESPECIAL, julgado em 03/10/2018, DJe 23/10/2018)**.

736. TAVORA, Nestor. *Curso de direito processual penal*. 9 ed. Juspodivm: Salvador, 2014, p. 337.

Vale dizer, a competência será fixada pelo local da impressão do jornal ou periódico, ou seja, no local cuja conduta é apta, por si só, a produzir o resultado e, via de consequência, a consumação do delito, seguindo o disposto no artigo 70 do Código de Processo Penal e no artigo 42 da extinta Le de Imprensa (Lei n. 5.250/67)[737].

Por outro lado, prevalece que, em se tratando de crimes contra a honra praticados pela internet, o foro competente é o do local de onde efetivamente partiu a publicação do conteúdo, e não do local onde ganhou publicidade.

De acordo com o entendimento da jurisprudência, firmar-se-á a competência no lugar onde foi concluída a ação delituosa, ou seja, onde se encontra o responsável pela veiculação e divulgação das notícias, sendo indiferente a localização do provedor de acesso à rede mundial de computadores ou sua efetiva visualização pelos usuários[738].

Quer dizer, como não é possível definir o local de produção do resultado, já que o próprio resultado se dá em múltiplos locais, a competência será do local da conduta delituosa, ou seja, onde o comportamento criminoso foi concluído[739].

---

737. Nesse sentido: "**CONFLITO DE COMPETÊNCIA. PENAL. CRIME DE IMPRENSA. COMPETÊNCIA TERRITORIAL. ARTIGO 42 DA LEI DE IMPRENSA. JUÍZO DO LOCAL DA IMPRESSÃO DO JORNAL OU PERIÓDICO. 1.** Nos crimes cometidos por meio da imprensa, o lugar do delito, para a determinação da competência territorial, será aquele em que for impresso o jornal ou periódico, e o do local do estúdio do permissionário ou concessionário do serviço de radiodifusão, bem como o da administração principal da agência noticiosa, e, não, o local em que a matéria jornalística tida por ofensiva foi supostamente elaborada pelo seu subscritor. Inteligência do artigo 42 da Lei de Imprensa. **2.** Esta Corte Superior de Justiça e o Pretório Excelso firmaram já entendimento no sentido de ser cabível a aplicação da Lei nº 9.099/95 aos crimes tipificados na Lei de Imprensa (cf. HC nº 77.962/SP, Relator Ministro Sepúlveda Pertence, in DJ 11/12/98; REsp nº 169.027/RJ, Relator Ministro Jorge Scartezzini, in DJ 4/10/99; HC nº 9.475/CE, Relator Ministro Fontes de Alencar, in DJ 8/11/99). 3. Conflito de competência conhecido para declarar competente o Juízo de Direito do III Juizado Especial Criminal do Rio de Janeiro/RJ, o suscitado." **(STJ – Processo CC 38940 SP 2003/0059307-8. Orgão Julgador: S3 - TERCEIRA SEÇÃO. Publicação: DJ 19/12/2003. p. 317. Julgamento: 26 de novembro de 2003. Relator Ministro HAMILTON CARVALHIDO)**.

738. "**COMPETÊNCIA. INTERNET. CRIMES CONTRA HONRA.** A Seção entendeu, lastreada em orientação do STF, que a Lei de Imprensa (Lei n. 5.250/1967) não foi recepcionada pela CF/1988. (...) Quanto aos crimes contra a honra praticados por meio de reportagens veiculadas na Internet, a competência fixa-se em razão do local onde foi concluída a ação delituosa, ou seja, onde se encontra o responsável pela veiculação e divulgação das notícias, indiferente a localização do provedor de acesso à rede mundial de computadores ou sua efetiva visualização pelos usuários. Precedentes citados do STF: ADPF 130-DF, DJe 6/11/2009; do STJ: CC 29.886-SP, DJ 1º/2/2008.CC 106.625-DF, Rel. Min. Arnaldo Esteves Lima, julgado em 12/5/2010)".

739. TAVORA, Nestor. *Curso de direito processual penal*. 9 ed. Juspodivm: Salvador, 2014, p. 337.

No mesmo sentido o posicionamento do Superior de Tribunal de Justiça, segundo o qual a fixação da competência territorial para a apuração dos crimes contra a honra praticados por meio da internet tem como critério o local em que as redes sociais são alimentadas, ou seja, onde ocorre a divulgação do conteúdo supostamente ofensivo[740].

E, ainda que não conhecido o lugar da infração penal, o critério para fixação da competência será o do domicílio ou residência do réu (CPP, art. 72).

Se o réu tiver mais de uma residência, competência firmar-se-á pela prevenção (CPP, art. 72, § 1º).

Se o réu não tiver residência certa ou for ignorado o seu paradeiro, será competente o juiz que primeiro tomar conhecimento do fato (CPP, art. 72, § 2º).

E, nos casos de exclusiva ação privada, o querelante poderá preferir o foro de domicílio ou da residência do réu, ainda quando conhecido o lugar da infração penal (CPP, art. 73).

5. PRESCRIÇÃO DOS CRIMES DE IMPRENSA

Em que pese a importância da temática, não é cabível uma análise detida acerca da prescrição dos crimes de imprensa, sob o risco de desvio temático. De toda sorte, há que se ter em vista que, com a não receptação da Lei de Imprensa pela Constituição brasileira de 1988, a jurisprudência[741] firmou o entendimento de que a prescrição dos cri-

---

740. **STJ, Corte Especial, APn/Ação Penal 2018/0065246-0, Rel(a) Min(a). Nancy Andrighi, Data de Julgamento 15/05/2019, Data da Publicação DJE: 07/06/2019.**

741. "**Ementa: HABEAS CORPUS. PENAL. PROCESSUAL PENAL. CRIMES DA LEI DE IMPRENSA. CONTAGEM DO PRAZO PRESCRICIONAL. RECEBIMENTO DE QUEIXA-CRIME PELO SUPERIOR TRIBUNAL DE JUSTIÇA. ALEGAÇÃO DE PRESCRIÇÃO DA PRETENSÃO PUNITIVA. OCORRÊNCIA. PRECEDENTES. 1.** Recebimento de queixa-crime pela Corte Especial do Superior Tribunal de Justiça, em sessão de julgamento realizada em 15 de junho de 2005, pelos crimes de calúnia e injúria, previstos na lei de imprensa, por fatos ocorridos em 15 de junho de 2003, a dizer, um dia após ter se encerrado o prazo prescricional de dois anos (art. 41, caput, da Lei 5.250 /67). A contagem do prazo prescricional para os crimes de imprensa adotada por este Supremo Tribunal é a prevista no inciso I do art. 111 combinada com a do art. 10 do Código Penal. Antes de transitar em julgado a sentença final, a prescrição começa a correr do dia em que o crime se consumou, incluindo-se o primeiro dia no cômputo do prazo e excluindo-se o último. Precedentes. **2.** Ordem de habeas corpus concedida para declarar extinta a punibilidade, em decorrência da prescrição da pretensão punitiva, e, conseqüentemente, decretar a nulidade do acórdão do Superior Tribunal de Justiça e de todos os atos processuais eventualmente praticados após o recebimento da denúncia" **(STF. 1ª Turma. HC 89530 DF. Min(a). Rel. Cármen Lúcia. J. 10/10/2006. Publicado no DJ em 07/12/2006).**

mes praticados pela imprensa segue normalmente as regras gerais do Código Penal (arts. 109 *usque* 118) no campo da extinção da punibilidade (art. 107, IV)[742].

Analisados os fundamentos dos crimes de imprensa e os aspectos práticos do processo penal no atual cenário jurídico brasileiro, faz-se mister os comentários pertinentes acerca do direito de resposta tanto em nível constitucional como ordinário.

742. "**Ementa: REPRESENTAÇÃO CRIMINAL. CRIMES DA LEI DE IMPRENSA. LEI NÃO RECEPCIONADA PELA CONSTITUIÇÃO FEDERAL. PRELIMINAR DE PRESCRIÇÃO DA PRETENSÃO PUNITIVA. UTILIZAÇÃO DO PRAZO PREVISTO NO CÓDIGO PENAL. PRELIMINAR ACOLHIDA.** As regras para a contagem do prazo prescricional para os crimes da Lei de Imprensa são as previstas pelo Código Penal. Considerando que o lapso prescricional é de 04 anos e que até o presente momento a queixa não foi recebida, regula-se pela pena máxima cominada em abstrato para o crime, onde se verifica que se consumou a prescrição da pretensão punitiva, o que determina a extinção da punibilidade do representado. Decisão unânime" **(TJ-PI. 2ª Câmara Especializada Criminal. RPCR 70006318 PI. Rel. Des. Joaquim Dias de Santana Filho. J. em 08/05/2012).**

CAPÍTULO VII

DIREITO DE RESPOSTA: FUNDAMENTOS DOGMÁTICOS E LEGISLATIVOS

1. NOÇÕES GERAIS

Em termos gerais, o direito de resposta ou de retificação é um direito fundamental que viabiliza a resposta ou correção do ofendido diante do agravo divulgado pelo veículo de comunicação social, propiciando o equilíbrio das relações entre os particulares e até mesmo entre os cidadãos e as pessoas jurídicas de direito público e privado no contexto da comunicação social. Para o exato sentido e alcance desse instituto, faz-se imperiosa a compreensão de sua evolução legislativa no âmbito do direito comparado.

2. ESCORÇO HISTÓRICO

2.1. Direito Comparado

Historicamente, o direito de resposta teve como nascedouro a lei francesa de 25 de março de 1822, despontando como garantia para a emancipação da imprensa. Em sequência, passou a ser previsto na Bélgica, Itália, Áustria, Alemanha, Egito, Espanha e Portugal[743].

Nos Estados Unidos, a Constituição americana de 1787 ainda não estabeleceu as hipóteses em que o ofendido pode exercer a resposta proporcionalmente ao agravo sofrido. A Primeira Emenda Constitucional americana, de 1791, determina que o Congresso não editará leis que visam ao cerceamento das liberdades de expressão e de imprensa[744]. Nada obstante, a livre expressão passou a ser repensada no cenário estadunidense, de modo que vários conflitos foram levados à

---

743. MIRANDA, Darcy de Arruda. *Comentários à Lei de Imprensa*. V. II. São Paulo: Revista dos Tribunais, 1969, p. 600.

744. GERMANO, Luiz Paulo Rosek. *Direito de resposta*. Porto Alegre: Livraria do Advogado, 2011, p. 96; SANKIEVICZ, Alexandre. Quando é devido o direito de resposta?. *Direito Público*, São Paulo, v. 8, n. 38, p.27-46, mar./abr. 2011, p. 28-31.

apreciação da Suprema Corte americana para a proteção de certos direitos, como no caso paradigmático "*Schenk versus United States, 249 U.S. 47, Oliver Holmes*". Desde então, leis penais e civis foram editadas para tornar possível a reparação do ofendido pelos danos sofridos[745].

Em 1919, a Suprema Corte refletiu pela primeira vez sobre o caráter absoluto da liberdade de expressão, tendo em vista que os ideais marxistas e comunistas passaram a ser difundidos mundialmente.

Com o passar do tempo, diversas correntes doutrinárias foram desenvolvidas no palco norte-americano, tais como: **(i)** teoria libertária, na qual as liberdades de expressão e de imprensa são dogmas absolutos e de caráter pleno, pois o autor da mensagem tem o direito de se expressar amplamente em sociedade, como no caso do artista, escritor, jornalista ou qualquer outro indivíduo difusor de ideias; e **(ii)** teoria democrática, que se volta ao destinatário da mensagem, prestigiando a livre formação do pensamento e o debate plural na comunidade[746].

Tendo em vista que nenhuma das teorias atende plenamente aos preceitos democráticos, a *Federal Communications Comissions* desenvolveu a doutrina da imparcialidade e da ponderação (*fairness doctrine*), na qual são necessárias a outorga de serviços e a fiscalização dos debates nos meios de comunicação para a realização do interesse público. A partir dessa construção doutrinária, o direito de resposta ganhou expressão nos Estados Unidos, no que foram desenvolvidas as regras do ataque pessoal (*personal attack rule*) e do conteúdo político do editorial (*political editorial rule*)[747].

Em geral, o direito de resposta não é contemplado pela Constituição estadunidense, embora seu exercício seja considerado de suma importância para o incentivo de debate de ideias, a ponto de repensar o caráter absoluto da liberdade de expressão à luz da Primeira Emenda Constitucional norte-americana.

Já na França, o direito de resposta (*droit de réponse*) é regulado por duas legislações: **(i)** pela Lei de 29 de julho de 1881, que cuida da imprensa escrita; e **(ii)** pela Lei 29 de julho de 1982, que trata dos meios audiovisuais de comunicação de rádio e televisão.

---

745. GERMANO, Luiz Paulo Rosek. *Direito de resposta*. Porto Alegre: Livraria do Advogado, 2011, p. 96.

746. GERMANO, Luiz Paulo Rosek. *Direito de resposta*. Porto Alegre: Livraria do Advogado, 2011, p. 97.

747. GERMANO, Luiz Paulo Rosek. *Direito de resposta*. Porto Alegre: Livraria do Advogado, 2011, p. 98-100.

Pela Lei de 29 de julho de 1881, o exercício do direito de resposta não se condiciona à notícia de cunho ofensivo – a despeito de haver uma interpretação mais contemporânea que procura afastar o caráter absoluto do próprio direito de resposta[748].

No direito francês, esse direito caracteriza-se pela tempestividade e pela proporcionalidade. Com relação ao primeiro (tempestividade), a resposta deve ser publicada gratuitamente pelo mesmo veículo de comunicação escrita que divulgou a notícia ofensiva, no prazo de três dias, cujo cômputo inicia-se, em caso de publicação diária, a partir da data do protocolo ou, em caso de publicação semanal ou mensal, a partir da próxima edição. Neste viés, é justificável a fixação de prazo determinado para a divulgação da resposta, já que o considerável transcurso do tempo ensejaria a perda da característica ofensiva da notícia.

Já quanto ao segundo (proporcionalidade), o espaço destinado ao desagravo não pode exceder ao da notícia supostamente ofensiva[749].

Ademais, o direito de resposta deve seguir certos parâmetros, vez que seu conteúdo restringe-se somente ao agravo da notícia que o ensejou, de modo que não pode destinar-se a terceiros ou possuir informações difamatórias ou injuriosas, sobretudo ao autor da ofensa. Caso seja exercido fora desses limites, o órgão de comunicação da imprensa tem o condão de se recusar a divulgação da resposta ou retificação[750].

Caso denegado o pedido sem qualquer fundamento, o interessado pode pleitear o direito de resposta perante o Poder Judiciário, que se manifestará em 10 dias acerca da viabilidade ou não de seu deferimento[751].

Já a Lei de 29 de julho de 1982 traz uma previsão mais contemporânea do direito de resposta no contexto da comunicação de rádio e televisão. Neste caso, é cabível o direito de retificação apenas no caso de ofensa aos direitos da personalidade, como no caso da honra. O interessado tem o prazo de 8 (oito) dias para encaminhar o pedido de

---

748. GERMANO, Luiz Paulo Rosek. *Direito de resposta*. Porto Alegre: Livraria do Advogado, 2011, p. 104-105.
749. GERMANO, Luiz Paulo Rosek. *Direito de resposta*. Porto Alegre: Livraria do Advogado, 2011, p. 105.
750. GERMANO, Luiz Paulo Rosek. *Direito de resposta*. Porto Alegre: Livraria do Advogado, 2011, p. 105.
751. GERMANO, Luiz Paulo Rosek. *Direito de resposta*. Porto Alegre: Livraria do Advogado, 2011, p. 105.

resposta aos diretores do órgão de comunicação e, em caso de indeferimento, pode se valer do Poder Judiciário para sua obtenção[752].

Na Espanha, o direito de resposta (*derecho de rectificación*) é previsto na Lei Orgânica n. 2, de 1984, sendo que será cabível somente se os fatos ou informações divulgados pelos meios de comunicação forem equivocados. O interessado tem o prazo de 7 (sete) dias para encaminhar o pedido, contado a partir da publicação da informação ofensiva. Em caso de denegação do pedido, o próprio interessado pode se valer de seu direito de petição perante o Poder Judiciário, no prazo de 7 (sete) dias[753].

Já na Alemanha, a Lei de Imprensa de Baden, de 1831, delimitou o direito de resposta somente às questões de fato. Em 1874, uma nova lei de imprensa conferiu uma maior amplitude ao direito de resposta, tornando viável o seu exercício tanto por particulares como por entidades públicas, cujas particularidades subsistem até os dias atuais[754].

Na Itália, a Constituição de 1947 passou a consagrar o direito de resposta nas edições de jornais e periódicos. Na atual conjuntura jurídica, a Magna Carta italiana não prevê expressamente o direito de resposta, embora seu conceito e alcance sejam ligados diretamente ao pleno exercício das liberdades de expressão e de imprensa[755].

Em Portugal, o direito de resposta foi objeto de diversas legislações. Exemplificativamente, no período de 1898 a 1926, a lei de imprensa portuguesa condicionou o exercício do direito de resposta à autorização judicial. Já em 1975, a nova lei de imprensa tornou mais acessível esse direito, embora a recusa na sua concessão possa gerar a responsabilidade civil do ofensor[756].

Em síntese, infere-se que o direito de resposta é objeto de regulamentação legislativa nos mais diversos povos, eis que desponta como direito fundamental imprescindível para o pleno exercício das liberdades de expressão e de imprensa nos regimes democráticos.

---

752. GERMANO, Luiz Paulo Rosek. *Direito de resposta*. Porto Alegre: Livraria do Advogado, 2011, p. 105.

753. GERMANO, Luiz Paulo Rosek. *Direito de resposta*. Porto Alegre: Livraria do Advogado, 2011, p. 106.

754. GERMANO, Luiz Paulo Rosek. *Direito de resposta*. Porto Alegre: Livraria do Advogado, 2011, p. 108-109.

755. GERMANO, Luiz Paulo Rosek. *Direito de resposta*. Porto Alegre: Livraria do Advogado, 2011, p. 110.

756. GERMANO, Luiz Paulo Rosek. *Direito de resposta*. Porto Alegre: Livraria do Advogado, 2011, p. 112.

2.2. Convenção Americana sobre Direitos Humanos

Salienta-se que a previsão da Convenção Americana de Direitos Humanos (Pacto de São José da Cota Rica) sobre as liberdades de expressão e de imprensa já foram detidamente analisados no início do ensaio, conferindo-se destaque ao direito de resposta. De todo caso, faz-se mister o registro de algumas considerações pontuais.

Com fundamento no direito norte-americano, diversos países da América Latina já chegaram a sustentar a inconstitucionalidade do direito de resposta. No decorrer do tempo, o esse direito passou a ser analisado eminentemente no contexto da liberdade de expressão, tornando-se um instrumento indispensável à proteção dos direitos da personalidade, com fundamento na Convenção Americana sobre Direitos Humanos[757].

Com efeito, dispõe o item 1 do artigo 14 do Pacto de São José da Costa Rica que toda pessoa atingida por informações inexatas ou ofensivas emitidas em seu prejuízo por meios de difusão legalmente regulamentados e que se dirijam ao público em geral têm direito a fazer, pelo mesmo órgão de difusão, sua retificação ou resposta, nas condições que estabeleça a lei.

Nos termos do item 2, em nenhum caso a retificação ou a resposta eximirão das outras responsabilidades legais em que se houver incorrido.

Por fim, sinaliza o item 3 que, para a efetiva proteção da honra e da reputação, toda publicação ou empresa jornalística, cinematográfica, de rádio ou televisão, deve ter uma pessoa responsável que não seja protegida por imunidades nem goze de foro especial.

2.3. Direito Brasileiro

No cenário brasileiro, a imprensa escrita surgiu nos idos de 1808, passando a ser chamada de Imprensa Régia. Em 1821, Portugal anunciou a liberdade de imprensa, cujos ideais foram acolhidos no Brasil, embora o imperador tivesse o poder de escolha sobre o que deveria ou não ser publicado.

Em 1823, a Carta de Lei consagrava a liberdade de imprensa, mas com certas restrições. No período imperial, a Constituição de 1824 foi o primeiro texto constitucional da história do direito brasileiro, de modo que privilegiou a liberdade de expressão, porém sem qualquer

757. Para maiores detalhes sobre o direito de resposta no Pacto de São Jose da Costa Rica, cf: GERMANO, Luiz Paulo Rosek. *Direito de resposta*. Porto Alegre: Livraria do Advogado, 2011, p. 95 e 112-116.

referência ao direito de resposta. É bem de ver que, antes mesmo do advento dessa Constituição, a liberdade de expressão passou a ser regulamentada por via legislativa em 1823, tendo como ponto basilar o artigo 11 da Declaração Universal dos Direitos[758].

A Constituição de 1891 também consagrou o direito à liberdade de manifestação do pensamento pela imprensa ou pela tribuna, mas sem qualquer alusão ao direito de resposta[759]. Da mesma arte, a Constituição de 1934 proclamava a liberdade de expressão, porém impunha restrições aos atos que incitassem a guerra, a desordem pública ou a subversão social. De todo caso, esse texto constitucional foi o primeiro a trazer expressamente o direito de resposta[760].

A Constituição de 1937, em seu artigo 122, inciso 15, também previa a liberdade de expressão e o direito de resposta, no que a imprensa deveria reger-se por lei especial[761].

Nessa toada, o § 5º do artigo 141 da Constituição de 1946 consagrava a liberdade de expressão do pensamento, sem qualquer censura, salvo quanto a espetáculos e apresentações públicas, respondendo

---

758. "**Art. 179. IV.** *Todos podem communicar os seus pensamentos, por palavras, escriptos, e publical-os pela Imprensa, sem dependencia de censura; com tanto que hajam de responder pelos abusos, que commetterem no exercicio deste Direito, nos casos, e pela fórma, que a Lei determinar*".

759. "**Art. 72. § 12.** *Em qualquer assumpto é livre a manifestação do pensamento pela imprensa ou pela tribuna, sem dependencia de censura, respondendo cada um pelos abusos que commetter, nos casos e pela fórma que a lei determinar. Não é permittido o anonymato.*".

760. "**Art. 113. 9)** *Em qualquer assunto é livre a manifestação do pensamento, sem dependência de censura, salvo quanto a espetáculos e diversões públicas, respondendo cada um pelos abusos que cometer, nos casos e pela forma que a lei determinar. Não é permitido anonimato. É segurado o direito de resposta. A publicação de livros e periódicos independe de licença do Poder Público. Não será, porém, tolerada propaganda, de guerra ou de processos violentos, para subverter a ordem política ou social.*".

761. Anota Luiz Rosek Germano: "*Existem algumas considerações importantes relativas ao ordenamento constitucional sob comento. A primeira delas, a de que o texto era significativamente impositivo, pois legalizava a censura prévia, bem como as demais restrições ao exercício da liberdade de imprensa, permitindo que jornais e demais periódicos pudessem ser retirados de circulação. Ademais, consagrou a idéia de que a imprensa cumpria uma função de caráter público, o que, nos dias de hoje, deve ser considerado adequado, porém sem as limitações do passado. Em relação ao direito de resposta, a Carta Política de 1937 foi explícita, obrigando, inclusive administrativamente, os jornais a publicarem gratuitamente respostas ou retificações dos interessados acerca das matérias veiculadas e que estivessem potencialmente caracterizando a injúria de alguém. Tal premissa constitucional constituiu-se em uma regra de caráter normativo, impondo o dever ao órgão de imprensa de recepcionar o exercício do direito de resposta. A resistência do veículo de comunicação em oferecer espaço ensejaria a possibilidade de petição perante o Poder Judiciário*" (GERMANO, Luiz Paulo Rosek. *Direito de resposta*. Porto Alegre: Livraria do Advogado, 2011, p. 123).

cada um, nos casos e na forma que a lei preceituar pelos abusos que cometer. Ademais, proibia-se o anonimato e assegurava-se o direito de resposta[762].

Invocando o entendimento de Pontes de Miranda, assinala Luiz Resek Germano que o direito de resposta à luz da Constituição de 1946 não se condicionava à culpa do emitente do pensamento. Também não era necessária regulamentação em nível infraconstitucional para o exercício desse direito[763].

Já a Constituição de 1967 se caracterizara pela prolixidade na regulamentação da imprensa. Nada obstante, essa Carta Política manteve assegurado o direito de resposta[764].

Na mesma época, foi editada a terceira Lei de Imprensa da história do direito brasileiro, a qual vigorou até 30 de abril de 2009. Neste azo, o direito de resposta era previsto nos artigos 29 a 36 da extinta Lei n. 5.250/1967, de modo que o pedido de resposta não era cabível face a todo e qualquer meio de divulgação de informações ou opiniões,

---

762. GERMANO, Luiz Paulo Rosek. *Direito de resposta*. Porto Alegre: Livraria do Advogado, 2011, p. 124.

763. MIRANDA *apud* GERMANO, Luiz Paulo Rosek. *Direito de resposta*. Porto Alegre: Livraria do Advogado, 2011, p. 125.

764. "**Art. 122. 15)** *todo cidadão tem o direito de manifestar o seu pensamento, oralmente, ou por escrito, impresso ou por imagens, mediante as condições e nos limites prescritos em lei. A lei pode prescrever:* **a)** *com o fim de garantir a paz, a ordem e a segurança pública, a censura prévia da imprensa, do teatro, do cinematógrafo, da radiodifusão, facultando à autoridade competente proibir a circulação, a difusão ou a representação;* **b)** *medidas para impedir as manifestações contrárias à moralidade pública e aos bons costumes, assim como as especialmente destinadas à proteção da infância e da juventude;* **c)** *providências destinadas à proteção do interesse público, bem-estar do povo e segurança do Estado. A imprensa reger-se-á por lei especial, de acordo com os seguintes princípios:* **a)** *a imprensa exerce uma função de caráter público;* **b)** *nenhum jornal pode recusar a inserção de comunicados do Governo, nas dimensões taxadas em lei;* **c)** é assegurado a todo cidadão o direito de fazer inserir gratuitamente nos jornais que o informarem ou injuriarem, resposta, defesa ou retificação; **d)** é proibido o anonimato; **e)** *a responsabilidade se tornará efetiva por pena de prisão contra o diretor responsável e pena pecuniária aplicada à empresa;* **f)** *as máquinas, caracteres e outros objetos tipográficos utilizados na impressão do jornal constituem garantia do pagamento da multa, reparação ou indenização, e das despesas com o processo nas condenações pronunciadas por delito de imprensa, excluídos os privilégios eventuais derivados do contrato de trabalho da empresa jornalística com os seus empregados. A garantia poderá ser substituída por uma caução depositada no princípio de cada ano e arbitrada pela autoridade competente, de acordo com a natureza, a importância e a circulação do jornal;* **g)** *não podem ser proprietários de empresas jornalísticas as sociedades por ações ao portador e os estrangeiros, vedado tanto a estes como às pessoas jurídicas participar de tais empresas como acionistas. A direção dos jornais, bem como a sua orientação intelectual, política e administrativa, só poderá ser exercida por brasileiros natos*".

mas exclusivamente contra os órgãos de imprensa[765]. Assim, essa sis-

---

765. "**Art. 29.** *Tôda pessoa natural ou jurídica, órgão ou entidade pública, que fôr acusado ou ofendido em publicação feita em jornal ou periódico, ou em transmissão de radiodifusão, ou a cujo respeito os meios de informação e divulgação veicularem fato inverídico ou, errôneo, tem direito a resposta ou retificação.* § 1º *A resposta ou retificação pode ser formulada:* **a)** *pela própria pessoa ou seu representante legal;* **b)** *pelo cônjuge, ascendente, descendente e irmão, se o atingido está ausente do País, se a divulgação é contra pessoa morta, ou se a pessoa visada faleceu depois da ofensa recebida, mas antes de decorrido o prazo de decadência do direito de resposta.* § **2º** *A resposta, ou retificação, deve ser formulada por escrito, dentro do prazo de 60 (sessenta) dias da data da publicação ou transmissão, sob pena de decadência do direito.* § **3º** *Extingue-se ainda o direito de resposta com o exercício de ação penal ou civil contra o jornal, periódico, emissora ou agência de notícias, com fundamento na publicação* ou transmissão incriminada. **Art. 30.** *O direito de resposta consiste:* **I** – *na publicação da resposta ou retificação do ofendido, no mesmo jornal ou periódico, no mesmo lugar, em caracteres tipográficos idênticos ao escrito que lhe deu causa, e em edição e dia normais;* **II** – *na transmissão da resposta ou retificação escrita do ofendido, na mesma emissora e no mesmo programa e horário em que foi divulgada a transmissão que lhe deu causa; ou* **III** – *a transmissão da resposta ou da retificação do ofendido, pela agência de notícias, a todos os meios de informação e divulgação a que foi transmitida a notícia que lhe deu causa.* § 1º *A resposta ou pedido de retificação deve:* **a)** *no caso de jornal ou periódico, ter dimensão igual à do escrito incriminado, garantido o mínimo de 100 (cem) linhas;* **b)** *no caso de transmissão por radiodifusão, ocupar tempo igual ao da transmissão incriminada, podendo durar no mínimo um minuto, ainda que aquela tenha sido menor; c) no caso de agência de notícias, ter dimensão igual à da notícia incriminada.* § 2º *Os limites referidos no parágrafo anterior prevalecerão para cada resposta ou retificação em separado, não podendo ser acumulados.* § 3º *No caso de jornal, periódico ou agência de notícias, a resposta ou retificação será publicada ou transmitida gratuitamente, cabendo o custo da resposta ao ofensor ou ao ofendido, conforme decisão do Poder Judiciário, se o responsável não é o diretor ou redator-chefe do jornal, nem com êle tenha contrato de trabalho ou se não é gerente ou proprietário da agência de notícias nem com ela, igualmente, mantenha relação de emprêgo.* § 4º *Nas transmissões por radiodifusão, se o responsável pela transmissão incriminada não é o diretor ou proprietário da emprêsa permissionária, nem com esta tem contrato de trabalho, de publicidade ou de produção de programa, o custo da resposta cabe ao ofensor ou ao ofendido, conforme decisão do Poder Judiciário.* § 5º *Nos casos previstos nos §§ 3º e 4º, as emprêsas têm ação executiva para haver o custo de publicação ou transmissão da resposta daquele que é julgado responsável.* § **6º** *Ainda que a responsabilidade de ofensa seja de terceiros, a emprêsa perde o direito de reembôlso, referido no § 5º, se não transmite a resposta nos prazos fixados no art. 31.* § **7º** *Os limites máximos da resposta ou retificação, referidos no § 1º, podem ser ultrapassados, até o dôbro, desde que o ofendido pague o preço da parte excedente às tarifas normais cobradas pela emprêsa que explora o meio de informação ou divulgação.* § 8º *A publicação ou transmissão da resposta ou retificação, juntamente com comentários em caráter de réplica, assegura ao ofendido direito a nova resposta.* **Art. 31.** *O pedido de resposta ou retificação deve ser atendido:* **I** – *dentro de 24 horas, pelo jornal, emissora de radiodifusão ou agência de notícias;* **II** – *no primeiro número impresso, no caso de periódico que não seja diário.* § 1º *No caso de emissora de radiodifusão, se o programa em que foi feita a transmissão incriminada não é diário, a emissora respeitará a exigência de publicação no mesmo programa, se constar do pedido resposta de retificação, e fará a transmissão no primeiro programa após o recebimento do pedido.* § **2º** *Se, de acôrdo com o art. 30, §§ 3º e 4º, a emprêsa é a responsável pelo custo da resposta, pode condicionar a publicação ou transmissão à prova de que o ofendido a requereu em juízo, contando-se desta prova* os prazos referidos no inciso I e no § 1º.

temática afrontava o princípio da isonomia e, acima de tudo, o preceito constitucional de que é garantido o direito de resposta proporcional ao agravo, independentemente se a notícia ofensiva tenha sido divulgada por veículo de comunicação ou não[766].

Neste caso, a Lei de Imprensa considerava a ofensa como crime contra a honra. De se ver que o alcance da ofensa previsto na extinta

---

Art. 32. *Se o pedido de resposta ou retificação não fôr atendido nos prazos referidos no art. 31, o ofendido poderá reclamar judicialmente a sua publicação ou transmissão.* § **1º** *Para êsse fim, apresentará um exemplar do escrito incriminado, se fôr o caso, ou descreverá a transmissão incriminada, bem como o texto da resposta ou retificação, em duas vias dactiloqrafadas, requerendo ao Juiz criminal que ordene ao responsável pelo meio de informação e divulgação a publicação ou transmissão, nos prazos do art. 31.* § 2º *Tratando-se de emissora de radiodifusão, o ofendido poderá, outrossim, reclamar judicialmente o direito de fazer a retificação ou dar a resposta pessoalmente, dentro de 24 horas, contadas da intimação judicial.* § 3º *Recebido o pedido de resposta ou retificação, o juiz, dentro de 24 horas, mandará citar o responsável pela emprêsa que explora meio de informação e divulgação para que, em igual prazo, diga das razões por que não o publicou ou transmitiu.* § **4º** *Nas 24 horas seguintes, o juiz proferirá a sua decisão, tenha o responsável atendido ou não à intimação.* § **5º** *A ordem judicial de publicação ou transmissão será feita sob pena de multa, que poderá ser aumentada pelo juiz até o dôbro:* **a)** *de Cr$10.000 (dez mil cruzeiros) por dia de atraso na publicação, nos casos de jornal e agências de notícias, e no de emissora de radiodifusão, se o programa fôr diário;* **b)** *equivalente a Cr$10.000 (dez mil cruzeiros) por dia de intervalo entre as edições ou programas, no caso de impresso ou programa não diário.* § **6º** *Tratando-se de emissora de radiodifusão, a sentença do juiz decidirá do responsável pelo custo da transmissão e fixará o preço desta.* § **7º** *Da decisão proferida pelo juiz caberá apelação sem efeito suspensivo.* § **8º** *A recusa ou demora de publicação ou divulgação de resposta, quando couber, constitui crime autônomo e sujeita o responsável ao dôbro da pena cominada à infração.* § **9º** *A resposta cuja divulgação não houver obedecido ao disposto nesta Lei é considerada inexistente.* **Art. 33.** *Reformada a decisão do juiz em instância superior, a emprêsa que tiver cumprido a ordem judicial de publicação ou transmissão da resposta ou retificação terá ação executiva para haver do autor da resposta o custo de sua publicação, de acôrdo com a tabela de preços para os seus serviços de divulgação.* **Art. 34.** *Será negada a publicação ou transmissão da resposta ou retificação:* **I** – *quando não tiver relação com os fatos referidos na publicação ou transmissão a que pretende responder;* **II** – *quando contiver expressões caluniosas, difamatórias ou injuriosas sôbre o jornal, periódico, emissora ou agência de notícias em que houve a publicação ou transmissão que lhe deu motivos, assim como sôbre os seus responsáveis, ou terceiros;* **III** – *quando versar sôbre atos ou publicações oficiais, exceto se a retificação partir de autoridade pública;* **IV** – *quando se referir a terceiros, em condições que criem para êstes igual direito de resposta;* **V** – *quando tiver por objeto crítica literária, teatral, artística, científica ou desportiva, salvo se esta contiver calúnia, difamação ou injúria.* **Art. 35.** *A publicação ou transmissão da resposta ou pedido de retificação não prejudicará as ações do ofendido para promover a responsabilidade penal e civil.* **Art. 36.** *A resposta do acusado ou ofendido será também transcrita ou divulgada em pelo menos um dos jornais, periódicos ou veículos de radiodifusão que houverem divulgado a publicação motivadora, preferentemente o de maior circulação ou expressão. Nesta hipótese, a despesa correrá por conta do órgão responsável pela publicação original, cobrável por via executiva.*"

766. GERMANO, Luiz Paulo Rosek. *Direito de resposta*. Porto Alegre: Livraria do Advogado, 2011, p. 129.

legislação não se diferia daquele trazido pela Constituição brasileira de 1988, que também se inclina à proteção dos direitos da personalidade, sobretudo nos casos de ofensa à honra e à imagem. Da mesma arte, o sentido de crimes contra a honra tipificados na revogada Lei de Imprensa não destoava daquele preceituado no Código Penal, embora a cada uma destas categorias fossem cominadas penas diferentes[767].

Já a Constituição de 1988, em seu artigo 5º, "*caput*", proclama que todos são iguais perante a lei, sem distinção de qualquer natureza, garantindo-se aos brasileiros e aos estrangeiros residentes no País a inviolabilidade do direito à vida, à liberdade, à igualdade, à segurança e à propriedade. Dispõe o inciso V do aludido dispositivo constitucional que *é assegurado o* direito de resposta, proporcional ao agravo, além da indenização por dano material, moral ou à imagem.

De se ver que a liberdade de expressão e o exercício do direito de resposta devem seguir, ao menos no plano teórico ou formal, o princípio da igualdade ou isonomia, eis que tal é a marca impostergável do artigo 5º, "*caput*", da Lei Fundamental.

Contudo, na ocasião do julgamento da ADPF n. 130, discutiu-se se a exclusão total da Lei de Imprensa geraria ou não um possível vácuo legislativo no ordenamento jurídico brasileiro, sobretudo quanto ao direito de resposta, pois, se outrora previsto na própria Lei de Imprensa, tal instituto deixaria de existir à luz do novo panorama jurídico. Diante disso, exsurgiram duas correntes no Pleno do Pretório Excelso.

Para Celso de Mello e Ricardo Lewandowski, é mais que suficiente a regra constitucional que garante o direito de resposta, pois dispõe o artigo 5º, inciso V, da Constituição que é assegurado o direito de resposta, proporcional ao agravo, além de indenização por dano material, moral ou à imagem. Logo, ainda que com a ausência em nível infraconstitucional do direito de resposta, a previsão constitucional do instituto já é suficiente de *per si*, de modo que não é necessária a regulamentação da matéria pelo legislador ordinário.

No mesmo sentido, preleciona José Afonso da Silva que o direito de resposta é previsto em norma constitucional de eficácia plena, de sorte que é prescindível qualquer regulamentação infraconstitucional para sua aplicação[768].

---

767. GERMANO, Luiz Paulo Rosek. *Direito de resposta*. Porto Alegre: Livraria do Advogado, 2011, p. 130.

768. SILVA, José Afonso da. *Comentário contextual à constituição*. 6. ed. São Paulo: Malheiros Editores, 2009, p. 92. No mesmo sentido: CARVALHO, Kildare Gonçalves. *Direito constitucional positivo*. 20 ed. Belo Horizonte: Del Rey, 2013, p. 96.

Adverte Luiz Alberto David Araújo que o direito de resposta é consagrado em norma constitucional de eficácia plena, de modo que não condiciona-se à legislação infraconstitucional para seu exercício[769].

Analisando o julgamento da ADPF n. 130, pontifica Luiz Paulo Rosek Germano que "*Entende-se, desde já, que o inciso V do art. 5º da 'Lex Fundamentalis' tem aplicabilidade imediata e pronta eficácia, sendo desnecessária uma nova regulamentação legal*"[770]. Para o predito autor, mesmo com a revogação da Lei de Imprensa, o direito de resposta é um dever autônomo, de sorte que dispensa uma legislação específica que o regulamente, bastando para sua concessão o atendimento dos seguintes requisitos: **(i)** notícia ou informação, seja falsa seja verdadeira; ou **(ii)** opinião que gere prejuízo a alguém[771].

Noutro giro, de acordo com o entendimento de Gilmar Mendes na ocasião da ADPF n. 130, a Lei de Imprensa trazia uma regulamentação detalhada do direito de resposta aos crimes praticados pela imprensa, de modo que seu total afastamento não se revela adequado nesta parte, sob pena de se recair em uma "selva hermenêutica" em cada caso concreto, tanto às empresas como aos cidadãos em geral.

A partir do julgamento da Lei de Imprensa na ADPF n. 130, o entendimento jurisprudencial firmou-se no sentido de que o direito de resposta não deixou de existir no ordenamento jurídico brasileiro, a ponto de possuir dignidade constitucional e previsão no Pacto de São José da Costa Rica (Convenção Americana sobre Direitos Humanos)[772].

De acordo com esse entendimento, o artigo 5º, inciso V, da Constituição brasileira de 1988, é norma de eficácia plena e de aplicabilidade imediata, de modo que o direito de resposta continua a existir no ordenamento jurídico nacional, embora sem regulamentação infraconstitucional, ou seja, sem a intervenção concretizadora do legislador comum (*interpositio legislatoris*). Assim, qualquer pessoa pode requerê-lo caso se sinta prejudicada por publicação inverídica ou incorreta veiculada pela comunicação social[773].

---

769. ARAUJO, Luiz Alberto David. *Curso de direito constitucional*. 18 ed. São Paulo: Verbatim, 2014, p. 199.

770. GERMANO, Luiz Paulo Rosek. *Direito de resposta*. Porto Alegre: Livraria do Advogado, 2011, p. 94, grifo do autor.

771. GERMANO, Luiz Paulo Rosek. *Direito de resposta*. Porto Alegre: Livraria do Advogado, 2011, p. 179.

772. **STJ, 6ª Turma, RMS 14.577/DF, Rel. Min. Nefi Cordeiro, Julgamento em: 11.11.2014.**

773. **STF, RE 683.751/RS, Rel. Min. Celso de Mello, Publicação no DJe de 01.07.2015, publicado no Informativo n. 792 do STF.**

Mesmo com a não recepção da Lei de Imprensa, infere-se que o direito de resposta ainda encontra previsão constitucional. Nada obstante, sob o ângulo infraconstitucional, entende-se, *concessa venia*, que não mais havia um procedimento especialmente destinado ao direito de retificação, salvo no âmbito da Justiça Eleitoral à luz da Lei 9.504/1997.

Ressalta Paulo Bonavides que, a partir do julgamento da ADPF n. 130, o direito de resposta deixou de ter regulamentação legal, devendo o magistrado aplicá-lo e fixar seus parâmetros de acordo com cada caso concreto enquanto não aprovado novo diploma legal[774].

Em verdade, havia uma evidente omissão inconstitucional do Congresso Nacional em legislar a matéria. Em 2010, a CONTCOP (Confederação Nacional dos Trabalhadores em Comunicação e Publicidade), propôs a Ação Direta de Inconstitucionalidade por Omissão (ADO) n. 11, sob a alegação de que o direito de resposta ficou sem regulamentação no contexto da comunicação de massa. Bem assim, de nada valeria o reconhecimento do direito fundamental em uma norma constitucional de aplicabilidade imediata, sem que houvesse um procedimento específico e apropriado para o exercício da retificação.

Da mesma arte, deixou o legislador de regulamentar o direito de resposta nos casos em que o agravo fosse praticado pela rede mundial de computadores.

Recentemente, o Projeto de Lei do Senado n. 6.446/2013 foi transformado na Lei n. 13.188/2015 (Lei de Direito de Resposta), que disciplina o exercício do direito de resposta ou retificação do ofendido em matéria divulgada, publicada ou transmitida por veículo de comunicação social, cujas nuances serão analisadas oportunamente.

Uma vez analisado o arcabouço legislativo do direito de resposta ou retificação, tanto no âmbito internacional como doméstico, cabe a compreensão dos fundamentos dogmáticos desse instituto.

3. FUNDAMENTOS

Conforme já salientado, a liberdade de expressão é uma garantia constitucional. Nada obstante, deve essa liberdade respeitar outra garantia constitucional, qual seja, o direito de resposta ou retificação.

774. BONAVIDES, Paulo. *Curso de direito constitucional*. 22 ed. São Paulo: Malheiros, 2010, p. 299.

Com efeito, dispõe o inciso IV do artigo 5º da Constituição que *é livre a* manifestação do pensamento, sendo vedado o anonimato. De se ver que esse preceito constitucional deve ser interpretado sistemicamente com o inciso V do mesmo dispositivo, no sentido de que *é assegurado o* direito de resposta, proporcional ao agravo, além da indenização por dano material, moral ou à imagem.

É bem de ver que a vedação ao anonimato tem a finalidade de assegurar e tornar efetivo o direito de resposta, proporcional ao agravo, com indenização por dano material ou moral à imagem[775].

Invocando o entendimento de Vital Moreira, assinala Luiz Paulo Rosek Germano que o direito de resposta ganha maior relevo nos casos de afronta aos direitos da personalidade, tais como a ofensa à imagem, à privacidade e, acima de tudo, à honra[776].

Nesse contexto, o direito de resposta é uma garantia fundamental prevista tanto na Constituição brasileira de 1988 (art. 5º, inc. V) como em tratados internacionais (v.g., Pacto de São José da Costa Rica), com a nítida natureza de desagravo, pelo qual a pessoa que se sentir ofendida em sua honra objetiva por publicação inverídica ou incorreta veiculada pela comunicação social poderá, de forma gratuita, refutar ou corrigir (retificar) a afirmação que lhe fora feita, no mesmo horário, modo e duração do agravo (ofensa) praticado.

Embora os direitos de resposta e de retificação sejam considerados como uma forma de resposta proporcional ao agravo, certo é que ambos os institutos não se confundem. Decerto, o direito de resposta tem a finalidade de repor a verdade, enquanto que o direito de retificação destina-se à correção dos fatos, informações ou opiniões publicadas pelos meios de comunicação[777].

Na perspectiva da então revogada Lei de Imprensa, preconiza Guido Fidelis que o direito de resposta é uma evolução jurídica das responsabilidades, despontando como uma promessa ou segurança que a lei estabelece para a proteção da honra do indivíduo, a ponto de ampliar o exercício do direito de defesa[778].

---

775. CARVALHO, Kildare Gonçalves. *Direito constitucional positivo*. 20 ed. Belo Horizonte: Del Rey, 2013, p. 94.
776. GERMANO, Luiz Paulo Rosek. *Direito de resposta*. Porto Alegre: Livraria do Advogado, 2011, p. 94.
777. GERMANO, Luiz Paulo Rosek. *Direito de resposta*. Porto Alegre: Livraria do Advogado, 2011, p. 136.
778. FIDELIS, Guido. *Crimes de imprensa*. São Paulo: Sugestões Literárias, 1977, p. 85-86.

Para Solidonio Leite Filho: "[...] *o meio mais praticado e afficaz, é entregar ao offendido a mesma arma que o atingiu é estabelecer a igualdade absoluta entre o agrressor e o aggredido*"[779].

Segundo Darcy de Arruda Miranda, defender a necessidade do direito de resposta é o mesmo que defender a liberdade de imprensa, no que ambos os institutos guardam estrita relação[780].

Sob a ótica do atual panorama constitucional, aponta Kildare Gonçalves Carvalho que o direito de resposta tem a finalidade de proteger a pessoa de imputações ofensivas à sua honra e dignidade, possibilitando restabelecer a verdade e a reputação[781].

No aporte de André Ramos Tavares, o direito de resposta é a possibilidade de replicar ou de retificar a matéria publicada, sendo invocável por aquele que foi ofendido em sua honra objetiva ou subjetiva[782].

Segundo Luiz Alberto David Araújo, "*Como se vê, o texto constitucional contém fórmula ampla, garantindo o direito de resposta não só em caso de ofensa à honra da pessoa, mas em qualquer situação de agravo*"[783]. Ademais, o direito de resposta se destina à proteção dos direitos da personalidade, independentemente da responsabilidade civil ou criminal. Assim, pode o ofendido pleitear a resposta e, ao mesmo tempo, indenização por dano material, moral e à imagem à luz do Código Civil[784].

Para Paulo Bonavides, o direito de resposta é inerente ao processo de informação, motivo pelo qual deve ser concedido de forma ampla para assegurar a própria liberdade de informação, seja na imprensa escrita ou falada seja meramente em uma assembleia[785].

No aporte de Luiz Germano, o direito de resposta deve ser compreendido como direito de defesa, visto que desponta como mecanismo de

---

779. LEITE FILHO, Solidonio. *Comentários à Lei de Imprensa*. Rio de Janeiro: J. Leite, 1925, p. 189.

780. MIRANDA, Darcy de Arruda. *Comentários à Lei de Imprensa*. V. II. São Paulo: Revista dos Tribunais, 1969, p. 605-606.

781. CARVALHO, Kildare Gonçalves. *Direito constitucional positivo*. 20 ed. Belo Horizonte: Del Rey, 2013, p. 96.

782. RAMOS, André de Carvalho. *Curso de direitos humanos*. 2 ed. São Paulo: Saraiva, 2015, p. 524.

783. ARAUJO, Luiz Alberto David. *Curso de direito constitucional*. 18 ed. São Paulo: Verbatim, 2014, p. 198.

784. GERMANO, Luiz Paulo Rosek. *Direito de resposta*. Porto Alegre: Livraria do Advogado, 2011, p. 138.

785. BONAVIDES, Paulo. *Curso de direito constitucional*. 22 ed. São Paulo: Malheiros, 2010, p. 299.

contraposições do ofendido face à veiculação de uma notícia ou informação pelos meios de comunicação. Neste azo, o direito de defesa não é uma abstenção do Estado, mas uma ação em defesa dos direitos fundamentais do ofendido[786].

Sob o ângulo do direito português, assinala Helena Moniz que "*No caso específico do direito de resposta, este é considerado como um contra poder da liberdade de imprensa e do domínio do jornal, a fim de os particulares poderem defender os seus direitos da personalidade*"[787]. Obtempera Moniz que o instituto está inserido no que se denomina direito da comunicação, embora toda regulamentação pretenda assegurá-lo não só no contexto da própria comunicação, mas também dos interesses privados.

Dessarte, o direito de resposta é mais que um limite à liberdade de expressão, a ponto de também constituir um elemento deste direito. Ademais, é uma forma de proteção do "consumidor-leitor", pois o próprio consumidor tem o direito de ser informado com veracidade e exatidão no contexto midiático[788].

Arremata Jónatas Machado que, antes da resposta criminal aos crimes contra a honra, deve haver preferência ao direito de resposta, pois tal desponta como um dos meios menos lesivos à liberdade de expressão e aos direitos da personalidade. Assim, se os danos foram causados a partir de um discurso, *ipso facto* prioriza-se a reparação por meio de outro discurso, com fundamento nos princípios da imediaticidade e da atualidade da resposta[789].

Nesse contexto, o direito de resposta não viola a liberdade de expressão, mas a torna ainda mais legítima e democrática, eis que permite o debate público das notícias divulgadas pela imprensa, despontando como verdadeiro instrumento da mídia colaborativa (*collaborative media*)[790].

---

786. GERMANO, Luiz Paulo Rosek. *Direito de resposta*. Porto Alegre: Livraria do Advogado, 2011, p. 133.

787. MONIZ, Helena. Direito de resposta: limite à liberdade de imprensa ou protecção do consumidor?. *Boletim da Faculdade de Direito*, Coimbra, v. 72, p. 273-313, 1996, p. 274.

788. MONIZ, Helena. Direito de resposta: limite à liberdade de imprensa ou protecção do consumidor?. *Boletim da Faculdade de Direito*, Coimbra, v. 72, p. 273-313, 1996, p. 276 e 309-310.

789. MACHADO, Jónatas E. M. *Difamação de figuras públicas*: tutela jurídica e censura judicial à luz do direito português. Curitiba: Juruá, 2016, p. 60.

790. MIRANDA, Darcy de Arruda. *Comentários à Lei de Imprensa*. V. II. São Paulo: Revista dos Tribunais, 1969, p. 610.

E, mesmo que considerado um direito fundamental, não é de caráter absoluto, de modo que comporta restrições. Sem prejuízo, a Constituição brasileira de 1988 não prevê expressamente a forma pela qual deve se proceder às restrições desses direitos, no que as soluções são encontradas a partir das diretrizes constitucionais, tal como o princípio da proporcionalidade[791].

Entende-se que o direito de resposta é a liberdade de expressão do ofendido, tendo duas finalidades primordiais (multifuncionalidade): **(i)** assegurar o direito à informação exata e precisa, com o objetivo de limitar os excessos pelo uso irregular da liberdade de expressão pela comunicação jornalística; e **(ii)** proteger os direitos da personalidade do ofendido, a ponto de restaurar e preservar a verdade dos fatos veiculados pela comunicação social.

Nesse sentido, o direito de resposta é uma defesa legítima, embora não possa ser catalogado como uma forma de justiça privada[792]. Quer dizer, não é pena nem humilhação ao veículo de comunicação social, pois a intervenção judicial não busca causar qualquer constrangimento à imprensa, mas unicamente reparar o dano e repor o equilíbrio diante do agravo sofrido pela matéria divulgada no veículo de comunicação[793].

Para Gilmar Mendes, o direito de resposta é um desagravo que tem o objetivo de proteger a imagem e a honra do indivíduo, somando-se à pretensão de reparação de danos morais e patrimoniais decorrentes do uso inapropriado da liberdade de expressão[794].

Já Castanho de Carvalho entende que o direito de resposta apresenta um conceito mais amplo, pois consiste em um direito difuso à informação, de modo que a resposta ou retificação é possível sem a necessidade de se comprovar a violação de direitos, desde que haja interesse público de obter uma informação verdadeira e atual[795].

---

791. GERMANO, Luiz Paulo Rosek. *Direito de resposta*. Porto Alegre: Livraria do Advogado, 2011, p. 135.

792. MIRANDA, Darcy de Arruda. *Comentários à Lei de Imprensa*. V. II. São Paulo: Revista dos Tribunais, 1969, p. 606.

793. MIRANDA, Darcy de Arruda. *Comentários à Lei de Imprensa*. V. II. São Paulo: Revista dos Tribunais, 1969, p. 609.

794. MENDES, Gilmar Ferreira. *Curso de direito constitucional*. 9 ed. São Paulo: Saraiva, 2014, p. 267.

795. CARVALHO, Luis Gustavo Grandinetti Castanho de. *Direito de informação e liberdade de expressão*. Rio de Janeiro: Renovar: 1999; MENDES, Gilmar Ferreira. *Curso de direito constitucional*. 9 ed. São Paulo: Saraiva, 2014, p. 267.

Faz-se mister, doravante, confrontar o direito de resposta com a publicação da sentença condenatória, que era prevista na extinta Lei n 5.250/1967.

4. DIREITO DE RESPOSTA E PUBLICAÇÃO DA SENTENÇA CONDENATÓRIA

Malgrado ambos os institutos sejam previstos na Lei de Imprensa, a publicação da sentença condenatória (art. 75) não se confunde com o direito de resposta (arts. 29 *usque* 36).

Primeiramente, fez-se imprescindível algumas considerações sobre o direito de resposta. Mesmo com a não recepção da Lei de Imprensa, entendeu o Supremo Tribunal Federal que o direito de resposta ainda continua a existir no ordenamento nacional, tendo em vista que o artigo 5º, inciso V, da Constituição de 1988, é norma de eficácia plena, não necessitando de legislação infraconstitucional para o exercício da garantia nela consagrada.

Discute-se, no entanto, que, com a não recepção da Lei de Imprensa, se a publicação da sentença condenatória transitada em julgado ainda continuou a existir à luz do ordenamento nacional.

Decerto, o art. 75 da Lei 5.250/1967 (Lei de Imprensa) determinava que, a pedido da parte interessada, como forma de sanção, o veículo de comunicação social responsável pela difusão da matéria inverídica ou imprecisa sobre determinada pessoa deveria publicar integralmente a sentença condenatória, cível ou criminal, transitada em julgado[796].

Já a partir da ADPF n. 130/DF, firmou-se o entendimento de que o ofendido não mais poderia invocar a Lei de Imprensa para pleitear a publicação da sentença condenatória, cível ou criminal, transitada em julgado, pelos seguintes motivos: **(i)** esse instituto deixou de existir com a não receptação da Lei de Imprensa; e **(ii)** esse instituto não tem previsão em tratados internacionais nem na Constituição de 1988 e na legislação infraconstitucional[797].

---

796. "**Art. 75.** *A publicação da sentença cível ou criminal, transitada em julgado, na íntegra, será decretada pela autoridade competente, a pedido da parte prejudicada, em jornal, periódico ou através de órgão de radiofusão de real circulação, ou expressão, às expensas da parte vencida ou condenada.*"

797. Nesse sentido: **STJ, 3ª Turma, RESp. 1.297.426-RO, Min. Rel. Ricardo Villas Bôas Cueva, j. 03/11/2015**; **STJ, AgRg na AR 4.490 /DF, Rel. Min. Vasco Della Giustina, j. 25/08/2010.**

Analisados os fundamentos dogmáticos e a evolução legislativa do direito de resposta, faz-se necessário tecer os devidos comentários à Lei n. 13.188/2015, considerada como o novo marco do direito de resposta no Brasil.

CAPÍTULO VIII

COMENTÁRIOS À LEI N. 13.188/2015: NOVO MARCO LEGISLATIVO DO DIREITO DE RESPOSTA NO BRASIL

1. NOÇÕES GERAIS

Conforme já salientado, a Lei n. 5.250/1967, em seus artigos 29 a 36, regulamentou o exercício do direito de resposta aos crimes de imprensa[798]. Recentemente, o Projeto de Lei do Senado n. 6.446/2013 foi

---

798. "**Art. 29.** *Tôda pessoa natural ou jurídica, órgão ou entidade pública, que fôr acusado ou ofendido em publicação feita em jornal ou periódico, ou em transmissão de radiodifusão, ou a cujo respeito os meios de informação e divulgação veicularem fato inverídico ou, errôneo, tem direito a resposta ou retificação.* § 1º *A resposta ou retificação pode ser formulada:* **a)** *pela própria pessoa ou seu representante legal;* **b)** *pelo cônjuge, ascendente, descendente e irmão, se o atingido está ausente do País, se a divulgação é contra pessoa morta, ou se a pessoa visada faleceu depois da ofensa recebida, mas antes de decorrido o prazo de decadência do direito de resposta.* § **2º** *A resposta, ou retificação, deve ser formulada por escrito, dentro do prazo de 60 (sessenta) dias da data da publicação ou transmissão, sob pena de decadência do direito.* § **3º** *Extingue-se ainda o direito de resposta com o exercício de ação penal ou civil contra o jornal, periódico, emissora ou agência de notícias, com fundamento na publicação ou transmissão* incriminada. **Art. 30.** *O direito de resposta consiste:* **I** *– na publicação da resposta ou retificação do ofendido, no mesmo jornal ou periódico, no mesmo lugar, em caracteres tipográficos idênticos ao escrito que lhe deu causa, e em edição e dia normais;* **II** *– na transmissão da resposta ou retificação escrita do ofendido, na mesma emissora e no mesmo programa e horário em que foi divulgada a transmissão que lhe deu causa; ou* **III** *– a transmissão da resposta ou da retificação do ofendido, pela agência de notícias, a todos os meios de informação e divulgação a que foi transmitida a notícia que lhe deu causa.* § 1º *A resposta ou pedido de retificação deve:* **a)** *no caso de jornal ou periódico, ter dimensão igual à do escrito incriminado, garantido o mínimo de 100 (cem) linhas;* **b)** *no caso de transmissão por radiodifusão, ocupar tempo igual ao da transmissão incriminada, podendo durar no mínimo um minuto, ainda que aquela tenha sido menor; c) no caso de agência de notícias, ter dimensão igual à da notícia incriminada.* § 2º *Os limites referidos no parágrafo anterior prevalecerão para cada resposta ou retificação em separado, não podendo ser acumulados.* § 3º *No caso de jornal, periódico ou agência de notícias, a resposta ou retificação será publicada ou transmitida gratuitamente, cabendo o custo da resposta ao ofensor ou ao ofendido, conforme decisão do Poder Judiciário, se o responsável não é o diretor ou redator-chefe do jornal, nem com êle tenha contrato de trabalho ou se não é gerente ou proprietário da agência de notícias nem com ela, igualmente, mantenha relação de emprêgo.* § 4º *Nas transmissões por*

transformado na Lei n. 13.188/2015 (Lei de Direito de Resposta), que disciplina o exercício do direito de resposta ou retificação do ofendido

---

radiodifusão, se o responsável pela transmissão incriminada não é o diretor ou proprietário da emprêsa permissionária, nem com esta tem contrato de trabalho, de publicidade ou de produção de programa, o custo da resposta cabe ao ofensor ou ao ofendido, conforme decisão do Poder Judiciário. § 5º *Nos casos previstos nos §§ 3º e 4º, as emprêsas têm ação executiva para haver o custo de publicação ou transmissão da resposta daquele que é julgado responsável.* § **6º** *Ainda que a responsabilidade de ofensa seja de terceiros, a emprêsa perde o direito de reembôlso, referido no § 5º, se não transmite a resposta nos prazos fixados no art. 31.* § **7º** *Os limites máximos da resposta ou retificação, referidos no § 1º, podem ser ultrapassados, até o dôbro, desde que o ofendido pague o preço da parte excedente às tarifas normais cobradas pela emprêsa que explora o meio de informação ou divulgação.* § 8º *A publicação ou transmissão da resposta ou retificação, juntamente com comentários em caráter de réplica, assegura ao ofendido direito a nova resposta.* **Art. 31.** *O pedido de resposta ou retificação deve ser atendido:* **I** *– dentro de 24 horas, pelo jornal, emissora de radiodifusão ou agência de notícias;* **II** *– no primeiro número impresso, no caso de periódico que não seja diário.* § 1º *No caso de emissora de radiodifusão, se o programa em que foi feita a transmissão incriminada não é diário, a emissora respeitará a exigência de publicação no mesmo programa, se constar do pedido resposta de retificação, e fará a transmissão no primeiro programa após o recebimento do pedido.* § **2º** *Se, de acôrdo com o art. 30, §§ 3º e 4º, a emprêsa é a responsável pelo custo da resposta, pode condicionar a publicação ou transmissão à prova de que o ofendido a requereu em juízo, contando-se desta prova* os prazos referidos no inciso I e no § 1º. **Art. 32.** Se o pedido de resposta ou retificação não fôr atendido nos prazos referidos no art. 31, o ofendido poderá reclamar judicialmente a sua publicação ou transmissão. § **1º** *Para êsse fim, apresentará um exemplar do escrito incriminado, se fôr o caso, ou descreverá a transmissão incriminada, bem como o texto da resposta ou retificação, em duas vias dactiloqrafadas, requerendo ao Juiz criminal que ordene ao responsável pelo meio de informação e divulgação a publicação ou transmissão, nos prazos do art. 31.* § 2º *Tratando-se de emissora de radiodifusão, o ofendido poderá, outrossim, reclamar judicialmente o direito de fazer a retificação ou dar a resposta pessoalmente, dentro de 24 horas, contadas da intimação judicial.* § 3º *Recebido o pedido de resposta ou retificação, o juiz, dentro de 24 horas, mandará citar o responsável pela emprêsa que explora meio de informação e divulgação para que, em igual prazo, diga das razões por que não o publicou ou transmitiu.* § **4º** *Nas 24 horas seguintes, o juiz proferirá a sua decisão, tenha o responsável atendido ou não à intimação.* § **5º** *A ordem judicial de publicação ou transmissão será feita sob pena de multa, que poderá ser aumentada pelo juiz até o dôbro:* **a)** *de Cr$10.000 (dez mil cruzeiros) por dia de atraso na publicação, nos casos de jornal e agências de notícias, e no de emissora de radiodifusão, se o programa fôr diário;* **b)** *equivalente a Cr$10.000 (dez mil cruzeiros) por dia de intervalo entre as edições ou programas, no caso de impresso ou programa não diário.* § **6º** *Tratando-se de emissora de radiodifusão, a sentença do juiz decidirá do responsável pelo custo da transmissão e fixará o preço desta.* § **7º** *Da decisão proferida pelo juiz caberá apelação sem efeito suspensivo.* § **8º** *A recusa ou demora de publicação ou divulgação de resposta, quando couber, constitui crime autônomo e sujeita o responsável ao dôbro da pena cominada à infração.* § **9º** *A resposta cuja divulgação não houver obedecido ao disposto nesta Lei é considerada inexistente.* **Art. 33.** *Reformada a decisão do juiz em instância superior, a emprêsa que tiver cumprido a ordem judicial de publicação ou transmissão da resposta ou retificação terá ação executiva para haver do autor da resposta o custo de sua publicação, de acôrdo com a tabela de preços para os seus serviços de divulgação.* **Art. 34.** *Será negada a publicação ou transmissão da*

em matéria divulgada, publicada ou transmitida por veículo de comunicação social (art. 1º), em homenagem aos princípios da legalidade e da segurança jurídica.

Precipuamente, o novel legislativo enfatizou os elementos essenciais do direito de resposta consagrados na Constituição brasileira de 1988, quais sejam, a proporcionalidade e o agravo, sem prejuízo da indenização por dano material, moral ou à imagem.

Ademais, o novel legislativo guarda relação umbilical com as matérias penais e processuais penais, mormente com os crimes contra a honra, a ponto de contornar os gravames e o potencial lesivo de conteúdos ofensivos publicados pela mídia de massa (*mass media*)[799].

Destarte, a Lei do Direito de Resposta segue a dinâmica da constitucionalização do direito, no sentido de que as normas e princípios constitucionais irradiam diretamente sobre os demais ramos jurídicos, sobretudo as normas constitucionais que asseguram direitos fundamentais nas relações estabelecidas entre os particulares[800].

Nos termos do artigo 12, § 1º, da mencionada legislação, a propositura de ação cível ou penal contra o veículo de comunicação ou seu responsável com fundamento na divulgação, publicação ou transmissão ofensiva não prejudica o exercício administrativo ou judicial do direito de resposta ou retificação. Da mesma arte, dispõe o artigo 6º, parágrafo único, que o agravo consistente em injúria não admitirá prova da verdade. Assim, somente caberá prova da verdade diante do cometimento dos crimes de calúnia e difamação.

---

resposta ou retificação: **I** – *quando não tiver relação com os fatos referidos na publicação ou transmissão a que pretende responder;* **II** – *quando contiver expressões caluniosas, difamatórias ou injuriosas sôbre o jornal, periódico, emissora ou agência de notícias em que houve a publicação ou transmissão que lhe deu motivos, assim como sôbre os seus responsáveis, ou terceiros;* **III** – *quando versar sôbre atos ou publicações oficiais, exceto se a retificação partir de autoridade pública;* **IV** – *quando se referir a terceiros, em condições que criem para êstes igual direito de resposta;* **V** – *quando tiver por objeto crítica literária, teatral, artística, científica ou desportiva, salvo se esta contiver calúnia, difamação ou injúria.* **Art. 35.** *A publicação ou transmissão da resposta ou pedido de retificação não prejudicará as ações do ofendido para promover a responsabilidade penal e civil.* **Art. 36.** *A resposta do acusado ou ofendido será também transcrita ou divulgada em pelo menos um dos jornais, periódicos ou veículos de radiodifusão que houverem divulgado a publicação motivadora, preferentemente o de maior circulação ou expressão. Nesta hipótese, a despesa correrá por conta do órgão responsável pela publicação original, cobrável por via executiva."*

799. Com relação ao potencial lesivo dos conteúdos ofensivos das matérias jornalísticas: **STJ, RE n.º 1.388.994/SP, Rel(a). Min(a). Fátima Nancy Andrighi, Julgamento em 19/09/2013.**

800. AFONSO DA SILVA, Virgílio. *A constitucionalização do direito:* os direitos fundamentais nas relações entre particulares. São Paulo: Malheiros Editores, 2005, p. 18-23.

Além disso, a Lei n. 13.188/2015 trouxe expressamente uma alteração da redação do parágrafo único do artigo 143 do Código Penal, reconhecendo como extinção da punibilidade os casos em que o querelado, antes da sentença, se retratar cabalmente da calúnia ou da difamação.

Por outro lado, assevera-se que o legislador perdeu a oportunidade de conferir uma padronização ao instituto na esfera eleitoral, pois se o agravo envolver candidato, partido político ou coligação, não se aplica o procedimento previsto na Lei n. 13.188/2015, mas aquele disciplinado na Lei n. 9.504/1997 (arts. 58 e 58-A).

Em síntese, entende-se que o novel legislativo é um verdadeiro marco na regulamentação do direito de resposta no cenário jurídico brasileiro, porquanto caminha em *pari passu* com as diretrizes de tratados de direitos humanos, sobretudo com o princípio 3 da Declaração dos Princípios sobre a Liberdade de Expressão e o artigo 14 da Convenção Americana sobre Direitos Humanos.

Logo, a nova Lei do Direito de Resposta foi editada com a finalidade de suprir essa lacuna histórica em nível infraconstitucional. Infere-se, ademais, que o legislador teve a preocupação de enaltecer o diálogo das fontes entre o novel legislativo e os sistemas penais e processuais penais, conferindo segurança jurídica e proteção suficiente ao instituto, em observância ao princípio da dupla face da proporcionalidade.

2. SURGIMENTO DO DIREITO DE RESPOSTA

O direito de resposta ou retificação é autônomo e elevado a nível fundamental, de modo que sua pretensão e realização prescindem, em regra, de qualquer sentença judicial condenatória. Destarte, o legitimado pode exercê-lo administrativamente mediante pleito perante o órgão ou o representante responsável pelo veículo de comunicação.

Em termos gerais, pode ser exercido a partir do momento em que o veículo de comunicação social passa a distribuir, publicar ou transmitir, por qualquer meio (v.g., jornal impresso, internet, rádio, televisão, entre outros), matéria com conteúdo ofensivo sobre determinada pessoa.

Nos casos em que esse direito for denegado ou concedido de forma insuficiente, pode o legitimado ingressar com ação judicial para pleitear a resposta, em consonância com o princípio da inafastabilidade da jurisdição e a previsão do artigo 5º da Lei n. 13.188/2015.

3. LEGITIMIDADE E GRATUIDADE

Em regra, o direito de resposta é assegurado ao ofendido, que pode ser qualquer pessoa, ou seja, tanto pessoa física como pessoa jurídica. Nos termos do artigo 2º da Lei 13.188/2015, ao ofendido em matéria divulgada, publicada ou transmitida por veículo de comunicação social é assegurado o direito de resposta ou retificação, gratuito e proporcional ao agravo.

De se ver que o direito de resposta ou retificação pode ser exercido não apenas por aqueles que são diretamente ofendidos, senão também pelas pessoas indiretamente atingidas e eventuais sucessores, como no caso do cônjuge, descendente, ascendente ou irmão. Assim, esse direito também poderá ser exercido pelos seguintes legitimados (Art. 3º, § 2º): **(i)** pelo representante legal do ofendido incapaz ou da pessoa jurídica; **(ii)** pelo cônjuge, descendente, ascendente ou irmão do ofendido que esteja ausente do país ou do ofendido que tenha falecido depois do agravo, mas antes de decorrido o prazo de decadência do direito de resposta ou retificação.

Noutro viés, parte da doutrina entende que apenas a pessoa natural pode ser titular do direito de liberdade de expressão e das garantias constitucionais correlatas, enquanto que as pessoas jurídicas só usufruem da liberdade de empresa e da livre iniciativa.[801] Nada obstante, entende-se que a pessoa jurídica também tem legitimidade para pleitear o direito de resposta ou retificação, pois o próprio § 2º do artigo 3º do novel legislativo é expresso ao prever sobre a possibilidade de o representante legal da pessoa moral formular esse pedido.

E, conforme já salientado, a Lei n. 13.188/2015 segue o espectro de constitucionalização do direito, no qual normas constitucionais asseguram direitos fundamentais nas relações entre particulares. Neste viés, traz o novo panorama legal uma inédita relação entre as partes, de modo que o direito de resposta não é apenas uma garantia do indivíduo face ao Estado, mas, acima de tudo, do Estado diante do indivíduo. Cabe dizer, torna-se possível que qualquer pessoa política, entendida como a União, os Estados, o Distrito Federal e os Municípios, tenha condições de invocar esse direito diante do particular, ou seja, de uma pessoa física responsável por certo veículo de comunicação social ou de uma pessoa jurídica constituída como órgão de comunicação.

---

801. COMPARATO *apud* CARVALHO, Kildare Gonçalves. *Direito constitucional positivo*. 20 ed. Belo Horizonte: Del Rey, 2013, p. 97, nota de rodapé, item 11.

Logo, o Poder Público também pode ser ofendido por matéria inverídica ou ofensiva, no que o próprio ente público tem o condão de exercer o direito de resposta ou retificação. De todo caso, é mais comum que tal pedido seja formulado pelo agente público.

Por derradeiro, o direito de resposta ou retificação é gratuito, de modo que o ofendido não deve arcar com quaisquer custas para sua publicação nos veículos de comunicação social.

4. DIVULGAÇÃO, PUBLICAÇÃO E TRANSMISSÃO

Há dúvidas sobre o exato sentido e alcance das expressões "divulgar", "publicar" e "transmitir".

De acordo com o Superior Tribunal de Justiça, não há qualquer diferenciação conceitual entre os termos "publicar" e "divulgar".[802] De toda sorte, o sentido das expressões pode ser depreendido de outras legislações então em vigor.

Com redação inserida pela Lei n. 11.829/2008, o artigo 241-A da Lei n. 8.069/1990 (Estatuto da Criança e do Adolescente) prevê o crime de pedofilia, caracterizado pela conduta de divulgar, publicar ou transmitir fotografia, vídeo ou outro registro que contenha cena de sexo explícito ou pornográfica envolvendo criança ou adolescente.

Neste viés, "transmitir" tem o sentido de enviar ou encaminhar. Já "Publicar" é a conduta de editar, geralmente de forma física, a exemplo de um livro. E "divulgar" é tornar algo conhecido.

Forçoso é convir que, sob a égide da Lei n. 13.188/2015, o legislador teve a intenção de empregar os mais diversos verbos para alcançar os distintos meios de difusão das matérias jornalísticas, sejam físicos sejam virtuais, inclusive os meios de divulgação de matérias jornalísticas antigos ou anteriores ao novel legislativo.

5. MATÉRIA E CONTEÚDO OFENSIVO

Para os efeitos da Lei n. 13.188/2015, considera-se matéria qualquer reportagem, nota ou notícia divulgada por veículo de comunicação social, independentemente do meio ou da plataforma de distribuição, publicação ou transmissão que utilize (Art. 2º, § 1º).

Nesse contexto, conteúdo ofensivo é a informação que, ainda que por equívoco, atenta contra a honra, a intimidade, a reputação, o

---

802. Nesse sentido: **STJ, HC n.º 200.356/PE, Sexta Turma, Rel(a) Min.(a) Maria Thereza de Assis Moura, Julgamento: 24/10/2013.**

conceito, o nome, a marca ou a imagem, tanto da pessoa física como da pessoa jurídica identificada ou passível de identificação (Art. **2º**, § 1º).

Assim, parece que o direito de resposta é cabível diante de ofensas diretas ou indiretas e de fatos inverídicos ou incorretos que afrontam os direitos da personalidade seja da pessoa física seja da pessoa jurídica. Logo, será cabível mesmo no caso de informação incompleta, mas com tom ofensivo[803].

5.1. Comentários de Usuários da Internet

Vislumbra-se a possibilidade do exercício do direito de resposta na internet, sobretudo nas informações veiculadas em *sites* e *blogs*. A problemática radica na omissão ou desídia dos endereços eletrônicos de lançar a contraposição das postagens, no que o interessado poderá acionar o Poder Judiciário para solicitar o cancelamento das *home pages*.

Por outro lado, dispõe o § 2º do artigo 2º da Lei 13.188/2015 que *são excluídos da definição de matéria estabelecida no* § 1º deste artigo os comentários realizados por usuários da internet nas páginas eletrônicas dos veículos de comunicação social.

De qualquer forma, poderá o ofendido, caso entenda oportuno e pertinente, lançar seu comentário com o objetivo de refutar o anterior. Exemplificativamente, é comum que, ao final de cada página eletrônica ou portal de notícias, usuários manifestem seus comentários sobre determinada matéria, que podem ter conteúdo depreciativo. Nada obstante, esses comentários não são alcançados pelo sentido de matéria previsto no art. 2º, "*caput*", da Lei n. 13.188/2015.

5.2. Retratação ou Retificação Espontânea do Veículo de Comunicação

No presente ensaio, a retratação já foi objeto de apreciação no capítulo que trata do procedimento especial dos crimes contra a honra. Vale lembrar que consiste no reconhecimento do erro sobre a afirmação ofensiva ou distorcida feita pelo autor contra a vítima do crime contra a honra.

Por previsão expressa do artigo 143 do Código Penal, a retratação é possível somente nos crimes de calúnia e de difamação, pois o

803. GERMANO, Luiz Paulo Rosek. *Direito de resposta*. Porto Alegre: Livraria do Advogado, 2011, p. 144-145.

querelado que, antes da sentença, se retrata cabalmente da calúnia ou da difamação, ficará isento de pena.

Recentemente, a Lei n. 13.188/2015, que regulamenta o direito de resposta, introduziu uma nova redação ao parágrafo único do artigo 143 do Código Penal, dispondo que, nos casos em que o querelado tenha praticado a calúnia ou difamação utilizando-se de meios de comunicação, a retratação dar-se-á, se assim desejar o ofendido, pelos mesmos meios em que se praticou a ofensa.

Ressalta-se que a Lei n. 13.188/2015 acrescentou mais um requisito na redação do parágrafo único do artigo 143 do Estatuto Penal, no sentido de que *"a retratação dar-se-á, se assim deseja o ofendido, pelos mesmos meios em que se praticou a ofensa"*[804]. Exemplificativamente, cita-se o caso de um jornal impresso que publica uma informação sobre determinada pessoa. Após a venda e a circulação do jornal, percebe o editor que a informação não é verdadeira, de modo que, já no dia seguinte, publica nova nota, no mesmo espaço, como forma de retratação ou retificação espontânea, antes mesmo do direito de resposta do ofendido.

A partir dessa alteração legislativa, a retratação do acusado durante a persecução criminal acaba por encerrar unicamente a instância penal, sendo que o ofendido pode ainda pleitear tanto o direito de resposta ou retificação como a ação de indenização por dano moral no âmbito cível, em razão da ofensa sofrida. De toda forma, considerando a retração ou retificação espontânea, pode o juiz levá-la em conta para redução da indenização por danos morais.

Preconiza o § 3º do artigo 2º da Lei 13.188/2015 que a retratação ou retificação espontânea, ainda que a elas sejam conferidos o mesmo destaque, publicidade, periodicidade e dimensão do agravo, não impedem o exercício do direito de resposta pelo ofendido nem prejudicam a ação de reparação por dano moral.

Em apertada síntese, o parágrafo único do artigo 143 do Código Penal é um dos principais aspectos que revela a preocupação legislativa em concatenar a Lei n. 13.188/2015 com o sistema criminal então vigente no Brasil, mormente na perspectiva dos crimes de imprensa.

---

804. "**Retratação Art. 143.** *O querelado que, antes da sentença, se retrata cabalmente da calúnia ou da difamação, fica isento de pena* **Parágrafo único:** *Nos casos em que o querelado tenha praticado a calúnia ou difamação utilizando-se de meios de comunicação, a retratação dar-se-á, se assim deseja o ofendido, pelos mesmos meios em que se praticou a ofensa."*

6. RESPOSTA PROPORCIONAL AO AGRAVO

A Constituição brasileira de 1988 privilegia o direito de resposta proporcional ao agravo, sem prejuízo da indenização por dano material, moral ou à imagem. Destarte, o direito de resposta deve seguir incondicionalmente o princípio da proporcionalidade, no sentido de que entre a publicação e a resposta haja um equilíbrio auferido pela proporcionalidade, adequação e necessidade, a ponto de assegurar a igualdade de armas e a ideia de uma justiça procedimental[805].

Ademais, deve embasar-se no princípio da ponderação entre valores conflitantes, a ponto de conferir uma equivalência aproximada entre a liberdade de expressão e a resposta[806].

De se ver que o direito de resposta tem duas características principais: a proporcionalidade e o agravo.

Com relação à proporcionalidade, o direito de resposta deve ser exercido sem qualquer insuficiência ou excesso à luz do Estado de Direito, com fundamento nos princípios da proibição de excesso e de insuficiência[807].

Corroborando do entendimento de Germano, não há como se fixar parâmetros de proporcionalidade para o exercício do direito de resposta, de modo que tudo dependerá do caso concreto. Neste viés, entende-se que o princípio da proporcionalidade, com a adequação, necessidade e proporcionalidade em sentido estrito, deve ser aplicado para se determinar o equilíbrio do direito de resposta no caso concreto[808].

A adequação tem a finalidade de aferir se o direito de resposta ou retificação é o meio adequado de enfrentamento do agravo. Já a necessidade permite verificar se esse direito é necessário e o meio mais

---

805. MACHADO, Jónatas E. M. *Difamação de figuras públicas*: tutela jurídica e censura judicial à luz do direito português. Curitiba: Juruá, 2016, p. 60.

806. MACHADO, Jónatas E. M. *Difamação de figuras públicas*: tutela jurídica e censura judicial à luz do direito português. Curitiba: Juruá, 2016, p. 60.

807. Assevera Germano: "*As omissões constitucionais ou legislativas não podem conduzir o exercício de um direito fundamental pela metade. Em se tratando do direito de resposta proporcional ao agravo, o que aqui se pretende afirmar é que a proporcionalidade que consta do núcleo da regra constitucional não admite excessos ou insuficiências, devendo o direito de resposta situar-se em uma dimensão equilibrada, a qual possibilite que o ofendido ou aquele que tenha o legítimo interesse ou direito de responder possa exercer, com equidade e proporcionalidade, a sua contraposição*" (GERMANO, Luiz Paulo Rosek. *Direito de resposta*. Porto Alegre: Livraria do Advogado, 2011, p. 163).

808. GERMANO, Luiz Paulo Rosek. *Direito de resposta*. Porto Alegre: Livraria do Advogado, 2011, p. 164.

benigno no caso concreto, a ponto de ser ofertado proporcionalmente ao agravo sofrido, não comportando excessos ou insuficiências. Por último, a proporcionalidade em sentido estrito destina-se à ponderação dos bens em conflito para analisar se é viável ou não a concessão do direito de resposta[809].

Nada obstante, acrescenta Luiz Germano que, diante da resposta, não há qualquer óbice que alguém exerça um pretenso contraditório mediante pagamento ao veículo de comunicação. De todo caso, essa postura, além de não ser adequada, não guarda relação com os fundamentos constitucionais do direito de resposta ou retificação[810].

Corroborando do entendimento de Kildare Gonçalves Carvalho, o direito de resposta deve ser proporcional ao agravo, de sorte que ambos devem ter o mesmo destaque, a mesma duração e o mesmo tamanho. Acrescenta-se, ainda, que o conteúdo do próprio direito de resposta não pode ser ilícito[811].

Nos termos do artigo 4º da Lei n. 13.188/2015, o direito de resposta é proporcional ao agravo ou ofensa. Assim, se a ofensa for praticada por mídia escrita, internet, mídia televisa ou mídia radiofônica, deve a resposta ter o mesmo destaque, publicidade, periodicidade e dimensão da matéria que o ensejou.

Dispõe o § 2º do artigo 4º da mencionada legislação que o ofendido poderá requerer que a resposta ou retificação seja divulgada, publicada ou transmitida no mesmo espaço, dia da semana e horário do agravo. A título de exemplo, se a informação foi trazida por um telejornal às 19h00min, por um período de 2 (minutos), o direito de resposta deverá ser divulgado nas mesmas condições de tempo.

É bem verdade que essa previsão pode gerar acentuadas discussões, como no caso de um telejornal publicar uma longa reportagem de 15 minutos, mencionando o nome do ofendido apenas uma única vez. Contudo, pode o ofendido entender que toda a reportagem fez menção indireta a seu nome, no que o próprio ofendido pode requerer que seu direito de resposta se dê nas mesmas condições que o agravo, ou seja, por 15 minutos neste caso – e não apenas ao tempo do trecho em que teve seu nome diretamente mencionado.

---

809. GERMANO, Luiz Paulo Rosek. *Direito de resposta*. Porto Alegre: Livraria do Advogado, 2011, p. 164-166.

810. GERMANO, Luiz Paulo Rosek. *Direito de resposta*. Porto Alegre: Livraria do Advogado, 2011, p. 140.

811. CARVALHO, Kildare Gonçalves. *Direito constitucional positivo*. 20 ed. Belo Horizonte: Del Rey, 2013, p. 96.

Além disso, prevê o artigo 4º, "*caput*", da Lei n. 13.188/2015 que a resposta ou retificação atenderá, quanto à forma e à duração, aos seguintes aspectos: **(i)** praticado o agravo em mídia escrita ou internet, terá a resposta ou retificação o destaque, a publicidade, a periodicidade e a dimensão da matéria que a ensejou; **(ii)** praticado o agravo em mídia televisa, terá a resposta ou retificação o destaque, a publicidade, a periodicidade e a duração da matéria que a ensejou; **(iii)** praticado o agravo em mídia radiofônica, terá a resposta ou retificação o destaque que a publicidade, a periodicidade e a duração da matéria que a ensejou[812].

Nos moldes do § 1º do artigo 4º, se o agravo tiver sido divulgado publicado, republicado, transmitido ou retransmitido em mídia escrita ou em cadeia de rádio ou televisão para mais de um Município ou Estado, será conferido proporcional alcance à divulgação ou retificação.

Por fim, dispõe o § 3º do artigo 4º que a resposta ou retificação cuja divulgação, publicação ou transmissão não obedeça ao disposto nesta Lei é considerada inexistente.

No que concerne ao agravo, o direito de resposta funciona como uma reação legítima e tempestiva à ofensa sofrida pelo legitimado. Assim, o agravo consiste em fato, opinião ou informação que, uma vez veiculados pelos meios de comunicação, tem o potencial de causar malefícios ao ofendido.

A resposta ou retificação assegura a circulação de ideias e opiniões livres à luz do Estado Democrático de Direito, de modo que pode ser exercido por quaisquer meios ou manifestações, seja por escrito seja por gesto ou na forma verbal. De todo caso, o agravo apresenta diversas formas nas mais variadas situações fáticas, sobretudo quando envolve a honra, a dignidade, a imagem, a privacidade e a moral, sendo que o interesse coletivo geralmente se sobrepõe ao interesse individual[813].

---

812. "**Art. 4º.** *A resposta ou retificação atenderá, quanto à forma e à duração, ao seguinte:* **I** *– praticado o agravo em mídia escrita ou internet, terá a resposta ou retificação o destaque, a publicidade, a periodicidade e a dimensão da matéria que a ensejou;* **II** *– praticado o agravo em mídia televisa, terá a resposta ou retificação o destaque, a publicidade, a periodicidade e a duração da matéria que a ensejou;* **III** *– praticado o agravo em mídia radiofônica, terá a resposta ou retificação o destaque que, a publicidade, a periodicidade e a duração da matéria que a ensejou*".

813. Segundo Germano: "*O agravo pode ser cientificamente analisado sob vários ângulos, uma vez que se materializa em diferentes situações fáticas, as quais podem potencialmente atingir direitos subjetivos e fundamentais, tais como a honra, a dignidade, a imagem, a privacidade e a moral. Acontece que a proteção do coletivo, da maneira como se constata na prática, sobrepõe-se ao interesse pelo individual, o qual, embora constitucionalizado,*

É bem de ver que o direito de resposta merece um tratamento especial na atuação dos agentes públicos, em especial dos agentes políticos, pois a responsabilidade política dessa categoria é peculiar em relação às atribuições de um particular. Desde que resguardada a necessária intimidade e o devido processo legal, os fatos de interesse público devem ser veiculados à coletividade, no que não seria cabível o direito de resposta ou retificação do agente político, como nas notícias que informam a prática de um suposto crime ou de ato ímprobo no âmbito da Administração Pública. Já nos demais casos, deve o político ter assegurado, em regra, o direito de resposta proporcional ao agravo, pois trata-se de direito fundamental de defesa[814].

Em apertada síntese, entende-se que a Lei n. 13.188/2015 é um novo marco na regulamentação do direito de resposta à luz do ordenamento brasileiro, a ponto de consagrar a dupla face da proporcionalidade no plano legislativo. Já no plano prático, o novel legislativo se preocupou em disciplinar o equilíbrio que se espera entre o direito de resposta e o agravo no caso concreto, enaltecendo a proporcionalidade.

7. PRAZO DE EXERCÍCIO DO DIREITO DE RESPOSTA

Conforme já salientado, as informações e opiniões são perenes na voracidade do tempo, embora possam deixar marcas indeléveis na vida de uma pessoa. De toda sorte, certo é que o direito de resposta se esvaece ao longo do tempo, de modo que o seu não exercício pode ser convertido em perdas e danos. Assim, deve ser avaliado, em cada caso concreto, o comportamento do ofendido em relação ao exercício desse direito, a partir da premissa de que *"O direito não socorre aos que dormem"* (*"dormientibus non succurrit jus"*)[815].

---

muitas vezes, sucumbe frente às pretensões plurais" (GERMANO, Luiz Paulo Rosek. *Direito de resposta.* Porto Alegre: Livraria do Advogado, 2011, p. 171).

814. Adverte Germano: *"O direito de resposta proporcional ao agravo, reafirma-se, também é um direito fundamental de defesa. E a essa resposta imprescindível que se assegure a indispensável proporcionalidade (adequação-necessidade-proporcionalidade em sentido estrito), com o intuito de que, por exemplo, uma repercussão jornalística possa contemplar, com dimensão semelhante, as razões e explicações do agente político, ao qual se atribui ou se suspeita a prática ilegal, ímproba ou desvirtuada dos propósitos públicos"* (GERMANO, Luiz Paulo Rosek. *Direito de resposta.* Porto Alegre: Livraria do Advogado, 2011, p. 184).

815. Para Germano: "[...] *Em se tratando do direito de resposta, o famoso ditado aplica-se com mais ênfase, pois, à medida em que o tempo passa, a pretensão do exercício do direito vai enfraquecendo, a tal ponto que, mesmo diante de uma matéria ou informação em relação à qual se tinha o legítimo direito de contraposição, com o passar do tempo,*

Nos termos do artigo 3º, "*caput*", da Lei n 13.188/2015, o direito de resposta ou retificação deve ser exercido no prazo decadencial de 60 (sessenta) dias, contado da data de cada divulgação, publicação ou transmissão da matéria ofensiva, mediante correspondência com aviso de recebimento encaminhado diretamente ao veículo de comunicação social ou, inexistindo pessoa jurídica constituída, a quem por ele responda, independentemente de quem seja o responsável intelectual pelo agravo.

Se houver divulgação, publicação ou transmissão individualizada da matéria ofensiva, conta-se o prazo da data de cada divulgação, publicação ou transmissão da própria matéria ofensiva (art. 3º, "*caput*").

Já se houver divulgação, publicação ou transmissão continuada ou ininterrupta da matéria ofensiva, conta-se o prazo da data em que se iniciou o agravo (art. 3º, § 3º).

Em linhas gerais, certo é que o direito de resposta não impede o exercício de outros direitos, sendo que é de fundamental importância a estipulação de um prazo decadencial para a solicitação desse instituto à luz do Estado Constitucional.

8. FORMA DE SOLICITAÇÃO

Nos moldes do artigo 3º, "*caput*", da Lei n 13.188/2015, o direito de resposta deve ser requerido mediante correspondência com aviso de recebimento, a ser encaminhado das seguintes maneiras: **(i)** diretamente ao veículo de comunicação social; ou **(ii)** inexistindo pessoa jurídica constituída (v.g., *blog* na rede mundial de computadores), a quem responda pelo veículo de comunicação social, independentemente de quem seja o responsável intelectual do agravo.

9. OFENSA POR UM OU MAIS VEÍCULOS DE COMUNICAÇÃO

O direito de resposta pode ser requerido diretamente ao veículo de comunicação, de sorte que o ofendido não deve se preocupar com quem tenha sido o autor intelectual do agravo. Sem prejuízo, poderá ser exercido, de forma individualizada, em face de todos os veículos de comunicação social que tenham divulgado, publicado, republicado, transmitido ou retransmitido o agravo original (Art. 3º, § 1º).

---

este sucumbe em relação a outros, que com ele concorrem, tornando-o intempestivo" (GERMANO, Luiz Paulo Rosek. *Direito de resposta*. Porto Alegre: Livraria do Advogado, 2011, p. 166).

Exemplificativamente, essa situação ocorre se houver a publicação de uma mesma matéria ofensiva por vários veículos de comunicação.

10. PRAZO DE DIVULGAÇÃO

Após o recebimento do pedido de direito de resposta, o veículo de comunicação terá o prazo de 7 (sete) dias para divulgar, publicar ou transmitir o próprio direito de resposta, contado do recebimento do respectivo pedido. Neste caso, o prazo para divulgação, publicação ou transmissão da resposta ou retificação é essencial para o exercício do direito fundamental em referência, com vistas à sua tempestividade. Assim, a resposta ou retificação deve ser exercida enquanto for viável contrapor ou retificar os fatos, informações ou opiniões, a fim de que a ofensa não pereça no tempo[816].

Dispõe o artigo 16 do Código de Ética do Jornalista Brasileiro que o jornalista deve permitir o direito de resposta às pessoas envolvidas ou mencionadas em sua matéria, quando ficar demonstrada a existência de equívocos ou incorreções.

Na prática, é comum que os veículos de comunicação recebam a resposta ou retificação, mas acabam por concebê-la como uma espécie de juízo de valor ou comentário pessoal, no que passam a elaborar uma "réplica" ou "contrarresposta" com conteúdo depreciativo ou demeritório. Nada obstante, essa postura jornalística não se confunde com o direito de defesa, mas causa flagrantemente o desvirtuamento do objetivo constitucional do direito de resposta[817].

Nessa perspectiva, se o autor do direito de resposta ou retificação se sentir novamente ofendido pela "réplica" ou "contrarresposta", poderá ele solicitar novo pedido de resposta. De se ver que a Lei n. 13.188/2015 não disciplinou essa questão a contento, de modo que há uma verdadeira lacuna legislativa neste viés.

---

816. GERMANO, Luiz Paulo Rosek. *Direito de resposta*. Porto Alegre: Livraria do Advogado, 2011, p. 152.

817. Adverte Luiz Paulo Germano: "É de se repetir: a resposta proporcional ao agravo observa os limites estabelecidos pelo sistema jurídico, em especial o princípio da proporcionalidade, não podendo dela se aferir ofensa ou agressão a direitos de terceiros. Enquanto direito fundamental de defesa, deve ela limitar-se ao enfrentamento da questão a que se pretende responder, não cabendo, por parte do órgão de comunicação social, qualquer espécie de desvirtuamento, muito embora sejam aceitáveis pequenos comentários que tenham objetos pequenas observações, sem qualquer intuito depreciativo ou demeritório da resposta ofertada" (GERMANO, Luiz Paulo Rosek. *Direito de resposta*. Porto Alegre: Livraria do Advogado, 2011, p. 153).

Caso o veículo de comunicação não atenda ao pedido ou notifique o ofendido de que não irá publicá-lo, poderá o próprio ofendido ajuizar ação judicial com pedido do direito de resposta.

Nos moldes do artigo 5º da Lei n. 13.188/2015, se o veículo de comunicação social ou quem por ele responda não divulgar, publicar ou transmitir a resposta ou retificação no prazo de 7 (sete) dias, contado do recebimento do respectivo pedido, na forma do art. 3º, restará caracterizado o interesse jurídico para a propositura de ação judicial[818]:

De se ver que, uma vez formulado o pedido, o veículo de comunicação tem a obrigatoriedade de veicular a resposta ou retificação, independentemente de autorização judicial.

Salienta-se, de todo caso, que o veículo de comunicação tem o direito de recusar a pretensão do direito de resposta ou de retificação que lhe foi encaminhada pelo ofendido, desde que as razões apresentadas transcendam ao campo das liberdades de expressão e de comunicação. Ademais, entende-se que o órgão de comunicação pode invocar os seguintes motivos de denegação do pedido: **(i)** o excesso no tamanho da resposta, vez que um dos elementos indispensáveis para a sua concessão é a proporcionalidade; **(ii)** a insuficiência da resposta; e **(iii)** a utilização de expressões prejudiciais em demasia[819].

De qualquer forma, se presentes os requisitos da resposta ou retificação, mas o órgão de imprensa não atender ao respectivo pedido, pode o interessado ingressar com ação judicial pleiteando a concessão da própria resposta ou retificação. Essa sistemática é embasada no princípio da inafastabilidade jurisdicional, previsto no artigo inciso XXXV do artigo 5º da Constituição, que dispõe que a lei não excluirá da apreciação do Poder Judiciário lesão ou ameaça a direito.

O ofendido pode ajuizar a ação nos seguintes foros (art. 5º, § 1º): **(i)** no juízo do domicílio do ofendido; ou **(ii)** no juízo do lugar onde o agravo tenha apresentado maior repercussão.

Por derradeiro, caso seja proposta a ação judicial antes mesmo do pedido de direito de resposta face ao veículo de comunicação social, deve o juiz extinguir o processo sem resolução do mérito, por falta de interesse

---

818. "**Art. 5º.** *Se o veículo de comunicação social ou quem por ele responda não divulgar, publicar ou transmitir a resposta ou retificação no prazo de 7 (sete) dias, contado do recebimento do respectivo pedido, na forma do art. 3o, restará caracterizado o interesse jurídico para a propositura de ação judicial.*"

819. GERMANO, Luiz Paulo Rosek. *Direito de resposta*. Porto Alegre: Livraria do Advogado, 2011, p. 140.

processual, com supedâneo no artigo 485, inciso VI, do novo **Código de Processo Civil**[820].

11. PROCEDIMENTO ESPECIAL DA AÇÃO JUDICIAL

De acordo com o § 2º do artigo 5º da Lei n. 13.188/2015, a ação judicial de direito de resposta é de rito especial, de modo que será instruída com as provas do agravo (v.g. cópia do jornal ou gravação com a matéria ofensiva) e do pedido de resposta ou retificação não atendido, bem como com o texto da resposta ou retificação a ser divulgado, publicado ou transmitido, sob pena de inépcia da inicial, e processada no prazo máximo de 30 (trinta) dias. Contudo, essa ação judicial não comporta as seguintes questões: **(i)** a cumulação de pedidos; **(ii)** a reconvenção; e **(iii)** o litisconsórcio, a assistência e a intervenção de terceiros.

A título de elucidação, a cumulação de pedidos significa que não é possível o pedido de direito de resposta com indenização por dano moral. Assim, deverá a parte interessada ajuizar uma ação do direito de resposta e, na seara cível, outra ação de indenização por dano moral.

De se ver que o novel legislativo nada diz sobre a legitimidade ativa para a propositura da ação judicial. Certo é que, em regra, o sujeito ativo é o ofendido que não teve seu direito de resposta atendido pelo veículo de comunicação social, ou seja, é tanto pessoa física como a pessoa jurídica.

Entretanto, entende-se que os ofendidos indiretos também têm legitimidade para o ajuizamento dessa ação, com vistas à inafastabilidade jurisdicional e à otimização da liberdade de expressão, contanto que respeitadas as regras do direito processual civil. Essa sistemática encontra fundamento na máxima "quem pode o mais, pode o menos" ("*in eo quod plus est semper inest et minus*"). Vale dizer, se os ofendidos indiretos podem solicitar o direito de resposta nos casos previstos no § 2º do artigo 3º, *a fortiori* também podem ajuizar a competente ação

---

820. "**Art. 485.** *O juiz não resolverá o mérito quando:* **I** – *indeferir a petição inicial;* **II** – *o processo ficar parado durante mais de 1 (um) ano por negligência das partes;* **III** – *por não promover os atos e as diligências que lhe incumbir, o autor abandonar a causa por mais de 30 (trinta) dias;* **IV** – *verificar a ausência de pressupostos de constituição e de desenvolvimento válido e regular do processo;* **V** – *reconhecer a existência de perempção, de litispendência ou de coisa julgada;* **VI** – *verificar ausência de legitimidade ou de interesse processual;* **VII** – *acolher a alegação de existência de convenção de arbitragem ou quando o juízo arbitral reconhecer sua competência;* **VIII** – *homologar a desistência da ação;* **IX** – *em caso de morte da parte, a ação for considerada intransmissível por disposição legal;* e **X** – *nos demais casos prescritos neste Código.*".

judicial em caso de não atendimento do pedido anteriormente formulado, com as seguintes hipóteses de cabimento: **(i)** pelo representante legal do ofendido incapaz ou da pessoa jurídica; **(ii)** pelo cônjuge, descendente, ascendente ou irmão do ofendido que esteja ausente do País ou do ofendido que tenha falecido depois do agravo, mas antes de decorrido o prazo de decadência do direito de resposta ou retificação.

Recebido o pedido de resposta ou retificação, o juiz, dentro de 24 (vinte e quatro) horas, mandará citar o responsável pelo veículo de comunicação social para a providência dos seguintes pontos (art. 6º): **(i)** em igual prazo, apresente as razões pelas quais não o divulgou, publicou ou transmitiu; ou **(ii)** no prazo de 3 (três) dias, ofereça contestação.

Reforçando a sistemática dos crimes contra a honra previstos no Código Penal, dispõe o parágrafo único do artigo 6º que o agravo consistente em injúria não admitirá a prova da verdade.

O artigo 7º da Lei n 13.188/2015 prevê uma tutela específica. Com efeito, dispõe o aludido dispositivo que o juiz, nas 24 (vinte e quatro) horas seguintes à citação, tenha ou não se manifestado o responsável pelo veículo de comunicação, conhecerá do pedido e, havendo prova capaz de convencer sobre a verossimilhança da alegação ou justificado receio de ineficácia do provimento final, fixará desde logo as condições e a data para a veiculação, em prazo não superior a 10 (dez) dias, da resposta ou retificação. Neste caso, presentes o *fumus boni iuris* e o *periculum in mora*, deve o Poder Judiciário conceder a resposta ou retificação em juízo cautelar ou antecipação de tutela[821].

Essa medida antecipatória poderá ser reconsiderada ou modificada a qualquer momento, em decisão fundamentada (art. 7º, § 2º). Para a efetivação dessa tutela específica, poderá o juiz, de ofício ou mediante requerimento, adotar as medidas cabíveis para o cumprimento da decisão (art. 7º, § 4º).

Nos termos do § 1º do artigo 7º, se o agravo tiver sido divulgado ou publicado por veículo de mídia impressa cuja circulação seja periódica, a resposta ou retificação será divulgada na edição seguinte à da ofensa ou, ainda, excepcionalmente, em edição extraordinária, apenas nos casos em que o prazo entre a ofensa e a próxima edição indique desproporcionalidade entre a ofensa e a resposta ou retificação.

---

821. GERMANO, Luiz Paulo Rosek. *Direito de resposta*. Porto Alegre: Livraria do Advogado, 2011, p. 150.

Ademais, é possível que o juiz, a qualquer tempo, imponha multa diária ao réu, independentemente de pedido do autor, assim como modificar-lhe o valor ou a periodicidade, caso verifique que se tornou insuficiente ou excessiva (art. 7º, § 3º). De se ver que essa multa não prejudica nem afasta a possibilidade de indenização por danos morais ou materiais (art. 12, § 2º).

O novel legislativo também traz delimitações ao conteúdo do direito de resposta ou retificação. Nos moldes do artigo 8º, não será admitida a divulgação, publicação ou transmissão de resposta ou retificação que não tenha relação com as informações contidas na matéria a que pretende responder nem se enquadre no § 1° do artigo 2° da Lei n. 13.188/2015.

É bem verdade que se a ofensa tiver sido transmitida pela televisão ou rádio, o ofendido não tem o condão de fornecer uma gravação para exibição nos mesmos veículos de comunicação, mas apenas elaborar um texto que deverá ser lido pelo apresentador ou locutor da emissora.

Em continuidade, o juiz prolatará a sentença no prazo máximo de 30 (trinta) dias, contado do ajuizamento da ação, salvo na hipótese de conversão do pedido em reparação por perdas e danos (art. 9º).

Obtempera Germano que a ação judicial do direito de resposta é de eficácia executiva imediata, conferindo de pronto a realização dos efeitos da respectiva sentença, de modo que é prescindível o ajuizamento de outra ação de natureza executiva para o exercício desse direito[822].

Analisando os contornos do Código de Processo Civil de 1973 (Lei n. 5.869, de 11 de janeiro de 1973), assinala Luiz Guilherme Marinoni que, neste tipo de ação, conhecimento e execução se misturam. Em caso de descumprimento do preceito da sentença ou de sua antecipação, tornam-se cabíveis as medidas executivas em sentido amplo no mesmo processo de conhecimento já instaurado. Assim, seria possível a tutela inibitória, prevista no artigo 461 do Código de 1973[823],

822. GERMANO, Luiz Paulo Rosek. *Direito de resposta*. Porto Alegre: Livraria do Advogado, 2011, p. 180.

823. "**Art. 461.** *Na ação que tenha por objeto o cumprimento de obrigação de fazer ou não fazer, o juiz concederá a tutela específica da obrigação ou, se procedente o pedido, determinará providências que assegurem o resultado prático equivalente ao do adimplemento.* **§ 1o** *A obrigação somente se converterá em perdas e danos se o autor o requerer ou se impossível a tutela específica ou a obtenção do resultado prático correspondente.* § 2**o** *A indenização por perdas e danos dar-se-á sem prejuízo da multa (art. 287).* **§ 3o** *Sendo relevante o fundamento da demanda e havendo justificado receio de ineficácia do*

consistente na tutela contra o perigo da prática, da repetição ou da continuação do ilícito[824].

Complementa Germano que, em caso de descumprimento da ordem executiva, o juiz poderia impor *astreinte*, ou seja, multa que constrange psicologicamente o devedor ao cumprimento da obrigação, independentemente de perdas e danos, contanto que não haja enriquecimento sem causa, com fundamento no § 4º do artigo 461 do Código de 1973.

Em geral, a sentença que concede o direito de resposta é de natureza executiva imediata, de modo que seu cumprimento dispensa o ajuizamento de uma nova ação judicial em caso de não atendimento.

Em caso de interposição de recurso contra quaisquer das decisões proferidas na ação judicial, decidirá o tribunal se é caso ou não de concessão do efeito suspensivo. Porém, caberá ao juiz colegiado a concessão do efeito suspensivo.

Decerto, dispõe o artigo 10 da Lei n. 13.188/2015 que, das decisões proferidas nos processos submetidos ao rito especial estabelecido nessa lei de regência, poderá ser concedido efeito suspensivo pelo tribunal competente, desde que constatadas, em juízo colegiado prévio, a plausibilidade do direito invocado e a urgência na concessão da medida.

As *ações judiciais destinadas a garantir a efetividade do direito de resposta ou retificação previsto na mencionada legislação processam-se durante o recesso forense, ou seja, nas férias forenses e não se suspendem pela superveniência delas (art. 9º, parágrafo único).*

Em regra, a ação judicial de direito de resposta ou retificação é gratuita. Pode o juiz, no entanto, decidir que a ação é improcedente, sob o fundamento de que o autor apresentou uma iniciativa temerária ou irresponsável em ajuizá-la, de modo que tal será condenado

---

provimento final, é lícito ao juiz conceder a tutela liminarmente ou mediante justificação prévia, citado o réu. A medida liminar poderá ser revogada ou modificada, a qualquer tempo, em decisão fundamentada. **§ 4o** *O juiz poderá, na hipótese do parágrafo anterior ou na sentença, impor multa diária ao réu, independentemente de pedido do autor, se for suficiente ou compatível com a obrigação, fixando-lhe prazo razoável para o cumprimento do preceito.* § **5o** *Para a efetivação da tutela específica ou a obtenção do resultado prático equivalente, poderá o juiz, de ofício ou a requerimento, determinar as medidas necessárias, tais como a imposição de multa por tempo de atraso, busca e apreensão, remoção de pessoas e coisas, desfazimento de obras e impedimento de atividade nociva, se necessário com requisição de força policial.* § **6o** *O juiz poderá, de ofício, modificar o valor ou a periodicidade da multa, caso verifique que se tornou insuficiente ou excessiva."*

824. MARINONI *apud* GERMANO, Luiz Paulo Rosek. *Direito de resposta*. Porto Alegre: Livraria do Advogado, 2011, p. 180-182.

ao pagamento das custas processuais e do ônus de sucumbência. Assim, prevê o artigo 11 que a gratuidade da resposta ou retificação divulgada pelo veículo de comunicação, em caso de ação temerária, não abrange as custas processuais nem exime o autor do ônus da sucumbência.

Incluem-se entre os ônus da sucumbência os custos com a divulgação, publicação ou transmissão da resposta ou retificação, caso a decisão judicial favorável ao autor seja reformada em definitivo (art. 11, parágrafo único).

A ação judicial do direito de resposta não se confunde, a rigor, com os pedidos de indenização por danos morais, materiais ou à imagem. À luz do ordenamento jurídico brasileiro, as instâncias jurídicas são autônomas e independentes entre si, de modo que se perfazem, em geral, três modelos de responsabilidade, quais sejam: civil (constitucional ou civil *lato sensu*), administrativo e penal.

No campo da responsabilidade civil, entende-se que diversos artigos da Lei de Imprensa estavam em desacordo com a Constituição de 1988, razão pela qual não mais poderiam ter validade no ordenamento jurídico, sobretudo no tratamento das seguintes questões: **(i)** no prazo decadencial da ação civil previsto no artigo 56 da extinta Lei de Imprensa; **(ii)** na indenização tarifária; e **(iii)** nos parâmetros de arbitramento da indenização[825].

Com efeito, previa o artigo 56 da extinta Lei n. 5.250/1967 que a ação para haver indenização por dano moral poderá ser exercida separadamente da ação para haver reparação do dano material, e sob pena de decadência deverá ser proposta dentro de 3 (três) meses da data da publicação ou transmissão que lhe der causa. Nada obstante, dispõe o inciso X do artigo 5º da Constituição de 1988 que são invioláveis a intimidade, a vida privada, a honra e a imagem das pessoas, assegurado o direito a indenização pelo dano material ou moral decorrente de sua violação.

De se ver que a Magna Carta traz um equilíbrio entre a indenização pelo dano material ou moral, não comportando qualquer discrepância de prazo nesse sentido. Dessarte, entende-se que a Carta Política, antes mesmo do julgamento da ADPF n. 130, já havia revogado implicitamente o artigo 56 da extinta Lei de Imprensa[826].

---

825. GERMANO, Luiz Paulo Rosek. *Direito de resposta*. Porto Alegre: Livraria do Advogado, 2011, p. 153-157.

826. GERMANO, Luiz Paulo Rosek. *Direito de resposta*. Porto Alegre: Livraria do Advogado, 2011, p. 154.

Já o artigo 49 da Lei de Imprensa previa a responsabilidade civil subjetiva do jornalista, pois, aquele que no exercício da liberdade de manifestação de pensamento e de informação, com dolo ou culpa, violasse direito, ou causasse prejuízo a outrem, ficaria obrigado a reparar o dano.

Nesse prisma, o artigo 51 da mencionada legislação trazia uma indenização tarifária, no sentido de que a responsabilidade civil do jornalista profissional que concorria para o dano por negligência, imperícia ou imprudência, seria limitada, em cada escrito, transmissão ou notícia: **(i)** a 2 (dois) salários-mínimos da região, no caso de publicação ou transmissão de notícia falsa, ou divulgação de fato verdadeiro truncado ou deturpado; **(ii)** a 5 (cinco) salários-mínimos da região, nos casos de publicação ou transmissão que ofenda a dignidade ou decoro de alguém; **(iii)** a 10 (dez) salários-mínimos da região, nos casos de imputação de fato ofensivo à reputação de alguém; e **(iv)** a 20 (vinte) salários-mínimos da região, nos casos de falsa imputação de crime a alguém, ou de imputação de crime verdadeiro, nos casos em que a lei não admite a exceção da verdade. Da mesma arte, previa o artigo 52 que a responsabilidade civil da empresa que explorasse meio de informação ou divulgação era limitada a 10 (dez) vezes as importâncias referidas no artigo 51, se resultasse de ato culposo de algumas das pessoas referidas no artigo 50.

Ressalta-se, sem prejuízo, que os incisos V e X do artigo 5º da Constituição de 1988 não preveem qualquer parâmetro de tarifação para as indenizações por dano material ou moral, motivo pelo qual o artigo 51 da extinta Lei de Imprensa não havia sido recepcionado pela atual ordem jurídica[827].

Além disso, a então revogada legislação previa uma responsabilidade subjetiva do jornalista, consubstanciada no dolo ou culpa do agressor. Ocorre que, atualmente, o enfoque não é dado à figura do ofensor, mas, acima de tudo, à vítima, de modo que tem prevalecido a responsabilidade objetiva, a exemplo da responsabilidade civil objetiva do Estado e das empresas que prestam serviços públicos no âmbito do direito do consumidor, a partir da interpretação da Lei n. 8.078/1990 e do § 6º do artigo 37 da Lei Fundamental[828].

Por fim, o artigo 53 da Lei de Imprensa trazia um critério geral para arbitramento da indenização por dano moral, no sentido de que

---

827. GERMANO, Luiz Paulo Rosek. *Direito de resposta*. Porto Alegre: Livraria do Advogado, 2011, p. 155.

828. GERMANO, Luiz Paulo Rosek. *Direito de resposta*. Porto Alegre: Livraria do Advogado, 2011, p. 155.

o juiz deveria levar em conta, notadamente: **(i)** a intensidade do sofrimento do ofendido, a gravidade, a natureza e a repercussão da ofensa e a posição social e política do ofendido; **(ii)** a intensidade do dolo ou o grau da culpa do responsável, sua situação econômica e sua condenação anterior em ação criminal ou cível fundada em abuso no exercício da liberdade de manifestação do pensamento e informação; e **(iii)** a retratação espontânea e cabal, antes da propositura da ação penal ou cível, a publicação ou transmissão da resposta ou pedido de retificação, nos prazos previstos na antiga Lei de Imprensa e independentemente de intervenção judicial, e a extensão da reparação por esse meio obtida pelo ofendido.

Acusa-se que essa previsão trazia um evidente equívoco, pois a dosagem da sanção civil decorrente por dano moral era fixada conforme parâmetros da sanção penal, gerando uma espécie de fusão entre o direito civil e o direito penal, a ponto de aviltar os princípios da legalidade e da segurança jurídica. Ademais, para a fixação do dano moral, não é correto prever qualquer graduação do tipo de dolo ou grau da culpa, tampouco tomar em conta as condições econômicas do ofensor[829].

Já a Lei n. 13.188/2015 andou bem no tratamento da indenização por danos morais, materiais ou à imagem, conferindo sua análise estritamente ao campo civil. Com efeito, dispõe o artigo 12 do novel legislativo que os pedidos de reparação ou indenização por danos morais, materiais ou à imagem serão deduzidos em ação própria, salvo se o autor, desistindo expressamente da tutela específica de que trata esta legislação, os requerer, caso em que o processo seguirá pelo rito ordinário.

Da mesma arte, dispõe o § 1º do artigo 12 que o ajuizamento de ação cível ou penal contra o veículo de comunicação ou seu responsável com fundamento na divulgação, publicação ou transmissão ofensiva não prejudica o exercício administrativo ou judicial do direito de resposta ou retificação previsto na própria Lei n. 13.188/2015.

É bem de ver que o direito de resposta não se confunde com a indenização por danos materiais, morais e à imagem, conquanto todos constituam um sistema equilibrado de reparação dos danos causados pela ofensa veiculada nos meios de comunicação[830]. Decerto, o direito de res-

---

829. GERMANO, Luiz Paulo Rosek. *Direito de resposta*. Porto Alegre: Livraria do Advogado, 2011, p. 156.

830. GERMANO, Luiz Paulo Rosek. *Direito de resposta*. Porto Alegre: Livraria do Advogado, 2011, p. 169-170.

posta é regulamentado na Lei n. 13.188/2015 e na Lei n. 9.504/1997, dispensando as mesmas provas que se exigem para a comprovação do dano material, moral ou à imagem. Já os danos materiais, morais e à imagem são disciplinados no Código Civil, de modo que dependem de comprovação nos autos de processo judicial, mediante acordo entre as partes ou não, cuja indenização é arbitrada pelo magistrado[831].

Excepcionalmente, o autor poderá formular, em uma mesma ação judicial, o pedido do direito de resposta e, ao mesmo tempo, da indenização por danos morais, materiais e à imagem, caso desista do procedimento especial disciplinado na Lei n. 13.188/2015, no que necessariamente também desistiria da decisão do juiz de conceder tutela específica no prazo de 24 (vinte e quatro) horas após a citação. Neste azo, o processo seguirá regularmente o rito ordinário.

Do exposto, entende-se que o novel legislativo trouxe uma regulamentação harmoniosa e coerente do direito de resposta e dos meios de reparação da ofensa, mormente da indenização por danos materiais, morais e à imagem, em observância à independência e autonomia das instâncias.

---

831. Segundo Germano: "*Não há que se confundir, portanto, o direito de resposta com eventual condenação em sede de responsabilidade civil ou penal. Trata-se de institutos diferentes, com objetivos diversos. Enquanto o direito de resposta visa a assegurar a retificação ou contraposição de um fato, notícia, informação ou opinião que potencialmente possa ter trazido um agravo a determinada pessoa (ou mesmo a um agrupamento delas), a responsabilidade civil visa a reparar o dano causado, se comprovado, possibilitando que o responsável arque com o pagamento de uma indenização, assim como outras obrigações sucumbenciais, tal como os custos da publicação do dispositivo de uma sentença em jornal ou revista. Já a responsabilidade penal implica na tipificação de um crime, previsto no Código Penal e dependerá do devido processamento, podendo o responsável, de acordo com o crime apontado, a ser apurado na instrução criminal, ser absolvido u condenado a uma das penas previstas no respectivo Estatuto Penal.*" (GERMANO, Luiz Paulo Rosek. *Direito de resposta*. Porto Alegre: Livraria do Advogado, 2011, p. 188).

CAPÍTULO IX

CRIMES ELEITORAIS E DIREITO DE RESPOSTA

1. JUSTIÇA ELEITORAL

O direito eleitoral brasileiro traz a regulamentação da liberdade de expressão no período eleitoral, com o objetivo de impedir a manipulação do eleitorado e a ofensa ao princípio da isonomia nas eleições[832].

Conforme bem anota Antonio Carlos da Ponte, a Justiça Eleitoral desempenha as seguintes atribuições: **(i)** preparar, organizar e administrar o processo eleitoral; **(ii)** cuidar da inscrição dos eleitores, da transferência e do domicílio eleitoral; **(iii)** expedir títulos eleitorais; **(iv)** exercer o poder de polícia sobre a propaganda eleitoral e a capacitação irregular se sufrágio, entre outros[833].

Nesse contexto, no Título IV da Lei n. 4.737/1965 confere tratamento aos crimes eleitorais, com a divisão em três capítulos: **(i)** disposições preliminares; **(ii)** crimes eleitorais; e **(iii)** o direito processual penal aplicável aos crimes eleitorais[834].

Nada obstante, os crimes eleitorais não se restringem somente ao Código Eleitoral, mas também são tipificados nas seguintes legislações: **(i)** Lei n. 6.091/1974, que disciplina sobre o fornecimento gratuito de transporte de eleitores residentes em zonas rurais, no dia das eleições; **(ii)** Lei n. 6.992/1982, que trata da utilização de processamento eletrônico de dados nos serviços eleitorais; **(iii)** Lei Complementar n. 64/1990, que traz as hipóteses de inelegibilidade; e **(iv)** Lei 9.504/1997, que estabelece normas para eleições, conferindo tratamento às convenções, coligações, registro dos candidatos, à propaganda eleitoral e às condutas vedadas aos agentes públicos em período eleitoral[835].

---

832. Para maiores informações, cf: RAMOS, André de Carvalho. *Curso de direitos humanos*. 2 ed. São Paulo: Saraiva, 2015, p. 527.

833. PONTE, Antonio Carlos. *Crimes eleitorais*. **São Paulo: Saraiva, 2008, p. 6.**

834. PONTE, Antonio Carlos. *Crimes eleitorais*. **São Paulo: Saraiva, 2008, p. 35.**

835. PONTE, Antonio Carlos. *Crimes eleitorais*. **São Paulo: Saraiva, 2008, p. 35-36.**

Nesse viés, a Lei das Eleições consagra o direito de resposta, com o respectivo procedimento, aos casos de ofensa a candidato, partido ou coligação. Em caso de ofensas destinadas a candidato, partido político ou coligação, não é cabível a aplicação da Lei n. 13.188/2015, mas do direito de resposta da Lei n. 9.504/1997.

Nos termos do artigo 58 da Lei n. 9.504/1997, assegura-se, a partir da escolha de candidatos em convenção, o direito de resposta a candidato, partido ou coligação atingidos, ainda que de forma indireta, por conceito, imagem ou afirmação caluniosa, difamatória, injuriosa ou sabidamente inverídica, difundidos por qualquer veículo de comunicação social.

Corroborando do posicionamento de Antonio Carlos da Ponte, entende-se que, ainda que com diversas legislações penais na área eleitoral, a codificação se revela um meio pleno e harmonioso para o tratamento dos crimes eleitorais no Brasil, evitando a eclosão de um direito penal de emergência e simbólico nesse âmago. Assim, a legislação eleitoral necessita ser repensada à luz dos mandados constitucionais de criminalização e dos princípios e garantias penais constitucionalmente reconhecidos[836].

Portanto, cabe a compreensão dos crimes contra a honra praticados pela imprensa no período eleitoral e, consequentemente, como se verifica o desenvolvimento do direito de resposta neste viés.

2. CRIMES ELEITORAIS

2.1. Disposições Preliminares e Processo Penal

Conforme já salientado, o Código Eleitoral (Lei n. 4.737/1965) traz disposições preliminares sobre as matérias de direito penal aplicáveis aos crimes eleitorais[837].

Com efeito, o artigo 283 da mencionada legislação considera, para efeitos penais, como membros e funcionários da Justiça Eleitoral: **(i)** os magistrados que, mesmo não exercendo funções eleitorais, estejam presidindo Juntas Apuradoras, ou se encontrem no exercício de outra função por designação do Tribunal Eleitoral; **(ii)** os cidadãos que temporariamente integram órgãos da Justiça Eleitoral; **(iii)** os cidadãos que hajam sido nomeados para as mesas receptoras ou

---

836. PONTE, Antonio Carlos. *Crimes eleitorais*. São Paulo: Saraiva, 2008, p. 21 e 141.

837. Para maiores detalhes, cf: PONTE, Antonio Carlos. *Crimes eleitorais*. São Paulo: Saraiva, 2008, p. 55; RAMAYANA, Marcos. *Direito eleitoral*. Rio de Janeiro: Impetus, 2011, p. 756 *et. seq*.

Juntas Apuradoras; e **(iv)** os funcionários requisitados pela Justiça Eleitoral[838].

O Código Eleitoral também traz um conceito de funcionário público para os efeitos penais, que é quem, embora transitoriamente ou sem remuneração, exerce cargo, emprego ou função pública (art. 283, § 1º)[839]. Equipara-se a funcionário público quem exerce cargo, emprego ou função em entidade paraestatal ou em sociedade de economia mista (art. 283, § 2º)

Nesse contexto, sempre que o Código Eleitoral não indicar o grau mínimo da pena cominada ao crime eleitoral, entende-se que será tal grau de 15 dias para a pena de detenção e de 1 ano para a de reclusão (art. 284)[840].

Ademais, quando a lei determina a causa de aumento ("agravação") ou de diminuição da pena ("atenuação") sem mencionar o "*quantum*", deve o juiz fixá-la de 1/5 (um quinto) a 1/3 (um terço), guardados os limites da pena cominada ao crime (art. 285)[841].

Assim, ambos os artigos acima mencionados empregam uma tipicidade remetida no bojo do Código Eleitoral. Entende-se, no entanto, que essa sistemática de dosimetria das penas acarreta mais embaraços que certezas, a ponto de aviltar os princípios da segurança jurídica, da legalidade, da taxatividade e da proporcionalidade em direito penal.

A pena de multa, consistente no pagamento de uma soma de dinheiro ao Tesouro Nacional, será fixada em dias-multa, de modo que seu montante é, no mínimo, 1 dia-multa e, no máximo, 300 dias-multa

---

838. "**Art. 283.** *Para os efeitos penais são considerados membros e funcionários da Justiça Eleitoral*: **I** – *os magistrados que, mesmo não exercendo funções eleitorais, estejam presidindo Juntas Apuradoras ou se encontrem no exercício de outra função por designação de Tribunal Eleitoral;* **II** – *Os cidadãos que temporariamente integram órgãos da Justiça Eleitoral;* **III** – *Os cidadãos que hajam sido nomeados para as mesas receptoras ou Juntas Apuradoras;* **IV** – *Os funcionários requisitados pela Justiça Eleitoral.*"

839. "§ 1º *Considera-se funcionário público, para os efeitos penais, além dos indicados no presente artigo, quem, embora transitoriamente ou sem remuneração, exerce cargo, emprego ou função pública.* § **2º** *Equipara-se a funcionário público quem exerce cargo, emprego ou função em entidade paraestatal ou em sociedade de economia mista.*"

840. "**Art. 284.** *Sempre que êste Código não indicar o grau mínimo, entende-se que será ele de quinze dias para a pena de detenção e de um ano para a de reclusão.*"

841. Nos termos do artigo 285 do Código Eleitoral: "**Art. 285.** *Quando a lei determina a agravação ou atenuação da pena sem mencionar o "quantum", deve o juiz fixá-lo entre um quinto e um terço, guardados os limites da pena cominada ao crime.*" Embora o aludido dispositivo faça menção expressa à "agravação" ou "atenuação", tais devem ser entendidas, respectivamente, como causas de aumento e de diminuição da pena.

(art. 286)[842]. Para o pagamento da multa, entende-se que o juiz pode aplicar a regra do artigo 50 do Código Penal, a ponto de permitir o parcelamento mensal do pagamento[843].

De se ver que o montante do dia-multa é fixado segundo o prudente arbítrio do juiz, de modo que o próprio magistrado deve ter em conta as condições pessoais e econômicas do condenado, mas não pode ser inferior ao salário mínimo diário da região, nem superior ao valor de um salário mínimo mensal (art. 186, § 1º).

De todo caso, a multa pode ser aumentada até o triplo, embora possa exceder o máximo genérico de 300-dias multas, caso o juiz considere que, em virtude da situação econômica do réu, é ineficaz a pena de multa cominada, ainda que no máximo (art. 186, § 2º).

Nos termos do artigo 287 do Código Eleitoral, aplicam-se aos crimes eleitorais as regras gerais do Código Penal, tais como: **(i)** princípio da anterioridade da lei; **(ii)** lei penal no tempo; **(iii)** lei excepcional ou temporária; **(iv)** tempo e lugar do crime; **(v)** territorialidade e extraterritorialidade; **(vi)** pena cumprida no estrangeiro e eficácia da sentença penal estrangeira; **(vii)** contagem de prazo; e **(viii)** os demais institutos das teorias do delito e da pena[844]. Discute-se, inclusive, sobre a possibilidade de aplicação da tipicidade conglobante e da coculpabilidade[845].

Nessa perspectiva, adotou o legislador a remissão taxativa às regras do Código Penal.

É bem de ver que os crimes eleitorais admitem unicamente a modalidade dolosa, pois o Código Eleitoral não os prevê na forma culposa. Assim, segue-se o disposto no artigo 18 do Código Penal, no sentido

---

842. "**Art. 286.** *A pena de multa consiste no pagamento ao Tesouro Nacional, de uma soma de dinheiro, que é fixada em dias-multa. Seu montante é, no mínimo, 1 (um) dia-multa e, no máximo, 300 (trezentos) dias-multa.* § 1º *O montante do dia-multa é fixado segundo o prudente arbítrio do juiz, devendo êste ter em conta as condições pessoais e econômicas do condenado, mas não pode ser inferior ao salário-mínimo diário da região, nem superior ao valor de um salário-mínimo mensal.* § 2º. *A multa pode ser aumentada até o triplo, embora não possa exceder o máximo genérico caput, se o juiz considerar que, em virtude da situação econômica do condenado, é ineficaz a cominada, ainda que no máximo, ao crime de que se trate.*"

843. "**Art. 50 –** *A multa deve ser paga dentro de 10 (dez) dias depois de transitada em julgado a sentença. A requerimento do condenado e conforme as circunstâncias, o juiz pode permitir que o pagamento se realize em parcelas mensais.*"

844. "**Art. 287.** *Aplicam-se aos fatos incriminados nesta lei as regras gerais do Código Penal.*"

845. CERQUEIRA, Thales Tácito. *Direito eleitoral esquematizado*. 3 ed. São Paulo: Saraiva, 2013, p. 861-864.

de que, salvo nos casos previstos em lei, ninguém pode ser punido por fato previsto como crime, senão quando o pratica dolosamente.

O artigo 288 da Lei n. 4.737/1965 traz previsão específica aos crimes eleitorais praticados pela imprensa, rádio ou televisão, aos quais aplicam-se exclusivamente as normas do próprio Código Eleitoral e as remissões a outras leis nele contempladas[846]. Consequentemente, não cabia a aplicação da extinta Lei n. 5.250/1967 (Lei de Imprensa).

Nesse contexto, o Código Eleitoral traz procedimento especial para o processo e julgamento dos crimes eleitorais.

Diferentemente dos crimes tipificados no Código Penal, os crimes eleitorais são de ação penal pública incondicionada, inclusive os crimes contra a honra praticados na propaganda eleitoral. Sem embargo, o Tribunal Superior Eleitoral admite a ação penal privada subsidiária da pública, por se tratar de garantia constitucional prevista no inciso LIX do artigo 5º da Constituição[847].

Além disso, não se revela possível a ação penal pública condicionada à representação nos crimes eleitorais, em virtude do interesse público que subjaz na matéria eleitoral.

De se ver que a maioria dos crimes eleitorais constitui infrações eleitorais de menor potencial ofensivo, sobretudo os delitos previstos na Lei n. 4.737/1965, de modo que se faz imprescindível a reestruturação do procedimento especial do Código Eleitoral. De todo caso, não há qualquer óbice para a aplicação da transação penal e da suspensão condicional do processo em crimes eleitorais.

Ademais, não há previsão expressa de interrogatório no processo penal eleitoral, mas depoimento pessoal do acusado. Entende-se, de toda forma, que esse depoimento equivale ao interrogatório do procedimento comum ordinário, conquanto deslocado ao início do processo.

No mais, segue-se regularmente o rito especial previsto nos artigos 355 a 364 do Código Eleitoral[848], embora parte da doutri-

---

846. "**Art. 288.** *Nos crimes eleitorais cometidos por meio da imprensa, do rádio ou da televisão, aplicam-se exclusivamente as normas dêste Código e as remissões a outra lei nele contempladas.*"

847. **TSE, RESPE 21.295/SP, Rel. Min. Fernando Neves da Silva, Data de Publicação DJ: 17/10/2003.**

848. "**Art. 355.** *As infrações penais definidas neste Código são de ação pública.* **Art. 356.** *Todo cidadão que tiver conhecimento de infração penal dêste Código deverá comunicá-la ao juiz eleitoral da zona onde a mesma se verificou.* § **1º** *Quando a comunicação fôr verbal, mandará a autoridade judicial reduzi-la a têrmo, assinado pelo apresentante e por duas testemunhas, e a remeterá ao órgão do Ministério Público local, que procederá na forma dêste Código.* § **2º** *Se o Ministério Público julgar necessários maiores*

na proceda a pontuais compatibilizações com o Código de Processo Penal, sobretudo a partir da Reforma Processual trazida pela Lei n. 11.718/2008[849].

2.2. Natureza Jurídica e Bem Jurídico-Penal

Doutrinariamente, discute-se sobre a natureza jurídica dos crimes eleitorais.

---

esclarecimentos e documentos complementares ou outros elementos de convicção, deverá requisitá-los diretamente de quaisquer autoridades ou funcionários que possam fornecê-los. **Art. 357.** *Verificada a infração penal, o Ministério Público oferecerá a denúncia dentro do prazo de 10 (dez) dias.* § **1º** *Se o órgão do Ministério Público, ao invés de apresentar a denúncia, requerer o arquivamento da comunicação, o juiz, no caso de considerar improcedentes as razões invocadas, fará remessa da comunicação ao Procurador Regional, e êste oferecerá a denúncia, designará outro Promotor para oferecê-la, ou insistirá no pedido de arquivamento, ao qual só então estará o juiz obrigado a atender.* § **2º** *A denúncia conterá a exposição do fato criminoso com todas as suas circunstâncias, a qualificação do acusado ou esclarecimentos pelos quais se possa identificá-lo, a classificação do crime e, quando necessário, o rol das testemunhas.* § **3º** *Se o órgão do Ministério Público não oferecer a denúncia no prazo legal representará contra êle a autoridade judiciária, sem prejuízo da apuração da responsabilidade penal.* § **4º** *Ocorrendo a hipótese prevista no parágrafo anterior o juiz solicitará ao Procurador Regional a designação de outro promotor, que, no mesmo prazo, oferecerá a denúncia.* § **5º** *Qualquer eleitor poderá provocar a representação contra o órgão do Ministério Público se o juiz, no prazo de 10 (dez) dias, não agir de ofício.* **Art. 358.** *A denúncia, será rejeitada quando:* **I** *– o fato narrado evidentemente não constituir crime;* **II** *– já estiver extinta a punibilidade, pela prescrição ou outra causa;* **III** *– fôr manifesta a ilegitimidade da parte ou faltar condição exigida pela lei para o exercício da ação penal.* **Parágrafo único.** *Nos casos do número III, a rejeição da denúncia não obstará ao exercício da ação penal, desde que promovida por parte legítima ou satisfeita a condição.* **Art. 359.** *Recebida a denúncia, o juiz designará dia e hora para o depoimento pessoal do acusado, ordenando a citação deste e a notificação do Ministério Público.* **Parágrafo único.** *O réu ou seu defensor terá o prazo de 10 (dez) dias para oferecer alegações escritas e arrolar testemunhas.* **Art. 360.** *Ouvidas as testemunhas da acusação e da defesa e praticadas as diligências requeridas pelo Ministério Público e deferidas ou ordenadas pelo juiz, abrir-se-á o prazo de 5 (cinco) dias a cada uma das partes – acusação e defesa – para alegações finais.* **Art. 361.** *Decorrido esse prazo, e conclusos os autos ao juiz dentro de quarenta e oito horas, terá o mesmo 10 (dez) dias para proferir a sentença.* **Art. 362.** *Das decisões finais de condenação ou absolvição cabe recurso para o Tribunal Regional, a ser interposto no prazo de 10 (dez) dias.* **Art. 363.** *Se a decisão do Tribunal Regional fôr condenatória, baixarão imediatamente os autos à instância inferior para a execução da sentença, que será feita no prazo de 5 (cinco) dias, contados da data da vista ao Ministério Público.* **Parágrafo único.** *Se o órgão do Ministério Público deixar de promover a execução da sentença serão aplicadas as normas constantes dos parágrafos 3º, 4º e 5º do Art. 357.* **Art. 364.** *No processo e julgamento dos crimes eleitorais e dos comuns que lhes forem conexos, assim como nos recursos e na execução, que lhes digam respeito, aplicar-se-á, como lei subsidiária ou supletiva, o Código de Processo Penal."*

849. Para maiores detalhes, cf: CERQUEIRA, Thales Tácito. *Direito eleitoral esquematizado*. 3 ed. São Paulo: Saraiva, 2013, p. 840 *et. seq.*.

Para uma primeira corrente, os crimes eleitorais são crimes políticos em seu aspecto objetivo, pois atingem a personalidade do Estado e ofendem o interesse público do cidadão[850].

Nesse sentido, Jiménez de Asúa procurou definir o que é crime político a partir das seguintes teorias: **(i)** objetiva; **(ii)** subjetiva; e **(iii)** mista[851].

A teoria objetiva teve origem na Alemanha e sustenta que crimes políticos são aqueles que atentam contra as condições de existência do Estado como organização política.

No aporte de Hungria, não há qualquer distinção entre crime político e crime social, pois a objetividade jurídica de ambos é a ordem política, compreendendo a proteção da estrutura da organização social e do Estado. Assim, o predito autor se refere a essa categoria delitiva como crimes políticos relativos, que se dividem em crimes políticos complexos ou mistos e crimes comuns conexos a crimes políticos. Com relação à primeira categoria, são as condutas que ofendem a ordem político-social e, ao mesmo tempo, um bem jurídico privado. Já no segundo caso, são os crimes comuns praticados em conexão com os crimes políticos[852].

Obtempera Hungria que os crimes eleitorais atentam contra o Estado ou contra a ordem política, de modo que podem ser considerados como crimes políticos[853].

Já a teoria subjetiva nasceu na Espanha, sob o fundamento de que os crimes políticos caracterizam-se pelo dolo do agente de destruir o regime democrático. Assevera Asúa que o crime político complexo caracteriza-se pelo elemento subjetivo[854].

---

850. Esses são os entendimentos de Vicenzo Manzini, Maggiore e Carlos Mário da Silva Velloso (VELLOSO, Carlos Mário da Silva; AGRA, Walber de Moura. *Elementos de direito eleitoral*. São Paulo: Saraiva, 2010, p. 476)

851. ASÚA, Luis Jiménez de. *Tratado de derecho penal*: el delito. Tomo III. Buenos Aires: Losada, 1950, p. 187; RAMAYANA, Marcos. *Direito eleitoral*. Rio de Janeiro: Impetus, 2011, p. 756 *et. seq.*.

852. HUNGRIA, Nelson. *Comentários ao Código Penal*: arts. 1º a 10. V. I. Tomo I. 4 ed. Rio de Janeiro: Forense, 1958, p. 187 e 192.

853. "*A tutela penal, na espécie, é estatuída, primacialmente, no interêsse das instituições representativas, o que vale dizer: no sentido da regularidade de atuação do Estado segundo o regime democrático indireto, cujo êxito está conceituadamente subordinado ao voto popular na seleção da ´élite´ ou dos ´right men´ a que devem ser confiadas a elaboração das leis e a suprema gestão da coisa pública. Os crimes eleitorais, exatamente apreciados, são, por conseqüência, crimes contra o Estado ou contra a ordem pública*" (HUNGRIA, Nelson. *Comentários ao Código Penal*: arts. 1º a 10. V. I. Tomo I. 4 ed. Rio de Janeiro: Forense, 1958, p. 187, nota de rodapé, item 44, grifo do autor).

854. ASÚA, Luis Jiménez de. *Tratado de derecho penal*: el delito. Tomo III. Buenos Aires: Losada, 1950, p. 209.

Por fim, a teoria mista teve como nascedouro o direito italiano e resulta da conjugação de ambas as teorias anteriormente mencionadas, ou seja, o crime político caracteriza-se pela intenção do agente de arruinar o regime democrático e, ao mesmo tempo, se voltar contra a existência do Estado.

Afora essas teorias, a doutrina penal apresenta diversas definições de crime político.

Sob a égide da jurisprudência italiana de 1800, Giovanni Carmignani se debruçara à análise dos crimes direta e indiretamente políticos. Com efeito, os crimes diretamente políticos são as condutas que atacam a segurança da sociedade em geral, considerada como pessoa moral, a ponto de gerar uma subversão social Já os crimes indiretamente políticos são as condutas que causam um perigo de subversão social[855].

No direito brasileiro, preleciona Bento de Faria que crime político "é considerado todo atentado contra a ordem política da Nação, quer interna, quer externa, ou seja, contra a estrutura e a segurança do Estado"[856]. Ressalta o predito autor que essa definição já havia sido acolhida pelo Supremo Tribunal Federal à época, em que ele mesmo figurara como relator da decisão.

Obtempera Magalhães Noronha que "*O delito político sofre remarcada influência da Constituição no Estado. Nos regimes liberais, não é ele tratado com a severidade dos autoritários*"[857].

Entende-se que, sob o ângulo do direito pátrio, crime político não se confunde com crime eleitoral. De todo caso, exclusivamente aos crimes políticos, o artigo 2º da Lei n. 7.170/1980 (Lei de Segurança Nacional)[858] consagra a teoria mista[859].

---

855. CARMIGNANI, Giovanni. *Elementos de derecho criminal*. Bogotá: Temis Librería, 1979, p. 296 e 307.

856. FARIA, Bento de. *Código Penal brasileiro (Comentado)*: noções gerais, interpretação da lei penal e extradição. v. I. 2 ed. Rio de Janeiro: Record, 1958, p. 133.

857. NORONHA, E. Magalhães. *Direito penal*: parte geral. v. I. São Paulo: Saraiva, 1986, p. 12.

858. "**Art. 2º** – *Quando o fato estiver também previsto como crime no Código Penal, no Código Penal Militar ou em leis especiais, levar-se-ão em conta, para a aplicação desta Lei*: **I** – *a motivação e os objetivos do agente*; **II** – *a lesão real ou potencial aos bens jurídicos mencionados no artigo anterior*."

859. Sob o ângulo do direito brasileiro, o crime político é de competência da Justiça Federal, nos termos do inciso IV do artigo 109 da Constituição brasileira de 1988. Ademais, apresenta as seguintes características: **(i)** o preso não é obrigado a trabalhar; **(ii) não há reincidência, mas, no máximo, maus antecedentes); e (iii) não é concedida extradição ao Estado estrangeiro**. Ademais, com o advento da Lei n. 13.260/2016 (Lei

Assim, prevalece que os crimes eleitorais são infrações penais comuns, exceto os casos de configuração dos "crimes de responsabilidade", previstos na Lei n. 1.079/1950[860].

Para Joel José Cândido e Carlos Mário da Silva Velloso, crimes eleitorais são as infrações cometidas contra as disposições eleitorais. Vale dizer, é todo comportamento voluntário da pessoa física que causa danos a bens jurídicos eleitorais ou a direitos políticos alheios, contrariando o comando expresso da legislação eleitoral[861].

No aporte de Suzana de Camargo Gomes, são as condutas tipificadas pela legislação eleitoral, sejam aquelas previstas no Código Eleitoral sejam em legislações eleitorais extravagantes, com a cominação de penas[862].

Nesse contexto, infere-se que os crimes eleitorais são as condutas dolosas que causam lesão ou expõem a perigo de lesão os bens jurídicos eleitorais, a ponto de causar um desarranjo no regime democrático do processo eleitoral e, via de consequência, atingir tanto a organização política do Estado como a organização do processo democrático eleitoral.

Em suma, uma vez analisados a natureza jurídica e cerne axiológico dos crimes eleitorais, cabe a análise da classificação doutrinária desses ilícitos.

2.3. Classificação Doutrinária

Em termos gerais, os crimes eleitorais podem ser classificados em puros ou acidentais.

Com efeito, os crimes eleitorais puros ou específicos são praticados somente na esfera eleitoral. Antonio Carlos da Ponte cita os seguintes exemplos: **(i)** inscrição fraudulenta de eleitor (artigo 289 do Código Eleitoral); **(ii)** retenção de título eleitoral (art. 295 do Código Eleitoral); **(iii)** "boca de urna" (art. 39, § 5º, inc. II, da Lei n.

Antiterrorismo), acusa-se uma linha tênue do que venha a constituir crime político, crime eleitoral e crimes de atos terroristas.

860. Esses são os entendimentos de Camargo Aranha, Celso de Mello, Joel José Cândido e de Marcos Ramayana (RAMAYANA, Marcos. *Direito eleitoral*. Rio de Janeiro: Impetus, 2011, p. 756 *et. seq.*).

861. RAMAYANA, Marcos. *Direito eleitoral*. Rio de Janeiro: Impetus, 2011, p. 756 *et. seq.*; CÂNDIDO, Joel José. *Direito penal eleitoral e processo penal eleitoral*. São Paulo: Edipro, 2006, p. 47.

862. GOMES, Suzana de Camargo. *Crimes eleitorais*. 2 ed. São Paulo: Revista dos Tribunais, 2006, p. 27.

9.504/1997); e **(iv)** promoção de comício ou carreata no dia das eleições (art. 39, § 5º, inciso I, da Lei n. 9.437/1997)[863].

Assevera Antonio Carlos da Ponte que a maioria dessas infrações, ainda que comprometa o processo eleitoral, não chega a causar significativa lesão a um bem jurídico-penal, de modo esse grupo deveria ser considerado como infrações administrativas eleitorais, em homenagem aos princípios da fragmentariedade e da intervenção mínima[864].

Já os crimes eleitorais acidentais compõem-se de bens jurídicos tutelados tanto pela legislação penal como pela legislação eleitoral, a exemplo dos crimes contra a honra praticados na propaganda eleitoral (arts. 324 a 327 da Lei n. 4.737/1965) e da corrupção eleitoral (art. 299 da mesma lei)[865].

Além disso, os crimes eleitorais podem ser classificados de acordo com o momento em que se encontra o processo eleitoral[866].

Feitas essas considerações, cabe a análise dos crimes eleitorais praticados pelos meios de comunicação social, com ênfase nos crimes contra a honra cometidos durante a propaganda eleitoral.

3. CRIMES ELEITORAIS PRATICADOS PELA IMPRENSA

Conforme já esposado, o artigo 288 da Lei n. 4.737/1965 traz previsão específica aos crimes eleitorais praticados pela imprensa, rádio ou televisão, aos quais aplicam-se exclusivamente as normas do próprio Código Eleitoral e as remissões a outras leis nele contempladas[867].

Nesse sentido, a imprensa abrange qualquer veículo de comunicação social, tais como rádio, televisão, jornais, revistas e internet. Assim, faz-se necessária a análise de certas especificidades para identificar se um crime eleitoral é praticado ou não pela imprensa.

Primeiramente, sugere-se seja comprovado o elemento específico do tipo (especial fim de agir) do agente, ou seja, a intenção de denegrir, por meio da imprensa, a imagem privada ou pública do candidato, partido ou coligação.

---

863. PONTE, Antonio Carlos. *Crimes eleitorais.* **São Paulo: Saraiva, 2008, p. 50-51.**

864. PONTE, Antonio Carlos. *Crimes eleitorais.* **São Paulo: Saraiva, 2008, p. 51.**

865. PONTE, Antonio Carlos. *Crimes eleitorais.* **São Paulo: Saraiva, 2008, p. 51.**

866. Para maiores detalhes, cf: PONTE, Antonio Carlos. *Crimes eleitorais.* **São Paulo: Saraiva, 2008, p. 51-52.**

867. "**Art. 288.** *Nos crimes eleitorais cometidos por meio da imprensa, do rádio ou da televisão, aplicam-se exclusivamente as normas dêste Código e as remissões a outra lei nele contempladas.*"

Ressalta-se, outrossim, que o crime eleitoral contra a honra pode ser praticado somente em um período específico, ou seja, durante a propaganda política eleitoral ou no curso do calendário eleitoral, de modo que a propaganda tem início em 6 de julho do ano eleitoral.

Entende Ramayana que a propaganda política partidária que ofende a o honra de um partido político ou pré-candidato não é delito de competência da Justiça Eleitoral, pois os crime eleitorais contra a honra são previstos em normas que incidem apenas em determinado período da propaganda política eleitoral – e não da propaganda política partidária[868].

Feitas essas considerações, faz-se mister a análise do direito de resposta no âmbito da propaganda eleitoral, sobretudo no contexto dos crimes eleitorais.

4. PROPAGANDA ELEITORAL E MEIOS TECNOLÓGICOS

4.1. Reforma Eleitoral

Os meios tecnológicos são úteis e necessários para a educação eleitoral dos cidadãos. A criação de aplicativos, de plataformas digitais e de canais de comunicação possibilita ao eleitor a rápida troca de informações e o melhor acesso às leis.

Nas últimas eleições, o Tribunal Superior Eleitoral lançou um aplicativo chamado "Pardal", com o propósito de que o leitor ofereça notícias sobre a ocorrência de irregularidades cometidas tanto por candidatos como por partidos políticos durante a campanha eleitoral.

O Tribunal Superior Eleitoral também disponibilizou à população outros aplicativos que podem ser baixados para dispositivos móveis, a exemplo do "Candidaturas 2016", pelo qual o eleitor tem informações acerca dos candidatos que concorrem às eleições desse ano. Ademais, podem ser citados os aplicativos "Caixa 1", "Radar", "Mesários", "Agenda JE", "JE Processos", "Agregador", "Onde Votar ou Justificar", "Boletim na Mão", "Resultados", "QRUEL" e "Chechup da Urna".

---

868. A propaganda política partidária não se confunde com a propaganda política eleitoral. Com efeito, a primeira (propaganda política partidária) é prevista no artigo 45 da Lei n. 9.504/1997, destinando-se a difundir programas, transmitir mensagens e ideias dos partidos, vedando-se a divulgação de candidatos a cargos eletivos e a defesa dos interesses pessoais ou de outros partidos. Logo, os crimes contra a honra seriam aqueles tipificados não no Código Eleitoral, mas necessariamente no Código Penal, motivo pelo qual tais infrações são de competência da Justiça Comum (RAMAYANA, Marcos. *Direito eleitoral*. Rio de Janeiro: Impetus, 2011, p. 762).

Certo é que, na era da sociedade da informação, a cooperação mútua entre o cidadão e as entidades públicas é fundamental para a transparência e a honestidade do processo eleitoral.

Nesse sentido, a Lei n. 12.891/13 e a Lei n. 13.488/17 foram editadas com o objetivo de reformar o processo eleitoral no Brasil, conferindo especial atenção ao uso da internet e dos meios de comunicação digital.

A Lei 13.488/17 alterou a redação do artigo 26, inciso XV, da Lei n. 9.504, de 30 de setembro de 1997 (Lei das Eleições), tornando possível, entre os gastos eleitorais, a criação e inclusão de sítios na *internet* e o impulsionamento de conteúdo contratados diretamente com provedor de aplicação de *internet* com sede e foro no país.

Porém, continua proibido aos candidatos e partidos políticos, o pagamento de propagandas em *sites* de terceiros, embora a novel legislação permita o impulsionamento de publicações em redes sociais e em mecanismos de busca, além da criação de *sites* próprios dos candidatos e partidos políticos.

A primeira observação diz respeito ao início da propaganda eleitoral na *internet*. Nos termos do artigo 57-A da Lei das Eleições, é permitida essa propaganda eleitoral após o dia 15 de agosto do ano da eleição.

Discute-se, nesse sentido, se as plataformas digitais podem servir de meio para a realização de propagandas eleitorais.

O Tribunal Superior Eleitoral, no julgamento do REspe n. 7464, em 19 de setembro de 2013, firmou o entendimento de que não há de se falar em propaganda eleitoral realizada por meio do *Twitter*, posto que essa rede social não leva ao conhecimento geral as manifestações nela divulgadas.

Da mesma forma, no julgamento do AgR-REspe n. 34694, em 26 de agosto de 2014, foi decidido que a comunicação restrita entre dois interlocutores realizada pelo *Facebook* não caracteriza divulgação de pesquisa eleitoral sem o prévio registro.

4.2. Crimes Eleitorais Praticados Pela Internet

Conforme já salientado, a lisura do processo eleitoral é uma garantia do cidadão. Prevê o artigo 234 do Código Eleitoral (Lei n. 4.737/1965) que ninguém poderá impedir ou embaraçar o exercício do sufrágio.

Nesse contexto, os crimes eleitorais causam um desarranjo na organização política do Estado, pois atingem tanto a democracia como a honestidade nas eleições, provocando interferências na liberdade do voto.

Na área jurídica, são condutas dolosas previstas tanto no Código Eleitoral como nas demais legislações eleitorais extravagantes (Leis n. 6.091/1974, 7.021/1982, 6.996/1982, 64/1990 e 9.504/1997), com a incidência de penas.

Cada crime eleitoral resta configurado em um período próprio, a saber: **(i)** no alistamento eleitoral; **(ii)** no alistamento partidário; **(iii)** na propaganda eleitoral; **(iv)** na votação; **(v)** na apuração de votos; **(vi)** no funcionamento do serviço eleitoral; **(vii)** em matéria de inelegibilidades; ou **(viii)** em qualquer fase do processo eleitoral.

Com relação aos delitos cometidos durante as eleições, a "boca de urna" é uma das práticas mais comuns no processo eleitoral, na qual certos partidos políticos, valendo-se de terceiros ou intermediários, aliciam eleitores para conquistar votos aos seus candidatos, geralmente com a entrega de materiais impressos ("santinhos") nas filas de votação ou nas imediações das seções eleitorais.

Nesse cenário, o eleitor deve estar atento não só em relação à conduta de terceiros, como também ao seu próprio comportamento durante o sufrágio, sob pena de caracterização de crime. Cabe a análise, portanto, das principais figuras típicas a seguir.

4.2.1. Da "Boca de Urna" e Violação de Sigilo do Voto

Na eleição presidencial de 2014, vários eleitores postaram pelas redes sociais (*Facebook*, *Instagram* e *Twitter*) vídeos, fotos e *selfies* da urna eleitoral, com a intenção de tornarem público o registro do voto.

Esse comportamento pode ser motivado não só pela vaidade pessoal ou pela liberdade de expressão, mas, acima de tudo, por interesses político-partidários. É comum que eleitores sejam coagidos a votar em determinado candidato e, assim, divulguem imagens da urna eletrônica para comprovar o próprio voto.

Ocorre que essa conduta caracteriza a prática de certos crimes.

Primeiramente, o crime de "boca de urna" é previsto no artigo 39, § 5º, inciso II, da Lei das Eleições (Lei n. 9.504/1997). Aperfeiçoa-se esse delito com a arregimentação do eleitor ou a propaganda de "boca de urna" (inciso II), cominando-se a pena de detenção, de 6 (seis) meses a 1 (um) ano, com a alternativa de prestação de serviços à comunidade pelo mesmo período, além de pagamento de multa, podendo variar, aproximadamente, de R$ 5.300,00 a R$ 15.960,00.

Além disso, o artigo 312 do Código Eleitoral criminaliza a conduta de violar ou tentar violar o sigilo do voto, com pena de detenção, de 15 (quinze) dias a 2 (dois).

Registra-se que, para fins criminais, essa figura é chamada de crime de atentado ou de empreendimento, de modo que a tentativa é punida da mesma forma que a consumação.

No Brasil, há dificuldades de se conhecer as leis eleitorais e os crimes correspondentes, tanto por parte do cidadão como pelos operadores do direito.

Esse problema remonta à história do direito penal brasileiro, tendo em vista que, com a redação original do Código Penal de 1940, os crimes eleitorais foram retirados deste diploma e passaram a ser previstos nas mais variadas legislações esparsas ao longo do tempo, dificultando a inteligibilidade do eleitor e da comunidade jurídica a respeito do tema.

O adequado seria a previsão de todos os crimes eleitorais em certos artigos do Código Penal, prezando pela denominada técnica da codificação, com a finalidade de evitar casuísmos políticos e o desconhecimento da matéria jurídica por parte do cidadão. Esse procedimento é traz certas vantagens, tais como a segurança jurídica, o maior controle das atividades ilícitas porventura praticadas pelos candidatos e, acima de tudo, o melhor acesso e conhecimento da lei eleitoral, como ocorre no direito penal alemão, suíço, norueguês, português e colombiano.

Não bastasse isso, constantemente são lançadas diversas resoluções e entendimentos dos tribunais eleitorais sobre os crimes eleitorais, causando um descompasso na compreensão do tema.

Diante disso, cabe às instituições públicas, em parceria com a mídia e os veículos de comunicação social, possibilitar o melhor acesso e conhecimento do povo às leis eleitorais em geral, sobretudo dos eleitores pertencentes a uma camada menos privilegiada.

4.2.2. Das Notícias Falsas (Fake News) e Propaganda Dirigida

A publicidade dirigida é uma das principais causas das notícias falsas durante as eleições.

A coleta indevida de dados dos usuários da *internet*, por exemplo, possibilita a publicidade dirigida nas eleições, pois, com as informações sobre os dados sensíveis e demais predileções dos próprios usuários, é possível a manipulação de notícias nos grupos dos quais a pessoa participa ou nas páginas que ela curtiu.

Assim, surgem as chamadas notícias falsas (*fake news*), ou seja, informações que faltam com a veracidade e que não contam com autoria, fonte e data declaradas, com o objetivo de denegrir a reputação de certa pessoa, ou seja, de um partido, candidato ou coligação, podendo configurar crimes contra a honra praticados durante as eleições.

De se observar que, nas eleições de 2018, também foram utilizados os *social boots*, ou seja, *softwares* destinados à produção de conteúdo e à interação dos usuários nas redes sociais (por exemplo, *Facebook* e *Twitter*), transmitindo a sensação de destaque de certo candidato, o que contribui para o aumento da sua popularidade por meio de novas curtidas e seguidores.

Porém, se utilizados de forma indevida, os *social boots* podem servir de instrumento para a veiculação de *fake news*, a ponto de também configurar crimes contra a honra durante as eleições. Em miúdos, esses robôs virtuais têm o potencial de atrair usuários para notícias ou *links* que remetem a boatos e a *fake news*, aviltando a lisura do processo eleitoral.

Nesse sentido, a Lei n. 12.891/2013, com o objeto de promover a reforma eleitoral no Brasil, inseriu o artigo 57-H na Lei das Eleições (Lei n. 9.504/97), instituindo nova modalidade de ilícito, sob o fundamento de que, sem prejuízo das demais sanções legais cabíveis, será punido com multa R$ 5.000,00 (cinco mil reais) a R$ 30.000,00 (trinta mil reais), quem realizar propaganda eleitoral na internet, atribuindo indevidamente sua autoria a terceiro, inclusive a candidato, partido ou coligação.

Além disso, constitui crime a contratação direta ou indireta de grupo de pessoas com a finalidade específica de emitir mensagens ou comentários na internet para ofender a honra ou denegrir a imagem de candidato, partido ou coligação, punível com detenção de 2 (dois) a 4 (quatro) anos e multa de R$ 15.000,00 (quinze mil reais) a R$ 50.0000,00 (cinquenta mil reais) (Art. 57-H, § 1º, da Lei n. 9.504/97).

Trata-se de infração penal de menor potencial ofensivo, pois a pena máxima cominada ao crime não suplanta a dois anos, comportando transação penal, desde que preenchidos os requisitos do artigo 76 da Lei n. 9.099/95, além de ser viável, a nosso ver, a composição dos danos civis a título de reparação de dano moral.

Igualmente incorrem em crime, punível com detenção de 6 (seis) meses a 1 (um) ano, com alternativa de prestação de serviços à comunidade pelo mesmo período, e multa de R$ 5.000,00 (cinco mil reais) a R$ 30.000,00 (trinta mil reais), as pessoas contratadas na forma do § 1º (Art. 57-H, § 2º, da Lei n. 9.504/97). E, se preenchidos os requisitos legais, é cabível a concessão de suspensão condicional do processo (*sursis* processual), nos termos do artigo 89 da Lei n. 9.099/95.

Na figura do § 1º do artigo 57-H, não basta o dolo, mas um especial fim de agir, pois o contratante e as pessoas contratadas devem agir com a finalidade específica de emitir mensagens ou comentários na internet para ofender a honra ou denegrir a imagem de candidato, partido ou coligação.

Em se tratando de candidato, a objetividade jurídica é a sua personalidade humana, em especial a sua honra ou imagem. Neste viés, a honra pode ser objetiva ou subjetiva.

E, em se tratando de partido ou coligação, o objetivo é a proteção da imagem.

Trata-se de crime de forma livre, admitindo qualquer meio de execução, ou seja, por oral ou escrito, desde que os comentários ou mensagens sejam propagados mediante a rede mundial de computadores.

Por escrito, é possível o envio de mensagens ou comentários ofensivos através de *e-mails* ou correspondência eletrônica. Nada impede a modalidade tentada do crime, como no caso, por exemplo, de a correspondência eletrônica, na forma escrita, ser direcionada automaticamente ao lixo eletrônico da caixa de *e-mail* da vítima, embora esta não tome conhecimento acerca do seu conteúdo ofensivo.

Cuida-se de crime material, vez que, para a consumação delitiva, as mensagens ou comentários ofensivos devem chegar ao conhecimento de terceiro (honra objetiva) ou da própria vítima (honra subjetiva).

A figura do § 1º do artigo 57-H é crime comum, pois o tipo penal não exige qualidade especial do sujeito ativo, ou seja, do contratante e das pessoas contratadas para emissão de mensagens ou comentários pela internet.

Nada obstante, o § 2º do artigo 57-H é crime plurissubjetivo ou de concurso necessário, pois o tipo penal exige o concurso de mais de um agente para a caracterização delitiva, despontando como exceção à teoria monista[869].

É sujeito passivo o candidato que tem violada sua honra ou imagem ou o partido político ou coligação atingido em sua imagem.

---

869. BEM, Leonardo Schmitt de; CUNHA, Mariana Garcia. *Crimes eleitorais*. 3ª ed. Belo Horizonte: D'Plácido, 2018, p. 465.

A contratação pode ser realizada direta ou indiretamente. Será direta se, entre o contratante e a pessoa contratada, não envolver intermediários. Por outro lado, será indireta se envolver pessoa interposta entre o contratante e o contratado.

Cabe uma observação, no entanto, sobre a expressão "*grupo de pessoas*". Entendemos que essa expressão abrange, necessariamente, três ou mais pessoas para a caracterização de um verdadeiro "*grupo*".

Caso contrário, o legislador teria empregado a expressão "*concurso de duas ou mais pessoas*", tal como ocorre no furto qualificado (CP, art. 155, § 4º, inc. IV) e no roubo circunstanciado (CP, art. 157, § 2º, inc. II).

De se notar que o objetivo do legislador parece ter sido o de punir não só a conduta de uma única pessoa contratada, mas as de diversas pessoas que, independentemente de relação ou filiação político-partidária, formam um grupo e que são contratadas para a emissão de mensagens ou conteúdos pela internet.

Advertimos, assim, que a redação do tipo penal em comento é incompleta, pois não abrange, em homenagem ao princípio da legalidade, a conduta específica entre o contratante e uma única pessoa contratada.

Como se sabe, não é incomum que uma única pessoa contratada, valendo-se de seus conhecimentos técnicos em informática, se valha de um *software* ou *social boot* para a propagação de mensagens ofensivas a candidato, partido político ou coligação.

Ademais, a mensagem ofensiva pode constituir ou não em *fake news*.

Se constituir em *fake news*, a notícia ou comentário, além de ser ofensivo à imagem ou honra de candidato ou à imagem de partido político ou coligação, também frustrará a lisura do processo eleitoral.

Porém, se um usuário da internet compartilhar mensagem ofensiva a candidato, partido político ou coligação, não responderá pelo crime previsto no artigo 57-H, § 1º, pois não chegou a ser contratada. Por conseguinte, poderá ser responsabilizada por crimes contra a honra praticados durante as eleições[870].

870. Para Leonardo Bem e Mariana Cunha: "*Seja ou não no universo de 'fake news', parece-nos claro que, se alguém compartilhar mensagens ou comentários ofensivos ou depreciativos aos atores eleitorais, não incidirá nesta incriminação, pois não se trata de pessoa contratada por outrem. Ajuste-se um serviço, em regra temporário, pelo qual o agente contrata outras pessoas, sendo indiferente uma prévia relação político-partidária, para que os contratados emitam mensagens (recados ou dizeres), ou comentários (notas ou ponderações) na internet (um sistema global de redes de computadores) ofensivas à*

Acrescenta-se que, em se tratando de campanha eleitoral, é livre a manifestação do pensamento, sendo vedado o anonimato, por meio da rede mundial de computadores (*internet*), assegurado o direito de resposta, e por outros meios de comunicação interpessoal mediante mensagem eletrônica (Art. 57-D da Lei n. 9.504/97 - Lei das Eleições).

Contudo, se a conduta do infrator violar a lisura do processo eleitoral e, dependendo do caso, a intimidade ou privacidade do eleitor, é possível a configuração dos seguintes crimes eleitorais: **(i)** violação do sigilo do voto (Art. 312 da Lei n. 4.737/65 - Código Eleitoral); **(ii)** divulgação de fatos inverídicos na propaganda eleitoral (Art. 323 do Código Eleitoral); e **(iii)** crimes contra a honra praticados durante a propaganda eleitoral, previstos nos artigos 324, 325 e 326, todos do Código Eleitoral.

E, sem prejuízo das sanções civis e criminais aplicáveis ao responsável, a Justiça Eleitoral poderá determinar, por solicitação do ofendido, a retirada de publicações que contenham agressões ou ataques a candidatos em sítios da internet, inclusive redes sociais (Art. 57-D, § 3º, da Lei n. 9.504/97 - Lei das Eleições).

Por outro lado, entende-se que todos os partidos são suscetíveis a críticas e, via de consequência, não há qualquer abalo nas imagens das legendas perante a opinião pública, razão pela qual não resta configurado qualquer crimes contra a honra durante as eleições, tampouco sirva de causa geradora de danos morais[871].

Certo é que, sob o ângulo do Direito brasileiro, diversos projetos de lei visam criminalizar as "fake news", mediante alteração do Código Penal, Código de Processo Penal, Lei das Eleições e Marco Civil da Internet. Nada obstante, ainda prevalece uma imprecisão no sentido e alcance do termo "fake news".

Em que pese a iniciativa de criminalizar condutas dessa natureza, entendemos que o tema deve ser refletido à luz dos problemas sociais estruturais no Brasil. Vale dizer, as notícias falsas despontam,

---

honra (objetiva ou subjetiva) do candidato ou pejorativas à imagem de partido ou coligação partidária. Exige-se repetição de ação contratada, de modo que uma mensagem ou um comentário isolado constituirá um irrelevante penal. Alijando-se do âmbito virtual, o comportamento contratado poderá configurar outro ilícito penal" (BEM, Leonardo Schmitt de; CUNHA, Mariana Garcia. *Crimes eleitorais.* 3ª ed. Belo Horizonte: D´Plácido, 2018, p. 466).

871. Cf. **Internet. https://www.conjur.com.br/2017-jul-27/partidos-sao-suscetiveis--criticas-tj-sc-negar-danos-morais. Acessado em 23/01/2019**.

infelizmente, como um problema permanente na sociedade e, ainda que criminalizadas, subsistirão nos mais diversos meios de comunicação. É indispensável que a população saiba discernir e distinguir, a partir de processos educacionais e de interpretação de informações, as fontes e a veracidade das notícias.

5. DIREITO DE RESPOSTA À LUZ DA LEI N. 9.504/1997

5.1. Fundamentos

Conforme já salientado, o direito de resposta é uma forma de liberdade de expressão, encontrando amparo nos incisos IV e V da Constituição brasileira de 1988. Da mesma arte, o § 3º do artigo 243 da Lei n. 4.737/1965 (Código Eleitoral) assegura o direito de resposta a quem for injuriado, difamado ou caluniado através da imprensa, rádio, televisão ou alto-falante, aplicando-se, no que couber, os artigos 90 e 96 da Lei n. 4.117/1962.

Nessa esteira, os artigos 58 e 58-A da Lei n. 9.504/1997 e as resoluções do Tribunal Superior Eleitoral consagram o direito de resposta como forma de salvaguardar os direitos da personalidade de candidato, partido político ou coligação no pleito eleitoral. Assim, assegura-se o direito de resposta aos candidatos, partidos ou coligações que tenham sido ofendidos no período de propaganda eleitoral, ainda que indiretamente, por conceito emitido, imagem ou afirmação caluniosa, difamatória, injuriosa ou sabidamente inverídica, por qualquer meio de comunicação social[872].

Assinala Luiz Rezek Germano que a Lei n. 9.504/1997 traz matérias específicas no âmbito da Justiça Eleitoral, tais como o direito de resposta. De todo caso, os aspectos e características da resposta ou retificação praticamente não destoam dos fundamentos do mesmo direito consagrado no inciso V do artigo 5º da Constituição[873].

Mesmo que haja previsão expressa do direito de resposta em lei, entende-se que há uma omissão legislativa no tratamento do temário, pois não é regulamentado um procedimento detalhado e específico para o exercício do pedido de resposta no âmbito da Justiça Eleitoral, a ponto de aviltar os princípios da segurança jurídica e da legalidade[874].

---

872. MASCARENHAS, Paulo. *Lei eleitoral comentada*. São Paulo: Mundo Jurídico, 2010, p. 165-166.

873. GERMANO, Luiz Paulo Rosek. *Direito de resposta*. Porto Alegre: Livraria do Advogado, 2011, p. 174.

874. No mesmo sentido: GERMANO, Luiz Paulo Rosek. *Direito de resposta*. Porto Alegre: Livraria do Advogado, 2011, p. 176.

Diante disso, o Tribunal Superior Eleitoral emite resoluções para regulamentar as notificações, representações e o direito de resposta previsto nos artigos 58 e 58-A da Lei das Eleições. Com relação às eleições de 2014, foi editada a Resolução n. 23.398/2014, embora nova resolução já tenha sido deflagrada para as eleições municipais de 2016, é dizer, a Resolução n. 23.462/2016.

Nesse contexto, o exercício do direito de resposta deve ser proporcional ao agravo, conferindo-se ao ofendido igual espaço e destaque na notícia veiculada. Ademais, o direito de resposta deve ser exercido de forma neutra, com uma dupla finalidade: **(i)** não pode o ofendido utilizar-se desse direito para fim distinto, devendo se restringir a responder ao agravo; e **(ii)** não pode o veículo de comunicação que concede o espaço lançar qualquer comentário em relação à matéria publicada como resposta.

Assevera Germano que o intérprete deve realizar uma ponderação criteriosa sobre a proporcionalidade e razoabilidade do direito de resposta na área eleitoral, analisando detidamente não só os fatos submetidos à sua apreciação, mas também as diferenças do que pode ser considerado como crítica ou ofensa[875].

Outra questão que merece destaque é o fato de o artigo 58 da Lei n. 9.504/1997 comportar o direito de resposta face às informações injuriosas ou difamatórias. Por outro lado, a legislação ordinária admite a propositura de ações de injúria e difamação tanto por informações ofensivas como verdadeiras. De toda sorte, a previsão do artigo 58 da Lei das Eleições parece ser adequada, pois conferir direito de resposta diante de informações verdadeiras seria uma afronta à liberdade de imprensa[876].

Analisados os fundamentos do direito de resposta na Justiça Eleitoral, faz-se mister a compreensão acerca do seu procedimento à luz

---

875. Para Germano: "*O discurso é inerente à vida política e ao que pretende nela militar. A crítica, muitas vezes efusiva, também é própria de quem exerce atividades político-eleitorais, o que se enquadra no livre espírito democrático, através do qual se disseminam idéias, projetos, manifestações e contestações. Desconhecer tais características seria ignorar uma das faces mais importantes da democracia: a pluralidade de idéias postas à discussão. Nesse sentido, também caberá ao intérprete discernir a crítica, muitas vezes veemente e incisiva, da falsa acusação ou mesmo da ofensa pessoal. O discurso de oposição é uma das bandeiras que caracterizam as formas e os meios através dos quais correntes políticas e ideológicas manifestam suas diferenças*" (GERMANO, Luiz Paulo Rosek. *Direito de resposta*. Porto Alegre: Livraria do Advogado, 2011, p. 175).

876. GERMANO, Luiz Paulo Rosek. *Direito de resposta*. Porto Alegre: Livraria do Advogado, 2011, p. 96; SANKIEVICZ, Alexandre. Quando é devido o direito de resposta?. *Direito Público*, São Paulo, v. 8, n. 38, p.27-46, mar./abr. 2011, p. 36.

da Lei n. 9.504/1997 e da correlata resolução do Tribunal Superior Eleitoral.

5.2. Momento de Exercício

Nos termos do artigo 58 da Lei n. 9.504/1997, o direito de resposta pode ser exercitado a partir da escolha do candidato em convenção partidária[877]. Nada obstante, acusa-se que essa previsão é eivada de um equívoco legislativo, pois o nome aprovado em convenção partidária ainda apresenta-se como pré-candidato, no que seu registro ainda deve ser submetido à confirmação da Justiça Eleitoral.

Ademais, salienta-se que o artigo 58 da Lei n. 9.504/1997 estabelece um marco inicial para o pedido de resposta, mas deixa de trazer um termo para sua concessão. Assim, entende-se que é cabível o pedido enquanto perdurar o período eleitoral, sendo que, uma vez findo, todas as representações perderão o objeto.

De toda forma, subsistiria a possibilidade do pedido em caso de propaganda eleitoral gratuita, ainda que fora de alcance do período eleitoral. Após o período eleitoral, também seria possível se o agravo foi divulgado na imprensa escrita, na internet ou durante a programação normal de rádio ou televisão[878].

Na linha da jurisprudência do Tribunal Superior Eleitoral, é cabível o direito de resposta em razão de mensagem postada no "*Twitter*".

Por fim, entende-se que o pedido de resposta não se restringe somente ao agravo cometido pela televisão, rádio ou imprensa escrita, mas abrange qualquer veículo de comunicação social, tais como carros de som e *outdoors*.

5.3. Afirmação Caluniosa, Difamatória, Injuriosa ou Sabidamente Inverídica

Nos crimes cometidos pela imprensa, é tênue a linha entre a crítica político-jornalística e o abuso à liberdade de expressão. Assim, para se determinar em quais casos é possível o pedido de resposta, faz-se necessário compreender em que consiste a afirmação caluniosa, difamatória, injuriosa ou sabidamente inverídica.

---

877. "**Art. 58.** *A partir da escolha de candidatos em convenção, é assegurado o direito de resposta a candidato, partido ou coligação atingidos, ainda que de forma indireta, por conceito, imagem ou afirmação caluniosa, difamatória, injuriosa ou sabidamente inverídica, difundidos por qualquer veículo de comunicação social.*"

878. **TSE, Ac. n. 18.359, de 24.4.2001. Rel. Min. Fernando Neves da Silva.**

Segundo o Tribunal Superior Eleitoral, a crítica genérica ou inespecífica não enseja direito de resposta, pois não faz alusão clara a determinado governo, candidato, partido ou coligação. Ademais, não será cabível o direito de resposta se o conteúdo da informação ser passível de dúvida, controvérsia ou discussão na esfera política.

Também não é caso de direito de resposta se a propaganda tiver foco em matéria jornalística, com o objetivo de tão somente noticiar um episódio específico. Neste viés, as campanhas eleitorais são programáticas e propositivas, ou seja, desvinculadas de qualquer conteúdo ofensivo e de acusações a adversários.

Por outro lado, a Lei n. 4.737/1965 tipifica os crimes contra a honra praticados na propaganda eleitoral, ou seja, a calúnia (art. 324), a difamação (art. 325) e a injúria (art. 326).

Salienta-se que os fundamentos desses crimes são praticamente os mesmos dos crimes contra a honra previstos no Código Penal

No crime de calúnia, o agente, na propaganda eleitoral ou visando a fins de propaganda, imputa falsamente à vítima fato definido como crime[879].

Já no crime de difamação, o autor, na propaganda eleitoral ou visando a fins de propaganda, imputa à vítima fato ofensivo à sua reputação[880].

No crime de injúria, o infrator, na propaganda eleitoral ou visando a fins de propaganda, ofende a dignidade ou o decoro do ofendido[881].

---

879. "**Art. 324.** *Caluniar alguém, na propaganda eleitoral, ou visando fins de propaganda, imputando-lhe falsamente fato definido como crime*: **Pena** – *detenção de seis meses a dois anos, e pagamento de 10 a 40 dias-multa.* § **1°** *Nas mesmas penas incorre quem, sabendo falsa a imputação, a propala ou divulga.* § **2º** *A prova da verdade do fato imputado exclui o crime, mas não é admitida*: **I** – *se, constituindo o fato imputado crime de ação privada, o ofendido, não foi condenado por sentença irrecorrível;* **II** – *se o fato é imputado ao Presidente da República ou chefe de governo estrangeiro;* **III** – *se do crime imputado, embora de ação pública, o ofendido foi absolvido por sentença irrecorrível.*"

880. "**Art. 325.** *Difamar alguém, na propaganda eleitoral, ou visando a fins de propaganda, imputando-lhe fato ofensivo à sua reputação*: **Pena** – detenção *de três meses a um ano, e pagamento de 5 a 30 dias-multa.* **Parágrafo único.** *A exceção da verdade somente se admite se ofendido é funcionário público e a ofensa é relativa ao exercício de suas funções.*"

881. "**Art. 326.** *Injuriar alguém, na propaganda eleitoral, ou visando a fins de propaganda, ofendendo-lhe a dignidade ou o decôro*: **Pena** – *detenção até seis meses, ou pagamento de 30 a 60 dias-multa.* § **1º** *O juiz pode deixar de aplicar a pena*: **I** – *se o ofendido, de forma reprovável, provocou diretamente a injúria*; **II** – *no caso de retorsão imediata, que consista em outra injúria.* § 2º *Se a injúria consiste em violência ou vias de fato, que, por sua natureza ou meio empregado, se considerem aviltantes*: **Pena** – *detenção de três meses a um ano e pagamento de 5 a 20 dias-multa, além das penas correspondentes à violência prevista no Código Penal.*"

Ademais, prevê o artigo 327 do Código Eleitoral o aumento de um terço da pena dos crimes acima mencionados se qualquer um deles for cometido: **(i)** contra o Presidente da República ou chefe de governo estrangeiro; **(ii)** contra funcionário público, em razão de suas funções; e **(iii)** na presença de várias pessoas, ou por meio que facilite a divulgação da ofensa[882].

E, conforme já salientado, diferentemente dos crimes tipificados no Código Penal, os crimes eleitorais são de ação penal pública incondicionada, inclusive os crimes contra a honra praticados na propaganda eleitoral[883]. Sem prejuízo, o Tribunal Superior Eleitoral admite a ação penal privada subsidiária da pública, por se tratar de garantia constitucional prevista no inciso LIX do artigo 5º da Constituição[884].

Além disso, o Código Eleitoral traz expressamente um procedimento especial aos crimes eleitorais (arts. 355 a 364), mas deixa de prever qualquer regra relativa à exceção da verdade. Entende-se, de toda sorte, que o processamento da exceção da verdade deve ser extraído do artigo 523 do Código de Processo Penal, já que aludido diploma aplica-se supletiva e subsidiariamente ao procedimento especial dos crimes eleitorais, por expressa disposição do artigo 364 do Código Eleitoral.

Já para a apropriada concessão do direito de resposta nos crimes contra a honra praticados na propaganda eleitoral, requer-se uma leitura mais cautelosa sobre a ofensa, tendo em vista que a atividade do agente público exige uma maior tolerância às manifestações do adversário.

É cediço que, em concomitância com a responsabilidade criminal, haja o exercício do direito de resposta previsto na Lei n. 9.504/1997, em caso de ofensas destinadas a candidato, partido político ou coligação durante a propaganda eleitoral.

Decerto, o Tribunal Superior Eleitoral já firmou o entendimento de que o deferimento do direito de resposta e interrupção da divulgação da ofensa não excluem a ocorrência dos crimes de difamação e de divulgação de fatos inverídicos na propaganda eleitoral.

---

882. "**Art. 327.** *As penas cominadas nos artigos. 324, 325 e 326, aumentam-se de um terço, se qualquer dos crimes é cometido*: **I** – *contra o Presidente da República ou chefe de governo estrangeiro*; **II** – *contra funcionário público, em razão de suas funções*; **III** – na presença de várias pessoas, ou por meio que facilite a divulgação da ofensa."

883. "**Art. 355.** *As infrações penais definidas neste Código são de ação pública.*"

884. **TSE, RESPE 21.295/SP, Rel. Min. Fernando Neves da Silva, Data de Publicação DJ: 17/10/2003.**

Por fim, a afirmação sabidamente inverídica, mesmo que destituída de conteúdo calunioso, difamatório ou injurioso, autoriza o pedido de resposta do ofendido. Com efeito, o próprio artigo 58 emprega a conjunção alternativa "ou" para expressar essa possibilidade ("[...] *por conceito, imagem ou afirmação caluniosa, difamatória, injuriosa ou sabidamente inverídica, difundidos por qualquer veículo de comunicação social"*).

Na linha da jurisprudência do Tribunal Superior Eleitoral, o fato sabidamente inverídico é, para fins de direito de resposta, aquele que não demanda investigação, já que perceptível de plano.

De qualquer forma, é dificultoso determinar o real sentido e alcance do que seja uma afirmação sabidamente inverídica. Parece salutar concebê-la como uma informação falsa da qual o público tenha conhecimento.

5.4. Legitimidade Ativa

O ofendido deverá requerer o direito de resposta por meio da representação prevista no artigo 96 da Lei n. 9.504/1997.

Nos termos do artigo 58, § 1º, da Lei n. 9.504/1997, o ofendido ou seu representante legal poderá pleitear o exercício do direito de resposta à Justiça Eleitoral nos seguintes prazos, contados a partir da veiculação da ofensa:

(i) vinte e quatro horas, quando se tratar do horário eleitoral gratuito (inc. I)[885];

(ii) quarenta e oito horas, quando se tratar da programação normal das emissoras de rádio e televisão (inc. II);

(iii) setenta e duas horas, quando se tratar de órgão da imprensa escrita (inc. III)[886];

885. Segundo o Tribunal Superior Eleitoral, o prazo decadencial para ajuizar representação para pedir direito de resposta no horário gratuito é contado em horas, a partir do término da exibição do programa que se pretende impugnar.

886. De acordo com o Tribunal Superior Eleitoral, o interessado pode requerer o direito de resposta enquanto o material tido como ofensivo permanecer sendo divulgado na Internet, tendo em vista a ausência de previsão legal de decadência para essa hipótese. Ocorrendo a retirada espontânea da ofensa, o direito de resposta deve ser requerido no prazo de 3 (três) dias. A coligação tem legitimidade para requerer o direito de resposta quando um dos partidos que a compõe tiver sido ofendido e, por ser partido coligado, não puder se dirigir à Justiça Eleitoral de forma isolada. Por fim, o direito de resposta na Internet deve ser veiculado em prazo não inferior ao dobro do utilizado para veiculação da ofensa.

(iv) a qualquer tempo, quando se tratar de conteúdo que esteja sendo divulgado na internet, ou em 72 (setenta e duas) horas, após a sua retirada (inc. IV).

De se ver que a redação do inciso IV é uma novidade legislativa, pois foi incluída pela Lei n. 13.165, de 2015 para disciplinar o prazo de exercício do direito de resposta por conteúdo divulgado na internet.

Obtempera Paulo Mascarenhas que *"Os pedidos de resposta devem ser endereçados ao juiz auxiliar encarregado da propaganda eleitoral"*[887]. Nada obstante, entende-se que a forma como endereçada o pedido de resposta ao juiz auxiliar pode contrariar o princípio do juiz natural.

Ademais, ressalta-se que os prazos do pedido de resposta são decadenciais, de modo que, se esgotados, o ofendido perde o direito de exercê-lo[888].

Discute-se, outrossim, se terceiros têm legitimidade ativa para o pedido de resposta, pois tem se tornado comum o agravo contra pessoas próximas aos ofendidos durante o período eleitoral. Assim, prevalece que o pedido de resposta deve ser ter um amplo alcance, a ponto de tornar viável seu exercício por terceiros que também foram ofendidos e não figuram como candidatos, partidos ou coligações[889]. Sem embargo, entende-se que essa situação só é admitida se a ofensa ocorrer durante a propaganda eleitoral gratuita ou pela imprensa escrita, desde que tal seja paga ou patrocinada por candidato, partido ou coligação[890].

Dessa forma, já decidiu o Tribunal Superior Eleitoral que a coligação tem legitimidade para requerer direito de resposta quando um

---

887. MASCARENHAS, Paulo. *Lei eleitoral comentada*. São Paulo: Mundo Jurídico, 2010, p. 166.

888. Já para Mascarenhas, se o ofendido ou seu representante legal não exercer o direito de resposta dentro dos prazos mencionados, haverá preclusão (MASCARENHAS, Paulo. *Lei eleitoral comentada*. São Paulo: Mundo Jurídico, 2010, p. 166).

889. DECOMAIN, Pedro Roberto. *Eleições*: comentários à Lei n. 9.504/97. 2 ed. São Paulo: Dialética, 2004, p. 308 *et. seq.*.

890. **"EMENTA: RECURSO ESPECIAL ELEITORAL. PEDIDO DE DIREITO DE RESPOSTA POR PESSOA ALHEIA AO PROCESSO ELEITORAL. POSSIBILIDADE. LEI N. ART. PAR. III, F. REPRESENTAÇÃO PROCESSUAL DE GOVERNADOR. LEI LOCAL. 1. A MATÉRIA RELATIVA A REPRESENTAÇÃO PROCESSUAL DO GOVERNADOR DO ESTADO NÃO COMPORTA ANALISE NESTA VIA ESPECIAL, POR SE REFERIR A INTERPRETAÇÃO DE LEI LOCAL. 2. QUALQUER PESSOA, INDEPENDENTEMENTE DE SER CANDIDATO OU NÃO, PODE REQUERER PEDIDO DE RESPOSTA, COM BASE NA LEI N. 9.504/97, ART. 58, PAR. 3, III, F. 3. RECURSO PARCIALMENTE CONHECIDO E, NESSA PARTE, PROVIDO" (TSE, REsp. 15532 MS, Rel. Edson Carvalho Vidigal, Julgamento: 30/09/1998, Publicado em 30/09/1998)**.

dos partidos que a compõe tiver sido ofendido e, por ser partido coligado, não puder se dirigir à Justiça Eleitoral de forma isolada.

Contudo, firmou-se o posicionamento de que o jornal não tem legitimidade passiva na ação de direito de resposta, pois tal demanda deve envolver tão somente os atores da cena eleitoral, ou seja, candidato, partido político ou coligações.

Uma vez recebido o pedido, a Justiça Eleitoral notificará imediatamente o ofensor para que se defenda em vinte e quatro horas, devendo a decisão ser prolatada no prazo máximo de setenta e duas horas da data da formulação do pedido (art. 58, § 2º).

Com redação incluída pela Lei n. 12.891/2013, dispõe o § 9º do artigo 58 que, caso a decisão de que trata o § 2º não seja prolatada em 72 (setenta e duas) horas da data da formulação do pedido, a Justiça Eleitoral, de ofício, providenciará a alocação de Juiz auxiliar.

5.5. Instrução do Pedido de Resposta

O pedido de resposta deve ser instruído de acordo com o tipo de veículo de comunicação em que a ofensa foi divulgada, ou seja: **(i)** em órgão da imprensa escrita; **(ii)** em programação normal das emissoras de rádio e de televisão; **(iii)** no horário eleitoral gratuito; e **(iv)** em propaganda eleitoral na internet.

Em sequência, a Justiça Eleitoral receberá o pedido de resposta e notificará o ofensor para apresentação de defesa, no prazo máximo de 24 (vinte e quatro) horas.

A sentença deverá ser proferida no prazo de 72 (setenta e duas) horas, cujo cômputo inicia-se a partir da data da formulação da defesa do ofensor.

Ressalta-se que o prazo não é contado em dias, mas em horas[891].

5.5.1. Em órgão da imprensa escrita

a) o pedido deverá ser instruído com um exemplar da publicação e o texto para resposta;

b) deferido o pedido, a divulgação da resposta dar-se-á no mesmo veículo, espaço, local, página, tamanho, caracteres e outros elementos de realce usados na ofensa, em até quarenta e oito horas após

891. MASCARENHAS, Paulo. *Lei eleitoral comentada*. São Paulo: Mundo Jurídico, 2010, p. 166-167.

a decisão ou, tratando-se de veículo com periodicidade de circulação maior que quarenta e oito horas, na primeira vez em que circular;

c) por solicitação do ofendido, a divulgação da resposta será feita no mesmo dia da semana em que a ofensa foi divulgada, ainda que fora do prazo de quarenta e oito horas;

d) se a ofensa for produzida em dia e hora que inviabilizem sua reparação dentro dos prazos estabelecidos nas alíneas anteriores, a Justiça Eleitoral determinará a imediata divulgação da resposta;

e) o ofensor deverá comprovar nos autos o cumprimento da decisão, mediante dados sobre a regular distribuição dos exemplares, a quantidade impressa e o raio de abrangência na distribuição[892].

5.5.2. Em programação normal das emissoras de rádio e de televisão

a) a Justiça Eleitoral, à vista do pedido, deverá notificar imediatamente o responsável pela emissora que realizou o programa para que entregue em vinte e quatro horas, sob as penas do art. 347 da Lei nº 4.737/1965 (Código Eleitoral), cópia da fita da transmissão, que será devolvida após a decisão;

b) o responsável pela emissora, ao ser notificado pela Justiça Eleitoral ou informado pelo reclamante ou representante, por cópia protocolada do pedido de resposta, preservará a gravação até a decisão final do processo;

c) deferido o pedido, a resposta será dada em até quarenta e oito horas após a decisão, em tempo igual ao da ofensa, porém nunca inferior a um minuto.

5.5.3. No horário eleitoral gratuito

a) o ofendido usará, para a resposta, tempo igual ao da ofensa, nunca inferior, porém, a um minuto;

---

892. Complementa Mascarenhas: "*A pedido do ofendido, a resposta poderá ser divulgada no mesmo dia da semana em que a ofensa foi publicada, ainda que fora do prazo de 48hs. Se, no entanto, a ofensa for produzida em dia e hora que inviabilizem a resposta dentro dos prazos previstos nesta Lei, a Justiça Eleitoral determinará a imediata divulgação da resposta. Em qualquer dos casos, o ofensor deverá comprovar perante a Justiça Eleitoral o efetivo cumprimento da decisão, informando, inclusive, os dados sobre a regular distribuição dos exemplares com a resposta, a quantidade impressa e o raio de abrangência da distribuição, tudo para que a resposta tenha a mesma repercussão e, na medida do possível, o mesmo número de leitores que teve a ofensa.*" (MASCARENHAS, Paulo. *Lei eleitoral comentada*. São Paulo: Mundo Jurídico, 2010, p. 167).

b) a resposta será veiculada no horário destinado ao partido ou coligação responsável pela ofensa, devendo necessariamente dirigir-se aos fatos nela veiculados;

c) se o tempo reservado ao partido ou coligação responsável pela ofensa for inferior a um minuto, a resposta será levada ao ar tantas vezes quantas sejam necessárias para a sua complementação;

d) deferido o pedido para resposta, a emissora geradora e o partido ou coligação atingidos deverão ser notificados imediatamente da decisão, na qual deverão estar indicados quais os períodos, diurno ou noturno, para a veiculação da resposta, que deverá ter lugar no início do programa do partido ou coligação;

e) o meio magnético com a resposta deverá ser entregue à emissora geradora, até trinta e seis horas após a ciência da decisão, para veiculação no programa subsequente do partido ou coligação em cujo horário se praticou a ofensa;

f) se o ofendido for candidato, partido ou coligação que tenha usado o tempo concedido sem responder aos fatos veiculados na ofensa, terá subtraído tempo idêntico do respectivo programa eleitoral; tratando-se de terceiros, ficarão sujeitos à suspensão de igual tempo em eventuais novos pedidos de resposta e à multa no valor de duas mil a cinco mil UFIR, que, de acordo com a Resolução 23.462/2015 do Tribunal Superior Federal, correspondem, respectivamente, aos valores de R$ 2.128,20 a R$ 5.320,50.

5.5.4. Em propaganda eleitoral na internet

a) deferido o pedido, a divulgação da resposta dar-se-á no mesmo veículo, espaço, local, horário, página eletrônica, tamanho, caracteres e outros elementos de realce usados na ofensa, em até quarenta e oito horas após a entrega da mídia física com a resposta do ofendido (redação incluída pela Lei nº 12.034, de 2009);

b) a resposta ficará disponível para acesso pelos usuários do serviço de internet por tempo não inferior ao dobro em que esteve disponível a mensagem considerada ofensiva (redação incluída pela Lei nº 12.034, de 2009);

c) os custos de veiculação da resposta correrão por conta do responsável pela propaganda original (redação incluída pela Lei nº 12.034, de 2009).

5.6. Cumulação de Pedidos

Prevalece que, além do pedido de resposta, o ofendido pode requerer na própria representação as demais penalidades previstas nos artigos 53[893] e 55[894], parágrafo único, ambos da Lei das Eleições, tal como a perda da propaganda eleitoral na qual resultou a ofensa.

Ademais, já decidiu o Tribunal Superior Eleitoral pela possibilidade de concessão do direito de resposta cumulado com a pena de multa prevista no § 2º do artigo 45 da Lei n. 4.737/1965.

5.7. Inviabilidade de Reparação nos Prazos

Dispõe o § 4º do artigo 58 que, se a ofensa ocorrer em dia e hora que inviabilizem sua reparação dentro dos prazos estabelecidos nos parágrafos anteriores do próprio artigo 58, a resposta será divulgada nos horários que a Justiça Eleitoral determinar, ainda que nas quarenta e oito horas anteriores ao pleito, em termos e forma previamente aprovados, de modo a não ensejar tréplica.

6. ELEIÇÕES E RESOLUÇÃO N. 23.462/2016 DO TRIBUNAL SUPERIOR ELEITORAL

Conforme já esposado, o Tribunal Superior Eleitoral emite resoluções para regulamentar as representações, reclamações e o direito de resposta previsto nos artigos 58 e 58-A da Lei das Eleições.

No que toca às eleições de 2014, foi editada a Resolução n. 23.398/2014, embora nova resolução tenha sito emitida para as eleições municipais de 2016, qual seja, a Resolução n. 23.462/2016.

Destarte, a Resolução 23.462/2015 do Tribunal Superior Eleitoral disciplina o processamento das representações e das reclamações previstas na Lei n. 9.504/1997, além dos pedidos de resposta no âmbito da Justiça Eleitoral, salvo as representações de que trata o artigo

---

893. "**Art. 53.** *Não serão admitidos cortes instantâneos ou qualquer tipo de censura prévia nos programas eleitorais gratuitos.* § 1º É vedada a veiculação de propaganda que possa degradar ou ridicularizar candidatos, sujeitando-se o partido ou coligação infratores à perda do direito à veiculação de propaganda no horário ele*itoral gratuito do dia seguinte.* § 2º *Sem prejuízo do disposto no parágrafo anterior, a requerimento de partido, coligação ou candidato, a Justiça Eleitoral impedirá a reapresentação de propaganda ofensiva à honra de candidato, à moral e aos bons costumes.*"

894. "**Art. 55 – Parágrafo único:** *A inobservância do disposto neste artigo sujeita o partido ou coligação à perda de tempo equivalente ao dobro do usado na prática do ilícito, no período do horário gratuito subsequente, dobrada a cada reincidência, devendo o tempo correspondente ser veiculado após o programa dos demais candidatos com a informação de que a não veiculação do programa resulta de infração da lei eleitoral.*"

22, "*caput*", da própria Resolução[895]. Em miúdos, além do procedimento de direito de resposta previsto na Lei n. 9.504/1997, também aplica-se a Resolução n. 23.462/2016.

Como complementação do procedimento, prevê o § 2º do artigo 17 da Resolução que apenas as decisões comunicadas à emissora geradora até 1 (uma) hora antes da geração ou do início do bloco, quando se tratar de inserções, poderão interferir no conteúdo a ser transmitido. Já após esse prazo, as decisões somente poderão ter efeito na geração ou nos blocos seguintes.

Nos termos do § 3º do artigo 17, caso a emissora geradora seja comunicada de decisão proibindo trecho da propaganda entre a entrega do material e o horário de geração dos programas, essa deverá aguardar a substituição do meio de armazenamento até o limite de uma hora antes do início do programa; no caso de o novo material não ser entregue, a emissora veiculará programa anterior, desde que não contenha propaganda proibida.

Prevê o § 4º do artigo 17 que, caso o Juiz Eleitoral determine a retirada de material considerado ofensivo de sítio da Internet, o respectivo provedor responsável pela hospedagem deverá promover a imediata retirada, sob pena de responder na forma do art. 21 da Resolução, sem prejuízo de arcar com as medidas coercitivas que forem determinadas, inclusive as de natureza pecuniária decorrentes do descumprimento da decisão.

Por fim, dispõe o artigo 18 da Resolução que os pedidos de resposta formulados por terceiro, em relação ao que foi veiculado no horário eleitoral gratuito, serão examinados pela Justiça Eleitoral e deverão observar os procedimentos previstos na Lei n° 9.504/97, naquilo que couber.

7. RECURSO

Nos termos do § 5º do artigo 58 da Lei n. 9.504/1997, da decisão sobre o exercício do direito de resposta cabe recurso às instâncias superiores, em vinte e quatro horas da data de sua publicação em cartório ou sessão, assegurado ao recorrido oferecer contrarrazões em igual prazo, a contar da sua notificação. Nada obstante, tem sido comum a impetração de mandado de segurança ou de medida cautelar

---

895. "**Art. 22.** *As representações que visarem à apuração das hipóteses previstas nos arts. 23, 30-A, 41-A, 45, inciso VI, 73, 74, 75 e 77 da Lei nº 9.504/1997 observarão o rito estabelecido pelo art. 22 da Lei Complementar nº 64/199.*"

com pedido liminar até o julgamento do recurso, gerando uma situação de total anacronismo no sistema recursal.

Assevera-se que o prazo para o recorrente conta-se a partir da publicação da decisão em cartório ou sessão, enquanto que o prazo para o recorrido passa a ser contado da sua notificação[896].

8. PRAZO DAS DECISÕES

Nos moldes do § 6º do artigo 58 da Lei n. 9.504/1997, a Justiça Eleitoral deve proferir suas decisões no prazo máximo de vinte e quatro horas, observando-se o disposto nas alíneas *d* e *e* do inciso III do § 3º para a restituição do tempo em caso de provimento de recurso. De acordo com § 7º do artigo 58, a inobservância do prazo previsto no parágrafo anterior sujeita a autoridade judiciária às penas previstas no artigo 345 do Código Eleitoral.

9. NÃO CUMPRIMENTO INTEGRAL OU PARCIAL DA DECISÃO CONCESSIVA DO DIREITO DE RESPOSTA

Nos termos do § 8º do artigo 58 da Lei n. 9.504/1997, o não cumprimento integral ou em parte da decisão que conceder a resposta sujeitará o infrator ao pagamento de multa no valor de cinco mil a quinze mil UFIR, duplicada em caso de reiteração de conduta, sem prejuízo do disposto no art. 347 do Código Eleitoral. De acordo com a Resolução n. 23.462/2016 do Tribunal Superior Eleitoral, o descumprimento, ainda que parcial, da decisão que reconhecer o direito de resposta, sujeitará o infrator ao pagamento de multa no valor de R$ 5.320,50 (cinco mil, trezentos e vinte reais e cinquenta centavos) a R$ 15.961,50 (quinze mil, novecentos e sessenta e um reais e cinquenta centavos), duplicada em caso de reiteração de conduta, sem prejuízo do disposto no art. 347 do Código Eleitoral (Lei nº 9.504/1997, art. 58, § 8º).

10. PREFERÊNCIA DE TRAMITAÇÃO

Com redação incluída pela Lei n. 12.034/2009, dispõe o art. 58-A da Lei n. 9.504/1997 que os pedidos de direito de resposta e as representações por propaganda eleitoral irregular em rádio, televisão e internet tramitarão preferencialmente em relação aos demais processos em curso na Justiça Eleitoral.

---

896. MASCARENHAS, Paulo. *Lei eleitoral comentada*. São Paulo: Mundo Jurídico, 2010, p. 170.

Observa Mascarenhas que, antes da inovação trazida pela Lei n. 12.034/2009, geralmente chegava-se ao dia das eleições com diversos processos de direito de resposta e representações por propaganda irregular sem o devido julgamento, de modo que tais feitos eram arquivados pela perda do objeto do próprio pedido[897].

Feitas essas considerações, infere-se que o direito de resposta é fundamental para a salvaguarda da liberdade de expressão no regime democrático, mormente no contexto dos crimes eleitorais perpetrados pela imprensa.

897. MASCARENHAS, Paulo. *Lei eleitoral comentada*. São Paulo: Mundo Jurídico, 2010, p. 171.

CONCLUSÕES

1) A liberdade de comunicação social abarca a liberdade de expressão, a liberdade de informação e a liberdade de imprensa.

2) As liberdades de expressão e de imprensa integram a primeira geração de direitos fundamentais, despontando como uma conquista indelével no campo das liberdades públicas. Nada obstante, a sociedade de massa e os avanços tecnológicos ampliaram o domínio da mídia no contexto social, conferindo novos contornos à liberdade de imprensa, de modo que os veículos de comunicação e o jornalismo digital geralmente incidem em uma linha tênue entre a licitude e a ilicitude.

3) A liberdade de expressão deve ser alçada a um debate crítico mais robusto no cenário jurídico brasileiro, sobretudo nas perspectivas constitucional e de política criminal, a fim de que passe a ser compreendida sob o ângulo das expressões individual e coletiva, do princípio do localismo e, acima de tudo, do princípio da anticorrupção.

4) O princípio da veracidade é a essência da liberdade de expressão, pois serve de alcance para a dignidade humana sob a égide do Estado Democrático de Direito.

5) Na sociedade democrática, a crítica jornalística não deve sofrer qualquer tipo de censura, exceto se comprovada a má-fé ou o dolo por parte do jornalista ou do veículo de comunicação social responsável pela veiculação da notícia.

6) O jornalismo investigativo deve ter como fio condutor o princípio da veracidade na comunicação social, a ponto de contribuir à elucidação de casos criminais na sociedade democrática, desde que desprovido de interesses econômicos e ideológicos.

7) À luz do Estado Democrático de Direito, a manifestação da liberdade de expressão é a regra, enquanto que sua restrição é a exceção. De toda sorte, a manifestação da livre imprensa não é absoluta ou ilimitada, pois deve ter como linhas limítrofes os direitos da personalidade, com baluarte na dignidade da pessoa humana.

8) Reconhece-se que tanto a constitucionalização do direito civil como a eficácia horizontal dos direitos fundamentais devem ser

tomados como fenômenos jurídicos contemporâneos para o tratamento dos direitos da personalidade, mormente da privacidade, da intimidade, da honra e da imagem no contexto da imprensa e do jornalismo digital.

9) No palco jurídico brasileiro, faz-se imprescindível a construção de um sistema legislativo harmonioso e coerente entre o direito penal e o direito civil no tratamento específico dos abusos cometidos contra a liberdade de manifestação de pensamento e de expressão, contanto que assegurados plenamente os direitos e garantias individuais, em observância aos princípios da intervenção mínima e da fragmentariedade.

10) O esquecimento é um dos temas mais árduos a serem definidos pela atividade pretoriana no cenário jurídico pátrio, envolvendo a discussão de diversas questões afetas aos direitos da personalidade. E, além do esquecimento, é indispensável que sejam assegurados os direitos à desindexação e à desvinculação, principalmente no âmbito do jornalismo digital.

11) Com a revogação da Lei de Imprensa na ADPF n. 130/DF, acusa-se um evidente vácuo legislativo no tratamento dos crimes praticados pela imprensa, tanto em nível de direito material como processual penal.

12) A dignidade penal da liberdade de expressão encontra fundamento em um mandado constitucional implícito de criminalização, a partir da interpretação teleológica dos artigos 5º, incs. IV e V, e 220, ambos da Constituição. Devem os veículos de comunicação prezar pela elaboração e difusão de notícias dentro dos parâmetros de uma sociedade livre, justa e solidária e, acima de tudo, em respeito à dignidade humana, tanto na perspectiva individual como na coletiva (art. 1º), sendo que os excessos devem submeter o infrator às responsabilidades civil e criminal.

14) Infere-se que os ilícitos praticados pela imprensa assumem elevada potencialidade ofensiva, configurando as mais diversas infrações penais. Nada obstante, entende-se que, antes mesmo da resposta criminal, há de se dar preferência aos meios jurídicos menos gravosos, tais como a responsabilidade civil e o direito de resposta.

15) Tendo em vista que a função primordial do direito penal é a de exclusiva proteção de bem jurídico, o crime praticado pela imprensa pode ser definido da seguinte forma: é a conduta, consciente e voluntária, que causa lesão ou expõe a perigo de lesão bens jurídico-penais individuais e coletivos no contexto da

imprensa, cuja potencialidade lesiva é elevada devido ao meio empregado, a ponto de provocar o desarranjo das liberdades de pensamento e de expressão no regime democrático. Sob o ângulo do atual direito penal brasileiro, entende-se que essas infrações se enquadram tanto à luz do Código Penal como de legislações extravagantes.

16) No contexto midiático, o direito penal deve conservar suas raízes nos mecanismos tradicionais da teoria do delito, embora deva buscar pontuais releituras de seus institutos para conformar o tratamento criminal ao uso dos meios tecnológicos no contexto da imprensa, sobretudo no campo da autoria (v.g., responsabilidade penal da pessoa jurídica; deveres de garante em delitos omissivos impróprios; programas de *compliance* em harmonia com os códigos de ética da imprensa; princípio da confiança; cegueira deliberada e cumplicidade através de ações neutras), do nexo causal (v.g., imputação objetiva) e do elemento subjetivo.

17) Faz-se mister que, diante da revogação da Lei de Imprensa e o atual vácuo legislativo, os crimes cometidos pela imprensa sejam submetidos ao modelo de processo penal constitucional então vigente, consubstanciado em garantias individuais irrenunciáveis à luz do Estado de Direito.

19) O procedimento especial dos crimes contra a honra, previsto no Código de Processo Penal, causa mais embaraços que certezas, pois a maioria das condutas correspondentes configura infrações penais de menor potencial ofensivo, submetendo-se ao procedimento sumaríssimo da Lei n. 9.099/1995.

20) No contexto da persecução criminal, a publicidade dos atos processuais é a regra, enquanto que o sigilo é a exceção. Sem prejuízo, a publicidade e o sigilo das comunicações apresentam uma sistemática peculiar, tanto na perspectiva constitucional como na ordinária.

21) O ordenamento jurídico brasileiro apresenta um evidente descompasso com o avanço das tecnologias, havendo uma insuficiência legislativa no tratamento das gravações clandestinas e das interceptações telefônicas e telemáticas, a ponto de não salvaguardar integralmente os direitos da personalidade. Assim, é imprescindível a edificação harmoniosa e padronizada de um marco regulatório do sigilo das telecomunicações no Brasil, a fim de que seja melhor definido o uso da moderna tecnologia, sobretudo da forma pela qual são manuseadas as informações telefônicas e telemáticas.

23) Os sigilos bancário e fiscal devem ser alçados a uma releitura no palco nacional, máxime na atividade jurisprudencial e em nível infraconstitucional, a fim de que sejam fielmente seguidos os ditames constitucionais e, acima de tudo, o direito fundamental à vida privada. Qualquer relativização ao segredo bancário deve ser apreciada e determinada, exclusivamente, pelo Poder Judiciário, por força dos princípios do devido processo legal, da inafastabilidade jurisdicional, da separação dos poderes e da segurança jurídica.

24) A Lei n. 13.188/15 é um novo marco de regulamentação do direito de resposta à luz do ordenamento pátrio. Esse novel legislativo se preocupou em disciplinar o equilíbrio que se espera entre o direito de resposta e o agravo no caso concreto.

25) No âmbito da Justiça Eleitoral, o § 3º do artigo 243 da Lei n. 4.737/65 (Código Eleitoral) assegura o direito de resposta a quem for injuriado, difamado ou caluniado através da imprensa, rádio, televisão ou alto-falante, aplicando-se, no que couber, os artigos 90 e 96 da Lei n. 4.117/1962. Da mesma arte, os artigos 58 e 58-A da Lei n. 9.504/1997 e as resoluções do Tribunal Superior Eleitoral consagram o direito de resposta como forma de salvaguardar os direitos da personalidade de candidato, partido político ou coligação no pleito eleitoral.

REFERÊNCIAS BIBLIOGRÁFICAS

ALEXY, Robert. *Teoria dos direitos fundamentais*. Tradução de Virgílio Afonso da Silva. São Paulo: Malheiros, 2008.

AMARAL, Inês; SOUSA, Helena. *A era dos Self Media*. In: Revista Eletrônica Portas, V. 3, n.3, p. 9-17, 2009.

ANDRADE, Manuel da Costa. Das escutas telefônicas. In: COSTA, José de Faria; SILVA, Marco Antonio Marques da. *Direito penal especial, processo penal e direitos fundamentais:* visão luso-brasileira. p. 203-213, São Paulo: Quartier Latin, 2006.

ANTUNES, Mário; RODRIGUES, Baltazar. *Introdução à Cibersegurança*: a internet, os aspectos legais e a análise digital forense. Lisboa: FCA, 2018, p. 102.

ARANHA, Adalberto José Q. T. de Camargo. *Crimes Contra a Honra*. São Paulo: Saraiva, 1995.

ARAÚJO, Luiz Alberto David. *Curso de direito constitucional*. 18 ed. São Paulo: Verbatim, 2014.

ASÚA, Luis Jiménez de. *Tratado de derecho penal*: el delito. Tomo III. Buenos Aires: Losada, 1950.

BADARÓ, Gustavo. *Grampos no caso Lava Jato*: ilegalidade. In: Carta Forense. Abril de 2016.

BADARÓ, Gustavo Henrique Righi. *Processo penal*. Rio de Janeiro: Elsevier, 2012.

BALTAZAR JUNIOR, José Paulo. Considerações sobre o sigilo bancário. *Revista Brasileira de Ciências Criminais,* São Paulo, v. 9, n. 36, p. 102-131, out./dez. 2001.

BARROSO, Luís Roberto. *Curso de direito constitucional contemporâneo*: os conceitos fundamentais e a construção do novo modelo. São Paulo: Saraiva, 2009.

BARROSO, Luís Roberto; BARCELLOS, Ana Paula. *Colisão entre liberdade de expressão e direitos fundamentais*. Critérios de interpretação.

Interpretação constitucionalmente adequada do Código Civil e da Lei de Imprensa. In: Revista de Direito Administrativo. V. 235, Rio de Janeiro, p. 1-36, Jan/Mar. 2004.

BAUMAN, Zigmund. *Modernidade e ambivalência*. Tradução de Marcus Penchel. Rio de Janeiro: Jorge Zahar, 1999.

BECK, Ulrich. *Sociedade do risco*: rumo a uma outra modernidade. Tradução de Sebastião Nascimento. São Paulo: 34, 2010.

BEM, Leonardo Schmitt de; CUNHA, Mariana Garcia. *Crimes eleitorais*. 3ª ed. Belo Horizonte: D'Plácido, 2018.

BIOY, Xavier. *Droits Fondementaux Et Libertés Publiques*. 5ª Ed. Jouve: LGDJ, 2018.

BITTAR, Carlos Alberto; BITTAR FILHO, Carlos Alberto. *Tutela dos direitos da personalidade e dos direitos autorais nas atividades empresariais*. São Paulo: Revista dos Tribunais, 1993.

BOBBIO, Norberto. *A era dos direitos*. Tradução de Carlos Nelson Coutinho. Rio de Janeiro: Elsevier, 2014.

BOBBIO, Norberto. *Teoria do ordenamento jurídico*. Tradução de Ari Marcelo Solon. São Paulo: EDIPRO, 2011.

BOLDT, Raphael; ADEODATO, João Maurício. Memória, perdão e esquecimento: reconstruindo os horizontes da justiça penal contemporânea a partir das representações simbólicas dos sistemas vindicativos. *Revista de Estudos Criminais*, Porto Alegre, v. 12, n. 57, p. 125-144, abr./jun. 2015.

BONAVIDES, Paulo. *Curso de direito constitucional*. 22 ed. São Paulo: Malheiros, 2010.

BOURDIEU, Pierre. *Sobre a televisão*. Tradução de Maria Lúcia Machado. Petrópolis: Vozes, 1997.

BULOS, Uadi Lammêgo. *Curso de direito constitucional*. 9 ed. São Paulo: Saraiva, 2015.

CALLEGARI, André Luís; WERMUTH, Maiquel Ângelo Dezordi. "Deu no jornal": notas sobre a contribuição da mídia para a (ir)racionalidade da produção legislativa no bojo do processo de expansão do direito penal. *Revista Liberdades*, São Paulo, n. 2, p. 56-77, set./dez. 2009.

CAMPILONGO, Celso Fernandes. *Interpretação do direito e movimentos sociais*. Rio de Janeiro: Elsevier, 2012.

CÂNDIDO, Joel José. *Direito penal eleitoral e processo penal eleitoral*. São Paulo: Edipro, 2006.

CANOTILHO, J. J. Gomes Canotilho. *Direito constitucional e teoria da constituição*. 7 Ed. Coimbra: Almedina, 2003.

CARMIGNANI, Giovanni. *Elementos de derecho criminal*. Bogotá: Temis Librería, 1979.

CARVALHO, Ana Cristina Azevedo P.. Marco Civil da Internet no Brasil: Análise da Lei n. 12.965/14 e do Direito de Informação. Rio de Janeiro: Alta Books, 2014.

CARVALHO, Kildare Gonçalves. *Direito constitucional positivo*. 20 ed. Belo Horizonte: Del Rey, 2013.

CARVALHO, Luis Gustavo Grandinetti Castanho de. *Direito de informação e liberdade de expressão*. Rio de Janeiro: Renovar: 1999.

CARVALHO, Luis Gustavo Grandinetti Castanho de Carvalho. Direito à privacidade. In: *Revista da EMERJ*, v. 1, n. 2, p. 51-76, 1998.

CASARA, Rubens R. R. *Prisão e Liberdade*. 1. ed. São Paulo: Estúdio Editores.com, 2014.

CASTRO, Celso Antonio Pinheiro de. *Sociologia do direito*: fundamentos de sociologia geral; sociologia aplicada ao direito. 8 ed. São Paulo: Atlas, 2008.

CERQUEIRA, Thales Tácito. *Direito eleitoral esquematizado*. 3 ed. São Paulo: Saraiva, 2013.

CHOUKR, Fauzi Hassan. *Garantias constitucionais na investigação criminal*. 3ª ed. Rio de Janeiro: Lumen Juris, 2006.

COUTINHO, Francisco Pereira. O Tribunal Europeu dos Direitos do Homem e a Liberdade de Imprensa: Os Casos Portugueses. In: *Media, Direito e Democracia*: I curso pós-graduado em direito da comunicação. p. 319-360. Coimbra: Almedina, 2014.

COVELLO, Sérgio Carlos. *O sigilo bancário*: com particular enfoque na sua tutela civil. 2 ed. Saraiva, 2001.

CUNHA, Rogério Sanches; PINTO, Ronaldo Batista. *Processo penal*: doutrina e prática. Salvador: Juspodivm, 2009.

DECOMAIN, Pedro Roberto. *Eleições*: comentários à Lei n. 9.504/97. 2 ed. São Paulo: Dialética, 2004.

DEMERCIAN, Pedro. *Curso de processo penal.* São Paulo: Atlas, 1999.

DEZEM, Guilherme Madeira. Curso de Processo Penal. 3 Ed. São Paulo: Revista dos Tribunais, 2017.

DINIZ, Maria Helena. *Curso de direito civil brasileiro*: teoria geral do direito civil. v. 1. 22 ed. São Paulo: Saraiva, 2005.

DOTTI, René Ariel. Livre informação jornalística e censura judicial. In: *Boletim IBCCRIM*, São Paulo, v. 18, n. 214, p. 2-3, set. 2010.

FARIA, Bento de. *Código Penal brasileiro (Comentado)*: noções gerais, interpretação da lei penal e extradição. v. I. 2 ed. Rio de Janeiro: Record, 1958.

FARIAS, Cristiano Chaves de; ROSENVALD, Nelson. *Curso de direito civil*: parte geral e LINDB. v. 1. 10 ed. Salvador: Juspodivm, 2012.

FELDENS, Luciano. *Direitos fundamentais e direito penal*: a Constituição Penal. 2 ed. Porto Alegre: Livraria do Advogado, 2012.

FELDENS, Luciano. Sigilo bancário e ministério público: da necessária coabitação entre as leis complementares 105/01 e 75/93. *Boletim dos Procuradores da República,* São Paulo, v. 5, n. 56, p. 12-14, dez. 2002.

FERRAJOLI, Luigi. *Direito e razão*: teoria do garantismo penal. 3. ed. São Paulo: Editora Revista dos Tribunais, 2002.

FERRAZ JÚNIOR, Tercio Sampaio. *Introdução ao estudo do direito*: técnica, decisão, dominação. 6. Ed. São Paulo: Atlas, 2012.

FERRAZ JUNIOR, Tercio Sampaio. *Sigilo de dados*: o direito à privacidade e os limites à função fiscalizadora do Estado. Revista da Faculdade de Direito da Universidade de São Paulo, v. 88, 1993.

FERREIRA, Amauri Pinto. *Calúnia, injúria e difamação.* 2 ed. Rio de Janeiro: AIDEA, 2000.

FERREIRA, Aurélio Buarque de Holanda. *Miniaurélio: o dicionário da língua portuguesa.* 6. ed. Curitiba: Positivo, 2005.

FIDELIS, Guido. *Crimes de imprensa.* São Paulo: Sugestões Literárias, 1977.

FILHO, Jorge Sebastião. *Interceptação telefônica*: como medida cautelar probatória nos delitos econômicos. Curitiba: Juruá, 2012.

FILHO, Manoel Gonçalves Ferreira. *Curso de direito constitucional*. 37 ed. São Paulo: Saraiva, 2011.

FILHO, Marco Aurélio Florêncio. Apontamento sobre a liberdade de expressão e a violação da privacidade no marco civil da internet. In: *Marco civil da internet*: Lei n. 12.965/2014, p. 27-40, São Paulo: Revista dos Tribunais, 2014.

FORTES, Leandro. *Jornalismo investigativo*. São Paulo: Contexto, 2005.

FRANÇA, Rubens Limongi. *Instituições de direito civil*. São Paulo: Saraiva, 1988.

FREIRE JÚNIOR, Américo Bedê. A possibilidade de quebra do sigilo bancário por parte da receita federal como forma de viabilizar a justiça fiscal. *Revista Dialética de Direito Tributário*, São Paulo, n. 97, p. 16-19, out. 2003.

FROTA, Hidemberg Alves da. Reflexões sobre quebra judicial do sigilo das fontes jornalísticas, segredo de justiça como limite à liberdade de informação jornalística e divulgação pela mídia do conteúdo de interceptações telefônicas. *Revista Magister de Direito Penal e Processual Penal*, Porto Alegre, v. 2, n. 9, p. 22-35, dez./jan. 2006.

GODOY, Claudio Luiz Bueno de. *A Liberdade de Imprensa e Os Direitos da Personalidade*. 2ª Ed. São Paulo: Atlas, 2008.

GOMES, Luiz Flávio. Interceptação telefônica "de ofício": inconstitucionalidade. *Revista IOB de Direito Penal e Processual Penal*, Porto Alegre, v. 8, n. 45, p. 13-20, ago./set. 2007.

GOMES, Luiz Flávio; ALMEIDA, Débora de Souza de. *Populismo penal midiático*: caso mensalão, mídia disruptiva e direito penal crítico. São Paulo: Saraiva, 2013.

GERMANO, Luiz Paulo Rosek. *Direito de resposta*. Porto Alegre: Livraria do Advogado, 2011.

GOMES, Suzana de Camargo. *Crimes eleitorais*. 2 ed. São Paulo: Revista dos Tribunais, 2006.

GONZÁLEZ JARA, Manuel Ángel. *Marco penal de las libertades de expresión, opinión e información*. Santiago: Librotecnia, 2012.

GRANDIS, Rodrigo de. Aspectos penais do uso de informação privilegiada (insider trading) no direito brasileiro. *Direito penal econômico: crimes financeiros e correlatos*, Série GV Law, p. 141-175, São Paulo: Saraiva, 2001.

GRAU, Eros Roberto. *A ordem econômica na Constituição de 1988 (interpretação e crítica)*. 14 ed. São Paulo: Malheiros, 2010.

GRECO FILHO, Vicente. *Interceptação telefônica*: considerações sobre a Lei n. 9.296, de 24 de julho de 1996. São Paulo: Saraiva, 1996.

GRECO FILHO, Vicente. *Manual de processo penal*. 7ª ed. São Paulo: Saraiva, 2009.

GRINOVER, Ada Pellegrini. Do regime das interceptações telefônicas no projeto de novo CPP - proposta de emendas do IBDP. *Boletim IBCCRIM*, São Paulo, v. 18, 213 - Edição Especial, p. 2-3, ago. 2010.

GRINOVER, Ada Pellegrini. *Liberdades públicas e processo penal*: as interceptações telefônicas. 2. ed. São Paulo: Revista dos Tribunais, 1982.

GRINOVER, Ada Pellegrini. O regime brasileiro das interceptações telefônicas. In: GRINOVER, Ada Pellegrini. *A marcha do processo*. p. 100-118, Rio de Janeiro: Forense Universitária, 2000.

HESSE, Konrad. *A força normativa da Constituição*. Tradução de Gilmar Ferreira Mendes. Porto Alegre: Sérgio Fabris, 1991.

HUNGRIA, Nelson. *Comentários ao Código Penal*: arts. 1º a 10. V. I. Tomo I. 4 ed. Rio de Janeiro: Forense, 1958.

HUNTER, Marl Lee; HANSON, Nils. O que é o jornalismo investigativo. In: *A investigação a partir de histórias*: um manual para jornalistas investigativos. Organização das Nações Unidas para a Educação, a Ciência e a Cultura (UNESCO), 2009.

JANNY, Raphael Lobato Collet. A liberdade de expressão e o direito ao esquecimento na internet. *Revista da ABPI*, Rio de Janeiro, n. 137, p.54-60, jul./ago. 2015.

KELSEN, Hans. *Teoria pura do direito*. Tradução de João Baptista Machado. 8. ed. São Paulo: WMF Martins Fontes, 2009.

LIMA, Caio César Carvalho. Requisição judicial de registros eletrônicos. In: *Marco civil da internet*: Lei n. 12.965/2014, p. 232-250, São Paulo: Revista dos Tribunais, 2014.

LEAL, Luziane de Figueiredo Simão. *Crimes contra os direitos da personalidade na internet*: violações e reparações de direitos fundamentais nas redes sociais. Curitiba: Juruá, 2015.

LEAL DA SILVA, Rosane; RUE, Almeida de La; GADENZ, Danielli. Discurso de ódio na internet e multiculturalismo: uma questão de conflito entre liberdade de expressão versus dignidade da pessoa humana. In: *Revista Científica de Direitos Culturais*. V. 9. N. 18. p. 129-151, Maio/Agosto de 2014.

LEITE FILHO, Solidonio. *Comentários à Lei de Imprensa*. Rio de Janeiro: J. Leite, 1925.

LEONE, Giovanni. *Tratado de derecho procesal penal*. V. I. Buenos Aires: Ediciones Jurídicas Europa-América, 1963.

LOPES JR., Aury. *Investigação preliminar no processo penal*. Saraiva: São Paulo, 2014.

LOPES JR., Aury. *Direito processual penal*. São Paulo: Saraiva, 2016.

LUHMANN, Niklas. *A realidade dos meios de comunicação*. Tradução de Ciro Marcondes Filho. São Paulo: Paulus, 2005.

LUHMANN, Niklas. Sociologia do direito I. Rio de Janeiro: Tempo Brasileiro, 1983.

MACHADO, Jónatas E. M. *Difamação de figuras públicas*: tutela jurídica e censura judicial à luz do direito português. Curitiba: Juruá, 2016.

MACHADO, Paulo Affonso Leme. *Direito à informação e meio ambiente*. São Paulo: Malheiros, 2006.

MAGALHÃES, Filipa Matias; PEREIRA, Maria Leitão. *Regulamento Geral de Proteção de Dados. Manual Prático*. 2ª Ed. Porto: Vida Económica, 2018.

MARQUES, José Frederico. *Elementos de direito processual penal*. v. I. Campinas: Bookseller, 1997.

MARQUES, José Frederico. *Elementos de direito processual penal*. V. III. Campinas: Bookseller, 1997.

MARQUES, Ivan Luís. O princípio da imprescritibilidade dos crimes contra a humanidade e sua aplicação no Brasil. In: GOMES, Luiz Flávio; MAZZUOLI, Valerio de Oliveira (Org.). *Crimes da ditadura militar, uma análise à luz da jurisprudência atual da Corte Interamericana de direito humanos*: Argentina, Brasil, Chile, Uruguai. P. 135-153, São Paulo: Revista dos Tribunais, 2011.

MARIANO DA SILVA, Cesar Dario. *Tutela penal da intimidade*. Curitiba: Juruá, 2015.

MARMELSTEIN, George. *Curso de direitos fundamentais.* 5 ed.. São Paulo: Atlas, 2014.

MARQUES, Cláudia Lima. Diálogo das fontes. In BENJAMIN, Antonio Herman V.; MARQUES, Cláudia Lima; BESSA, Leonardo Roscoe. *Manual de direito do consumidor.* 7ª ed. São Paulo, Revista dos Tribunais, 2016.

MARTINS, Ives Gandra da Silva. Sigilo bancário. *Revista Dialética de Direito Tributário,* São Paulo, n. 1, p. 15-25, out. 1995.

MARX, Karl. *Liberdade de imprensa.* Tradução de Cláudia Schilling e José Fonseca. Porto Alegre: L&PM, 2006.

MASSO, Fabiano Del. Livre-iniciativa, livre concorrência e direitos do consumidor como fundamentos do uso da internet no Brasil. In: *Marco civil da internet*: Lei n. 12.965/2014, p. 40-53, São Paulo: Revista dos Tribunais, 2014.

MASCARENHAS, Diego Fonseca. *Liberdade de expressão e Lei de Imprensa*: a tensão e a fragilidade na democracia sob a ótica de Hannah Arendt a partir da ADPF 130. Curitiba: Juruá, 2014.

MASCARENHAS, Paulo. *Lei eleitoral comentada.* São Paulo: Mundo Jurídico, 2010.

MELO, Jussara Costa. Regulação do direito ao esquecimento no ciberespaço. *Revista de Direito Setorial e Regulatório,* Brasília, v. 1, n. 1, p. 171-194, mai/ 2015.

MENDES, Gilmar Ferreira. *Curso de direito constitucional.* 9 ed. São Paulo: Saraiva, 2014.

MIRABETE, Júlio Fabbrini. *Processo penal.* 3 ed. São Paulo: Atlas, 1994.

MIRAGEM, Bruno. *Responsabilidade Civil da Imprensa Por Dano À Honra*: O Novo Código Civil e A Lei de imprensa. Porto Alegre: Livraria do Advogado, 2005.

MIRANDA, Darcy de Arruda. *Comentários à Lei de Imprensa.* V. I. São Paulo: Revista dos Tribunais, 1969.

MIRANDA, Darcy de Arruda. *Comentários à Lei de Imprensa.* V. II. São Paulo: Revista dos Tribunais, 1969.

MONIZ, Helena. Direito de resposta: limite à liberdade de imprensa ou protecção do consumidor?. *Boletim da Faculdade de Direito,* Coimbra, v. 72, p.273-313, 1996.

MORAES, Alexandre de. *Direito constitucional*. 31 ed. São Paulo: Atlas, 2015.

NESPRAL, Bernardo. *Derecho de La información*. Periodismo: derechos, deberes y responsabilidades. Buenos Aires: Bdef, 2014.

NETO, Silvio Beltramelli. *Direitos humanos*. 3. ed. Salvador: Juspodivm, 2016.

NORONHA, E. Magalhães. *Direito penal*: parte geral. v. I. São Paulo: Saraiva, 1986.

NUCCI, Guilherme de Souza. *Código de Processo Penal Comentado*. 8 Ed. São Paulo: Revista dos Tribunais, 2008.

NUCCI, Guilherme de Souza. *Manual de processo penal e execução penal*. 5ª ed. São Paulo: Revista dos Tribunais, 2008.

NUCCI, Guilherme de Souza. *Princípios constitucionais penais e processuais penais*. Revista dos Tribunais: São Paulo, 2012.

OLIVEIRA, Rodrigo Szuecs de; FILIZZOLA, Marina Franco Lopes; BAPTISTA, Paula Rosa Barros. A quebra de sigilo bancário e o tratado de assistência legal mútua. *Meritum:* revista de direito da Universidade FUMEC, Belo Horizonte, v. 9, n. 2, p. 365-392, jul./dez. 2014.

Organização das Nações Unidas para a Educação, a Ciência e a Cultura (UNESCO). *Liberdade de expressão*: um estudo do direito comparado. Brasília, Dez./2009.

PACELLI DE OLIVEIRA, Eugênio. *Curso de processo penal*. 20. ed. São Paulo: Atlas, 2016.

PAIVA, Bruno César Ribeiro de. O direito ao esquecimento em face da liberdade de expressão e de informação. *De Jure:* Revista Jurídica do Ministério Público do Estado de Minas Gerais, Belo Horizonte, v. 13, n. 22, p. 273-286, jan./jun. 2014.

PASCHOAL, Janaína Conceição. *Direito penal*: parte geral. 2 ed. Barueri: Manole, 2015.

PEDROSO, Fernando de Almeida. *O direito de defesa*: repercussão, amplitude e limites. 2. Ed. São Paulo, Revista dos Tribunais, 1994.

PELUSO, Vinicius de Toledo Piza. Sociedade, *mass media* e direito penal: uma reflexão. In: *Revista Brasileira de Ciências Criminais*, São Paulo, v. 10, n. 39, p.175-187, jul./set. 2002.

PIERANGELI, José Henrique. *Códigos Penais do Brasil*: Evolução Histórica. Bauru: Jalovi, 1980.

PINTO, David; CÁDIMA, Francisco Rui; COELHO, Joana; DIAS, Laura. *Streaming*, Questões de Gênero e Assédio Online. In: *Media e Jornalismo*. Nº 31, vol. 17, nº 2, p. 165-176. Imprensa da Universidade de Coimbra, 2017.

PINTO, Ronaldo Batista. *Lei de imprensa*: inconstitucional por quê? In: *Justitia*, São Paulo, v. 65, n. 198, p.35-39, jan./jun. 2008.

PONTE, Antonio Carlos. *Crimes eleitorais*. São Paulo: Saraiva, 2008.

RAHAL, Flávia. Publicidade no processo penal: a mídia e o processo. *Revista Brasileira de Ciências Criminais*, São Paulo, v. 12, n. 47, p. 270-283, mar./abr. 2004.

RAMAYANA, Marcos. *Direito eleitoral*. Rio de Janeiro: Impetus, 2011.

RAMOS, André de Carvalho. *Curso de direitos humanos*. 2 ed. São Paulo: Saraiva, 2015.

RANGEL, Paulo. Breves considerações sobre a lei 9.296/96: interceptação telefônica. *Revista Brasileira de Ciências Criminais*, São Paulo, v. 7, n. 26, p. 143-151, abr./jun. 1999.

RANGEL, Paulo. *Direito processual penal*. 24. ed. São Paulo: Atlas, 2016.

REALE, Miguel. *Lições preliminares de direito*. 27. ed. São Paulo: Saraiva, 2002.

REALE JÚNIOR, Miguel. A inconstitucionalidade da quebra de sigilo bancário estabelecido pelas leis complementares 104/2001 e 105/2001. *Revista Brasileira de Ciências Criminais*, São Paulo, v. 10, n. 39, p. 251-263, jul./set. 2002.

REALE JÚNIOR, Miguel; DOTTI, René Ariel. *Um estatuto da liberdade de imprensa*. São Paulo: Folha de São Paulo, 2008.

RIBEIRO, Alex. *Caso escola base*: os abusos da imprensa. São Paulo: Ática, 1995.

RODRÍGUEZ, Víctor Gabriel de Oliveira. O sistema de responsabilidade sucessiva como garantia à liberdade de imprensa. *Ciências Penais:* Revista da Associação Brasileira de Professores de Ciências Penais, São Paulo, v. 2, n. 2, p. 168-178, jan./jun. 2005.

RODRÍGUEZ, Víctor Gabriel de Oliveira. *Responsabilidade penal na lei de imprensa:* a responsabilidade sucessiva e o direito penal moderno. Campinas: Apta, 2004.

ROSA, Inocêncio Borges da. *Processo penal brasileiro*. V. I. Porto Alegre: Barcellos, Bertaso & Cia, 1942.

ROSA, Inocêncio Borges da. *Processo penal brasileiro*. V. II. Porto Alegre: Barcellos, Bertaso & Cia, 1942.

ROXIN, Claus. El proceso penal y los medios de comunicación. *Revista del Poder Judicial*, Madrid, n. 55, p. 73-93, 1999.

RUTHES, Igor Fernando. *Interceptação telefônica*: a legalidade das prorrogações das escutas telefônicas no âmbito da investigação criminal. Curitiba: Juruá, 2016.

SANTOS, Boaventura de Souza. *Um discurso sobre as ciências*. São Paulo: Cortez, 2003.

SANTOS, Christiano Jorge. *Crimes de preconceito e de discriminação*. 2 Ed. São Paulo: Saraiva, 2010.

SANKIEVICZ, Alexandre. Quando é devido o direito de resposta?. *Direito Público*, São Paulo, v. 8, n. 38, p. 27-46, mar./abr. 2011.

SBARDELLOTTO, Fábio Roque; FISCHER, D.; BALTAZAR JUNIOR, José Paulo; RIBEIRO, M. R. ; SILVA, David André Costa; EBERHARDT, M. Os procedimentos e a reforma. In: Guilherme de Souza Nucci. (Org.). *Reformas do Processo Penal*. 2ª ed., v. 1, p. 135-235, Porto Alegre: Verbo Jurídico, 2009.

SCHINKE, Vanessa Dorneles. Os indícios do discurso do esquecimento: a anistia de 1979 à luz da teoria discursiva do direito e da democracia. *Revista da Faculdade de Direito da UFG*, Goiânia, v. 33, n. 1, p.67-83, jan./jul. 2009.

SENDEREY, Israel Drapkin. *Imprensa e criminalidade*. Traduação de Ester Kosovski.. São Paulo: José Bushatsky, 1983.

SHECAIRA, Sérgio Salomão. A criminalidade e os meios de comunicação social de massas. *Revista Brasileira de Ciências Criminais*, São Paulo, v. 3, n. 10, p. 135-143, abr./jun. 1995.

SHECAIRA, Sérgio Salomão. *Criminologia*. 6 ed. São Paulo: Revista dos Tribunais, 2014.

SILVA, José Afonso da. *Curso de direito constitucional positivo*. 33 ed. São Paulo: Malheiros, 2010.

SIQUEIRA, Galdino. *Processo criminal*. 2. ed. São Paulo: Livraria e Oficina Magalhães, 1917.

SILVA, Virgílio Afonso da. O proporcional e o razoável. In: *Revista dos Tribunais*. São Paulo: Revista dos Tribunais, Ano 91, N. 798, Abril de 2002.

SILVA SÁNCHEZ, Jesús-María. *Aproximação ao direito penal contemporâneo*. Tradução de Roberto Barbosa Alves. São Paulo: Revista dos Tribunais, 2011.

TAVARES, André Ramos. O sigilo bancário e o interesse público. In: SARMENTO, Daniel; GALDINO, Flávio (Org.). *Direitos fundamentais:* estudos em homenagem ao Professor Ricardo Lobo Torres. p. 61-88, Rio de Janeiro: Renovar, 2006.

TAVARES, Juarez. A violação ao sigilo bancário em face da proteção da vida privada (parecer). *Revista Brasileira de Ciências Criminais,* São Paulo, v. 1, n. 1, p. 105-111, jan./mar. 1999.

TAVORA, Nestor. *Curso de direito processual penal.* 9 ed. Juspodivm: Salvador, 2014.

TÁVORA, Nestor; ALENCAR, Rosmar Rodrigues. *Curso de direito processual penal.* 9ª ed. Salvador: Juspodivm, 2014.

TOLEDO, Francisco de Assis. *Princípios básicos de direito penal.* 5. ed. São Paulo: Saraiva, 1994.

TORNAGUI, Hélio. *Curso de processo penal.* V. I. São Paulo: Saraiva, 1981.

TOURINHO, Lilian Oliveira da Costa. A quebra do sigilo bancário trazida pela lei complementar 105/2001 à luz da Constituição de 1988. *Revista da AJUFE*, Brasília, v. 21, 75/76, p. 379-408, 2004.

TOURINHO FILHO, Fernando da Costa. *Código de processo penal comentado*. V. II. São Paulo: Saraiva, 1996.

TOURINHO FILHO, Fernando da Costa. *Processo penal*. V. I. 9 ed. São Paulo: Saraiva, 1996.

VALE, André Rufino do. *Estrutura das normas de direitos fundamentais*: repensando a distinção entre regras, princípios e valores. São Paulo: Saraiva, 2009.

VALENTE, Victor Augusto Estevam. *Direito penal de empresa & criminalidade econômica organizada*: responsabilidade penal das pessoas jurídicas e de seus representantes face aos crimes corporativos. Curitiba: Juruá, 2015.

VECCHIO-LIMA, Myrian Del; SOUZA, Humberto da Cunha Alves de. Espaços Alternativos na Internet Como Formas de Viabilizar As Mulheres no Jornalismo Brasileiro. In: *Media e Jornalismo*. Nº 31, vol. 17, nº 2, p. 129-152. Imprensa da Universidade de Coimbra, 2017.

VELLOSO, Carlos Mário da Silva; AGRA, Walber de Moura. *Elementos de direito eleitoral*. São Paulo: Saraiva, 2010.

WARREN, Samuel D.; BRANDEIS, Louis D. The right to privacy. In: *Harvard Law Review*, V. IV, N. 5, p. 193-220, Dez./ 1980.

WEICHERT, Marlon Alberto. A sentença da Corte Interamericana de Direitos Humanos e a obrigação de instituir uma Comissão da Verdade. In: GOMES, Luiz Flávio; MAZZUOLI, Valerio de Oliveira (Org.). *Crimes da ditadura militar, uma análise à luz da jurisprudência atual da Corte Interamericana de direito humanos:* Argentina, Brasil, Chile, Uruguai. p. 226-242, São Paulo: Revista dos Tribunais, 2011.

WOLF, Mauro. *Teorias das comunicações de massa*. São Paulo: Martins Fontes, 2010.

ZANIOLO, Pedro Augusto. *Crimes modernos*: o impacto da tecnologia no direito. 3. Ed. Curitiba: Juruá, 2016.

ZAFFARONI, Eugênio Raúl; PIERANGELI, José Henrique. *Manual de direito penal brasileiro*. V. I. 2. ed. São Paulo: Revista dos Tribunais, 2009.

EDITORA *Jus*PODIVM
www.editorajuspodivm.com.br